U0905885

湖北通史

先秦卷

章开沅　张正明　罗福惠　主编

刘玉堂　张正明　著

荆楚文库编纂出版委员会

华中师范大学出版社

湖北通史·先秦卷

HUBEI TONGSHI · XIANQIN JUAN

图书在版编目（CIP）数据

湖北通史·先秦卷/章开沅，张正明，罗福惠主编；刘玉堂，张正明著.
—武汉：华中师范大学出版社，2018.3

ISBN 978-7-5622-8104-7

Ⅰ．①湖…

Ⅱ．①章…②张…③罗…④刘…

Ⅲ．①湖北—地方史—先秦时代

Ⅳ．①K296.3

中国版本图书馆CIP数据核字（2018）第019345号

责任编辑：石亚培　冯会平

整体设计：范汉成　曾显惠　思　蒙

责任校对：肖绪旭

责任印制：三兴平

出版发行：华中师范大学出版社（中国·武汉）

地址：湖北省武汉市珞喻路152号

电话：(027)67863220　　邮政编码：430079

录排：武汉兴和彩色印务有限公司

印刷：湖北新华印务有限公司

开本：720mm×1000mm　1/16

印张：32.25　插页：16

字数：450千字

版次：2018年7月第1版　2018年7月第1次印刷

定价：129.00元

出版说明

湖北乃九省通衢，北学南学交会融通之地，文明昌盛，历代文献丰厚。守望传统，编纂荆楚文献，湖北渊源有自。清同治年间设立官书局，以整理乡邦文献为旨趣。光绪年间张之洞督鄂后，以崇文书局推进典籍集成，湖北乡贤身体力行之，编纂《湖北文征》，集元明清三代湖北先哲遗作，收两千七百余作者文八千余篇，洋洋六百万言。卢氏兄弟辑录湖北先贤之作而成《湖北先正遗书》。至当代，武汉多所大学、图书馆在乡邦典籍整理方面亦多所用力。为传承和弘扬优秀传统文化，湖北省委、省政府决定编纂大型历史文献丛书《荆楚文库》。

《荆楚文库》以“抢救、保护、整理、出版”湖北文献为宗旨，分三编集藏。

甲、文献编。收录历代鄂籍人士著述，长期寓居湖北人士著述，省外人士探究湖北著述。包括传世文献、出土文献和民间文献。

乙、方志编。收录历代省志、府县志等。

丙、研究编。收录今人研究评述荆楚人物、史地、风物的学术著作和工具书及图册。

文献编、方志编录籍以1949年为下限。

研究编简体横排，文献编繁体横排，方志编影印或点校出版。

《荆楚文库》编纂出版委员会

2015年11月

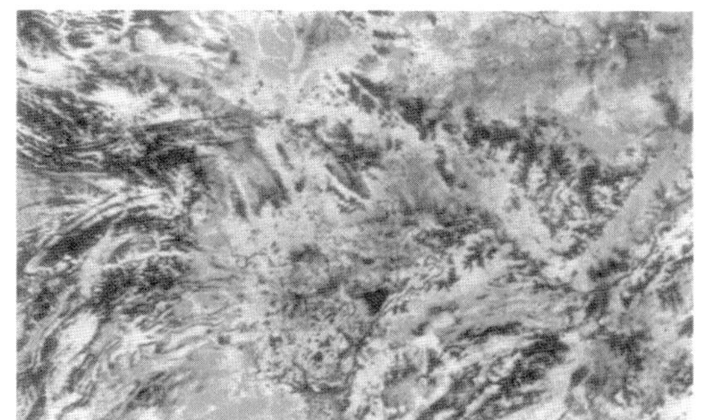

图一　湖北地貌

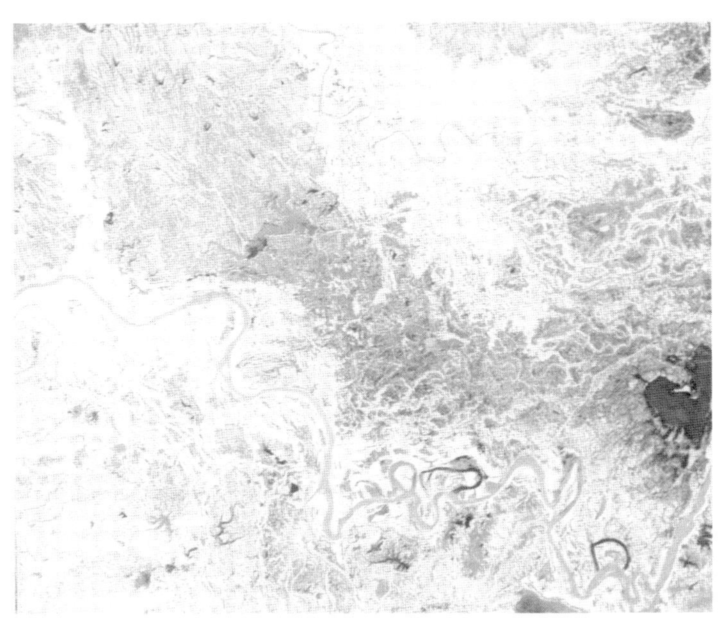

图二　长江曲流、江汉平原卫片

图三　长阳人上颚骨化石

图四　崇阳出土商代铜鼓

图五　曾侯乙编钟（随州曾侯乙墓出土 郝勤建 摄）

图六　镂空透雕青铜尊盘（随州曾侯乙墓出土 郝勤建 摄）

图七　漆箱天文图（随州曾侯乙墓出土 郝勤建 摄）

图八　“蜻蜓眼”玻璃珠（江陵九店楚墓出土 郝勤建 摄）

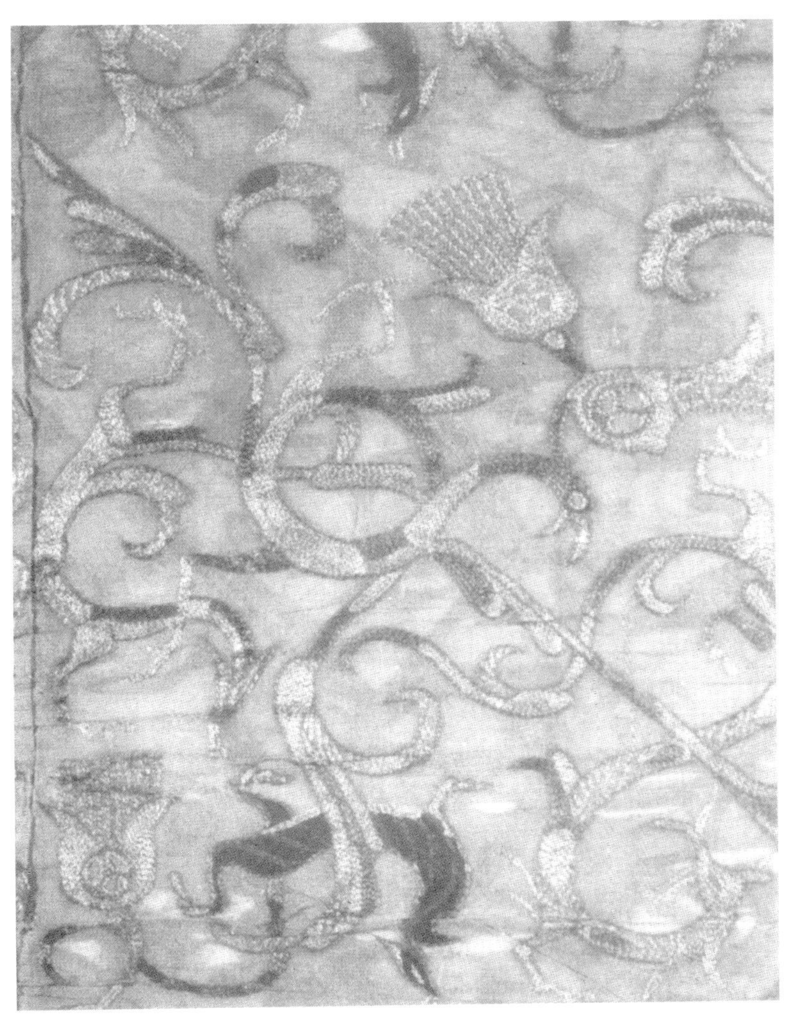

图九　凤龙虎纹绣罗禅衣局部（江陵马山楚墓出土 郝勤建 摄）

图十　“大武”青铜戚局部（荆门车桥楚墓出土 郝勤建 摄）

图十一　双头“镇墓兽”（江陵雨台山楚墓出土 郝勤建 摄）

图十二　虎座立凤（江陵九店楚墓出土 郝勤建 摄）

图十三　漆画《春郊行聘图》局部（荆门包山楚墓出土 郝勤建 摄）

《湖北通史》增订版序

《湖北通史》初版于1999年，卷首的“总序”写于1998年，而全书的讨论、分工和撰写，则是1996年开始的，总之《湖北通史》是二十年前的研究成果。

当时，这一小小的文化工程得到了省委、省政府的关心和支持。于是由章开沅、张正明先生领头，依据各卷分工的需要，从湖北省社会科学院、华中师范大学、武汉大学、湖北大学等单位召集了十来位于各阶段上的湖北地域史研究有素，且年富力强的中青年学者，集三年之力，共同完成了这部8卷300余万言的填补空白之作。由于兼备学术性和实用性，该书问世之后受到了来自各界读者的欢迎和好评。

两年多以前，省委、省政府启动巨大的文化工程《荆楚文库》，文库把《湖北通史》列入研究编的出书计划，并要求予以增订。华中师范大学出版社高度重视此项工作，原书各卷的撰写者也经过了反复商讨，如果说《荆楚文库》是湖北的小《四库全书》的话，那么《湖北通史》应该视为这个小《四库全书》的宏观总揽和入门基础。因为该书既能以其“通”和“博”的内容，成为阅读理解文库的展示前言，又能以书中的历史阶段划分和社会性质分析，成为阅读理解文库其他文献和研究成果的指引或参照。所以《湖北通史》收入文库并加以修订，其必要性和意义自不待言。尽管该书初版之后，原班子的人事和工作都发生了若干变化，但仍有年过九旬的章开沅先生的指导。在设法增添了一位同行专家之后，两年来撰写者全都兢兢业业，或者克服因年高而产生的种种困难，或者因为还在担负多种任务而不得不加班加点，认真负责且齐心协力地完成了增订工作。

此次增订工作的具体内容，当然是撰写者根据各卷的实际情况对症下药，变化有多有少，但概括起来主要有如下几点。一是尽力收集这二十年来新出的史料，以及自己和他人的相关研究成果，对原版中的薄弱之处加以补充，对合适的新史料、新见解予以甄审采纳，这在考古发现、简帛解读、地方政权运作、宗教与文化、城乡社会生活变迁等方面都有体现。二是对各卷之间的衔接之处加以完善补充。因为连贯的历史现象和某些历史事件，可能由于分卷叙述的呈现形式而被割裂乃至疏忽，因而有时必须摆脱机械的时段划分，以从前往后适当延伸或者从后向前回溯的方式加以处置，从而使得数千年的历史联系不出现断层，重要的历史现象和重大的事件不致遗漏。三是加强湖北与全国特别是周边省区历史联系的考察分析，尽力避免地域史研究容易出现的就本地看本地、就本地谈本地的孤立倾向，注意从整体的或相关的历史联系中，发掘研究对象的个性与共性。这在特定区域无论是处于整合抑或割据的条件下，都不容忽视的宏廓视野和联系性思考。四是进一步规范化和准确化。无论是对引文注释的安排，对古代名物的考订，对统计数字的采入，还是对史学方法的运用，对历史现象的分析评论，都根据唯物史观的精神和实事求是的科学态度，逐一慎重地加以审视和厘定。对初版中因新出史料证实需要补充和修正之处，对研究、书写、排印出版过程中产生的各种失误，无论是撰写者自己后来发现的，还是在与其他研究者和读者交流得到的反馈的，都予以认真对待，服从真理，尊重事实，择善而从，力图使《湖北通史》经得起读者的检验和时间的考验。

当年投入《湖北通史》这一工作的十余位专家，主编中已有张正明先生，分卷作者中已有丁毅华先生、王瑞明先生先后作古，而当时多位年富力强的中青年学者，如今或者已经超过或者快要接近退休的年龄，少数最年轻者也将知天命。当然这里不是以“庾信文章老更成”自况，而只能说是尽到了各自的最大努力，并真心诚意地寄希望于来者，在新时代中把家乡和祖国的文化建设工作做得更好。

罗福惠 2017 年冬于武昌

《湖北通史》初版总序

通过10余位史学专家数年的努力，300余万字、8卷本的《湖北通史》终于同广大读者见面了，这对湖北乃至全国史学界，都是一件有意义的工作。

一

湖北历史值得深入研究和浓墨重彩地书写，理由大致有如下数端：

其一，湖北是中国大陆上最早有人类远祖活动的地方，是中华民族文明的发祥地之一。

距今80万年～距今70万年左右的“郧县猿人”，大体上与陕西蓝田猿人的时代相同；距今60万年～距今40万年左右的郧西猿人与北京猿人的时代大致相同。

距今约19万年左右，长阳一带已有早期智人生存；距今5万年～距今1万年和距今1.3万多年以前，江陵鸡公山和房县分别有晚期智人的旧石器文化遗址；距今8 000年～7 000年的城背溪文化则是新石器时代早期先民的文化遗迹。

距今6 300年～距今5 300年，沮漳江汉已有以三苗为主体的先民活动，属于巫山“大溪文化”，此时湖北境内已有水稻种植和原始的纺织技术；距今5 300年～距今4 600年，今湖北境内已有三苗、百越、神农氏部落的活动，其代表为“屈家岭文化”，大型聚落和城垣防御体系的设置证明此时的先民已有定居，其古城是全国已发现的年代最早、规模最大的古城之一；距今4 600年～距今4 000年前的“石家河文化”，其遗物证明当时已有不同程度的生产分工，治玉、冶铜、陶塑和彩陶技术均有相当高的水平。

公元前22世纪后期到公元前21世纪前期，尧、舜、禹所领部落在今湖北境内屡与三苗部落接触和冲突，直至公元前16世纪晚期，江汉地区已纳入夏王朝版图，但以三苗遗部为主体的“荆蛮”一直在同夏王朝抗争；约在公元前14世纪，仲丁时的商王朝在今汉口近郊黄陂建筑了军事据点盘龙城。

约在公元前11世纪的晚期，芈姓熊氏筚路蓝缕，以启山林，开始在荆山创业，随后建立了延祚800年的楚国。人们大多知道楚文化的灿烂辉煌，但恐怕未曾将其置入世界范围加以比照。可以毫不夸张地说：在当时的世界上，就文化繁荣而言，楚国与古罗马帝国也不遑多让。应该说，直到目前为止的考古发现，还只是露出了海上冰山的顶角，今后的考古发现将会提供更多的证据。

其二，湖北历史具有丰富的内容，充分发掘、研究、利用这种历史文化资源，既是社会发展的需要，更是史学工作者的天职。

湖北历史内容的丰富，体现在方方面面。就生产方面而言，从远古的水稻种植、冶金、治玉、制漆、纺织，到楚国及历代的修筑灌溉渠、治江治湖，直到清末屹立在汉阳的亚洲第一规模的铁厂，生动地体现了物质文明的演进之路。

从政治方面而言，楚国的立法创制、战国初期吴起的变法、此后统一或割据状态下的成败得失、历史剧变中的转型变化，其间蕴含着多少客观因素的影响制约和主观上人谋的臧否，值得后人分析和深思。

在思想文化方面，从随国的原始儒学代表人物季梁（比孔子约早两个世纪），楚地（此处主要指河南、安徽）的道家老子，诗人屈原和宋玉，到汉代的王逸，东晋的习凿齿，唐代的孟浩然、皮日休，宋代的宋庠宋祁兄弟、米芾，明代的张居正、熊廷弼、杨涟、公安派和竟陵派诸家，以及著《本草纲目》的李时珍，均为全国历史上的知名人物。到了清代，全国各界名人大增，但湖北仅有熊赐履、熊伯龙、王柏心、杨守敬、张裕钊、樊增祥在全国稍有文名。其实深入研究就会发现，还有具有鲜明民本色彩的诗人顾景星、坚定地批判理学的思想家秦笃辉、研究东北边疆地理的曹廷杰等，都有资格在全国思想学术史上占有一席之地。

从种族和民族融合方面看，新石器晚期的湖北土著主要是三苗，其主体大概是汉藏语系苗瑶语族的先民，此外还有越人（汉藏语系壮侗语族的先民）和巴人（汉藏语系藏缅语族的先民），到夏人、殷人、周人相继南下，于是出现了中原华夏文化和三苗文化、越文化、巴文化的融合。楚文化的“恢诡谲怪”、“惊彩绝艳”，正是这多种族文化融合的结果。其后的佛教文化、道教文化、伊斯兰文化、蒙族文化、满族文化以及近现代的西方文化，均曾对湖北文化产生程度不同的影响。尤其值得一提的是故楚之地出土的由钠钙化合物构成的玻璃珠，使我们有理由设想：中国西南可能有一条通往地中海沿岸的“玻璃之路”，而这条“玻璃之路”比中国北部的“丝绸之路”要早三四个世纪。当然这条“玻璃之路”目前还有待更多的发现和研究。

从反对暴政和反抗外来强敌以及革命传统方面看，湖北人民也有一种敢为天下先和敢负天下之重的精神。从“楚虽三户，亡秦必楚”口号的提出，到陈胜、吴广的率先倡义，到刘邦、项羽的终于灭秦（上述四人是楚人，不是湖北人）；从王莽统治末年的绿林军起义，到宋末的抗元斗争，元末的徐寿辉、明玉珍、陈友谅起义，明末清初的抗清斗争，英雄豪杰层出不穷。尤其是近现代史上湖北人民和全国人民一道为抗击西方列强和日本帝国主义，作出了巨大的牺牲和贡献。近代无产阶级和资产阶级出现之后，湖北在这种新型革命斗争中，涌现出无数先烈先进和仁人志士。从辛亥武昌起义到北伐，从湖北的共产主义小组活动和多名湖北籍共产党人参加中共“一大”，到黄麻起义及其后建立多个革命根据地和抗日根据地，湖北人民谱写了中国近现代史上的辉煌篇章。

由于湖北的地理位置绾毂南北，沟通东西，号称“九省通衢”，所以平时是人员货物集聚往来的枢纽，商业贸易、交通运输一向发达；战时则是东南西北必然争夺的“四战之地”，先秦的吴楚之战、秦楚之战，汉魏之际的赤壁之战、彝陵之战，都是历史上的著名战例。而在历史上统一和革命的大业中，湖北的地理位置更显得突出和重要：宋初为完成统一大业，宋太祖定下的“先南后北”大计就是先取湖北；而南宋为了抗金和抗元，一直把湖北作为上游屏障；近现代的太平天国运动、辛亥革命和其后的北伐革命战争，都以占领武汉为推进革命的前期目标，孙中山与章太炎甚至还先后主张过定都武昌；抗日战争中，湖北境内发生过武汉保卫战和多次对日军的作战；人民解放军进军西南和华南，也必以武汉为通道和依托。从19世纪50年代到20世纪40年代的90年间，湖北尤其是武汉先后多次产生过重大的战略决策，这些既体现了湖北的重要战略地位，也对湖北乃至全国的历史产生了重大影响。

以上所列，不过是历史长河中的荦荦大者，但仅此已足能证明湖北历史资源的丰富及其重大研究价值。

其三，迄今关于湖北历史的研究尚有不足。虽然围绕着湖北历史已有一批断代史、专门史以及就重大事件或重要人物而进行的研究成果问世，尤其是已有《嘉庆湖北通志》和《宣统湖北通志》（因完成于宣统年间，印刷于民国初年，故又称《民国湖北通志》）以及20世纪80年代以来编纂出版的大批地方志新书，但专著类的著作只涉及历史长卷中的一个时段或一个方面，远不足以再现湖北历史整体。而地方志限于体例，分门别类钩稽罗列，篇幅浩繁而横向上互不统属，有益于专家研究和各专业部门运用，但对非本专业的人和一般读者而言，则显得过于专精，也难以把握整体的历史进程和编纂者总结的某些规律性认识。而且湖北近年所出版的地方志书大多是从鸦片战争以后续下来的，对古代的有关资料和新的研究成果多未整理和利用，因而给人难以衔接之感。

正是基于上述三点理由，我们编著了这一套《湖北通史》，力求重现湖北地区有史以来的环境变迁、经济发展、政治变革、文化兴替、习俗演化和民族融合等多方面的全貌。

二

《湖北通史》不是已有的中国通史著作的具体而微的投影，也不是对其他省市的通史著作的简单模仿。为了达此目的，《湖北通史》编著组的全体成员始终围绕着“通”、“特”二字下功夫。

“通”，本来就是通史的基本要求，首先是时间维度的上下贯通。上下贯通不仅是指数千年的历史不应间断，各卷和各朝代或时段之间，注意分划和衔接，既不留下空白，亦不能出现重复和矛盾。更主要的是气势一贯、风格接近，尤其要求各卷作者在总体把握上具有相对一致的史识。其次是空间维度上的横向沟通。湖北是中国的一部分，数千年间的发展变化必然离不开中国乃至世界这个大背景，或者说湖北这个局部与中国和世界这个整体始终处于互动之中，有时是整体决定或制约局部，有时是局部影响整体。因此在考察湖北历史的时候，全国乃至全世界的情形，尤其是相邻各省的情形，也须了然于胸，才不致孤立地看待湖北历史。而且，现今的湖北省境，基本上是明清以来才逐步规范下来的，在此之前的数千年中，湖北与湖南、四川、陕西、河南、安徽、江西等省的全部或部分地区的行政归属屡有变化（如先秦的楚国曾领有两湖、贵州、河南乃至吴越之地，西汉开始设置的荆州所辖也远远大于今之湖北），在处理这个问题时，要求首先以今之湖北省境的空间范围为主，但遇到思想影响、文化流播、人物迁徙、货物流通等问题，或者是牵涉到湖北局势发展的事件时，叙述或分析所及，必然会越出湖北的空间范围。

“通”的最后一层意思是建立“大史学”观念，不能仅把此书写成政治和军事的斗争史，也不能仅写成经济和生产的发展史，它应该包括地理环境、政治、军事、经济、社会形态和社会结构、思想文化、种族和民族融合、中外交流等各个方面，但又不是各个方面的拼接杂陈，而是要把它们结合成一个整体来思考和表述，这应该是区域性通史和地方志的区别所在。

“特”是要求写出湖北历史的特色。湖北是中国的一部分，其历史的各个方面自然与中国各地具有很多共性，但中国疆域广大，各地的自然环境条件不同，加上族群众多，故在远古的文明萌发阶段，文明程度即呈现出差序和梯次。即使在秦汉以后统一的条件下，由于地理区位、自然资源、民族构成、习俗传统、经济发展程度以及社会稳定或动乱等因素的影响，各地的历史进程也出现或大或小的差异。因而无论是局部受到整体的影响还是局部对整体的影响，其情形和程度各具特色。

写出特色，绝不仅是止于以湖北历史的各个方面（如湖北人物、事件、生产生活状况、社会习俗等等）为主要再现对象就可实现，尽管人各有其言行，事各有其原委及影响，五里不同风，十里不同俗，但这仍然近乎停留于表面。关键所在，是通过对长时段、多层面的研究，发掘湖北社会发展演变的特征、速度、方向和方式，发掘生活在该地域的人群的文化精神。所以通史虽以记叙为主，但不能缺少哲学思维，不能没有理论的指导、深层的思考和高度的升华。

当然还要抓住要领，即在关注全面时突出重点。历史的内容范围广、资料多，上至军国大事、政府的财政收支，下至市场上斗米斤盐的价格、老百姓的衣食起居，无不与当时的政局、社会和群众心理息息相关。对此，既不能取精微而遗广大，亦不能只写大政、大计、大战、大事而忽视社会生活的方方面面。具体地说，上古楚国的开辟创制，从秦汉到明清事关大局的历史事件、体制兴革、政局清浊、经济荣枯，晚清民国年间反帝反封建斗争和社会的早期现代化成败，均是着力较多的重点。而环境、社会群体及其生活、精英文化与俗文化，乃至人口、妇女、群众心理等问题，亦有较深入的探讨，力图让读者看到历史的更多层面。

《湖北通史》没有在通史卷之外另外设置专门史和人物列传，而是将其完全融会于8卷通史的章、节、目之中。但各卷结构如何安排，首先就碰到是分朝代或时段来写政治、经济、社会、文化几大块，还是打破一卷中的朝代和时段界限，按几大块分门别类地写下来的难题。《湖北通史》分为先秦、秦汉、魏晋南北朝、隋唐五代、宋元、明清（前中期）、晚清、民国8卷，各卷情况不同，如先秦卷时代太长，现有史料亦难以满足分部类撰写的要求；秦汉卷中秦期时间短而汉朝时间长；魏晋南北朝卷朝代更替频繁；隋唐五代卷的情况类似秦汉卷；宋元卷中两朝的政治、文化差异较大；明清卷两个朝代都较长，资料亦相当丰富。在这种情况下，如一律要求先分朝代或时段、再分几大部类来写，就可能出现若干空白，或者显得重复零乱；反之，如一律要求先分部类再分朝代或时段，有的又跨度太长，不能鲜明地从总体上体现出历史的时段性。

《湖北通史》的作法是：从实际出发，各卷可以灵活地进行组织结构，但从划分朝代和时段入手、从划分几大部类入手这两种组织方法，在每卷中都有体现，并可以各有侧重。具体地说，朝代较短的、制度相同相近的，可以打破朝代界限，连贯起来写；朝代或时段长、差异大、内容多的，可以先分时段来写；变化区别明显的，如政治结构、经济制度等，可以分朝代或时段来写；相对稳定的，如社会结构、风俗习惯、文化艺术等，可以连贯起来写。采用这种从实际出发的灵活手法，无非是让形式（体例）服从于内容，更好地实现全面贯通和突出特色这两个目的。

再从已有的史料和研究状况而言，各卷可资利用的基础也不一样。先秦部分虽然距今时代久远，但有关考古发掘、楚史研究的成果却蔚然可观；从秦汉到隋唐五代甚至宋元，有关湖北的资料和研究成果却相对薄弱；到明清、晚清、民国三卷，已有研究和资料又特别众多，客观上全书可能会形成两头丰富、中间薄弱的不协调状态。各卷作者对已有研究资料较充分者，注意了取舍、综合、创新；对已有研究资料不足者，则多方搜罗、挖掘、借鉴。有关考古发掘报告、专门史专题史新旧著作和大大小小的论文及文中资料，均被充分利用，从而使得全书各卷篇幅不致过于悬殊。而且各卷作者即使是对自己现成的相关研究成果，也是在重新审视的基础上，经过认真修改，才加以利用的。尽量做到不重复他人，亦不重复自己。

三

对目前已成书的《湖北通史》，作者希望它不仅能全面系统地再现湖北历史的全过程和整体面貌，还在以下三个方面作了努力的探索。

其一，使整体的史学内容更丰富、更饱满、更多样，特别是通过对湖北历史资料的新发掘和再研究，书中提出了一些新观点和新问题。宏观者诸如华夏文明源头是单一还是多元的问题，内陆是否一定封闭、海洋是否一定开放的问题，上古乃至秦汉在物质生产领域中奴隶劳动的作用以及与此相关的社会性质的判定问题，从魏晋南北朝到唐宋，在统一或割据状态下，地区的地位和社会发展的特殊状态问题，唐宋以后阶级矛盾和官民矛盾的表现问题，土地兼并集中与生产力提高而又造成大批流民的关系问题；微观者诸如历史上湖北农业、手工业的发展与商业发展不同步、中央政权的某些政策法规并未在湖北实行的问题，明清时期“江西填湖广”、“湖广填四川”的移民问题，资源开发、生态环境变迁与自然灾害的关系问题，晚清和民国时期湖北地区的早期现代化及其未能持续发展的问题、新兴社会力量的发育及其幼弱状况问题等等，类似的情况甚多。这些不仅是湖北历史的问题，也关系到中国史学的研究。《湖北通史》的作者们对于其中一些问题表示了自己的一家之言，相信史学界无论是撰写中国通史、专门史、专题史、其他地方史还是作各种相关研究，必然要就涉及到的有关问题加以思考和讨论。

其二，《湖北通史》展示了湖北历史进程的某些特征。中国的历史进程有整体的特征，各省区的历史进程有自己的局部特征，如北方中原地区（主要是今陕西、河南、山东、山西及河北）在上古至秦汉遥遥领先，魏晋以后发展渐缓；唐宋时再度振兴，到元代再次落后；此后一直到20世纪中期，在一些社会指标方面明显落后于东南沿海几省。而南方文明发展的程度，在秦汉时期明显比北方逊色，从魏晋衣冠南渡开始，人文教化已能与中原互争雄长，至明清则经济、文化均骎骎有后来居上之势。与此相一致，统一的中国的政治、文化、经济中心（如都城），从秦汉到北宋一直在陕西、河南两省境内，南宋以后，重心往东往南移动，都城就一直在沿着大运河、津浦线作南北移动。

地处南北交界的湖北，又是一番情景，其社会发展呈现出缓慢乃至停滞与跳跃突进的间歇形式。楚人引以自豪的祖宗之一庄王曾说自己“三年不飞，飞将冲天；三年不鸣，鸣将惊人”，正可移作湖北社会发展特征的写照。前面说到，在石器时代，湖北亦是有人类祖先活动的地区之一，但文明主要标志之一的国家形态却比中原晚出几个世纪（虽然仍早于中国南方各地）。楚国建立，形成独特的楚文化，社会发展出现了第一次跳跃突进。在秦和西汉，湖北又呈现出停滞状态。东汉略有回升，自三国时发展趋缓，下至隋唐宋元，其间进退不常，境内各区域的开发既不平衡，政治、军事与经济、文化的发展亦不同步。明中期以后湖北社会又有跳跃突进之势，有“天下四聚”称号之一的汉口迅速崛起，但从明末清初起又发展缓慢。清末张之洞在湖北实施新政，湖北再次出现跳跃突进，但不到20年，民国初年的湖北在全国又只处于中下等水平。所以说，湖北历史上虽有“鸣将惊人”、“飞将冲天”的辉煌，但也有“不鸣不飞”的停滞时期，而且后者的时间远远长于前者。出现这种状态的原因很复杂，《湖北通史》有关章节对此亦有所探讨。

湖北的政治、经济、文化重心也有一个移动过程。顾祖禹的《读史方舆纪要·论湖广》说：“湖广之形胜，在武昌乎？在襄阳乎？抑在荆州乎？曰：以天下言之，则重在襄阳；以东南言之，则重在武昌；以湖广言之，则重在荆州。”又说：“三郡之于楚，如鼎足然。”顾氏所谓“形胜”，侧重于军事和交通的意义，其实这三足更是湖北的政治、经济、文化重心，而且顾氏只考虑了空间问题而未考虑时间因素，事实上这三足是依次兴起。先秦时中国尚未统一，楚国的根本之地是两湖，从荆州渡江就直通湖南，所以楚国的重心在荆州。统一的中国形成之后，全国的政治、经济、文化重心在黄河流域，而襄阳正处在北上中原的门户之处，也是南北文化汇合之处，所以从汉代起，荆州虽然仍很重要，但襄阳已有与荆州并驾齐驱之势。从三国至唐宋，第三足武昌定型。南宋以后，中国东南部的经济和文化迅速发展，鄂东南最便于与外地尤其是江浙和东南沿海交流，于是汉口崛起，最终武汉取代襄阳和荆州，成了湖北的政治、经济、文化重心。所以这种重心移动显示出明确的历史发展轨迹。

其三，《湖北通史》还试图归纳出湖北历史上的文化传统。这种文化传统首先体现在开放博取的观念和行动之中。从上古先民的容纳三苗文化遗传、汇融中原文化和吴越文化以及巴文化；到先秦、秦汉的儒道相安；其后的接纳佛教文化、伊斯兰文化；直到近现代的接受西方文化和社会主义，都反映出该地区的文化的不拘守、不狭隘的特征。其次是强烈的民本位观念，颇带有“人即是目的”的价值含义。荆楚人民具有反抗强暴的传统，而从屈原到闻一多，均体现出爱国同时爱民、爱民即是爱国的思想感情。再次是崇尚自然、放任天性、追求个体的自由与尊严，不盲从偶像和权威，骨鲠敢言。这又具有某些道家和“楚狂”的色彩，故在文艺上不重功利，汪洋恣肆，想象奇特，瑰丽新奇，丰富多彩。秦汉以来的湖北文人，虽也服膺孔子，但总觉得屈原更亲切，视其为乡邦文化代表和人格楷模；对出自中原的黄帝也尊为人文始祖，但对战败的炎帝和蚩尤、造反犯上的共工和敢于公开承认“我蛮夷也”的楚武王，总有几分好感。虽然秦汉以后的湖北人大多数说不清自己的祖先来自何处，远祖是谁，但区域性的文化传统和整体性的文化传统一样，能够或多或少地影响和塑造一代又一代人的心灵。

这里要作两点说明。一是区域性的文化传统也好，整体性的人文精神也好，都是与其他区域其他整体比较、相对而言的，各个区域或各个整体也有相似相通之处；而一个区域、一个整体内部，文化传统也不可能永远完全不变，所以人们对一种文化传统可能有不同的总结。二是作者并不讳言湖北文化传统中的某些缺陷。诸如缺乏韧性、流动不居、多谋少断、容易满足等，《史记》和《汉书》中早有类似的看法，当然千百年来已有所变化。而且这些缺点有的是伴随优点而产生的，如不拘守、不狭隘是优点，一旦过度形成流质易变，就成了缺点；有的则是客观环境条件所致，如湖北的易受旱涝之灾，又是所谓四战之地，使得人们创造的物质财富不易积累，历代有形的文化积淀不易保存，这些对历史上湖北社会的发展产生过影响。文化传统和精神风貌具有基本真实的一面，也有加工构筑不断强化的一面。围绕文化传统的教育和宣传就是发掘和弘扬传统的积极因素，激励人们奋发向上。

《湖北通史》的主编和各卷作者，均长期从事中国史教学和研究，既具有通史知识的必备素养，又分别是有关断代史、专门史的专家。数年来，大家兢兢业业，把编写《湖北通史》当作一项重点工程和名山事业来做，即既要对现实的精神文明有益，又要能经得起时间的考验。除了上述种种努力之外，各卷后附录的大量参考文献和所作索引，均能大大方便读者和研究者。即使若干年后有了新的考古发掘和新的史料出现，有了新的理论和新的方法，需要重写《湖北通史》，现有的这套《湖北通史》也必然是后来者的基础和津梁。

当然，目前由于各卷可资利用的基础不一样，作者们能够投入的时间和精力也不一样，分析、综合、表述的方式也未必一致，这些必然使得目前这套《湖北通史》难以成为尽善尽美之作，诸如在整体和局部重合之处可能缺乏地域性资料；若干论述未能准确把握分寸；还有详略不够恰当，风格不够统一等等，有待商榷提高之处甚多。欢迎专家和读者多提批评意见。

对本书的编写和出版，湖北省人民政府、省委宣传部、新闻出版局以及华中师范大学出版社一直予以大力支持，在此一并表示感谢。

前　言

天造地设，湖北恰好在长江流域的中轴线上。长江流域，南边靠近北纬25°线，北边靠近北纬35°线，它的中轴线是北纬30°线。

事有凑巧，北纬30°线也是旧大陆古代文明带的中轴线。埃及的古都孟菲斯，号为“神之门”的巴比伦，波斯帝国极盛时期的首都苏萨，以及南亚最早的两座古城之一哈拉巴，都在北纬30°线附近。古代的长江流域，西有巴文化和蜀文化，中有楚文化，东有吴文化和越文化，它们的中心也无一不在北纬30°线附近。

《湖北通史》所要介绍的只是古往今来的湖北，然而，正像庄子所讲的，“大知观于远近”（《庄子·秋水》），为了对湖北的历史和文化做出恰如其分的评估，不妨借用影视的术语，镜头不能定死在一个距离上，总要一会儿摇远，一会儿摇近。摇远，是为了知道世界之大，品类之盛，不做类如井蛙和夏虫的曲士；摇近，是为了洞察湖北历史的一丘一壑，以及湖北文化的一草一木。

湖北的先民没有愧对天地的厚赐，他们创造的文化很有个性的魅力。现有的考古发现只是浮出水面的冰山，我们未知的比我们已知的无疑要多得难以数计，在本卷所包举的历史时期内，有延祚约八个世纪之久的楚国，其文化之灿烂已为学术界所公认。可是，我们所能征引的实证多为小型墓和中型墓的出土文物，与大型墓的出土文物比较就相形见绌了，而迄今已发掘的大型墓还很少。至于王墓，至今一座也没有发掘。因此，我们尽管把出土文物写得如数家珍，也只能为楚文化描出一幅速写来。对此，我们深为抱憾。知之为知之，不知为不知，只能如此。

本卷从洪荒时代写起，不仅是为了便于说明生态环境的变迁，而且是为了便于说明先民“筚路蓝缕”之难能可贵。

我们写到早期人类的一些遗迹，只是用以证明湖北这个地方适合早期人类生存，绝不意味着要把古代的乃至现代的湖北人同那些只留下了零星骨骼化石的早期人类攀亲。

迄今已知湖北文化的源头是江陵鸡公山旧石器文化遗址，其下层的上限为距今约四万年至五万年前，其上层的下限为距今约一万年前。先前所发现的旧石器文化遗址大抵在洞穴中，江陵鸡公山旧石器文化遗址却在弥迤平原和汪茫水乡中。我们可以确信，江陵鸡公山旧石器文化的主人，只要没有因遭遇特别严重的天灾人祸而灭绝，即使不是现代湖北人的远祖，也一定在现代中国人的远祖之列。

新石器时代不像旧石器时代那么漫长，但在湖北也延续了六千年至八千年之久。当我们看到天门石家河遗址出土的玉雕人头像时，仿佛在不期中邂逅了自己的祖先，几乎忍不住要向他们嘘寒问暖。这些玉雕人头像是或多或少变了形的，但都有性格、有气韵。当我们看到这个遗址出土的近乎成群结队的许多惟妙惟肖的陶塑动物像时，仿佛发现了自己的祖先把纯真的童趣贯注在精熟的技艺之中，不禁叹绝。当我们看到这个遗址出土的玉雕凤和玉雕龙时，又不禁为自己祖先神秘而美丽的信仰而遐想联翩。

天门石家河有一座屈家岭文化时期的古城，它在全国已知年代最早的几座古城中是规模最大的一座，虽则还是城寨，不是城市，但也称得上弥足珍贵了。这个遗址的文化内涵肯定尚未揭示无余，假如以后有前所未知的重要遗物出土，迫使我们修正现在这个可能是保守的评估，我们将额手称庆。

新石器时代晚期湖北的土著，根据文献所提供的线索，主要是三苗。初步推测，三苗的主体大概是汉藏语系苗瑶语族的先民。

中国的铜矿大半分布在长江流域的江南，鄂东南就在富铜地带中。在大冶和阳新，都发现了开采上限为商周时期的古铜矿遗址。对铜器时代的中原王朝来说，占领或控制湖北的铜矿是盛衰攸关的国策。夏代铜器还不多，夏人南征的动机尚难明了。殷人和周人相继到湖北来，则肯定是为了夺取铜矿。

商周两代的长江流域和黄河流域，是靠着铜和锡、铅等有色金属联结起来的。

当殷人南进时，鄂东南的越人比以前多了，他们是汉藏语系壮侗语族的先民；鄂西北已有巴人渗入，他们是汉藏语系藏缅语族的先民。殷人和接踵而来的周人是汉语的先民，他们与苗瑶、壮侗、藏缅三个语族的先民交汇于湖北。由此，当时的湖北能够接纳来自四面八方的文化信息。这是莫大的幸运，在壮丽的民族景观中蕴含着勃兴的历史机缘。

有些学者认为：只有海洋型或称沿海型的文化才是开放型的，与此相反，大陆型或称内陆型的文化则是封闭型的。有些学者还说，前者是“蓝色文明”，后者是“黄色文明”。验之于史实，可知此说大谬不然。以春秋战国时代为例，内陆的楚文化就很有开放性，沿海的吴文化和越文化却很有封闭性。自从楚人做了吴国和越国的执政大夫，伍员把楚学移栽到吴国去，范蠡把楚学移栽到越国去，吴文化和越文化才有了些开放性。迄今在国内所能找到的先秦时期中西文化交流的物证，只有在故楚之地出土的用钠钙化合物做成的玻璃珠和玻璃片。屈原在所作的楚辞中写到的“陆离”，就是这种色彩绚丽的玻璃珠和玻璃片。尤其是“蜻蜓眼”玻璃珠，起源于地中海沿岸，一圈蓝，一圈白，又一圈蓝，又一圈白，似乎凝聚着地中海区域的蓝天白云、碧波白帆、青山白石和绿窗白墙，地地道道的海洋风格！学者为中西文化交流探源，往往上溯到北方丝绸之路为止。北方丝绸之路诚然伟大，可是，它比南方玻璃之路晚了三个世纪乃至四个世纪。

战国时代，邹、鲁出儒家，楚地出道家，三晋出法家，燕、齐出方士，秦地出没有军事著作的兵家，一方风气养育一方人才。从学术上看，基本格局是南道北儒。不过，当时的道家和儒家，与其说他们是仇敌，不如说他们是朋友。至少，当时的湖北就是这样对待道家和儒家的。本卷定稿时，荆门郭店 1993 年出土的大批楚简尚未正式公布，我们碍难引用。现在，我们为本卷撰写导言时，《郭店楚墓竹简》一书已经出版了。

在这批楚简中，既有道家的著作，也有儒家的著作。其中，特别令人刮目相看的是《老子》甲本、《老子》乙本、《老子》丙本和《太一生水》四种道家著作。三本《老子》合计 2 046 字，不及传世《老子》字数的五分之二，与马王堆帛书《老子》甲本和《老子》乙本都有不少出入，其意义之重大自不待言。同出的儒家著作以记述子思的言论为主，也有许多前所未见的精彩内容。出土这批竹简的一座楚墓属于战国中期后段，当时的楚王非怀王即威王。道家与儒家以及其他各家的关系，还是班固说得对："其言虽殊，辟（譬）犹水火，相灭亦相生也。"（《汉书·艺文志》）

从艺术上看，楚人有异乎寻常的想象力和创造力，湖北出土的许多楚文物都是毋庸置疑的实证。楚人的艺术风格，假如浓缩在两句话八个字里面，那就是："恢诡谲怪"（《庄子·齐物论》），"惊采绝艳"（《文心雕龙·辨骚》）。

本来，楚国比秦国大且富。至于精神文明，秦国更不能望楚国的项背。可是，正是秦国攻灭了楚国。假如以战争的胜负来评定贡献的有无或大小，就没有科学的史学可言了。然而，楚人毕竟咎由自取，先把自己置于必败之地，秦人才得以收必胜之功。湖北历史的这次逆转，寻根究底，是楚国贵族的腐败引发的。

考古学家发掘出来的楚宫毁墟，一片狼藉，令人长叹，令人深思。

假如你是诗人，或许会想起屈原撕心裂肺的呼号："皇天之不纯命兮，何百姓之震愆!"（《九章·哀郢》）

假如你是哲人，或许会回味老子洞幽察微的告诫："反者道之动。"（《老子》第四十章）

至于我们所能做的，则是把先秦时期"湖北佬"的强项和弱项，以及他们的欢乐和悲伤，都如实地告诉读者。

目　　录

第一章　湖北的自然环境与生态资源

第一节　地　　史

地球的构造作用造就了湖北奇特的地势，而在了解湖北的地史演化历程之前，必须对湖北的地理位置和疆界予以简要勾勒。

一、地理位置与疆界

湖北位于祖国的中部，长江中游的洞庭湖以北，故称湖北，简称鄂。它北接河南，东邻安徽，南界江西、湖南，西连重庆，西北接陕西。省境连界线长达 3 700 公里。

在经纬度位置上，湖北省南起北纬 29°05′（通城县天岳关），北抵北纬 33°20′（郧西县观音洞），南北跨纬度 4°15′，最大直线距离为 470 公里。东西间的距离较长，最西点在东经 108°21′（利川市茅坝镇），最东点在东经 116°07′（黄梅县段家坝），东西间经度差为 7°46′，最大直线距离达 750 公里。

湖北省土地总面积 18.59 万平方公里，折合 27 885 万亩，占全国土地总面积的 1.94%，居全国第十四位。

我国最长的河流长江由西向东横贯全省 26 个县市，境内长 1 061 公里。

那么，居“中”独厚、得“水”而优的湖北，其地史演化历程又是怎样一幅画卷呢？

二、地史演化

在元古代中期以前，湖北地区全部被原始的海洋所覆盖。现今人们所见到的雄奇壮丽的长江三峡，巍峨挺拔的神农架，连绵起伏的大别山脉，当时都沉睡于汪洋大海之中，难以窥见其本来面目。

太古代末期（距今约17亿年前后），因地球构造运动强度加大，岩浆不断喷发，地壳发生了强烈的褶皱和隆起，伴随有花岗岩侵入，局部地区海水退缩，大别山区和鄂西终于露出水面，湖北地区第一次出现了陆地。这次剧烈的地球构造运动在地史上被称为吕梁构造运动。吕梁运动之后，湖北地区的地壳运动基本上分为三大构造单元：一块是鄂西北秦岭地区的地槽区；一块是鄂东南地区的地槽区；一块是湖北中部已较稳定的地台区①。

震旦纪末期（距今约7亿年前后），由于地壳下降，湖北地区又沦为沧海。巨大的黄陵运动使境内前震旦系普遍发生褶皱、断裂、形变和混合岩化，而震旦系普遍以角度不整合覆于其上。

到古生代寒武纪早期（距今约6亿年前后），除大洪山一带为古海岛外，湖北其他地区均为浅海陆棚区。寒武纪晚期（距今约5亿年前后），随南盆地发生了大规模火山爆发。志留纪中期（距今约4亿年前后），鄂西北两竹盆地发生火山爆发，到志留纪末期，武当山一带上升为陆地。至此，海水退出，湖北境内大都成为陆地。在泥盆纪时期（距今约3.75亿～距今约3.2亿年），湖北大地上开始生长裸蕨植物，首次披上了绿装。古生代的加里东运动在湖北境内表现不一：鄂西北地区表现为褶皱运动，使志留系与泥盆系不整合结束；在鄂西区和鄂东南区则表现为升降运动。在二迭纪（距今2亿多年），地壳又一次升降频繁，湖北境内又出现两次大的海进海退，成为湖北重要的成煤时期。三迭纪末期（距今约2亿～距今约1.9亿年）的印支运动，使得地壳再次上升，湖北境内又上升为陆地。至此，湖北地区才最终与大海告别，成为真正的内陆地区。

中生代晚期的燕山运动在湖北境内表现为一次规模巨大的造山运动，

---

① 杨宝成主编：《湖北考古发现与研究》，武汉大学出版社1995年版，第1页。

使震旦纪以来的沉积盖层发生强烈的褶皱和断裂，并伴随大规模的岩浆活动，今鄂东即发生了火山喷发。与之同时，这次运动又改造、干扰和破坏了前震旦纪古老的地质构造形状，造成了今日湖北境内主要构造雏形。从中生代晚期到新生代初期，由于中国东部和中部广大地区地壳下降，而西部地区则不断上升，致使东西水系相通而东流，继而形成了横贯湖北全境的长江①。至此，湖北大地的地貌格局已基本形成。不过，由于受新生代（距今约 7 000 万年）以来的喜马拉雅运动和第四纪内最主要的构造运动——新构造运动的影响，湖北境内东部、西部和北部山地徐徐上升，中部地区缓缓沉降，形成了三面高、中部低、南面向洞庭湖敞开的地貌景观。

随着地球历史的发展，湖北境内经历了多次构造运动，由于影响程度的不同和所受应力方式的差异，产生了形态多样、方向各异的复杂构造形迹，主要有纬向构造、山字形构造、华夏系构造、新华夏系构造、南北向构造及各种形式的旋转构造等体系。其中，淮阳山字形构造之弧顶和全弧西翼斜贯全省，与纵贯全省的新华夏系构造以及横亘北部的纬向构造，构成湖北的基本构造骨架，对其境内地貌发展起着主导作用②。

第二节　地　　貌

湖北地质构造的性质、特征和走向，直接决定着湖北的地貌类型（见插页图一）和特征。当然，人为因素的外力作用也是不可忽视的。

一、地貌类型

湖北的地貌类型复杂多样，计有山地（包括高山、中山、低山）、丘陵、岗地、平原、盆地等。

①② 参见中国科学院《中国自然地理》编辑委员会：《中国自然地理》，科学出版社 1982 年版。

(一) 山地

湖北省习惯上将山地分为高山、中山、低山三种。按《湖北省情》的标准，高山海拔 1 200 米以上，中山海拔 800 米～1 200 米，低山海拔 500 米～800 米①。《湖北省志·地理》并未明确提出划分标准，但按其行文分析，似乎视海拔 2 000 米以上者为高山，海拔 800 米～2 000 米者为中山，海拔 500 米～800 米者为低山②。下文的介绍以后者为依据。

高山　湖北称得上高山地貌类型的，首先是鄂西北山地中的神农架。神农架位于长江三峡以北、汉江河谷之南的崇山峻岭之中。西与重庆巫溪、巫山接壤，北、东、南三面则与竹山、房县、保康、兴山、巴东相邻，属大巴山东延部分，多由白云岩、灰岩、板岩、砂岩、火山碎屑岩等浅变质岩和沉积岩组成。这里山体高大，山坡陡峻，群峰耸峙，气势壮阔。地势由西南向东北倾斜，山峰多在 2 000 米以上，超过 2 500 米的高峰有 20 多座，如神农顶高 3 105.4 米、大神农架高 3 052.7 米、金猴峰高 3 019 米、小神农架高 3 005 米、老君山高 2 952.7 米、刘亨寨高 2 575 米、乌云顶高 2 550 米等。其次是鄂西南山原中靠近恩施、宣恩、五峰、长阳一带，各有小块高山地貌形态，其中长阳的尖崩子高 2 259.1 米、云台荒高 2 067.6 米，宣恩的七姊妹山高 2 014.5 米，五峰的白溢寨高 2 320.3 米。尤其是恩施的大山顶地区，2 000 米以上的山峰就有 12 座，如石门子高 2 078 米。这种高山地貌形态类型与神农架不尽相同：神农架的高山地貌形态最突出的特色是高大而尖峭；鄂西南山原中的高山地貌形态，则是高山之巅为起伏不大的山顶面，山岳之间清溪缓流，牧草丰茂，肥沃的草甸土发育，四周则多为深陷的悬崖峭壁所限，其山势以下即降为中山地貌形态，分界极为明显。

---

① 湖北省统计局编：《湖北省情·地理环境与自然资源》，湖北人民出版社 1987 年版，第 3 页。

② 湖北省地方志编纂委员会：《湖北省志·地理》，湖北人民出版社 1997 年版，第 275～276 页。

中山　湖北中山地貌形态也有鄂西北区和鄂西南区两种不同的类型。鄂西北区除了神农架为高山地貌形态类型外，其他均为中山地貌形态类型。如武当山主峰天柱峰高 1 612 米，荆山主峰聚龙峰高 1 851.3 米，其最高点望佛山高 1 946 米，房县九焰山高 1 258 米，郧西大梁高 1 822.6 米，位于鄂渝陕三省市交界的鸡公岭高 1 700 米，竹山老阴岭高 1 791.2 米，竹溪八卦山高 1 906 米等。这里山地面积大、范围广，山外有山，山山相连。群山之间夹有一些断陷盆地，四周均为高起的山地所限。而鄂西南山原西部的利川山原，则是一种别具特色的中山地貌形态类型。巫山起伏于 1 000 米～2 000 米之间，齐岳山平均海拔 1 600 米以上，利川山原面也在海拔 1 100 米～1 300 米上下，位于利川、咸丰、恩施交界的星斗山高 1 751.2 米，巴东绿葱坡高 1 822 米。这些山峰虽已接近 2 000 米，但利川山原面本身已有 1 300 米高，山峰坐落在山原面之上，其相对高度就不太突出，有如原上之丘，以致有人称之为“丘原”。

低山　湖北低山地貌形态类型主要分布在鄂东地区。鄂东北大别山地，其山脊线附近平均海拔虽在 1 000 米上下，个别山峰如罗田天堂寨甚至高达 1 729 米，已属中山性质，但其面积小，范围狭，且被广大海拔 500 米～800 米的低山所包围，有如鹤立鸡群。其地貌切割剧烈，山体破碎。鄂东南幕阜山地，其南部山体主脊线附近也在 1 000 米左右，少数山峰已达 1 500 米以上，如老鸦尖高 1 650 米、九宫山高 1 543 米，其山体虽属中山性质，但因处于低山地貌的包围之中，宛如汪洋中的岛屿。低山区的特点为地势南高北低，岭谷平行相间，沿东西方向延伸，山丘盆地参差，高低起伏①。

（二）丘陵

湖北丘陵地貌类型多半个体不大，分布零散，山文线不甚明显，相对高差在 200 米以下。一般说来，比高 50 米～100 米的为低丘，比高

---

① 湖北省统计局编：《湖北省情·地理环境与自然资源》，湖北人民出版社 1987 年版，第 4 页。

100米～200米的为高丘。丘陵分布以鄂中、鄂东北最为集中。鄂中丘陵处于南漳——荆门一线以东，随州厉山——孝昌花园一线以西，包括荆山与大洪山之间的汉江谷地丘陵、大洪山与桐柏山之间的涢水流域丘陵。鄂东北则为大别山山前高丘。总体看来，全省丘陵以低丘为主，地势起伏不大，相对高度多为30米～60米，丘坡一般小于20°。丘间沟谷开阔，土层丰厚，宜农宜林，以冲田、垄田、塝田、畈田为主，且水田所占比重较大，仅鄂中丘陵耕地中水田即占60%以上，是湖北粮棉油的重要产区①。

（三）岗地

湖北岗地地貌类型一般是指鄂北汉江以东、滚河以北的“三北”（老河口、襄阳、枣阳以北）地区，称之为“鄂北岗地”，也叫“三北岗地”。三北岗地顶部宽平，切割轻微，纵向坡度为6°左右，最陡岗坡也很少超过15°，相对高度多在5米～20米之间，地面略有起伏，岗垄相间，土层深厚，宜于农耕。这类岗地大部分属南阳盆地南缘，为汉水中游和唐白河下游冲积平原的一部分。由于新构造运动有节奏地抬升的影响，地面遭受流水切割，形成平顶的岗地地貌。这里以旱地居多，是湖北省麦、棉、芝麻、烟叶等作物的重要产区，也是农业生产潜力很大的一个地区。另外，在中南部江汉平原外围，也分布着另一种形态的岗地。这种岗地切割密度较大，缺乏广阔平坦的岗地顶面，属于众多的顶面在同一高度的丘陵式岗地。

（四）平原

湖北平原的海拔高度一般低于100米，相对高度不超过20米，地势低平坦荡，土层深厚肥沃。从形态上看，又可分为倾斜平原、坦荡平原、洼状平原、波状平原等。境内最主要的平原有江汉平原和鄂东沿江平原。

江汉平原是长江及其支流汉江冲积而成的河积—湖积平原。由于平

---

① 湖北省统计局编：《湖北省情·地理环境与自然资源》，湖北人民出版社1987年版，第4页。

原周缘新构造运动的间歇性上升和平原内部的大幅度下降，产生了缓慢的差异升降运动。尤其是地表由北向南的倾斜运动，造成平面从西北向东南倾斜，显示出倾斜平原的形态。平原的中部低平，海拔均在40米以下，为深厚的河湖相间松软沉积物所组成，地面平坦，具有坦荡平原的形态。平原区内受网状水系的泥沙沉积和人工筑堤的影响，形成了相对高差数米至十余米的沿江高地和河间湖洼地相间分布的地貌特点，如荆江沿岸高地、东荆河沿岸高地和汉江沿岸高地等，其间分布着荆南王家大湖洼地、荆北四湖（长湖、三湖、白露湖、洪湖）洼地、汉南排湖洼地和汉北汈汊湖洼地等。从局部来看，王家大湖洼地、四湖洼地、排湖洼地、汈汊湖洼地均为洼状平原；从整体来看，长条形高地与长条形洼地相间排列，凹凸不平，波浪起伏，显示出波状平原形态。这种高低相差不大的微地貌的分异，直接影响土地资源的利用方式：高地以小麦、棉花等旱地作物为主；两河间的湖泊洼地则多为水田，以稻作为主，湖中养鱼，是名副其实的"鱼米之乡"。江汉平原是我国南方四大富饶平原之一，也是全国重点商品粮和淡水养殖基地之一。

鄂东沿江平原亦属江湖冲积平原，西起嘉鱼，东抵黄梅，是长江中游平原的组成部分。因为江流受大别山弧形构造控制，流经两侧山地入江，故其支流短小，河口三角洲面积狭窄，河间地带，河湖交错，夹有残山低丘，逼近江岸，平原面积收缩，形态上远不及江汉平原宽阔坦荡。但沿江的湖泊甚多，南有梁子湖、大冶湖、网湖，北有涨渡湖、赤东湖、武山湖等，连同江汉平原，共同组成湖北粮棉生产和淡水养殖的集中产地①。

（五）盆地

湖北盆地地貌形态类型兼平原地貌形态类型和山地地貌形态类型而有之：盆地底部属于平原地貌形态类型，盆地边缘则属于山地地貌形态类型。但二者组合起来，就成为另一种新的完整的盆地地貌形态类型了。

---

① 湖北省统计局编：《湖北省情·地理环境与自然资源》，湖北人民出版社1987年版，第4页。

其实，湖北地貌形态本身就是一个向南敞开、北有缺口的不完整的盆地地貌形态，即西、北、东三面高起，中南部低平，北有南（阳）襄（阳）夹道缺口。此外，在湖北山地地貌形态类型与丘陵地貌形态类型中，还夹有不少小规模的山间盆地，它们多由地质断陷构造基础上的堆积物形成，如通山—楠林桥盆地、阳新盆地、崇阳盆地、恩施盆地、建始盆地、房县盆地等。

二、地貌特征

湖北地貌有三个主要特征，即西高东低的转折带、“七山一水二分田”的地貌结构、马蹄型环绕结构等特征。

（一）西高东低的转折带

中国地貌大势西高东低，从西部山地向东部平原，恰如四级巨大阶梯由内陆向海洋的大陆架（大陆浅滩）梯级下降，逐步倾斜。湖北正好处于中国地貌的第二阶梯向第三阶梯的转折段，是二者之间的过渡地带①。鄂西北山地、长江三峡高山峡谷与鄂西南山原，属于秦巴山地与云贵高原向东延伸的一部分，为中国地貌的第二阶梯的东部边缘；鄂北岗地、鄂中丘陵、鄂南江汉平原、鄂东北大别山低山丘陵、鄂东长江河谷平原、鄂东南幕阜山低山丘陵，属于中国地貌的第三阶梯的一部分。这无疑决定了湖北地貌的过渡性与复杂性，构成湖北地貌的第一个显著特征——西高东低的转折带。

（二）“七山一水二分田”的地貌结构

湖北是一个多山的省份。全省所管辖的72个县级行政区（包括县、县级市、神农架林区）中，山区县（市、区）就有39个，约占56%。湖北地貌类型中以山地（海拔500米以上）的面积最为广大，约10.4万平方公里，合15 673万亩，占全省总面积的55.5%；丘陵、岗地（海拔200米～500米）约4.5万平方公里，合6 818万亩，占全省总面积的

① 参见中国科学院《中国自然地理》编辑委员会：《中国自然地理》，科学出版社1982年版。

24.5%；平原（海拔200米以下）约3.7万平方公里，合5 620万亩，占全省总面积的20%。人们通常把山地和丘陵统称为山区，全省山地和丘陵的面积共约15万平方公里，合22 455万亩，占全省总面积的80%，这就是“七山”的由来。

上述比例未单独列出江河湖泊所占面积。其实，湖北河疏、港渠纵横交织，湖泊、库塘星罗棋布，拥有内陆水域的所有类型。20世纪50年代，全省共有大小湖泊1 141个，面积7 922平方公里，合1 240万亩，素称“千湖之省”。几十年来，由于大规模围湖造田，湖泊数量锐减，湖面急剧萎缩，但因在丘陵山区筑坝蓄水，修建了不少水库，加上江河水面，全省各种水域面积仍有1 375.7万亩，占有一定比例。由此可见，“七山一水二分田”确系湖北地貌的第二个显著特征①。

（三）马蹄型环绕结构

湖北西有武陵山、巫山、齐岳山、大巴山、武当山、荆山，东北有桐柏山、大别山，东南有幕阜山、九宫山，还有西南由山地组成的利川山原，只有中南部为低洼的江汉平原。这种西、北、东三面为层状山地包围，中南部为平均海拔50米以下平原的马蹄型环绕结构，正是湖北地貌的第三个显著特征。

第三节　生　　态

水文和气候都是地理环境中最为活跃的因子，也是人类社会赖以生存、发展的最主要的自然生态。

一、水　　文

湖北是全国水资源十分丰富的省份之一，全省总水资源量达7 319.3亿立方米，其中全省自产水量981.3亿立方米，占总水资源量的

① 参见湖北省地方志编纂委员会：《湖北省志·地理》，湖北人民出版社1997年版。

13.4%；由长江、汉江输入的客水资源 6 338 亿立方米，占总量的86.6%。湖北水资源虽然丰富，但因降水集中，变率大，径流资源分配不均，江河水情变化迅速，故洪、涝、旱灾发生的概率较高。

（一）丰沛的大气降水、地表径流和地下水

湖北属亚热带季风气候，水汽来源充足，充沛的大气降水是全省水资源良好的补给条件。根据湖北省水文总站对 1956—1979 年降水系列的计算，湖北年平均降水深 1 166 毫米，是全国平均降水深 628 毫米的 1.86 倍；全省年降水总量为 2 167 亿立方米，占全国年降水总量 61 889 亿立方米的3.5%，恰与全省自产水量 981.3 亿立方米占全国水资源总量 28 124.4 亿立方米的 3.5%的比重一致，居全国第 10 位（见表 1-1）①。

表 1-1 全国各省区水资源量比较（以 1988 年统计数字为准）

序号	省区名称	水资源量（亿立方米）	年产水模数（万立方米/平方公里）	人均水资源量		亩均水资源量	
				人口数（万人）	水量（立方米/人）	耕地面积（亩）	水量（立方米/亩）
1	西藏自治区	4 482.0	37.31	212	21 142	333.1	13 455
2	四川省	3 133.8	55.21	10 576	2 963	9 472.2	3 308
3	云南省	2 221.0	57.86	3 594	6 180	4 204.8	5 282
4	广东省	2 134.1	100.66	6 556	3 255	4 412.6	4 836
5	广西壮族自治区	1 880.0	79.05	4 088	4 599	3 854.1	4 878
6	湖南省	1 626.6	76.79	5 890	2 762	4 989.6	3 260
7	江西省	1 422.4	85.08	3 609	3 941	3 537.9	4 020
8	福建省	1 168.7	96.28	2 845	4 128	1 860.9	6 280
9	贵州省	1 035.0	58.76	3 127	3 310	2 781.9	3 720
10	湖北省	981.3	52.78	5 185	1 892	5 247.7	1 870

① 采自湖北省地方志编纂委员会：《湖北省志·地理》，湖北人民出版社 1997 年版，第 642～643 页。

续表

序号	省区名称	水资源量（亿立方米）	年产水模数（万立方米/平方公里）	人均水资源量		亩均水资源量	
				人口数（万人）	水量（立方米/人）	耕地面积（亩）	水量（立方米/亩）
11	浙江省	897.1	88.12	4 170	2 151	2 604.7	3 444
12	新疆维吾尔自治区	882.8	55.36	1 426	6 191	4 613.8	1 914
13	黑龙江省	775.8	16.62	3 466	2 238	13 250.6	586
14	安徽省	676.8	48.49	5 377	1 259	6 573.2	1 030
15	台湾省	664.1	184.57	1 989	3 339		
16	青海省	626.2	8.66	434	14 429	852.5	7 345
17	内蒙古自治区	506.7	4.39	2 094	2 420	7 306.8	693
18	陕西省	441.9	21.50	3 135	1 410	5 226.6	845
19	河南省	407.7	24.41	8 094	504	10 434.6	391
20	吉林省	390.0	20.69	2 373	1 643	5 927.0	658
21	辽宁省	363.2	24.96	3 820	951	5 217.8	696
22	山东省	335.0	21.85	8 011	440	10 344.4	324
23	江苏省	325.4	31.88	6 438	505	6 853.2	415
24	甘肃省	274.3	6.93	2 136	1 284	5 213.4	526
25	河北省	236.9	12.62	5 795	409	9 851.2	240
26	山西省	143.5	9.18	2 755	521	5 559.9	258
27	北京市	40.8	24.29	1 081	377	623.8	654
28	上海市	26.9	43.49	1 262	213	490.8	549
29	天津市	14.6	12.91	843	173	649.9	225
30	宁夏回族自治区	9.9	1.92	445	222	1 193.7	51
	合计	28 127.5	1 263.62	110 826	54 851	143 482.6	71 813

注：（1）序号以水资源量大小为准。

（2）广东省包括海南省在内，四川省包括重庆市在内。

湖北境内年产水量包括地表径流和地下水两部分。据全国1956—1979年同步期年径流系列的分析计算，全省多年平均径流总量为946.1亿立方米（含地下水排泄部分），相当于全国河川径流总量的3.59%，比湖北面积仅占全国的1.94%高1.65%；折合径流深为509毫米，比全国平均年径流深284毫米高出0.8倍。但是，湖北境内径流年际变化大，年内分配也严重不均（见图1-1）①，这是造成全省洪、涝、旱灾比较频繁的主要原因。

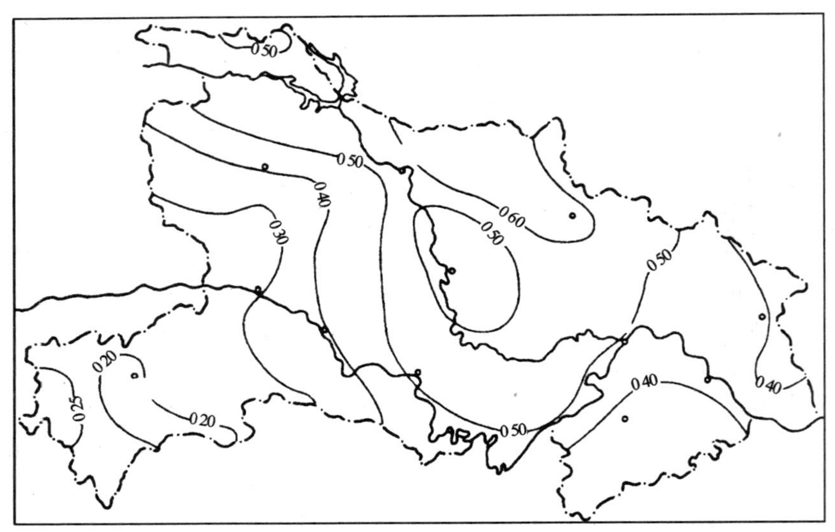

图1-1 湖北省1956—1979年径流变差系数 C_v 等值线图

湖北省地表径流在地区分布上也不均衡，总的趋势是鄂南大于鄂北，山区大于平原，降水丰沛地区大于降水欠缺地区。如鄂西南武陵山区年产水模数最大达112.3万立方米/平方公里，为全省均值的2.2倍；襄阳区年产水模数为29.5万立方米/平方公里，仅为全省均值的58%，只有武陵山区的25%（见表1-2）②。

①② 采自湖北省地方志编纂委员会：《湖北省志·地理》，湖北人民出版社1997年版，第644、650页。

表 1-2　湖北省分区年降水量与年径流量统计

序号	分区名	面积（平方公里）	降水量		径流量		年径流系数	不同保证率年径流量（亿立方米）				变差系数（C_v）	产水模数（万立方米/平方公里·年）
			降水深（毫米）	降水总量（亿立方米）	径流量（毫米）	径流总量（亿立方米）		$P=$ 20%	$P=$ 50%	$P=$ 75%	$P=$ 95%		
	全省	185 900	1 166.0	2 167.1	508.9	946.1	0.44	1 144.8	927.2	756.9	517.1	0.27	50.9
1	清江区	17 911	1 418.3	254.1	839.1	150.3	0.59	177.4	147.3	126.3	100.7	0.22	83.9
2	鄂南区	18 611	1 423.5	264.9	702.3	130.7	0.49	165.0	122.0	95.4	73.2	0.36	70.2
3	鄂东区	18 781	1 268.5	238.2	537.8	101.0	0.42	131.3	96.0	73.7	47.5	0.38	53.8
4	鄂西区	21 364	918.4	196.2	390.8	83.5	0.43	108.2	80.2	61.0	40.1	0.37	39.0
5	武陵山区	5 550	1 699.8	94.3	1 122.5	62.3	0.66	72.13	61.3	53.6	43.6	0.20	112.3
6	襄阳区	25 622	900.6	230.7	297.8	76.3	0.33	103.0	71.0	51.1	30.5	0.45	29.3
7	三峡区	8 854	1 269.3	112.4	734.1	65.1	0.58	78.0	63.7	53.3	41.0	0.25	73.4
8	府澴河区	14 769	1 025.6	151.5	318.9	47.1	0.31	65.5	42.7	29.2	15.1	0.52	32.1
9	沮漳河区	11 270	1 031.6	116.3	385.1	43.4	0.37	59.0	39.9	28.6	16.5	0.47	38.5
10	四湖区	11 823	1 115.5	131.9	323.9	38.3	0.29	53.2	34.9	23.7	12.3	0.52	32.4
11	乌江区	4 383	1 446.7	63.4	867.0	38.0	0.60	44.8	37.2	31.9	25.5	0.22	86.7
12	汉北区	10 542	1 044.7	110.1	326.3	34.3	0.31	45.1	32.7	24.4	15.5	0.40	32.1
13	四口区	6 555	1 254.9	82.3	448.5	29.4	0.35	37.9	28.2	21.5	14.1	0.37	44.9
14	汉南区	4 927	1 135.3	55.9	359.2	17.7	0.32	24.2	16.3	11.3	6.02	0.50	35.9
15	黄广区	2 543	1 357.7	34.5	598.0	15.2	0.50	19.9	14.4	10.8	6.84	0.40	59.8
16	齐岳山区	1 232	1 340.8	16.5	640.4	7.89	0.48	9.47	7.73	6.14	4.95	0.25	64.0
17	淮河区	1 163	1 153.3	13.4	469.5	5.46	0.41	7.59	4.97	3.93	1.75	0.52	46.9

湖北省地下水年径流量为470.13亿立方米，扣除地下水内部各单元之间相互转变重复计算的水量53.85亿立方米，实际的地下水资源量为457.36亿立方米。全省地下水总储存量为2 650亿立方米，其中约86%储存于江汉平原及河谷平原地区，约14%储存于岗状平原及基岩山区。全省浅层地下水资源量约291.36亿立方米，其中山区的地下水资源量为212.31亿立方米，平原湖区的地下水资源量为81.96亿立方米（二者之间存在少量的重复计算），山区明显大于平原湖区。但若从地下水产水模数来看，平原湖区为18.34万立方米/平方公里·年，山区为15.14万立方米/平方公里·年，平原湖区高于山区。从地下水资源绝对量来说，清江区最大，达43.74亿立方米；淮河区最小，仅0.89亿立方米。若以相对值地下水产水模数来比较，则武陵山区位居第一，达30.8万立方米/平方公里·年，府澴河区居末位，仅7.04万立方米/平方公里·年；而与全省地下水产水模数的平均值15.67万立方米/平方公里·年最为接近的，是黄广区的15.57万立方米/平方公里·年（见表1-3）①。

表1-3 湖北省分区地下水资源与地下水模数

分区名	评价面积（平方公里）	地下水资源量（亿立方米）	重复计算量（亿立方米）	扣除重复计算后地下水量（亿立方米）	地下水产水模数（万立方米/平方公里·年）
全省	185 900	291.36	256.12	35.24	15.67
清江区	17 911	43.74	43.74	—	24.44
鄂南区	18 611	32.65	27.05	5.60	17.54
襄阳区	25 622	26.11	25.63	0.48	10.19
鄂西北区	21 364	25.66	25.66	—	12.01
鄂东区	18 781	24.60	22.19	2.41	13.10
三峡区	8 854	21.78	21.78	—	24.60

① 采自湖北省地方志编纂委员会：《湖北省志·地理》，湖北人民出版社1997年版，第652页。

续表

分区名	评价面积（平方公里）	地下水资源量（亿立方米）	重复计算量（亿立方米）	扣除重复计算后地下水量（亿立方米）	地下水产水模数（万立方米/平方公里·年）
四湖区	11 823	20.97	11.33	9.64	17.74
汉北区	10 542	17.53	11.85	5.68	16.63
武陵山区	5 550	17.08	17.08	—	30.77
沮漳河区	11 270	13.47	12.65	0.82	11.95
四口区	6 555	11.89	8.64	3.25	18.14
府澴河区	14 769	10.40	9.21	1.19	7.04
汉南区	4 927	9.81	4.89	4.92	19.91
乌江区	4 383	9.27	9.27	—	21.15
黄广区	2 543	3.96	2.89	1.07	15.57
齐岳山区	1 232	1.55	1.55	—	12.58
淮河区	1 163	0.89	0.89	—	7.65

注：前后次序以地下水资源量大小为准。

（二）千水归一的向心状水系

湖北省共有大小河流 1 195 条，总长 35 000 多公里，其中河长在 100 公里以上的有 42 条。全省河流中除位于鄂东北的游河、三狮河及竹竿河 3 条小河属淮河水系外，其余的河流均迂回曲折，汇入长江，构成向心状水系（见图 1-2）①。

长江从巴东县鳊鱼溪河口入湖北省境，自西向东，流经秭归、宜昌、宜都、枝江、松滋、江陵、沙市、公安、石首、监利、洪湖、嘉鱼、汉阳、江夏、武汉、新洲、黄冈、团风、鄂州、浠水、黄石、大冶、蕲春、阳新、武穴，至黄梅滨江出境，历全省 27 个县、市，境内约长 1 061 公里，最大

① 采自湖北省地方志编纂委员会：《湖北省志·地理》，湖北人民出版社 1997 年版，第 494 页。

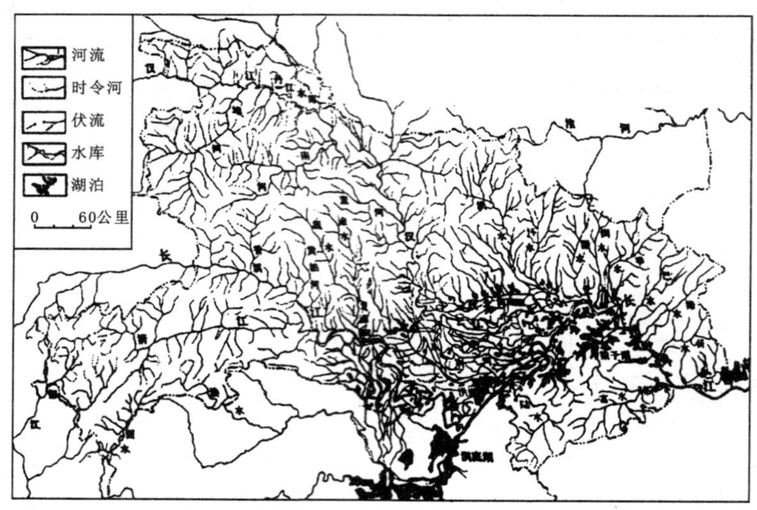

图 1-2 湖北省水系图

流量为 8 万立方米/秒。长江上游江狭流急，宜昌以下渐趋平缓。长江在湖北境内的主要支流有汉江、沮水、漳水、清江、东荆河、陆水、滠水、倒水、举水、巴水、浠水、富水等。

汉江是长江最长的支流，它在源地名漾水，流经沔县（今勉县）称沔水，东流至汉中始称汉水，自安康至丹江口段古称沧浪水，襄阳以下别名襄江、襄水。汉江由陕西白河县将军河进入湖北省郧西县，流经郧阳、丹江口、老河口、谷城、襄阳、宜城、钟祥、荆门、潜江、仙桃、汉川、汉阳，至武汉进入长江，境内流长 920 公里，最大流量 3 万立方米/秒。汉江集水区域广及陕西、四川、河南、湖北 4 省，府河改道后全流域面积为 15.9 万平方公里，其中湖北省境内汉江的集水面积为 62 455 平方公里，占全流域面积的 39.28%。汉江水系呈格子状排列，两岸支流较短，左岸较右岸发育，其中省境内的主要支流有金钱河、天河、丹江、唐白河、汉北河、堵河、南河、北河、蛮河等（见表 1-4）①。

① 采自湖北省地方志编纂委员会：《湖北省志·地理》，湖北人民出版社 1997 年版，第 534 页。

表 1-4　湖北省境内汉江主要支流基本情况

支流名	岸别	河源	河口	集水面积（平方公里）	河长（公里）	平均坡降（‰）
金钱河（夹河）	左	陕西终南山	夹河口	5 670	210	22.1
天　河	左	陕西天桥洞	天河口	1 614	68.7	61.8
丹　江	左	陕西赵家湾	丹江口	17 190	310	
唐白河	左	河南老君山	襄阳张湾	25 800	310	
汉北河	左	京山官桥	武汉新沟	8 691	242	1.1
堵　河	右	陕西大巴山	郧阳堵河口	12 431	338	21
南　河	右	神农架	谷城	6 497	303	12.7
北　河	右	房县南进沟	谷城宋家洲	1 212	103	33.3
蛮　河	右	保康聚龙山	宜城小河口	3 244	188	9.4

（三）星罗棋布的湖泊

湖北湖泊数量众多，分布密集，曾号称“千湖之省”。省内大小不等、形态各异的湖泊，是长江中下游淡水湖泊群的重要组成部分。湖北湖泊群的分布范围大致西起枝江，东迄大别山麓，北以应城—皂市—钟祥一线的黏土阶地为界，南以华容以北低丘与洞庭湖分界，包括省内 35 个县、市，区域总面积 39 000 多平方公里，其中纯平原湖区面积约 28 000 平方公里。

湖北湖泊受外江水位涨落影响，大水时相邻的湖泊常常连成一片，大湖套小湖，母湖造子湖；枯水时则各自独立。由于千百年来江水泛滥、泥沙冲淤和人工围湖垦殖等影响，全省湖泊的数量、面积极不稳定，各有关部门调查统计的数据，也因统计年代和标准的不同而有较大的出入。华中师范大学地理系湖泊水文室在实地考察的基础上，通过对各个历史时期的地形图、美国地球资源卫星图像、各地市湖泊农业区划调查成果、地名志、水利志等有关资料的综合分析，得出了较为科学的数据：20 世纪 30 年代全省约有湖泊 867 个，面积为 6 083.6 平方公里；50 年代末全省湖泊数量因许多大湖被分解而增加到 1 129 个，面积为 5 389 平方公里；其后因受大规模围湖造田的影响，湖泊数量和面积急剧减少，到 80 年代中期，湖泊减至 753 个，面积仅剩 2 848 平方公里（见表 1-5）①。

表 1-5 湖北省不同时期湖泊数量、面积统计（20 世纪）

地区	项目 / 年代	合计		≥33.33 平方公里（5 万亩）		≥6.66～<33.33 平方公里（1 万～5 万亩）		≥0.66～<6.66 平方公里（0.1 万亩～1 万）		≥0.1～<0.66 平方公里（0.015 万～0.1 万亩）		备注
		（个）	（平方公里）	（个）	（平方公里）	（个）	（平方公里）	（个）	（平方公里）	（个）	（平方公里）	
全省	30 年代	859	6 083.61	30	3 591.57	105	1 426.52	404	856.54	320	119.97	
	50 年代	1 129	5 389.00	26	2 765.23	103	1 457.04	432	883.98	568	175.88	
	80 年代	753	2 848.46	13	1 370.55	56	793.52	277	559.87	407	124.48	
武汉市	30 年代	137	1 634.91	10	1 238.10	20	262.71	53	110.72	54	23.38	* 不包括汉阳后官湖
	50 年代	180	1 055.06	9	792.20	10	105.67	58	129.43	103	27.76	
	80 年代	158	679.63	5 *	350.92	12	197.62	47	103.36	94	27.26	
黄石市	30 年代	8	95.26	1	79.56	1	11.40	2	2.05	4	2.25	不包括保安湖
	50 年代	13	107.61	1	85.59	1	13.12	2	4.79	9	4.61	
	80 年代	21	127.88	2	104.32	1	7.91	6	11.92	12	3.73	
鄂州市	30 年代	27	226.51	2	191.62			11	31.28	14	3.61	* 县境梁子湖部分，算面积不算个数
	50 年代	40	243.11	2	191.74	1	24.14	12	21.21	25	6.02	
	80 年代	26	207.22	1	86.70 *	4	78.23	5	37.59	16	4.70	
荆门市	30 年代	29	228.13	1	187.63	1	9.63	10	26.24	17	5.05	不包括长湖、借粮湖
	50 年代	30	192.44	1	153.63	1	6.73	11	28.35	17	3.73	
	80 年代	21	18.73					11	15.56	10	3.15	

① 采自湖北省地方志编纂委员会：《湖北省志·地理》，湖北人民出版社 1997 年版，第 566～569 页。

续表

地区 \ 项目、年代		合　计		≥33.33 平方公里（5 万亩）		≥6.66～<33.33 平方公里（1 万～5 万亩）		≥0.66～<6.66 平方公里（0.1 万亩～1 万）		≥0.1～<0.66 平方公里（0.015 万～0.1 万亩）		备注
		（个）	（平方公里）	（个）	（平方公里）	（个）	（平方公里）	（个）	（平方公里）	（个）	（平方公里）	
黄冈地区	30 年代	68	437.57	3	225.96	9	153.55	23	45.19	33	11.35	
	50 年代	108	280.35	22	129.64	6	92.14	29	44.89	51	13.7	
	80 年代	86	226.65	1	89.56	6	86.97	25	37.73	54	12.39	
孝感地区	30 年代	60	714.0	4	511.39	7	115.07	34	77.86	15	4.66	
	50 年代	71	459.36	3	249.51	9	131.19	37	62.17	22	11.91	
	80 年代	31	183.06	1	73	5	77.92	15	29.01	10	3.13	
咸宁地区	30 年代	71	461.55	3	278.33	7	100.33	33	71.15	28	11.74	* 不包括斧头湖面积包括斧头湖，不计个数
	50 年代	81	432.73	2*	196.31	11	156.76	33	66.94	35	12.72	
	80 年代	70	338.35	2	188.88	6	88.24	30	50.43	32	10.76	
荆州地区	30 年代	941	2 185.22	7	953.54	5	699.61	233	472.28	696	59.36	包括荆门、沙市
	50 年代	622	2 571.16	7	1 152.20	63	919.11	243	499.56	309	100.61	包括荆门、沙市
	80 年代	316	1 041.99	2	277.17	21	249.96	121	258.82	172	56.04	包括沙市
宜昌地区	30 年代	16	107.76			6	85.62	7	21.32	3	0.82	
	50 年代	15	46.58			2	21.3	7	22.85	6	2.43	
	80 年代	15	24.94			1	6.67	7	15.45	7	2.82	

说明：

1. 20 世纪 30 年代以抗战前陆军部 1∶50 000 地形图上湖泊为准，但因受地图残缺及测绘精度的影响，存在一定的误差。

2. 50 年代以中国人民解放军测绘总局 1∶50 000 地形图上湖泊为准。

3. 80 年代，根据 1979—1983 年美国地球资源卫星图像上测量数据，以及湖区实地调查和各县市地名志、水利志上有关数据综合分析得出。

4. 80 年代以来，许多湖泊因发展水产养殖，被筑堤分割，所以从水产养殖角度统计，全省湖泊数量超过表中数据。

湖泊数量的骤减和水面的萎缩，必然导致其调蓄能力的减弱，目前可调蓄只有30多亿立方米（正常水位到高水位作为排涝调节范围计算），丰水年才可接纳来水100亿立方米以上。这虽然可以在一定程度上减轻长江、汉江洪水的压力，但若遇上类似1954年、1998年的特大洪水，湖泊调蓄量的严重不足便突出地暴露出来。因此，必须高度重视湖区生态环境平衡，认真做好“退田还湖”工作。

二、气　候

湖北属亚热带季风性湿润气候，光能充足，热量丰富，无霜期长，降水充沛，雨热同季。但因全省南北纬度相差4度多，东西经度相差约8度，加之复杂多样的地貌类型，对气候要素又产生了明显的再分配作用，使得全省不仅南北气候有别，东西气候迥异，而且兼有北亚热带、中亚热带以及南温带、中温带等多种气候类型，具有复杂性、过渡性和季节性的气候特征。

（一）日照时间长，辐射总量高

湖北属日照时间较长的地区，多年平均日照时数为1 200小时～2 200小时，且自西南向东北逐渐增加。鄂西南全年日照时数在1 200小时～1 800小时之间，是全省日照时数的低值区，也是全国的低值区之一，其中最低是宣恩，年平均日照时数仅1 168.3小时。鄂东北和鄂北的日照时数为2 000小时～2 200小时，是全省日照时数的高值区，其中大悟年平均日照时数为2 153.3小时，居全省首位。鄂西北、江汉平原和鄂东南年日照时数为1 800小时～2 000小时，介于鄂西南与鄂东北之间（见图1-3）①。

湖北年总辐射量在3 500兆焦/m^2～4 800兆焦/m^{2}之间，其分布特征与日照时数相同，即东高西低、北高南低。沿东经112°的4 400兆焦/m^{2}等值线，把全省分为两个部分。鄂东大部分地区年总辐射量在4 400兆

① 采自湖北省地方志编纂委员会：《湖北省志·地理》，湖北人民出版社1997年版，第370页。

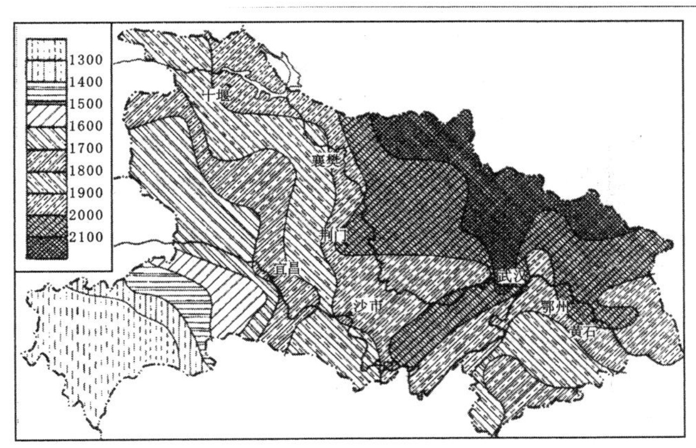

图 1-3 湖北省年平均日照时数分布图

焦/m^2 以上。其中，鄂东北是全省总辐射的高值区，其值皆在 4 600 兆焦/m^2 以上；鄂东南因受地形强迫作用，年总辐射一般不足 4 600 兆焦/m^2；江汉平原年总辐射量则在 4 400 兆焦/m^2～4 600 兆焦/m^2 之间。鄂西除个别地方外，年总辐射量均低于 4 400 兆焦/m^2。其中，鄂西北因受季风影响较小，年总辐射量在 4 200 兆焦/m^2 以上；鄂西南因云雾天气多，年总辐射量则在 4 200 兆焦/m^2 以下（见图 1-4）①。

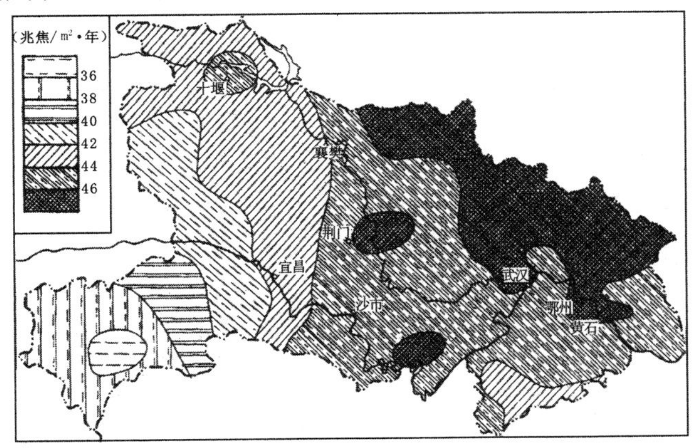

图 1-4 湖北省年总辐射分布图

① 采自湖北省地方志编纂委员会：《湖北省志·地理》，湖北人民出版社 1997 年版，第 373 页。

（二）气温较高，降水丰沛

除高山地区以外，湖北年平均气温一般都在15℃～17℃之间。若以东经112°为界，东部温度呈纬向形分布，南高北低；鄂东南在16.5℃以上，江汉平原与鄂东北在15.5℃～16.5℃之间。西部因海拔高差悬殊，情况较为复杂：长江三峡河谷为17℃～18℃，清江河谷为16℃～17℃，鄂西北的低山河谷和鄂西南的中山区为14℃～16℃，海拔高度1 822米的绿葱坡则仅7.8℃，说明高山气温随海拔高度的增加而明显降低（见图1-5）①。

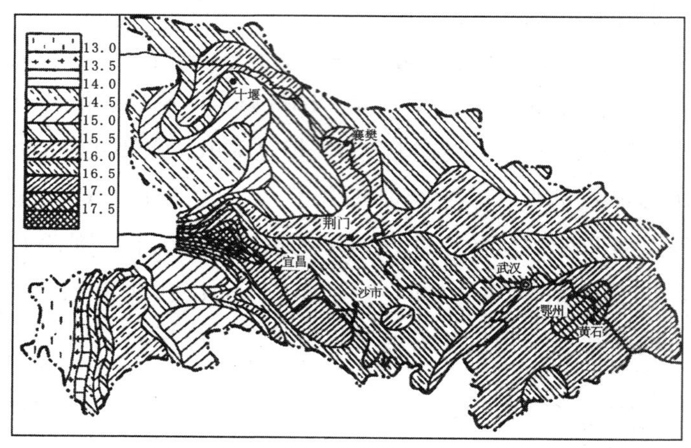

图1-5 湖北省年平均气温分布图（℃）

湖北降水充沛，各地平均年降水量在800毫米～1 600毫米之间。全省有两个多雨区，即鄂东南幕阜山区和鄂西南武陵山区，年降水量均在1 300毫米～1 600毫米之间。鄂西北和鄂北是少雨区，在900毫米以下。其他地区在900毫米～1 300毫米之间。由此可见，全省降水分布的总趋势是南多北少。但由于地形和海拔高度的影响，在山区又出现了较复杂的情况，即在少雨区中有多雨片，在多雨区中有少雨片（见图1-6）②。

①② 采自湖北省地方志编纂委员会：《湖北省志·地理》，湖北人民出版社1997年版，第378、393页。

雨热同季是湖北气候的一个显著特点。湖北的高温在夏季，夏季辐射值在（33～41）千卡/平方厘米之间，比其余季节都大。同时，夏季降雨也最多，全省夏季雨量在300毫米～700毫米之间，比春季200毫米～500毫米、秋季190毫米～400毫米、冬季30毫米～190毫米都多。此外，湖北无霜期较长，全省无霜期在230天～300天之间。

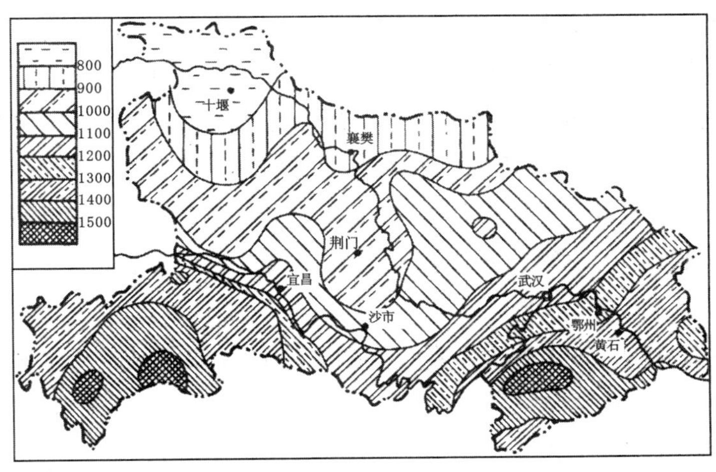

图1-6　湖北省年降水量分布图（毫米）

（三）风速较大，湿度较高，云量较多

风速的大小和风向的变化除与天气条件有关外，还受地形等因素的影响。湖北地处中纬度季风区，地形十分复杂，各地风速风向具有明显的地区和季节差异。全省大部分地区年平均风速在1.0米/秒～3.5米/秒之间，以鄂东低山河谷区风速为最小，鄂西次之，江汉平原较大，鄂北、汉水中游河谷最大。一年中一般春季风速最大，秋季风速最小，冬、夏季次之。从湖北各地全年各风向出现总频率看，大部分地区仍以偏北风出现的频率最高，但因地形影响，最多风向又有其局地性特征，山涧河谷地区，风多顺河谷而吹，最多风向往往与河道及山脉走向一致。

湿度包括绝对湿度和相对湿度。湖北年平均绝对湿度大部分地区介于14百帕～18百帕（水汽压单位）间，其地域分布是由东南向西北递减，一般是平原大于山地，东部大于西部。鄂东沿江地区和江汉平原南部湖区水域面积较广，蒸发水汽充足，年平均绝对湿度多在 17 百帕以上，为全省绝对湿度最大区；鄂西北因下垫面多为丘陵山地，水域面积小，蒸发水汽少，加上夏季风影响小，年平均绝对湿度在 15 百帕以下，是全省绝对湿度最小区；其他地区多介于上述两者之间。相对湿度指单位体积空气中实际水汽压与当时湿度条件下饱和水汽压之比，以百分率表示。湖北年平均相对湿度大多介于 70%～85%之间，有两个高湿区：一个在多雨多云雾的鄂西南，另一个在多湖泊、河流的江汉平原，年平均值均在 80%以上。尤其是鄂西山地终年高温，不仅是全省相对湿度最大中心，也是全国相对湿度最大中心之一。全省也有两个相对湿度较小区，分别出现在少雨的鄂西北和气温高的长江三峡河谷区，年平均值在 75%以下。

悬浮空中的云，影响着日照、辐射，决定气候状况。云量多的地区，气候湿润，降水一般也多，气温变化小；云量少的地区，降水少，气候干燥，气温变幅大。云量单位用 10 成制，无云为 0，满天皆云为 10。湖北全省年总云量都在 6 成以上，是中国云量较多的地区之一。境内总云量的分布是自西南向东北减少：鄂西山地的绝大部分和鄂东南幕阜山地全年总云量较多，在 7 成以上；鄂东北较少，为 6.4 成～6.6 成；鄂北、江汉平原及鄂东大片地区年总云量为 6.6 成～6.9 成。总云量的季节变化也十分明显，全省各地都以春季总云量为最多，最多可达 8.6 成。这是春季南方海洋上暖湿气流开始活跃并北上，与北方南下的冷气流交锋于省境上空所致。云量最少的季节则因地而异，鄂西北、鄂北冬季常处于冷空气控制之下，总云量最少，为 6 成～7 成。鄂西南山地多以 8 月～9 月为最少。江汉平原及鄂东地区高空与地面都处于上暖下冷的稳定层结状态，秋季云量最少，为 6 成左右，真可谓“秋高气爽”（见表 1-6）①。

---

① 采自湖北省地方志编纂委员会：《湖北省志·地理》，湖北人民出版社 1997 年版，第 412 页。

表 1-6 湖北省各地总云量 （1961—1980 年）

地点＼项目	春季总云量	夏季总云量	秋季总云量	冬季总云量	月最多		月最少	
					总云量	出现月份	总云量	出现月份
房　县	7.2	6.7	6.9	6.3	7.4	5、9	5.9	1
老河口	7.3	6.9	6.7	6.3	7.4	4、5	5.9	12
枣　阳	6.9	6.4	6.1	5.9	7.1	5	5.4	12
绿葱坡	8.0	7.8	7.5	7.5	8.3	5	7.1	12
宜　昌	7.5	6.9	7.0	7.0	7.6	5、6	6.3	8
五　峰	8.0	7.5	7.2	7.2	8.3	5	6.9	12
江　陵	7.4	6.6	6.6	6.7	7.4	5、6	5.9	8
钟　祥	7.3	6.8	6.4	6.2	7.4	5、6	5.9	12
武　汉	7.4	6.5	6.2	6.4	7.4	4、5	5.9	12
嘉　鱼	7.5	6.7	6.3	6.5	7.6	5	5.9	8
麻　城	6.9	6.8	5.7	5.7	7.0	5、6	5.3	12
英　山	7.1	6.6	5.8	6.0	7.3	5、6	5.3	12

（四）气象灾害

湖北地处中纬度地区，南北天气系统活动频繁，灾害性天气时有发生，灾害种类各式各样，其中对人们生活尤其是农业生产危害最大的是干旱、洪涝、低温冷害以及连绵阴雨①。

干旱是全省最常见的自然灾害，四季都有发生。伏秋干旱（每年7 月～9 月）频次最多，旱期最长，灾区最广，受灾最重。20 天～40 天的小旱十年约八九遇，41 天～60 天的中旱常有发生，全省性大旱约六七年一遇。春夏干旱（3 月～6 月）平均约两年一遇或十年七八遇。秋旱（9 月～11 月）鄂东几乎两年一遇。秋冬大旱不多，但干旱时期长，受旱面积大。

---

① 湖北省统计局编：《湖北省情·地理环境与自然资源》，湖北人民出版社 1987 年版，第 6 页。

洪涝是湖北最严重的自然灾害。洪涝一般始于4月中旬，终于9月，其中尤以6月下旬～8月中旬洪涝频次多，范围广，强度大，危害重。如1931年、1954年、1962年、1969年、1980年、1983年、1996年、1998年的几次大洪涝，沿江两岸受灾县（市、区）均超过30个。秋涝（9月）频次少，范围小，强度弱，多发生于鄂西山区。初夏涝（5月下旬～6月下旬）发生带主要在北纬31°。

低温冷害对湖北农业危害也大。低温冷害的关键时段有两个：一个是3月下旬～4月中旬，发生时会使早稻播种期烂秧死苗；一个是9月的秋寒，发生时会造成正抽穗扬花的晚稻空壳率大量增加，导致减产。另外，5月早稻移栽后，如发生低温，就会出现迟发、僵苗现象，影响早稻的正常生长。“三九”严寒会对亚热带常绿作物（如柑橘）有严重影响。2月下旬、3月上旬出现的早春冻害，影响小麦拔节和油菜抽薹。

春秋连阴雨对农业生产的危害也较大。春季连阴雨对棉花播种出苗有较大影响，也导致小麦发病和水稻迟发。秋季连阴雨会造成棉花的烂桃，中稻和晚玉米的发芽、霉烂。如果连阴雨出现在10月中下旬，还会影响秋播的进行。此外，湖北还有飑灾、冰雹和龙卷风等突发性气象灾害。

第四节 资　源

作为中国东部南北交汇过渡区之一的湖北，山川秀丽，土地肥沃，气候温和，雨量充沛。如此优越的自然环境，造就了湖北富饶的资源。

一、植物资源

一切对人类有益的植物的总和统称植物资源。由植物资源组成的植被具有保持水土、调节气候的重要作用，特别是森林植被具有的恒温、恒湿、涵养水源和储存巨大热容量的功能，对保护农业生产、稳定生态环境有着特殊作用。

（一）森林

据原林业部《全国森林资源统计》（“五五”森林资源清查）公布的资料，湖北省有森林面积 5 668.5 万亩，森林覆盖率为 20%，居全国（包括台湾省）第十三位。有树种 1 300 多个，其中用材林约占一半，品种有马尾松、油松、杉树、栎树、华山松、柏树、冷杉、川杨等。经济林以油桐、乌桕、漆树、油茶、核桃、板栗等为主，其中乌桕籽、生漆、油桐籽等产量分别在全国占一、二、三位。此外，还有可资利用的 1 000 多种野生植物。1 亿多年前遗留下来的水杉、秃杉、珙桐、银杏等“活化石”林，残存于鄂西地区。“绿色宝库”神农架林区，是我国中部地区唯一的原始森林。全省活立木总蓄积量 11 782.7 万立方米，其中神农架林区占 25%。立木蓄根量在 300 万立方米以上的县市区有 6 个，即竹溪、随州、房县、鹤峰、罗田、保康；200 万立方米的县市区有兴山、五峰、恩施、咸宁、宜昌、竹山、宣恩等①。

（二）草场

湖北有草丛、灌丛、疏林、草甸、农林迹地等五大类草场，共有草场毛面积 9 828 万亩，占全省土地总面积的 35.2%，其中草场可利用面积 7 606 万亩，占草场毛面积的 77.4%，可载畜量为 547.3 万头。由于地形和气候等因素，全省草场形成三个特点：其一是天然草场上可食的草本、灌丛和藤本植物比较多，分布广，科属繁杂。计有被子植物 924 种，苔藓植物 2 种，蕨类植物 30 种，裸子植物 7 种，共计 963 种。其中有 502 种可被家畜利用，可利用植物种为 62%。其二是构成天然草场主体的农林迹地草场面积达 5 461 万亩，占全省草场总面积的 56.7%。这类草场地处人口稠密、土地利用充分、交通方便、水源条件好的地方，因而有利于草场的利用。目前有 60%～70%的畜产品来源于这类草场。其三是草场分布比较适度。全省大部分地、市、州草场面积占土地面积的

① 湖北省统计局编：《湖北省情・地理环境与自然资源》，湖北人民出版社 1987 年版，第 6 页。

比例在26%～40%之间，鄂西在40%以上，只有武汉和黄石低于20%①。

（三）野生植物

湖北地貌类型、气候、土壤的多样性，为各种各样的植物生存繁衍提供了适宜的生态条件，成为我国西南、华中、华南、华北、西北等植物区系成分汇合的地方。全省有野生植物近2 000种。境内药用植物也异常丰富，现已采集到中草药500余种，主要有天麻、当归、黄连、独活、海金砂、乌药、木瓜、续断、前胡、杜仲、苍术、沙参等，尤其是“江边一碗水”、“头顶一颗珠”、“七叶一枝花”等，药用价值很高。此外，各地还有不少野生水果，如野葡萄、大棘、中华猕猴桃等，都是果中珍品。

二、动物资源

野生动物资源，是自然界的一个重要组成部分，也是人类社会赖以生存和发展的物质基础。湖北具有复杂而优越的自然环境，繁殖着多种多样的动物。据不完全统计，全省仅野生脊椎动物就有728种，约占全国野生脊椎动物总数5 025种的15%，而湖北省土地面积则仅占全国土地面积的1.95%。湖北动物组成的特点是东洋种和古北种呈南、北混杂分布，但以东洋种为主体。鄂北边境由于处在秦岭东段的淮阳低山丘陵，无有效的自然屏障，北方和南方的某些动物种类在省内都有分布，使湖北动物具有广泛的过渡性特征。在动物地理区划系统中，湖北属于东洋界华中区②。

（一）鱼类动物

长江、汉江湖北段两岸通江湖泊与东海联成一体，鱼类区系组织尤

① 湖北省统计局编：《湖北省情·地理环境与自然资源》，湖北人民出版社1987年版，第6页。

② 参见中国科学院《中国自然地理》编辑委员会：《中国自然地理》，科学出版社1982年版。

为复杂。据不完全统计，湖北鱼类共有176种，其中以鲤鱼科鱼类为主，占58%以上；鳅科次之，占8%左右；其他还有鮨科、鮠科、虾虎科等。在176种鱼类中，有重要经济价值的达50余种，如中华鲟、白鲟、长颌鲚、短颌鲚、鳗鲡、白甲鱼、鲤、鲫、吻鮈、铜鱼、花䱻、蛇鮈、青鱼、草鱼、三角鲂、翘嘴红鲌、鲢、鳙、黄鳝鳜等。其中白鲟为我国特产，但产量少，且只分布于长江干流中。鲟鱼、团头鲂、鳜鱼、鱼鮰、长吻鮠、春鱼（虾虎鱼的幼苗）、银鱼等，都是湖北名贵鱼类。

（二）两栖类和爬行类动物

据初步统计，湖北现有两栖类动物44种，爬行类动物49种，两者多为东洋种，而古北种及广布种都很少。省内两栖类较普遍的是中华大蟾蜍、无斑雨蛙、黑斑蛙、泽蛙、虎纹蛙、饰纹姬蛙等。鄂西山区的溪流中有大鲵（娃娃鱼）。爬行类有龟鳖类、蛇类和蜥蜴类。两栖类和爬行类大多昼伏夜出，捕食大量夜间活动的农林害虫，不少的蛇类还能捕食老鼠，对抑制农林的虫害和鼠害，都有着积极的作用。同时它们还是自然界的一个组成部分，是食物链中的一环，对维持自然界的生态平衡有着十分重要的意义①。

（三）毛皮兽类动物

湖北有兽类119种，占全国兽类509种的23.4%。其中毛皮兽类50种左右，约占全国主要毛皮兽种数的64.1%。毛皮兽中产量较大的有黄鼬、小麂等19种，占全省毛皮兽的38%。经济价值较高（不包括国家保护动物）的毛皮兽有南狐、貉、西南黑熊、青鼬、华南黄鼬、鼬獾、华南猪獾、河北狗獾、花面狸、食蟹獴、华南豹猫、小麂、红白鼯鼠、福建隐纹花松鼠、长江淡腹松鼠、湖北岩松鼠、湖北红狭长吻松鼠、江西草兔以及青羊、野猪等。从湖北毛皮兽类的区系从属关系和分布类型来看，虽然南北兽类混杂分布，但还是以东洋和南方的种类占优势，且

① 参见中国科学院《中国自然地理》编辑委员会：《中国自然地理》，科学出版社1982年版。

富于华南区（兽类）的特色。

（四）鸟类动物

湖北有鸟类340余种，占全国鸟类总数1 186种的28.67%。湖北鸟类可分为繁殖鸟类（留鸟和夏候鸟）、越冬鸟和过路鸟（旅鸟）。从278种居留关系比较明确的鸟类来分析，以繁殖鸟居多，约有184种，其中又以留鸟居多，为111种。这是热带地区鸟类区系的一个特征。越冬鸟和旅鸟约为繁殖鸟的1/2，其种类虽然不多，但某些种类和种群数量较大，如在湖里越冬的大雁、野鸭和骨顶鸡的个体数量较多，不仅是一项重要的生物资源，而且起着维持自然界生态平衡的重要作用。繁殖鸟类的区系组成，仍以东洋种占优势，且富于华南区鸟类的特色。其分布规律是：越往南方或海拔越低，东洋种的成分越多，而古北种的成分越少；与之相反，越往北方或海拔越高，古北种的成分越多，而东洋种的成分越少。这与我国鸟类南北分布规律完全相符①。湖北鸟类众多，其中具有重要经济价值和观赏价值的（国家保护动物除外）主要有池鹭、环颈雉、山斑鸠、四声杜鹃、白腰雨燕、三宝鸟、戴胜、绿啄木鸟、金腰燕、毛脚燕、黑卷尾、黑枕黄鹂、白头鹎、灰喜鹊、大嘴乌鸦、乌鸫、画眉等。

（五）珍贵、稀有野生动物

湖北动物资源极为丰富，属国家规定的保护动物有88种，占全国保护动物总数的35%。其中属国家一级保护动物的有17种，占全国一级保护动物总数的20%以上；属国家二级保护动物的有71种，占全国二级保护动物总数的42%以上。17种国家一级保护动物是中华鲟、达氏鲟、白鲟、白鹳、黑鹳、中华秋沙鸭、金雕、白肩雕、白尾海雕、胡兀鹫、白颈长尾雉、大鸨、金丝猴、云豹、华南金钱豹、华南虎和白鳍豚。在71种国家二级保护动物中，具有重要经济价值的有18种，它们是胭

---

① 参见中国科学院《中国自然地理》编辑委员会：《中国自然地理》，科学出版社1982年版。

脂鱼、大鲵、虎纹蛙、大天鹅、红腹角雉、白鹇、白冠长尾雉、红腹锦鸡、东南勺鸡、猕猴、穿山甲、黑熊、水獭、华南大灵猫、金猫、江豚、林麝和华南斑羚。

（六）药用动物

湖北现已开发采用的药用动物有250种左右，其中有许多是珍贵的药用动物。如林麝产的麝香、黑熊的胆囊、熊骨、熊掌、穿山甲的甲片等，均为名贵的中药。江汉平原是水生动物繁衍滋生的场所，其中不少水生动物也是名贵中药材，如中华大蟾蜍、乌龟、鳖、三角帆蚌、褶纹冠蚌等。此外，可以入药的主要动物还有环毛蚯蚓、宽身蚂蟥、医蛭、蜗牛、蛞蝓、蜈蚣、蝎子、蝙蝠、乌梢蛇、银环蛇等①。

---

① 湖北省统计局编：《湖北省情·地理环境与自然资源》，湖北人民出版社1987年版，第7页。

第二章 旧石器时代湖北的人类和遗迹

第一节 扑朔迷离的“南方古猿”

南方古猿（*Australopithecus*）是从猿到人过渡阶段的一个属种，其生存时代为上新世至更新世中期（距今约400万年前至距今100万年）。自1924年南非汤斯地区首次发现南方古猿头骨化石个体以来，在东非和南非又陆续发现类似化石多起，包括头骨、骨盆及四肢骨等。其头骨的形态特征为：额骨后倾，眼眶后有明显的缩窄区，头骨最大宽位置颇低，脑容量一般为440毫升～530毫升；面颅很大，颧弓向两侧突出，鼻额缝呈倒V字形，下颌甚粗壮，前臼齿和臼齿很大，而门齿和犬齿则很小，无齿隙。从骨盆、腿骨和足骨的结构可断定南方古猿已能直立行走。近年来，大多数人类学家主张把南方古猿分为纤细型和粗壮型两种，而前者中的一些进步类型，可能是或接近于第一阶段的人类。20世纪70年代以来，古脊椎动物与古人类工作者先后在湖北建始、郧县（今十堰市郧阳区，下同，不另注）发现数枚猿人牙齿化石和两具头骨化石，有的学者认为它们属于南方古猿，也有的学者认为不应归于南方古猿。究竟孰是孰非，这正是下文所要阐述的。

一、原始人类的近亲——建始步氏巨猿

1968年，中国科学院古脊椎动物与古人类研究所的一个野外考察队，在湖北巴东县药材收购站收集到280多枚巨猿牙齿化石。据当地群众反映，这些巨猿牙齿可能来自与巴东相邻的建始县某地。于是，这支野外考察队便按图索骥，在建始县高坪乡金塘村发现了一个叫龙骨洞的

山洞。该洞地理坐标为东经110°05′，北纬30°40′，洞底海拔高程750米，高出龙骨河水面约85米。考察队当即对龙骨洞进行了正式发掘，获得5枚巨猿牙齿化石和23种动物化石①。1982年，在建始县猫坪乡罗家坝药材收购站又收集到9枚巨猿牙齿化石。至于它们是否也出自龙骨洞，尚有待进一步探讨。

通过对建始巨猿牙齿化石的精细观察，发现它比任何现代猿类和巨猿以外的猿类化石的牙齿都要硕大，比人类的牙齿更加粗大。以第二下臼齿为例，建始巨猿牙齿的长度和宽度为23.7毫米×20.2毫米，而南方古猿则为15.34毫米×14.29毫米，郧县猿人（河南淅川收购站的标本）和北京猿人也分别为12.8毫米×13.2毫米和12.3毫米×11.8毫米（见表2-1）②。

表2-1　第二下臼齿（M_2）齿冠咬合面（长×宽）比较　单位：毫米

	建始巨猿（标本PA420）	南方古猿（非洲种）	建始南猿（?）（标本PA502—504）	郧县猿人（淅川标本PA532）	北京猿人（标本PA70）
长	23.7	15.34（14.3—16.8）	15.03（14.6—15.3）	12.8	12.3
宽	20.2	14.29（13.2—15.3）	13.9（13.6—14.1）	13.2	11.8
资料来源	据许春华等	据吴汝康引	据高建	据吴汝康等	据吴汝康引

由此可见，建始巨猿的牙齿不仅远远大于郧县猿人和北京猿人，而且同南方古猿之间也有着相当大的距离，有人甚至根据建始巨猿的牙齿

① 许春华等：《鄂西巨猿化石及其动物群》，《古脊椎动物与古人类》1974年第4期。

② 杨宝成主编：《湖北考古发现与研究》，武汉大学出版社1995年版，第7页。

推测其身高可能达到2.74米左右。如此庞大的身躯，与猿人牙齿如此大的悬殊，说明建始巨猿在人类进化谱系中的位置，只能属于人类发展的旁系之一——步氏巨猿。步氏巨猿（*Gigantopithecus blacki*）是古生物学家孔尼华发现并命名的。1935年，孔尼华在香港中药铺购得一枚巨大的猿类臼齿化石，他认为这枚化石有别于已发现的其他猿类牙齿化石，便将其命名为一个新的属种——步氏巨猿。此后，有人将其归于猿科，有人将其归于人科。正由于步氏巨猿化石介于猿类与人类之间，故长期以来一直受到学术界的密切关注①。

在大自然中，生物界完全依赖于自然条件（主要是气候条件）而本能地构成营养链，相互依赖而生存，从而组成一定的生物区系。地质学、古生物学、古脊椎动物与古人类学等学科的研究表明，某些动物只有到一定的地质年代即具备一定的自然条件才能出现、生存，而到了一定的地质年代就会消亡。因此，通过对与建始巨猿共出的动物化石的地质年代的判定，就能大致推测出巨猿的生存年代。据有关专家考察并报道，与建始巨猿共出的动物化石共计23种，它们包括巨猿（*Gigantopithecus blacki*）、“南方古猿”（*Australopithecus Dart*）2类、小鼠（*Mus sp.*）、豪猪（*Hystrix Subcrista-ta*）、古豺（*Cuon javanicus antiquus*）、大熊猫（*Ailuropoda melanoleuca*）、熊（*Ursus sp.*）、獾（*Arctonyx sp.*）、桑氏鬣狗（*Hyaena licenti*）、猫类（*Felis sp.*）、剑齿虎（*Machairodontinae*）、古乳齿象（*Gomphotheri idae*）、剑齿象（*Stegodon sp.*）、云南马（*E·yunnanensis*）、貘（*Tapirus sp.*）、犀（*Rhinoceros sp.*）、猪（*Sus sp.*）、小猪（*Sus Xiaozhu*）、麂（*Muntiacus sp.*）、鹿（*Cervus sp.*）、羊类（*Ovinae*）和牛类（*BoVinae*）②。其中灵长目3种，啮齿目2种，肉食目7种，长鼻目2种，奇蹄目3种，偶蹄目6种。据刘华才研究，该动物群有如下几个特点：第一，有较多的第三纪出现的种类，如剑齿

---

① 杨宝成主编：《湖北考古发现与研究》，武汉大学出版社1995年版，第6页。

② 许春华等：《鄂西巨猿化石及其动物群》，《古脊椎动物与人类》1974年第4期。

象、剑齿虎、巨猿等。第二，有早更新世出现至中更新世灭绝的典型种类，如桑氏鬣狗、云南马和小猪等。第三，有较多典型的大熊猫—剑齿象动物群的成员，但绝灭属高达6种，是本地区任何一个中更新世动物群中绝对不曾见过的，总体特征反映出一种比较古老的性质。另一方面，该动物群也出现了一些中更新世以后常见的种类，有些动物种类还有明显的进化特征。如巨猿第三臼齿大于广西柳城巨猿（Q_1）标本，小于广西武鸣巨猿（Q_2）标本。又如大熊猫上第一臼齿，建始标本大于柳城的大熊猫小种，而明显小于武鸣的标本。通过对建始巨猿动物特征的综合考察分析，证明该动物群介于早更新世和中更新世之间，是一种由早更新世向中更新世过渡的动物群。确切地说，建始巨猿动物群的生存时代属于早更新世末期①。我们以为，这一判断是较为科学的。

二、湖北西部的早期“直立人”

也许人们会问，虽说建始巨猿不是南方古猿，那么，与巨猿同出的高等灵长类同南方古猿有无种属关系呢？这是在目前很难断然作出肯定或否定回答的问题。事情的由来是这样的：1970年，中国科学院古脊椎动物与古人类研究所赴鄂西考察队在建始龙骨洞发掘中，发现与巨猿化石共出的还有两类高等灵长类牙齿化石。其中，在龙骨洞的第一化石层中发现的3枚“似人似猿”的牙齿，当时被定为*Primates A*。研究者经过精细考察，认为这3枚有地层依据的牙齿化石，连同另一枚采集到的牙齿化石，其形态结构与巨猿和现代类人猿差别较大，齿冠的尺寸明显小于建始巨猿同类牙齿标本，同时也明显大于同地区出土的猿人的同类牙齿标本（参见表2-1）。不仅如此，这4枚牙齿咬合面的脊纹和副沟较平直，其结构比巨猿、猩猩和黑猩猩的结构要简单，比北京人要复杂，更接近于南方古猿类。总之，建始与巨猿同出（包括采集到的1枚）的高等灵长类牙齿化石的整个形态类似于南方古猿纤细种，可能代表南方

① 杨宝成主编：《湖北考古发现与研究》，武汉大学出版社1995年版，第7页。

古猿分布在亚洲的一个新种①。有的学者不赞同这一看法，如张银运经过对上述4枚牙齿的反复研究，认为与非洲的“能人正型标本的相应牙齿在形态细节上十分相似”，与印度尼西亚爪哇出土的早更新世标本同属一类，应归于较早的直立人②。此说一出，和者甚众。但是，问题并未就此解决，原因是对曾被称为“古爪哇魁人”的印度尼西亚爪哇出土的化石标本，学术界歧见丛生：或主张将其归之于能人型；或主张归属南方古猿；或试图调和二说，主张能人型也是南方古猿类的一种。看来，就目前所掌握的资料，要准确判断建始出土的4枚牙齿属于南方古猿还是早期直立人，还是比较困难的。不过，二者相较，我们以为后者的可能性要大于前者。

真可谓一波未平，一波又起。人们对鄂西南的建始出土的4枚高等灵长类牙齿属性的争论尚未停止，1989年5月，鄂西北的郧县又出土了一具被视为距今“200万年的南方古猿”的高等灵长类化石。有的学者甚至认为，这一发现弥补了人类进化史上的缺环。然而，这一判断遭到了一些学者的异议。因为从当时报道的化石特征看，既有类似南方古猿的特征，也有化石人类的特征。而仅凭牙齿和眉弓等局部特征，要把早期人属与南方古猿属区分开来是十分困难的。其实，就牙齿而言，无论是其个体的测量数据，还是其整体特征，早期猿人和南方古猿都是极为相似或相近的，尤其需要精细观察和反复甄别。正当人们为郧县出土的头骨化石的属性争论不休时，在这具化石出土地点又发现了一具头骨化石，经有关专家研究，可断定为“直立猿人”，而不是距今“200万年的南方古猿”。考虑到两具化石出土于同一地点且有着相同特征，前一具化石也应该属于直立人。

---

① 高建：《与鄂西巨猿共生的南方古猿牙齿化石》，《古脊椎动物与古人类》1975年第1期。

② 张银运：《鄂西“南方古猿”和印尼早更新世若干人类化石》，《人类学学报》1984年第1期。

虽说上述建始和郧县出土的高等灵长类化石不能归属“南方古猿”，但并不能因此判定更新世早期湖北地区没有南方古猿生存。事实上，人类起源包括人科和人属两个阶段，喜马拉雅造山运动导致人科成员在中国西南和亚洲南部率先诞生，自然环境的进一步变化促使人科成员向其他地区播迁并逐渐向人属进化。新生代以来湖北优越的地理环境，必然会吸引大量的高等灵长类和人类的祖先聚集于此①。我们相信，随着田野考古工作更加广泛而深入地开展，湖北大地出现人类祖先化石并非绝无可能。

第二节　猿人化石的时空坐标

当地球的历史进入到更新世初期，大约距今300万年前，真正的人类诞生了。从更新世初期到中更新世末期（绝对年代为距今300万年前至20万年前），这一漫长的人类历史时期，考古学家称之为旧石器时代早期。这个时期的人类属于古人类分布中的猿人阶段。其中，从距今300万年前～距今150万年前的人类被称为早期猿人；距今150万年前～距今20万年前的人类被称为晚期猿人。根据目前掌握的资料来看，湖北境内已发现的最早的人类化石主要是晚期猿人化石，说明湖北是我国晚期猿人重要的生活地区之一。尤其需要说明的是，湖北发现的晚期猿人化石——郧县猿人和郧西猿人，不仅时间上分别与蓝田猿人和北京猿人相当，而且在空间上分别位于蓝田猿人的东方和北京猿人的南方，因而具有十分重要的时空坐标意义。

一、与蓝田猿人同时的郧县猿人

郧县猿人化石发现于湖北郧县梅铺乡杜家沟的一个龙骨洞中，洞口距当地河水面约40米，地理坐标为东经110°57′，北纬32°58′。1975年5月至11月，中国科学院古脊椎动物与古人类研究所的一支野外工作队

① 杨宝成主编：《湖北考古发现与研究》，武汉大学出版社1995年版，第8页。

在郧县龙骨洞进行了两次发掘，共获得人类牙齿化石 4 枚，伴出的还有 20 多种动物化石和一件有人工打制痕迹的石核①。

专家鉴定的结果表明，郧县出土的 4 枚人类牙齿化石均在左侧，上内侧门齿磨蚀后略露出齿质；下外侧门齿严重磨蚀，齿冠磨耗三分之一，露出大片齿质；上第二臼齿和上第一臼齿仅有轻微磨蚀。专家们由此推测，4 枚牙齿可能代表着三个不同年龄的个体。

通过对郧县 4 枚人类牙齿化石标本的综合观察分析，发现其齿冠硕大，齿根粗壮，门齿呈铲形构造，底结节发达。尤其是前臼齿嚼面附脊发育，齿冠面积明显大于北京猿人，几乎是现代人的两倍。吴汝康等鉴定后认为："郧县的 4 枚牙齿和晚期猿人中的北京猿人、爪哇猿人的同类牙齿很相似，分类上当归属于直立人（*Homo erectus*）之列，是晚期猿人阶段的猿人之一。"② 这是湖北境内最早发现并经科学鉴定的猿人化石，通常称之为"郧县猿人"。

吴汝康等认为郧县猿人的牙齿和北京猿人、爪哇猿人的同类牙齿极为相似，并非是指郧县猿人的生存时代与北京猿人、爪哇猿人相当，因为北京猿人与爪哇猿人的生存时代相差甚远，学术界大多认为前者距今 60 万年～距今 40 万年或曰 50 万年左右③，后者的地质年代属中更新世中期，距今约 70 万年左右④，二者相差约 20 万年。正由于郧县猿人的生存年代不易作出准确的判断，故最初的报道为距今 100 万年～距今 50 万年⑤，这一判断的时代跨度显然太大。为此，围绕郧县猿人的生存时代，古人类学家、考古学家展开了热烈的讨论：许春华认为郧县猿人

---

① 许春华：《湖北郧县猿人化石地点的发掘》，见《古人类论文集》，科学出版社 1978 年版。

② 吴汝康等：《湖北郧县猿人牙齿化石》，《古脊椎动物与古人类》1980 年第 2 期。

③ 王迮升主编：《简明中国通史》（上册），中央广播电视大学出版社 1993 年版，第 2 页。

④ 张森水：《中国旧石器文化》，天津科学技术出版社 1987 年版，第 34 页。

⑤ 新华社：《湖北郧县郧西发现距今五十万年至一百万年的猿人牙齿化石》，《文物》1997 年特刊。

的时代比北京猿人早；周国兴以为与建始巨猿动物群相当，属于早更新世晚期；黄万波主张与四川万县盐井沟相当，时代为中更新世晚期；湖北省博物馆的有关专家则提出郧县猿人应早于或相当于蓝田猿人。刘华才分析了上述诸说后提出了自己的见解，即郧县猿人动物群应早于盐井沟动物群，晚于建始巨猿动物群。如果建始巨猿动物群属于早更新世末期（或晚期）无误的话，那么，郧县猿人动物群的时代应属于中更新世早期。与蓝田猿人相比，郧县猿人化石和动物群似比蓝田猿人陈家窝者要早，而与公王岭相近。但考虑到公王岭头骨化石的原始特征，郧县猿人的生存时代，很可能与蓝田猿人公王岭者相当或稍晚①。此说可从。需要补充说明的是和郧县猿人化石同出的一件石核，与公王岭遗址出土的石核在打击方法、台面角度等方面均基本相同。据大多数专家的意见，蓝田公王岭遗址含猿人化石的石器层位的年龄为距今 80 万年～距今 70 万年②。

郧县猿人化石的发现在中国人类进化史上具有重要的时空意义。在时间上，郧县猿人介于元谋猿人和北京猿人之间；从空间上看，郧县猿人居地不仅恰好是元谋猿人居地与北京猿人居地间的中点，而且与蓝田猿人互为东西。

耐人寻味的是，郧县猿人化石出土于汉江最大支流丹江的南岸，而蓝田则与丹江发源地陕西商县山水相连。根据与郧县猿人化石和蓝田公王岭猿人化石同出的石器极少且后者分布区较广分析，说明当时猿人为谋取食物不得不沿江河游动③。由此看来，或许蓝田猿人同郧县猿人之间有着某种渊源关系。当然，这仅仅是一种推测。

郧县梅铺龙骨洞猿人化石的发现并非偶然。1973 年，古人类学者在河南南阳市淅川等地中药材仓库中发现了 13 枚人类牙齿化石，据初步观察，这些牙齿化石的石化程度、颜色及黏附的堆积物十分相似，或许同出一地。通过深入了解，这些化石可能来自湖北郧县。于是，中国科学

① 杨宝成主编：《湖北考古发现与研究》，武汉大学出版社 1995 年版，第 10 页。

②③ 张森水：《中国旧石器文化》，天津科学技术出版社 1987 年版，第 100、101 页。

院古脊椎动物与古人类研究所的一支野外考察队便把目光投向与淅川毗邻的郧县东北部，果然在梅铺乡杜家沟发现了龙骨洞。根据梅铺龙骨洞的堆积物的性质、成分、颜色以及化石石化程度分析，淅川发现的牙齿化石大概也出于此洞。吴汝康等专家的鉴定结论为：淅川这些牙齿化石“是较早猿人类型到较晚猿人类型的过渡”，“有可能原产于郧县猿人化石产地”①。这一结论是较为科学的。

二、中国南方的“北京猿人”——郧西猿人

1929 年 12 月 2 日，考古学家、古人类学家裴文中首次在北京西南郊周口店龙骨山的洞穴中发现了一具完整的人类头盖骨化石——北京猿人，使人类进化史上的最重要阶段——猿人阶段得以确立，成为中国乃至世界古人类学界、考古学界最伟大的发现之一。间隔 47 年后，湖北郧西也发现了与北京猿人生存时代大致相当的猿人化石，从而弥补了中国南方人类进化史上的重要缺环。

1976 年 7 月，郧西县文物工作者王家政在该县安家乡白龙洞出土的化石中，发现了人类牙齿化石②。1977 年和 1982 年，有关部门先后组织了两次正式发掘，共发现 7 枚人类牙齿化石，与之同存并出的还有 20 多种动物化石和一批石器③。这是湖北继郧县猿人后的又一次重大发现。

白龙洞位于郧西县城东 15 公里的神雾岭，地理坐标为东经 110°45′，北纬 32°58′。白龙洞发育在石炭系的泥质灰岩中，洞底高出当地河水面约 40 米。洞内动物化石堆积十分丰富，种类包括猕猴（*Macaca sp.*）、河狸（*Castoridae*）、豪猪（*Hystrix Subcristata*）、狐（*Vulpes sp.*）、豺（*Cuon sp.*）、大熊猫（*Ailuropoda melanoleuca*）、熊（*Ursus sp.*）、獾（*Arctonyx sp.*）、灵猫（*Viverra Zibetha expectata*）、中国鬣狗（*H.*

① 吴汝康等：《河南淅川的人类牙齿化石》，《古脊椎动物与古人类》1982 年第 1 期。

② 湘江：《湖北郧西发现猿人牙齿化石》，《古脊椎动物与古人类》1977 年第 2 期；《湖北郧西县白龙洞发现两颗猿人牙齿化石》，《人民日报》1977 年 2 月 27 日。

③ 群力：《湖北郧西白龙洞又发现猿人牙齿化石》，《人类学学报》1983 年第 3 期。

Sinensis）、剑齿虎（*Machairodontinae*）、剑齿象（*Stegodon sp.*）、貘（*Tapirus sp.*）、犀（*Rhinoceros sp.*）、小猪（*Sus xiaozhu*）、鹿（*Cervus sp.*）、黑鹿（*Rusa unicolor*）、牛类（*Bovinae*）等。通过对上述动物化石的分析不难发现，郧西猿人动物群虽保留有第三纪的残余种剑齿虎，但中国鬣狗的出现意味着它比郧县猿人动物群要晚，似应属于中更新世中期较早的动物群。尤为值得注意的是，郧西白龙洞出土的石器同北京猿人石器无论是器物原料、打击方法，还是类型、形制，都十分相似①。因此，郧西猿人所代表的时代为中更新世中期，晚于郧县猿人，大约与北京猿人相当②。

郧西猿人在中国人类进化史上同样具有时空坐标意义。以时间而言，郧西猿人处于晚期猿人向早期智人的过渡阶段；从空间来看，它无疑是北京猿人在中国南方的同属，填补了北京猿人生存时代南中国猿人生存的空白。

三、尚待定论的“直立人郧县亚种”

郧县曾出土过一具被认为是“200万年前的南方古猿”的高等灵长类化石。事情的经过是这样的：1989年5月，湖北省十堰市（原郧阳地区）在文物普查中，文物工作者王正华、屈胜民在郧县青曲镇弥陀寺村曲远河口汉江北岸的阶地上，发现了一具较完整的高等灵长类颅骨化石。据有关报道称：经贾兰坡教授鉴定认为属于南方古猿类。1990年5月至6月，有关部门对该地点进行了试掘，结果在同一出土地点又发现了一具更为完整的古人类颅骨化石，并伴出有10余种动物化石和21件石制品③。这一发现迅即在古人类学界和考古学界引起了强烈反响。

根据发掘者披露的信息，两具颅骨化石虽比较完整，但均缺失下颌

---

① 群力：《湖北郧西白龙洞又发现猿人牙齿化石》，《人类学学报》1983年第3期；张森水：《中国旧石器文化》，天津科学技术出版社1987年版，第126～130页。

② 杨宝成主编：《湖北考古发现与研究》，武汉大学出版社1995年版，第12页。

③ 李天元等：《湖北省郧县曲远河口化石地点调查与试掘》，《江汉考古》1991年第2期。

骨。1989 年 5 月发现的Ⅰ号颅骨化石，两侧颧弓断失，颅骨受挤压向右侧偏斜，右侧颅壁折裂断开，整个颅骨显得低矮；枕骨大孔基本完整，硬腭挤压开裂略有错位，齿弓保存较好，牙齿齐全；咬合面磨蚀较重，臼齿齿质已连结成片。1990 年 6 月发现的Ⅱ号颅骨化石，顶部略有塌陷，颅侧壁略有左偏斜，鼻骨局部略有破损，左侧眼眶外缘破损；齿弓保存完好，牙齿有缺失，咬合面磨蚀较轻（见图 2-1）①。

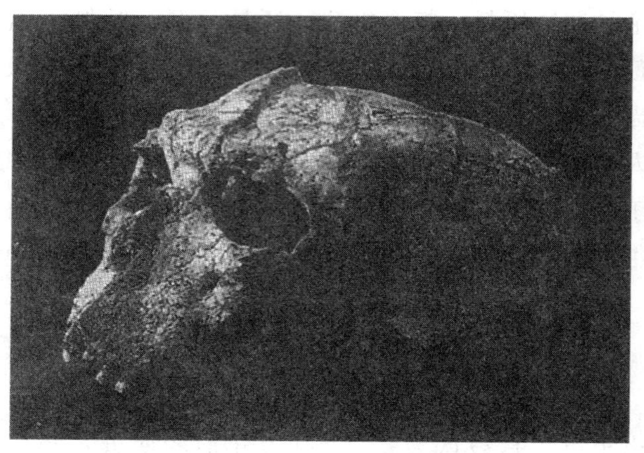

图 2-1 郧县曲远河口出土猿人头骨化石

考察两具颅骨化石，其共同特征为：颅骨粗大而厚重，前额低平向后倾斜，眉脊粗壮，左右相连，枕外隆凸不显著，颅顶均可见颅顶缝，没有矢状脊；颅骨最宽处在两耳孔上方；牙齿粗大，臼齿嚼面平展。据李天元等在试掘报告中说："贾兰坡教授建议暂时称为'郧县人'"②，并主张归属于直立人郧县亚种（*Homo erectus yunxianensis*）。也就是说，后期的研究结论更正了前期的鉴定意见，这体现了学术界实事求是的严谨学风。

在郧县曲远河口考古调查中采集到石制品 23 件，在发掘中发现石制品 21 件，共计获得石制品 44 件。从石制品的类型来看，主要有石核、

①② 李天元等：《湖北省郧县曲远河口化石地点调查与试掘》，《江汉考古》1991 年第 2 期。

石片、砍砸器、刮削器和尖状器等（见图 2-2）①。

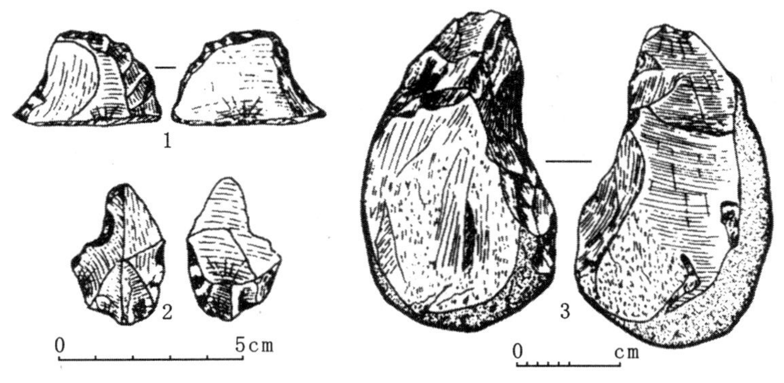

图 2-2　郧县曲远河口出土的石器

1. 刮削器　2、3. 尖状器

发掘出土的动物化石约有 10 个种属，包括豪猪、熊、鬣狗、犀牛、貘、猪、牛、鹿等，整个动物群的时代晚于郧县梅铺出土的动物群，很可能属于中更新世中期，与郧西猿人大致相近。

自然环境对于被称为“直立人郧县亚种”的“郧县人”的生存是至关重要的。当时，郧县曲远河一带的气候要比今天温暖、湿润得多，山上有繁茂的树木，山下有狭长的汉江谷地和大小河流。树林中有凶猛的犀牛、熊、野猪等出没无常，谷地上有牛、貘、鹿等游弋其间。这些动物有的是“郧县人”的天赐食物，有的又是他们可怕的敌人。在生产工具非常原始、智力十分低下的情况下，“郧县人”生计之艰辛是不难想象的。

第三节　别具一格的大冶石龙头文化

位于大冶市湖水乡章山村的石龙头遗址，地理坐标为东经 115°05′，北纬 30°05′，南临大冶湖，北依章山，是一处石灰岩裂隙，底部高出大

① 采自杨宝成主编：《湖北考古发现与研究》，武汉大学出版社 1995 年版，第 11 页。

冶湖水面约10米。石龙头遗址是1971年冬在整治大冶湖工程中炸山取石时发现的，当即进行了清理和发掘，发现了一些石器和动物化石。从仅存的未扰乱的堆积来看，其地层可分为三层：上层是棕色黏土、砂质黏土夹石灰岩碎屑，无遗物；中层是黄棕色砂质黏土夹石灰岩、燧石等碎屑，绝大多数石器和动物化石基本上出于此层；下层是棕红色黏土夹钟乳石层，出土零星的石器和化石。

一、石器类型及其特征

大冶石龙头文化遗址共发现石器88件，原料主要是石英岩，次为燧石，个别石器是用石英岩和砂岩等做成的。从器物类型来看，主要有石片、石核、刮削器、砍砸器等。而所谓“别具一格”，主要是就器物的特征而言的。

（一）石片

石片占石器总数的30.7%，比较粗大，通常为40毫米～70毫米，形制不甚规则，长大于宽或相反者在数量上相差不远。石片的台面大小不一，以自然者居多，少数系人工打击所致，但未见修理台面的标本。石片上打击点清楚，半锥体微凸，放射线清晰，表明系锤击法生产的。石片背面既有保存自然面的，也有不保存自然面而由几块规则或不规则的石片疤组成。石片的边缘常见个别的或局部的打击，从而使一些石片的边缘呈多缺口状①。

（二）石核

石核数量最多，占石器总数的38.6%，可分单台面和多台面两型，以前者居多。单台面石核呈短宽状，通常长度为60毫米～80毫米，宽度则在80毫米以上，多以砾石面作台面，台面角在90°左右。在短宽的工作面上遗有几个不大的石片疤，其上有清晰的打击点和微凸的半锥体阴痕，放射线较为稀疏，说明它们是用锤击法打片后留下来的石核。多

① 张森水：《中国旧石器文化》，天津科学技术出版社1987年版，第152页。

台面石核中绝大多数是双台面石核，有的台面石核可见一些石片疤，可能是转向打法所致，并非修理台面的遗迹。

刮削器和砍砸器都属于石制工具，二者共占石器总数的 30.7%，特色十分鲜明（见图 2-3）①，现分别予以介绍。

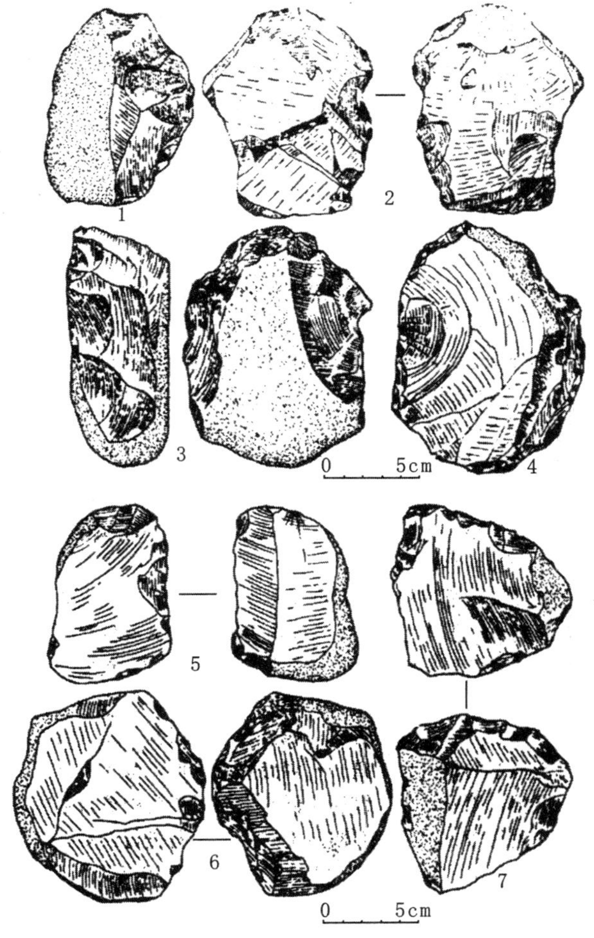

图 2-3　大冶石龙头出土的石器

1、2. 单边砍砸器　3、4. 多边砍砸器

5. 单直刃刮削器　6. 单凸刃刮削器　7. 双刃刮削器

① 采自杨宝成主编：《湖北考古发现与研究》，武汉大学出版社 1995 年版，第 13 页。

（三）刮削器

刮削器有10件，占石器总数的11.4%。按其形制可分为三组，即单刃组、端刃组和复刃组。单刃组主要是单凸刃，单直刃仅1件，大致是对破裂面进行加工后，修制出的一个平直刃口。端刃组多为短身，长宽相仿或宽稍大于长者，其刃口呈缓弧形，因系复向加工，导致刃口多出现缺口，且刃缘尤显曲折，加工也相当粗糙。复刃组多边有粗琢的痕迹，器形显得很不规整，这是采用复向加工的必然结果。所有刮削器的体形相对于同时期其他遗址出土者要大，长度多在60毫米以上，未见40毫米以下者①。这是石龙头遗址石器一个带有共性的突出特点。

（四）砍砸器

砍砸器共17件，占石器总数的19.3%。其中有4件是用石片做的，其余均用砾石或石核制成。砍砸器的器体粗大而厚重，长度和宽度均不少于80毫米，最大者长度达140毫米～150毫米，最厚者厚度为60毫米～70毫米。砍砸器的修理工作十分粗糙，刃缘凸凹不平，刃口甚钝。本类工具按其形制也可分为三组：单刃组、端刃组和多刃组。其中单刃组约占半数，基本类型是单凸刃砍砸器，其主要加工面在背面，绝大多数标本是向破裂面加工修理的，但不管主要向哪一面加工修理，另一面也有个别的打击痕迹，严格来说均应归于复向加工类。这类工具的另一特点是刃口相对边往往有个别打击痕迹，因之给人以单刃不单、单面加工不净的印象。端刃组的毛胚都是短宽的，刃口在毛胚纵轴的一端，被修理成缓弧形凸刃；有的侧边明显经过加工，有的侧边则未见修理痕迹，整个加工修理的状况与单刃者相仿。多刃组器体颇为粗大，长度均超过100毫米，而无论是三刃体或椭圆盘形体，加工均较粗糙，刃口钝厚，刃缘曲折，且多系复向加工修理而成②。

---

① 李炎贤等：《湖北大冶石龙头旧石器时代遗址发掘报告》，《古脊椎动物与古人类》1974年第2期。

② 张森水：《中国旧石器文化》，天津科学技术出版社1987年版，第154页。

张森水在对大冶石龙头遗址出土石器进行精心考察的基础上，揭示出其五个方面的特征：

其一，无论是石片、石核或工具，与同时代的洞穴类型者相比，均显得粗大而厚重。

其二，打片只用锤击法，以致石片和石核的形制极不规整。

其三，工具的毛胚石核多于石片，这有别于同时代的其他文化遗址。

其四，工具类型简单，仅刮削器和砍砸器两类，且以后者为主。

其五，修理工具时多用复向加工，工艺相当粗糙，导致器形不规整，刃缘曲折。

因此，张森水称大冶石龙头遗址出土石器文化为“粗化文化”。“粗化”者，既指器物本身的粗大厚重，又指其加工技术的粗糙简单①。这当然是就大冶石龙头遗址文化与其他同时代洞穴遗址文化相比较而言。我们所说的“别具一格”，正是指石龙头文化典型的“粗化”特征。

二、遗址的时代

关于大冶石龙头遗址的时代，学术界尚存在一定的分歧。

李炎贤等原研究者从对石器的分析和比较出发，得出如是结论：大冶石龙头的石制品就其技术水平和发展阶段而论，与北京猿人相当或稍晚，但仍属于旧石器时代早期。他们认为“这一结论同时也得到地层、古生物方面的支持”②。

张森水则不同意上述结论。他提出，先从哺乳动物化石看，石龙头遗址共发现 10 种，包括鉴定到亚种的 1 种，鉴定到属的 3 种，鉴定到种的 6 种。其中比较重要的有大熊猫（*Ailuropoda melanoleuca*）、东方剑齿象（*Stegodon orientalis*）和中国鬣狗（*H. Sinensis*）等，除中国鬣

① 张森水：《中国旧石器文化》，天津科学技术出版社 1987 年版，第 155 页。

② 李炎贤等：《湖北大冶石龙头旧石器时代遗址发掘报告》，《古脊椎动物与古人类》1974 年第 2 期。

狗外，都是我国南方大熊猫—剑齿象动物群的常见成员。在我国中南和西南地区，与这个动物群共存的是最后鬣狗，只有在湖北长阳人化石出土地点发现过中国鬣狗，而且后者的动物群包括了石龙头遗址出土的哺乳动物化石的种属。此外，两地含石器或人类化石的层位（前者指第二层）的沉积物的岩性亦基本一致。因此，这使人不能不想到，石龙头文化可能与长阳人是同时的。至于石器加工的粗糙，目前南方尚缺乏旧石器中期的丰富资料以资比较，依旧石器晚期的资料，中南地区的粗化现象是相当明显的，故以其作为断代依据尤需慎重。张森水最后指出，大冶石龙头遗址的年代不仅比北京猿人文化期晚，而且也应比观音洞文化早期晚，很可能已进入了旧石器时代中期①。我们认为，张森水的分析论证尚待进一步斟酌。首先，张森水认定大冶石龙头文化和长阳人时代相同的最重要依据之一，就是在我国中南和西南地区，与大熊猫—剑齿象动物群共存的是最后鬣狗，只有在大冶石龙头遗址和长阳人化石遗址发现过中国鬣狗，而且后者与长阳人化石同出的动物群包括了石龙头遗址出土哺乳动物化石的种属。而事实并非如此，不仅在我国中南地区发现中国鬣狗化石的除大冶和长阳外，还有前文已介绍过的郧西安家乡白龙洞，而且与长阳人化石同出的动物群也未完全包括大冶石龙头遗址出土的哺乳动物化石的种属②。其次，不能因为目前中国南方缺乏旧石器中期（包括早期）的粗糙化石器的资料，且旧石器晚期中南地区石器粗糙化现象又相当明显这一状况，把大冶石龙头遗址的时代往旧石器中期靠。其实，石龙头遗址石器粗糙化现象之所以在中国南方独具特色，或许正由于在它之后粗糙化现象曾一度趋于消失，也就是说，我们不能排除这个消失期就是旧石器中期，同样不能排除经历了消失期之后的复苏

---

① 张森水：《中国旧石器文化》，天津科学技术出版社1987年版，第155～156页。

② 李炎贤等：《湖北大冶石龙头旧石器时代遗址发掘报告》，《古脊椎动物与古人类》1974年第2期；贾兰坡：《长阳人化石及其共生的哺乳动物群》，《古脊椎动物学报》1957年第3期。

期就是旧石器中期。

刘华才认为，从大冶石龙头遗址出土石器的制作方法和器形观察，与北京猿人文化比较接近。由于出现了修理把手的技术，似乎相当于北京猿人文化的晚期。而鉴于石龙头遗址出土的动物化石主要是大熊猫、东方剑齿象、中国犀、中国鬣狗等，未见第三纪残留种和更新世早期的保留种（见表 2-2）①，因此，石龙头遗址动物群的生存时代不会早到更新

表 2-2　湖北更新世哺乳动物群对照表

出土地点 / 哺乳动物名称	建始	郧县	郧西	石龙头	长阳	九道沟	樟脑洞
猕猴 *Macaca sp.*		+	+				
巨猿 *Gigantopithecus blacki*	+						
南方古猿 *Australopithecus Dart*	+(?)						
小鼠 *Mus sp.*	+						
河狸 *Castoridae*		+	+				
竹鼠 *Rhizomys sinensis*				+	+		
豪猪 *Hystrix subcristata*	+	+	+		+	+	
狐 *Vulpes sp.*		+	+				+
豺 *Cuon sp.*		+	+		+		
古豺 *Cuon javanicus antiquus*	+				+		
大熊猫 *Ailuropoda melanoleuca*	+	+	+	+	+	+	+
熊 *Ursus sp.*	+	+	+		+	+	
獾 *Arctonyx sp.*	+	+	+		+		+
水獭 *Lutra sp.*		+					
灵猫 *Viverra zibetha expectata*			+				
桑氏鬣狗 *Hyaena licenti*	+	+					

① 采自杨宝成主编：《湖北考古发现与研究》，武汉大学出版社 1995 年版，第 4～5 页。

续表

哺乳动物名称＼出土地点	建始	郧县	郧西	石龙头	长阳	九道沟	樟脑洞
中国鬣狗 *H. sinensis*			+	+	+		
最后鬣狗 *Crocuta ultima*						+	
猫类 *Felis sp.*	+	+		+			
剑齿虎 *Machairodontinae*	+		+				
虎 *Felis sp.*				+	+	+	
古乳齿象 *Gomphotheriidae*	+	+					
剑齿象 *Stegodon sp.*	+	+	+				
东方剑齿象 *S. orientalis*				+	+	+	+
马 *Equus sp.*		+					
云南马 *E. yunnanensis*	+						
貘 *Tapirus sp.*	+	+	+				
巨貘 *Megatapirus augustus*					+	+	+
犀 *Rhinoceros sp.*	+	+	+	+	+	+	+
猪 *Sus sp.*	+	+		+	+	+	
小猪 *Sus xiaozhu*	+	+	+				
麂 *Muntiacus sp.*	+	+					
鹿 *Cervus sp.*	+	+	+	+	+	+	+
黑鹿 *Rusa unicolor*			+				
水鹿 *Rusa sp.*							+
苏门羚 *Capricornis sumatraensis*							+
羊类 *Ovinae*	+						+
牛类 *Bovinae*	+	+	+	+	+	+	+

注：表中“+”者为有，空格者为无。

世早期。又因为该动物群中出现了中国鬣狗，它属于中更新世的典型动物，而更新世晚期则普遍出现最后鬣狗，所以该动物群似应归属于更新世中期。但考虑到动物群中古老种不曾见到，而石器文化特点又与北京猿人文化上层相当等多种因素，大冶石龙头文化与伴出的动物化石的生存时代应属于中更新世晚期。依据北京大学考古试验室的铀系法测定，石龙头第 1 层的年代约为 28.4 万年①。这一测试数据不仅与石龙头遗址石器性质和动物化石的结论一致，而且与北京猿人文化上层的测试时代相当。据铀系法测试，北京猿人文化上层（第 1～3 层）为 23^{+3}_{-4}万年或 $25^{+6.2}_{-4.0}$万年；用热发光测得接近第 3 层的第 4 层的年代为 29 万～31 万年②。可见，北京猿人晚期文化的时代与石龙头遗址上层的时代十分接近。

按照国内目前考古分段惯例，大冶石龙头文化的地质时代为中更新世晚期，绝对年代为 28.4 万年，理应归属于旧石器时代早期人类创造的石器文化③。

第四节　早期智人化石与旧石器中期文化

大约距今 20 万年时，人类从猿人阶段进化到早期智人阶段，早期智人又称古人。在湖北境内，属于早期智人阶段的人类化石到目前已经发现的只有长阳人，属于这一阶段的人类文化遗址主要有宜都（原枝城）九道沟遗址等。早期智人生存时代相当于考古学上的旧石器时代中期。

一、中国南方最早发现的人类化石——长阳人化石

长阳人遗址位于长阳县赵家堰乡下钟家湾关老山南坡一个被称为“龙洞”的石灰岩洞穴中，地理坐标为东经 110°50′，北纬 30°15′，洞穴

① 原思训等：《华南若干旧石器时代地点的铀系年代》，《人类学学报》1986 年第 3 期。

② 张森水：《中国旧石器文化》，天津科学技术出版社 1987 年版，第 132 页。

③ 杨宝成主编：《湖北考古发现与研究》，武汉大学出版社 1995 年版，第 14 页。

离地面耕地高约10米。1956年在洞中发现了一件附连两颗臼齿的残破左上颌骨，1957年进行了清理和发掘，又获得一枚人类左下第二前臼齿化石和10多种哺乳动物化石①。这是中国南方首次发现的人类化石，在早期智人的研究中占有极其重要的位置。

长阳人化石主要是一件残破的左上颌骨，保存有齿槽的前段大部分，以及上颌体部分与腭突前部，上面附连着第一前臼齿和第一臼齿。上颌骨鼻腔底前部分得到保留，梨状孔下缘左半边基本完好，尚可看出梨状孔下部较宽。上颌的倾斜度也没有北京猿人的显著，接近正颌形，表现出与现代人相近的进步性质，但又有一定的原始性②。

长阳人的臼齿相当大，咬合面纹理复杂，齿冠较低，齿根很大，下第二前臼齿的齿根有两个分支，介于猿人和现代人之间。

贾兰坡在对长阳人化石进行综合研究后指出："长阳人不仅具有现代人性质，而且也具有一定程度的原始特征。不过就整体来说，所存在的现代人的性质比原始性质为多。"③因此，长阳人被认定为早期智人，属于旧石器中期的人类。

尽管与长阳人化石同出的哺乳类动物化石是由洞外被水冲入的，但仍不妨碍我们将其视为长阳人的伴生物。经鉴定，这些动物主要包括古豺、大熊猫、洞穴鬣狗、东方剑齿象、巨貘、中国犀等，属于典型的华南大熊猫—剑齿象动物群。有人将这里出土的洞穴鬣狗视为中国鬣狗。因此，该动物群的生存时代为中更新世末期到晚更新世早期。经北京大学考古试验室对同出土的牛牙化石进行铀系法测定，两个测定数据分别为$19.4^{+2.4}_{-2.0}$万年、$19.6^{+2.0}_{-1.7}$万年④，另一测试数据的最大值为17.5万～21.5万年⑤。这一测定结果与长阳人化石和动物群性质是相吻合的，表

①③ 贾兰坡：《长阳人化石及其共生的哺乳动物群》，《古脊椎动物学报》1957年第3期。

② 中国社会科学院考古研究所编：《新中国的考古发现和研究》，文物出版社1984年版，第17页。

④ 原思训等：《华南若干旧石器时代地点的铀系年代》，《人类学学报》1986年第3期。

⑤ 陈铁梅：《我国旧石器考古年代学的进展与述评》表二，《考古学报》1988年第3期。

明长阳人生活的地质时代应为晚更新世早期。

1980年，长阳果酒岩又发现了一批人类及动物化石，人类化石有头骨、下颌骨和肢骨，可能也属于早期智人化石，但尚须作进一步研究①。

二、与最后鬣狗并存的宜都九道沟石器文化

1986年，文物工作者在宜都市（原枝城市）青龙嘴乡九道河岸山麓一个被称作“九道沟”的石灰岩裂隙中，发现了动物化石和石器，随后经过多次发掘，共获得10多种动物化石和395件石制品②。

这批石制品的原料主要是石英岩，也有少量的硅质砂岩和燧石。在395件石制品中，有石核138件、石片149件、刮削器和砍砸器均为54件。

石核中多以砾石为主，有的利用砾石面为台面打击石片，石片不甚规则，但有的则出现了明显的修理台面技术，反映了一定的进步性。

刮削器中，全部为石片加工而成，器形可分为单刃、双刃和多刃三种。

砍砸器中，16件为砾石或石核加工而成，占砍砸器类的29.62%；而大多是用原大的石片加工而成，占砍砸器类的70%以上。器形可分为单边、双边和多边三种（见图2-4）③。

九道沟石器最显著的特点是以石片石器为主，石器种类虽少，但制作规整，无论是砍砸器还是刮削器，都有单边或单刃、双边或双刃、多边或多刃之分，反映出制作技术的进步性。将宜都九道沟文化与大冶石龙头文化进行比较，发现二者有着较为显著的差异：第一，在打片技术上，石龙头不见修理台面技术。第二，在石器工具类型中，二

---

① 李天元：《湖北长阳县果酒岩发现古人类化石》，《古脊椎动物与古人类》1981年第2期。

② 李天元：《湖北枝城九道沟旧石器时代遗址发掘报告》，《考古与文物》1990年第1期。

③ 杨宝成主编：《湖北考古发现与研究》，武汉大学出版社1995年版，第15页。

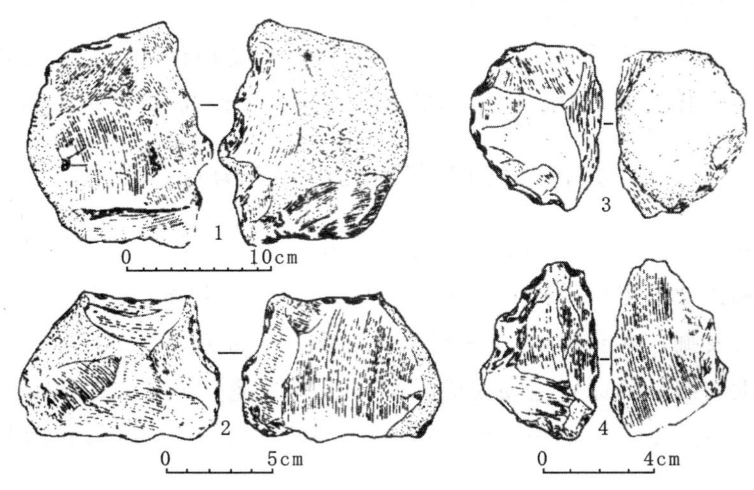

图 2-4 宜都九道沟出土的石器

1. 双边砍砸器 2. 多边砍砸器 3. 单刃刮削器 4. 多刃刮削器

者均为砍砸器和刮削器，但石龙头的砍砸器较多，占 69.96%；而九道沟则为 50%。石龙头的刮削器较少，所占比例不到 31%；而九道沟则为 50%。第三，在石器选材上，石龙头石核石器多，占 51.85%，石片石器占 48.15%；九道沟石器中则石片石器多，所占比例高达 85% 以上，而石核石器仅占 14.81%。又如在刮削器类中，石龙头刮削器用石片做成的占 69.23%；而九道沟竟达到 100%。同在湖北地区的两种不同性质的石器文化，毫无疑问反映出时代上的差异。通过对石龙头和九道沟两种石器文化性质的对比分析，不难发现后者更具有进步的性质①。

九道沟遗址中与石器共出的有 10 多种动物化石，种类包括大熊猫、东方剑齿象、最后鬣狗、犀牛和巨貘等，属于华南型大熊猫—剑齿象动物群。如果鉴定无误的话，最后鬣狗乃是更新世晚期的典型种类，加之该动物群中不见古老种类，说明九道沟出土的动物群化石生存的时代已

① 杨宝成主编：《湖北考古发现与研究》，武汉大学出版社 1995 年版，第 16 页。

进入更新世晚期①。

概括地说，与大冶石龙头相比，九道沟的最后鬣狗明显晚于石龙头的中国鬣狗；九道沟石器修理台面技术和以石片石器为主体的性质，明显比石龙头不见修理台面技术和石核石器比例较大要进步。由此可见，在尚未进行科学测试之前，似可作出如是推断：九道沟的打制石器似应归属于旧石器时代中期，地质时代为晚更新世的早期阶段。

早期智人阶段的社会组织，比猿人阶段有了进一步的发展。这主要表现在婚姻形态发生了变化，原来兄弟姊妹之间的婚姻关系被排除，逐渐向族外群婚过渡。这种过渡是非常缓慢的，开始只排除同胞兄弟姊妹间的婚姻关系，以后又排除了旁系兄弟姊妹间的婚姻关系，变成了一个集团中的一群姊妹与另一个集团中的一群兄弟发生婚姻关系，这是婚姻关系史上的第二个进步。恩格斯说："如果说家庭组织上的第一个进步在于排除了父母和子女之间相互的性关系，那末，第二个进步就在于对于姊妹和兄弟也排除了这种关系。""不容置疑，凡血亲婚配因这一进步而受到限制的部落，其发展一定比那些依然把兄弟姊妹之间的结婚当作惯例和义务的部落更加迅速，更加完全。"② 随着族外婚的出现，血缘家族就遭到破坏，氏族制度逐渐形成了。尽管湖北境内已知早期智人的资料十分有限，但可以推测当时已出现了氏族组织。

第五节　晚期智人的文化遗迹

在远古人类的发展过程中，到了距今 5 万年前，早期智人（古人）进一步发展成为晚期智人，晚期智人又称"新人"。这个时期在考古学上

---

① 李天元：《湖北枝城九道沟旧石器时代遗址发掘报告》，《考古与文物》1990 年第 1 期。

② 恩格斯：《家庭、私有制和国家的起源》，见《马克思恩格斯选集》第 4 卷，人民出版社 1976 年版，第 33 页。

属于旧石器时代晚期。湖北境内已发现的晚期智人时期的文化遗迹比早期智人时期的文化遗迹更多，其中最主要的有丹江口石鼓后山遗址、江陵鸡公山遗址和房县樟脑洞遗址。

一、丹江口石鼓后山石器和动物化石

石鼓后山旧石器文化点位于丹江口市凉水河乡石鼓村张家营后山，地理坐标为东经 111°24′15″，北纬 32°33′55″。其中石器出土地点在后山坡上，距河水面约 5 米。1984 年秋，文物工作者发现了该文化遗址，随后进行了清理和调查，原调查报告执笔者认为其时代可能属于中更新世晚期或晚更新世早期①。

根据调查者的报道，调查采集的石制品共 28 件。经分类研究，石制品原料以燧石为主，其次是石英和石英岩。石制品中，有石核 5 件、石片 15 件、砍砸器 1 件、刮削器 7 件②。

经过反复考察，发现这批石器具有较为进步的特性。以石核的形制而言，就有多台面石核、球形石核和片状石核数种；石核形体较小，显得十分灵巧；石核上有多次剥落石片后留下的阴影面，反映出打片技术的提高。石片中以中小型居多，天然台面较少，而修理台面或素台面占 2/3 以上。砍砸器仅 1 件，形体小巧，使用方便。在 7 件刮削器中，有 6 件系石片加工而成，制作精细，体形轻巧。值得注意的是，石器主要以石鼓河滩上罕见的燧石制成，显然这些燧石是由他地采集而来的。为选用这类当地少有的优质石料作为石器的用料，而不惜舍近求远，这本身就是石器主人所处时代进步的表现③。

石鼓后山出土的动物化石有鬣狗、犀、猪、牛等 6 个种类，因化石破碎，很难鉴定其生存时代。考虑到这批石制品是湖北境内发现的具有

---

①② 湖北省博物馆等：《丹江口市石鼓后山坡旧石器地点调查简报》，《江汉考古》1987 年第 4 期。

③ 湖北省历史学会等编：《南国名都江陵》，湖北教育出版社 1993 年版，第 14 页。

一定进步性质的旧石器文化，似应归为旧石器时代晚期，地质时代可能为晚更新世早期或晚期。

二、中国首例平原旧石器遗址——江陵鸡公山遗址

1992 年 10 月，文物工作者在江陵县（今荆州区）荆州镇郢北村鸡公山发现了一处旧石器时代遗址。鸡公山虽以山为名，实际上是处于平原地带的南北走向的小土岗，分布于土岗上的遗址面积约 1 000 平方米。经清理发掘，发现了 5 个由砾石围成的圆形石圈和脚窝痕迹——古人类的居住活动面，出土了约 500 件石制品。这是我国迄今首次发现的旧石器时代人类在平原上的活动遗址，填补了中国旧石器考古学空白，具有极其重要的学术价值①。

鸡公山遗址高出周围平地 3 米～7 米，分上下两个文化层。

上文化层为含锰斑较多的浅黄色亚黏土，厚约 10 厘米～25 厘米。出土石制品近 500 件，其中绝大部分是小石片石器，所用石料主要是石英、燧石和石英岩。石器类型以小型刮削器为主，是典型的旧石器时代晚期的小石器系列。依据地层堆积和石器性质的初步判断，年代距今约 2 万年～距今约 1 万年。

下文化层为棕褐色亚黏土，含锰较多，厚度约 50 厘米。在已揭露的 500 平方米范围内，发现一处原始人类居住生活的遗址，以及数以千计的砾石、石核和石器。石料岩性主要为石英岩、石英沙岩和花岗岩，也见少量的燧石。根据对地层堆积和石器性质的综合分析，年代距今约 5 万年～距今约 4 万年。

最令古人类学界、考古学界和历史学界震惊的，是鸡公山遗址再现了当时人类完整的生活场景。在遗址的北部，发现了 5 个由砾石和石制品围成不甚规则的环带状石圈。这些石圈的内径约 1.5 米～2 米，外径

---

① 湖北省历史学会等编：《南国名都江陵》，湖北教育出版社 1993 年版，第 14 页。

约为 4 米，其形状和大小基本一致。环带状石圈由密集的砾石、石片和石器组成，石圈之内为直径 2 米左右的地面，地面上放置有少量的尖状器和砍斫器。根据民族学资料和国外考古资料研究表明，这种石圈结构是当时人类居住的圆形窝棚基础的遗迹。

紧靠居住区的南部，有两个石核和石片分布的富集区，并伴出有较多的石锤、石钻，表明这里很可能是当时的一个石器加工场所（见图 2-5）。在一个加工区内，当年蹲坐加工石器的座位及双脚踏地的脚窝仍清晰可辨，这在全国同类遗址中也是少见的①。

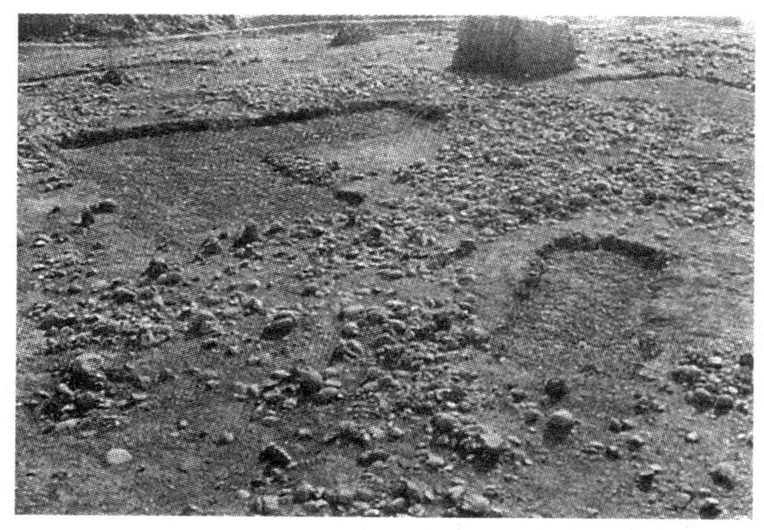

图 2-5 鸡公山旧石器时代石器加工场所遗址

该层的石制品数量多，石器种类齐全，器形粗大，形状规整，反映的是一种具有砾石工业传统的大石器系列。石器的制作工具为石锤和石钻，石锤主要选用圆形和椭圆形的砾石，个体较小；石钻主要选用形体较大的扁平椭圆形的大砾石。石锤和石钻上均见锤击的痕迹。石器的制

① 刘德银：《我国旧石器时代考古的重大突破——湖北江陵鸡公山发现旧石器时代居址》，《中国文物报》1993 年 5 月 2 日。

作方法仅见锤击法，大多是用砾石直接打制而成。器型以砍斫器和尖状器为主，兼有少量刮削器，均以长江中的砾石为原料打制而成。双面砍斫器的刃部是双面对向打击，刃部呈凸弧状，三棱尖状器以长条形砾石打制，上端为尖状，下部多保留砾石自然形状，便于手握①。虽然也有少许刮削器，却既未见旧石器晚期典型的龟背状刮削器，又未见类似于房县樟脑洞遗址出土的小型刮削器，这多少反映出该遗址文化内涵的原始性②。

鸡公山遗址的发现至少具有以下三个方面的重要意义：其一是填补了中国旧石器时代晚期平原原始居住遗址的空白，因为此前我国尤其是南方的旧石器晚期遗存多发现于洞穴；其二是在两湖平原地区首次找到了不同石器类型的地层叠压关系，为此地旧石器时代晚期的考古发掘和研究提供了一个极其宝贵的参照系；其三是把人类开发江汉平原的历史提早了 4 万～5 万年，为湖北乃至全国平原湖区早期经济开发历史的研究提供了十分重要的资料。正因为如此，在国家文物主管部门组织专家评定的 1992 年中国十大考古发现中，江陵鸡公山旧石器时代遗址的发现与发掘位居榜首③。

三、湖北已知最晚的旧石器时代遗址
——房县樟脑洞遗址

1986 年 4 月，文物工作者在房县中坝乡青阳村樟脑洞发现了一处旧石器时代的文化遗址。樟脑洞遗址距河水面约 10 米，相当于樟脑河的第二阶地。经清理和发掘，共出土石制品近 2 000 件和动物化石 10 余种④。

---

① 湖北省历史学会等编：《南国名都江陵》，湖北教育出版社 1993 年版，第 14 页。

② 刘德银：《我国旧石器时代考古的重大突破——湖北江陵鸡公山发现旧石器时代居址》，《中国文物报》1993 年 5 月 2 日。

③《中国文物报》通讯员：《1992 年中国十大考古新发现》，《中国文物报》1993 年 1 月 17 日。

④ 李天元等：《房县樟脑洞发现的旧石器》，《江汉考古》1986 年第 3 期。

已经分类的石制品有 1 874 件（有少量尚待分类），主要原料是黑色硅质岩，占 44%；其次是脉石英，占 40%；再次是沙岩和泥岩，占 16%。石制品中有石核 329 件，石片 634 件，石器 911 件①。

石核大小相差悬殊。依台面划分，大致可分为单台面石核、双台面石核和多台面石核，其中球形和漏斗形石核颇具特色。

石片也是大小不一，形状不甚规整。最大者重量在 1 500 克以上，最小者不足 1 克。

砍砸器 78 件，占石器总数的 8.56%，用砾石、石核和厚石片加工成的砍砸器均占有一定的比例。

刮削器 750 件，占石器总数的 82.3%。其器形复杂，个体较小，加工方法多样，大致有平底刮削器、半月形刮削器和拇指盖形圆刮削器等②。

尖状器 83 件，占石器总数的 9.11%，器形复杂，加工精细（见图 2-6）③。

樟脑洞遗址的石制品有如下显著特点：首先是精选用料，石制品中优质的硅质岩和脉石英占 80%以上。其次是以石片石器为大宗，以刮削器为主体，形状规范，制作精细，反映出石器制作技术的进步性。第三是石器个体大小混杂，但以中小型者居多，其中大石器制作粗糙，小石器制作精细，说明当时石器用途的进一步分工和人类经济生活的多样性。第四是似楔形和漏斗形的石核、琢背小石刃和拇指盖形圆刮削器等，具有原始细石器的特征，它意味着这批打制石器进入到旧石器时代末期。

遗址中出土的哺乳动物化石中有大熊猫、东方剑齿象、犀、巨貘等，属于华南型大熊猫—剑齿象动物群。依据动物化石和打制石器的性质推

① 李天元等：《房县樟脑洞发现的旧石器》，《江汉考古》1986 年第 3 期。

② 黄万波等：《湖北房县樟脑洞旧石器时代遗址发掘报告》，《人类学学报》1987 年第 4 期。

③ 杨宝成主编：《湖北考古发现与研究》，武汉大学出版社 1995 年版，第 19 页。

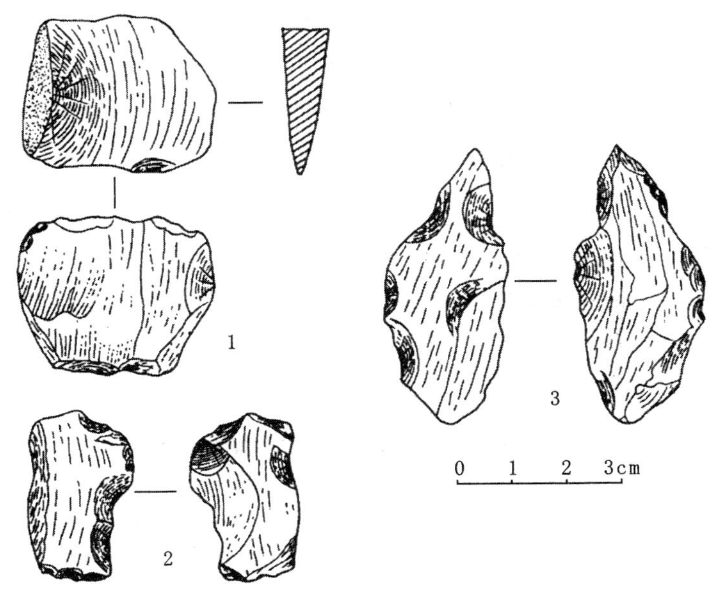

图 2-6　房县樟脑洞出土的石器

1. 直刃刮削器　2. 凹刃刮削器　3. 尖状器

断，房县樟脑洞堆积的地质时代应为晚更新世晚期的文化，这一推断与碳-14 测定的遗址时间为距今 13 490±15 年的结论基本吻合①。

此外，1957 年在随州市郊、1973 年在襄阳山湾、1976 年在房县兔子洼、1977 年在房县莲花湾以及武汉市九峰等地，都发现了零星的人工石制品，其中绝大多数可能是旧石器时代的石器②。如 1957 年 6 月，湖北省文物管理委员会的一个文物调查组在距随州市区（原随县）约 5 公里的山地上，采集到一件石英岩打制的石器。该石器打击点集中，半锥体较平，石片角为 118°，放射线较为清晰，而且器物大部分边缘都作了粗糙的第二步加工，刃缘呈明显的弯曲状，在石器左侧，从台面到末端均保留着天然的砾石面。1960 年 5 月经裴文中鉴定，确定这件石器是旧

① 黄万波等：《湖北房县樟脑洞旧石器时代遗址发掘报告》，《人类学学报》1987 年第 4 期。

② 杨宝成主编：《湖北考古发现与研究》，武汉大学出版社 1995 年版，第 20 页。

石器，这是湖北乃至长江流域最早发现的旧石器时代遗物①。

综上所述，在旧石器时代的早、中、晚期，湖北地区分别留下了晚期猿人、早期智人、晚期智人的活动遗迹（见表 2-3）。这充分表明，湖北地区良好的自然环境和生物资源是旧石器时代人类赖以生存的物质基础，同时也是人类发展和社会进步的重要条件。因此，在整个旧石器时代，人类都一直生息繁衍在湖北这块宝地上。而正是旧石器时代文化的创造和积累，才为湖北境内的新石器时代人类的大发展奠定了坚实的基础②。

表 2-3　湖北旧石器时代人类与石器文化对照表

<table>
<tr><th colspan="4">地质时代</th><th>绝对年代</th><th colspan="2">考古分期</th><th>古人类分期</th><th>湖北古人类与遗址</th></tr>
<tr><td rowspan="9">第
四
纪</td><td colspan="3">全新世</td><td rowspan="9">1 万
5 万
20 万
100 万
300 万</td><td colspan="2">新石器时代</td><td></td><td></td></tr>
<tr><td rowspan="8">更
新
世</td><td rowspan="2">晚期
（Q_3）</td><td>Q_3^2</td><td rowspan="8">旧
石
器
时
代</td><td>晚期</td><td>晚期智人</td><td>江陵鸡公山遗址</td></tr>
<tr><td>Q_3^1</td><td>中期</td><td>早期智人</td><td>长阳人</td></tr>
<tr><td rowspan="3">中期
（Q_2）</td><td>Q_2^3</td><td rowspan="6">早期</td><td rowspan="4">晚期猿人</td><td>大冶石龙头遗址</td></tr>
<tr><td>Q_2^2</td><td>郧西猿人</td></tr>
<tr><td>Q_2^1</td><td>郧县猿人</td></tr>
<tr><td rowspan="3">早期
（Q_1）</td><td>Q_1^3</td><td>建始巨猿、南猿（?）</td></tr>
<tr><td>Q_1^2</td><td rowspan="2">早期猿人</td><td rowspan="2"></td></tr>
<tr><td>Q_1^1</td></tr>
</table>

① 王善才：《湖北随县发现旧石器》，《考古》1961 年第 7 期；湖北省中国历史学会等编：《中国历史文化名城随州》，湖北人民出版社 1996 年版，第 4 页。

② 杨宝成主编：《湖北考古发现与研究》，武汉大学出版社 1995 年版，第 20 页。

第三章　新石器时代湖北的经济和文化

第一节　文化谱系

人类社会大约在1万年以前进入了新石器时代。在湖北境内，已调查发现的新石器时代的遗址有数百处之多，几乎遍布全省各地。经过考古工作者的科学发掘和精心研究，揭示了在时间、区域、文化内涵等方面不无联系而又互有区别的古代文化的不同类型，初步建立起一个比较完整的新石器时代文化的发展谱系。

一、城背溪文化

城背溪文化遗址位于宜都市城关镇北约10.5公里处，1983年和1984年，考古工作者先后两次对该遗址进行了发掘，在遗址下层获得了一批独具特色的新石器时代文化遗存①。在此前后，还调查发现了宜都孙家河、枝城北等同类性质的遗址，并进行了小规模的发掘，进一步丰富了对这类文化遗存内涵的认识。学术界一致认为，这类遗存的年代要早于同一地区的大溪文化，文化性质也不同于后者，遂提出了“城背溪文化”的概念②。

城背溪文化陶器的陶质以夹碳陶为主，往往夹有大量的碳化物，其中有的是以泥炭土为原料的结果，有的则是有意羼入草本植物、稻草或谷壳所致，也有少量的夹砂陶和泥质陶。器表陶色红黑相间，以红色为

① 陈振裕等：《湖北宜都城背溪遗址》，《史前研究》1989年辑刊。

② 严文明：《中国史前文化的统一性与多样性》，《文物》1987年第3期。

主，显得斑驳不纯；胎心陶色为深黑。陶器多有纹饰，素面陶较少，纹饰主要为绳纹，另有刻划纹、篦点纹、锥刺纹以及镂孔和花边，有少量红、黄、白等色陶衣。器类简单，形态也很随意，以圜底器为主，有少量圈足器，主要器类有束口圜底的釜罐、浅腹圜底的盘钵、弯体的支座和圈足盘等。陶器烧制的火候不高，质地疏松易碎。器物造型不甚规整，器表凹凸不平，口沿波状起伏。陶器为手制，较小的器物一般直接捏塑成形，较大的器形则采用泥片粘塑成形，器表常见修饰时留下的刮削、抹平、打磨的痕迹。总之，城背溪遗址的陶器表现出一种简朴、原始的风格。

出土的石器以打制为主，一般用河卵石作原料。小型石器主要有刮削器、锥形器和雕刻器等；大型打制石器则有砍砸器、刮削器、石锤、石斧、石锛、石凿等，制作粗糙。磨制石器的数量和种类都比较少，但制作精细，形态规整，有棒形坠饰、钻孔石管和石斧等类别。

此外，还发现了大量动物骨骼。

城背溪文化虽然被一些学者归类为新石器时代早中期之交的文化，却在更大程度上体现了新石器时代早期文化的某些特点，似乎归于新石器时代早期后段更为合适。据对城背溪遗址兽骨标本的碳-14 测定，年代为距今 6 800±80 年，经校正，实际年代为距今 7 420±100 年。由于城背溪遗址中有相当一部分文化因素接近于距今 9 000 年～7 500 年的彭头山文化，所以城背溪现有的测定数据，只能反映该遗址中较晚的那部分遗存的年代①。

二、大溪文化

大溪文化的分布范围西起渝东，东至洪湖，南达湘北，北抵荆山，横跨鄂渝湘三省市。虽说大溪文化是以 1959 年发掘的重庆巫山大溪遗址

① 张绪球：《长江中游新石器时代文化概论》，湖北科学技术出版社 1992 年版，第 28～29 页。

而命名的[1]，但其中心区域却在湖北江汉平原以南以西地区。经调查，仅湖北境内已发现大溪文化遗址近百处，经试掘和发掘的遗址也有20多处，如宜都红花套，松滋桂花树，江陵毛家山、朱家台、阴湘城、蔡台、荆南寺，宜昌杨家湾、清水滩、中堡岛、伍相庙、三斗坪、白狮湾，秭归朝天嘴、龚家大沟，枝江关庙山，当阳杨木岗，监利柳关，公安王家岗，钟祥六合、边畈，京山油子岭，天门谭家岭等遗址（见图3-1）。其中发掘规模较大、考古资料又比较丰富者主要有宜都红花套遗址、枝江关庙山遗址和江陵朱家台遗址[2]。同时，这三处遗址也正处于大溪文化分布的中心地区。

大溪文化的陶器基本上处于手制阶段，多泥条盘筑，圈足器一般是将器身与圈足分别做好后再接上去的，晚期出现了慢轮修整。以红陶为主，黑陶、灰陶早期很少，以后逐渐增加。泥质红陶大部分表面磨光，施以鲜红或深红的陶衣。一部分红陶器表为红色，器内呈黑色或灰色，有的延至口沿外部。这种“外红内黑”的陶器是大溪文化比较流行的很有特色的陶器。造成这类器皿内外颜色不同的原因，有两种看法：一种认为在烧陶器时将器皿扣在窑底，外表氧化成红色，内壁由于不接触空气即还原成黑色或灰色；另一种认为是在器皿刚烧成后趁热涂抹油脂或树胶所致。粗陶夹砂、夹蚌末，有相当多的粗陶羼稻谷壳、稻草茎叶，火烧后碳化，使胎心呈黑色，有的研究者称这种陶为“夹碳红陶”。这种陶火候不高，很轻，质地疏松易碎，也是大溪文化有特色的陶质。此外还有少量橙黄陶、白陶和黑皮陶[3]。

---

① 四川省长江流域文物保护委员会文物考古队：《四川巫山大溪新石器时代遗址发掘纪略》，《文物》1961年第11期；四川省博物馆：《巫山大溪遗址第三次发掘报告》，《考古学报》1981年第4期。

② 黎泽高：《枝城市新石器时代文化概述》，《江汉考古》1991年第1期；中国社会科学院考古研究所湖北工作队：《湖北枝江关庙山新石器时代遗址发掘简报》，《考古》1981年第4期；《湖北枝江关庙山遗址第二次发掘》，《考古》1983年第1期；湖北省考古研究所：《湖北江陵朱家台遗址发掘简报》，《江汉考古》1991年第3期。

③ 参见向绪成：《中国新石器时代考古》，武汉大学出版社1993年版。

图 3-1　宜昌中堡岛大溪文化遗址三峡大坝坝址发掘现场

从陶器造型来看，早期有较多的圈足器，中晚期减少，而三足器（鼎）增加，平底器很少，至于耳、把等陶器附件更是极为罕见。器形种类繁多，有碗、碟、钵、盘、盆、豆、杯、壶、瓶、簋、鼎、甑、罐、釜、器盖、器座、支座等10多种。有的器类又分若干型式，如圈足碗分敞口斜壁式、弧壁式、双折壁式、折敛口式等；杯分单耳、曲腹两型；瓶分直腹、鼓腹、筒形等型；罐分折沿、高领两型；豆分浅腹盘形、深腹碗形等型式。作为大溪文化最有特色的器物是双折壁圈足碗、折敛口浅腹圈足盘、折敛口盘形豆、单耳彩陶杯、筒形瓶、圈足罐形簋、鼓腹与直腹瓶、算珠形纽和瓶口形纽器盖等。这些有特色的器物群是大溪文化的基本特征之一（见图3-2）①。

陶器器表以素面为主，纹饰种类有刻划纹、玉印纹、戳印纹、镂孔、弦纹、瓦棱纹、附加堆纹、篦点纹和彩绘等。大溪文化最有代表性的纹饰是戳印纹和彩陶纹饰。戳印纹在大溪文化中不仅数量较其他纹饰多，延续时间长，而且颇具特色。戳印纹多饰在器皿的圈足上，用棍棒或指甲戳印，一般不戳透，使得另一面被顶起凸饰，其形状有圆形、半圆形、

① 采自向绪成：《中国新石器时代考古》，武汉大学出版社1993年版，第144页。

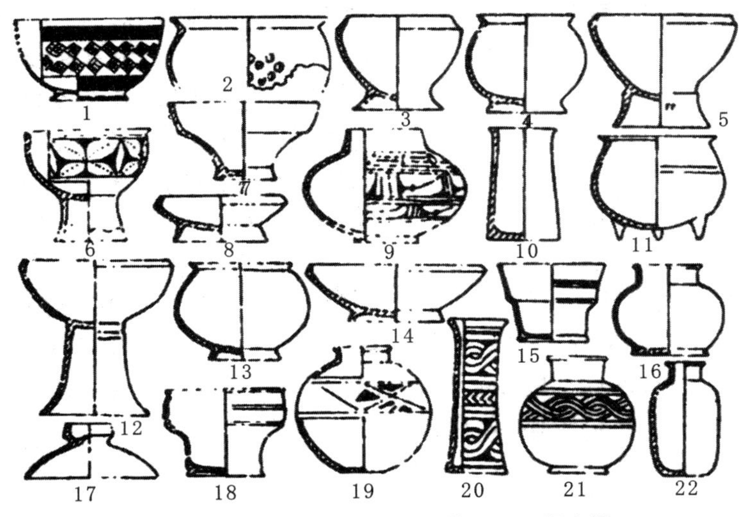

图 3-2 大溪文化关庙山类型第三、四期陶器

1. 彩陶碗 2. 釜形甑 3. 子母口碗形簋 4、13. 圈足罐形簋 5、12. 碗形豆 6. 彩陶豆 7、15、18. 曲腹杯 8、14. 圈足盘 9、19. 彩陶罐 10、20. 筒形瓶 11. 鼎 16. 壶形小罐 17. 器盖 21. 彩陶壶 22. 直颈筒形瓶（1、2、4、7、8、10、11 毛家山遗址出土，3、6、9、15 关庙山遗址出土，13、21、22 桂花树遗址出土，余皆大溪遗址出土。1～11 为第三期，12～22 为第四期）

长方形、新月形、三角形、X 形、工字形等 10 余种。大溪文化也有少量彩陶，流行于中期，早、晚期较少，大抵有红地黑彩，黄地褐彩，或白衣上绘红、赭、黑彩，形成多彩。彩陶见于碗、杯、罐、壶、筒形瓶、豆、盆上。最盛行且最有特色的彩纹是绹索纹（亦称绳索纹）、横人字形纹、曲线网状纹、点状纹、菱形格子纹、波浪纹和漩涡纹等。它们与其他地区同时期新石器时代文化的彩陶纹饰迥然有别，显示出鲜明的个性①。

大溪文化各个遗址均发现有数量不等的石器，早期虽有磨制石器，但仍以打制者居多，且粗糙厚重，器类较少。中期以后，器类增多，选

① 参见向绪成：《中国新石器时代考古》，武汉大学出版社 1993 年版。

择石料的硬度提高，磨制石器比例大幅度上升，并发明了钻孔技术，复合工具也广泛使用。

此外，兽骨、鱼骨和大量人工饲养的猪、牛、羊、鸡等遗骸，也在大溪文化遗址中出土。

大溪文化经碳-14测定的年代数据有11个①，分属不同的时期，有些数据偏早或偏晚，可摒弃不用，比较可靠的数据有3个②。根据这3个数据，可将大溪文化绝对年代大体定为距今6 300年～距今5 300年。

学术界大都认为，大溪文化由城背溪文化发展而来。对此，张绪球从分布范围、生产工具和陶器等方面，揭示了二者之间的渊源关系③。在分布范围上，凡是有城背溪文化的地区，均有大溪文化分布，表明了二者在分布区域上的重合。在生产工具方面，大溪文化早期遗址都有比较多的打制石器，磨制技术虽已推广使用，但一般仅限于对石器的刃部进行磨光，通体磨光者很少，这充分说明大溪文化早期的石制生产工具仍保留了城背溪文化的许多传统特点。在陶器方面，大溪文化陶系多夹碳红陶，器形中的猪嘴形和圆柱形的支座，纹饰多刻划纹、戳印纹、镂孔以及彩陶等，都直接从城背溪文化承袭而来。尤其值得注意的是，考古工作者已发现了某些兼有大溪文化特点和城背溪文化特点的文化遗存，这种作为文化过渡中间环节的文化遗存的发现，充分证明了大溪文化直接来源于城背溪文化。我们完全赞成这一判断。

三、屈家岭文化

屈家岭文化得名于屈家岭遗址。屈家岭遗址位于京山县城西南约

---

① 中国社会科学院考古研究所实验室：《放射性碳素测定年代报告》之七、九、十，分别刊登于《考古》1980年第4期、1982年第6期、1983年第7期。

② 中国社会科学院考古研究所实验室：《放射性碳素测定年代报告》之八、十二，分别刊登于《考古》1981年第4期、1985年第7期。

③ 张绪球：《长江中游新石器时代文化概论》，湖北科学技术出版社1992年版，第168页。

30公里的屈家岭村，它是湖北省文物管理委员会于1954年文物调查时发现的[①]。此后，考古工作者对该遗址进行过三次发掘。第一次是在1955年2月，发掘面积80平方米；第二次是在1956年6月到1957年2月，发掘面积835平方米[②]；第三次是在1989年7月至8月，发现墓葬13座[③]。通过以上三次发掘，获得一大批具有显著地方特色的文化遗物。

屈家岭文化分布以江汉平原为中心，东起大别山南麓，西至三峡，北到豫西南，南抵洞庭湖北岸。经过调查和发掘，湖北境内屈家岭文化遗址有50多处，它们是京山屈家岭、朱家嘴，黄冈螺蛳山，武昌放鹰台，汉阳陈子墩，汉川乌龟山、吴台、湖庙台、汪台，孝感龙头岗，黄陂程家墩，安陆夏家寨、余岗湾、大台子、八字坟，云梦好石桥、斋神堡，应城门板湾、四龙河，大悟吕王城、土城、寨顶、沈家城、桥头墩，鄂州和尚山，蕲春易家山，麻城岐亭，郧县青龙泉、大寺，丹江口观音坪，天门石家河、邓家湾、土城（下层）、肖家屋脊、谭家岭，宜昌李家河、中堡岛（中层）、清水滩、杨家湾、青鱼背，宜都红花套，枝江关庙山，当阳冯山，松滋桂花树，江陵龙王庙，襄阳三步二道桥，钟祥六合（中层），随州西花园、冷皮垭，房县羊鼻岭，宜城曹家楼，荆门荆家城等[④]。其中最主要的是京山屈家岭、郧县青龙泉、钟祥六合、天门石家河、武昌放鹰台等遗址。

屈家岭文化的特征在陶器上表现得极为鲜明。屈家岭文化陶器以灰陶为主，黑陶次之，也有少量红陶和黄陶。从陶质来看是泥质陶多于夹

---

① 湖北省文物管理委员会：《湖北京山、天门考古发掘简报》，《考古通讯》1956年第3期。

② 参见中国科学院考古研究所：《京山屈家岭》，科学出版社1965年版。

③ 屈家岭遗址考古队：《屈家岭遗址第三次发掘》，《考古学报》1992年第1期。

④ 张绪球：《长江中游新石器时代文化概论》，湖北科学技术出版社1992年版，第180页；杨宝成主编：《湖北考古发现与研究》，武汉大学出版社1995年版，第45～46页。

砂陶。大多为手制，部分陶器经慢轮修整和轮制。

器类较多，主要有圈足碗、钵、鼎、罐、豆、杯、盆、盘、三足碟、壶形器、盂形器、甑、缸、器盖等。圈足碗分弧壁、双腹、翻唇弧壁、内折沿弧壁几种形制。鼎以罐形鼎多见，还有盆形鼎，鼎足有圆锥形、扁凿形、宽扁形和卷边形。豆与碗的形状差不多，只是圈足较高，多饰有镂孔。罐常见折沿罐和高领罐两类。杯分三种，有蛋壳彩陶杯、喇叭状杯、高圈足杯。还有一些大型器，如鼎足高达 40 厘米的大陶鼎、高达 40 余厘米的大陶缸、口径达 86 厘米的大陶锅等。上述陶器中，最有代表性的器物是双腹碗、双腹豆、双腹鼎、壶形器、盂形器、高圈足杯、蛋壳彩陶碗和杯、卷边足罐形鼎、深腹圈足罐形甑等。正是这些器物，构成了屈家岭文化最有特色的陶器群①。

器表以素面为主，纹饰中常见凹凸弦纹、瓦棱状凸弦纹、绳索状与带状附加堆纹和镂孔，有少量划纹、压印菱格纹、篮纹和彩绘。彩陶一般为泥质黄陶，有橙黄、红、灰和黑色陶衣，有的是两种陶衣重叠，以黑陶为主，少数为橙黄色、红色和紫黑色，多是两三种色彩兼施的复彩。除器表饰彩外，也有在器内壁施彩的。彩陶器有碗、杯、壶形器、罐等，多是薄如蛋壳的彩陶，有的彩陶杯、碗胎厚仅 0.5 毫米～2 毫米。彩绘有平行线、菱形方格、网络、圆点、漩涡纹、横排方格内分嵌卵点纹、平行方格内加小方框、横条纹下挂垂帐纹等。有些彩陶不用线条，采用晕染法饰彩，显出浓淡层次，犹如彩云。这是屈家岭文化的独特风格，在其他含彩陶的原始文化中未曾发现。

屈家岭文化的陶器在各类型中除了一些共同的特征外，还存在一些差异。屈家岭类型泥质黑陶一般是灰胎黑皮陶。各种双腹器在屈家岭类型中最多，其他类型或是形制有异，或是数量较少。卷边足的双腹鼎、蛋壳彩陶碗、三足碟、大口尖底锅、罐形甑等，是屈家岭类型有地方特征的器物。彩陶纺轮也是在屈家岭类型中最流行的，其他类型少见或不

① 向绪成：《中国新石器时代考古》，武汉大学出版社 1993 年版，第 269～270 页。

见（见图 3-3）①。

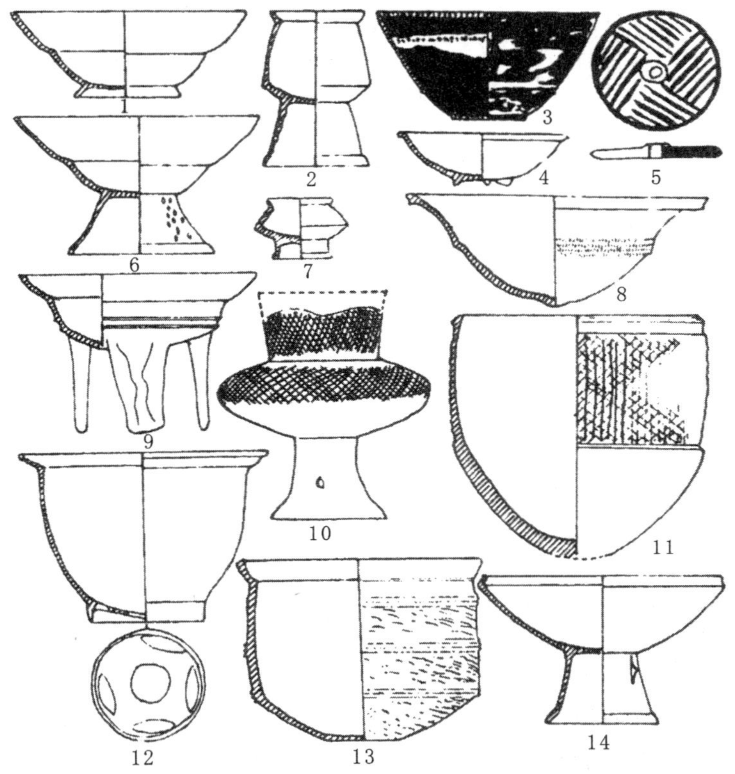

图 3-3　屈家岭文化屈家岭类型陶器

1. 双腹碗　2. 高圈足杯　3. 蛋壶彩陶圈足碗　4. 三足碟　5. 彩陶纺轮　6. 双腹豆　7. 盂形器　8. 厚胎陶锅　9. 双腹鼎　10. 壶形器　11. 直壁厚底缸　12. 罐形甑　13. 折沿缸　14. 内折沿豆（均为京山屈家岭遗址出土）

青龙泉遗址中层类型的地方特征也比较突出。泥质黑陶明显少于其他类型，一般是胎壁较厚的红胎黑皮陶。纹饰流行绳索状附加堆纹。有一定数量的鸡冠耳和锯齿状花边的陶器。红顶钵（红边灰腹）、折沿深腹罐、盆形鼎、鸡冠耳罐形鼎、花边纽器盖、刻槽钵 、带流盆、大口小底瓮是青龙泉中层类型具有地方特色的器物（见图 3-4）②。

①② 向绪成：《中国新石器时代考古》，武汉大学出版社 1993 年版，第 269、271 页。

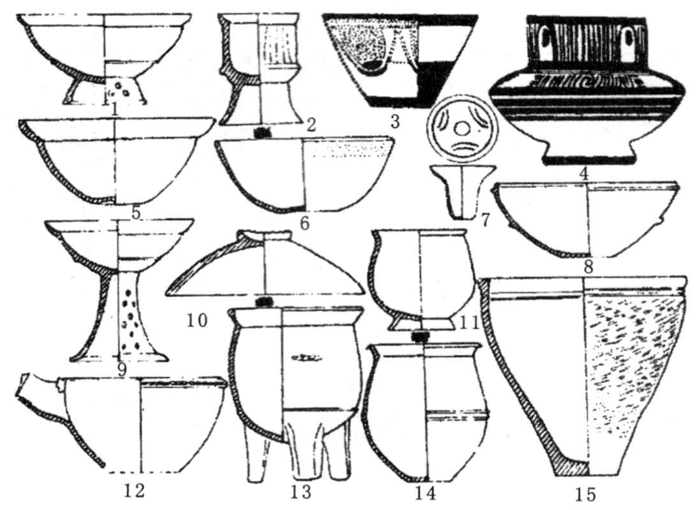

图 3-4 屈家岭文化青龙泉中层陶器

1. 双腹碗 2. 高圈足杯 3. 蛋壳彩陶杯 4. 壶形器 5. 双腹盆 6. 红顶碗 7. 彩陶杯 8. 钵形研磨器 9. 双腹豆 10. 花边纽器盖 11. 窄沿深腹小罐 12. 带流盆 13. 罐形鼎 14. 折沿深腹罐 15. 小口平底缸（均为郧县青龙泉出土）

关庙山遗址中层类型的泥质黑陶一般表里透黑，胎薄质硬，器表磨光。有一定数量的粗泥褐陶，胎中羼有大量植物茎叶，质地疏松。瓦状足的双腹鼎、内折沿碗、凹沿鼓腹罐、直腹瓶、圈足尊等具有地方特色。此外也出有屈家岭类型常见的罐形甑和彩陶纺轮等。

屈家岭文化的石器基本上都是磨制石器，有的是通体磨光。到了中晚期，不仅石器的种类增加，而且同一种器物的式样形制也变化较多。如石斧等就由大型粗笨向小巧精致发展，更便于使用。再如石箭镞就出现了柳叶形、三棱锥形、三棱圆柱有铤镞等多种形状。又如斜弧形石镰、弧背长方形双孔石刀等都是新出现的器物。

屈家岭文化经碳-14 测定的可靠的五个年代数据，摆动于距今 4 585±145 年到 5 020±235 年之间①，其绝对年代距今 5 000 年～距今4 600 年。

① 中国社会科学院考古研究所实验室：《放射性碳素测定年代报告》之二、四、六，分别载《文物》1972 年第 10 期及《考古》1974 年第 5 期、1979 年第 1 期。

学术界大多认为，屈家岭文化是继承大溪文化发展而来的。其理由如下：第一，大溪文化与屈家岭文化的分布地域大致重合，只是屈家岭文化的北部范围更大一些。第二，在长江中游地区，广泛地存在着屈家岭文化早期遗存直接叠压于大溪文化晚期遗存之上的地层关系，且经碳-14测定，二者的年代也是基本上衔接的。第三，发现了许多具有大溪文化向屈家岭文化过渡特点的遗存。这些遗存的过渡性特点是以泥质黑陶为主，典型器形有曲腹杯、罐形鼎、深腹豆、簋、黑陶小罐等，它们的年代十分接近，均属于各自类型的最后一期，恰好处在大溪文化向屈家岭文化过渡的中间环节上。其文化因素就总体而言属于大溪文化，但是依实际年代的早晚，又不同程度地兼有屈家岭文化的某些特点，甚至从个别遗址中，还可以清楚地看到大溪文化向屈家岭文化过渡的完整过程①。

四、石家河文化

石家河文化得名于1955年发掘的天门市石家河镇的贯平堰、石板冲、罗家柏岭等遗址②。上述遗址一度被有些研究者称为“青龙泉三期文化”、“桂花树三期文化”、“湖北龙山文化”、“季家湖文化”以及“长江中游龙山文化”等，由于石家河遗址群发掘最早，文化遗存最典型，自1984年提出“石家河文化”的命名以后，逐渐被考古界所接受③。根据文化面貌在各地的差异，石家河文化在湖北境内至少可分为五个类型④：其一为江汉地区的石家河类型，以天门石家河遗址群为代表，包括石家河镇近年发掘的邓家湾（上层）、谭家岭（上层）、肖家屋脊等遗

① 张绪球：《长江中游新石器时代文化概论》，湖北科学技术出版社1992年版，第170～171页。

② 石龙过江水库指挥部文物工作队：《湖北京山、天门考古发掘简报》，《考古通讯》1956年第3期。

③ 湖北省博物馆：《房县七里河遗址发掘的主要收获》，《江汉考古》1984年第3期。

④ 张绪球：《石家河文化的分期分布和类型》，《考古学报》1991年第4期。

址（见图 3-5）①。其二为鄂西北地区的青龙泉上层遗址（或称青龙泉三期），经发掘的遗址除郧县青龙泉外，还有郧县大寺（上层）、庹家洲和丹江口市（原均县）乱石滩遗址②，以及房县七里河遗址等。其三为鄂东北的栗山岗类型，以麻城市栗山岗遗址为代表③，经发掘的还有大悟土城等遗址④。其四为鄂东南的尧家林类型，以通城县尧家林遗址为代表⑤。其五为鄂西南的季家湖类型，以当阳季家湖遗址为代表⑥，经发掘的遗址还有枝江关庙山（上层）、江陵张家山和荆南寺、宜昌白庙、松滋桂花树等⑦。

图 3-5　天门石家河新石器时代遗址发掘现场

---

① 石家河考古队：《湖北省石家河遗址群 1987 年考古发掘简报》，《文物》1990 年第 8 期。

② 中国科学院考古研究所长江工作队：《湖北郧县和均县考古调查与试掘》，见《考古学集刊》第 4 集，科学出版社 1984 年版。

③ 武汉大学历史系考古教研室等：《湖北麻城栗山岗新石器时代遗址》，《考古学报》1990 年第 4 期。

④ 孝感地区博物馆等：《大悟县土城遗址探掘简报》，《江汉考古》1986 年第 2 期。

⑤ 武汉大学历史系考古专业等：《湖北通城尧家林遗址的试掘》，《江汉考古》1983 年第 3 期。

⑥ 湖北省博物馆：《湖北当阳季家湖新石器时代遗址》，见《文物资料丛刊》第 10 期，文物出版社 1987 年版。

⑦ 荆州地区博物馆：《湖北松滋桂花树新石器时代遗址》，《考古》1976 年第 3 期。

石家河文化陶器的陶系一般以夹砂陶为主，泥质陶次之，有些遗址还有一定数量的夹碳陶。陶色往往不纯，一般多见灰陶、黑皮陶、红褐陶，也有少量磨光黑陶和橙黄陶。陶器的制作方法有手制、轮修和轮制。陶器的种类繁多，有鼎、甑、罐、碗、钵、豆、盘、壶、杯、缸、器盖、器座、鬶、刻槽器等。其中最有特色的器物是侧三角形足、麻面宽扁足（足面有戳印的许多点状纹或刻划的短线条纹）、竖道凸棱宽扁足的盆形鼎和罐形鼎、盆形甑、罐形甑、腰鼓形罐、高领罐、沿外折卷盘形豆、敞口深腹碗形豆、大口径圆足盘、平底和圈足的长颈壶、厚胎喇叭形杯、圈足杯、喇叭形刻槽器、圜底和小平底筒腹缸、锥状纽器盖、平流长颈和短颈的袋足鬶、红陶小杯等。器表大多素面，纹饰以篮纹最多，其次是弦纹、附加堆纹、方格纹、绳纹、划纹，还有少量粗条纹、锯齿纹、戳印纹、锥刺纹和镂孔等，彩陶极为少见。

石家河文化的各个类型除了共同特征外，还有各自的地方特色。石家河类型的地方特色是以泥质陶为主，代表性的器物为罐形鼎、足多为双凸棱宽扁足的盆形鼎、扁折腹的壶形器和由此演变而来的带折棱的圈足杯、细高圈足杯、高领留肩篮纹罐等（见图 3-6）①。

青龙泉上层类型的地方特色是以灰陶为主，典型器物主要有宽扁足上饰绳索状堆纹的鼎、红顶钵、花瓣形纽器盖、折沿深腹罐、喇叭形和盆形刻槽器，以及受中原龙山时期文化影响而产生的斝、鬲等（见图 3-7）②。

栗山岗类型的地方特色是以黑皮陶为主，篮纹相当发达。罐形鼎和盆形鼎的口沿大都宽大，部分侧三角形鼎足足根两侧各有一对称的按窝或爪子形镂孔。数量颇多的高领篮纹罐的最大腹径在肩部，且鼓肩处常饰一道凸宽带纹。此外，直口折腹豆、细高圈足杯、平底和圈足的长颈壶等也很有特点。

尧家林类型的地方特色是以红褐陶为主，罐形鼎和盆形鼎的口沿一

---

①② 采自向绪成：《中国新石器时代考古》，武汉大学出版社 1993 年版，第 274、275 页。

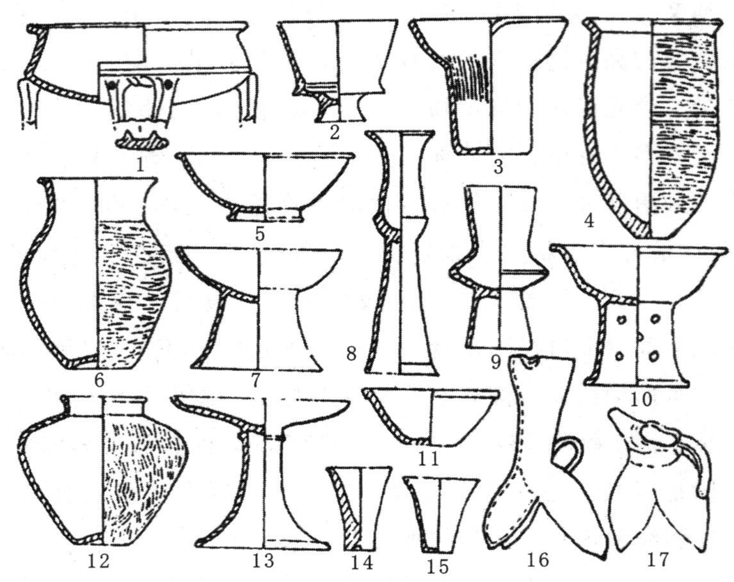

图 3-6　石家河文化石家河类型陶器

1. 盆形鼎　2. 圈足杯　3. 喇叭形刻槽器　4. 缸　5. 圈足碗　6、12. 高领罐　7、10、13. 豆　8. 细高柄杯　9. 壶形器　11. 厚唇钵　14. 厚胎杯　15. 喇叭形杯　16. 鬶　17. 盉（3、12、13 为肖家屋脊遗址出土，17 为石家河遗址出土，余皆邓家湾遗址出土）

般折成盘口状，侧三角形鼎足比较高大。此外，圈足和平底的高领折肩罐、盘口沿垂腹罐、钵形豆、细颈折腰圈足壶等也是有地方特色的器物。

季家湖类型的地方特色是以灰白陶为主，除篮纹外，方格纹的数量也比较多。大口径圈足盘式样多，尤以粗圆足盘为突出。另外，实柄杯、圜底釜、马鞍形纽器盖等器物的地方特征也比较明显。

石家河文化的生产工具以石器为主，石器大多磨制精细，种类有石斧、穿孔石斧、石锄、扁薄穿孔石铲（钺）、石锛、有段石锛、石凿、长方形和半月形穿孔石刀、石镰、石镞、石矛、石网坠、石纺轮等。骨器以镞为主，还有凿、鱼镖等。陶质工具主要是纺轮、陶拍等①。

① 向绪成：《中国新石器时代考古》，武汉大学出版社 1993 年版，第 278 页。

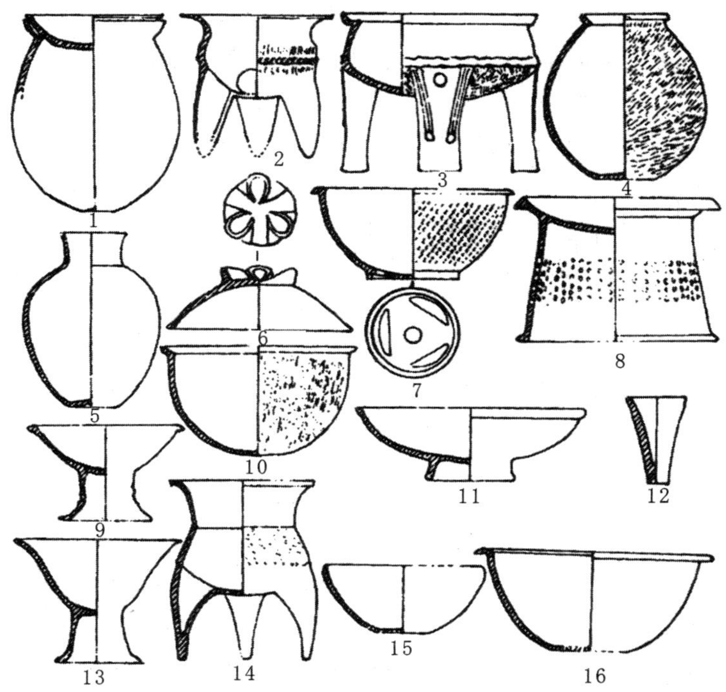

图 3-7 石家河文化青龙泉上层类型陶器

1. 瓮棺 2、14. 斝 3. 鼎 4、5. 罐 6. 器盖 7. 甑 8、9、13. 豆 10、15. 钵 11. 盘 12. 杯 16. 盆（均系郧县青龙泉出土）

根据陶器组合来研究文化的谱系关系，其中的炊器和食器往往扮演着十分重要的角色，它们构成器物组合的核心内容，而一些陶系特点也非常稳定地保持着文化传统，值得引起特别的重视。鄂西地区季家湖类型的食器多为圈足盘，这种器类以及夹碳陶占相当比重的陶系特点，与这一地区的大溪文化——有地方特色的屈家岭晚期文化遗存这一文化系统一脉相承。汉水中游的青龙泉类型中折沿深腹罐占相当比重，另外还有些深腹罐和钵配套用来作为瓮棺葬的葬具，在日常生活中似乎已退到次要地位，但深腹罐和钵所代表的炊器和食器的组合关系都与汉水中游的“仰韶文化”——有地方特色的屈家岭晚期文化遗存这一文化系统一以贯之。汉水下游的石家河类型继承了屈家岭文化系统器物组合中的大部分因素，以及这一文化系统以泥质陶占绝对优势的陶系特点，是屈家岭文化系统的直接继承者①。

第二节 社会经济

根据湖北境内新石器时代文化遗址出土的生产工具并结合其他遗迹遗物分析，当时的经济应以农业生产为主，而农业生产中又以水稻种植为主。为补充农业生产的不足，也兼营狩猎和捕鱼。而猪、狗、牛、羊等家畜动物骨骸的发现，说明家畜饲养业在经济生活中也占有一定比重。同时，不同规模的聚落形态的出现，则多少反映出氏族社会的某些状况。

一、生产工具

湖北新石器时代遗址出土的生产工具，主要是石器。按理说，当时也会使用木质、竹质和骨质的工具，但因木、竹容易腐烂，很难保留到今天。而南方的土质酸性较重，又不利于骨质器的保存。同时，由于当时生产力十分低下，一种工具可能有多种用途，如石斧，既可以砍伐树木，又可以垦翻土地。

湖北新石器时代文化遗址石质生产工具有两个特点：一是数量较多，二是制作技术较先进。

关于石制工具的数量，仅从大溪文化遗址和墓葬中即可见一斑。如属于大溪文化的宜昌中堡岛遗址，在发掘的约 200 平方米的面积中，出土石器 4 500 多件，另外还有 2 000 多件残石器。在红花套遗址中，不仅发现有制作石器的作坊和用于打制石器的石锤、石砧，以及用于磨制石器的砺石，而且出土了大批的石料、半成品和成品石器。大溪文化墓葬中随葬石器的数量也相当可观，已发现的 133 座墓葬，有 62 座墓共出土石器 139 件，有的一座墓就发现石器 10 余件。

① 杨宝成主编：《湖北考古发现与研究》，武汉大学出版社 1995 年版，第 66 页。

在石制工具制作技术方面，大溪文化早期还保留着城背溪文化的一些传统工艺特点。伍相庙遗址所出石器显示，这一时期石器的种类和形态比较简单，制作也较为粗糙，虽然磨制技术已开始推广，但一般仅限于石器的刃部，打制的痕迹仍较为明显。不过，到了大溪文化中晚期，不仅磨制技术进一步推广，而且钻孔石器已经出现。如中堡岛遗址第二期已有用先进的管钻法对钻而成的石器。在红花套遗址发现过许多完整的岩芯，说明当时的管钻技术已达到非常熟练的程度①。屈家岭文化时期，石器的制作技术有了较大发展，表现在器形的制作越来越复杂和规范。如 1984 年调查枣阳雕龙碑遗址采集到主要为屈家岭文化类型的石器 45 件，种类有石斧、石镰、石铲等，其中一件石铲，呈长方形，顶稍窄、体薄、两面刃，铲面上有一对钻孔，通体磨光，制作精细规整②。到石家河文化时期，石器制作技术日趋精良，琢制和磨制的比例及精度越来越高，钻孔技术也得到了更广泛的应用。如在 1981—1983 年发掘的钟祥六合遗址中，属于屈家岭文化类型的石器有斧、锛、凿等，而叠压其上的属于石家河文化类型的石器中出现了一种长方形穿孔的石刀，这种体扁平、平刃、上部对穿一孔的石刀，比起该遗址属于屈家岭文化类型的石刀有更明显的进步，这种进步主要表现在穿孔技术上③。带穿孔的石器，在木柄上比较容易固定，使用时就更便于用力，尤利于水田的耕作。

二、水稻种植

水稻种植必须具备一定的气候条件，而有关资料表明，新石器时代湖北地区的气候条件是适宜于水稻生产的。1974 年，考古工作者在宜都红花套大溪文化遗址中发现了亚洲象（Elephas maximus）牙齿 5 颗，说明

---

① 张绪球：《长江中游新石器时代文化概论》，湖北科学技术出版社 1992 年版，第 133 页。

② 襄阳地区博物馆：《枣阳雕龙碑遗址调查简报》，《江汉考古》1984 年第 3 期。

③ 荆州地区博物馆等：《钟祥六合遗址》，《江汉考古》1987 年第 2 期。

当时的气候比现今要温暖湿润得多。据林承坤对河姆渡文化时期长江、钱塘江中下游地区古地理环境的研究，当时的年平均温度比现在高 3℃～4℃，年平均降雨量比现在约多 800 毫米，相当于现在海南岛的气候①。由于雨量充沛，长江、汉水的流量加大，湖泊与沼泽较多，尽管当时长江中游的平原大部分尚未完全形成，但谷地和较高的山谷平原都是种植水稻的理想场所。

由于气候的原因，湖北地区已发现的新石器时代稻作遗迹以大溪文化时期最为丰富。在 1972 年开始发掘的宜都红花套遗址第一期遗存出土的红烧土块中，掺有少量的稻壳和稻草，另外还有一些陶器也采用稻谷壳做掺合料，其年代属于大溪文化早期。枝江关庙山遗址第三期遗存中曾出土建筑遗迹，该建筑物的外墙墙面是用掺有少量稻谷壳和稻草的生黏土抹平的，其年代也为大溪文化早期。在 1975 年发掘的江陵毛家山遗址新石器时代的地层和灰坑中，发现有许多红烧土块中掺有稻谷壳和稻草，其年代属于大溪文化晚期。在 1973 年发掘的湖北监利柳关、福田新石器时代遗址大溪文化类型中，发现了 8 个灰坑，坑中有大量的稻谷壳和稻草灰烬②。

屈家岭文化时期湖北地区的稻谷遗迹也有不少发现，其中京山屈家岭遗址的发现尤为惊人。在 1956—1957 年对京山屈家岭遗址进行的第二次发掘中，发现了大量的稻谷壳和稻草的痕迹，特别是晚期的遗迹内所含的数量更多，在面积约 500 平方米、体积约 200 立方米的红烧土中都掺有稻草茎和稻谷壳，经有关专家鉴定，属于人工栽培的大粒粳型稻③。有的地方更是密结成层，数量之巨足以与河姆渡遗址第四层相比。如此

---

① 林承坤：《长江、钱塘江中下游地区新石器时代古地理与稻作的起源和分布》，《农业考古》1987 年第 1 期。

② 荆州地区博物馆：《湖北监利县柳关和福田新石器时代遗址试掘简报》，《江汉考古》1984 年第 2 期。

③ 丁颖：《江汉平原新石器时代红烧土中的稻谷壳考察》，《考古学报》1959 年第 4 期。

大规模地使用稻谷壳和稻草作为建筑房屋的掺和料，说明屈家岭文化时期，湖北地区的水稻生产已具有相当的规模。1955 年发掘的武昌洪山放鹰台，是一处屈家岭文化早期的遗址兼墓地，在地层中也发现了稻谷遗迹，经鉴定同样属粳型稻①。1984 年，在云梦好石桥屈家岭文化时期的城址中还发现了大量碳化稻谷壳；在该县同年发现的其他 4 个新石器时代遗址中，都发现了大面积夹有稻谷壳、稻茎杆的红烧土②。粳稻耐旱、耐寒、耐弱光习性均比籼稻强，这反映了屈家岭文化时期湖北地区栽培水稻品种的改良和稻作水平的提高。

石家河文化时期，湖北地区的气温有所下降，江汉地区的年平均温度和年平均降雨量都比现在略低一些，以致植被减少，引起长江、汉水等河流泥沙沉积量增加，江汉平原大部分已接近形成，所以在湖北江陵、洪湖、天门等地都相继发现了石家河文化时期的遗址，并伴有水稻遗迹出现，说明当时的江汉平原已开始种植水稻。虽然当时的气候对水稻生产有些不利的影响，但平原的形成和生产工具的进步，使湖北地区的水稻生产得以延续。在 1955 年发掘的天门石家河遗址石家河文化遗存中，发现了大片房屋建筑遗址，其房屋的墙壁用木骨和草拌泥做成，以稻草茎和稻谷壳作掺合料③。1973 年发掘的石家河文化季家湖类型遗址中，出土了掺有稻谷壳的细泥陶，大部分陶片因掺入了大量的稻谷壳而结构疏松，显得软而轻，往往还有小气孔，这类陶器主要是炊具④。

事实上，早在城背溪文化时期，湖北地区可能已开始水稻种植。在宜都枝城北属城背溪文化末期的遗址中，出土有夹碳陶器，其陶胎断面可见成层的碳化茎叶和谷壳皮，严文明以为其年代接近于公元前 5000 年⑤。因

---

① 武汉市地方志编纂委员会主编：《武汉市志・文物志》，武汉大学出版社 1990 年版，第 6 页。

② 云梦县博物馆：《湖北云梦新石器时代遗址调查简报》，《考古》1987 年第 2 期。

③ 严文明：《中国稻作农业的起源》，《农业考古》1982 年第 2 期。

④ 后德俊：《湖北科学技术史稿》，湖北科学技术出版社 1991 年版，第 6 页。

⑤ 严文明：《再论中国稻作农业的起源》，《农业考古》1989 年第 2 期。

无法对其作出科学鉴定，故城背溪遗址发现的稻谷痕迹究竟是野生稻还是人工栽培稻，尚难以断定。但考虑到城背溪文化的年代与出土有许多人工稻遗物的浙江河姆渡文化遗址第四层属同一时期，且两地当时的气候条件大致相同，城背溪文化时期湖北地区或许已开始了水稻栽培。由此可见，至少从公元前5000年开始，湖北地区的水稻种植一直在延续和发展。

三、渔猎采集和家畜饲养

城背溪文化时期稻作农业虽然在经济生活中起着重要的作用，但这种作用主要体现在稳定社会和促进经济发展方面。就人们的日常生活而言，在相当长的时期内，渔猎和采集仍占有相当的比重，这在考古资料中得到了某种程度的反映。首先，从石制工具来看，在城背溪文化广泛存在的普通型打制石器中，常见有砍砸器、刮削器、石球、网坠等，这些石器主要用于渔猎，它们同本地区旧石器时代晚期的同类石器有很多相似之处，其功能也应当是大致相同的。旧石器时代晚期，农业尚未产生，人们的生活主要是依靠狩猎、渔捞和采集，当时所使用的打制石器也必须与这些经济活动相适应。因此，城背溪文化遗址中打制石器较多这一现象，应是传统渔猎经济占有较为重要地位的反映。其次，从出土的兽骨、鱼骨看，城背溪文化的渔猎经济成分也是极为明显的。如城背溪遗址就发现了许多动物骨骸，其中数量最多的是牛骨、鹿骨和鱼骨，以及鳖的背甲和蚌壳等，说明野生动物仍是人们食物的一个比较重要的来源。再次，从城背溪文化的生态环境和自然条件来看，当时人们的聚落都位于丘陵向平原过渡的地带，既有茂密的森林和成片的草地，又有宽阔的河湖水面，非常适宜于渔猎和采集。不过，尽管城背溪文化时期在湖北先民的经济生活中渔猎和采集所占的分量高于农业生产，但就推动社会进步而言，前者所起的作用则远不及后者①。

① 张绪球：《长江中游新石器时代文化概论》，湖北科学技术出版社1992年版，第47页。

在大溪文化时期，湖北地区的渔猎经济仍有较为重要的地位。这一时期的渔猎工具主要出土于长江三峡一带遗址中，如中堡岛遗址发现了石镞、骨镞、骨矛和石球等，大溪遗址出土有石球、骨镞、骨矛等，伍相庙遗址出现了大型网坠等。石镞均为打制，形制近似三棱形；骨镞都经过磨制，一般为圆锥形，有的尾部带铤。石球和镞可以明确为狩猎工具，网坠则为渔捞专用，而矛既可以捕杀兽类，也可以兼作鱼叉。与渔猎有关的兽骨和鱼骨遗存，几乎在每一个大溪文化遗址都有发现，其中比较突出的有大溪、柳关等遗址。据统计，第三次发掘的133座大溪文化墓葬中，有8座随葬鱼，4座随葬龟或蚌珠，14座随葬兽牙。在大溪遗址的文化层中，也含有大量鱼骨。在洪湖柳关遗址的北侧，发现了一个面积达数百平方米、厚度为0.8米以上的蚌壳堆积层。此外，在朱家台、关庙山、中堡岛、桂花树等遗址中，都发现了数量不等的兽骨和鱼骨。由此可见，大溪文化时期湖北地区经济的基本特点是农业和渔猎并重，但由于自然条件的不同，各地也存在着差异。在江汉平原和其他适宜于农业的地区主要依靠农业的收获，渔猎只是一种补充经济成分。而在长江三峡和一些洪水容易泛滥的湖区，农业的收获量不可能很大，渔猎可能仍是人们主要的生活来源①。

屈家岭文化时期，湖北地区的农业在大溪文化的基础上有较大的发展，一个突出的现象就是人们选择聚落时首先考虑的是农业生产的条件，其次才是渔猎条件，而大溪文化以及更早的城背溪文化时期的湖北先民选择聚落的首要标准是鱼类和兽类资源。正由于屈家岭文化时期农业有较大发展，才出现了一定规模的家庭饲养业，因为家畜的饲养必须以农业的发展为前提。其实，早在大溪文化时期，湖北地区已有家畜饲养的萌芽，钟祥六合大溪文化的墓葬中就发现有3副猪下颌骨。到了屈家岭文化时期，猪的饲养更为普遍，如在天门石家河屈家岭文化的灰坑中，就发现了陶猪形象。及至石家河文化时期，湖北地区的家畜饲养业有了

① 张绪球：《长江中游新石器时代文化概论》，湖北科学技术出版社1992年版，第145页。

更大的发展。根据石家河文化陶塑动物分析，羊、猪、狗、鸡已成为江汉平原普遍饲养的家畜。也可能是气候变化给农业生产带来了不利的影响，狩猎和捕捞仍是当时人们的生活来源之一。在石家河文化陶塑动物群中，有许多野生动物形象，它们应是先民们经常捕获的对象。另外，石家河文化中发现的石箭镞断面多呈棱形，比屈家岭文化的柳叶形箭镞锋利得多，说明当时的狩猎技术比以往高明①。

四、聚落形态

聚落至迟在新石器时代早期已经出现，当时聚落遗存的主要形态是洞穴或贝丘遗址。遗址的规模一般都很小，与此相适应的社会组织可能是小型的氏族公社。湖北境内属于这一时期后段的城背溪文化遗址，面积大都只有几百平方米，说明当时的社会组织和经济生产虽然已有一定程度的发展，但仍然处在较低的阶段和水平上。新石器时代中期，聚落的规模逐渐扩大，湖北境内属于这一时期的大溪文化遗址不仅数量较多，而且规模也较大。如朱家台、关庙山、红花套等遗址都发现了大面积的红烧土建筑。在总体布局上，这些聚落都把居住区规划在比较中心的位置，而把墓葬区安排在居住区附近。如关庙山遗址，聚落的居住区房屋十分密集，已发现的 10 座保存较好的房屋，平面一般为方形或长方形，其规格有大、中、小三种类型。大型一般在 80 平方米左右，中型 50 多平方米，小型约 35 平方米，它们的使用功能应有所不同②。在大型房子里，发现有一些口小底大的袋形灶，这些灶由灶塘和灶门构成，既有 4 个并联在一起的，也有 3 个并联在一起的，四联灶每个都有灶门，三联灶则是通过灶塘之间的火道相连，只设 1 个灶门。这些遗迹现象显然是许多人居住在一起集体进行炊事活动的反映③。虽然目前还难以判断

---

① 张绪球：《长江中游新石器时代文化概论》，湖北科学技术出版社 1992 年版，第 292 页。

② 李文杰：《大溪文化房屋的建筑形式和工程做法》，《考古与文物》1986 年第 4 期。

③ 李文杰：《大溪文化之最》，《江汉考古》1988 年第 1 期。

居住在这种大房子里的集体究竟属于社会组织的哪一个层次，但它至少多于一个对偶家庭却是可以肯定的。

新石器时代晚期是聚落迅速发展的阶段，湖北境内属于这一时期的聚落先后有屈家岭文化聚落和石家河文化聚落。

屈家岭文化聚落迅速发展的标志是特大型遗址的出现和城垣防御体系的建立。特大型遗址以屈家岭最为突出，该遗址面积至少有 50 万平方米，尽管其遗存显然包括有不同时期的文化，但主体部分是屈家岭文化则是可以肯定的。如此特大规模的遗址，很可能是部落或部落集团的居地（见图 3-8）。

图 3-8 京山屈家岭文化建筑遗址

屈家岭文化时期的城址迄今在湖北境内共发现 4 座，即天门的石家河城、荆门的马家垸城、江陵的湘阴城和石首的走马岭城，其中以石家河城最具典型意义。石家河城位于石家河镇北约 1 公里处，城址近方形，南北和东西各 1 000 米左右。西城垣比较完整；南垣仅见西段，有 200 多米长，同西垣相连；东垣的中段和北段比较清楚；北垣可能被年代稍晚的土城破坏，但局部尚有痕迹。为了弄清城垣的年代，考古工作者在西垣选择了一处断面，经铲光，发现有一层层近似水平状的堆筑痕迹，土层中含有早于屈家岭文化的薄陶片，此外未见更晚的遗物。调查者还在三角湾南边的城垣内侧开了一条小探沟，发现城垣上叠压有石家河文化早期的堆积，从而断定城垣的年代早于石家河文化早期，应属于屈家岭文化早期（见图 3-9）①。

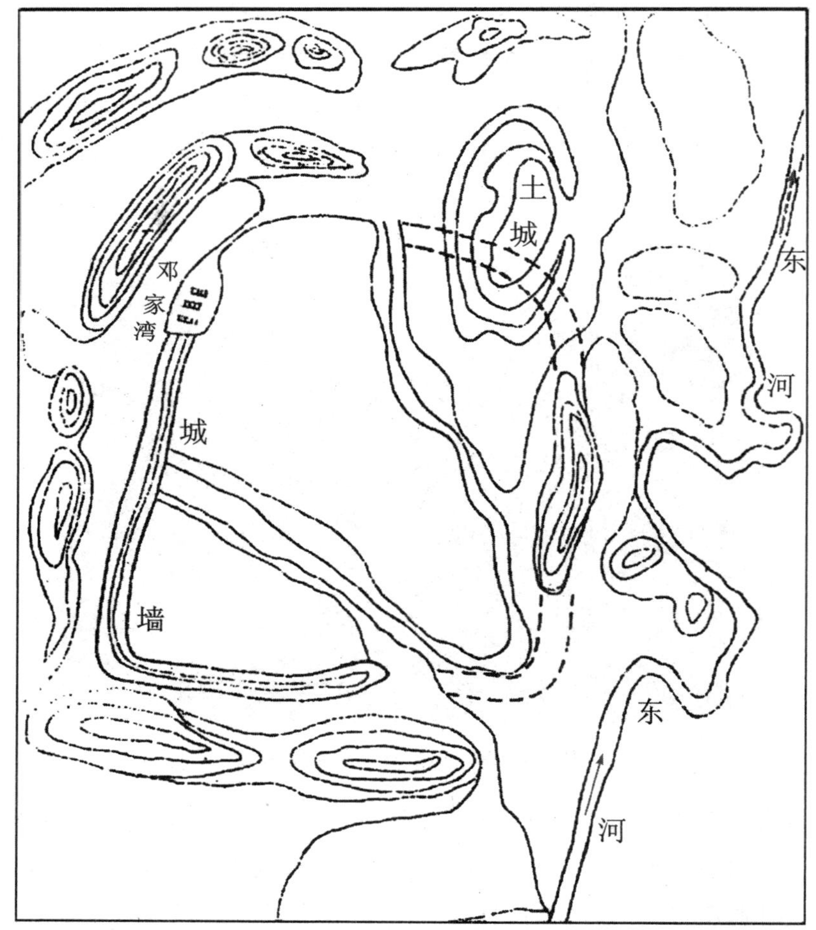

图 3-9　石家河屈家岭文化古城示意图

① 采自张绪球：《长江中游新石器时代文化概论》，湖北科学技术出版社 1992 年版，第 217 页。

屈家岭文化古城的发现无疑将我国古城出现的时间提前了几百年。目前我国北方已知最早的古城，是位于内蒙古自治区凉城县的老虎山城，其年代可能与庙底沟二期相当①，显然晚于屈家岭文化。况且由于其位置偏远，故在中华文明形成过程中的地位也自然不能与屈家岭文化古城相提并论。

石家河文化时期，遗址群内聚落的分布密度明显大于屈家岭文化时期，遗址群的规模也有相当程度的扩展。石家河文化在历史上存在的时间同屈家岭文化大致相当，但在文化遗存的堆积方面，前者却比后者深厚和丰富得多。不仅如此，随着社会经济的发展和社会分工的扩大，遗址群内还出现了一些专业性的生产作坊，聚落之间也存在着不同程度的经济分工。这种情况虽说在屈家岭文化时期已经出现，但远不如石家河文化时期普遍。

与屈家岭文化相比，石家河文化时期城堡的数量并没有明显增加，这是因为城垣一旦筑成，便可沿用较长时间，没有必要重新构筑，只需在原有基础上稍事修葺即可。当时的城堡应具有很强的政治和军事性质，至于在经济方面是否具有城市的格局和功能，尚无充分的材料可以说明②。

第三节　科学技术

新石器时代，居住在湖北地区的先民们经过坚持不懈的探索，在制陶、建筑、纺织、治玉、冶铜和数学等方面都取得了初步的成就，为我国早期科学技术的发展作出了应有的贡献。

---

① 内蒙古文物工作队：《凉城县老虎山新石器时代遗址》，见《中国考古学年鉴：1984》，文物出版社 1984 年版。

② 张绪球：《长江中游新石器时代文化概论》，湖北科学技术出版社 1992 年版，第 307 页。

一、制　　陶

制陶技术主要包括成型技术和烧制技术。

(一) 成型技术

从湖北地区发现的新石器时代的陶器来看，主要经历了手工捏制——泥条盘筑——慢轮修整——快轮成型的过程。

手工捏制是指完全依靠手工，不用任何机械。城背溪文化遗址出土的小型陶器如碟就是用手直接捏成的。

泥条盘筑就是先用和好的泥土做好器物的底部，然后用泥条一圈圈地堆起作器身，泥条之间的凹缝则用泥片补上，然后经手工抹平成型。大溪文化遗址出土的大型器物如圜底盆、釜等，就采用了泥条盘筑法。

慢轮修整是以慢轮陶车的使用为前提的。由于年代久远，木制的慢轮陶车不易保存，湖北境内至今未发现慢轮陶车实物。但是，在关庙山遗址第一期的部分陶器上，已有慢轮修整的痕迹。第二期陶器上出现了大量平行的弦纹，这些弦纹细密整齐，首尾相衔，只有借助于慢轮平稳的旋转才能制作出来。从第四期开始，还广泛出现了瓦棱形纹，大多数陶器并饰有一道突棱，且陶器圆正的程度不断提高，陶胎也越来越薄，所有这些进步，都与慢轮修整技术的应用有关。

快轮成型技术是在长期使用慢轮修整技术的基础上发明的，它是新石器时代制陶工艺发展中的一大飞跃。快轮制坯成型的原理是依靠车盘快速旋转而产生的强而均匀的离心力以及双手的提拉和挤压，使车盘中心的泥坨直接变成所需要的器形。在关庙山第五期出土陶器上，发现了某些快轮制坯留下的痕迹。如一件碗形豆的圈足内外壁及器身底部、两件泥质黑陶细颈壶的底部，都有快轮留下的螺旋形拉坯印痕①。

掺和料的应用同样是成型技术进步的标志之一。在宜都发掘的城背

---

① 李文杰：《试谈快轮所制陶器的识别——从大溪文化晚期轮制陶器谈起》，《文物》1988年第10期。

溪文化遗址中，出土有相当数量的夹碳陶器。大溪文化早期遗址中夹碳陶器比较多，到后来逐渐减少，而夹砂陶器日益增加。周仁认为，陶器中夹碳、夹砂是为了改进陶土的成型性能，砂粒（碳末）的这些作用和现代陶瓷工业中所使用的“熟料”颇为相近①。李家治等专家也认为由夹碳陶到夹砂陶是制陶技术上的一个进步，之所以要在陶器中加入这些碳化植物茎叶和稻壳，是为了在使用砂粒作掺和料之前，减少黏土的黏性和因干燥收缩而导致的开裂，使用大量的碳屑比使用砂粒更早更原始②。

磨光技术的应用也是成型技术进步的一个表现。在湖北新石器时代遗址中出土的磨光陶器，平整光滑，光泽照人。据有关专家研究，这种陶器在制胎时，其表面曾经过反复地打磨，烧制之后就成了磨光陶器。所采用的打磨工具是光滑的鹅卵石，打磨时需适当地蘸水进行。由于打磨使得陶土中的一些呈片状的矿物平行于坯体的表面排列，减少了对光线的散射，增加了光线的平行反射，从而使陶器表面光泽可鉴③。

（二）烧制技术

新石器时代湖北境内出土的陶器，其烧制技术主要有露天烧制、窑内渗碳和窑外渗碳三种。

露天烧制技术是陶窑出现以前烧制陶器的最基本的技术，湖北境内城背溪文化的红陶就是由露天烧制而成。因为红陶的形成是由于陶坯中所含的铁质在烧制的过程中发生了氧化，而铁质的氧化正是陶坯在露天烧制的高温下充分接触氧气的结果。

窑内渗碳技术是指当窑内的陶器烧制到一定温度时，将陶窑的排烟口封闭，使投入窑内的燃料如松树枝等在缺氧的条件下发生不完全燃烧，

---

① 周仁：《我国黄河流域新石器时代和殷周时代制陶工艺的科学总结》，《考古学报》1964 年第 1 期。

② 李家治等：《河姆渡遗址陶器的研究》，见《中国古陶瓷论文集》，文物出版社 1982 年版。

③ 后德俊：《湖北科学技术史稿》，湖北科学技术出版社 1991 年版，第 18 页。

产生含有大量未完全燃烧的微碳粒的浓烟，而处在高温时的陶坯表面和内部都有很多微小的孔隙，这些孔隙具有吸附碳微粒的能力，浓烟中的碳微粒就这样渗入到陶器中。湖北地区新石器时代文化遗址出土的黑陶，大多是采用窑内渗碳技术烧制的。

所谓窑外渗碳，是当陶器刚刚烧成不久即从窑内取出，趁其还处在高温时，将其外表的全部或一部分与渗碳剂接触，从而制成全部或部分外表呈黑色的陶器。湖北大溪文化遗址中出土的许多内黑外红、内红外黑的陶器，就是通过窑外渗碳制成的。窑外渗碳必须具备两个条件：第一是陶器刚烧成不久即从窑内取出，趁其尚处于高温或红热状态时进行渗碳；第二是渗碳剂所产生的碳微粒必须呈气溶胶或水溶胶的形态，这样才能渗入到陶胎的内部。李文杰在关庙山进行模拟实验时所用的渗碳剂是稻谷壳等物，这些东西与红热状态的陶器接触就被烧焦并产生浓烟——可认为是碳微粒的气溶胶①。据李仰松考察，现代佤族人制作陶器进行窑外渗碳时所用的渗碳剂——“斯然胶”就是一种水溶胶②。

窑外渗碳技术是在窑内渗碳技术的基础上发展起来的，由此也可看出湖北地区新石器时代的制陶业已达到一定的技术水平。

二、建　筑

湖北新石器时代建筑技术的进步突出体现在两个方面，即建筑材料的精制和建筑设计与施工水平的提高。

（一）建筑材料

在湖北新石器时代住宅建筑遗址中，经常发现有红烧土。这些掺有稻草、稻谷壳等物的红烧土，正是当时人们最主要的建筑材料之一。如关庙山遗址第三期的一座方形红烧土房址，墙体系用灰色泥土掺大量红烧土渣筑成；外墙面和四壁及隔墙均用掺有少量稻壳和稻草的生黏土抹

① 李文杰等：《浅说大溪文化陶器的渗碳工艺》，《江汉考古》1985 年第 4 期。
② 李仰松：《从佤族制陶探讨古代陶器制作上的几个问题》，《考古》1959 年第 5 期。

平，并烧烤成红色或青色；居住面系用生黏土掺粉砂土抹成，高出屋外散水 12 厘米～15 厘米，都经过普遍均匀烧烤，多呈红黄色；屋内有柱洞 16 个，洞周围有圆形柱坑，立木柱后坑内用红烧土渣填实，散水也用红烧土块铺成①。此外，在枝江赫家洼大溪文化类型遗址②、京山屈家岭文化遗址③、通城尧家林新石器时代遗址中④，都发现有大量红烧土，且无一例外是充当建筑材料。由此不难发现，红烧土在新石器时代房屋建筑中的作用是很大的，它既用于垫层、散水的铺设，又用于墙基、墙体、柱础之中。新石器时代湖北先民之所以在房屋建筑中广泛使用红烧土，大概有以下原因：第一，红烧土是一种掺有稻谷壳、草茎的黏土，通过加水搅拌和匀，堆积成一定的形状后再经烧烤而成，能经受短期的雨水浸泡而不易解体，从制造原理上讲，它同现代制砖的过程完全相同。据《中国文物报》1990 年 4 月 5 日报道，在石家河谭家岭遗址屈家岭文化遗存的房屋建筑遗迹中，发现有不少残砖坯，其硬度同于红烧土，大小如同现在的红砖，制作工艺规范，边角方正，有的砖面尚有提拉模具时留下的痕迹。由此可见，红烧土是一种烧制温度较低、呈不规则形状的"砖"，而现代砖则是一种烧制温度较高、呈规则形状的"红烧土"，二者之间应有一系列的过渡形式，谭家岭遗址中出土的"硬度同于红烧土"的土坯或臼模制砖，就是这一系列过渡形制中较早的一种。从某种意义上说，红烧土是现代砖的前身。第二，红烧土是经低温（600℃～700℃）烧制而成，具有一定的强度；同时，由于烧结程度低，极易被碎成大小不等的土块，以适应不同的需要，如既可作地面的垫层、柱子的基础，又可作墙基的下脚料等。第三，由于经烧烤后的黏土表面易形成一

① 中国社会科学院考古研究所湖北工作队：《湖北枝江关庙山遗址第二次发掘》，《考古》1983 年第 1 期。

② 湖北省博物馆等：《赫家洼遗址的调查简报》，《江汉考古》1985 年第 2 期。

③ 中国科学院考古研究所编著：《京山屈家岭》，第 39 页。

④ 武汉大学历史系考古专业等：《湖北通城尧家林遗址的试掘》，《江汉考古》1983 年第 3 期。

种牢固的硬层，耐雨水的冲刷远胜于泥土，因此适合于作墙体或散水①。

广泛地采用红烧土作建筑材料，房屋的墙壁建成后须经烧烤，以达到坚固、防水、防潮的要求，这是生活在湖北的先民们面对着温和、潮湿的环境而创造出的一种技术，它为减轻潮湿对人们的危害以及加强房屋的牢固程度，发挥了积极的作用。

（二）建筑设计与施工

湖北新石器时代房屋建筑设计与施工已具有一定水准。如关庙山大溪文化遗址发掘出土的一座编号为 F_{22} 的房屋，平面呈方形，坐东朝西，墙基长 5.67 米～6.4 米，厚 0.27 米～0.36 米，深 0.1 米～0.3 米，墙体用灰色泥土掺大量红烧土渣筑成，墙面用草拌泥抹平，并用火烧烤，墙基内共发现圆形柱洞 20 个。居住面下用红烧土块铺垫，房中间有方形火塘，火塘中间有一道隔墙。房中有不同时期的柱洞 16 个。散水用红烧土块铺成。据推测屋顶为四面坡形②。据张绪球考察，此房的建筑过程分三步：第一步是筑墙体、抹墙面、铺垫层、建火塘和居住面；第二步是烧烤墙壁和居住面；第三步是树立房内支柱、覆盖屋顶和铺设散水。在整个建筑设计与施工中，重点考虑了防水防潮问题。而从其居住面积大于北方仰韶文化同类房屋分析，可能还兼顾了南方夏季温热的气候特点，因为适当增加室内的空间有利于热量散发③。

在枣阳雕龙碑屈家岭文化遗存中，不仅发现了木骨泥抹墙体、烧烤地面和墙壁的多间式结构的房屋④，而且发现了推拉滑动式屋门⑤，它标志着湖北新石器时代建筑设计和施工技术已具有一定的水平。

---

① 后德俊：《湖北科学技术史稿》，湖北科学技术出版社 1991 年版，第 30 页。

② 李文杰：《大溪文化房屋的建筑形式和工程做法》，《考古与文物》1986 年第 4 期。

③ 张绪球：《长江中游新石器时代文化概论》，湖北科学技术出版社 1992 年版，第 157 页。

④ 龚焱、李顺忠：《炎帝与新石器时期文物遗存》，见《炎帝》，长江文艺出版社 1991 年版。

⑤ 邢原：《炎帝神农时代的村落——雕龙碑古文化遗址访谈录》，见《炎帝神农与随州》，湖北人民出版社 1994 年版。

三、纺　　织

湖北地区至今尚未发现新石器时代的纺织品，但大溪文化时期已发现少量素面纺轮，到屈家岭文化时期彩陶纺轮更是大量出现，这在某种程度上标志着当时纺织技术发展的历程。

纺轮是人们早期的纺纱工具，其中心的圆孔是插置捻杆用的，纺轮和捻杆组成的器物称为纺砖。当时用于纺织的原料是麻，将撕开后的麻纤维系在捻杆上，用手指捻动捻杆带动纺轮旋转。由于纺轮有一定的重量，手指给予它的旋转能量使其可以连续地旋转一段时间，从而将麻纤维纺成纱。现代纺织实践表明，纺轮重量和体积的大小是纺纱粗细的关键。屈家岭文化早期遗址中出土的无彩纺轮多属大型（直径 3 厘米以上），而晚期遗址出土的彩绘纺轮多属于小型（直径 3 厘米以下）。大型纺轮纺出的纱粗，小型纺轮纺出的纱细，说明屈家岭文化晚期的纺织水平要高于早期。据吴淑生、田自秉研究，屈家岭文化遗址中出土的直径 4 厘米以上大型纺轮，重量均在 30 克左右，所纺纱的直径是 1 毫米以上的粗纱，而直径 3 厘米以下的小型纺轮所纺纱的直径要细得多。最小的纺轮重量仅 10 余克，纺出的纱当然更细了①。

屈家岭文化时期的彩陶纺轮的纹饰有三个共同点：从纹饰所处的位置看，主要纹饰均绘制在纺轮的表面（见图 3-10）②；从纹饰色彩看，主要是红色和黑色，与纺轮胎体表面的颜色形成鲜明的对比；从纹饰的组成看，纺轮表面的花纹一般都分为几组，成圆周状的连续线条的圆圈纹比较少见（见图 3-11）③。后德俊认为，上述三个共同点表明纺轮上的纹饰并不是为了艺术装饰，而是提高纺织操作技术的需要。如前所述，人们是通过捻动捻杆带动纺轮旋转纺纱的，而纺轮旋转的速度是由手指施

---

① 吴淑生、田自秉：《中国染织史》，上海人民出版社 1986 年版，第 19～21 页。

②③ 采自张绪球：《长江中游新石器时代文化概论》，湖北科学技术出版社 1992 年版，第 208、209 页。

图 3-10　屈家岭遗址彩陶纺轮

加于捻杆的力的大小决定的。纺轮纹饰的作用就在于使纺纱者对纺轮旋转速度的快慢进行比较，从而在手指用力上加以控制。由于人眼的假视作用，纺轮转动快时，其表面的花纹在人眼看来成连续状，纺轮转动慢时就成断续状。通过观察纺轮表面纹饰在转动时的连续或断续状况，从而察觉出纺轮转动速度的快慢，以便在手指用力上加以调整，从而达到了纺轮每一次的转动速度大体一致的目的。而只有当纺轮每次的转动速度基本一致，且捻杆上所系的麻纤维的长度大致相同时，纺出的纱才可

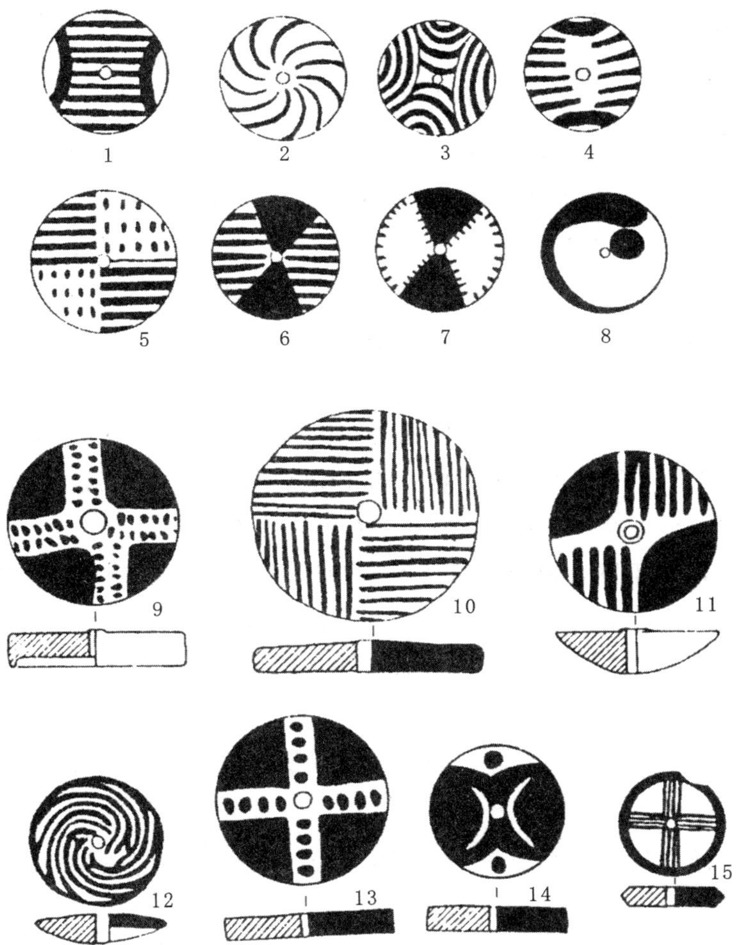

图 3-11　石家河遗址群彩陶纺轮

（8 属石家河文化，余属屈家岭文化）

能因加捻程度相近而比较均匀，也只有这样才能织出比较理想的麻布来。由此可见，纺轮表面的纹饰是人们观察纺轮转动速度的一种标记，是纺织技术进步的表现①。

---

① 后德俊：《湖北科学技术史稿》，湖北科学技术出版社 1991 年版，第 22 页。

四、治　玉

20世纪50年代以来，湖北境内属于石家河文化时期的遗址陆续发现了数百件玉器，出土玉器的主要遗址有：天门罗家柏岭①、肖家屋脊②，钟祥六合③，以及江陵枣林岗等。已发现的玉器都是装饰品，造型有人头像、兽面、蝉、鸟、琫、玦、环、璜（含璜形器）、笄形器、坠、纺轮、锛等。其中以人头像和凤、龙环及鹰的造型最为生动。

人头像有10余件，如六合出土的一件人头像浮雕于玉管的一端，长2.6厘米，椭圆脸、大耳、吐舌，戴新月形冠，两耳各戴一环。肖家屋脊出土的一件人头像雕于一块灰白色的三棱柱形玉片上，高3.7厘米，棱形目、蒜头鼻、下颌瘦削且略前倾、口角有獠牙，戴人字形冠，两耳饰环且上方有弯角形头饰，颈部有一周似为衣领的凸弦纹（见图3-12）④。

凤环出土于罗家柏岭，用透雕法和浮雕法雕成，长喙、修尾、翅上有羽纹。肖家屋脊发现的一件龙环（也有人称之为玦），眼、耳、足俱肖，首尾相衔成环。鹰以肖家屋脊发现的一件最为传神，此鹰用圆雕法和浮雕法雕成，身长1.2厘米，双翅间宽3.95厘米，长喙下勾，双目圆睁，额上部至后额间有披羽，胸背宽实，雄健有力，呈振翅腾飞状（见图3-13）⑤。

石家河文化玉器的制作，主要采用了切割、雕琢、钻孔、抛光等工艺技术。

切割玉料是一道基础性的工序，其技法为线切割，即用线一类的东西带动硬度很大的砂粒把玉料切磨断。也有的玉料是采用两面对切，当达到一定深度时再从中敲断的。通过多次切割，可获得一块块粗具雕琢

---

① 湖北省文管会：《湖北京山、天门考古发掘简报》，《考古通讯》1956年第3期。

② 荆州地区博物馆：《钟祥六合遗址》，《江汉考古》1987年第2期。

③ 石河考古队：《湖北省石河遗址群1987年发掘简报》，《文物》1990年第8期。

④⑤ 采自张绪球：《长江中游新石器时代文化概论》，湖北科学技术出版社1992年版，第299、300页。

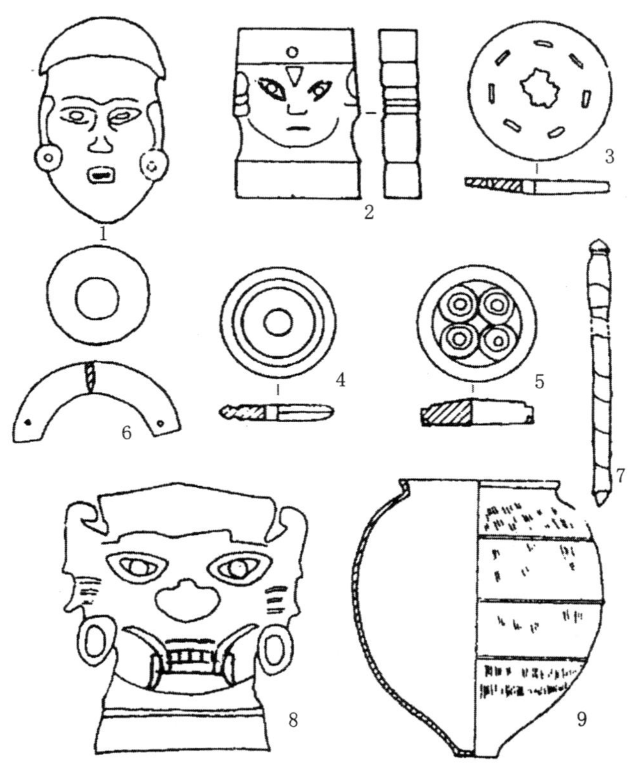

图 3-12 玉器及陶器

1、2、8. 人头像（六合 W18：1、罗家柏岭、肖家屋脊 W6） 4. 纺轮（六合 W16：7）3、5. 玣（六合 W17：2、W19：2） 6. 璜（六合 W10：1） 7. 笄形器（高二山） 9. 瓮棺（六合 W19：3）

对象轮廓的毛坯。

雕琢是一道关键性的工序，其技法主要有浮雕、透雕和圆雕。其中最常用的是浮雕，一般以浅浮雕为主，如人面和兽面的表情特征就是用浅浮雕表现的。深浮雕仅限于个别的细部。透雕玉器表现不多，但从罗家柏岭的凤环和六合的兽面雕来看，其线条非常流畅，显示出透雕的技艺已相当娴熟。圆雕也比较少见，所见者以肖家屋脊出土的飞鹰最为精致。当时的雕琢可能采用了两种质地的工具，一种是比玉石硬度更大的

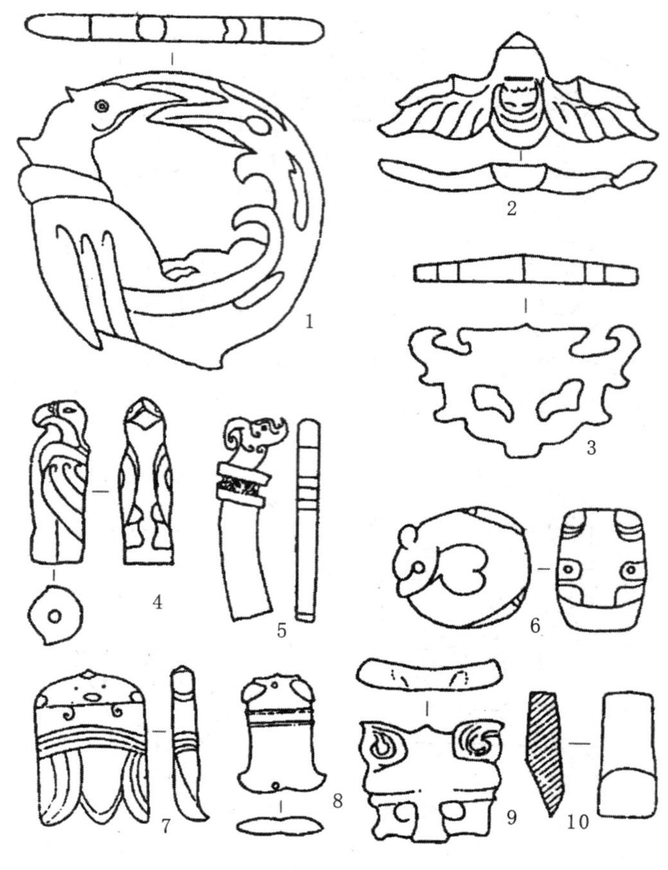

图 3-13　玉器

1. 凤鸟环　2、4. 鹰　3、9. 虎面　5. 兽首璜　6. 龙环　7、8. 蝉　10. 锛

（1、5～7 罗家柏岭，3、8、9 六合，4、10 高二山，2 肖家屋脊）

矿类，如金刚石等；另一种是金属铊，很有可能是铜铊。

钻孔是一道最普通的工序。钻头有两种：一种是空心钻，如传统的竹管一类，主要用于钻大孔，石家河文化的玉管就是用这种技法钻成的；另一种是实心钻，实心钻头可能是金刚石或金属，主要用于钻小孔，有的隧孔既细且深，大概就只有用金属钻了。

打磨抛光是最后一道工序，可能采用的是传统技法。

由此可知，新石器时代晚期湖北先民已掌握了比较先进的治玉技术①。

五、冶　铜

近年来，考古工作者在属于石家河文化的天门邓家湾、肖家屋脊遗址中，多次发现大小不一的孔雀石块，其中小的像指头，大的像半个鸡蛋。有少数孔雀石表面已被氧化成褐色，或呈蜂窝状。考古工作者曾将两块疑为铜块的物体送往北京科技大学检验，结论是铜矿石而不是铜块。据调查，在石家河及其周围近百公里的范围内，根本没有铜矿。也就是说，这些铜矿石是由外地运来的。人们不辞辛劳地把铜矿石从外地运来，除了用以炼铜之外似乎很难有别的解释。据观察，遗址中发现的铜矿石的品位都很高，而铜的熔点又只有 1 083℃，这说明用一般的小坩埚和木炭燃料就可以获得粗铜。在石家河文化中，出土有胎体极厚且胎内含有大量粗砂的陶缸，不能排除其兼用作坩埚的可能性。事实上，在与石家河文化时代相当的中原龙山文化时期的遗址中，出土铜渣甚至铜器已不是个别的例子，如河南淮阳平粮台遗址就发现了一块断面近正方形的铜块②。既然河南地区龙山文化遗址中发现冶铜遗迹，那么，湖北地区在石家河文化时期已开始冶铜也并非毫无可能。况且根据上文对石家河文化中所出玉器的研究，其加工时很可能使用了金属工具③。

六、数　学

新石器时代，湖北地区的先民们已掌握一定的数学知识。在松滋桂花树屈家岭文化遗址中，发现了一种风格别致的陶球。球体中空，内装

①③ 张绪球：《长江中游新石器时代文化概论》，湖北科学技术出版社 1992 年版，第 301～302、281 页。

② 河南省文物研究所等：《河南淮阳平粮台龙山文化城址试掘简报》，《文物》1985 年第 3 期。

砂粒或小石子，摇晃有响声，人们称之为“陶响球”，这可能是一种玩具或娱乐用品。尤其值得注意的是，部分陶球的外表是一种用等腰三角形等分球体的图案①。有的陶球表面被分成24个球面等腰三角形，于是，在球体6个“十”字带的部位，由各等腰三角形组成有4个菱形花瓣的图案。从几何学的角度讲，用3条线段或4条线段作出不等边的三角形或四边形是比较容易的，而要作出等腰或等边三角形、正方形或长方形就比较困难了，因为它要求作图者对这些图形中一定的线段要有等长的概念。同样，在一个球体上用等腰三角形来等分球体就更困难了。以等腰三角形等分球体图案的陶球在松滋桂花树遗址发现，说明当时湖北先民对球体已有较深刻的认识，在实践中知道三角形可以不断等分为不同的三角形，并具有等分球体的实际几何学知识（见图3-14）②。

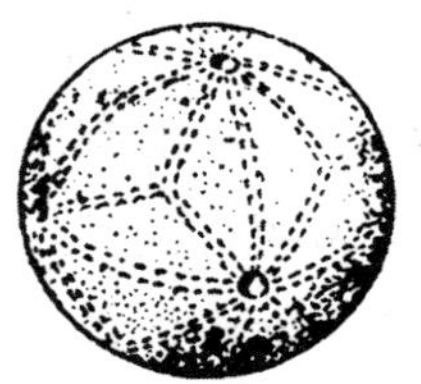
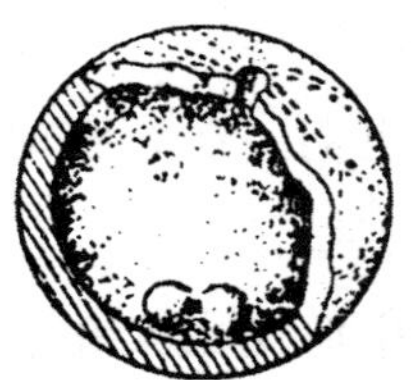

图3-14　桂花树遗址出土的陶球

第四节　彩陶和陶塑

彩陶在湖北新石器时代遗址出土陶器中占有重要的地位，无论是大溪文化遗址、屈家岭文化遗址或是后来的石家河文化遗址，都出土有相当数量的彩陶。这些彩陶的纹饰都充满艺术的气息，表现出湖北先民可贵的艺术创造才能。此外，在石家河文化遗存中，还有大量陶塑动物和

① 湖北省荆州地区博物馆：《湖北松滋县桂花树新石器时代遗址》，《考古》1976年第3期。

② 湖北省荆州地区博物馆：《湖北松滋县桂花树新石器时代遗址》，《考古》1976年第3期；宋兆麟等：《中国原始社会史》，文物出版社1983年版，第446～449页。

少量陶塑人物，都颇为传神。

一、彩　　陶

大溪文化是以稻作农业为重要特征的原始文化，无论是水田的开发，还是排灌渠道的开凿，首先要考虑到取水的便利。而稻作农业并不能满足人们全部的食物要求，渔猎山伐仍是人们获取食物的重要手段之一，同样要经常性地与水接触。正因为当时人们与水打交道的机会很多，对水的印象极为深刻，所以在大溪文化陶器上经常可以见到水涡纹、水波纹、平行线纹、斜线纹等表现水流形状的纹饰。究其实，有些类似绳索纹的纹饰也是由水涡纹变化而来的，它和一般水涡纹的不同之处在于涡漩更紧和更有规律。张绪球等认为，大溪文化初期的横人字纹中有相当一部分呈箭头形，这也是表示水流的现象，因为在长江三峡有些地方的水流受尖状的暗礁的阻碍，常在水面形成箭头形的波纹①。大溪文化陶器上的网纹、菱形纹、编织纹、人字纹等则很可能是受到了渔网的启示（见图 3-15）②。

同大溪文化相比，屈家岭文化具有以下特色：第一是色彩浓艳。彩陶配色以黑、红为主，显得热烈而庄重。第二是构图严谨。不论是棋盘格纹、涡漩纹，还是斜网格纹，都好像是一幅工笔画，在平面分割上绝无错乱不匀的现象，在用笔着色时也没有丝毫的草率。第三是注重装饰效果。屈家岭文化彩陶的花纹单位并不复杂，但每一种花纹单位都能构成富有装饰性的画面，给人以强烈的艺术感染力。从现已掌握的屈家岭文化彩陶的资料尤其是壶形器和蛋壳彩陶杯所表现的图案特点看，前期比较强调整个画面的整齐工整，而第二期则比较偏重于线条的流畅和图案的活泼③。此外，尽管屈家岭文化纺轮上的纹饰是人们观察纺轮转动

---

① 张绪球等：《试论大溪文化陶器的特点》，《江汉考古》1982 年第 2 期。

②③ 采自张绪球：《长江中游新石器时代文化概论》，湖北科学技术出版社 1992 年版，第 85、231 页。

图 3-15 杨家湾遗址彩陶图案

速度的一种标志，是保证纺纱质量的一种技巧，但是，如果把它们当作艺术品来欣赏品评，也毫不逊色。

二、陶 塑

1978 年和 1987 年，考古工作者在属于石家河文化的天门邓家湾遗址进行了三次发掘，出土了数以千计的陶塑品。从种类上看，有红陶人像、红陶禽和红陶兽三类。人像大部分均已残破；禽类中鸡的数量较多，另外还有凤尾鸟、燕尾鸟、鹰等；兽类有羊、猪、狗、象、貘、猴、鼠（也有人称之为袋鼠形动物）、龟、鳖等（见图 3-16）①。

图 3-16　邓家湾陶塑动物和人

1～3、8～10、16. 鸟　4. 鱼　5. 龟　6. 鳖　7. 袋鼠形动物

11. 山羊　12. 猴　13. 猪　14、15. 鸡　17. 绵羊　18、19. 人

① 张绪球：《石家河文化的陶塑品》，《江汉考古》1991 年第 3 期。

在我国原始艺术中，石家河文化的陶塑品以其丰富多彩的艺术造型而独树一帜。没有任何一种原始艺术，能留下如此众多的作品。直到今天，这些令人喜爱的陶塑人物和动物，仍给人以强烈的艺术感受。那么，石家河文化陶塑究竟有哪些主要特色呢？

首先，这些陶塑品都具有朴素写实的特点。陶塑品虽说在造型上质朴无华，但对被塑对象的基本特征则把握得相当准确。例如，鸟有发达的翅膀和丰满的尾羽，鸡有肥实的胸腹，象有如蛇的长鼻和利齿，羊有卷曲的双角。人们根据这些基本特征，便可以很准确地识别出某种形象是何种动物。因此，模仿和写实是石家河艺术匠师们的主要创作原则。

其次，陶塑品还具有生动传神的艺术魅力，注重写实而又不是依样画葫芦。事实上，这些作品不仅开始摆脱单纯的静态模仿，而且能努力去表现被塑造对象的动态和神态。动态是生动的基础，有了动态，生动性也就产生了。例如侧卧姿势的狗，由于表现出了它扬头、张望、谛听的动态，整个形象就充满了生机和活力。又如貘匆忙地奔走，鳖用力地爬行，也都很有动感（见图 3-17）①。至于神态，则是传神的基础，是陶塑品的灵魂。石家河文化的艺术匠师们，十分重视对陶塑品神态的刻画，人的虔诚、狗的警觉、猪的愚憨，都达到了传神的程度。生动传神是古人观察生活、认识事物深刻化的反映，也是在较高层次表现出来的一种艺术真实。

再次，在具体表现手法方面，石家河文化陶塑的作者很擅长运用夸张的手法。如有些象的头部几乎是整个身长的三分之一，而卧狗的头部和颈部更是差不多达到了身体的二分之一。这种夸张非但与前面所说的写实不矛盾，反而能更真实地表现被塑造的对象，因为这种夸张只是对被塑造对象本质或主要特征的强调。夸张象的头部，无非因为象的长鼻和牙最能表现象的特征，人们大概是不会根据象的躯干和尾巴去辨认它

① 采自张绪球：《长江中游新石器时代文化概论》，湖北科学技术出版社 1992 年版，第 289 页。

图 3-17　邓家湾陶塑动物

1～3. 狗　4. 狗驮鸟　5、6. 狗　7. 貘　8、11～14. 象　9. 兽　10. 狗

是什么动物的，所以也就没有必要对这两个部分进行夸张了。至于夸张卧狗头颈的比例，则不光是为了强调狗的外形特点，更重要的还在于突出狗的机警神态。石家河文化陶塑的作者对夸张的手法运用得如此娴熟和自然，说明当时的艺术匠师们对陶塑品的创作已积累了丰富的经验①。

① 刘安国：《天门石家河出土的陶塑小动物》，《江汉考古》1980 年第 2 期；张绪球：《长江中游新石器时代文化概论》，湖北科学技术出版社 1992 年版，第 290～291 页。

第五节 埋葬习俗

大溪文化的墓葬迄今已发现300多座，但绝大多数墓葬发现于大溪遗址，湖北境内只有松滋桂花树、宜都红花套和枝江关庙山等遗址有少量墓葬发现。湖北屈家岭文化时期的墓葬，主要发现于钟祥六合、京山屈家岭和枝江关庙山遗址中。因此，下文对新石器时代湖北葬俗的考察，主要依据上述遗址发现的墓葬。至于石家河文化时期的葬俗，因已公布的资料有限，只得从略。

一、葬　式

大溪文化的葬式除较多的仰身直肢和极少数俯身直肢葬外，还有相当数量的屈肢葬，如桂花树遗址就发现有屈肢葬。这种葬式的下肢弯曲程度一般很大，葬式多样，特点鲜明，有的葬式根本不见于我国新石器时代其他文化。这里的屈肢葬分仰身屈肢、侧身屈肢和俯身屈肢。仰身屈肢葬较为普遍，有的两腿并靠，弯向左边或右边，双手交叉置于腹部；有的是蹲踞式葬，膝盖已弯及胸侧，双手在臂部旁或抱住臂部；有的是跪坐式葬，双脚交叉被压在臂部下，双手伸直或放于腹部。当时流行的下肢弯曲甚大的各式屈肢葬，应是将身体捆绑后埋葬的。

绝大多数墓为单人葬、一次葬，合葬墓和二次合葬墓很少见。只在桂花树发现了合葬墓。此合葬墓为三个人头骨成品字形放置，旁置几根肢骨，还有一头骨与随葬品放在一起，这无疑是一座二次合葬墓。

关庙山遗址还发现了10余座瓮棺葬，多为圆形竖穴，瓮棺竖置；少数浅坑横穴，瓮棺横置。葬具是夹碳或泥质的宽折沿圜底罐（釜），有的瓮上倒置碗或圈足盘作盖。瓮棺葬在红花套也有发现。

湖北屈家岭文化时期的墓葬，其成人墓多实行单人仰身直肢葬，也有实行屈肢葬的，无葬具。曾盛行于大溪文化中的下肢蜷曲很甚的屈肢葬，在屈家岭遗址中仅发现一例。在关庙山遗址中，发现有儿童瓮棺葬的墓地。葬式通常用大型圜底罐再扣一件鼎、盆或钵作为葬具，竖埋于小土坑内。有的盆、钵和鼎的底部中间凿一圆孔，可能是为了死者灵魂出入的便利①。

二、随　葬　品

大溪文化的墓葬多有随葬品，一般置于人体的上部或两侧，少数放在脚下。各个时期的随葬品都有所不同，大溪文化早期随葬品的数量较少，各墓相差也不大。到中晚期，随葬品增加，且各墓数量悬殊。大溪文化墓葬的随葬品中，有石器、骨器类生产工具和陶质生活用品以及以玉器为主的装饰品。在宜昌清水滩遗址一座墓葬人骨架两肩旁，各有一片密集的鱼骨，显然是有意放置的，带有原始的宗教迷信色彩②。

屈家岭文化的成人墓葬大多数都有数量不等的随葬品，儿童瓮棺葬一般无随葬品。

---

① 中国社会科学院考古研究所湖北工作队：《湖北枝江关庙山新石器时代遗址发掘简报》，《考古》1981 年第 4 期；《湖北枝江关庙山遗址第二次发掘》，《考古》1983 年第 1 期。

② 湖北省宜昌地区博物馆等：《宜昌县清水滩新石器时代遗址的发掘》，《考古与文物》1983 年第 2 期；武汉大学历史系考古专业：《清水滩遗址 1984 年发掘简报》，《江汉考古》1988 年第 3 期。

第四章　新石器时代湖北的族类分布和变迁

第一节　神农的圣土

炎黄，是中华民族崇奉的始祖，而这两位始祖之一的炎帝神农氏，其活动中心正是今湖北境内的汉水中游一带。

在讨论炎帝神农诸问题时，似有一个前提需要预先明确：自先秦以降，各种典籍关于炎帝神农的种种记载都是间接取之于上古神话和传说，并非有直接文字可考的信史①。而无论神话或传说，最初都是口耳相传的，扩散得愈广，流传得愈久，变异就愈大。后来见于文献的神话和传说，只是实际存在的神话和传说的一部分，而且必然有不少参差之处乃至牴牾之处。异源的神话和传说，凡互有出入之处，孰是孰非，有些是分得清楚的，可以考实辨明，但也有些是一时分不清楚甚至永远分不清楚的，那就不妨众说并存。对于这类真伪莫辨的难题，宁可多一点模糊性而少一点明确性。诚如《列子·杨朱》所言："太古之事灭矣，孰志之哉！三皇之事，若存若亡；五帝之事，若觉若梦；三王之事，或隐或显，亿不识一。"的确，神话毕竟是神话，传说毕竟是传说，它们折射甚至幻化出远古的某些史迹，适度的模糊才是求实的态度，过度的明确反而会失真②。对炎帝、神农氏、烈山氏之间的关系及其生地，就应作如是观。

---

① 冯天瑜：《炎帝文化研究方法论三题》，见《炎帝与炎帝文化》，湖北人民出版社1991年版，第44页。

② 张正明：《炎帝杂论》，见《炎帝与炎帝文化》，湖北人民出版社1991年版，第60页。

一、炎帝、神农氏、烈山氏的分合因由

（一）炎帝与神农氏

在古籍中，有关炎帝神农氏的记载大致有三种情况：一是在一段文字中只提炎帝或只提神农，对炎帝与神农的关系则避而不谈，如《周易·系辞下传》、《庄子·盗跖》、《商君书·国策》、《国语·晋语》、《新书·制不定》、《淮南子·兵略训》、《礼记·祭法》、《史记·三皇本纪》①、《荆州记》、《括地志》等；二是在一段文字中同时提到神农和炎帝，虽说未言明二者关系，但在用词含义中似非一人，如《史记·封禅书》；三是将炎帝神农与烈山氏或曰厉山氏视为一人，如《世本·帝系》、《礼记·祭法》郑注、《左传·昭公二十九年》杜注、《国语·晋语》韦注和《帝王世纪》等。那么，炎帝和神农氏及烈山氏究竟是否同一个人？我们认为对此很难笼统地作出肯定或否定回答，其主要原因恐怕是一个"历时性"的问题。

任何原始民族都有自己的神话和传说，这些神话和传说记录着他们祖先的业绩，总结了他们对自然和社会的认识，寄托着他们的期望和理想，情节虽则离奇，却具有不可忽视的科学价值和不可抗拒的艺术魅力。血统相近和居处相邻的若干原始民族，往往有某些相似甚至相同的神话和传说，异源的原始民族的融合，必然伴随有异源的神话和传说的融合。任何神话和传说都不是一成不变的，都有空间上的移徙与分歧和时间上的演进与变异。因此，对古代的神话和传说，不可拘泥于一地之言、一时之见，而必须作多向的、动态的考察和研究，也就是我们前面所说的"历时性"。

在先秦时期的文献中，炎帝自为炎帝，神农自为神农，彼此不相涉，神农氏始见于《周易》。《周易·系辞下传》："古者包牺氏之王天下也，仰则观象于天，俯则观法于地，观鸟兽之文与地之宜，近取诸身，远取

① 唐司马贞补。

诸物，于是始作八卦，以通神明之德，以类万物之情。作结绳而为网罟，以佃以渔，盖取诸离。包牺氏没，神农氏作，斫木为耜，揉木为耒，耒耨之利，以教天下，盖取诸益。日中为市，致天下之民，聚天下之货，交易而退，各得其所，盖取诸噬嗑。神农氏没，黄帝、尧、舜氏作……”于此可知，神农氏是继包牺氏之后出现的以始作农具而闻名的远古农业氏族或部落的首领。又《庄子·盗跖》说：“神农之世，卧则居居，起则于于，民知其母，不知其父，与麋鹿共处，耕而食，织而衣，无有相害之心，此至德之隆也。”“耕而食，织而衣”，是“神农之世”社会生活的突出特点。“民知其母，不知其父”，则直接指明了当时尚处于母系氏族时期。《商君书·画策》也说：“神农之世，男耕而食，妇织而衣，刑政不用而治，甲兵不起而王。”此外，《管子》和《吕氏春秋》等先秦文献也都说到神农。这位神农不用刑政、不起甲兵，显然不是那位曾与黄帝大战以致“血流漂杵”的炎帝。同时提到神农与炎帝并将神农置于炎帝之前的文献材料，只有《史记·封禅书》所引管子的一段话，原文是这样的：“齐桓公既霸，会诸侯于葵丘，而欲封禅。管仲曰：‘古者封泰山，禅梁父者七十二家，而夷吾所记者，十有二焉。昔无怀氏封泰山，禅云云；虙牺封泰山，禅云云；神农封泰山，禅云云；炎帝封泰山，禅云云；黄帝封泰山，禅亭亭……’”

虽然在一段文字中同时提到神农与炎帝并排出二者先后顺序的文献仅此一见，但这条材料毕竟为我们探讨神农与炎帝的关系提供了主要证据。此外，如前面提到的文献记载神农、炎帝三种情况的另外两种情况也提供了佐证。因为如果神农与炎帝从来都是一个人，为何先秦典籍毫无所载，而所载者皆为汉魏以降学者的注疏？

不过，我们考证早期神农与炎帝并非一人，为的是正本清源，并不意味着完全排除二者有着密切的关系乃至有过合一的历史。相反，我们认为：汉魏以降不少学者将神农与炎帝视为一人，并非空穴来风，既有其主观原因，也有客观原因。

从主观方面看，神农与炎帝都同农耕有关，他们既是氏族或部落的名称，又是其首领的名号。神农氏的主要贡献在于“耒耨之利，以教天下”①，即发明农耕。而远古时期农耕对天文历象的依赖性非常大，作为“以火为名”的炎帝②，在天文历象方面显然要高出一筹。加之炎帝部落广泛散居于黄河中游和汉水流域，地广人众，虽较神农部落晚起，却后来居上，一度成为包括神农部落于其中的部落联盟，炎帝也因而成为这个部落联盟的“身号”③。但神农部落毕竟兴起较早，对农业的贡献较大，因而成为这个部落联盟的“代号”④或“世号”⑤。“神农—炎帝”或“炎帝神农氏”在世人的心目中不仅融为一体，而且成为世袭性称号。从民族学角度上说，氏族、部落首领称号的世袭性是自然的或普遍的。例如，在从亚洲华北平原迁徙到美洲的印第安人的一支——易洛魁人部落联盟内，“每一个首领职位的名号也就成了充任该职者在任期内的个人名字，凡继任者即袭用其前任者之名”。即新任首领就职之后，“他原来的名字就‘取消’了，换上该首领所用的名号，从此，他就以这个名号见知于人”⑥。

从客观方面看，炎帝与神农合二而一的过程，大致经历了共处、同尊、合并三个阶段⑦。

战国时代，五行学说大盛。五行与五方、五色相配，有关的古帝不得不按五行学说各就各位。《淮南子·天文训》说：“中央土也，其帝黄帝”；“南方火也，其帝炎帝”。中央为黄色，黄帝是正称；南方为赤色，因而炎帝别称赤帝。五行学说把炎帝定位在南方之后，原来居于南方的神农便与炎帝为伍。这是第一阶段——共处。

随着周朝的建立，周人陆续东迁。奉炎帝为始祖的姜姓周人除小部在齐国外，多数被周朝派到淮、汉之间，让他们镇守南方。少数姜姓的

① 《周易·系辞下传》，《十三经注疏》第8卷，中华书局影印本1980年版。

② 《史记·三皇本纪》，中华书局1975年版。

③④ 《世本·帝系》，《龙溪精舍丛书》本。

⑤ 王符：《潜夫论·五德志》，《四部丛刊》影印本。

⑥ 参见摩尔根：《古代社会》，商务印书馆1977年版。

⑦ 张正明：《炎帝杂论》，见《炎帝与炎帝文化》，湖北人民出版社1991年版，第55页。

周人留在关中的东部和中原的西部，势力分散，不为诸侯所重。由此，关于炎帝的神话和传说在淮、汉之间流行起来，在关中反而不大流行了。南迁到汉水中游北部的姜姓周人崇奉炎帝，原住在那个地区的土著楚蛮崇奉神农，久而久之，相互影响，前者也崇奉神农，而后者也崇奉炎帝了。这是第二阶段——同尊。

春秋中期以后，楚国席卷淮、汉诸侯，所有南迁的姜姓周人都成为楚国的臣民，而且，同楚蛮一起，逐渐与楚人融合了。先前本难以截然分开的同一部落联盟的两位部落首领，终于化成一位古帝——炎帝神农氏了。这是第三阶段——合并。

上述合二而一的过程，大致完成于秦汉之际。因此，“炎帝神农氏”这个称号始见于成书于秦汉之际的《世本·帝系》。大局初定，一时还不易得到公众普遍认可。因此，连大史学家司马迁在涉及炎帝与神农的关系时也表达得含蓄而委婉。《史记·五帝本纪》：“轩辕之时，神农氏世衰，诸侯相侵伐，暴虐百姓，而神农氏弗能征。于是轩辕乃习用干戈，以征不享。……炎帝欲侵陵诸侯，诸侯咸归轩辕。轩辕乃修德振兵……以与炎帝战于阪泉之野，三战然后得其志。……而诸侯咸尊轩辕为天子，代神农氏，是为黄帝。”在这里，司马迁既说“神农氏世衰”，不能征伐暴虐百姓的诸侯，却又说“炎帝欲侵陵诸侯”，岂不是说炎帝与神农并非同一个人？清人崔述在《补上古考信录》中即提出如此质疑：“夫神农氏既不能‘征诸侯’矣，又安能‘侵陵诸侯’？既云‘世衰’矣，又何待‘三战然后得志’乎？且前文言衰弱，凡两称神农氏皆不言炎帝；后文言征战，凡两称炎帝皆不言神农氏。”于是，他得出这样的结论：“然则与黄帝战者自炎帝，与神农氏无涉也。”然而，崔述却忽视了关键的一点。《史记·五帝本纪》这则材料的最后部分，恰好否定了他的意见。司马迁说，黄帝在阪泉战胜了炎帝，又在涿鹿擒杀了蚩尤后，“诸侯咸尊轩辕为天子，代神农氏，是为黄帝”。这里的被代替者“神农氏”即被战胜者“炎帝”，说明司马迁在潜意识中是将炎帝与神农氏视为一体的。当然，这个神农氏决不是始作耒耜、教民农耕的神农，而是其后裔中与炎帝同时且共为一部落联盟者①。大约从两汉之际起，公众才一致认为炎帝即神农了。

先秦典籍视神农与炎帝为二，固然有诸多因素，但那时神农与炎帝合二而一的客观条件尚未完全形成则是最主要的原因。

（二）炎帝神农氏与烈山氏

神农别号烈山，对此，史家无异议。“烈山”始见于《国语》和《左传》，似乎比“神农”早出，或许是神农氏的古称②。《国语·鲁语》记春秋初年鲁国大夫展禽的话说：“昔烈山氏之有天下也，其子曰柱，能殖百谷百蔬。夏之兴也，周弃继之，故祀以为稷。”《左传·昭公二十九年》记春秋末年晋国太史蔡墨谈到这段历史时说：“有烈山氏之子曰柱为稷，自夏以上祀之。周弃亦为稷，自商以来祀之。”大约成书于战国或汉初的《礼记·祭法》几乎全文引用了上述展禽的话，所不同的只是把“烈山氏”改为“厉山氏”，把“其子曰柱”改为“其子曰农”。其原文为：“是故厉山氏之有天下也，其子曰农，能殖百谷；夏之衰也，周弃继之，故祀以为稷。”对于《礼记·祭法》改“烈山氏”为“厉山氏”，东汉郑玄在注中作了说明。他说：“厉山氏，炎帝也。起于厉山，或曰有烈山氏。”又《汉书·古今人表》作“列山氏”。西晋皇甫谧《帝王本纪》也说：“神农氏起列山，谓列山氏。”实际上，“烈”、“列”、“厉”三字上古均为月部来纽入声，王力拟音为［liat］③，读音相同，故可通用。如《楚辞·招魂》“厉而不爽些”，王逸注：“厉，烈也。”《诗经》“垂带而厉”，郑玄注：“厉字当作烈。”汉《郊祀歌》“体容与，迣万里”，晋灼注：“迣，古列字。”师古注：“迣读与厉同。”可见，说厉山氏、列山氏就是烈山氏，是完全正确的④。对于《礼记·祭法》改“柱”为“农”，唐孔

① 吴量恺：《神农氏的兴起与炎帝文化的效应》，见《炎帝与炎帝文化》，湖北人民出版社 1991 年版。

② 刘玉堂：《〈神农〉作者考辨》，《中国农史》1984 年第 3 期。

③ 参见王力：《诗经韵读》，上海古籍出版社 1980 年版。

④ 徐扬杰：《炎帝神农氏在中国史前传说中的地位》；罗运环：《战国农家学派与神农及神农故里》；均见《炎帝与炎帝文化》，湖北人民出版社 1991 年版。

颖达作疏时已有解释，他说："其子曰农，能殖百谷者，农谓厉山氏后世子孙，名柱能殖百谷，故《国语》云：'神农之名柱，作农官，因名农是也。'"这就是说，"柱"也好，"农"也好，都是神农之名，其名虽异，其实则同。有的学者认为，柱，就是田主的"主"，它是由最早的农业工具——点种用的尖头木棒演化而成的①。据《周礼·大司徒》记载，古代祈年要祭祀主稼穑之神，称田祖或先啬，始耕田者，为此在社稷坛周围"树之田主"，也就是立木主作为田神的象征。点种棒是最早的农业工具，早期农业阶段正是在它的帮助下使沉睡的种子焕发出了新的生命，因而产生了对工具的崇拜，点种棒也就成了祭典中主稼穑之神的标志——木主，即柱。所以烈山氏之子柱"能殖百谷百蔬"的传说，记载的是原始农业脱胎于采集狩猎的历史。处于农业社会前夕的澳大利亚人不仅常用火猎，而且还会利用袋鼠喜食雨后或山火后新生嫩草的知识，组织专门的捕猎②。可见对植物生长规律的认识不仅源于采集，也来自狩猎。从民族调查还可知点种棒是从采集用的挖掘棒和狩猎用的矛演化成的，火猎的经验为火耕技术奠定了基础。原始农业与火猎有如此密切的关系，应是柱为"烈山氏之子"的由来，也证明柱是作为农业创始者的代表而成为农神的③。农，甲骨文的写法是上从林、下从辰。据古文字学家考证："从林者，初民之世，森林遍布，营耕者于播种之先，必先斩伐其树木也。辰者，蜃也，《淮南》所谓'摩蜃向耜'也。"④ 可见"农"与原始农业有关。史前遗址中也多见蚌铲、蚌镰等蜃器，"辰"在甲骨文中正是蚌壳的象形。《说文》释"农，耕也"，但甲骨文中与农字有关而表示行为动作的字写作从林、从辰，下更有一手形，这个执蜃而作用于林木的字隶定为蓐，即耨。可见农的原始涵义应是与刀耕火种农

---

① 孙常叙：《耒耜的起源及其发展》，上海人民出版社1959年版，第30页。

② 参见C.A.托卡列夫等主编：《澳大利亚和大洋洲各族人民》，李毅夫等译，生活·读书·新知三联书店1980年版。

③ 罗琨：《神农架下话神农》，见《炎黄文化与现代文明》，武汉出版社1993年版。

④ 杨树达：《积微居甲文说》，上海古籍出版社1986年版。

业相关的农具。很可能由于柱与农有同为农具的共性，因而可以互易。柱首先演化成了农，进而演化成神农。因为柱是农神，神农的古义也是农神①。《吕氏春秋·季夏纪》有“无发令而干时，以妨神农之事”②，《礼记·月令》也有类似记载，文中的神农即指农神。由于《吕氏春秋》十二纪与《礼记·月令》可能采自《周书》一类的古书，所以神农为主稼穑之神应是较原始的涵义。农与神农涵义均为农神，构成均为农字，出现时代却有先后之分，可见“神农”这一用语的形式是对“农”“神而化之”的结果。上古社会有“国之大事，在祀与戎”之说，极其重视祭祀，并对祭祀对象有严格规定。《礼记·祭法》说：“夫圣王之制祭祀也，法施于民则祀之，以死勤事则祀之，以劳定国则祀之，能御大灾则祀之，能捍大患则祀之。”《国语·鲁语》说：“凡禘、郊、祖、宗、报，此五者国之典祀也。加之以社稷山川之神，皆有功烈于民者也。”神农氏之所以作为农神受到祭祀，正因为他是有功烈于民的农业发明者③。正如《太平御览》卷78引《礼·含文嘉》所说的：“始作耒耜，教民耕，其德沉厚若神，故为神农也。”也有学者认为，神农原来或许是属于厉山氏部族的农业神，其人神的名称可能是“柱”，“稷”是其职称，“农”是其神性④，后来由于信仰者的范围扩大，姓氏和名称不但失去意义，反而成为扩大信仰的障碍，因而失传，便以其神性作为神名而称“神农”⑤。

综考诸家所言可知，东汉以降的学者将烈山氏、神农氏、炎帝三者等同起来，自有其缘由。因为作为远古农业发明者的神农要从事农耕，首先必须放火烧山，古代流行的斧耕火种即后世所谓刀耕火种，凡有林草的山，必须先烧后种。而烈山，就是烧山，也就是《孟子·滕文公

① 徐旭生：《中国古史的传说时代》，文物出版社1985年版，第228～229页。

② 汉高诱注：“无发干时之令，畜聚人功，以妨神农耘耨之事。”

③ 罗琨：《神农架下话神农》，见《炎黄文化与现代文明》，湖北人民出版社1991年版。

④ 朱天顺：《中国古代宗教初探》，上海人民出版社1982年版。

⑤ 刘守华：《中华民族的文化英雄——炎帝神农》，见《炎黄文化与现代文明》，湖北人民出版社1991年版。

上》所说的“烈山泽而焚之”的烈山①，它代表原始田猎时代的生产技术②。“烈”指火的程度，《说文·火部》即谓：“烈，火猛。”“炎”指火的形状，《说文·火部》即谓：“炎，火光上（升）也。”原始居民放火烧山，火光熊熊，所以又称炎帝。“赤”为火之颜色，二字义近，而且形似，至今仍有“赤日炎炎”之语，故炎帝又称赤帝，如《逸周书·尝麦》、《大戴礼记·五帝德》皆作“赤帝”。

由此可见，赤帝是炎帝的别称，烈山氏是神农氏的别称，鉴于稷在世之时为虞代，其父烈山氏有天下之时就更早了，因此烈山氏似为最早的神农。至于神农氏与炎帝的关系，除了前文的论述以外，还需补充一点看法。自从后起的炎帝与神农合一后，炎帝神农氏又成为一个时代概念，即凡该部落集团后裔，既可称神农，又可称炎帝③。对此，古人已有所发现。如《史记·封禅书》引《管子》佚文谓“神农”与“炎帝”先后“封泰山”，司马贞《索隐》就引邓展的话说：“神农后子孙亦称炎帝而登封者。”又《史记·五帝本纪》记：“（黄帝）与炎帝战于阪泉之野。”这里的“炎帝”，即沿袭先人称号的炎帝神农氏部落联盟的后裔。韦昭在为《国语·晋语》作注时即明确指出：“神农，三皇也，在黄帝前。黄帝灭炎帝，灭其子孙耳，明非神农可知也。”因此，炎帝神农氏至少有三重涵义，即既可看作部落联盟首领的称号，又可视作部落联盟的代号，还可视作农耕文明阶段的时代概念。正如炎帝、神农氏、烈山氏三位一体一样，上述三重涵义也是三位一体的。

二、炎帝神农与随州厉山

由于神农与炎帝有时代早晚之别，所以在探讨其生地时也宜将二者分开。至于炎帝神农氏合一后的生地，则另当别论。

---

① 吕思勉：《三皇五帝考》，《古史辨》第7册中编。

② 丁山：《中国古代宗教与神话考》，龙门联合书局1961年版。

③ 吴量恺：《神农氏的兴起与炎帝文化的效应》，见《炎帝与炎帝文化》，湖北人民出版社1991年版，第67页。

（一）神农生地

据大量的文献记载分析，神农生于烈山。《国语·鲁语》说："昔烈山氏之有天下也，其子曰柱，能殖百谷百蔬。"《左传·昭公二十九年》也说："有烈山氏之子曰柱为稷，自夏以上祀之。"《礼记·祭法》的说法也基本相同："厉山氏之有天下也，其子曰农，能殖百谷，夏之衰也，周弃继之，故祀以为稷。"前文已充分论证烈山氏、列山氏、厉山氏实为一人，其子柱或农即神农。烈山，很可能就是神农之先辈，也可说是第一代神农放火烧荒之地，或人以山名，或山以人名，总之神农起于烈山已无疑问。

那么，烈山在现今何处呢？对此，魏晋以降的文献有着较为详细的记载。为论述方便，现援引如次：

北魏郦道元《水经注·溳水》记："（赐）水源东出大紫山，分为二水，一水西迳厉乡南，水南有重山，即烈山也。山下有一穴，父老相传云：是神农所生处也。故《礼》谓之烈山氏。水北有九井，子书所谓'神农既诞，九井自穿'，谓斯水也。又言汲一井则众水动。井今湮塞，遗迹仿佛存焉。亦云赖乡故赖国也，有神农社。赐水西南流入于溳，即厉水也。赐、厉声相近，宜为厉水矣。一水出义乡西南入随，又注溳。溳水又南迳随县，注安陆也。"这一条资料从整体上说明了随县即今随州北部的山川形势，展示了二水分流的整体方位，指出了赐水即厉水，赖乡、赖国即厉乡、厉国，赐、赖、厉声相近，故相通。这表明神农氏曾育于此，并活动于这一地区①。

南朝刘宋盛弘之编撰的《荆州图记》，先是图佚，遂称为《荆州记》，后又全书失传。该书是古代一部重要的荆州地志，它记载的"神农生于厉乡"的传说和事迹，为后世诸书所征引。如南朝萧梁刘昭注释《后汉书·郡国志》时，在原文"随，西有断蛇丘"下即注曰："古随国。即衔珠之蛇也。杜预曰：'有赖亭。'《左传》僖十五年齐伐厉，在县北。《帝王世纪》曰：'神农氏起列山，谓列山氏，今随厉乡是也。'《荆州记》

---

① 吴量恺：《神农氏的兴起与炎帝文化的效应》，见《炎帝与炎帝文化》，湖北人民出版社 1991 年版。

曰：'县北界有重山，山有一穴，云是神农所生。又有周回一顷二十亩地，外有九重堑，中有九井。相传神农既育，九井自穿，汲一井则众井动，即此地为神农社，年常祠之。'"唐代初年欧阳询和令狐德棻等人编纂的《艺文类聚》，唐代中期徐坚、张说等人撰写的《初学记》，北宋初期乐史主持编纂的《太平寰宇记》，北宋初期李昉主编的《太平御览》等著名典籍，皆征引了《荆州记》关于神农生于随州厉山的记载。

唐代萧德言所编《括地志》记载："厉山在随州随县北百里，山东有石穴。昔神农生于厉乡，所谓列山氏也，春秋时为厉国。"

唐代后期李吉甫编撰的《元和郡县志》记载："随县，本汉旧县，属南阳郡。即随国城也，历代不改。……厉山，亦名烈山，在县北一百里。《礼记》曰：厉山氏，炎帝也，起于厉山，故曰厉山氏。"

北宋王存等主编的《元丰九域志》记载："随州：神农庙，在厉乡村。"

南宋罗泌《路史》记载："神农井在赖山（即厉山），旧说汲一井则八井皆动，人不敢触。今惟一穴，大木旁荫，即其处立社。"

清代章学诚主持编纂的《湖北通志·舆地志》记载："厉乡，在州北，今名厉山店。……亦云赖乡，故赖国也。有神农社。"

上述记载无一例外地说明，神农生于厉山，厉山位于今湖北随州北。神农生于随州厉山一说代代相因，众口一词，足证不谬。

（二）炎帝生地

《国语·晋语》记："昔少典娶于有蟜氏，生黄帝、炎帝。黄帝以姬水成，炎帝以姜水成，成而异德，故黄帝为姬，炎帝为姜。二帝用师以相济也，异德之故也。"长期以来，不少学者把这一条资料作为论定炎帝生地最早且最重要的证据，因之形成"姜水说"①；并由"姜水说"衍生

---

① 严可均校辑的《全上古三代秦汉三国六朝文》说："炎帝生于姜水，因姓姜，以火德王，称炎帝，一云赤帝。"郭沫若主编《中国史稿》（人民出版社 1976 年版）也称："据说炎帝生于姜水。"吕思勉《先秦史》（上海古籍出版社 1982 年版）则说："《帝王世纪》曰：炎帝母女登游华阳感神而生炎帝于姜水，是其地。"

出“宝鸡说”① 和“岐山说”②。其实这条资料并不能作为“姜水说”的证据。其理由如次：首先，“姜水说”主持者以为“昔少典娶于有蟜氏，生黄帝、炎帝”的“生”，是指“出生”、“生育”。实际上，这里的“生”却并非出生、生育的意思，而应理解为枝庶、后裔。也就是说，《国语·晋语》说的少典生黄帝、炎帝，是说黄、炎都是少典的后裔，并不是说黄炎为少典之子③。这一点汉贾逵、吴韦昭都做过解释。贾逵说：“少典，黄帝、炎帝之先。”④ 韦昭说得十分明白：“言生者，言二帝本所生出也……谓其裔子耳。贾君得知。”⑤

其次，“姜水说”主持者不仅把“昔少典娶于有蟜氏，生黄帝、炎帝”的“生”理解为生育，而且把《国语·晋语》下文的“黄帝以姬水成，炎帝以姜水成”中的“成”也理解为“生”，把“姬水”和“姜水”分别解释为黄帝和炎帝的具体出生地点。其思维逻辑是《国语·晋语》的第一句只是说黄帝、炎帝系何人所生，第二句才进一步交代二者的具体出生地点。这种理解实际上是对《国语·晋语》原文的误读。因为前文已论证过，第一句中的“生”并非出生、生育。那么第二句中的“成”也不一定是指生于某地之“生”。对此，古人早已明识。如韦昭为《国语·晋语》这段话作注说：“姬、姜，水名。成，谓所生长以成功也。”意思是黄、炎二帝分别生息、发展、壮大于姬、姜二水流域。此外，紧接其后的第二句下半句中“成而异德”之“成”，也可帮助我们理解前半

① 北京市文物工作队等编写的《中国名胜词典》（上海辞书出版社 1986 年版）在“神农祠”条下说：“在陕西宝鸡市渭河南岸峪家村，北距宝鸡市五公里。相传炎帝神农生于嵺峪，产后其母姜氏抱至九龙泉内沐浴，在瓦峪抚养长大，后人遂于此修祠纪念。……此地南依秦岭，西临渭水，风景幽美。”

②《中国古代史常识》（中国青年出版社 1978 年版）说：“黄帝族和炎帝族最早都居住在陕西”，“炎帝族的发祥地在陕西岐山东面”。

③ 徐扬杰：《炎帝神农氏在中国史前传说中的地位》，见《炎帝与炎帝文化》，湖北人民出版社 1991 年版，第 19 页。

④《国语·晋语》韦注引。

⑤《国语·晋语》韦注。

句中“成”之涵义：所谓“成而异德”，显然是“长”而异德，而非“生”而异德。

由此可见，炎帝生于“姜水说”所赖以产生的依据并不能成立，“姜水说”无疑为水中之沙，而由“姜水说”衍生而来的“宝鸡说”和“岐山说”也自然如沙中之塔了。当然，“宝鸡说”和“岐山说”还有另一条重要佐证，即《水经注·渭水》“岐水又东，迳姜氏城南，为姜水”。然而，这则史料同样无助于“宝鸡说”和“岐山说”的成立。据有关学者研究，古代的岐水（姜水）即今漆水河，由旧武功东注入渭水。古代的汧水即今千河，由潘家湾北岸注入渭水。岐水、汧水皆自西北而东南，近乎平行，而两水入渭处东西相距约 80 公里，今宝鸡市在汧水以西，原姜氏城在岐水以东①。显然，《水经注·渭水》的这条记载只能给“宝鸡说”和“岐山说”提供自相矛盾的证据。

不过，尽管先秦典籍未见有关炎帝生地的记载，但在秦汉以降有关炎帝神农氏合一后生地的文献记载中，却透露出炎帝生地的些许信息。

（三）炎帝神农氏合一后的生地

虽说炎帝神农氏合一的史实形成于远古，但合一的观念至秦汉之际方才形成。

最早指出炎帝神农氏生地的学者，是东汉著名经学家郑玄。郑玄根据《国语·鲁语》中展禽和《左传·昭公二十九年》中蔡墨关于烈山氏及其子柱的言论，参之以秦汉之际炎帝与神农合一的定说，在为《礼记·祭法》的类似记载作注时，将厉山氏或曰烈山氏同炎帝视为一人：“厉山氏，炎帝也。起于厉山，或曰有烈山氏。”既然郑玄以为烈山氏（神农氏）同炎帝为一人，其生地也自然在一处。时隔不久，三国吴韦昭率先响应郑说。他在为《国语·鲁语》展禽的话作注时说：“烈山氏，炎帝之号也。起于烈山。《礼记·祭法》以烈山为厉山也。”由于先秦典籍

① 李汉伟：《炎帝生于随州传说考》，见《炎帝与炎帝文化》，湖北人民出版社 1991 年版，第 135 页。

只有神农氏（烈山氏）生地的记载，未见炎帝生地的记载，以致郑玄、韦昭将炎帝神农合一后的生地定在烈山。

至西晋时期，皇甫谧在《帝王世纪》中对炎帝神农氏的生地提出了两种看法。他一方面接受前述展禽、蔡墨以及郑玄和韦昭等人的见解，主张炎帝神农氏生于烈山："炎帝神农氏……本起烈山，或时称之。一号魁隗氏，是为农皇……"① 另一方面，他又深受《国语·晋语》中胥臣臼季"炎帝以姜水成"说法的影响，对炎帝神农氏出生地的传说作了进一步的演绎："炎帝神农氏，母有蟜氏女登，为少典妃，游华阳，感神而生炎帝，生于姜水，因以氏焉。"②《水经注》③、《艺文类聚》④、《初学记》⑤、《通志》⑥ 等典籍所引《帝王世纪》这则记载大致相同。《帝王世纪》的这则记载，提出两点见解，即炎帝神农氏生于"华阳"，"长于姜水"。其中"长于姜水"可说是对《国语·晋语》"以姜水成"的正确理解，此不赘述。而生于"华阳"，便是"华阳说"的由来。那么，华阳在今何处呢？据有关学者研究，《史记》中提到的作为地名的"华阳"共有三个，这就是《赵世家》中赵武灵王进攻中山国时攻占的华阳，《韩世家》中秦败赵、魏于韩之华阳亦即《白起王翦列传》中秦白起拔魏之华阳，《夏本纪》中"华阳黑水惟梁州"之华阳。其中第一个华阳据张守节《正义》是北恒山的别名，第二个华阳据张守节《正义》位于今河南密县境内，而这两个地方迄今未见关于炎帝神农氏出生的记载和传说。而根据《尚书·禹贡》和《汉书·地理志》有关记载分析，第三个华阳应指华山以南地区，结合《史记·穰侯列传》中提到的"华阳君"和《史记·吕不韦列传》中言及的"华阳夫人"，可以认为"华阳"应是秦国人

① 《太平御览》第 78 卷引《帝王世纪》。
② 《太平御览》第 70 卷引《帝王世纪》。
③ 《水经注·渭水中》。
④ 《艺文类聚·帝王部》。
⑤ 《初学记》第 9 卷。
⑥ 《通志·三皇纪一》。

或关中人对华山以南包括楚国在内的广大地区的泛称[1]。此说不无道理，只是略嫌笼统。我们认为，皇甫谧说的“华阳”大概指秦岭以南的汉水中上游地区，南朝宋至隋汉水上游的今陕西勉县曾侨置华阳郡和华阳县，或许与当地早有华阳地名有关。

那么，炎帝神农氏合一后的生地究竟是“烈山”还是“华阳”？我们认为，神农氏与炎帝在先秦典籍中是先后出现的两个部落及其首领的称号，因而不可能同一生地。之所以炎帝神农氏合一后的生地会出现“烈山”和“华阳”两说，前者或许是因神农生地而沾上了炎帝，后者则很可能是因炎帝生地而沾上了神农，由于五行学说将炎帝派定在南方，这就使“华阳说”釜底抽薪，而使“烈山说”锦上添花了。合二而一以后，华阳由炎帝而附上了神农，烈山由神农而附上了炎帝。可是，炎帝位于南方已成定论，因而“烈山说”比“华阳说”更理直气壮。况且，古代的曾国，奠都于随州的厉山（烈山），其公族为姜姓，无疑是正宗的炎帝苗裔。因此，如果一定要找出炎帝神农氏合一后的生地，“厉山说”的理由最充分。何况，炎帝神农氏的遗迹，以长江支流的汉水中游最为多见，以随州的厉山最为集中。谷城县相传是因炎帝神农氏在那里尝五谷而得名的，神农架相传是因炎帝神农氏在那里搭架采药而得名的。至于随州的厉山，则有神农洞、神农宅、神农井、神农社等遗迹[2]。由此，说厉山是炎帝神农故里是持之有故而言之成理的。

当然，必须强调指出的是，上文讨论的“生地”，是早期生息与劳作之地的意思，并不能机械地理解为“出生地”。假定硬要根据神话传说来确切指出某个远古传说人物的出生之处，如同缘木求鱼。明白了这一点，也就不难理解皇甫谧《帝王世纪》为什么对炎帝神农氏合一后的生地二

---

① 李汉伟：《炎帝生于随州传说考》，见《炎帝与炎帝文化》，湖北人民出版社 1991 年版，第 141 页。

② 湖北省随州市地方志编纂委员会：《随州志·胜迹》，中国城市经济社会出版社 1988 年版。

说并存了。因为炎帝神农部落联盟是一个极其庞大的部落联盟，其活动不可能局限于一隅，而应当包括秦岭以南的整个汉水中游和上游及更广的地域，但早期神农氏部落的活动地域应在以厉山为中心的汉水中游，早期炎帝部落的活动地域可能在以华阳为轴心的汉水上游。二者合一后，汉水中上游乃至更广阔的地区都成为炎帝神农部落联盟的活动地域，但综考诸种传说，随州厉山是其中心①。

三、炎帝神农对中华民族与文化的巨大贡献

中国古代关于“三皇”的传说不尽相同，但神农始终为三皇之一却无异辞。《尚书大传》云：“燧人以火纪，火，太阳，故托燧皇于天；伏羲以人事纪，故托羲皇于人。……神农悉地力，种谷蔬，故托农皇于地。……而三五之运兴矣。”在此，《尚书大传》显然是以燧人、伏羲、神农为三皇。《白虎通义》却把伏羲、神农、黄帝作为三皇。后又出现燧人、神农、黄帝或伏羲、神农、祝融为三皇的说法。除《尚书大传》外，以上所谓神农，是炎帝神农合一的简称。“神农”之所以始终存在于不同传说的“三皇”之中，并非仅仅因为他发明了“烈山泽而焚之”的刀耕火种的原始生产方法。炎帝神农部落不仅对中华民族的形成与发展奠定了基础，而且对中华文化的孕育和演进产生了广泛而深刻的影响。

（一）炎帝神农部落对中华民族形成与发展的贡献

华夏这个古老的民族是多源的，而炎帝神农部落是构成华夏民族的主干之一。传说炎帝神农部落历经临魁、承、明、直、厘、哀、榆、罔，“凡八代”。这说明炎帝神农部落已成为一支人数众多、传衍世系比较清晰的部族联盟。炎帝神农部落后裔在与黄帝部落争夺盟主地位的阪泉之战中失败后，便呈星散之势，其中一部分融入黄帝部落集团，其他的便流徙四方。因此，在炎帝之后，共工氏、缙云氏、祝融氏诸部都尊奉炎帝为始祖，冠以姜姓，其中祝融氏便构成了立国江汉的楚族的先祖。楚

① 刘玉堂主编：《炎帝神农文化读本》，人民出版社2015年版，第18页。

国在春秋战国时期灭国60余个，几乎统一了当时中国南部，为秦统一全国奠定了基础，在推动华夏民族共同体形成的进程中发挥了巨大的作用，这也可以说是炎帝神农部落对中华民族形成发展的直接影响。此外，在炎帝神农部落发源地随枣走廊一带，先周时期就存在姜姓部族。周初分封的申、吕两大姜姓国便位于今随枣走廊北面的南阳盆地一带。位于随州的古厉国，应是炎帝神农部落的一支孑遗。同样位于随州境内的随国虽是周初分封的“汉阳诸姬”之一，然而有的文献则谓随是姜姓，这说明姬姓是随的公族，而大量的土著人则是姜姓。周初大分封时，东方受封的姜姓国有伊、共工、陆浑、向、焦、沈、约等，达19国之多，足见炎帝神农部落后裔流播之广。由此可见，炎帝神农部落与黄帝部落一样，其后裔在全国各地的分布相当广泛，在建构华夏民族的过程中，具有举足轻重的地位。由于炎帝神农部落从时间上来讲早于黄帝部落，其影响和地位也更加重要。在约五千年的历史发展过程中，中华民族共同体不断扩大，众多的民族成分经过长期的同化、融合，构成了华夏民族的主体，成为祖国历史发展的真正内核和决定力量。尽管在某些历史时期出现过短期的分裂、割据等现象，但国家统一、民族团结则是总的发展趋势。这种统一发展趋势的根本原因就是在民族大家庭里，每个人都承认自己是炎黄的子孙，而中华民族凝聚力与向心力的形成，最早可追溯到炎帝神农部落的直接培育①。

（二）炎帝神农部落对中华文化形成与发展的贡献

炎帝神农部落开创的农业文明促进了人口的发展。农业生产使先民们有了比较可靠的生活来源，饥饿死亡的威胁相对减弱，“民人少而禽兽多”的状况逐步改变，氏族部落随之较快地发展起来。对此，考古发现提供了证明。半个多世纪以来，我国境内发现的旧石器时代遗址寥寥无几，而已发现的原始农业产生后的新石器时代遗址则星罗棋布，这是农

① 陈昆满、王晓清：《炎帝部落与我国的远古农业文明》，见《炎帝与炎帝文化》，湖北人民出版社1991年版，第10页。

业发明带来生活条件改善以至人口增多的具体反映。人口增多，无疑是我国古代社会生产发展以及物质文明和精神文明进步的最重要的条件。

炎帝神农部落开创的农业文明，对促进原始先民定居生活乃至催育中国建筑文化作出了贡献。在原始农业发明以前，人们靠采集和渔猎为生，经常流徙不定，只能“缘水而居”①、“穴居而野处”②，不仅生活极其艰苦，而且安全也毫无保障。自从开创农耕生产后，人们有条件稳定在一个地方定居下来。于是各氏族的人们为安全起见，共同修建起简陋的房屋，聚族而居，形成原始村落。前面述及的枣阳雕龙碑新石器时代氏族部落房屋遗址，就生动地再现了原始先民定居生活的情形。随着社会的发展，人们的居住条件也不断改善，由半地穴窝棚式的单间房子，发展为建筑在地面上的以红烧土或白灰土铺垫的单间结构房屋，再发展为有夯土台基、高出地面的宫室台榭。原始村落变为人口较多的大小邑聚，进而发展为市廛城廓。可以这么说，别具特色的中国建筑文化，是在农耕定居的基础上孕育产生并发展起来的③。

炎帝神农部落开创的农业文明，促进了生产工具的不断改进。原始农业产生后，由于人工种植农作物有一系列复杂的工序，既需要摸索和积累生产经验，又要有适合各工序劳作的生产工具，加之制陶、建筑等行业的出现，都强有力地推动着人们不断创制新的生产工具④。考古发现表明，自原始农业产生后，先民们的生产工具为之一变，不仅原来粗钝的打制石器普遍为磨光有刃的磨制石器所代替，而且其种类也急剧增多，出现了适应不同工序需要的新工具，如刀、斧、锄、铲、锛、镰、耜、耒、凿、杵等；用以制造工具的原料也为之扩大，既有石质工具，又有木质、骨质、蚌质、陶质、竹质等工具⑤。生产工具的更新换代，

---

①《列子·汤问》。

②《易·系辞》。

③ 杨范中：《炎帝神农氏与中国农耕文化》，见《炎帝与炎帝文化》，湖北人民出版社 1991 年版，第 109 页。

④ 刘玉堂主编：《炎帝神农文化读本》，人民出版社 2015 年版，第 99 页。

⑤ 参见中国社会科学院考古研究所编：《新中国的考古发现和研究》，文物出版社 1984 年版。

有力地促进了社会生产力的发展。

炎帝神农部落开创的农业文明，促进了社会分工的产生与科学文明的出现。农业产生后，随着生产力的不断提高，产品的日益增多，人们有条件专门从事某项生产事业，于是出现了农业与手工业的分离，商业也继之出现。相传少昊时已有“火正”、“木正”、“金正”、“水正”、“土正”等职务的分工①。由于生产力的提高，剩余产品开始出现，引起财产占有贫富不均的阶级分化，体力劳动与脑力劳动的分工导致整个社会生产关系的根本变化，适应人们生活需要的文字也被创造出来。此后，一部分人致力于总结自然与社会的知识和经验，试图认识其中的规律，文化科学便由之兴起。我国古代的农学、医学、天文学、地理学、数学、文学、艺术以及衣冠礼制等，都是在生产进步的基础上发展起来的。可以说，原始农业的产生和发展是中华民族灿烂的古代文明赖以产生与发展的基石②。

炎帝神农部落开创的农业文明对中华古文化的发轫、孕育及其发展趋向具有深刻的影响，它不只奠定了中华古文化的基础，而且预示着中华古文化的未来发展特征。以炎帝神农部落为代表的原始农业文化具有注重经验、改造自然、调适自然的优良传统，这是中华内陆文化生长的基点。中华民族在几千年的文明发展史中，凝结了丰富而厚重的民族传统与人文精神，如崇尚“敢为人先”精神，愚公移山精神，自力更生、发奋图强精神，以及重义轻利、大同思想、均平思想、仁德观念等，这都与肇始于炎帝神农部落的远古农业文明有着深刻的渊源，它是原始农业文明在阶级社会里的观念形态的表现。炎帝神农部落农业文明的一个显著特点，便是勤劳勇敢，富于发明创造，这是农耕文明的优秀传统之一，也是推动社会生产力向前发展的强有力杠杆。中华民族

---

① 《左传·昭公二十九年》。

② 杨范中：《炎帝神农氏与中国农耕文化》，见《炎帝与炎帝文化》，湖北人民出版社 1991 年版，第 111 页。

在漫长的历史长河中，始终体现了同自然界作抗衡调适，同入侵之敌作殊死抵抗、宁死不屈的精神。勤劳勇敢的优秀传统使民族魂的塑造更具有文化内核的意义，它一次又一次地促使炎黄子孙在斗争中运用智慧，进行发明创造，从事改造自然、改造社会的斗争，创造了一个又一个人间奇迹①。

同世界其他文明区域相比，始于炎帝神农部落的华夏远古农业文明，在人类社会的史前期，处于相当早的发育阶段。古希腊人（包括希腊半岛、爱琴海群岛和小亚细亚西岸一带的古希腊地区）在公元前 3 000 年创造了著名的克里特文化，而在地球的另一半，在距今五六千年前的炎帝神农部落时代，则创造了著名的华夏文明，二者处于同一发展序列。曾对欧洲大陆文化产生过广泛影响的古罗马文化，诞生于公元前 8 世纪至公元前 5 世纪，与华夏上古文明无法相提并论。因此，炎帝神农部落时代的长江流域农业文明，即便放到世界文明发展的坐标中来观照，也具有十分重要的历史地位②。

第二节　百越的北疆

新石器时代，湖北西北部汉水中游曾是神农氏部落的活动中心，而湖北的东南部则是百越的北部疆域。

一、百越的考古文化特征

古越族分布地域很广，《汉书·地理志》引臣瓒语："自交趾至会稽七八千里，百越杂处，各有种姓，不得尽云少康之后也。"林惠祥在《中国民族史》一书中更具体指出，百越所居之地甚广，占中国东南及南方，

① 刘玉堂主编：《炎帝神农文化读本》，人民出版社 2015 年版，第 216 页。

② 陈昆满、王晓清：《炎帝部落与我国的远古农业文明》，见《炎帝与炎帝文化》，湖北人民出版社 1991 年版，第 11 页。

包括如今浙江、江西、福建、广东、广西、安徽和湖南诸省。百越，又径称古越族，古人和今人对古越族分布范围的划分大体是正确的。然而，无论是古代文献，还是近人和今人的论著，大都遗漏了湖北地区。即使偶有言及，不是未加论证，就是定位失当。事实上，湖北东南部正是百越的北部疆域。依据考古发现提供的一些线索寻踪辨迹，我们可以划出新石器时代湖北境内古越族的大致分布范围。

在弄清新石器时代湖北境内古越族的分布范围之前，有必要对古越族考古文化的主体特征予以提示。

古越族考古文化的最重要特征，学术界大都认定是几何形印纹陶。而与几何形印纹陶共出的石锛、有段石锛、石斧和有肩石斧以及马鞍形石刀等，也几乎被公认为新石器时代古越族文化的代表作品①。

反映在陶器组合方面，学术界比较一致的看法是：鼎、豆、壶（或罐）同存并出②，为古越族考古文化的重要特征。

在陶器形制方面，扁平足微外撇、扁圆腹、平底、方耳外撇的陶鼎，高柄、喇叭形底座的陶豆，刻槽足陶鬲，以及觯形硬陶杯等，皆为古越族的典型陶器。

诚然，就整体而言，新石器时代古越族考古文化因时代早晚而异，也因地域不同而殊。然而，上述古越族考古文化的主体特征，则具有相当的稳固性和延续性。正是这些古越族考古文化的主体因素，为我们探索新石器时代湖北境内古越族树立了标尺。

二、考古发现与湖北境内百越分布范围

1983年春，黄冈地区（今黄冈市）文物普查队在黄梅县横跨鄂、皖

---

① 参见彭适凡等主编：《江南地区印纹陶问题学术讨论会论文集》，文物出版社1981年版。

② 梁钊韬：《百越对缔造中华民族的贡献——濮莱的关系及其流传》，见《百越民族史论集》，中国社会科学出版社1982年版。

的龙感湖区发现了塞墩、陆墩、窑墩等三处新石器时代古文化遗址，其中，塞墩遗址文化内涵最为丰富①。塞墩遗址出土陶片的陶系以夹砂红陶为主，亦有少量泥质红陶和印纹陶。可辨认出器形的陶器有鼎、豆、壶、罐形杯、盂、纺轮等等。在遗址东部偏东北处发现一座墓葬，共出土 8 件文物，计 6 件陶器，组合为鼎、豆、罐。陶豆底座呈喇叭形。石器 2 件，均为石斧，其中 1 件残缺的似为有肩石斧。此外，在遗址周围采集有大量陶器残部，陶系和形制基本同于遗址内涵和墓葬出土陶器。在采集的 31 件石器标本中，就有常型石斧和有肩石斧 10 件，常型石锛和有段石锛 8 件。陆墩与窑墩两处遗址文化内涵与塞墩完全相同。

黄梅龙感湖遗址东与安徽毗连，南与江西九江隔江相望。而皖南和赣北在新石器时代正是古越族先民活动的重要舞台之一。无论从地理位置考察，还是从遗址内涵和墓葬出土文物分析，黄梅一带新石器时代晚期的居民主要应是古越人。

蕲春易家山遗址是湖北境内一处内涵很丰富的新石器时代遗址。此处遗址 1955 年被发现，1956 年湖北省文物管理委员会组织人员进行了两次小型清理工作，获得大量的石器和陶器②。石器共 231 件，其中石斧和有肩石斧 89 件，石锛和有段石锛 65 件，还有石刀、石环等。有肩石斧器身扁平而薄，广肩，柄部呈半圆形。有段石锛多至 24 件，可分三种：一种长方形，其一面扁平带偏刃，另一面中部隆起成段；另一种略作方形；再一种一侧隆起成段，与福建长汀河田出土的相类似③。陶器共 228 件，从陶系看，有夹砂红陶、印纹陶、泥质红陶等。从纹饰看，主要有绳纹、方格纹、篮纹、附加堆纹等等。器物组合为鼎、豆、壶。所有这些，无不深深打上了新石器时代古越族文化的印记。此外，文物考古工作者还在与易家

---

① 黄冈地区文物普查队：《黄梅龙感湖三处遗址调查》，《江汉考古》1983 年第 4 期。

② 湖北省文物管理委员会：《湖北蕲春易家山新石器时代遗址》，《考古》1960 年第 5 期。

③ 厦门大学人类博物馆：《福建长汀河田新石器时代遗址的调查》，《考古学报》1957 年第 1 期。

山紧邻的潘家畈、洪家岗、广铺山和破屋湾等处发现了与易家山遗址文化内涵基本一致的文化遗址。有关资料对此报道甚详，不复赘述①。

大冶上罗村遗址是湖北境内甚为重要的一处新石器时代文化遗址。1983年春，黄石市博物馆组织人员对这个遗址进行了勘探和发掘②。在遗址第四层，即新石器时代文化层中，出土遗物有石器和陶器。石器仅石锛2件，其中1件为有段石锛。陶器的陶系以夹砂红陶为主，占50%以上。器物组合为鼎、豆、罐，也有扁平鼎足、刻槽鬲足等典型的古越族文化遗物。由此可见，把大冶上罗村遗址新石器时代文化遗存的主人定为古越族，是持之有据的。

在大冶县南山水库和杨桥水库，都发现了新石器时代文化遗址③。南山水库遗址内共采集到石器17件，包括扁平长条、扁平长方和扁平带孔等形制的石斧，双孔扁平横长方、双孔扁平正方和单孔上窄下宽等形制的石铲，双孔横长方、单孔狭长方和无孔长方等形制的石刀，以及石凿和石瑗等。这些石器的形制同蕲春易家山新石器时代遗址出土同类石器的形制大同小异。另在杨桥水库遗址也采集到3件石斧。出土陶器残部的陶系、纹饰和形制与上罗村遗址同类器物基本相同。南山水库遗址和杨桥水库遗址当同为古越人的活动遗迹。

考古工作者在鄂南通城县尧家林发现了新石器时代晚期遗址，出土陶器以夹砂陶为主，泥质陶也占一定比例。陶色以红、红黄、褐红为多，黑陶、灰陶次之。器表以素面为主，纹饰以篮纹、绳纹和附加堆纹为主，其次有弦纹、方格纹、刻划纹、压印纹、镂孔等。主要器类包括宽扁足盆形鼎、高柄折沿豆、高领广肩罐和高领壶等④。显然，尧家林遗址文

① 夏盾：《蕲春发现几处古代遗址》，《考古通讯》1956年第4期；《蕲春又发现两处古代遗址》，《文物参考资料》1956年第10期。

② 黄石市博物馆：《大冶上罗村遗址试掘简报》，《江汉考古》1983年第4期。

③ 丁安民：《大冶县新发现两处古文化遗址》，《文物参考资料》1958年第10期。

④ 武汉大学历史系考古专业等：《湖北通城尧家林遗址的试掘》，《江汉考古》1983年第3期。

化面貌以古越人文化为主，但也受到同时其他文化很可能是三苗文化的影响，尽管如此，遗址主人的族属仍然应当是百越。

问题至此已十分明晰：具备古越族考古文化主体因素的黄梅龙感湖新石器时代遗址、蕲春易家山新石器时代遗址、大冶上罗村遗址新石器时代遗存、大冶南山水库和杨桥水库新石器时代遗址以及通城尧家林新石器时代遗址的主人，都只能是创造这种文化的古越族先民本身。而正是这支古越族，成为周代扬越的先民①。

第三节 三苗的腹地

如果说，在新石器时代，湖北西北部的汉水中游一带的居民是神农氏部落，而湖北东南部的居民又是百越民族，那么，比汉水中游更为广阔的江汉地区此时的居民又是谁呢？通过对文献记载的爬梳考证，我们发现江汉地区此时的居民非三苗莫属。因此，厘清三苗在湖北境内的分布范围、三苗的族别和社会状况以及三苗与尧舜的战争等问题的脉络，无异于勾勒出湖北新石器时代主要居民社会经济发展变化的轮廓。

一、三苗的分布范围

三苗的分布范围，战国时的吴起说得比较具体，《战国策·魏策》载吴起说："昔者三苗之居，左彭蠡之波，右洞庭之水，文山在其南，而衡山在其北。"其他文献所记无大异，只是均以洞庭为左，彭蠡为右。如《史记·吴起列传》说："昔三苗氏左洞庭，右彭蠡。"《韩诗外传》卷三也说："有苗氏不服者，衡山在南，歧（当为'汶'之讹）山在北，左洞庭之波，右彭蠡之水。"《说苑·君道》也说是左洞庭，右彭蠡。也有不指明洞庭、彭蠡方位的，如《淮南子·修务训》高诱注：三苗"在彭蠡、洞庭之野"。何以会有彭蠡、洞庭左右互置的区别？《史记·五帝本纪》

① 刘玉堂：《论湖北境内古越族的若干问题》，《民族研究》1987年第2期。

张守节正义作了如是解释："以天子在北，故洞庭在西为左，彭蠡在东为右。"由此说来，司马迁、韩婴、刘向之所以以洞庭为左、彭蠡为右，是因为他们是面向北方天子而言的，如此言不谬，那么吴起则是面向南方来指划洞庭、彭蠡方位的，面向既然相反，左右自然就会互置了。也有学者针对文献中洞庭、彭蠡左右互置的现象，提出了洞庭、彭蠡系"通名"的见解，以为所谓彭蠡、洞庭实指黄河龙门以下的河段和河南北部的古荥泽①。彭蠡、洞庭为通名查无实据，难以令人信从。

洞庭、彭蠡所在何处，是查考三苗居地的重要依据。《史记·五帝本纪》张守节正义案："洞庭，湖名，在岳州巴陵西南一里，南与青草湖连。彭蠡，湖名，在江州浔阳县东南五十二里。"洞庭即今湖南洞庭湖，已无甚异议，唯彭蠡地望稍有出入。彭蠡，传统的看法即今赣北鄱阳湖。如《尚书·禹贡》谓汉水入江，"东汇泽为彭蠡"，《汉书·地理志》在言及豫章郡彭泽时更是明确指出"《禹贡》彭蠡泽在西"。对此，近人和今人均有持不同看法者。《史记·封禅书》记汉武帝南巡，"自寻阳（今黄梅县西南）出枞阳（今安徽枞阳县），过蠡泽，礼其名山川"。据此，蠡泽似乎与寻阳、枞阳同在江北，或以为彭蠡即今湖北黄梅至安徽望江间的湖泊②。若从《禹贡》江汉合流后"东汇泽为彭蠡"分析，当年大江两边的湖泊可能相通，并统称为彭蠡泽③。此说可从。

文山不可考，衡山非湘南衡山④。《山海经·中山经》说寅山（今河南泌阳县）"又东四十五里，曰衡山"。此处所谓"衡山"即《水经·汝水注》之雉衡山，在今河南南召县南。《史记》载秦始皇二十八年南巡的路线："渡淮水，之衡山、南郡，浮江，至湘山祠。"此衡山在淮水和南

① 钱穆：《古三苗疆域考》，《燕京学报》1932年第12期。

② 魏源：《书古微》第5卷；顾颉刚：《禹贡》注释，侯仁之主编：《中国古代地理名著选读》第1辑，科学出版社1959年版；魏嵩山主编：《中国历史地名辞典》，江西教育出版社1986年版，第849页。

③ 罗运环：《楚国八百年》，武汉大学出版社1992年版，第22页。

④ 郝懿行：《山海经笺疏·中山经》，巴蜀书社1985年版。

郡之间，即今安徽霍山县南的霍山①。这两座衡山位于桐柏山与大别山的东西两端，“衡”、“横”二字自古通用，吴起说的衡山“所指或许是桐柏及大别各山脉”②。这种看法不无道理。总之，三苗分布在桐柏山及大别山以南、文山以北的洞庭—鄱阳间的地域中，今湖北江汉地区适在其中，应是三苗的腹地。江汉地区的新石器文化，即年代较早的屈家岭文化和年代较晚的石家河文化，以及在它们的西边而年代更早的大溪文化，都应当是三苗文化的遗存。三苗，又称“有苗”、“苗民”、“南蛮”，夏商时期被称为“荆”或者“荆蛮”、“楚蛮”、“荆楚”、“楚荆”者，都是三苗的遗部。

二、三苗的族别

三苗之“三”究竟是实指，还是泛指，学术界尚存歧见。古代已有人以为“三”为实指，东汉高诱注《淮南子·原道训》说：“三苗，尧时所放浑敦、穷奇、叨饕之等。”他在为同书《修务训》作注时又说：“三苗，盖谓帝鸿氏之裔子浑敦，少昊氏之裔子穷奇，缙云氏之裔子饕餮。三族之苗裔，故谓三苗。”此说为解释三苗之“三”，有望文生义之嫌。袁珂也认为，“‘盖谓’云者，乃臆想之辞，难于凭信”③。当代也有人认为三苗可能是三个部落④。这种理解似过于机械。事实上，“三”在中国古籍中往往为概称，凡一、二所未能尽者，均约之以三。如《论语·微子》“直道而事人，焉往而不三黜”，即属此例。“三”为阳数，与“九”相似，常泛指多数⑤。三苗之“三”，恰如九黎之“九”，都是极言其多，

① 参见乐史：《太平寰宇记》第129卷；顾祖禹：《读史方舆纪要》第26卷，中华书局1955年版；郝懿行：《尔雅义疏·释山》霍山注疏，《尔雅·广雅·方言·释名清疏四种合刊》，上海古籍出版社1989年版。

② 参见徐旭生：《中国古史的传说时代》（增订本），文物出版社1985年版。

③ 袁珂：《山海经校注·海外南经》，上海古籍出版社1980年版，第193页。

④ 参见郭沫若主编：《中国史稿》，人民出版社1962年版。

⑤ 汪中：《释三九》，《述学》第1卷。

以示族类纷繁，部落众多。《墨子·兼爱》引《禹誓》曰："若予既率尔群对诸群，以征有苗。"（按，今本《尚书》已逸此文）此处"尔群"即指华夏族，"诸群"当指三苗。三苗以"诸"称，说明它并非由单一民族组成，而是由众多民族组成的一个部落联盟的总称①。

三苗的族源，可直溯至缙云氏。据《左传·文公十八年》记载，昔帝鸿氏有不才子谓之浑敦，少昊氏有不才子谓之穷奇，颛顼氏有不才子谓之梼杌，缙云氏有不才子谓之饕餮，合称四凶。舜臣尧，流放此四凶族，投诸四裔。《尚书·舜典》则说："流共工于幽州，放欢兜于崇山，窜三苗于三危，殛鲧于羽山。"东汉郑玄将二者综合考察说："命欢兜举共工，则欢兜为浑敦也，共工为穷奇，鲧为梼杌也，而三苗为饕餮可知。"马融也说："三苗……缙云氏之后为诸侯，盖饕餮也。"② 上述文献记载告诉我们：三苗即饕餮，被华夏族中怀有民族偏见者视为非我族类的"四凶族"之一，只配"投诸四裔"。这说明三苗并非出自华夏系统。杜预《春秋左氏传集解》也说饕餮"非帝子孙"，表明三苗并不崇奉华夏族传说中的始祖黄帝。但宋人罗泌《路史》根据《国语·晋语》记司空季子说黄帝十二姓中有僖姓，而《山海经·大荒北经》说苗民为厘姓，僖、厘古字通用，进而认为三苗为黄帝后裔，今人也有持此说者③。仅凭古字通用便下此断语，难以令人信从。

也有人认为三苗源于炎帝系统。韦昭为《尚书·吕刑》所作的《正义》说，三苗为"炎帝之后"。贾逵也说："缙云氏，姜姓也，炎帝之苗裔，当黄帝时任缙云之官也。"④ 这是五行学说把炎帝定位于南方以后才出现的一种说法，不足为据。

还有人持三苗为九黎后裔说，根据是《国语·楚语下》"三苗复九黎

---

① 吴永章：《湖北民族史》，华中理工大学出版社 1990 年版，第 10 页。

②《尚书正义·舜典》注，《十三经注疏》，中华书局 1980 年版。

③ 袁珂：《山海经校注·大荒北经》，上海古籍出版社 1980 年版，第 437 页。

④《史记·五帝本纪》裴骃《集解》引。

之德”之句，韦昭注说：“三苗，九黎之后也。”表明“三苗是从九黎氏发展而来”。又厘、黎上古音同字通，《山海经·大荒北经》苗民厘姓当即“黎姓”，也可证三苗是从九黎氏发展而来①。上述两条证据都难以成立。先看第一条证据，的确，不只韦昭说过三苗为九黎之后，郑玄在为《尚书·吕刑》“苗民弗用灵”句作注时也说：“有苗，九黎之后也。”但韦昭所谓“九黎之后”的“后”并非作后裔解，而作“为”字解，这同他释“三苗复九黎之德”的“复”为“如”有内在联系。韦昭在为“复”作注时说：“三苗为乱，行其凶德，如九黎之为也。”如此解释，甚合文义。至于郑玄的解释，不知何据，以至孔颖达在为《尚书·吕刑》作注时说：“《楚语》（按，指《国语·楚语》）云，三苗复九黎之恶，是异世同恶也。郑玄以为苗民即九黎之后，颛顼诛九黎，至其子孙为之国，高辛之衰又复九黎之恶，尧兴又诛之。”所谓“郑玄以为”，表明孔颖达只是客观陈述郑玄的看法，未置可否。再看第二条证据，厘、黎音同字通，并不能说明厘姓的“厘”与九黎的“黎”有必然的联系②。

出自缙云氏的三苗既非黄帝系统，又非炎帝系统，也非九黎系统，而只能是出自南蛮系统。何以作此判断，其根据有五：首先，三苗始祖缙云氏之“缙”已表明他属南蛮系统。《左传·文公十八年》孔颖达疏说：《左传·昭公十七年》称“黄帝以云名官，故知缙云黄帝时官名。字书缙，赤缯也。服虔云：夏官为缙云氏”。赤、夏均为南方的象征。如《周礼》卷四十，“南方谓之赤”；《仪礼》卷三十七，“南方赤”；《礼记》卷六十一，“南方者夏”。而当时的南方，正为蛮族所居。大概是南方三苗之先曾掌缙云一官，并以此作为氏族名称③。又《山海经·海内南经》郭璞注说：“有苗之民，叛入南海，为三苗国。”此“海”应为蛮地之意，

① 俞伟超：《楚文化的渊源与三苗文化的考古学推测》，见《先秦两汉考古学论集》，文物出版社 1985 年版。

② 罗运环：《楚国八百年》，武汉大学出版社 1992 年版，第 25 页。

③ 吴永章：《湖北民族史》，华中理工大学出版社 1990 年版，第 8 页。

如《尔雅·释地》“九夷八狄七戎六蛮，谓之四海”即是，故“南海”即“南蛮”之地。其次，也有人认为，三苗的“苗”就是“髳”，就是“蛮”，三字同声互假。而无论髳或是蛮，都是新石器时代南方土著居民。再次，三苗的图腾崇拜和祖先崇拜也表明它为南方蛮族。《山海经·海内经》载：“有人曰苗民。有神焉，人首蛇身，长如猿，左右有首，衣紫衣，冠旃冠，名曰延维，人主得而食之，伯天下。”“延维”郭璞注：“委蛇。”又《淮南子·本经训》载，尧之时修蛇等为民害，尧乃使羿“断修蛇于洞庭”。高诱注：“修蛇，大蛇也。”从时代和地望来判断，这支以大蛇为徽号的民族当是三苗族。许慎《说文解字·虫部》“蛮”字条下释：“南蛮，蛇种。”这无异于说明：蛇图腾崇拜正是包括三苗在内的南方蛮族的一个重要特征。又《列子·黄帝》：“女娲氏，蛇身人面而有大圣之德。”郭璞注《山海经·大荒西经》说：“女娲，古神女而帝号，人面而蛇身，一日七十变。”汉画像石上的伏羲、女娲像，皆为人面蛇身，尤其是二者交尾连体的形状与前引《山海经·海内经》的描述毫无二致。通过对三苗后裔之一的今南方苗族的实地考察，发现伏羲、女娲兄妹结为夫妻、繁衍人类的传说在当地极为流行①。苗族还有祭祀伏羲、女娲的传统习俗，清初陆次云《峒溪纤志》说：“苗人腊祭曰报草。祭用巫，设女娲、伏羲位。”苗族人以伏羲、女娲为祖先神的风习，当源自三苗的祖先崇拜②。第四，三苗的装束也显示出其南蛮表征。《淮南子·齐俗训》说：“三苗髽首，羌人括领，中国冠笄，越人劗发，其于服一也。”“髽”，高诱释为“以枲束发也”，枲即麻。有的民族学家认为，三苗以麻束发与

① 参见芮逸夫：《中国民族及其文化论稿·苗族的洪水故事与伏羲女娲的传说》，台北艺文印书馆1972年版；马少侨：《试论荆楚和古代三苗、现代苗族的历史渊源关系》，《中央民族学院学报》1984年第4期。

② 参见芮逸夫：《中国民族及其文化论稿·苗族的洪水故事与伏羲女娲的传说》，台北艺文印书馆1972年版；马少侨：《试论荆楚和古代三苗、现代苗族的历史渊源关系》，《中央民族学院学报》1984年第4期；《闻一多全集·伏羲考》，生活·读书·新知三联书店1982年版；徐旭生：《中国古史的传说时代》（增订本），文物出版社1985年版。

今日南方苗族用麻掺人头发挽成髻的习俗相似①。不仅如此，《淮南子·齐俗训》的上述记载显然是按方位分述的：括领的羌人指西方民族，冠笄的中国指北方中原民族，劗发的越人指东方民族，鬊首的三苗则无疑指南方民族了。第五，作为三苗文化遗存的江汉地区及其西边的新石器文化——大溪文化、屈家岭文化和石家河文化的前后相承，同样证实三苗是新石器时代南方土著，其腹地始终在江汉地区。

三、三苗的社会状况

三苗的腹地在江汉地区，考察三苗的社会状况，有助于揭示新石器时代湖北主要居民的社会经济面貌。

三苗生存的时代，正值我国原始社会末期，其社会经济发展较快，私有制也随着生产力的提高而不断地发展。《左传·文公十八年》载：缙云氏之不才子饕餮，“贪于饮食，冒于货贿，侵欲崇侈，不盈厌，聚敛积实，不知纪极”。此处的“货贿”，郑玄注《周礼》解释为：“金玉曰货，布帛曰贿。”上述文献记载得到了考古发现的证实。江汉地区先后出现的大溪文化、屈家岭文化、石家河文化作为三苗不同时期的文化遗存，这已大致成为学术界的共识。属大溪墓地晚期的 6 号墓，墓主两手各戴玉镯 1 枚，左手玉镯之上至肘部戴蚌镯 9 件，颈部饰玉璜 13 件，牙饰1 件。5 号墓墓主不仅头枕巨大象牙，而且随葬有 56 件器物。而屈家岭早期墓地的 2 号墓随葬品更是达 70 余件之多②。在石家河遗址肖家屋脊6 号大型瓮棺中，发现精工镂刻的玉器达 56 件之多，种类包括玉蝉、各式玉管、玉璜、飞鹰、玉兽、玉人等，其中两件人面像和一件飞鹰最为精致③。这些玉制珍品，既反映了原始玉雕工艺的较高水平，又是私有财

① 吴永章：《湖北民族史》，华中理工大学出版社 1990 年版，第 9 页。

② 陈彤、陈树祥：《湖北省文物考古近期连获重大成果》，《中国文物报》1989 年 12 月 8 日。

③ 石家河联合考古队：《湖北省石家河遗址群 1987 年考古发掘简报》，《文物》1990 年第 8 期；张绪球：《石家河文化的玉器》，《江汉考古》1992 年第 1 期。

产发达的标志。大量民族学资料告诉我们，最初的人类“私有财产也只有：武器（或相应的工具）、衣服和装饰品”①。这些都是个人生前的使用物品，当人死后，“生前认为最珍贵的物品，都与已死的占有者一起殉葬到坟墓中，以便他在幽冥中能继续使用”②。三苗的统治者之所以能无节制地把社会物质财富攫为己有，并因此过着穷奢极欲的生活，无非意味着处于原始社会解体阶段的三苗因社会生产力的迅速发展社会产品有了盈余，从而为统治阶层残酷剥削其人民准备了物质条件。

随着私有财产的快速增长，三苗原有的氏族成员之间的贫富分化与阶级对抗已不可避免。据文献记载，三苗之君“不分孤寡，不恤穷匮”③，“积财而不用，善夺人谷物。强者夺老者，畏群而击单，名饕餮”④。一方面是“侵欲崇侈”的三苗之君，另一方面是“孤寡”、“穷匮”的下民，原来氏族成员间的平等被无情地打破，氏族酋长及统治阶层中的强者成为富有之人，而普通氏族成员尤其是缺乏劳动力的弱者则沦为穷苦之民。对此，考古发现提供了佐证。属于石家河文化的鄂西北房县七里河及青龙泉等地墓葬中有以猪头骨和猪下腭骨随葬的现象，其中七里河 21 号墓仅随葬有 2 副猪头骨⑤，而青龙泉 27 号墓随葬的猪下腭骨则多达 14 副，还有陶罐和陶钵各 1 件⑥。死者墓中随葬猪头骨或猪下腭骨，还见于黄河流域的大汶口文化和齐家文化，我国南方某些佤族、瑶族、黎族和纳西族人中也有此葬俗。这一方面反映了当时畜牧业的发展情况，另一方面也表明猪是我国原始部落中最早成为私有的一项重要

① 马克思：《科瓦列夫斯基〈公社土地占有制及其解体的原因、进程和结果〉一书摘要》，人民出版社 1965 年版，第 2 页。

② 马克思：《摩尔根〈古代社会〉一书摘要》，人民出版社 1978 年版，第 51 页。

③《左传·文公十八年》。

④《史记·五帝本纪》正义引《神异经》。

⑤ 湖北省博物馆、武汉大学考古专业、房县文化馆：《房县七里河遗址发掘的主要收获》，《江汉考古》1984 年第 3 期。

⑥ 长办文物考古队直属工作队：《1958—1961 年湖北郧县和均县发掘简报》，《考古》1961 年第 10 期。

动产①。因此，人们往往把猪头骨和猪下腭骨视作财富的标志，生前越富有，死后随葬得就越多；生前越贫困，死后随葬得就越少，甚至一无所有。七里河、青龙泉等地猪头骨或猪下腭骨随葬多寡悬殊的现象，正是财产私有范围扩展和贫富分化的反映②。

贫富分化势必导致阶级对抗。据文献记载，“皇帝（按，指舜）请问下民，鳏寡有辞于苗”③，而“民弃不保”④。这里的“鳏寡”，即“下民”，指的是氏族中的普通成员。“苗”，即三苗之君或三苗统治阶层。“辞”，指愤懑。意思是下民对三苗统治者产生了强烈的怨愤之情，以至走上了对抗与反叛的道路，即所谓“民弃不保”。

由于贫富分化与阶级对抗的发生，一些富裕而有权势者便开始取代由民主选举产生的首领。尽管文献中尚未发现三苗统治者已将选举制度变为世袭制的确切资料，但废贤立佞的记载却并不鲜见。《尚书·大禹谟》载：有苗昏迷，“君子在野，小人在位”，孔安国注说：“废仁贤，任奸佞。”《神异经》也说，苗民“为人饕餮，淫逸无礼”⑤。原来由民主选举产生的被尊为“君子”、“仁贤”的人被迫退位，凭借财富和巧言令色即“淫逸无礼”的“小人”成为新的统治者。

为了维护其经济利益和政治地位，三苗之君已开始实施刑法。据《尚书·吕刑》载，苗民“制以刑，惟作五虐之刑曰法，杀戮无辜，爰始淫为劓、刵、椓、黥民……”。孔安国注说：“三苗之主顽凶若民，敢行虐刑，以杀戮无罪，于是始大为戮人耳鼻、椓阴、黥面以加无辜，故曰五虐。”而“虐威庶戮，方告无辜于上，上帝监民，罔有馨香，德刑发闻惟腥”⑥，孔安国注说：“三苗虐政作威，众被戮者，方各告无罪于天，天视苗民无有馨香之行，其所以德行发闻，惟乃腥臭。”又：《墨子·尚

① 林耀华主编：《原始社会史》，中华书局1984年版，第320页。
② 罗运环：《楚国八百年》，武汉大学出版社1992年版，第21页。
③⑥《尚书·吕刑》。
④《尚书·大禹谟》。
⑤《太平御览》第79卷引。

同》也说“逮至有苗之制五刑，以乱天下”。若以上记载为信史，则中国历史上“五刑”的始作俑者应推三苗，也就是说，周代制定的墨、劓、刖、宫、大辟“五刑”可溯源于三苗。当然，由于文献不足征，目前还不能下此断语，但它至少可使我们获得如是信息：其一，早在夏王朝建立前后，三苗已有了刑法，说明三苗是我国历史上最早实施法律的民族之一；其二，三苗实施的刑法是以摧残人的肉体为主要内容的原始刑法，因而带有极端的残酷性，使整个社会充满“腥臭”气味①。不过，三苗实施的刑法是习惯法还是成文法，尚难断定，因为前者是指氏族或部落认可并以其强制力保证实施的习惯，这些习惯代表着全氏族成员的意志和利益；后者则是由一定的国家机关按一定程序制造的、以规范性文件的形式表现出来的法，是代表统治阶级的意志和利益的②。若说三苗实施的刑法是习惯法，其内容却有悖于全氏族成员的意志和利益。若说是成文法，却又与三苗尚未建立完全意义的国家不符。由此看来，三苗实施的刑法很可能是原始社会解体过程中出现的一种特殊的法律形式，其性质介于习惯法与成文法之间。

从三苗的社会经济状况分析，其社会历史的发展进程大致与中原尧、舜、禹时代相仿。因此，汉、唐以后历代经学家大多认为三苗为国名。孔安国在为《尚书·舜典》作注时称“三苗，国名”，又引马融、王肃云：“三苗，国名也。”孔颖达疏称：“昭元年《左传》说，自古诸侯不用王命者，虞有三苗，夏有观扈，知三苗是国，其国以三苗为名，非三国也。”《战国策·魏策》记吴起语为“三苗之居”，但《史记·五帝本纪》正义引则作“三苗之国”，张守节所引当有所据，且《淮南子·修务训》高诱注也作“三苗之国”。不仅注家，某些著述也径称三苗为国名。如《山海经·海外南经》、张华《博物志》卷八均直呼“三苗国”。近代也有学者对三苗社会的进步性评价甚高：“观禹誓词数苗之罪，谓其君子在

① 吴永章：《湖北民族史》，华中理工大学出版社 1990 年版，第 13 页。

② 参见林耀华主编：《原始社会史》，中华书局 1984 年版；中国大百科全书法学编辑委员会：《中国大百科全书·法学》，中国大百科全书出版社 1984 年版。

野，小人在位，则是时之苗盖有国都、官属，但其用舍颠倒耳”，甚至认为三苗比清代某些“无定居、无常业、不相统属”的较为落后的苗族还要进步一些①。还有的学者语气更加肯定：“三苗乃国名，非种族名。”②的确，无论是古代文献，还是近人著述，都不乏视三苗为国名者。然而，上文对三苗社会经济状况的综合考察表明，三苗之“国”，显然不是近代意义的国家，而应当是原始社会末期的部落联盟。至于文献中屡屡出现“三苗之君”的“君”，同样不能以近代意义的国王、君主视之，而只能是氏族部落或部落联盟的酋长。

第四节　尧舜与三苗

随着经济、政治实力的增强，三苗已不满足于世代居住的以江汉地区为腹地的南方，为扩大地盘和发展势力，开始北上与尧舜抗衡，一场旷日持久的战争终于在南北两大部落联盟之间展开。

一、尧与三苗

尧舜间的君位递遭之争，为三苗北上提供了可乘之机。《世本》载：“尧娶散宜氏之子（女），谓之女皇，女皇生丹朱。”《尚书逸篇》说：“尧子不肖，舜使居丹渊为诸侯，故号曰丹朱。”③《汉书·律历志·世经》说：尧“让天下于虞，使子朱处于丹渊为诸侯”。古本《竹书纪年》说：“放帝丹朱于丹水。”④综析诸书所载，其大意如是尧知其子丹朱不肖，让位于舜，使丹朱出居丹水。三苗之君反对这一作法，便与丹朱联结以抗尧，即“尧以天下让舜，三苗之君非之”⑤。于是双方在丹水之浦发生

---

① 《古今图书集成·边裔典》。
② 朱希祖：《驳中国先有苗种后有汉种说》，《北京大学月刊》1919 年第 1 卷第 1 号。
③ 《太平御览》第 63 卷引，中华书局 1960 年版。
④ 《山海经·海内南经》郭璞注引；《路史·后纪》第 10 卷注引。
⑤ 郭璞：《山海经注·海外南经》，上海古籍出版社 1989 年版。

战争，此所谓“尧与有苗战于丹水之浦”①。丹水在何处呢？范汪《荆州记》：“丹水县在丹川，尧子朱之所封也。”《括地志》说：“丹水故城，在邓州内乡县西南百三十里，丹水故为县。”②《水经注·丹水》进一步论证丹水之浦在今河南淅川县西南，其地恰当湖北随枣走廊西北。战争的结果，上引郭璞注《山海经·海外南经》说是“帝杀之”，《吕氏春秋·召类》说是“以服南蛮”，《帝王世纪》说是“诸侯有苗处南蛮不服，尧征而克之于丹水之浦”，《庄子·盗跖》则称“尧杀长子”。很可能是此次战争尧杀了丹朱及三苗之君，三苗大败而归。联系三苗的社会阶级分化较为严重的历史实际，其支持和拥护“天下为家”的世袭制，反对“天下为公”的禅让制，是顺理成章的。这么说来，三苗之君可谓中国历史上最早主张传子不传贤的人了。这在当时堪称新制度的代表。

三苗虽以失败告终，但毕竟重创以尧为首的部落联盟，《尚书·吕刑》载：三苗杀戮无罪，“皇帝哀矜庶戮之不辜，极虐以威，遏绝苗民，无世在下”。孔安国注说：“皇帝，帝尧也。哀矜众被戮者之不辜，乃报为虐者以威诛，遏绝苗民，使无世位在下国也。”《尚书·大禹谟》孔颖达疏说：“谓诛叛者绝后世者，盖不灭其国，又立其近亲绍其先祖。”在父权制全盛时的原始社会末期，由子女继承父亲的财产与权力，已成为正常现象。但尧在诛杀了三苗之君后，却不许其后世继位，即所谓“无世在下”，而另择恭顺者为君，以利于对三苗部落联盟的操纵和控制。这一措施，开后世中央王朝干预少数民族酋长承袭之先例③。

二、舜与三苗

或许是尧选任顺己者为三苗之君的策略产生了效应，舜即位时，三苗一度表示臣服。《左传·昭公元年》载：季武子伐莒，时诸侯会盟，楚

① 孙同元辑：《六韬逸文》，孙德骐《六韬浅说》，解放军出版社 1987 年版。
② 《史记·五帝本纪》正义引。
③ 吴永章：《湖北民族史》，华中理工大学出版社 1990 年版，第 18 页。

欲戮其使叔孙豹，赵孟请诸楚曰："王、伯之令也，引其封疆，而树之官；举之表旗，而著之制令。过则有刑，犹不可壹。于是乎虞有三苗，夏有观、扈，商有姺、邳，周有徐、奄，自无令王，诸侯逐进，狎主齐盟，其又可壹乎?"孔颖达对此议论道："昭元年《左传》说，自古诸侯不用王命者，虞有三苗……三凶皆是王臣，则三苗应是诸侯之国入仕王朝者也。"① 所谓"入仕王朝"，即臣服以舜为首领的华夏部落联盟。

暂时的臣服掩盖不了异族间的冲突，三苗与舜的战争时有发生。为此，舜对三苗上层统治者采取了"善留恶去"的策略。据《尚书·舜典》载：经考绩，"黜陟幽明，庶绩咸熙，分北三苗"。孔安国注说："考绩法明，众功皆广，三苗幽阇，君臣善否，分北流之，不令相从，善恶明。"孔颖达疏作了进一步解释："北者言相背，必善恶不同，故知三苗幽阇，宜黜其君臣，乃有善否，分背流之，不令相从。俱徙之则善从恶，俱不徙则恶从善，言善恶不使相从，言舜之黜之，善恶明也。"意为根据三苗之君对以舜为首的华夏族部落联盟的向背予以区别对待：善从者留任或擢升，恶逆者罢退或放逐，以达到分化瓦解的目的。

舜对三苗中恶逆者的放逐迁徙，文献多有记载。《尚书·舜典》载："钦哉钦哉，惟刑之恤哉。流共工于幽州，放欢兜于崇山，窜三苗于三危，殛鲧于羽山，四罪而天下咸服。"《尚书·皋陶谟》也记禹曾说过：帝舜"何迁乎有苗?"足见舜的确对三苗采取过放逐、迁徙的措施。但也有人认为，舜把三苗迁徙至三危（今甘肃敦煌）后，南方的三苗就不复存在了。这显然是一种误解，舜所迁的三苗只能是三苗之君及其上层集团。试想，以当时三苗地域之广、人口之众和族系之繁，要举族迁徙是不可想象的。其实，孔颖达为《尚书·舜典》所作的疏已说得十分明白："鲧既殛死于羽山，禹乃代为崇伯，三苗亦窜其身而存其国。"近人章太炎也认为："三苗不庭，遏绝其世，窜之三危，其遗种尚有。"② 这种视

① 《尚书·舜典》孔颖达疏。

② 参见《章氏丛书·检论·原氏》。

“窜”为放逐其君，更立后嗣而存其国的理解，于事理相合。舜此举意在使三苗之君、民分离，以限制和削弱其势力。

针对三苗时叛时臣的复杂情况，舜往往采取军事镇压与德教感化并用的方针。《韩非子·五蠹》载：“当舜之时，有苗不服，禹将伐之。舜曰：‘不可，止德不厚而进武，非通也。’乃修教三年，执干戚舞，有苗乃服。”《韩诗外传》卷三也说：“有苗氏不服，禹请伐之，而舜不许，曰：‘吾喻教犹未竭也。’久喻教，而有苗氏请服。”其他文献也有类似记载，只是较为简略①。这说明，对三苗实施教化是舜的重大策略之一。

对于战败并表示归顺的三苗氏族或部落，舜强制他们接受华夏民族的文化，改变其固有的风俗习惯，此即《吕氏春秋·召类》所谓“舜却有苗以更其俗”。舜之所以这样做，意在淡化乃至消除三苗族类的民族意识，便于其驱使和控驭。但是，它在客观上却有利于民族文化的交流。由于三苗与华夏族之间干戈交加与玉帛互致的交替出现，二者的交往日益频繁，大批三苗族人加入了华夏族行列，不少华夏族人也来到了南蛮之间，“更俗”措施的实行，在某种程度上加速了南北民族融合的历史进程。有关舜“耕于厉山”和“道死苍梧”的历史传说，便是在这一历史文化背景下出现的。

《尚书·虞书》说：“帝（舜）初于厉山往于田。”《竹书纪年》也说：舜“耕于厉山”。《史记·五帝本纪》还说得更为具体：“舜耕厉山，渔雷泽，陶河滨，作什器于寿丘，就时于负夏。”这里所说的厉山，人们大都以为指今湖北随州的厉山②。尽管舜耕厉山属于历史传说，但人们却宁愿相信它是真实的。古往今来，人们在厉山留下许多纪念舜的遗迹，如厉山山上有舜帝庙，山腰有舜田，山脚有舜井，其中尤以舜井的传说最

---

① 《战国策·赵策》、《史记·赵世家》均有“昔舜舞有苗”的记载。

② 参见湖北省随州市地方志编纂委员会：《随州志》，中国城市经济社会出版社 1988 年版；湖北省中国历史学会、中共随州市委宣传部编：《中国历史文化名城随州》，湖北人民出版社 1996 年版。

多。据清同治《随州志》记载，随州城南一里有东汉灵帝光和三年之舜子巷义井碑。《方舆胜览》称："舜井碑在随州，碑字漫灭，惟碑阴有'五大夫'三字，相传秦时碑。"又《法帖神目》曰："碑阴题名之下尚有数十字，盖纪事之辞。"又据今本《随州志·古迹》记载："舜井冲有井一口，民间传为舜掘。井旁有碑，原为秦时县令所立。（碑）正面篆刻'舜井'二字，碑后镌记舜于烈山耕耨种植、教民掏井故事。后来秦碑遭毁，宋时继立新碑，款格沿用秦式。此碑于抗日战争时毁坏，舜井在'文化大革命'中堙废。"① 正当人们为舜井碑的去向不明扼腕叹息时，《湖北日报》的一则消息使人们由惋惜转为庆幸。该报道称：一块书有"舜井"的碑石和碑座相继在随州市涢水河畔徐家湾发现，经文物专家鉴定：此碑为宋时所立。碑系青石凿成，高 1.15 米、宽 0.9 米、厚 0.13 米，上面清楚地刻着"舜井"二字，连同碑背面的文字，均与古书记载相同②。

如果说，"舜耕厉山"的传说多少会有些历史的影像，那么，"舜葬九嶷"则或许不无真实的成分了。据《帝王世纪》记载，舜晚年使禹摄政，三苗再次反叛③。舜亲驾"南征三苗，道死苍梧"④。《史记·五帝本纪》云：舜"践帝位三十九年，南巡狩，崩于苍梧之野"。《礼记·檀弓上》、《大戴礼记·五帝德》说舜死后葬于苍梧之野，《山海经·海内南经》说葬于苍梧山之阳，《山海经·海内经》及《史记·五帝本纪》说葬于江南九嶷山。其实，苍梧山即九嶷山，又作九疑山。《汉书·武帝纪》："望祀虞舜于九疑。"《水经注·湘水》："（九疑山）盘基苍梧之野，峰秀数郡之间，罗岩九举，各导一溪，岫壑负阻，异岭同势，游者移焉，故曰'九疑山'。"古今学者大都认为，舜所葬之九嶷山位于今湖南零陵。

① 参见湖北省随州市地方志编纂委员会：《随州志》，中国城市经济社会出版社 1988 年版。

② 肖木森：《随州发现宋代舜井碑》，《湖北日报》1996 年 5 月 22 日。

③《太平御览》第 81 卷引。

④《淮南子·修务训》。

然而，张良皋先生经过多年潜心研究，认为舜葬之九嶷山即今随州大洪山①。概括说来，其证据主要有以下几点：第一，上述记载舜葬九嶷的文献，大都是秦汉时人所为，前文已论证秦汉时人眼中的南岳衡山即今安徽霍山县境内的霍山，而同此南岳衡山配套的九嶷山应与之相距不远，大洪山则正好合适。第二，《艺文类聚》卷七引《淮南子》说："九疑之南，陆事寡而水事多。"今大洪山迤南是湖泊密布的江汉平原，"水事"众多；若零陵九嶷之南，五岭盘亘，"水事"实无多。第三，前文曾引《史记·秦始皇本纪》载二十八年秦始皇南巡路线为："渡淮水，之衡山、南郡、浮江，至湘山祠。……伐湘山树，赭其山。"秦始皇浮江至湘山祠伐树"赭（烧）其山"，其路线不可能经岳州洞庭湖去烧某个湘山。他此番是"过彭城（今江苏徐州）"，"渡淮水"，"之衡山（今安徽霍山）"、"南郡（今湖北荆州江陵）"，其所烧湘山必在大洪山之南端，很可能即今湖北安陆白兆山。因为这一带有湘水二神的故事流传，后世梁代又置湘州于此，证明此处确有水名"湘水"。这也恰好同《史记·秦始皇本纪》"舜妃葬湘山，为湘水神"的记载相符。第四，虞舜的故事聚集在大洪山不止一端，涢水正源之一的大洪山娥皇洞，就出于虞舜故事②。第五，从考古发现来看，湘南迄今未发现夏人遗迹，因此，虞舜的活动范围也不可能远及零陵九嶷。总之，尽管我们目前尚不能肯定张良皋先生的论证正确与否，但若联系到当时的历史背景和当今的考古发现，把大洪山作为舜所葬之九嶷山并非毫无道理，它至少开辟了一条新的思路。

然而，舜死苍梧并未能化解和消弭华夏族与三苗族之间的矛盾和冲突，相反，当他的继承者禹执政后，二者的矛盾和冲突表现得更加尖锐与激烈。

---

① 张良皋：《华夏宗源新探》，见《炎黄文化与名城随州》，湖北人民出版社 1994 年版。

② 参见湖北省随州市地方志编纂委员会：《随州志》，中国城市经济社会出版社 1988 年版。

第五章　夏商两代湖北的动荡和进步

第一节　禹征三苗

禹执政前后，也曾效法舜对三苗实行怀柔政策。据《尚书·大禹谟》载：禹率师讨三苗，“三旬，苗民逆命。益赞于禹曰：‘惟德动天，无远弗届，满招损，谦受益，时乃天道……’禹拜昌言曰：‘俞。’班师振旅，帝乃诞敷文德，舞干羽于两阶。七旬，有苗格”。孔安国注说：“干，楯。羽，翳也。皆舞者所执。修阐文教，舞文舞于宾主阶间，抑武事。”又说“讨而不服，不讨自来，明御之者必有道”。这里说首先提出以“德”、“教”感化三苗者是益，而前文引《韩非子·五蠹》、《韩诗外传》卷三等文献说是舜，世人因之莫衷一是。其实，无论是益还是舜，对三苗采取怀柔政策的实施者为禹则是一致的。再说，尧舜禹与三苗之间干戈经年，采取怀柔之策也应不止一次，综考诸书所载分析，此次禹接受益的建议而对三苗行怀柔之策在后，而前文所揭禹听从舜的指令对三苗行怀柔之策在前。既然此次禹的行动是由于益的建议而非像以往那样缘于舜的指令，说明此时禹很可能已代舜执掌权柄或至少是在摄政。我们把禹的这次对三苗所采取怀柔之策的时间定为其执政前后，也正是出于上述分析。

一、武力打击

也许是禹对三苗实施的怀柔之策未能产生预期的效果，三苗仍不愿服从以禹为首的夏王朝的统治，于是，一场空前规模的征伐三苗的战争就不可避免了。《墨子·非攻》载：“昔者三苗大乱，天命殛之，日妖宵出，雨血三朝，龙生于庙，犬哭乎市，夏冰，地坼及泉，五谷变化，民乃大振。高阳乃命玄宫，禹亲把天之瑞令，以征有苗，四电诱祇，有神人面鸟身，若瑾以侍，搤矢有苗之祥，苗师大乱，后乃遂几（微）。禹既已克有三苗，焉磨为山川，别物上下，卿制大极，而神民不违，天下乃静。则此禹之所以征有苗也。”同书《兼爱》则记录了禹出征前的誓言，称之为《禹誓》，其誓说：“济济有众，咸听朕言，非惟小子（按，指禹），敢行称乱，蠢兹有苗，用天之罚，若予既率尔群对诸群，以征有苗。”从《禹誓》的语气分析，此时的禹不仅正式取代了舜的地位，而且比舜更有权威，说明禹已由氏族社会的部落联盟酋长变为阶级社会的国王了。上文中“天命殛之”与“用天之罚”大意相同，即奉行天命惩罚三苗，这显然是以“天命”来掩饰对三苗征伐的真实意图。禹此次讨伐三苗，号令许多方国部落参加，即所谓“率尔群对诸群”、“济济有众”，其声势与规模非以往历次南征所能比。禹所选择的开战之日，恰好是三苗因遭受严重的水灾以至人心惶惶、社会动荡之时，即所谓“日妖宵出，雨血三朝，龙生于庙，犬哭乎市，夏冰，地坼及泉”，导致“五谷变化”，几乎颗粒无收，“民乃大振”。因此，面对禹的凌厉攻势，“苗师大乱”。禹趁势重拳出击，“人夷其宗庙而火焚其彝器，子孙为隶，下夷为民”①。经过这次沉重的打击，三苗后世就此衰微，即所谓“后乃遂几”②。而“禹既已克有三苗，焉磨（厉）为山川，别物上下，卿制大极”，进而“神民不违，天下乃静”③。是说禹击溃三苗后，便对三苗遗民进行整治，三苗之地因而纳入了夏王朝的控制之下，“则此禹之所以征有苗也”④。

禹击溃三苗并对三苗领地实施控制，在考古文化中得到了印证。前文所述以湖北宜都石板巷子为代表的新石器晚期遗存⑤，除石板巷子外，

---

① 《国语·周语下》，上海师范学院古籍整理组点校本，上海古籍出版社1982年版。

②③④ 《墨子·非攻下》，《四部丛刊》影印本。

⑤ 宜都考古发掘队：《湖北宜都石板巷子新石器时代遗址》，《考古》1985年第11期。

还包括宜昌白庙、郧县大寺、钟祥六合、天门肖家屋脊等遗址。这些遗址共分两期，其中白庙、大寺、六合、肖家屋脊等属于晚期①。令人惊奇的是，石板巷子遗存的器物组合与同一地区的石家河文化少有联系，其中的圈足盘、深垂腹釜等尚可认为是吸收了本地区的文化因素，但其主体部分，包括侧袋足垂腹釜形鼎、细柄带箍豆、斜沿大口罐、饰间断纹的方体高领罐、高领瓮和刻槽盆等都难以追溯到石家河文化中去，倒几乎涵盖了中原地区煤山类型文化的全套器物组合，且两者同类器物的形制也颇为接近。不难看出，石板巷子遗存是中原地区的煤山类型文化进入湖北西部地区之后，在当地特定的环境中形成的一种文化类型②。所谓煤山类型文化，指的是以今河南临汝煤山遗址为代表的文化遗存。煤山遗址可分三期：第一期为河南龙山晚期文化，第二期相当于二里头一期文化，第三期与二里头二期文化相同③。其中第一期经碳-14 测定有两个数据：一是公元前 1690±100 年（树轮校正为公元前 2005 年），二是公元前 1920±115 年（树轮校正为公元前 2290 年），这就从绝对年代上证明煤山一期是属于夏代早期④。此外，在汉东的黄陂盘龙城也发现了二里头文化⑤。凡此，应当是以禹为首的夏王朝占领并控制了江汉地区三苗腹地的实物见证。

1965 年，考古工作者在汉阳（今武汉市汉南区）纱帽山商代遗址中⑥，发现一件陶拍。陶拍的背部鼻状握手上刻有一十分怪异的图案：图下部一正视人形，人面鸟身；上部两个回形雷电纹。人与两雷电纹间有一矢由上射至头顶。目睹此物，不禁使人联想到《韩非子·非攻》“四

①② 杨宝成主编：《湖北考古发现与研究》，武汉大学出版社 1995 年版，第 67、67～68 页。

③ 洛阳博物馆：《河南临汝煤山遗址调查与试掘》，《考古》1979 年第 5 期。

④ 杨育彬：《从考古发现探索夏文化的上限与下限》，见《华夏文明》第 1 集，北京大学出版社 1987 年版。

⑤ 俞伟超：《先秦两汉考古学论集》，文物出版社 1985 年版，第 234 页。

⑥ 武汉市地方志编纂委员会主编：《武汉市志·文物志》，武汉大学出版社 1990 年版，第 162 页。

电诱祇，有神人面鸟身，若瑾以侍，搤矢有苗之祥”的记述，二者可谓契若符节。出土陶拍的遗址时代为商代，陶拍并非无早到夏代的可能。因此，陶拍的主人可能就是随禹南征并定居下来的军事将领。这既证实禹征服三苗并占有其地是可信的，也说明禹占领三苗腹地后曾较大规模地移民，设立据点和派兵驻防，从而控制了三苗之地，而三苗受到异族毁灭性打击后便一蹶不振①。

二、分化瓦解

禹在征服三苗后，也采取了类似尧舜流徙三苗之君的作法。《尚书·大禹谟》孔颖达疏说：“鲧既殛死于羽山，禹乃代为崇伯，三苗亦窜其身而存其国。”这里的“窜”，即放逐流徙。窜其身的“三苗”是指三苗之君或上层统治者，后者的可能性似乎更大。这样做的目的仍然是使三苗之君与三苗之民分离，以防其蓄积实力东山再起。与尧舜有所不同的是，禹对流徙者非但没有虐待，反而为其创造必要的生活条件，使之安居乐业而乐不思蜀，消磨以至泯灭反叛之心。据《尚书·禹贡》载：“三危既宅，三苗丕叙。”孔安国注说：“西裔之山已可居，三苗族大有次叙，美禹之功。”《尚书·禹贡》的这则记载和孔注至少传递了两条信息：一是三苗之君流徙的地点依旧是西北边陲的“三危”；二是禹使三苗之君安居乐业的作法相当成功，以至受到三苗族的称赞。从此，这支被流徙的由三苗上层统治者组成的队伍在三危安定下来，甚至有人认为他们便是后世西羌族的祖先②。

对于三苗故地的遗部，禹同样采取了委派夏族人前往统治的方式，并且明文规定三苗遗民不得担任官职。《尚书·益稷》载禹夸耀己功时说：“弼咸五服，至于五千，州十有二师，外薄四海，咸建五长，各迪有功，苗顽弗即工。”③ 孔安国注说：“九州五长，各蹈为有功。惟三苗顽

① 罗运环：《楚国八百年》，武汉大学出版社 1992 年版，第 30 页。

② 吴永章：《湖北民族史》，华中理工大学出版社 1990 年版，第 17 页。

③《史记·夏本纪》所载略同。

凶，不得就官，善恶分明。”大意是说，禹对四方“蛮夷”，均建为长，唯独凶顽不恭的三苗“不得就官”。其实蛮夷酋长本已存在，不存在建不建的问题，这里所谓“建长”，不过是得到夏王朝的正式认可而已。规定三苗遗民不得为官，意在对三苗遗部实行严密的监控，达到巩固夏王朝统治地位的目的。禹之所以这么做，是由于他吸取了三苗长期以来时臣时叛的经验教训。

三、三苗失败之因

从三苗强盛之时的社会状况、经济水平和军事实力来看，足可与中原尧舜禹分庭抗礼。然而，经过长期的征战，三苗却以失败而告终。究其缘由，自然非止一端。但三苗主观方面的原因，识者以为在于“失德”和“恃险”，可谓的论。

《史记·吴起列传》说昔三苗氏“德义不修”，《战国·魏策》也记吴起说三苗氏“为政不善”。将两则记载联系起来即是：三苗氏之亡，在于“为政不善”、“德义不修”。如前文所述，三苗之君对其民实行残酷的经济剥削和政治压迫，致使三苗君民之间存在着严重的对立情绪。禹攻打三苗，也正是打着吊民伐罪、救民水火的旗号：“肆予以尔众士，奉辞罚罪，尔尚一乃心力，其克有勋。”① 《周书》史记篇对三苗灭亡的根本原因，更作了深刻分析：“外内相间，下挠其民，民无所附，三苗以亡。”强大的外族频频攻伐，内部矛盾重重，上下离心，三苗不亡何待?

“恃险”则是三苗灭亡的另一原因。《战国策·魏策》记吴起对魏武侯论及历史上国家兴衰的原因时说，“河山之险，信不足保也；是伯王之业，不从此也”，三苗恃险，“而禹放逐之”。三苗居住的南方，崇山峻岭，水险滩急，其腹心地带江汉地区虽不乏平原沃野，但三苗聚居的江汉西部则山高林密，交通不便。如此地理环境，具有两重性：一方面三苗可凭借其“河山之险”作长期而顽强的抵抗，另一方面却限制了三苗

---

① 《尚书·大禹谟》，同文书局影印康熙本。

诸部之间的联系，不易于形成一个稳固而有力的整体。对于前者，清人严如熤在《苗防备览·风俗下》中作过专门的论述：“《书》载，舜摄政之初，四罪而天下咸服，三苗其一也。当尧之时，苗盖负固不服。及禹受命，总师二帝，相承六十余年，从欲以治，四方风动，天下不复有寇贼奸宄矣，而苗民逆命，犹劳徂征。蠢尔蛮民，何易嚚难靖如此也？窃尝深究其故。苗人种类繁多，分处溪洞间，地势阻深，人迹罕到，文字不通，为声教所难及，故虽以二帝之圣，欲其革面洗心，必迟之又久而后服也。”这段话，若撇开其民族偏见而论，把“地势阻深”作为三苗“迟之又久而后服”的原因，的确不无道理。在后世中原王朝对南方诸族的征服过程中，出现过不少类似情况。如秦始皇攻打南方越人时，越人就曾利用深山林密的复杂地形，同秦兵展开旷日持久的战争并重创秦兵①。

“恃险”的另一后果也显而易见。正是山川之险，造成了三苗诸部落、氏族之间的隔阂，以致其不易形成牢固的政治、经济、军事、民族联盟。“三苗”之谓，正是“种类各殊”、“部落不一”的松散联盟的意思。如此一来，三苗强盛时，固然可以凭借强大的军事优势，暂时把周边众多部落团聚起来。但是，一旦内部矛盾激化和中原华夏族倾力南下时，这种联盟很快就会土崩瓦解。《墨子·非攻》称“三苗大乱”，指的就是这种情况②。

三苗作为一个松散型的部落联盟虽说在夏人的武力打击下销声匿迹了，但其遗民中的大部却在尔后南迁的芈姓楚公族的统领下，建立了新的邦国。三苗对江汉地区的早期开发，更是为立国于斯的楚国奠定了经济基础。

第二节 楚公族的起源

如果说，在新石器时代，湖北曾长期作为三苗的腹地，那么，自商

---

① 《淮南子·人间训》，《四部丛刊》影印本。

② 吴永章：《湖北民族史》，华中理工大学出版社1990年版，第16页。

代末叶至战国晚期近八百年间，湖北则一直是南方大国楚国的中心地区。虽说楚国下层民众的主体是原江汉地区土著三苗遗部，但其统治阶级的上层即楚公族则并非本地居民。要想探讨楚公族的起源，就得从楚人的祖先说起。

一、楚公族的始祖——祝融

文献记载和考古发现一致表明，楚人的始祖是祝融。

《左传·僖公二十六年》载："夔子不祀祝融与鬻熊，楚人让之。对曰：'我先王熊挚有疾，鬼神弗赦，而自窜于夔，吾是以失楚，又何祀焉？'秋，楚成得臣、斗宜申率师灭夔，以夔子归。"夔子乃楚国的别封之君，也即芈姓楚人的旁支，由于不奉祀祝融和鬻熊，楚王以为数典忘祖，盛怒之下，废其位而灭其国。鬻熊是楚国始封之君熊绎的曾祖，祝融则是楚人的始祖。不奉祀鬻熊已罪不可恕，不奉祀祝融则更是大逆不道了。杜预也确信祝融为"楚之远祖"①。

屈原在《离骚》中自述家世时，自称"朕皇考曰伯庸"。此"皇考"，在这里当训祖考，亦即高祖。《诗·周颂·雍》云："假哉皇考，绥予孝子。"此诗所言为"禘大祖也"，是知皇考可用以代指高祖②。祝融之"融"，冬部喻纽。伯庸之"庸"，东部喻纽。冬、东二部古音为旁转，因而上古之时"融"、"庸"音同字通。清王引之《经义述闻》卷二十说"庸与融同"。《路史·后纪》卷四的祝融称"祝庸"，战国楚帛书中祝融之"融"亦作"蛹"③。至于伯庸之"伯"，当训为长，与祝融之"祝"的含有始、大之义亦通。所以，屈原尊为高祖的"伯庸"，实即祝融。"庸"前冠以"伯"字，就像称鲧为"伯鲧"、禹为"伯禹"一样，乃是出于对部落或部落联盟首领的尊称④。屈原系屈瑕之后，屈瑕系楚武王

---

① 《左传·僖公二十六年》杜注。

② 王光镐：《楚文化源流新证》，武汉大学出版社1988年版，第7页。

③ 参见《江汉考古》1985年第1期所附帛书图。

④ 马世之：《中原楚文化研究》，湖北教育出版社1995年版，第32页。

熊通之子，因封于屈地而以屈为氏，故而史称屈原“与楚同姓”①。屈原称祝融为皇考，不仅与情理相合，而且是祝融即楚公族始祖的又一佐证②。

《国语·郑语》记周太史伯答郑桓公问，明确指出楚国的公族是祝融的后裔：“……融之兴者，其在芈姓乎？芈姓夔越，不足命也。蛮芈蛮矣，唯荆实有昭德，若周衰，其必兴矣。”这里的“融”指祝融，这里的“芈姓”即楚公族之姓。这是文献所见关于祝融与芈姓楚公族之间裔嗣关系的最早记载，时在西周末年。

1987 年发掘的荆门市包山 2 号墓，墓主是战国中期与晚期之际的楚左尹邵㐌，墓中出土的竹简记录着墓主奉祀的祖先的名字，其中就有祝融③，这是证实楚人的始祖为祝融的一个最新的发现。

综上以观，祝融为楚公族始祖是毫无疑问的。但是，祝融只是楚公族始祖的号，却并非楚公族始祖之名。那么，号曰祝融的楚人始祖究竟名系何人？对此，可说是歧见丛生，归纳起来，大致有重黎一人说④，重、黎、吴回三人说⑤，重黎、吴回、陆终三人说⑥和重、黎、吴回、陆终四人说⑦。相形之下，似以重、黎、吴回、陆终四人说较为近实。

在上述诸说中，第一说和第三说主张重黎为一人；第二说和第四说则主张重黎应为重、黎的合称，其中第二说认为祝融之号由重传至黎是部落名演化为人名的结果；而第四说则以为重和黎是兄弟，各有专司而又同为火正。看来，对“重黎”或“重、黎”的理解又是上述分歧的焦点。

《国语·楚语》记楚人观射父说：“……乃命南正重司天以属神，命

① 《史记·屈原贾生列传》，中华书局 1988 年版。

②⑥ 王光镐：《楚文化源流新证》，武汉大学出版社 1988 年版，第 8、18 页。

③ 湖北省荆沙铁路考古队：《包山楚简》第 217 号简文，文物出版社 1991 年版。

④ 罗运环：《楚国八百年》，武汉大学出版社 1992 年版，第 41 页。

⑤ 马世之：《中原楚文化研究》，湖北教育出版社 1995 年版，第 32 页。

⑦ 张正明：《楚史》，湖北教育出版社 1995 年版，第 10～12 页。

火正黎司地以属民。……其后，三苗复九黎之德，尧复育重、黎之后，不忘旧者，使复典之。”重分管的是天界之火，因观测鹑火南中，所以叫“南正”。黎分管地界之火，都是实实在在的火种、火把、火堆，所以叫“火正”。《山海经·大荒西经》说：“老童生重及黎，帝令重献上天，令黎邛下地。”郭璞注引《世本》云：“老童娶于根水氏谓之骄福，产重及黎。”唐司马贞《史记·楚世家》索隐云：“重氏、黎氏二官代司天地，重为木正，黎为火正。”无论是重、黎分别“献上天”、“邛下地”也好，还是重氏、黎氏二官“代司天地”也好，都说明他们二人只有分工不同，无职事之异。

观射父说的“尧复育重、黎之后，不忘旧者，使复典之”，是指帝尧让重、黎的后裔仍司重、黎的职守，以至于夏商周三代。重黎的后裔羲和同重、黎一样，也出现了是一人还是二人的问题。据《史记·天官书》，重黎的后裔在帝尧之世为羲和，系一人之名。而《扬子法言·重黎篇》则说：“羲近重，和近黎。”按扬雄的意见，羲是司天的，和是司地的。这同观射父、郭璞、司马贞等人对重、黎职事的解释是一致的，应该说是不无道理。

《史记·楚世家》载：“重黎为帝喾高辛居火正，甚有功，能光融天下，帝喾命曰祝融。共工氏作乱，帝喾使重黎诛之而不尽。帝乃以庚寅日诛重黎，而以其弟吴回为重黎后，复居火正，为祝融。”在这里，司马迁似乎视重黎为一人。为何司马迁同观射父的说法互异？或许正如张正明所言：虽说重、黎各有分工，但管的都是火，因此，把重和黎合起来，当作一个人，称之为火正，也未尝不可①。至于司马迁说重黎弟吴回也号祝融，还可找到其他证据。《左传·昭公二十九年》记晋蔡墨说，远古之时，祝融等五官“实列受氏姓”、“世不失职”，即可将其职代代相传。又前引《国语·楚语下》记楚观射父说，南正重与火正黎分司天、地，“尧复育重、黎之后，不忘旧者，使复典之”。因此，无论从“世不失职”

① 张正明：《楚史》，湖北教育出版社1995年版，第10页。

的常理推之，抑或由“尧复育重、黎之后”的史实观之，重、黎氏族中当有续任火正并号祝融者①，也就是说，依《史记·楚世家》所言，至少吴回曾接替重、黎为火正并号祝融。此外，吴回的“吴”可训为“火”，“回”则同“雷”。《楚公逆镈》铭文所记“吴回”的“回”字，实为“雷”字，而祝融正由火神升格为雷神②。这是吴回曾为祝融的考古学证据。

吴回之子陆终也曾接替父职为祝融。郭沫若指出：“陆、祝古同幽部，终、融古同冬部，疑陆终即祝融。”③ 再从古文字原形来看，长沙子弹库战国楚帛书中祝融之“融”，与《邾公钟》铭文中陆终之“终”皆从虫从庸，仅结构左右互置④，说明陆终又称祝融。又学者多以为雷神是《楚辞》所谓“丰隆”，而祝融、吴回、陆终都不是雷神。其实，祝融、陆终、丰隆都是状雷声的词。“祝”、“陆”为入声，“丰”古读重唇音，配上“融”或“终”或“隆”，恰似雷声。《楚辞·九歌》中的“云中君”，正是以别号出现的雷神⑤。

综上所考，可知作为楚始祖的祝融指重、黎、吴回、陆终四人，其中又以重、黎为首任。

祝融作为火正，其职责据张正明考证，主要有三项：一是观象授时，二是点火烧荒，三是守燎祭天⑥。

先说观象授时。上古之世，农业讲究时令，春种、夏长、秋收、冬藏，一概以时令为转移。时令的更换，一般民众只能靠物候的变化来识别，只有具备天文知识的大巫才能凭天象的变化来判定。楚公族先民生息的黄河中游地区的春耕春播，以始于春分为宜。祝融被称为火正，正

---

① 王光镐：《楚文化源流新证》，武汉大学出版社1988年版，第18页。

②⑥ 张正明：《楚史》，湖北教育出版社1995年版，第12、13，8～10页。

③ 郭沫若：《金文丛考》，日本株式会社开明堂1932年版，第43页。

④ 王国维：《邾公钟跋》，见《观堂集林》第18卷；李学勤：《谈祝融八姓》，《江汉论坛》1980年第2期。

⑤ 张正明：《屈原赋的民族学考察》，《民族研究》1986年第2期。

是因为他们能根据火星出现的时辰和方位来判定春分的日期。

再说点火烧荒。上古的农业大抵实行斧耕火种，相当于后世的刀耕火种。斧耕即伐木，火种即烧荒。一年的农事始于烧荒，人民为劳作而紧张，因憧憬而激奋，把烧荒当作丰收的前奏，要举行欢快而隆重的仪式。而将妥善地保存了一冬的火种引到野外并点燃烧荒的第一把火的重任，自然责无旁贷地落到了火正的肩上。到了季秋，还要举行“内火”仪式，把火种收藏起来。

最后说守燎祭天。《礼记·祭法》说：“燔柴于泰坛，祭天也。”说的虽是周代的祭天，但燎祭的风俗早就有了。祭天要用牲，这牲就供在柴堆上。把柴点燃，让烤肉的焦香随着燃柴的烟气袅袅飘向上空，天帝闻到香气，就权当接受献祭了。火正的任务就是布置、点燃和守护祭天的柴堆。祭天，当然包括祭被称为“大火”的那颗恒星和被称为“鹑火”的那个星座在内。

由此不难看出，在传说时代，我国最早知名的天文学家、气象学家和历数学家是楚人的始祖祝融。

祝融的先人，根据现有的资料，只能推到老童。这不仅仅是因为《史记·楚世家》说过“高阳生称，称生卷章，卷章生重黎”，而“卷章”正是“老童”的讹写，更是由于荆门包山2号墓出土竹简所记楚国公族祖先的名单上，“老僮”二字赫然在目①。老僮即老童。《世本》、《大戴礼记·帝系》、《山海经·大荒西经》等均记楚先有老童。老童没有后人值得称扬的功勋，辈分虽高于祝融，名声却不及祝融，因而未能成为楚人奉祀的始祖。

也有不少人认为楚公族始祖应是比祝融更早的颛顼。其根据有二：一是屈原在《离骚》中曾自报家门说：“帝高阳之苗裔兮……”而此处的“高阳”即颛顼。二是《史记·楚世家》的起句便是“楚之先祖出自帝颛顼高阳”。其实，这两条证据都不足以支持楚人始祖为颛顼的观点。首

① 湖北省荆沙铁路考古队：《包山楚简》第217号简文，文物出版社1991年版。

先，在楚人看来，高阳不是颛顼。《离骚》只说高阳，不说颛顼。楚辞《远游》，东汉的王逸以为也是屈原所作的，其中既写到了“高阳邈以远兮”，又写到了“从颛顼乎增冰”，二者显然不可混为一谈。在先秦的北方人士看来，高阳也不是颛顼。鲁太史克列举的古帝有六位，高阳居第一，颛顼为第五①，显然不是一人。既然在屈原和先秦人心目中高阳并非颛顼，那么凭屈原《离骚》的自述断言楚人始祖为颛顼的说法则无异于釜底抽薪。

其次，司马迁遣词用句，向以严谨著称。《史记·楚世家》说“楚之先祖出自帝颛顼高阳”。司马迁在此之所以用“出自”而不用“即”、“系”等直接判断词，恰好道破了颛顼仅与楚之先祖有某种关系②。如若不然，司马迁何不径称楚之先祖即帝颛顼高阳呢？而同楚公族始祖有关系与楚公族始祖本身这二者之间是不能画等号的。换言之，根据上引《史记·楚世家》关于楚先祖与颛顼高阳关系的那句话，碍难得出楚人始祖为颛顼的结论。

再次，在先秦文献中，只有一次说到祝融与颛顼的裔嗣关系，即《左传·昭公二十九年》记晋太史蔡墨论五行之官，说祝融乃颛顼之子，其名为犁（黎），居火正。张正明认为此说不确。理由是《国语·楚语》记楚大夫观射父答楚昭王问，说“颛顼……命火正黎司地以属民”，说明当时楚人只承认祝融是颛顼之臣，不承认祝融是颛顼之子。观射父与蔡墨大致同时，而所言相异。事关楚人的始祖，当以楚人所言较为可信。黎（犁）有兄名重，观射父说“重黎氏世叙天地”；蔡墨却说重即句芒，乃少皞之子，居木正，与犁（黎）无亲缘关系。此二说也相异，仍以楚人所言较为可信③。在包山楚墓竹简所列楚人祭祷的先祖的名单中，也全然不见颛顼的踪影。

---

① 参见《左传·文公十八年》。

② 王光镐：《楚文化源流新证》，武汉大学出版社 1988 年版，第 25 页。

③ 张正明：《楚史》，湖北教育出版社 1995 年版，第 6 页。

综上以观，楚人的始祖实在是难以上推至颛顼。

也许有人会问：先秦时高阳与颛顼原非一人，而尽管楚公族的始祖并非颛顼，但根据屈原《离骚》“帝高阳之苗裔”的自述，并不排除高阳作为楚公族始祖的身份。其实，屈原所谓“苗裔”，无非义同“苗绪”，充其量也只是如注家所言为“远末子孙之称”，与“夏后帝少康之庶子”的越王自诩为“先禹之苗裔”① 的意义相同。这只不过是后人对更为遥远的祖先的一种较随意的说法，不能当作特定父祖的确切含义。上古各民族大致有这么一个通例，即大凡言及族源，往往先举五帝中一个距之较近的先世为太祖，语则称某帝之苗裔。越王自称为先禹之苗裔者如是，屈原自称为高阳之苗裔者也如是②。

屈原之所以以高阳后裔自许，是因为在楚人眼中，高阳与颛顼毫不相干，却与炎帝难分彼此。高阳原为夏人所尊崇，是炎帝的古称。称高阳也罢，称炎帝也罢，都是太阳的化身③。《国语·周语》记周内史说：“昔夏之兴也，融降于崇山；其亡也，回禄信于聆隧。”融是祝融的省称，回禄是祝融的别称。可见，楚人的先民曾依附于夏朝，从而接受了夏人的古帝高阳。族际的主从关系幻化为神际的主从关系，祝融就被当作是高阳即炎帝的臣僚了。《史记·司马相如列传》张守节《正义》说：“祝融，南方炎帝之佐也。”这个“佐”字，用得恰如其分。长沙子弹库《楚帛书》记有“炎帝乃命祝融，以四神降，奠三天，□□思敦，奠四极，曰：‘非九天则大侧，则毋敢睿天灵（命）。’帝允，乃为日月之行”。这个传说正体现了楚人的古史观④，证明楚人相信自己的始祖是听命于炎帝的。《离骚》乃屈原呕心沥血之作，叙事求其古，用典求其雅，所以不

---

① 《史记·越王勾践世家》。

② 王光镐：《楚文化源流新证》，武汉大学出版社 1988 年版，第 25 页。

③ 参见《左传·文公十八年》、《左传·文公五年》、《国语·周语》、《白虎通·五行篇》、《史记·夏本纪》等。

④ 李学勤：《楚帛书中的古史与宇宙观》，《楚史论丛·初集》，湖北人民出版社 1984 年版。

称炎帝而称高阳。至于屈原把炎帝与祝融的主从关系说成祖孙关系，则是攀龙附凤的心态流露。自从周代形成了正统观念，利用神话和传说来攀龙附凤是人情之常，三闾大夫也未能免俗。这对民族和睦、国家安宁有利，既无可厚非，也毋需深究①。

依上文所论，根据《史记·楚世家》的起句“楚之先祖出自帝颛顼高阳”，固然不能得出楚公族始祖即颛顼高阳的结论。但是，上文的论述却既未能解释颛顼与高阳何以至司马迁笔下合而为一，又未能排除楚公族始祖与颛顼高阳之间的渊源关系。其实，这不过是汉代颛顼与高阳合流给司马迁造成的误区。汉朝统一后，汉人对太阳的崇拜不像先秦的楚人那么热烈，对炎帝已比较冷淡，对高阳则相当陌生了。恰巧，作为地名的高阳在中原的北面，正是颛顼管领的地方，汉儒就把高阳和颛顼拉扯在一起，说颛顼以地为号则称高阳了。《史记·楚世家》说颛顼即高阳，是汉人把旧的神谱改造得适合新的需要，借以显示四海的一统，纯属误会。至于司马迁把颛顼高阳同楚公族始祖挂上钩，同样是误会。按《史记·楚世家》接下来说的“高阳生称，称生卷章，卷章生重黎”，号为祝融的重黎就是颛顼的曾孙了。这正像《史记·五帝本纪》说颛顼乃黄帝之孙一样，显然都出于经过汉人改组的神谱，不足为据。马克思论古代的希腊，曾说到“真正的氏族”和反映在神话中的“荒诞的系谱”②，古代的中国也未能例外，人们也乐于以荒诞的古帝世系来囊括真正的氏族乃至民族，其缘由是人界有了一个统一的王朝，神界就得有一个统一的世系③。

二、楚公族的嫡祖——季连

祝融是楚公族的始祖，却并非楚公族最严格意义的祖先。所谓最严格意义的祖先，应当具有后世楚公族的父系与母系的双生血缘因素，我

①③ 张正明：《楚史》，湖北教育出版社 1995 年版，第 4、6 页。

② 马克思：《摩尔根〈古代社会〉一书摘要》，人民出版社 1978 年版，第 173 页。

们姑且称之为“嫡祖”，而祝融部落在陆终之世则分解为若干个氏族，楚公族的嫡祖只是这些分解出的若干个氏族中的一个，这就是季连。

陆终之世祝融部落发生的大分解或曰裂变，文献屡有所载。《史记·楚世家》记：“重黎为帝喾高辛居火正，甚有功，能光融天下，帝喾命曰祝融。共工氏作乱，帝喾使重黎诛之而不尽。帝乃以庚寅日诛重黎，而以其弟吴回为重黎后，复居火正，为祝融。吴回生陆终。陆终生子六人，坼剖而产焉。其长一曰昆吾；二曰参胡；三曰彭祖；四曰会人；五曰曹姓；六曰季连，芈姓，楚其后也。昆吾氏，夏之时尝为侯伯，桀之时汤灭之。彭祖氏，殷之时尝为侯伯，殷之末世灭彭祖氏。季连生附沮，附沮生穴熊。”《大戴礼记·帝系》的记载与此大同小异，现节录于兹：“老童娶于竭水氏，竭水氏之子，谓之高緺氏，产重黎及吴回。吴回氏产陆终。陆终氏娶于鬼方氏，鬼方氏之妹，谓之女嬇氏，产六子，孕而不粥，三年，启其左胁，六人出焉。其一曰樊，是为昆吾；其二曰惠连，是为参胡；其三曰籛，是为彭祖；其四曰莱言，是为云郐人；其五曰安，是为曹姓；其六曰季连，是为芈姓。……昆吾者，卫氏也。参胡者，韩氏也。彭祖者，彭氏也。云郐人者，郑氏也。曹姓者，邾氏也。季连者，楚氏也。”比较《史记·楚世家》与《大戴礼记·帝系》，前者较略，后者较详，二者表述虽有差异，内容则大致相同。据裴骃《史记集解》、司马贞《史记索隐》、郭璞《山海经注》，《史记·楚世家》和《大戴礼记·帝系》当本自《世本》，尤其是后者，几乎与《世本》无异。为便于比较起见，仍将秦嘉谟辑补的《世本·帝系篇》中相关记载转录如下：“老童娶于根水氏，谓之骄福，生重黎及吴回。吴回氏产陆终，陆终娶于鬼方氏之妹，谓之女嬇，是生六子，孕三年，启其左胁，三人出焉；破其右胁，三人出焉。其一曰樊，是为昆吾；二曰惠连，是为参胡；三曰籛铿，是为彭祖；四曰莱言，是为郐人；其五曰安，是为曹姓；六曰季连，是为芈姓。……昆吾者，卫是也；参胡者，韩是也；彭祖者，彭城是也；郐人者，郑是也；曹姓者，邾是也；季连者，楚是也。”将《大戴礼记·帝系》与《世本·帝系篇》的相关记载予以对照，仅发现两处差异：其一是前者谓老童之妻、子分别是竭水氏和高緺氏，后者则谓老童之妻、子分别是根水氏和骄福；其二是前者说启女嬇氏之左胁而六人尽出，后者则说女嬇氏左、右胁启破后各出三人。可见，《大戴礼记·帝系》几乎是对《世本·帝系篇》深信不疑，而《史记·楚世家》则有所甄别取舍。虽然如此，它们却毫无例外地道出了楚公族演变发展中的一个重大史实——“陆终六子”。这六子是：

1. 昆吾；
2. 参胡；
3. 彭祖；
4. 郐人；
5. 安；
6. 季连。

然而，与“陆终六子”并行于世且影响深远的，还有所谓“祝融八姓”。

《国语·郑语》记周太史伯说：“祝融亦能昭显天地之光明，以生柔嘉材者也，其后八姓于周未有侯伯。佐制物于前代者，昆吾为夏伯矣，大彭、豕韦为商伯矣。当周未有。己姓昆吾、苏、顾、温、董，董姓鬷夷、豢龙，则夏灭之矣。彭姓彭祖、豕韦、诸稽，则商灭之矣。秃姓舟人，则周灭之矣。妘姓邬、郐、路、偪阳，曹姓邹、莒，皆为采卫，或在王室，或在夷、狄，莫之数也，而又无令闻，必不兴矣。斟姓无后，融之兴者，其在芈姓乎？芈姓夔越，不足命也。蛮芈蛮矣，唯荆实有昭德，若周衰，其必兴矣。”这就是所谓“祝融八姓”。为识别方便，现分列于次：

1. 己姓，包括昆吾、苏、顾、温、董；
2. 董姓，包括鬷夷、豢龙；
3. 彭姓，包括彭祖、豕韦、诸稽；
4. 秃姓，包括舟人；
5. 妘姓，包括邬、郐、路、偪阳；
6. 曹姓，包括邹、莒；

7. 斟姓，无后；

8. 芈姓，有荆。

一个是“陆终六子”，一个是“祝融八姓”，究竟孰是孰非？韦昭也发现了这个矛盾，因而他在为《国语·郑语》作注时提出了自己的见解。他认为：“祝融八姓”中第二姓董姓为第一姓己姓之别；第四姓秃姓为第三姓彭姓之别；第七姓斟姓为第六姓曹姓之别。也就是说，董、秃、斟三姓是陆终以后分别从己、彭、曹三姓中分离出来的。如此一来，“祝融八姓”则变成了五姓：

1. 己姓：

2. 彭姓；

3. 妘姓；

4. 曹姓；

5. 芈姓。

韦昭的“五姓”说与《国语·郑语》比少了三姓，与《史记·楚世家》、《世本·帝系篇》、《大戴礼记·帝系》比则少了一姓（或曰一子），这就是参胡。东汉宋衷注《世本》说：“参胡，国名，斟姓，无后。”①宋人郑樵《通志·氏族略》则说：“参氏，董姓，陆终第二子参胡之后。”一谓斟姓，一谓董姓，不知二说何据。据《左传·昭公二十九年》，董姓是帝舜所赐之姓，董姓为昆吾己姓之别的说法可信。如此看来，参胡即惠连，当为斟姓②。

经过一番梳理，问题已比较明朗了，即在韦昭“五姓”中加上“陆终六子”中参胡惠连所属的斟姓，就变成了“六姓”，恰好与“六子”对应。换言之，“陆终六子”与“祝融八姓”是并世共存的一个族系的两张名单，二者基本上是一致的。它们虽属传说，却绝非向壁虚构③，因为

① 《史记·楚世家》司马贞索隐引。

② 唐嘉弘：《释“祝融八姓”》，《江汉论坛》1981年第3期。

③ 李学勤：《谈祝融八姓》，《江汉论坛》1980年第2期。

某些姓已得到出土文献的验证。

陆终长子昆吾，其族为己（妃）姓，其后有苏国。《苏公簋》铭曰："苏公作王（周王）妃乖簋。"《苏冶妊鼎》铭曰："苏冶妊作虢妃鱼母媵器。"《苏卫妃鼎》铭曰："苏卫妃作旅鼎。"《苏甫人盘》铭曰："苏甫人作姪妃襄媵（盘）匜。"方浚益认为，虢妃当是有苏氏之女，以他器证之，是虢桓娶于己氏①。由此说来，前二器铭是苏国公室为嫁给周天子和虢国国君的女子所作的媵器；第三器应是已经嫁给卫国国君的苏女自作之器；第四器则是苏国公室贵族为侄女出嫁所作的媵器了②。此四位苏女的名字中的"妃"字，即"己"字，正是苏国之姓。可见昆吾确为己姓。

陆终第五子曰安，其族曹姓，其裔有邾国。传世《邾公钫钟》铭曰："陆终之孙邾公钫作厥和钟。"③ 邾公钫为安之子④，铭文称其为"陆终之孙"，说明安确为陆终之子。又《邾友父鬲》铭曰："邾友父媵其子（女）葛曹鬲。"⑤《杞伯鼎》铭亦曰："杞伯每亡作邾曹宝鼎。"前者是邾国公室贵族为嫁女所制，后者是杞国国君为夫人而作。邾女名中所见的"曹"字，正是邾国之姓。说明安为曹姓无疑。

需要说明的是，《史记·楚世家》《世本·帝系篇》《大戴礼记·帝系》或谓陆终六子是"坼剖而产"，或谓"剖胁"而出，意思是由母体某个或者某些非生殖器官的部位产出的，这显然是不可能的。上述文献记载的意义在于表明陆终部落联盟是同鬼方部落联盟通婚而繁衍起来的，因而其部落之间有着亲缘关系。但这个庞大的部落集团最终还是产生了裂变，季连之所以称为幼子，应是最后分裂出来的部落。

无论是上引《国语·郑语》，还是《史记·楚世家》等文献，都说芈

① 方浚益：《缀遗斋彝器款识考释》，涵芬楼影印本，1935 年。

② 罗运环：《楚国八百年》，武汉大学出版社 1992 年版，第 43 页。

③ 罗振玉：《三代吉金文存》第 1 卷，中华书局 1983 年版。

④ 王国维：《观堂集林》第 18 卷。

⑤ 郭沫若：《两周金文辞大系图录考释·考释》，科学出版社 1957 年版，第 193 页。

姓作为楚公族的族姓，始于季连。季连姓芈，或许与其母系有关。见诸上述文献，季连之母即鬼方氏之妹女嬇氏。鬼方，东汉宋衷注《世本》说："于汉则先令羌是也。"① 又《后汉书·西羌传》及《通典·边防·西戎》等文献也认为鬼方属西羌。由此可知，季连的母族鬼方氏是西羌集团的一支。《说文解字》释羌："羌，西戎，羊种也。从羊儿，羊亦声……西方羌从羊。"足见羌的关键特征在从羊。无独有偶，季连所姓之"芈"的主要特征也恰好从羊。《说文解字》释芈说："芈，羊鸣也。从羊，象气上出。"《史记·楚世家》司马贞《索隐》也说："芈，羊声也。""芈"之古写，在周以前从羊从V，例见《殷墟文字甲编》第二六二及《新获卜辞写本》第三五八等。此类甲文"芈"字作羊在下，V在上，其形恰似羊气上出，故得会意为"羊声"，隶定为"芈"。而在羌语中，也有羌族自称"尔玛"或"尔芈"之类的语音②。看来似乎可作这样的推测：季连母系鬼方氏之妹女嬇氏为羌人，以牧羊为主要生计，故以"芈"为姓，而"鬼方"或"女嬇"皆为其氏。季连以"芈"为姓，或许由母系而来。

有人认为以"芈"字字源作为季连芈姓来源的说法不可信，主要理由是季连所姓之芈在金文中并不作"芈"，而是作"妳"。如《楚季苟盘》③《楚屈子赤角簠》④ 铭文芈姓之芈作"嬭"，《楚王钟》⑤《王子申盏盂》⑥铭文作"妳"。这是楚人自己的写法。不只是楚器这样写，他国铜器也有这样写的。如《曾侯簠》⑦《曾孟嬭谏盆》⑧ 等曾国铜器铭文芈姓之芈就作"嬭"。以上六器的时代均属春秋。事实上，姓氏或国名在文献

---

① 《文选·赵充国赞》注引。

② 一之：《楚人源于羌族考》，《青海民族学院学报》1981年第1期。

③ 罗振玉：《三代吉金文存》第17卷，中华书局1983年版。

④ 其簠有二，分别参见上海博物馆《商周青铜器铭文选》，文物出版社1986年版，第426页；《古文字研究》第13辑，中华书局1986年版，第328页。

⑤⑥⑦ 郭沫若：《两周金文辞大系图录考释·图录》，科学出版社1957年版，第179、182、179页。

⑧ 曾昭岷、李瑾：《曾国和曾国铜器综考》，《江汉考古》1980年第1期，第73页。

与金文中书写互异的现象，在先秦时期并不鲜见。如上引铜器铭文的“曾”，在文献中则作“随”。人们并未据此否认曾、随乃同一国名。再者，“嬭”姓于金文用“女”旁，在陆终后裔器铭中并非仅见，前文曾论及六件苏氏铜器铭文中的“妃”，即文献中陆终长子昆吾之姓“己”。况且，芈、嬭同音，也可假借。

春秋金文不见“芈”，殷商甲骨文则有“芈”出现。《殷墟文字甲编》第二六二文曰：“戊戌卜有伐芈。”因此甲骨文之“芈”与文献中季连所姓之“芈”同字，故有人认为殷人所伐之芈就是楚先①。也有人不同意此说，认为殷人所征伐的芈应指鬼方。其理由是《周易·既济》第九三云：“高宗伐鬼方，三年克之。”高宗系殷王武丁之号，武丁积三年之功克鬼方，向被史家称为“中兴殷道事”②，算得上是殷商时期的一件大事。令人蹊跷的是，前引武丁时期的卜辞记载的是“伐芈”而不是“伐鬼方”。鉴于“芈”为鬼方族姓，故卜辞所伐之“芈”应即《周易·既济》所伐“鬼方”③。二说孰是，尚难断定。

假定说陆终是楚公族严格意义的特定父祖，而女嬇氏是楚公族严格意义的特定母祖，那么，作为他们“幼子”的季连才是具有完全意义的楚公族嫡祖，难怪《史记·楚世家》要说季连“芈姓，楚其后也”。

三、祝融和季连的居地

祝融部落集团居于中原，这是文献的一致说法，看来是没有疑问的。但究竟位于中原何地，则尚需作一番考察。据《竹书纪年》载：“夏道将兴，草木畅茂，青龙止于郊，祝融之神降于崇山。”意思是说夏王朝将兴之时，在崇山举行过大规模的祭祀活动，以祝融后裔担任火正之类的神职官员，主持巡守之事，最后请得“祝融”尊神降临崇山，成为夏朝兴

① 何光岳：《楚源流史》，湖南人民出版社 1988 年版，第 166 页。
② 王弼注，孔颖达疏：《周易正义》，北京大学出版社 1999 年版，第 251 页。
③ 王光镐：《楚文化源流新证》，武汉大学出版社 1988 年版，第 20 页。

起的标志。《国语·周语》也说："昔夏之兴也，融降于崇山。"韦昭注说："融，祝融也。崇，崇高山也。夏居阳城，崇高所近。"《说文》云："崇，嵬高也。"《尔雅·释诂》曰："崇，高也。"《释文》亦曰："崧又作嵩。崧即嵩也，俱是高大之邈。"崇、崧古通，崇山即嵩山。章炳麟《神权时代居山说》谓："古无嵩字，但以崇字为之。"嵩山本名太室。《天亡簋》铭："王祀于天室。""天"、"太"古本一字，故天室即太室。《左传·昭公四年》载："周幽为太室之盟。"杜预注说："太室，中岳也。"《尔雅·释山》曰："嵩高为中岳。"郭璞注说："太室山也，别名外方山。"《汉书·郊祀志》曰："太室，嵩高也。"嵩高即嵩山，位于今河南省中部郑州市南登封一带，属伏牛山系北支外方山脉的一部分，西接熊耳山脉，东临豫东平原，北近伊洛盆地，迤逦于伊川、登封、偃师、巩义、荥阳、密县之间，东西绵亘，长约100公里。其主体部分为太室山和少室山，太室山屹立于登封县城北面。祝融之神既降临崇山，其早期居地亦当于崇山附近求之。《左传·昭公十七年》载："郑，祝融之虚也。"杜预注说："祝融，高辛氏之火正，居郑。"《汉书·地理志》云："今河南之新郑，本高辛氏火正祝融之虚也。"《毛诗谱》曰："溱水在郐，祝融之墟。"郐国故城在今河南密县东南35公里的曲梁乡大樊庄古城角寨村。《路史·国名纪六》云："今郑州有祝融冢。"新郑、密县、郑州均距嵩山不远。历史文献揭示，祝融部落联盟的早期居地，应在今河南嵩山地区双洎河（溱水）流域一带①。

季连部落的居地，文献上没有明确的记载，以致众见不一。

《左传·昭公十二年》记有楚灵王与右尹子革的一段对话："王曰：'昔我皇祖伯父昆吾，旧许是宅。今郑人贪赖其田，而不我与。我若求之，其与我乎？'对曰：'与君王哉。周不爱鼎，郑敢爱田。'"《史记·楚世家》所记除右尹子革误作析父外，内容完全相同。这就是所谓楚灵王向郑索还旧许之事。其中"昔我皇祖伯父昆吾，旧许是宅"，历来被理解为仅昆吾

---

① 马世之：《中原楚文化研究》，湖北教育出版社1995年版，第23～24页。

居住在旧许，唯独台湾冯作民先生的《白话史记》认为“皇祖伯父昆吾”应读作“皇祖、伯父昆吾”，其中皇祖指季连，伯父指昆吾。他进而把这句话解释为：“以前我皇祖季连和兄长昆吾都住在许国。”有的学者完全赞成冯说，并以为芈姓族独立后，最初的居地就在这个旧许的范围之内，也就是说芈姓楚族的发祥地就在这里①。从陆终部落集团分离出来的昆吾部落和季连部落都是两个不小的部落，且分别是最先和最后分离出来的。在没有新的证据的情况下，似乎尚难断定二者同居旧许一地。

也有人根据上引《左传·昭公十二年》所载楚灵王与右尹子革的这段对话，认为季连的居地可能是鄢。理由是楚灵王口口声声想向郑国要回昆吾居地旧许，可能当时鄢地属许。鄢位于今河南省鄢陵县境内，要回了许，也就得到了鄢②。此说虽有一定道理，但同样显得证据不足。

还有人认为季连长期从祝融而居，祝融所居之“郑”即今河南新郑，就是楚族确凿不移的发祥地③。季连部落既已分离出去却仍从父居，不仅于史无据，且与情理不合。

鉴于文献多视季连为第一个直接与“楚”发生联系的人，如或曰：季连“芈姓，楚其后也”④，或曰：季连“芈姓所出，楚之先也”⑤，或曰：季连“为芈姓，楚之先祖也”⑥，或曰：“季连，楚之祖”⑦；某些文献甚至进而直言“季连者，楚是”⑧，或“季连者，楚氏也”⑨。因此，季连部落的居地似乎应当从与“楚”有关的地名或族名中探求。迄今已知最早的与“楚”有关的地名或族名，见于《殷契粹编》⑩ 一书：

---

① 罗运环：《楚国八百年》，武汉大学出版社 1992 年版，第 58 页。
② 顾铁符：《楚国民族述略》，湖北人民出版社 1984 年版，第 18、19 页。
③ 王光镐：《楚文化源流新证》，武汉大学出版社 1988 年版，第 29 页。
④《史记·楚世家》。
⑤⑧ 司马贞《史记·楚世家》索隐引《世本》。
⑥ 韦昭注《国语·郑语》。
⑦ 杜预：《春秋经传集解》。
⑨《大戴礼记·帝系》。
⑩ 郭沫若：《殷契粹编》，科学出版社 1965 年版。

1. 岳于南单，岳于三门（户）岳于“楚”①。

2. 于“楚”又（有）雨②。

3. 刚于“楚”③。

4. 甲申卜午“楚”亯④。

上引甲骨文前三例中的“楚”是地理专名，郭沫若以为即楚丘⑤。第四例中的“亯”字，陈梦家释作“京”，继而认为京即丘⑥。顾颉刚以为：“‘丘’本是土高之名……当‘秋水时至’之时或洪水暴发之日，只要住在高丘的人就能够免于水患。”⑦《左传》中以丘为地名者达 48 个，都是人口聚居的邑落，楚丘也应是芈姓季连部落早期的集居地⑧。据顾栋高考证，楚丘有二，其中位于河南滑县的楚丘为北楚丘，位于山东曹县的楚丘为南楚丘⑨。《左传·僖公二年》载：“诸侯城楚丘而封卫焉。”杜预注说：“楚丘，卫邑，诗所谓作于楚宫，而非伐凡伯之楚丘也。”《诗·鄘风·定之方中》云：“升彼虚矣，以望楚矣。”据《水经·瓠子水注》：“京相璠曰：濮阳城西南十五里，有沮丘城。”沮、楚古音近可通假，沮丘即楚丘。其地在今滑县东。又上引甲骨文第一例中“南单”即鹿台，位于今河南淇县；“三门（户）”在今河北临漳县西，则此楚丘在滑县东无疑，当即北楚丘。《春秋·隐公七年》载：“戎伐凡伯于楚丘以归。”《左传·襄公十年》载：“宋公享晋侯于楚丘。”杜预注说：“楚丘，卫地，在济阴成武县西南。”据《汉书·地理志》记载，山阴郡成武县有楚丘亭，位于今山东曹县东南四十里。顾炎武说：“夫济阴之成武，此曹邑也，而言卫非也。”⑩ 顾祖禹说：“曹州曹县东南四十里有楚丘城。”⑪ 由此看来，

---

①②③④ 郭沫若：《殷契粹编》，科学出版社 1965 年版，第 73、1 547、450、1 315 页。

⑤ 参见郭沫若《殷契粹编》的相关考释，科学出版社 1965 年版。

⑥ 参见陈梦家：《殷墟卜辞综述》，科学出版社 1956 年版。

⑦ 顾颉刚：《说丘》，《禹贡》1935 年第 4 期。

⑧ 何光岳：《楚源流史》，湖南人民出版社 1988 年版，第 173 页。

⑨ 顾栋高：《春秋大事表》，中华书局 1993 年版。

⑩ 顾炎武：《日知录》第 30 卷。

⑪ 顾祖禹：《读史方舆纪要》第 3 卷。

或许季连部落初居于今河南滑县东的北楚丘，后才迁至今山东曹县东南的南楚丘①。迄今以“芈”为姓者，不过数千人。其中近三千人居住在今河南安阳县东曹马村，占其绝大多数②。安阳县位于滑县北，二地相距不远，大概芈姓季连部落定居的北楚丘也包括安阳一带，而至今仍生息于此的芈姓之人，有可能是季连部落的后裔。

楚，本是植物名③，从上引甲骨文字型来看，也均从林。丘以楚名，应即此丘楚木茂密，如此一来楚又变成地名。季连部落居于楚丘日久，便因其居地名而称之为楚，此即古人所谓“以居为氏”。及至季连部落后裔南迁江汉地区，楚遂由部落名变成国名了。

第三节　楚公族先祖的南迁

如若季连部落（包括其后裔）一直居住在中原，湖北地区古代历史尤其是夏商周三代的历史文化面貌将会是另一番景况。幸好这只是假设。

一、南迁的规模与次数

《史记·楚世家》给人们留下了一则耐人寻味的记载：“……季连生附沮，附沮生穴熊。其后中微，或在中国，或在蛮夷。弗能纪其世。周文王之时，季连之苗裔曰鬻熊。鬻熊子事文王，蚤卒。其子曰熊丽……”这则短短的记载，至少包含了如下信息：首先，季连部落在穴熊之后、鬻熊之前这段历史时期因中衰发生过迁徙。其次，这种迁徙不是整个部落统一行动，而是一部分或几部分仍在中原移动，一部分或几部分南迁江汉地区。因为上引《史记·楚世家》中的“或”，应理解为“有的”。“蛮夷”当为蛮夷居住之地，指江汉地区，这在同一文献中即可找到互证④。再次，这种

① 何光岳：《楚源流史》，湖南人民出版社1988年版，第173页。

② 张正明：《楚史》，湖北教育出版社1995年版，第21页。

③《说文》：“楚，丛木，一名荆也。”

④《史记·楚世家》记楚武王熊通云：“令居楚，蛮夷皆率服。”文中“令居楚”者指熊绎，熊绎居地在汉水中游的江汉西北缘，“皆率服”的“蛮夷”当指当地居民。

局部迁徙应不止二次，否则何以会导致“弗能纪其世”的后果？试想如果只有二次迁徙，尽管有的仍在中原盘桓，有的迁至江汉地区，其世系总不至于完全中断，而数次迁徙才有导致世系不明或紊乱的可能。第四，鬻熊之世只是季连部落南迁江汉的下限而不是上限，因为“弗能继其世”发生在鬻熊之前而不是其后，自鬻熊以后楚人的世系才未见缺环。综合以上四点信息，我们似乎可以作出这样的推测：自穴熊以后至鬻熊之世这一历史阶段中，季连部落至少发生过三次迁徙，每次迁徙都是一次分流，即有的迁往江汉，有的踯躅于中原。鬻熊率部南迁，是季连部落最后也是最大规模的一次南迁。

二、南迁的时间

要了解季连部落南迁的时间，必须先明确季连部落生活的时代。楚公族始祖祝融处于帝喾（即帝舜）高辛氏之时①，文献已有明载。季连处于什么时代，却未见明确的记述，但我们仍可从祝融与舜的对应关系以及以陆终六子中其他支系的有关情况为参照系来作些推理。《国语·郑语》说：“昆吾为夏伯。”《墨子·耕柱》也说：“昔者夏后开使蜚廉折金于山川，而陶铸之于昆吾，鼎成，三足而方……以祭于昆吾之虚。”夏后开即夏启，意思是昆吾曾为夏启制造陶器。考虑到陆终时值夏朝前夕，其子昆吾处于夏初比较可信。既然陆终长子昆吾处于夏初，作为其幼子的季连尽管最后分离出来，其时也不会相隔太久。而穴熊与季连之间仅隔着附沮一代，说明穴熊大致不出夏代前期。这么说来，自穴熊以降至鬻熊之世，其间相距近千年之久，几乎经历了大半个夏代和整个商代。

季连部落中的一部分第一次离开中原南迁江汉地区，大约时值夏太康失国至少康复国之际。据《左传·襄公四年》和同书《哀公元年》等文献记载，夏启死后，子太康继位，太康放纵淫逸，“五子”争主甚烈。此即《楚辞·离骚》所谓：“启九辩与九歌兮，夏康娱以自纵。不顾难以

---

① 张正明：《楚文化史》，上海人民出版社 1987 年版，第 4 页。

图后兮，五子用失乎家衖。”有穷后羿自鉏迁于穷石，乘机攻入夏都，太康与弟仲康东逃不久便死去，仲康子相即位于帝丘。寒浞杀死后羿，大力消除亲夏势力，又攻杀夏后相于帝丘。相子少康长大后逃往有虞，积蓄实力，终于灭掉寒浞，重新恢复了夏王朝的统治。在这场曲折而复杂的斗争中，有两个地名同季连部落的南迁密切相关，这就是后羿的出发地“鉏”和相即位的“帝丘”。钮，位于今河南滑县东十五里①，而此地正是季连部落居地之一楚丘，后羿自钮起兵，绝不会允许亲夏的季连部落鼾睡于卧榻之旁，裂变和流徙成为他们的必然选择。帝丘，《左传·哀公十七年》称之为“昆吾之墟”，《括地志·濮州》谓其地在濮阳县西三十里。按，此地古属濮，今为河南省内黄县梁庄乡所辖，恰好位于季连部落居住的今河南滑县的北楚丘的东北方②，寒浞灭相于帝丘，当不会放过亲夏的昆吾部落和季连部落，而散匿则是其必由之路，其中当不乏远徙者。当然，首次由中原南迁江汉的祝融后裔虽以季连部落为主，但也包括昆吾等其他部落。这些南迁的楚人先民很快融于江汉地区土著居民即原三苗遗裔之中，后来常被周人称为“荆”或“荆蛮”。

季连部落第二次南迁江汉大约是在夏商之际。如果说，季连部落首次南迁是因为受到后羿、寒浞的胁迫，那么，其再次南迁则是由于受到商汤的沉重打击。《孟子·滕文公下》说：“汤始征，自葛载，十一征而无敌于天下。”汤灭葛后，就对夏王朝展开了强劲的攻势。《诗经·商颂·长发》歌颂商汤伐夏的诗句说：“武王载旆，有虔秉钺，如火烈烈，则莫我敢曷。苞有三蘖，莫遂莫达。九有有截。韦、顾既伐，昆吾、夏桀。”大意是说：商汤（武王）在争夺中原和灭夏的战争中，挥动巨大的旌旗，手持锐利的兵器，雄武的军威如同烈火燎原，势不可挡！战争的胜利就像春天的林木丰茂地勃发，无往不胜，大片的土地已沦为商的疆域！韦、顾和昆吾已被击溃，夏桀也遭到灭顶之灾。这里的韦、顾和昆

① 参见杨伯峻：《春秋左传注》，中华书局1983年版，第936页。

② 马世之：《中原楚文化研究》，湖北教育出版社1995年版，第25页。

吾都是祝融部落的后裔，但被商汤击溃的远非上述部落，至少应包括与昆吾比邻而居的季连部落。《诗经》作为一种史诗性的艺术作品，很可能是以“祝融八姓”中的己姓昆吾和彭姓豕韦代替整个祝融部落后裔。季连部落和祝融后裔中的其他部落在遭受到商汤的沉重打击后，分崩离析再次成为其无计规避的命运。它们中的某些支系为避免再遭打击，只得效法其先辈，南迁江汉地区。马开梁也认为在夏朝后期或夏商之际，散居新郑一带的部分祝融子孙，曾由河南经方城隘道直达江汉平原①。尽管他的根据与我们所持不尽一致，但其结论却同我们十分相近。再次南迁的祝融后裔同江汉地区以三苗后裔为主体的荆人结合后，虽有时也被周人称为“荆”或“荆蛮”，但更多的场合则被称为“荆楚”或“楚荆”。

季连部落最后也是最大规模的南迁是在商周之际，实现这次在楚国历史上意义深远的重大战略转移的首领便是鬻熊。鬻熊的事迹，文献记载语焉不详。他被誉为“贤者”，大概见识不凡，而且德高望重。在《史记·周本纪》所列入侍卿士中，鬻熊排在商末显官辛甲大夫和周初重臣散宜生之间，可见非等闲之辈。《史记·楚世家》两次说到鬻熊死得很早，一次说“蚤卒”，一次说“蚤终”，总之没有尽享天年。周武王伐殷纣王时，据《尚书·牧誓》所记，有“庸、蜀、羌、髳、微、卢、彭、濮”八族与周人联军，其中无楚人，鬻熊已踪影全无，说明鬻熊英年早逝是可信的。严格说来，鬻熊只是商末人，不是周初人②。鬻熊部落受商纣王迫害日久，为了避开殷人锐利的兵锋，便乘商周干戈交加之机，率部南迁至今豫西南与鄂西北交界处的丹水流域。或许正因为鬻熊的南迁规模最大且影响最为深远，以至于人们通常误认为鬻熊所部南迁是楚公族仅有的一次南迁③。

---

① 马开梁：《楚族南迁的时代及迁徙路线》，《思想战线》1982 年第 2 期。

② 张正明：《楚史》，湖北教育出版社 1995 年版，第 26 页。

③ 顾铁符：《周原甲骨文“楚子来告”引证》，《考古与文物》1981 年第 1 期。

三、楚君以“酓”为氏的由来

鬻熊率部南迁后，原季连部落所居楚丘之“楚”则演变为族名，并随之出现于文献和甲骨卜辞中。据《左传·昭公九年》所载，芈姓单以“楚”称，最早见于周武王克商之际，其时恰在鬻熊南迁不久。能够断定不是地名的有“楚”字的甲骨卜辞，迄今仅见于陕西周原岐山，共有三例：

1. 曰今秋“楚”子来告父后哉。（H11：83）

2. 其微、“楚”口氒奠，师氏受奠。（H11：4）

3. “楚”伯迄今秋来，由于王其则。（H11：14）

以上甲骨卜辞的年代为西周早期①。其中的“楚”字，或以为系族称，或以为系国称，当以前说为是。对此下文有详论，此不述。文献记载和考古发现均表明以“楚”为族称始于西周初年或曰早期，不能说不同鬻熊南迁有关。也有人认为楚公族以“熊”为氏也同鬻熊甚至穴熊有关。《史记·楚世家》载：“季连生附沮，附沮生穴熊。”宋人罗泌《路史·后纪八》说：“附叙（沮）始封于熊，故其子为穴熊。”晋人皇甫谧说：“有熊，今河南新郑是也。”② 当代学者也有人认为：考楚的先公中，初有穴熊，复有鬻熊，自后即以熊为氏。然则楚部落初居有熊氏故墟，即新郑之地，是没有疑问的③。又《山海经·中山经》云：“玉山……又东一百五十里，曰熊山。有穴焉，熊之穴，恒出神人。”有的学者认为此所谓“神人”即楚先祖穴熊。理由是楚之先祖穴熊就是因居于熊山之穴而得名，以后被楚人视为神人之穴，当作圣地。其地即《史记·封禅书》所说的南“至于召陵，登熊山”之熊山，位于今河南偃城县东三十五里④。

---

① 陈全方：《陕西岐山凤雏村西周甲骨文概论》，见《古文字研究论文集》，四川人民出版社 1982 年版。

②《史记·五帝本纪》裴骃集解引。

③ 谭戒甫：《周初矢器铭文综合研究》，《武汉大学学报》1956 年第 1 期。

④ 何光岳：《楚源流史》，湖南人民出版社 1988 年版，第 169 页。

以上诸说，均系揣测，尚难使人信服。事实上，文献中楚君名之前的“熊”字，金文作“酓”，状人饮酒，其实就是“饮”字。楚君以酓为氏，应与缩酒有关。缩酒的“缩”字，本作“茜”，与“酓”相近。《说文解字》释“茜”字云：“礼祭束茅加于裸圭，而灌鬯酒，是为茜，象神歆之也。”裸圭是王者所用的一种酒器，以圭为柄，如盘而有流。鬯酒是一种香酒，祭神最为合适。把成束的苞茅放在裸圭上，让鬯酒渗过苞茅滴入裸圭中，就表明神饮了香酒。“茜”字，上有草，下有酒，恰是缩酒仪式的写照。“酓”字，上有“人”，下有“酒”，正是饮酒的表征。《国语·晋语八》记周成王在岐山之阳与诸侯会盟，楚君在场“置茅蕝”，韦昭注说：“蕝，谓束茅而立之，所以缩酒。”可见，缩酒既是楚人的特长，又是早期楚君事周的专职，可谓以职为氏①。此职既为楚君所独得，此氏也就成为楚君所独有了。其余的公族成员，连同公子王孙在内，都不得以酓为氏。文献以“熊”代“酓”，一则是由于这两个字读音相近②，二则是出于北方诸侯对楚人曾以禽兽视之的心理。战国时代秦楚交恶，秦人所作的《诅楚文》称楚君之氏不用“酓”字而用“熊”字，就是视同禽兽的证据③。而从文献称楚先祖氏“熊”始于穴熊推测，楚先祖自穴熊以来皆擅缩酒也未可知。

第四节　干戈与玉帛交替

夏禹征伐三苗之后，作为三苗腹地的江汉地区并未平静。以三苗遗部为主体的“荆”或“荆蛮”以江汉地区为基地，同夏王朝展开了较小规模的长期抗争，及至夏朝末年，酿成了一场大规模战争。商朝初年，

---

① 张正明、张胜琳：《楚君姓氏辨》，《江汉论坛》1983 年第 6 期。

② 商承祚：《寿县新出土楚王鼎考释》说：“熊读入喻纽。酓读入影纽，古读清浊不分，于声至近。”文见《国风》第 4 卷第 3 期。

③ 张正明：《楚史》，湖北教育出版社 1995 年版，第 36 页。

汤对荆采取羁縻政策，荆之酋长一度“委其诚心”。为了对江汉地区实行强有力的控制，商朝统治者在其“南土”设立了可能是当时最大的军事据点——今黄陂盘龙城。然而，武丁之时，荆人又一次遭受了来自中原的重创。可以这么说，夏商两朝，今湖北地区一直处于动荡之中。

一、夏桀征荆

据文献记载，夏自孔甲开始衰落，所谓孔甲“好方鬼神，事淫乱”①、“昔孔甲乱夏，四世而陨”②，就是指的这种情况。孔甲传四世至于夏桀，“桀不务德，而武伤百姓，百姓弗堪”。于是，“诸侯多畔（叛）夏”③。荆大约也随之叛夏。夏桀企图扭转这一局面，大兴武功，四方征讨，荆也未能幸免于难。今本《竹书纪年》载：（帝癸）“二十一年，商师征有洛，克之。遂征荆，荆降。”帝癸即夏桀。很可能荆人慑于夏的威势，或者虽经交手终力不能敌，结果是重新归顺了夏朝，这就是所谓的“荆降”。

尽管迄今为止湖北地区尚未发现确凿无疑的夏桀征荆的考古学证据，但在湖北江汉平原的江陵荆南寺发现了二里头文化遗物则是不争的事实。荆南寺遗址依据地层关系和出土陶器变化特点可分为七期，其中第一期出土的深腹盆形扁足鼎和花边口沿夹砂罐等，与二里头文化二期同类器相同④。虽说学术界对夏代考古文化的分期还存在着不同的看法，但二里头一、二期文化属于夏文化则几成共识，有的学者甚至进一步指出二里头一、二期文化为夏文化的下限⑤。如此说成立，则荆南寺遗址中的二里头二期文化恰好是夏桀时期的文化。值得注意的是，位于长江西陵峡中段的宜昌中堡岛遗址，也出现了与中原二里头文化相似的陶器⑥。

①③《史记·夏本纪》。

②《国语·周语》。

④ 荆州地区博物馆、北京大学考古系：《湖北江陵荆南寺遗址第一、二次发掘简报》，《考古》1989年第8期。

⑤ 杨育彬：《从考古发现探索夏文化的上限与下限》，见《华夏文明》第1集，北京大学出版社1987年版。

⑥ 湖北省博物馆等：《湖北宜昌中堡岛遗址发掘简报》，《文物》1989年第2期。

此外，在宜昌白庙子、随州西花园和武汉市北部的黄陂盘龙城等遗址中，均发现了一些早于商、晚于龙山文化而和二里头文化相同或相似的陶器。二里头文化中比较典型的陶器如橄榄形罐、鸡冠形罐、澄滤器、三足盘、四足方鼎等，上述遗址中均有所见①。这些固然不能当作夏桀征荆的遗迹，却至少可以视为夏文化对湖北地区产生影响的物证。

二、“汤献牛荆之伯”

《史记·夏本纪》说，夏末，“汤修德，诸侯皆归汤。汤遂率兵以伐夏桀”。桀死，“汤乃践天子位，代夏朝天下”。荆人重新归夏朝不久，即遭此改朝换代之巨变，一时竟不知所措，以致未能及时向商汤表示臣服。而商汤非但未兴师问罪，反而“献牛荆伯”，以示德政。对此，《越绝书·吴内传》已有明载：“汤献牛荆之伯。之伯者，荆州之君也。汤行仁义，敬鬼神，天下皆一心归之。当是时，荆伯未从也。汤于是乃饰牺牛以事。荆伯乃愧然曰：‘失事圣人礼。’乃委其诚心。此谓汤献牛荆之伯也。”“伯”，古与“霸”通。荆伯，当为江汉地区以三苗遗部为主体的荆人部落联盟的首领。看来，商汤的羁縻政策获得了成功，荆人因受感化而归服商汤。此即所谓“委其诚心”。

《诗经·商颂·殷武》对归服后的荆人作了进一步描述：“维女荆楚，居国南乡。昔有成汤，自彼氐羌，莫敢不来享，莫敢不来王，曰商是常。”诗中上言荆楚，下言氐羌，上下文义连贯起来颇令人费解，历来注解者仁智互见。徐中舒别创新说，以为诗中“荆、楚与氐、羌在文中上下互见，氐、羌即当指荆、楚而言。荆、楚就是氐、羌两个部族所构成的国家”②。显然，他的前提条件是把荆楚释为“荆、楚”，即视作两个部族，进而以当氐、羌。因荆楚为两部族说“查无实据”③，故荆、楚即

① 湖北省社会科学院历史研究所：《湖北简史》，湖北教育出版社 1994 年版，第 11 页。

② 徐中舒：《论巴蜀文化·巴蜀文化续论》，四川人民出版社 1982 年版。

③ 张正明：《荆楚族源通议》，《中南民族学院学报》1984 年第 1 期。

氐、羌说也就无从谈起。其实，《诗经·商颂·殷武》系春秋时殷商后裔宋国人举行宗庙祭祀的一首史诗①，诗中的“荆楚”，是春秋时期的概念，并非意味着商汤时有“荆楚”之称。也就是说，诗中的荆楚就是商汤时的荆或荆蛮，诗作者是用“自彼氐羌”概括含荆在内的所有方国部落。其义是说：成汤时，从西方的氐羌到南乡的荆蛮，无不奉商汤为君长，按期朝贡，即所谓“莫敢不来享，莫敢不来王”。《盐铁论·论勇》中说，“‘自彼氐羌，莫敢不来王’，非畏其威，畏其德也”。此说恰与《越绝书》“汤献牛荆之伯”的记载互为印证，由此可见《越绝书》的记载并非出于杜撰。

三、盘龙城与商朝“南土”

商代，以今湖北地区为主的长江中游一带被商人称作“南土”，在殷墟出土武丁时期的甲骨卜辞中即有“甲午卜亘贞，南土受年”的记载。这里说的“南土”，与《左传·昭公九年》记周景王所谓“及武王克商，蒲姑、商奄，吾东土也；巴、濮、楚、邓，吾南土也”中的“南土”，地理概念基本相同。《诗经·商颂·殷武》称荆人居住的今湖北地区为“南乡”，是春秋时期殷人后裔宋人的称谓，其义与“南土”大体相合。

从商汤起，经太甲到太戊的三代六王，是商王朝的巩固时期，统治者致力于内政，对方国部落则以羁縻为主，局势相对平静，湖北地区也未见重大战争发生。从仲丁开始，内患频生，仲丁迁都于隞，不少学者认为始筑于商代中期的二里冈期下层、使用到二里冈期上层的郑州商城，就是隞的故址②。可能是今湖北地区的荆人趁商都新迁而发难，也可能是仲丁出于长治久安以及其他方面的考虑，总之是仲丁都隞不久，今湖北东部的武汉北郊黄陂出现了商朝移民，继而建立了商朝最早也是最大

---

① 参见《毛诗·商颂·殷武序》。

② 安金槐：《郑州商城》，见《中国大百科全书·考古卷》，中国大百科全书出版社1986年版。

的军事据点——盘龙城。

盘龙城商代城址位于武汉市黄陂区西南端，1954 年被发现。1974 年、1976 年由湖北省博物馆和北京大学考古专业进行了两次较大规模的科学发掘，确认此地最迟在商代二里冈下层时已有居民即上文所说的商朝移民，至二里冈上层时修筑上、下两层宫殿，并与上层宫殿同时修筑城墙，到商代后期急剧衰落（见图 5-1）①。

图 5-1　盘龙城遗址发掘现场

该城址位于府河北岸高地偏东南部，平面略呈方形，南北长约 290 米，东西宽约 260 米，周长约 1 100 米，中轴线方向为北偏东 20°。现今南、西垣及北垣西端尚保存有高出地面约 1 米～3 米的残垣，墙基宽约 21 米。整个城墙由主城墙和内侧护城坡构成，断面呈梯形。夯筑技术与郑州商城相近，即主城墙采用层层平夯、护城坡采用层层斜夯的方法，分段夯筑而成，每层夯土厚约 8 厘米～10 厘米。城的四面中部有一

① 俞伟超：《盘龙城遗址》，见《中国大百科全书・考古卷》，中国大百科全书出版社 1986 年版。

缺口，可能为城门。城门的基部地面铺有一层石头，当为门道①。

城内东北部高地上，已发现有一组宫殿建筑群。宫殿群的下部有一大型低矮的夯土台基，台基上已发现宫殿基址 3 座，它们前后平行，排列在一条中轴线上，方向同城垣一致。已发掘的两座，均坐北朝南。其中 1 号宫殿基址长 39.8 米、宽 12.3 米（见图 5-2），墙基、柱洞、石柱基础等均保存完好，复原起来是一座内分四室、外绕回廊、四壁木骨泥墙、回廊外侧阶下设有散水的宫殿，即所谓“重檐四阿”、“茅茨土阶”式的建筑（见图 5-3）。2 号基址位于 1 号基址南面约 13 米，长 27.5 米、宽 10.5 米，基址四周布有柱洞，据推测可能属于一座中间不分室而两侧开大门的大空间厅堂式建筑。总的看来，这两座建筑与文献所谓“前朝后寝”的建筑格局极为相似，或许正是其祖型，应是当时奴隶主贵族作为朝会、宴享和寝居的场所②。而围绕着这组建筑群之外的城址，可能系宫城性质的防御设施。

图 5-2 盘龙城 1 号宫殿基址

在南北城垣外有宽约 1.4 米、深约 4 米的城壕，壕内侧往往高出外

① 湖北省博物馆、北京大学考古专业盘龙城发掘队：《盘龙城一九七四年度田野考古纪要》，《文物》1976 年第 2 期。

② 湖北省社会科学院历史研究所：《湖北简史》，湖北教育出版社 1994 年版，第 12 页。

图 5-3　盘龙城商代宫殿复原图

侧 1 米以上。在城南壕沟底部发现有桥桩的柱穴，说明当时是架桥通过的①。城址的周围分布着密集的居住遗址，应为当时普通居民的住所以及制陶、铸铜等手工业作坊遗迹。

在城东的李家嘴、城南的王家嘴、城西的楼子湾和城北的杨家湾等地，都发现有商代二里冈期的墓葬。其中随葬大量青铜礼器的中、上等贵族墓主要集中于李家嘴一带。如李家嘴 2 号墓是一座长方形竖穴墓，墓长 3.67 米、宽 3.24 米，葬具为重椁单棺，木棺长 2.78 米、宽 2.02 米。椁板外壁阴刻有精细的饕餮纹和云雷纹，阴线内填朱，余者涂黑，这是我国发现最早的木雕工艺。墓内有三具殉人，其中两具叠压在西二层台之上，分别为成人和儿童，另一具位于北端，可能为手工业奴隶。墓底有腰坑，原有殉人或殉狗，但骨骼朽甚，难以辨识。墓中出土鼎、鬲、甗、簋、觚、爵、斝、盉、盘、罍等青铜礼器 23 件，青铜武器和工具 40 件，还有陶器、印纹硬陶器和玉器。该墓是商代二里冈期墓葬中规模最大、随葬品最多的一座，墓主应是盘龙城奴隶主贵族中的上层人物。尤其是墓中随葬的一件青铜钺，长 41 厘米，刃宽 26 厘米，是目前所发现的商代青铜钺中最大的一件，这说明墓主人生前是拥有很大军事统帅权的统治者②。普通贵族墓墓圹长约 2.6 米、宽约 1.2 米，皆有

① 俞伟超：《盘龙城遗址》，见《中国大百科全书·考古卷》，中国大百科全书出版社 1986 年版。

② 杨锡璋、杨宝成：《商代的青铜钺》，见《中国考古学研究》第一集，文物出版社 1986 年版。

椁棺和腰坑，腰坑内殉狗一只，随葬品有为数不多的斝、鼎、觚、爵、鬲等青铜礼器和少量青铜武器、工具及陶器。平民墓墓圹窄小，一般仅宽0.4米、长2米左右，有棺无椁，也有殉狗的腰坑，随葬品只有少量陶器，偶尔也有一件如爵之类的小型青铜器。

盘龙城古文化遗存与郑州二里冈商文化在面貌上存在着很大的一致性：城垣及宫殿建筑的营造手法大致相同；埋葬风俗基本相似；青铜器的器类、器形、纹饰和铸造工艺以及青铜礼器的组合形式类似①；陶器的器形和纹饰风格有较多共性。尽管盘龙城所出文化遗物特别是陶器带有一定的地方特点，尤其是一定数量的印纹硬陶和原始瓷更表明南方文化因素影响的存在②，但从整体文化特征分析，无疑属于商代二里冈文化范畴。若进一步联系到盘龙城突出的军事防御性能，便不难作出如是推测：盘龙城要么是商王朝经略“南土”的一个重要军事据点③，要么是商人在长江之滨建立的一个重要方国④。相比之下，还是前者的可能性大。

盘龙城军事据点的设置，对商王朝经略“南土”发挥了重要的功能。对此，考古发现提供了充分的证明。位于江汉平原西部的荆州江陵荆南寺遗址，面积约1.2万平方米，文化层总厚度2米有余，共分6层，包含有东周、西周、商代、龙山文化、大溪文化等不同时期的文化堆积，其中以商代二里冈期文化遗层最为丰富，表明荆南寺类型商文化是一支受中原商文化强烈影响的土著文化⑤。与荆南寺遗址相距不远的荆州沙市周梁玉桥遗址，总面积30万平方米。根据出土器物分析，该遗址是以土著文化为

---

① 湖北省博物馆、北京大学考古专业盘龙城发掘队：《盘龙城商代二里冈期的青铜器》，《文物》1976年第2期。

② 陈贤一：《盘龙城商代二里冈墓葬陶器初探》，见《中国考古学会第四次年会论文集》，文物出版社1983年版。

③ 杨宝成主编：《湖北考古发现与研究》，武汉大学出版社1995年版，第76页。

④ 俞伟超：《盘龙城遗址》，见《中国大百科全书·考古卷》，中国大百科全书出版社1986年版。

⑤ 荆州地区博物馆、北京大学考古专业：《湖北江陵荆南寺遗址第一、二期发掘简报》，《考古》1989年第8期。

主体并吸收了中原商文化及其周围地区同时期文化因素而形成的一支独特的地方性文化①。而从遗址中出土的大量卜甲、卜骨的钻凿形态与殷墟甲骨相似来分析，商文化的影响不可低估。尽管盘龙城至商代后期急剧衰落②，却不能排除它在商文化传播“南土”中所起的作用。

四、武丁南伐荆楚

商王朝自仲丁都隞以来，屡次迁都。商朝统治者本来是想借迁都消除纷乱、缓和矛盾，结果却“荡析离居，罔有定极”③，矛盾日益激化，及至“一度中衰，于是诸侯莫朝”④。盘庚继位后，为了挽救统治危机，将都城迁到了河内地区的殷。迁殷后，盘庚“行汤之政”，政治局势逐渐趋于稳定，“殷道复兴，诸侯来朝”⑤。然而，或许是盘龙城军事据点的衰落导致商王朝对“南土”的失控，或许是“南土”的反征服斗争促使盘龙城军事据点的衰落，总之是“南土”的荆人公然蔑视商王的共主地位，非但不朝不贡，反而奋起抗争。对此，殷墟卜辞多有所载。如“□□卜贞，弗雀噩在南？”再如“多雷亡祸在南土？”此雀、多雷在南土镇守，吉凶如何，令商王朝惴惴不安，说明“南土”镇守者的地位岌岌可危。于是，便出现了商王朝最高统治者卜问是否亲征“南土”的卜辞，如“癸亥卜，王曰：‘叀余自征？不征？’”⑥，由此看来，商王朝与“南土”之间的一场恶战已不可避免，只不过是时间早晚的问题。

武丁即位，大力改革政治，国力日强。为了恢复商王朝对“南土”的控制，对荆发起了一场规模巨大的战争。有关战争的概况，《诗经·商颂·殷武》作了颇为生动地追叙：“挞彼殷武，奋伐荆楚。罙入其阻，裒

① 湖北省博物馆、沙市博物馆：《湖北沙市周梁玉桥遗址试掘简报》，见《文物资料丛刊》第10期，文物出版社1987年版。

② 俞伟超：《盘龙城遗址》，见《中国大百科全书·考古卷》，中国大百科全书出版社1986年版。

③《尚书·盘庚》。

④⑤《史记·殷本纪》。

⑥ 江鸿：《盘龙城与商朝的南土》，《文物》1976年第2期。

荆之旅。有截有所，汤孙之绪。”这是春秋时殷商后代宋国人用于宗庙祭祀的一首史诗，诗中的“荆楚”，即“荆”或曰“荆蛮”。西汉毛公传：“殷武，殷王武丁也；荆楚，荆州之楚国也。”释“殷武”为殷王武丁甚确，释“荆楚”为荆州之楚国则欠妥，因为武丁时荆人尚未建立国家。东汉郑玄笺：“殷道衰而楚人叛，高宗挞然奋扬威武，出兵伐之，冒（深）入其险阻。谓逾方城之隘，克其军率而俘虏其士众。”毛、郑的解释与诗义大致相符。此次商王朝与荆的战争异常激烈，武丁亲率大军，深入江汉腹地，重拳出击，大获全胜。关于这次战争的过程，甲骨文中已有所反映。其一云：“乙未［卜］，贞：立事［于］南，右比［我］，中比舆，左比曾。”① 其二云：“乙未卜，贞：立事［于南］，右比我，［中］比舆，左比［曾］。十二月。”②这两条甲骨文，均属武丁时代，虽各有残缺，但因内容相同，正可互相补充。文中的“立”，即“莅”。事，即“国之大事，在祀与戎”的戎事。“立事于南”，是说商王武丁亲临南方，指挥战争。右、中、左见于郭沫若《殷契粹编》597片甲骨，其辞曰：“丁酉，贞：王作三师右中左。”说明“右、中、左”是指商王朝的右、中、左三军。“舆”，即“举”。“我”、“曾”、“举”都是方国名。据李学勤考证，曾的地望在今湖北枣阳、随州、京山到河南新野这一范围内。举在湖北汉水以东的举水流域③。我即其他卜辞中所见的“我方”，其地望不可详考，当与曾、举相邻。“比”有联合、配合之义④。综考上述三条卜辞，其大意是说：商王武丁亲率右、中、左三军，在我、举、曾三个方国的密切配合下，对荆楚发起强大攻势。这正好与《诗经·商颂·殷武》“奋伐荆楚，罙入其阻”的内容相互印证和补充。

荆楚在商、我、曾、举联军的沉重打击下，死伤无数，被俘者甚众，

①② 郭沫若主编、胡厚宣总编：《甲骨文合集》第三册，第5 504片、5 512片，中华书局1978年版。

③ 江鸿：《盘龙城与商朝的南土》，《文物》1976年第2期。

④ 林沄：《甲骨文中的商代方国联盟》，见《古文字研究》第6辑，中华书局1981年版。

元气大伤。商军势如破竹，所到之处，无不归服，即所谓“有截有所”。遭到惨重失败的荆楚在短期内是无力反击了，他们所能作的只有尽快恢复元气，等待复仇的时机。

第五节　经济与科技

夏商时期，湖北地区虽然一直处于动荡之中，但其前进的步伐则并未停止。随着夏商王朝对其“南土”的武力扩张和盘龙城军事据点的设置，早熟的中原青铜文化也与之俱来，从而激活了当地固有的文化因子，促进了湖北地区经济科技的发展与文化的传流。

一、城镇设置与农业区域经济中心的初现

中国古代城市的兴衰并不纯系于经济因素，政治、军事因素往往起着更为重要的作用，这是中国古代城市有别于西方古代城市的一个重要特征，作为军事据点的盘龙城的兴衰就是一个证明。中国古代城市不同于西方古代城市的另一个重要特征，就是城乡的区别不十分明显，城内外居民的利害关系是大致协调的，盘龙城近三百年的历史同样证明了这一点。所谓城内外居民的利害关系大致协调，是指城镇使人口相对集中，于是便有一批不从事农业生产的非农业人口需要供养。一般说来，解决城镇人口吃饭问题有两条途径：其一是由城镇周围的粮食生产区供给；其二是从外地转输粮食，就像西汉为防御匈奴，在北部边境兴筑城池而从内地运输粮食那样①，这种情况在中国古代比较少见。这是因为，从前者来看，城镇是粮食的集散地和消费中心，城镇的兴起促进了当地农业经济水平的提高，甚至在某种程度上代表着一个地区农业区域经济中心的形成；依后者而言，长途贩运粮食必须具备便利的交通条件以及充

① 陈钧、张元俊、方辉亚主编：《湖北农业开发史》，中国文史出版社 1992 年版，第 17 页。

足的运输人力和物力，而夏商时期湖北地区的交通条件还不算十分便利，人力和物力也相当有限，从北方长途贩运粮食至此是很不划算的。因此，盘龙城所需求的粮食应取之于周边地区。考古发现为这一推断提供了实证，1979 年和 1981 年，考古工作者对盘龙城外围进行了考古调查，共发现商代遗址 30 多处①。不仅如此，在盘龙城周边地区也有不少商代遗址被陆续发现，其中比较重要的有安陆晒书台、汉川乌龟山、新洲香炉山、汉阳纱帽山等②。由此可见，商代中晚期黄陂盘龙城已成为湖北东部农业区域经济的中心。盘龙城遗址和墓葬中青铜生产工具的发现，同样能证实这一点。

盘龙城出土的 159 件青铜器中，饮食器具达 67 件，占出土青铜器总数的 42%以上。其中，仅酒器就有 17 件。商代奴隶主贵族嗜酒成风，这股风也同时吹到了盘龙城，也就是说，除口粮外，还需要大量的粮食酿酒，这说明以盘龙城为中心的湖北东部地区的农业生产已具有一定的规模和水平，否则是难以满足盘龙城居民的消费需求的。

在湖北西部商代遗址中，几乎不见青铜生产工具出土，所发现的生产工具基本上为石质，加上迄今未见城镇遗址，说明鄂西地区农业生产的整体水平要低于鄂东地区。但是，鄂西的商代遗址如江陵张家山和荆南寺、沙市周梁玉桥、松滋苦竹寺和博宇山等不仅具有较大规模，而且基本上连成一片，说明当地农业已由新石器时代的点状和线状开发发展为片状或面状开发③。

二、铜的采冶和铸造

（一）铜的开采和冶炼

前文曾认为，商王朝设置盘龙城军事据点并大规模征伐“南土”，主

---

① 孝感地区博物馆：《湖北孝感地区商周文化遗址调查》，《考古》1988 年第 4 期。

②③ 陈钧、张元俊、方辉亚主编：《湖北农业开发史》，中国文史出版社 1992 年版，第 18 页。

要是为了防止“南土”的反抗。其实，这只是商王朝的重要目的之一。商王朝犯艰历险筑城于千里之外且大肆南征，还有其他的目的，这就是掠夺长江中游地区的铜矿资源①。中国的有色金属和稀有金属大多分布在南方，这是因为南方在地质史上受喜马拉雅山和燕山两个造山运动的影响，火成岩活动特别强烈，大约在距今1.9亿～距今0.8亿年前发生了罕有其匹的花岗岩活动，以四川盆地和贵州高原为中心，向东南方和西南方持续增强，从而出现了成矿带。中国的铜矿密集在长江南岸，长江中下游鄂、皖、赣三省的铜矿，储量大，品位高，甲于全国②。湖北地区著名的古铜矿遗址，是位于今湖北黄石市的大冶铜绿山和阳新港下古采矿遗址。一般认为这两处铜矿遗址的开采上限在西周时期。但是，根据碳-14测定的数据（见表5-1）③：

表5-1 鄂东古铜矿遗址碳-14年代测定数据

标本号	地 名	年 代（1）	年 代（2）
ZK—758	铜ⅦⅡ	3 260±100 1310B C	3 165±100 1215B C
WB80—40	铜Ⅴ Ⅱ#223	3 140±80 1140B C	3 050±80 1100B C
	阳新港下	2 875±80 925B C	2 790±80 840B C
WB80—39	铜ⅤⅡ#211	2 810±80 860B C	2 730±80 780B C
ZK—560	铜ⅤⅡ	2 735±80 785B C	2 655±80 705B C
ZK—887	铜ⅤⅡ港28	2 575±80 625B C	2 500±80 550B C
ZK—297	铜Ⅱ12线	2 485±75 535B C	2 415±75 465B C
ZK—561	铜Ⅰ24线	2 075±80 125B C	2 015±80 65B C

大冶铜绿山铜矿的上限为公元前12世纪前后，即商代中晚期。若考虑到与之毗邻的江西瑞昌古铜矿于商代中晚期已开采这一事实，铜绿山古铜

① 张正明、刘玉堂：《大冶铜绿山古铜矿的国属——兼论上古产铜中心的变迁》，见《楚史论丛（初集）》，湖北人民出版社1984年版。

② 张正明：《楚史》，湖北教育出版社1995年版，第23页。

③ 李天元：《楚的东进与鄂东古铜矿的开发》，《江汉考古》1988年第2期。

矿的开采上限早到商代中晚期是可信的。根据阳新港下古铜矿发掘资料来看，最初的铜矿开采方式是露天采矿，即按照矿脉的露头追踪富矿，逐步深入。既然商代中晚期湖北东南部的大冶铜绿山铜矿已开始开采，那么，商王朝设置盘龙城军事据点并大力南征不能说与攫取当地的铜矿资源无关。进而言之，铜绿山古铜矿很可能也是盘龙城及其周边地区出土青铜器的铜源。

据目前发现的考古资料分析，坩埚炼铜要早于竖炉炼铜，后者是在前者的基础上发展起来的。商代中晚期已开采铜矿的湖北先民，是否同时能冶炼青铜呢？考古发现已对此作了肯定回答。在盘龙城就出土有商代中期的坩埚、炼渣、木炭和孔雀石，1982 年宜昌市发现的商代遗址中也出土了厚壁坩埚①。此外，沙市周梁玉桥商代晚期遗址出土有已烧溜的炼渣和土块，阳新和尚垴商周遗址的地表和地表下 90 厘米处均发现有炼渣。已发现的坩埚内、外壁分别由不同质地的黏土制成，有的还含有一定量的石英砂粒，很可能属于耐火材料之类。具有耐火性质的坩埚与炼渣或铜矿石、木炭同存并出，本身便是炼铜的物证。

坩埚炼铜的操作规程和原理，是先将矿石和木炭一并置于坩埚中，然后从外部加热，坩埚内的木炭既作燃料又充当还原剂，将矿石中的铜还原出来。当时所采用的矿石，用现代的分类标准看，均属于氧化型矿石，如自然铜、孔雀石、蓝铜矿等，而大冶铜绿山古矿井中出产的正是这类氧化型矿石。矿石在高温加热的情况下生成氧化铜，进而被木炭燃烧时生成的一氧化碳还原，生成的铜液沉淀于坩埚底部，而形成的炼渣却浮在表面。值得注意的是，已发现的坩埚容量一般都不大，如盘龙城出土的坩埚大都体小胎厚。其中较大者壁径 27 厘米，壁厚 1.7 厘米；较小者壁径仅 21.5 厘米，壁厚仍为 1.7 厘米。少数坩埚壁厚竟达 7 厘米②。如此规格的坩埚一次只能炼出几公斤的铜液。坩埚规格普遍较小

---

① 卢德佩：《鄂西发现的古文化遗存》，《考古》1981 年第 6 期。

② 湖北省博物馆：《1963 年湖北黄陂盘龙城商代遗址的发掘》，《文物》1976 年第 1 期。

可能为技术水平所限，因为炼铜必须达到 1 100°C 的温度，而只有容积小的坩埚才易于达到①。殷墟出土的一种称之为“将军盔”的变形坩埚，也是体小壁厚。

（二）青铜铸造

商代中晚期，湖北不仅能冶炼青铜，而且能铸造铜器。考古发现的资料表明，坩埚及其同类器物“将军盔”等既用于冶炼青铜，又用于熔铸铜器②。坩埚炼出的铜一般须先铸出铜锭，制作青铜器时，再将铜锭配以铅、锡等原料重新在坩埚熔炼。盘龙城商代遗址中与坩埚伴出有铜渣数块，有的铜渣还附在缸内残片上，很可能是铸造青铜器的遗迹。1987 年初，在荆州市沙市区发现了一件通高 51.5 厘米、重 15.3 公斤的商代大型青铜尊。值得注意的是，铜尊颈部四个浮起的羊头内的泥芯仍然存在，腹内壁阴纹上的泥芯也未清除，甚至圈足边沿浇口上凸起的铜瘤也未予修整③。上述种种迹象均表明该尊是在当地铸造的，而不可能是在中原地区制成后运至此处的。因为如果是后者，为了运输的方便，无用的泥芯和铜瘤势必会去掉。联系到沙市周梁玉桥和官堤两处商代遗址中均出土有炼铜渣的事实，说明当时此地确曾进行过青铜冶铸④。

商代湖北地区的青铜铸造工艺，主要有浑铸和分、合结合铸两种。前者通常用于无附件的器物，后者则多用于有附件的器物。如盘龙城出土的三足器，从颈、腹、足的中轴线至器底，有三条铸缝线交汇于器底的中心或一侧，显然系通体浑铸。对于有附件的器物，如卣的提梁、簋的双耳、尊的附饰等，则是先分铸附件后再通体合铸。如前述沙市近郊出土的商代大型铜尊，就是采用的先分铸四个浮起的羊头，再与器身合铸而成。铜尊的铸造工艺还体现出时人对青铜用量的节约：全器壁薄，

---

①④ 后德俊：《湖北科学技术史稿》，湖北科学技术出版社 1991 年版，第 58、59 页。

② 张子高编著：《中国化学史稿》（古代部分），科学出版社 1964 年版，第 19 页。

③ 彭锦华：《沙市近郊出土的商代大型铜尊》，《江汉考古》1987 年第 4 期。

圈足厚度仅 0.15 厘米，且在腹部的内壁还有与兽面主纹相对应的阴纹，以尽量减少青铜耗量①。真可谓用心良苦。

如同湖北地区商代铜矿采冶技术的发展得益于世居鄂东南地区的扬越②，其青铜铸造技术的提高则受惠于夏商民族尤其是商人。因为商人南下并在江汉地区建立军事据点，必然会带来包括青铜铸造工艺在内的中原地区的先进技术。

三、湖北早期青铜文化的四方源流

湖北早期青铜文化，主要指湖北地区已发现的商代青铜文化。而湖北商代青铜文化的中心则唯黄陂盘龙城足以当之。因此，湖北早期青铜文化的吸收与辐射，都是以盘龙城为中心进行的。

（一）北方输入

盘龙城青铜文化属于郑州二里冈商代中期青铜文化的范畴，已是不争的事实。所谓“北方输入”，是指早在夏代晚期，中原青铜文化很可能已在盘龙城捷足先登了。这一推论基于对下述考古资料的分析。1957 年，考古工作者在盘龙城西北隅的城基下发现 1 件铜斝③，此斝为侈口、长颈、鼓腹、圜底、三尖锥状空足且侧加一扁平附耳，与二里冈期铜斝大异其趣。无独有偶，1987 年，偃师二里头遗址发现一件铜斝和铜鼎，此斝的形制与前揭盘龙城铜斝相同；此鼎则是至今有明确出土地点的最早铜鼎，其年代为二里头四期④。另外，上海博物馆也藏有一件同一形制的铜斝——“连珠纹斝”，其时代已断为夏代晚期⑤。可见，这种长颈鼓腹圜底尖锥状空足的铜斝，要早于二里冈期的商代铜斝，而它

---

① 彭锦华：《沙市近郊出土的商代大型铜尊》，《江汉考古》1987 年第 4 期。

② 刘玉堂：《扬越与楚国》，见《楚学论丛》，《江汉论坛》1990 年增刊。

③ 郭冰廉：《湖北黄陂杨家湾的古遗址调查》，《考古通讯》1958 年第 1 期。

④ 郑光：《河南偃师二里头遗址发现新的铜器》，《考古》1991 年第 12 期。

⑤ 湖北省博物馆、北京大学考古专业盘龙城发掘队：《盘龙城一九七四年度田野考古纪要》，《文物》1976 年第 2 期。

们既在二里冈期的城基或墓葬下发现，便很可能是夏代晚期的文物。更何况在盘龙城的城垣夯土内外，都发现有二里头期的陶片①。张光远据此进一步推论说：盘龙城的铸铜工艺，可以说是始于夏代晚期，这同时说明中原文化的触角，实际上从夏代晚期就伸展到南方的长江北滨了②。若此说能够成立，那么，夏桀征荆便找到更为直接的证据了。

（二）南方播扬

以盘龙城为中心的湖北商代青铜文化若向南方传播，有西南和东南两条路线。西南路线即溯江而西至洞庭湖南下，东南路线即顺江而东至鄱阳湖南下。而洞庭湖以南迄今未见商文化遗址或墓葬，说明商人未取此径。与之相反，鄱阳湖以南则发现有商代大型墓葬和遗址。1989 年底，在江西省中部的新干县大洋洲，发掘出一座与商代晚期前段的安阳殷墟妇好墓年代相当的大型墓葬，随葬器物达 1 900 余件③。其铜器的造型及纹饰，大多具有中原晚商的风格，并同时凸显浓烈的本土特征，即在立耳上附加动物及鱼尾纹。但在大批属于晚商时期的铜礼器中，却也杂有少数商代中期二里冈期的铜器，如有一件锥足鼎的形制就与盘龙城的铜鼎相近，还有三件扁足兽纹鼎上的平雕兽形纹、小连圈纹和单目斜身兽形纹，皆与盘龙城的礼器雷同。另有一件伏虎大方鼎，与郑州出土的二里冈期的四件大方鼎风格颇为一致，所异者是新干方鼎的外槽式立耳顶上，加附有本土特色的立雕伏虎，而四足上部饰浮雕的羊面纹，都显示出比二里冈期稍晚时的文物风格④。张光远据此以为，新干大墓应属晚商前期的墓葬，而夹杂有少数早商后期的铜器在内，其中商前期的

① 湖北省博物馆、北京大学考古专业盘龙城发掘队：《盘龙城一九七四年度田野考古纪要》，《文物》1976 年第 2 期。

② 张光远：《湖北先秦文化论集·湖北早商铜器及其四方源流》，《鸿禧文物》1997 年第 2 期。

③ 彭适凡、刘林、詹开逊：《江西新干大洋洲商墓发掘简报》；韩康信：《附志》，均载《文物》1991 年第 10 期。

④ 彭适凡、刘林、詹开逊：《关于新干大洋洲商墓年代问题的探讨》；李学勤：《新干大洋洲商墓的若干问题》，均载《文物》1991 年第 10 期。

青铜文化，则理应由盘龙城逐渐转运传播而来①。

（三）东方传流

盘龙城的商代青铜文化既然可取水路向南播扬，更可顺长江东传至今安徽境内。1953 年安徽东部嘉山县 4 件中商前期铜器的出土，使上述假设变成了事实。这 4 件中商时期的铜器，为爵、斝、觚及罍的组合②。其中的单柱爵器身扁圆，大体与盘龙城的单柱爵相似；铜觚略显粗短，也与盘龙城李家湾 2 号墓铜觚形状相近。从纹饰来看，嘉山铜爵上的二段纹饰，与盘龙城李家湾 1 号墓 7 号铜罍的腹纹近似。嘉山铜罍腹上层的单目兽形纹，则与盘龙城李家湾 1 号墓 7 号铜罍纹饰相似，而其圈足兽形纹的面部，也与盘龙城李家湾 1 号墓 19 号铜觚上的兽面纹近似。张光远根据以上比较分析后指出，湖北盘龙城商代铜器的风格也曾渐渐传至安徽嘉山。他还进一步申论说，如果仅从空间距离来看，郑州商城至嘉山比盘龙城至嘉山要近得多，但从铜爵等器物的形制和纹饰考察，似乎仍以由盘龙城传来的成分居多③。

（四）西方传承

盘龙城青铜文化不仅可以顺长江东北传流至皖东一带，而且能够溯汉水西北传流至陕南。1980 年和 1981 年，在汉水上游陕西省城固县龙头镇，出土两批商代中期铜器④。其中青铜礼器共 18 件，主要有粗短形觚 1 件、中粗形觚 4 件、高颈深腹罍 3 件、单柱笠帽爵 1 件、长颈葫芦形腹提梁卣 1 件、附连口沿的双耳簋 1 件、敞口宽沿斜壁盘 1 件，其形制无不与盘龙城同类器物相似。再观察各器的纹饰，发现有 4 件觚的阳线无目兽形纹、1 件觚的平雕兽形纹、簋和盘上的单目斜身兽形纹，均与盘龙城铜器纹饰风格一致。不过，仅凭前揭器形和纹饰似乎还难以作

---

①③ 张光远：《湖北先秦文化论集·湖北早商铜器及其四方源流》，《鸿禧文物》1997 年第 2 期。

② 葛治功：《安徽嘉山县泊岗引河出土的四件商代铜器》，《文物》1965 年第 7 期。

④ 王寿芝：《陕西城固出土的商代青铜器》，《文博》1988 年第 2 期。

出盘龙城与城固青铜文化之间具有传承关系的判断，因为这些器物形制与纹饰的特征也有某些见于郑州商城。但是，有两件青铜礼器的奇特形制，则无疑使判断的天平最终倾向盘龙城一边①。所谓奇特形制的礼器，一是卣的提梁为绳索状且卣身作长颈葫芦形，二是簋的附耳上端连接口沿。此二者仅见于盘龙城。在郑州商城尚未见有簋出土，唯一的一件提梁卣形制和纹饰皆与城固出土者相异②。可见，城固的商代青铜文化，当由盘龙城传流而来。

---

① 张光远：《湖北先秦文化论集·湖北早商铜器及其四方源流》，《鸿禧文物》1997年第2期。

② 杨育彬、于晓兴：《郑州新发现商代窖藏青铜器》，《文物》1983年第3期。

第六章　西周时期湖北的剧变和渐兴

第一节　西周早期楚人草莽初创及其社会形态

在楚族的始称国年代问题上，传统的看法，是时当殷纣王、周文王之世的鬻熊之前已有楚国。范文澜认为，三苗曾在长江中游建立起一个大国，这个大国当是一个大的部落联盟，是许多部落的集合体，其中较大的是荆楚[①]。郭沫若认为，楚原是商的与国，商亡后，由北向西南发展，被周人斥为南蛮[②]。胡厚宣认为，殷商必早有楚国，则可信而不可疑也[③]。影响所及，《中国历史地图集》甚至直接标出了商代楚国的方位[④]。而在考古学界，视某些遗址为商代楚国废墟者更是屡见不鲜。对此，有的学者曾条分缕析，力辨其非，似乎已毋庸赘言。但是，持异议者在否定旧说的基础上，又提出新的见解：直到周文王之世的楚鬻熊时期，楚族或楚国始形成于世[⑤]。这是值得进一步思考的。

我们认为，楚族与楚国是两个虽部分重合却又各不相同的概念，二者的形成也并非同步，而是有先后之别。具体说来，楚族形成于商末周初的鬻熊之世，楚国则至西周早期的熊绎之时才略具雏形，而完全意义的楚国的出现则更晚了[⑥]。

---

① 参见范文澜：《中国通史简编》第一编，人民出版社 1964 年版。

② 参见郭沫若主编：《中国史稿》第一册，人民出版社 1976 年版。

③ 参见胡厚宣：《楚民族源于东方考》，见北京大学潜社编《史学论丛》第一册。

④ 参见谭其骧主编：《中国历史地图集》第一册，地图出版社 1982 年版。

⑤ 王光镐：《楚文化源流新证》，武汉大学出版社 1988 年版，第 89 页。

⑥ 刘玉堂：《楚国经济史》，湖北教育出版社 1996 年版，第 95 页。

一、鬻熊：荆楚部落的酋长

《史记·楚世家》记："周文王之时，季连之苗裔曰鬻熊。"也许有人会问，既然鬻熊为季连之苗裔，换言之，鬻熊同季连之间既然有血缘可寻，楚族之形成为何不是始于季连之世？对此，《史记·楚世家》的另一则记载已作了回答："季连生附沮，附沮生穴熊。其后中微，或在中国，或在蛮夷，弗能继其世。"《世本》也有同样记载："季连产附沮氏，附沮氏产穴熊，九世至于渠娄。"这说明，在鬻熊之前，尚无一个所谓有共同地域、共同经济生活的稳固的共同体，而这些正是作为一个民族必须具备的基本要素。

到了鬻熊之时，他不仅率领其部落始"居丹阳"①，有了固定的地域，而且方能"继其世"，有了稳固的共同体，即《史记·楚世家》所谓"鬻熊……其子曰熊丽，熊丽生熊狂，熊狂生熊绎"。

鬻熊率领部众聚居的丹阳，在与鄂西北接壤的豫西南，因位于丹水之阳而得名。由丹阳西北行入陕东南，过武关，入蓝关，到当时还是西伯的周文王那里去，交通尚称便利。丹阳一带是商朝和周朝鞭长莫及之处，又是宜耕宜牧的膏腴之乡，使楚人得以苟全于乱世。

《史记·周本纪》裴骃《集解》引刘向《别录》云："鬻子名熊，封于楚。"此说断不可信，因为时在商末，西伯还无权封鬻熊于楚。鬻熊之于楚国，有点像西伯之于周朝，虽非开国始封之君，却是肇业奠基之主。

古代文献中所谓"祖"或"先"，多指某一民族的直接缔造者。《史记·孔子世家》载："楚之祖封于周。"《汉书·艺文志》载："（鬻熊）周封为楚祖。"以上所谓的"祖"，即楚族形成之"祖"。据《史记·楚世家》载，楚武王曾尊鬻熊为"吾先"，此处所谓"先"，当即楚族形成之"先"。

---

① 《史记·楚世家》。

在周人眼中，鬻熊之世的楚也只能是“族”而非“国”。《左传·昭公九年》记：“及武王克商，蒲姑、商奄，吾东土也；巴、濮、楚、邓，吾南土也；肃慎、燕、亳，吾北土也。”以上所述，非“族”即“国”，两者相较，为“族”者多，为“国”者少。就周“南土”而言，巴、濮显然为族，邓国始见于西周晚期，《国语·郑语》：“当成周者，南有荆蛮、申、吕、应、邓、陈、蔡、随、唐。”在此之前，可能已有邓国。因此“邓”很可能是曼姓部族的一个支系所建。由此可见，夹在巴、濮与邓之间的楚，也应当以“族”视之。何况上引《国语·郑语》已明确称楚为“荆蛮”。“荆蛮”，显然是一个民族概念，而非国家概念。

持“鬻熊时始有楚国”说者的一个重要证据，就是文献曾称鬻熊为“鬻熊子”、“鬻子”，而这“子”的含义，无疑是“公侯伯子男”之“子”，盖指楚国国君①。诚然，《史记·周本纪》说周文王在位时，有“鬻子”往归之，这“鬻子”就是鬻熊，《史记·楚世家》也称鬻熊为“鬻熊子”，并说他曾“事文王”。然而究其实，以上所谓“子”，是古人对德高望重者或博学厚文者的尊称，如同古人分别称老聃、孔丘、庄周、孟轲、荀况为老子、孔子、庄子、孟子、荀子一样。鬻熊“事文王”，说明他德高望重，是名重一时的政治家，他留下一部义理精深的政治哲学著作——《鬻子》②，其体例和内容与《老子》、《庄子》不乏相通之处，《汉书·艺文志》将其列入“道家”。凡此，皆说明鬻熊无论就其政治才能，还是学术思想，都堪称为“子”。至于周原甲骨“楚子来告”之“子”，李学勤和王宇信考证为熊绎而非鬻熊，言之成理。可见，鬻熊称“子”缘于其道德学问，而非封爵。

从民族的角度出发，楚人敬重的祖先有四人，即老僮、祝融、季连和鬻熊。如包山楚墓竹简第237简简文即为：“祷楚先老僮、祝融、鬻熊

---

① 王光镐：《楚文化源流新证》，武汉大学出版社1988年版，第91页。

② 叶德辉：《鬻子》，叶氏观古堂刊。

各两羖"①，其中又以祝融和鬻熊为尊。《左传·僖公二十六年》记："夔子不祀祝融与鬻熊，楚人让之。对曰：'我先王熊挚有疾，鬼神弗赦，而自窜于夔，吾是以失楚，又何祀焉？'秋，楚成得臣、斗宜申率师灭夔，以夔子归。"夔子不祀祝融和鬻熊，被楚人视之为数典忘祖，大逆不道，以致怒而灭之。夔国当祭而未祭的，无疑是楚族的祖先，因为尽管夔子先王"自窜于夔，吾是以失楚"，也只不过是指脱离了楚国，没有必要也不可能割断同楚族的血缘关系，也就是说，夔子可以不祀楚国之先王，却不可不祀楚族之先祖。换句话说，夔子祀不祀楚之先王或许不必干涉，祀不祀楚之先祖则非同小可了。

《史记·周本纪》："西伯曰文王，遵后稷、公刘之业，则古公、公季之法，笃仁，敬老，慈小。礼下贤者，日中不暇食以待士，士以此多归之。伯夷、叔齐在孤竹，闻西伯善养老，盍往归之。太颠、闳夭、散宜生、鬻子、辛甲大夫之徒皆往归之。"太颠、闳夭、散宜生三人，都是周初的重臣，武王克商前后他们曾"执剑以卫武王"②。辛甲大夫弃商奔周，也位至公卿③。既然太颠、闳夭、散宜生、辛甲大夫归周前为"士"，归周后为臣，鬻子当也不例外。这无疑说明，鬻熊等归周"之徒"并非受周册封之有爵位者，而仅是入侍为卿士。退而言之，假定鬻熊身份异于他人而确为受子爵之封的楚王，难道他能置国家大事于不顾而竟自入侍周室吗？而作为部落酋长则允许这么作。据文献记载，鬻熊入周任"文王之师"④或"为周师"⑤，这"师"，并非像有的学者所理解的即"师氏"⑥，而当为"火师"⑦，其职责是在有重大盟会或盛典时为周

---

① 参见湖北省荆沙铁路考古队：《包山楚简》，文物出版社 1991 年版。

②《史记·周本纪》。

③《史记·殷本纪》。

④《史记·楚世家》。

⑤《汉书·艺文志》。

⑥ 沈长云：《"鬻熊为文王之师"解》，《江汉论坛》1983 年第 6 期。

⑦ 张正明：《〈"鬻熊为文王之师"解〉辨误》，《江汉论坛》1983 年第 9 期；张正明：《读〈评鬻熊为火师说〉有感》，《江汉论坛》1984 年第 3 期。

王“守燎”，足见其地位不高，不大可能由一个受封为子爵的国君专司此职。至于后来熊绎也曾“守燎”，纯属出于无奈，故楚人对此耿耿于怀，认为有辱子爵国君的身份。相反，鬻熊为文王“师”非但未引起楚人不满，反而使楚人引以为荣，这一恶一喜，只能从熊绎与鬻熊身份的差异去理解。

对于鬻熊与熊绎身份地位的区别，古人早已洞见。《左传·僖公二十六年》唐孔颖达《正义》云：“（鬻熊）曾孙熊绎，成王封于楚，祝融、鬻熊则为楚之远祖也。”说明在孔颖达的心目中，楚受周封始于熊绎，而鬻熊则同祝融一样，只是楚族的远祖，而非楚国的先王。其实，对于上述区别，熊绎的后裔们都心中有数。前引《包山楚简》第237简楚人称鬻熊及其先祖为“楚先”，而在第246简中，简文则为：“祷荆王自熊绎以庚武王，五牛、五豕”①，即称熊绎为“荆王”。需要说明的是，楚简称熊绎为“荆王”，出于后世楚人的追尊，这同《史记·周本纪》记周文王“追尊古公为太王、公季为王季”如出一辙。

以上论述无疑会使我们得出这样的结论：鬻熊之世，楚人尚徜徉于原始社会之中，作为当时楚人首脑的鬻熊，不过是芈姓荆楚部落的酋长②。

继“或在中国，或在蛮夷，弗能纪其世”的艰难而漫长的岁月之后③，鬻熊时的楚族正处于集聚、恢复、发展的关键时期。出于这种需要，鬻熊举部背弃日暮途穷的殷商，亲附方兴未艾的周朝④。所谓“事文王”、“为周师”，正是鬻熊为争取周朝扶持而采取的以屈求伸的策略。鬻熊此举，果然灵验，周文王对鬻熊等人“日不暇食”以待之⑤，表现了周人对他们的信任和器重，而这无疑为鬻熊部落的恢复和发展创造了

---

① 参见湖北省荆沙铁路考古队：《包山楚简》，文物出版社1991年版。
② 刘玉堂：《楚国经济史》，湖北教育出版社1996年版，第98页。
③《史记·楚世家》。
④ 张正明主编：《楚文化志》，湖北人民出版社1988年版，第4页。
⑤《史记·周本纪》。

良好的外部环境。

鬻熊去世后，周楚之间似乎发生了某种隔阂，其缘由不得而知。周伐商，决战于牧野，南方不少部落都参战了，楚人却置身事外。如果周楚关系还像鬻熊在世之时那样亲睦，决不至于如此。或许是因为楚人觉得胜负难卜，不敢孤注一掷，托辞未去，但也可能另有原委，这就不便妄断了①。尽管如此，周人似乎未能忘记鬻熊的“事周”之举，对于日益坐大的楚，他们采取的不是扼制和削弱，而是宽容和理解。

《史记·楚世家》谓“（鬻熊）其子曰熊丽，熊丽生熊狂，熊狂生熊绎”。熊丽之世楚族的情况，史无详载，文献只记有“昔者楚熊丽，始讨此睢（雎）山之间”②。此处“讨”字，清人毕沅注：“‘讨’字为‘封’。”罗运环则以为此“讨”字不误。其理由是，上引《墨子·非攻下》一句后，紧接“越王繄亏，出自有遽，始邦于越，唐叔与吕尚邦齐、晋。此皆地方数百里”。全文主要强调某国开始建立或兴起的地方及范围。又《左传·宣公十二年》“讨国人而训之”和“讨军密而申敬之”的“讨”，杜预注为“治”，即治理。为此，他进一步论证说，“始讨此睢山之间”，即指熊丽开始在“睢山之间”建立统治关系③。我们认为，罗氏说“讨”字不误，并援杜注释“讨”为“治”，可谓灼见。但他进而将“始讨此睢山之间”解释为指熊丽开始在“睢山之间”建立统治关系，则似有斟酌的余地。我们认为，“始讨此睢山之间”，应指熊丽在“睢山之间”对其部落进行治理。当然，统治也包括治理在内，但二者毕竟有别，前者强调的是阶级式的强制，后者强调的是民主式的管理。另外，《墨子·非攻下》这则记载，在“于越”和“齐”、“晋”等国名之前用“邦”，独在“睢山之间”前用“讨”，恰好说明熊丽时楚仍处于部落联盟阶段，尚未立国，故不用“邦”，以示区别。

① 张正明：《楚史》，湖北教育出版社1996年版，第27页。

②《墨子·非攻下》。

③ 罗运环：《楚国八百年》，武汉大学出版社1992年版，第73页。

熊丽始“讨”的“睢山”，即睢山，后世称柤山、祖山、沮山，今称主山[①]。主山在湖北南漳县西北部近谷城县边界处，主峰突兀雄伟，附近有若干或大或小的盆地隐藏在丛山之中。

熊丽得以在睢山之间对其部落进行治理，说明鬻熊的“事周”策略产生了效应。倘若没有周朝的理解，熊丽是不能获得这一良机的。事实表明这种机遇对楚族的发展并非无足轻重。

接替熊丽担任酋长的熊狂，大概只是秉承父业，无突出贡献，故文献对其活动未曾言及。

然而，楚人这种沉寂只是短暂的，就在熊狂之子熊绎之时，楚族的历史发生了重大转机。

二、熊绎：始受周封的子爵

《史记·楚世家》载：“熊绎当周成王之时，举文、武勤劳之后嗣，而封熊绎于楚蛮，封以子男之田，姓芈氏，居丹阳。”同书又载楚王熊通曰：“吾先鬻熊，文王之师也，早终，成王举我先公，乃以子男田，令居楚。”以上所录，一为史家所记，一为楚人所述，由此看来，周成王始封熊绎殆无疑义。这是楚人第一次被封为“子”爵，也是楚得到周王室正式承认的标志。从此以后，楚人昔日的酋长于周则为“侯”，于楚则为“王”了[②]。

熊绎所居丹阳的地望，聚讼纷纭。或以为即鬻熊所居的丹阳，或以为在陕东南某处，或以为在今湖北枝江县的丹阳聚，或以为在今湖北秭归县的丹阳城，还有以为在今安徽当涂县的小丹阳，诸说待商。《左传·昭公十二年》记右尹子革答楚灵王问，说：“昔我先王熊绎辟在荆山……”“辟”，作“避”解或者作“僻”解都可通。总之，熊绎所居的丹阳与荆山相近。荆山在湖北的西部，睢山的南方。熊绎所居的丹阳应在睢

---

① 张正明、喻宗汉：《熊绎所居丹阳考》，《楚学论丛》（《江汉论坛》增刊）1990 年。

② 参见《左传·昭公十二年》。

山与荆山之间，蛮河中游近上游之处，即今南漳县城附近①。

《史记·孔子世家》记楚昭王时令尹子西说："楚之祖封于周，号为子男五十里。"熊绎虽受封为楚君，但名卑号微。陕西岐山县周原出土了一批周初的有字甲骨，其 H11：83 记着"曰今秋楚子来告父后哉"，足证当时的楚君确实只是"号为子男"而已。至于"五十里"，当然不是实数，只是表明版图相当于末等小国②。

楚于周成王时受封，是楚自身取得一定发展的历史标志，同时也是楚族跨入新的历史阶段的界碑。受封意味着楚宛如一只破壳而出的幼雏，开始以独立个体的姿态踏上历史舞台。而这一重大历史转折的来临，首先要凭借受封前楚已取得较稳定的发展为前提。不妨这样说，从鬻熊时期楚族形成之后至熊绎受封前的短短数十年中，楚族已经走完了它历史上最初的旅程——从集聚恢复而至稳定发展的旅程。受封为子爵后，楚的政治地位迅速提高，从而为新的发展奠定了基础③。

然而，熊绎受封是否标志着楚正式进入文明时期？即是否意味着楚族从原始部落集团转变为完全意义上的国家？对此，历史提供给我们的证据，却恰恰只能得出否定的结论。

周初封建诸侯的情况比较复杂，但其中最主要的分封模式有两种：一是所封为周之宗亲或姻戚，对这种受封者来说，受封之日就是新的国家诞生之时；一是所封为周边原始部落中的亲附酋长或先贤后裔，对这种受封者而言，受封只不过是对其业已存在的状况予以承认，所得到的仅仅是一个徒有其名的封号而已。对这两种不同的分封模式，文献不乏明载。

第一种模式的分封，可以周人兄弟之国鲁、卫、晋的受封得闻其详。《左传·定公四年》："昔武王克商，成王定之，选建明德，以藩屏周。故

---

① 张正明、喻宗汉：《熊绎所居丹阳考》，《江汉论坛》1990 年增刊。

② 张正明：《楚史》，湖北教育出版社 1995 年版，第 30 页。

③ 王光镐：《楚文化源流新证》，武汉大学出版社 1988 年版，第 106 页。

周公相王室以尹天下，于周为睦。分鲁公以大路、大旂，夏后氏之璜，封父之繁弱，殷民六族，条氏、徐氏、萧氏、索氏、长勺氏、尾勺氏，使帅其宗氏，辑其分族，将其类丑，以法则周公，用即命于周。是使之职事于鲁，以昭周公之明德。分之土田陪敦，祝、宗、卜、史，备物、典策，官司、彝器。因商奄之民，命以《伯禽》而封于少皞之墟。分康叔以大路、少帛、綪茷、旃旌、大吕，殷民七族，陶氏、施氏、繁氏、锜氏、樊氏、饥氏、终葵氏，封畛土略，自武父以南，及圃田之北竟，取于有阎之土，以共王职。取于相土之东都，以会王之东蒐。聃季授土，陶叔授民，命以《康诰》，而封于殷墟。皆启以商政，疆以周索。分唐叔以大路、密须之鼓、阙巩、沽洗、怀姓九宗、职官五正。命以《康诰》而封于夏墟，启以夏政，疆以戎索。”从上述记载不难看出，此类封国的受封，不仅有天子的册命及“聃季授土，陶叔授民”之类的隆重仪式，有种种奇珍异物作为受封之凭信，有“大路大旂”一类车旗仪仗示其威仪，有钟鼎彝器之属别其尊卑，而且有“殷民六族”、“殷民七族”、“怀姓九宗”等异族奴隶供其役使，有典策条文以为其治理封疆的法律依据，有“祝、宗、卜、史”及“职官五正”等官吏为其分执统治机构的权柄。总之，此种受封活脱脱地给封地移植了一套完备无缺的政权机器①。这无疑是受封者步入国家文明的象征。

然而，另一种模式的受封却与此判然有别，楚恰好属于这类受封者的典型。据《左传·昭公十二年》所记，楚灵王曾为先王受封事发为愤激之辞：“昔我先王熊绎与吕伋、王孙牟、燮父、禽父并事康王，四国皆有份，我独无有。”《史记·楚世家》亦云：“（楚）王曰：‘齐、晋、鲁、卫其封皆受宝器，我独否。’”由此可见，同样是受周室之封的楚，既未在受封时得到周之宝器，更未得到包括军队、职官等在内的一套完整的国家机器。楚国所受封的，只有“子男之田”和“居丹阳”②，这与其说

① 王光镐：《楚文化源流新证》，武汉大学出版社1988年版，第110页。

②《史记·楚世家》。

是受封，不如说是对既成事实的认可。因此，成王封楚并未使楚由部落一跃成为完全意义的国家，也就是说，熊绎受封并未从根本上改变楚的原始社会性质。

周室仅仅承认熊绎已经据有一块蛮荒之地，熊绎对周室则至少必须尽以下三项职分：守燎以祭天①、贡苞茅以祀神②和贡桃弧棘矢以禳灾③。显而易见，熊绎这位所谓的国君不过是酋长兼大巫罢了。他与鬻熊身份地位的差别在于前者得到了周室的正式认可，而后者则因其居甫定尚未受到周室哪怕是名义上的封赠。

《左传·昭公十二年》记子革答楚灵王问，在“昔我先王熊绎辟在荆山”之后，尚有“筚路蓝缕，以处草莽。跋涉山川，以事天子。唯是桃弧棘矢，以共御王事”云云。前面两句说的是生活清苦，中间两句说的是职差辛劳，后面两句说的是贡品菲薄，总之是带有情绪的，但对后人了解当时的楚君、楚国、楚人是至关重要的，需一一解释如下。

“筚路蓝缕”一句后来成为常用的成语，借以形容创业艰辛。“路”为车，“缕”为衣。筚路是简陋的柴车，蓝缕是破旧的衣衫。说熊绎乘柴车，大概是确凿的。说熊绎穿着破衣烂衫，就未免夸大其辞了。无论如何，熊绎不像北方的公侯那么阔绰，这是可信的。

“跋涉山川”，是说熊绎奔波于丹阳和镐京之间，为周王效力、纳贡和当差。

“桃弧棘矢”，即桃木做的弓、棘枝做的箭。上文曾说过贡桃弧棘矢以消灾是楚人的职分之一。其实，桃弧棘矢并不是真正的兵器，而是模仿兵器的法器。古人以为桃树是神物，桃木有神力，用以驱鬼有神效。至于棘枝，则因其多生尖刺，做象征性的箭最为适宜。桃弧棘矢不仅可以驱鬼避邪，而且可以消灾弭害。如《左传·昭公四年》所记：冬季藏

---

① 《国语·晋语八》。

② 《左传·僖公四年》。

③ 《左传·昭公十二年》。

冰，要用黑色的牡羊和黑色的黍子献祭司寒之神；夏季出冰，就该用桃弧棘矢来消禳雹灾。桃和棘所在多有，周室要楚国贡纳，可能有三个原因：一是楚国贫弱，没有什么贵重的方物，只好献桃弧棘矢之类；二是楚地所产的桃木和棘枝或许较好，属于上品；三是楚君作为火神的后裔，用桃弧棘矢来作法御雹最为灵验①。

楚君所贡纳给周室的方物，除了桃弧棘矢，还有苞茅，贡苞茅以祀神也是楚人的职分之一。苞茅是一种草本植物，特点是"一茅三脊"，号为"灵茅"。这种茅草似乎微不足道，在先秦却是人与神交通的常用之物。

苞茅的用途有五，但大都与祀神有关②。其第一个用途是做神的坐垫。如《史记·封禅书》记管仲说："江淮之间，一茅三脊，所以为藉也。"这"藉"在《史记·孝武本纪》中径称"神藉"——就是神的坐垫。裴骃《集解》引孟康曰："所谓灵茅也。"

苞茅的第二个用途是缩酒以敬神。当时的酒是有点浑浊的，须经过滤，变得清亮了，方可敬神，以示尊崇。缩，义同过滤。过滤的程序等于模拟神在饮酒。缩酒的"缩"字，本作"莤"。"莤"字，上有草，下有酒，恰是缩酒仪式的写照。《国语·晋语八》记周成王在岐山之阳与诸侯会盟，楚君在场"置茅蕝"，韦昭注曰："蕝，谓束茅而立之，所以缩酒。"

鄂西直到现代仍有缩酒之祭，已知有两种办法。第一种办法是在地上先铺一层茅草，在茅草上加铺一层沙子，倒酒，让酒经沙子和茅草过滤，流在地上，就算"象神歆之"了。第二种办法是在桌上放一件容器，在容器上竖放几束茅草，倒酒，让酒经茅草过滤，流进容器，也算"象神歆之"了。比较起来，第二种办法更有古意，与韦昭所云"束茅而立之"是相符的。此等缩酒仪式与周王的缩酒仪式，恰如山野之鄙陋与庙堂之壮丽，不可同日而语。但缩酒的祭法逾三千年而不绝，则令人讶异。

---

①② 张正明：《楚史》，湖北教育出版社 1995 年版，第 32、32～34 页。

楚俗源远流长，这也是一例。

苞茅的第三个用途是望祭。所谓望祭，就是祭名山大川。在岐阳之会上，楚君除“置茅蕝”外，还要“设望表”。韦昭注曰：“望表，谓望祭山川，立木以为表，表其位也。”望表虽是木制的，望祭却还得用茅草。《周礼·春官篇》记：“男巫掌望祀，望衍授号，旁招以茅……。”这茅，也应是被认为有特异性能的苞茅。

苞茅的第四个用途是做宗庙和王宫的门檐。《韩非子·外储说》记楚庄王有“茅门之法”，不准诸色人等——连同大夫和公子在内——在入朝时驱车及于茅门檐下，以示“敬宗庙，尊社稷”。按：楚国的宗庙称为“大室”，茅门以内除王宫外，必定还有大室，否则就说不上“敬宗庙”和“尊社稷”了。周室有无茅门不得而知，可能也是有的，苫在茅门上的茅，其必灵茅无疑。

苞茅的第五个用途是代表宗庙和社稷。如《史记·宋微子世家》记：“周武王伐纣克殷，微子乃持其祭器造于军门，肉袒面缚，左牵羊，右把茅，膝行而前以告。”这是一个活灵活现的投降仪式：微子肉袒面缚表示服罪，持祭器表示甘愿绝祀，牵羊表示犒劳周师，把茅表示献出宗庙和社稷，膝行表示谦卑。这茅，既然代表宗庙和社稷，应即茅门所苫和望祭所招的苞茅。

上文说熊绎为周王室应尽的职分还有一项就是守燎以祭天。守燎别称“监燎”，是点燃和看守燎祭的火堆。参与岐阳之会的楚君应即熊绎，他既要“置茅蕝”，又要“设望表”，还要“与鲜卑守燎”，因而未能参加歃血为盟的典礼。胜任守燎这项职事的，除了楚人和鲜卑的君长，还有微国的君长。岐山周原出土的甲骨，其 H11：4 记有“其微楚Ç厥燎师氏舟燎”。“舟”通“受”，“Ç”则释为“勺”而借作“灼”①。全句的文意就是：由微人和楚人的君长点燃火把，交给师氏。至于灼燎的用途，

① 陈全方：《陕西岐山凤雏村西周甲骨文概论》，见《古文字研究论文集》，四川人民出版社 1982 年版。

当然是祭天。有些学者因楚君没有参加歃血为盟的典礼，怀疑他本来就没有这个资格。李瑾则以为周朝的守燎者类如某些印第安部落的炬火看守人，乃参加联盟会议的当然成员，所见甚是①。微国近周都，微君地位不很低。与微君同负守燎之责的楚君，作为诸侯之一，名号虽不高，参加歃血典礼的资格应该是有的②。

周朝火师的职责，除了守燎，还有照明。《国语·周语》所记的火师，是在宾馆里管照明的。这等差事远不如守燎重要而体面，看来楚君还没有干过。

显而易见，熊绎这位楚国的始封之君虽号为子男，而实为酋长兼大巫。他的臣民在雎山与荆山之间的穷乡僻壤耕垦，过着古朴的生活。没有任何证据足以说明当时的楚国已进入成形的阶级社会，它还只是一个徒有国之虚名的原始社会晚期的部落联盟。

熊绎时的丹阳位于鄂西山地和鄂中丘陵相错相接的边缘地带：西面是高山，平均海拔约 800 米；附近是低山和丘陵，海拔在 200 米～300 米之间；东面是河谷和丘陵，海拔在 100 米上下。这样的地形使楚人退可保聚，进可攻取。当时的楚地虽不是肥土沃壤，但农、牧、渔、猎各业咸宜。当时的楚人虽生计不丰，但通常无冻馁之虞。荆山上有铜矿，下有盐矿，虽很少，但对小国寡民的楚也算是重要的资源了③。

熊绎所居的丹阳一带尽管远离发达地区，而且不在交通干线上，可是并不闭塞。鄂西北和境土相接的豫西南，早在新石器时代，就是黄河流域文化同长江流域文化交相切劘之区④。源于黄河流域的仰韶文化向

---

① 李瑾：《论我国古代“火正”职官之来源及其发展》，《史学月刊》1989 年第 1 期。

② 王国维以为微即《益公敦》和《散氏盘》铭文中的“眉”，“其种族一部早移居于渭水之北”，“然其本国固在南山”，见所著《散氏盘跋》，《观堂集林》第 15 卷。

③ 张正明：《楚史》，湖北教育出版社 1995 年版，第 37 页。

④ 佟柱臣认为这个地带是中国新石器文化的第二个“接触地带”，见所著《中国新石器时代文化三个接触地带》，《史前研究》1985 年第 2 期。苏秉琦、殷玮璋认为汉水中游的南阳、襄阳地区在黄河、长江两大流域的联结点上，见所著《关于考古学文化的区系类型问题》，《文物》1981 年第 5 期。

南延伸，源于长江流域而与仰韶文化大致同时的大溪文化向北延伸，彼此交会于鄂西北。“在有些仰韶文化的遗址里出有大溪文化的因素，在有些大溪文化的遗址里出有仰韶文化的因素。”① 继大溪文化而起的屈家岭文化，时代与仰韶文化末期和庙底沟二期文化相当，北向延伸到豫西南，其文化因素则传播到豫中的禹县一带。继屈家岭文化而起的石家河文化，其北界大致与屈家岭文化相合，其内涵则与中原龙山文化有不少共同的因素。中原王湾类型文化是龙山文化的一支，与石家河文化相渗透，如前者的少量镂空器和圈足器显示出后者的影响，后者的少量方格纹和绳纹则显示出前者的影响②。湖北郧县的青龙泉遗址，下层为仰韶文化，中层为屈家岭文化，上层为带有龙山文化因素的石家河文化。这样的叠压关系，正是南北文化交相激荡的地下实证。楚人的先民长期与华夏的先民交往，吸收了华夏的先进文化③。正如张正明所说：楚人从黄河下游来到长江中游，从豫西南来到鄂西北，与江汉地区的楚蛮相比，他们的人口数量固然处于劣势，他们的文化素质却占着优势。他们像一颗来自北国的良种，落进了南国荒芜而肥沃的土壤，可能遭虫豸啮食，可能被风雨摧折，但也可能生得出众，长得非凡，这就全取决于努力和机缘了④。

第二节 南宫伐虎方和昭王伐楚荆

据《史记·楚世家》记载，熊绎死，其子熊艾立。熊艾死，其子熊黮继立⑤。约当熊黮之时，今湖北境内的虎方和楚荆始与周人分庭抗礼，因而导致南宫伐虎方和周昭王亲伐楚荆。

---

①② 向绪成：《试论长江中游与黄河中游原始文化的关系》，《考古与文物》1988 年第 1 期。

③ 张正明主编：《楚文化志》，湖北人民出版社 1988 年版，第 4 页。

④ 张正明：《楚史》，湖北教育出版社 1995 年版，第 38 页。

⑤ 司马贞《史记索隐》说：黮，“一作‘䵣’，音土感反。黮音但，与‘亶’同字，亦作‘亶’”。

一、南宫伐虎方

虎方的确切居地不详，大约位于今湖北境内的汉水东部地区。早在商代，虎方就反抗过商王朝的统治，并招致商人的征伐。如《佚存》498是一版武丁时期的卜骨，刻有几行同文的卜辞，内容为："贞，令望乘眔与乏虎方？十一月。"望乘是商朝经常率师出征的武将，"眔"义为"及"，"乏"同"犯"，"与"即"举"，是汉东方国之一。卜辞大意为武丁命令望乘和与侵伐虎方①。西周初年，虎方又遭到周人更为沉重的武力打击，其事虽传世文献无载，却有幸被"安州六器"记录下来。

所谓"安州六器"，是指北宋末年在湖北安陆孝感（今孝感市孝南区）出土的6件西周早期的有铭铜器。据宋人王黼等著《博古图录》记载，重和戊戌（公元1118年）出土于安陆之孝感县，凡方鼎3、圆鼎2、甗1。这六器，在薛尚功《历代钟鼎彝器款识法帖》中，称为南宫中鼎（卷十，方鼎1—3）、中鼎（卷九）、召公尊（卷十一，即中觯）、父乙甗（卷十六，即中甗）②。上述六器，都是"中"所作用以铭功报先的祭器。有关专家通过对器物形制和纹饰的研究，尤其根据中甗铭文"日传昭王鲁休"与周昭王时善夫克鼎铭文"克其日用𩱦朕辟鲁休"类同分析，将"安州六器"定为周昭王时器③。六器铭文记载了周昭王令南宫伐虎方这一历史事件，现按事件先后分别介绍。为便于考述，铭文转录仍依原行款书写。

中甗（旧称父乙甗）铭文10行，共100字。其云：

王令中先省南或（国），贯行，埶
应在曾。史儿至，以王令曰：
"余令女（汝）史（使）小大邦，厥又舍

① 江鸿：《盘龙城与商朝的南土》，《文物》1976年第2期。
② 参见郭沫若：《两周金文辞大系图录考释》，科学出版社1957年版。
③ 参见黄锡全：《湖北出土商周文字辑证》，武汉大学出版社1992年版。

女（汝）刍量，至于女庸小多处?”

中省自方、邓、淍（汎）、鄝邦（?），在鄂

𠂤（师）𠂤（次）。白买父令（?）台（以）厥人戍（?）

汉中州，曰叚、曰㳅。厥人鬲

廿夫。厥贮者（?）言曰：宾□贝。

日传𨺅（劭）王□休。肄肩又羞。

余□□𠂤，用乍（作）父乙宝彝。

铭文第4行第7字，或释“唐”，或释“庸”，当以前者近是①。第5行的地名，所释不一。“方”，多认为指方城，在今河南方城县一带。“邓”，一说在今河南邓县一带，一说即今湖北襄阳市西北的邓城遗址，后者的可能性大。“淍”字或释“朝”，以为即今河南邓县东南的朝水。黄锡全则释为“汎”，即汎水。此水入汉处在今襄阳市西，谓之“汎口”。启尊所记启从王南征，在“淍（汎）水上”，可相互印证。“汎”下一字，黄锡全释为“鄝”，以为即河南唐河已姓的鄝②。“在”下一字，郭沫若释为“鄂”③，甚妥。第9行“王”前一字，以往未释，黄锡全根据字形与位置，认为是“邵”之走形字，与《汗简》、《古文四声韵》的邵形类似。“日传邵王□休”，应是“日传邵王鲁休”，与善夫克鼎“克其日用鬻朕辟鲁休”类同。这是定“安州六器”为昭王时代的直接证据④。“六器”中的“中”，张亚初考证为汉阳诸姬之一，其地位于今湖北随州市均川镇⑤。

中方鼎一有铭文6行，计39字。中方鼎二与之铭文相同，仅行款略异。如鼎一云：

隹（唯）王令南宫伐反

---

① 江鸿：《盘龙城与商朝的南土》，《文物》1976年第2期。

②④ 参见黄锡全：《湖北出土商周文字辑证》，武汉大学出版社1992年版。

③ 参见郭沫若：《两周金文辞大系图录考释》，科学出版社1957年版。

⑤ 张亚初：《论鲁台山西周墓的年代与族属》，《江汉考古》1984年第2期。

虎方之年，王令中
先省南或（国），贯行，埶
王庐（居）在夒𨸏真
山。中乎归生凤
于王。埶于宝彝。

铭文中“南宫”，或以为氏名，或以为其不称名，可能系王子之一，而并非像南宫适那样的南宫氏。“反”或读为“叛”。“虎方”之虎，或释读为“荆楚”之荆，黄锡全以为二字判然有别，不可混同。“贯行”，即打通行道。“埶”读如“艺”，训“治”。“艺王居”，即替王建立行帐。后一“埶”字，杨树达读为“契”，训“刻”①。“夒”字过去或释夔，或释射。黄锡全释为夒，古与憂通，即鄾，为古地名，在今襄阳市西北。《左传·桓公九年》：“楚子使道朔将巴客以聘于邓，邓南鄙鄾人攻而夺之币。……夏，楚使斗廉帅师及巴师围鄾。”据石泉考证，今襄阳市西北之邓城即邓国遗址，鄾乃其南部边邑②。因此，黄锡全认为“𨸏真山”就是鄾地的一座山，其大致方位在汉水北岸与邓城遗址之间③。“中乎归生凤于王”，郭沫若以为指王呼馈中以生凤（活凤凰）④。

中觶，旧称召公尊，也有学者认为即圆鼎之一。盖、器同铭，5行36字。其云：

王大省公族于庚振
旅。王易（锡）中马，自𨸏（厉）
侯，四𩣡。南宫兄（贶），王曰
“用先”。中埶王休，用
乍（作）父乙宝𨸏彝。

① 参见杨树达：《积微居金文说》，科学出版社1959年版。
② 参见石泉：《古代荆楚地理新探》，武汉大学出版社1988年版。
③ 此器释读凡黄锡全说均参见其所著《湖北出土商周文字辑证》，武汉大学出版社1992年版。
④ 郭沫若：《两周金文辞大系图录考释》，科学出版社1957年版。

铭文首句，或释读为“王大省公族，于庚振旅”，或释读为“王大省公族于唐，振旅”。于庚，指在庚日；于唐，指在随州市北部之唐国。当以后说近是。“公族”，指公之同姓。振旅，指班师。《尚书·大禹谟》“班师振旅”。孔传：“兵入曰振旅。”“𬯀”释读为厉，即位于今随州东北部之厉国。“𫘤”字或释骓，或释骒，或释骁等，总之为马名。“𫠚”字与中方鼎一后一“𫠚”字义同。

中方鼎三，或称“中作父乙”方鼎，8 行 55 字，末行有两组数字符号。其云：

隹（唯）十又三月庚寅，
王才（在）寒師（次），王令大
史兄（贶）褔土。王曰：“中，
兹褔人入事，易（锡）于
珷王乍（作）臣。令兄（贶）畀
女（汝）褔土，乍（作）乃采。”中
对王休令，𪻪父乙障。
隹（唯）臣尚中臣，七八六六
六六，八七六六六六。

铭文首句“十又三月庚寅”，与同期之趞尊“十又三月辛卯”同，仅早一日。或以为指周昭王十八年十三月（约公元前 998 年），待考。“王在寒次”，与趞尊、作册睘尊、作册旂觥等器之“王在厈”同。厈从干声，古与寒字音近可通。“褔土”，李学勤以为即器物出土地孝感。“兹褔人入事，锡于珷王作臣”，是追述武王时事，说的是褔人来服事，向武王纳贡称臣。“采”即采邑。“唯臣尚中臣”句，前一“臣”字是名词，指褔人。褔人于武王时入事为王臣，今其地被昭王转赐给中，其人随之成为中的臣。后一“臣”字为动词，“中臣”是“臣中”的倒文。这一句意思是说，褔人会臣服于中，是筮辞里的命辞①。根据张政烺的解释，数

① 江鸿：《盘龙城与商朝的南土》，《文物》1976 年第 2 期。

字符号“七八六六六六”是坤下艮上的剥卦，“八七六六六六”是坤下坎上的比卦，两者的关系是卦变，依照《左传》、《国语》之例，可称为“遇剥之比”。若与上句连写，即为“隹臣尚中臣，遇剥之比”，意为大吉大利①。

中鼎只有铭文1行4字：“中乍（作）宝鼎。”薛尚功《历代钟鼎彝器款识法帖》释云：“中谓南宫中耳。后有数鼎，皆一时之制，而铭刻详略之不同也。”薛氏关于“安州六器”系同时制作，只是铭刻详略不同的见解是正确的，但他释“南宫”为氏，“中”为南宫之名，则与诸器铭义不符。

通过对“安州六器”的逐一考辨和综合分析，似乎可以获得这样的认识：周昭王此次南征的主要对象是反叛的“虎方”，军事统帅是“南宫”，先行者是“中”。结合启卣、启尊铭文，其经由路线及有关情形大致如下：昭王令南宫统领大军讨伐反叛的虎方。南宫簇卫着昭王从洛阳成周出发，越过嵩山脚下的上侯、滍川南下。昭王令中先省视南土诸国，为南征打通行道。中首先在方城之外的曾（缯关）地为昭王安排了行帐，然后开始出省南国。他首先到方城，而后抵邓国、临涢（汎）水，又北返至鄝国，最后在鄂地驻扎，迎接昭王的到来。中在省视邓国时，看中了邓国南鄙鄾地离汉水不远的𨻰真山，在那儿为昭王设置了下一步的行帐。与此同时，白买父在汉水一带，尤其是汉水中的几个洲上布置了严密的防线，为昭王的安全和大军的行动作好了充分的准备。昭王征伐虎方获胜后，班师随州北面的唐国，并在唐大省同姓诸侯，将得之于厉国的四匹良马赏赐给中，以表彰他“先行”的功绩。在𨻰真山时，昭王再次馈赠中以活凤凰。十三月，在中原寒地，昭王论功行赏，又令太史赐给中以“褔土”，作为其采邑。中为了记下昭王的一系列赏赐，便作了这些铭功报先的祭器②。

---

① 张政烺：《试释周初青铜器铭文中的易卦》，《考古学报》1980年第4期。

② 参见黄锡全：《湖北出土商周文字辑证》，武汉大学出版社1992年版。

南宫奉昭王令伐虎方，说明昭王时南土是不太安宁的。这次南征，大军南抵汉水后很可能没有南渡，而是折向东南挺进，因为“虎方”距汉东举水流域不远，“汉阳诸姬”又多在汉东，行走安全可靠①。南宫伐虎方的时间，很可能在伐楚荆之前，因为昭王在十九年即死于伐楚荆途中。

二、昭王伐楚荆

大约在南宫伐虎方不久，周昭王又对楚荆进行了征战。

有关昭王征伐楚荆的文献记载，以古本《竹书纪年》较为系统。该书有三条记载涉及此事。

其一云：“周昭王十六年，伐楚荆，涉汉，遇大兕。”②

其二云：“周昭王十九年，天大曀，雉兔皆震，丧六师于汉。”③

其三云：“周昭王末年，夜有五色光贯紫微。其年，王南巡不返。”④

在上述三条记载中，前两条有十分明确的时间概念，后一条的时间概念则较为模糊，以至有学者认为周昭王曾三伐楚荆，其中后两次均遇到天象变异：一次是日食，另一次大概是北极光。持此说者甚至进一步推算出最后一次伐楚荆的“周昭王末年”为周昭王二十二年，即公元前966年⑤。这种理解未免有些牵强。古本《竹书纪年》的王年都是很具体的，此昭王末年或许指的就是昭王十九年，这有今本《竹书纪年》的记载为证。今本《竹书纪年》云：“十九年春，有星孛于紫微。祭公、辛伯从王伐楚。天大曀，雉兔皆震，丧六师于汉。”

可见，今本《竹书纪年》恰好包含了古本《竹书纪年》的第二、三条即“周昭王十九年”和“周昭王末年”两条记载的内容：今本《竹书

① 杨宝成主编：《湖北考古发现与研究》，武汉大学出版社1995年版，第107页。

②③ 徐坚等：《初学记》第7卷《地部下》引，中华书局点校本1962年版。

④《太平御览》第87卷。

⑤ 何幼琦：《西周年代学论丛·周昭王南征补遗》，湖北人民出版社1989年版。

纪年》的“十九年春”、“天大曀，雉兔皆震，丧六师于汉”与古本《竹书纪年》第二条的“周昭王十九年，天大曀，雉兔皆震，丧六师于汉”毫无二致；今本的“有星孛于紫微”、“王陟”分别与古本第三条的“夜有五色光贯紫微”和“王南巡不返”完全相合。如此看来，古本《竹书纪年》关于“周昭王末年”的一条记载应系于“周昭王十九年”。也就是说，周昭王征伐楚荆是两次而非三次。

除古、今本《竹书纪年》外，涉及周昭王伐楚荆的还有如下金文资料①：

《史墙盘》：“弘鲁邵（昭）王，广惩楚荆，唯奂南行。”

《䧹驭簋》：“䧹驭从王南征，伐楚荆，有得，用作父戊宝尊彝。”

《过伯簋》：“过伯从王伐反荆，俘金，用作宗室宝尊彝。”

《䰜簋》：“䰜从王伐荆，俘，用作馈簋。”

此外，还有《谗簋》、《唯叔簋》等铜器铭文②。

综考《竹书纪年》的有关记载和上述铜器铭文，可知随昭王南征楚荆者除了主力部队周之“六师”外，还有䧹驭、过伯、䰜、唯叔等诸侯率领的联军。“六师”又称“六军”，《诗经·大雅·棫朴》：“周王于迈（往行），六师及之。”《毛诗传》谓六师即六军，甚当。《周礼·夏官·司马》：“凡制军，万有二千五百人为军。”果如此，六师就有七万五千人，再加上诸侯国军队，恐怕有近十万之众。于省吾考证《史墙盘》铭，训“奂”为大、盛貌，即众多之意③。可见昭王统率六师和各诸侯国军队南征楚荆，声势不可谓不大，军威不可谓不壮。

然而，如此庞大的军队竟然“丧六师于汉”，甚至连昭王自己也“不返”。个中缘由，铜器铭文无载，《竹书纪年》也只是提到“天大曀”和“夜有五色光贯紫微”等天象变异。因为这种说法不乏神秘色彩，以至有

① 参见郭沫若：《两周金文辞大系图录考释》，科学出版社 1957 年版。

② 李学勤：《论长安花园村两墓青铜器》，《文物》1986 年第 1 期。

③ 于省吾：《墙盘铭文十二解》，见《古文字研究》第 5 辑，中华书局 1981 年版。

学者认为实属史官文饰之词，不足凭信①。看来，笼统将《竹书纪年》所记天象变异视为妄称也不可取，但《竹书纪年》未能将天象因素与人为因素联系起来则是事实。恰好《吕氏春秋》的一则记载说到了昭王“不返”的人为因素，此书《音初》云：“周昭王亲将征荆，辛余靡长且多力，为王右。还反涉汉，梁败，王及祭公抎于汉中。辛余靡振王北济，又反振祭公。”此处的“梁”，即《诗经·大雅·大明》“造船为梁”之梁，就是用船搭成的浮桥。“梁败”即由于某种原因导致浮桥翻转坍塌。而《说文》对“曀”的解释是“阴而风也”，那么“大曀”似可理解为特大暴风雨。将二者串连思考，昭王不返的原因大概是这样的：周昭王十九年伐楚荆返渡汉水时，遇上特大风暴，众人顿时骚乱，本来就摇摆不定的浮桥在慌乱人群的强力挤压下而翻转坍塌，昭王和祭公也落于汉水，大力士辛余靡托起昭王的尸体游到北岸后，又返身来背淹死的祭公。

虽说以上解释较合情理，但《帝王世纪》却另有说法。张守节《史记正义》引《帝王世纪》云：“昭王德衰，南征，济于汉，船人恶之，以胶船进王，王御船至中流，胶液解，王及祭公俱没于水中而崩。其右辛游靡长臂且多力，游振得王，周人讳之。”

《帝王世纪》与《吕氏春秋·音初》至少有两点重大出入：其一，周昭王过汉水，不是从桥上走，而是乘着船；其二，昭王不是因浮桥坍塌落水而死，而是亡于胶船解体。关于前者，因当时的周人还缺乏足够的经验和器械在汉水上架桥，用船来渡过十来万人马更是困难，故昭王过汉水走的应是由船只连接起来后架设的浮桥。至于后者，且不说用胶液黏接的船只连搬运已经受不住，至少一经水泡便会溶解，怎么会等到江心才开始解体呢？说明所谓“胶船”应是传闻失实之辞，殊难置信。

还有一个最关键的问题，就是“以胶船进王”的“船人”是否指楚人，即昭王之死是否与楚人有关。若是，则周昭王所征伐的对象包括楚国在内。若否，则周昭王所征伐的对象不包括楚国。

---

① 杨宽：《西周时代的楚国》，《江汉论坛》1981年第5期。

楚人对此是矢口否认的。《左传·僖公四年》记齐桓公伐楚，管仲以“昭王南征而不复”问罪于楚，楚成王的使者则以“昭王之不复，君其问诸水滨”作答。楚成王的使者回答得很委婉、很轻巧，善辩的管仲竟无言以对，可见管仲提出的责问只是借着地点的相近找来的一个由头，并非深信确有其事。杜预在为楚使应管仲的妙答作注时说，“昭王时汉非楚境，故不受罪”，足见杜预也深谙其中三昧。周昭王南征的路线，应是经由南阳盆地绕到随枣走廊，活动地域集中在汉水以北以东，而其时的楚国位于汉水以南以西，故昭王之死与楚人无涉。

但身为楚人后裔的王逸则以为昭王之死与楚人有关。他在其所著《楚辞章句》中说：“昭王背成王之制而出游，南至于楚。楚人沉之，而遂不还也。”王逸以《楚辞章句》名世，家乡又恰在汉水中游，后人多信其说，至今史学家仍有以为王逸所注不误的。上文已经说过，周昭王南征时并未经过楚国，王逸的误注很可能由于他是以后世楚国的疆域比划当时楚国的版土。《史记·周本纪》说周昭王到南方“巡狩”，“卒于江上”，也没有说同楚人有什么牵连，倒是指出了周昭王的过失——“王道微缺”。

也有人以为“以胶船进王”的“船人”为“汉滨之人”，这种说法在魏晋南北朝时期比较流行。故唐孔颖达《左传·僖公四年》正义曰：“旧说皆言汉滨之人，以胶胶船，故得水而坏，昭王溺焉。”如前所论，“胶船”之说实不可信，但汉水边的土著在替周人架设浮桥时做过某些手脚却是可能的。这种“手脚”只有在浮桥上的人因惊恐万状而拼命挤压时才能产生些许效应。

看来，周昭王所征的楚荆，应是以地名代族名，泛指长江中游江汉之间桀骜不驯的诸多方国和部落，其中的土著被周人统称为“荆”或者“楚荆”、“荆蛮”、“楚蛮”、“荆楚”，此外还有些是殷的遗民①。据《史记·周本纪》和《㝬驭簋》、《过伯簋》、《䰜簋》等铜器铭文的记载，周昭王南征楚荆之地，除了一时兴起的巡狩，主要意图是到产铜区铢索。

① 龚维英：《周昭王南征史实索隐》，《人文杂志》1984 年第 6 期。

长江中游的铜矿集中在鄂东南和赣西北，不在西周早期楚国的范围之内。当时的楚人虽企图发展却无力犯上作乱，当时的楚国虽有铜而无多，周昭王既用不着无端问罪于一个服服帖帖的区区子男，也犯不着到穷乡僻壤去搜刮①。

昭王南征楚荆虽以惨败告终，其壮举却为汉水东北同姓周人所缅怀。后世汉水中游每逢暮春上巳之日，民间有投吊的习俗："以时鲜甘味，采兰、杜包裹，以沉水中。或结五色纱囊盛食，或用金铁之器，并沉水中，以惊蛟龙、水虫……"用意是祭周昭王以及同他一起溺水而死的延娟、延娱两位"巧善歌笑"的美貌女子②。这应是周代"汉阳诸姬"的遗风余俗，比投吊屈原早③。唐人梁洽《观汉水》诗有句曰："求思咏游女，投吊悲昭王。水滨不可问，日暮空汤汤。"

有必要说明的是，不少学者都将"安州六器"记载的周昭王令南宫率大军伐"虎方"，与《竹书纪年》、《吕氏春秋》等文献和《过伯簋》、《史墙盘》、《䟭驭簋》、《鼒簋》等铜器记载的周昭王亲率"六师"伐"楚荆"视为同一历史事件。笔者前文之所以将二者所记视作先后发生的两个不同的重大历史事件，主要基于以下理由：

其一，前者不曾提及作战经过和情形，后者则对战前的一系列准备工作如"省南国"等无丝毫交待。

其二，前者提到的重要人物如南宫、中等后者不见，后者提到的辛余（游）靡、祭公等也不见于前者。

其三，前者未言及渡汉水与否，后者则屡言"涉汉"。

其四，前者无只言片语提及掠夺铜锭和铜器，后者尤其器铭多有"俘金"、"俘"、"有得"的内容。这里的"金"，当指青铜④。

---

①③ 张正明：《楚史》，湖北教育出版社 1995 年版，第 41、42 页。

② 王嘉：《拾遗记》第 2 卷。

④ 参见唐兰：《西周青铜器铭文分代史征》，中华书局 1986 年版；杨宽：《西周时代的楚国》，《江汉论坛》1981 年第 5 期。

其五，前者出现的邓、曾、厉、唐等诸侯国不见于后者，后者尤其是器铭中出现的过伯、𫲨驭、唯叔等诸侯则不见于前者。

其六，前者以“班师振旅”即大获全胜告捷，后者则以“丧六师于汉”且“王陟”即全军覆没而告败。

可见，若将伐虎方与伐楚荆这二者视为同一历史事件，显然难以回答上述问题。

也有学者试图作出调和性的解释，提出当时的“虎方”也可能属于广义的“荆楚”①。问题是“虎方”不只西周时期与“楚荆”或“荆楚”同时出现，早在商代已与“荆”或“荆蛮”并存，且居处有别。因此，在没有可靠证据之前，似不宜作出这一推论。

南征楚荆的惨败对周朝是一个沉重的打击，从此，周人视汉水为畏途，再也不去问津，只能东征淮夷了。当然，周人东征淮夷，也同掠铜有关。淮夷的南面，长江中游的东段和下游的西段，是当时产铜的渊薮。周人同淮夷作战，既是主动的，又是被动的。主动，是要淮夷的铜；被动，是因为淮夷不服王化，而且曾经侵入中原的腹地。广义的淮夷包括徐夷（或称徐戎）在内，徐夷是淮夷中最偏北又最偏东的一支，故都在今江苏泗洪县境。徐夷的文化水平明显地高于其余的淮夷方国，因而淮夷唯徐夷马首是瞻。据古本《竹书纪年》，周昭王子周穆王曾大举伐徐，有“楚子”从征。按：熊黮死，其子熊胜立。熊胜死，其弟熊杨立②。熊杨死，其子熊渠立。从周穆王东征的“楚子”若非熊胜，则必熊杨。周穆王三传至周孝王，淮夷一度逼近洛邑（今洛阳市），此事见《敔簋》铭文。在连续几代的多次伐淮夷之役中，周朝消耗了大量的财力和兵力。正是在这样的形势下，蛰伏在雎山和荆山之间的楚人锋芒初露了③。

---

① 杨宝成：《湖北考古发现与研究》，武汉大学出版社 1995 年版，第 107 页。

② 熊杨，司马贞《史记索隐》作“熊炀”，别本作“熊锡”。

③ 张正明：《楚史》，湖北教育出版社 1995 年版，第 42 页。

第三节　星罗棋布的封国和方国

西周时期，除了号为子男之国的楚外，今湖北境内还分布有为数众多的封国和方国。其中既有周初分封的同姓或异姓诸侯国，也有西周中期以降由北方南迁的诸侯小国，还有自商代就已建立于斯的方国或部落。然而，湖北境内小国固多，分布却不甚平衡，总的状况是西众东寡，南少北多。现按地区予以简要介绍。

一、鄂西北地区

鄂西北是西周时期湖北境内小国分布最为密集的地区，其中见诸文献的主要有以下国家。

卢　卢的公族为妫姓，因其臣民多戎人，故又称“卢戎”，或作“庐戎”。据《尚书·牧誓》记载，武王伐纣时，即有卢人参加。卢也见于金文，据孙诒让考释，《𢊁侯簋》之“𢊁”，即与“卢”同①。学术界大都认为，此“卢”即春秋早期与罗国联合攻击楚师的“庐戎”，其事见《左传·桓公十三年》。卢之地望，据清人顾祖禹考证：南漳县东北五十里有中庐城，为春秋时庐戎国②。今人进一步考订其故址在今湖北南漳县境，蛮河中游北，与楚相距不足40公里。但也有少数学者改订于今湖北襄阳市襄州区西的泥嘴镇附近③。

罗　《左传·桓公十三年》：“十三年春，楚屈瑕伐罗，斗伯比送之。”杜预注：“罗，熊姓国，在宜城县西山中，后徙南郡枝江县。”罗在春秋早期就与楚发生战争，说明西周时期已立国。其故址据今人考订，位于蛮河中游南，居今湖北南漳、宜城两县市之间，与楚相距约40公

① 孙诒让：《古籀余论》第3卷。

② 顾祖禹：《读史方舆纪要》第19卷。

③ 石泉主编：《楚国历史文化大辞典》，武汉大学出版社1996年版，第105页。

里；或以为今宜城市西 10 公里罗川城即是。新近也有学者将其改订于今襄阳市襄州区丁家集对岸一带①。

鄀　在罗和卢的东面，今蛮河下游北，有一个鄀国。据《路史·国名纪丙》，其公族为邵姓。鄀之立国，先秦文献失载，而其地称鄀，平旷肥美过于卢、罗之地，宜必有国。但学术界多以为鄀本西周初年封国，原在今河南鄢陵县西北，因被郑武公所灭，遗民南徙于今湖北宜城，后入于楚。若细加探究，尚有可疑。首先，鄀被郑武公灭后，“遗民南徙于今湖北宜城”，缺乏依据。其次，在鄀被灭的春秋初年，汉水两岸的大小封国正力图扩充和巩固自己的地盘，怎能允许远在千里之外的亡国之民插足其间？再次，灭国后的鄀遗民已所剩无几，何以在长途流徙后于异地重建家园②？故我们以为，鄀并非由中原南迁而来，其立国与鄀水有关。《左传·桓公十三年》：“楚屈瑕伐罗，斗伯比送之。……及鄀，乱次以济。”“鄀”，杜预云：“鄀水，在襄阳宜城县，入汉。”《水经注·夷水》：“夷水出房陵（今保康、南漳交界处的司空山），其水东南流，历宜城西谓之夷溪，又东南径罗川城，又谓之鄀水。”由此可见，鄀水即夷水即今宜城境内的蛮河，而其地早有国名鄀。吴卓信《汉书地理补注》云：“鄀本古国，后入楚为别都。”江永《春秋地理考实》也说：“今襄阳府宜城县南有宜城故城，即古鄀国也。”

谷　《春秋·桓公七年》：“夏，谷伯绥来朝。邓侯吾离来朝。”此谷伯绥显系谷国之君。刘体智《善斋吉金录》有卜辞云：“王氏𠨘”，于省吾《双剑誃殷契骈枝三编》以为“𠨘”即谷，说明谷国殷商已立国。谷之族姓，孔颖达云：“不知何姓”，郑樵《通志·氏族略》以为嬴姓。谷国故址，多以为在今谷城县西北，今人进一步考订其地跨汉水支流南河两岸，而都于汉水南、南河北，与楚相距不下 100 公里。

绞　《左传·桓公十一年》：“郧人军于蒲骚，将与随、绞、州、蓼伐

① 石泉主编：《楚国历史文化大辞典》，武汉大学出版社 1996 年版，第 237 页。

② 高介华、刘玉堂：《楚国的城市与建筑》，湖北教育出版社 1995 年版，第 157 页。

楚师。”又同书《桓公十二年》：“伐绞之役，楚师分涉于彭。”① 尽管杨伯峻对传世铜器《交君子鼎》、《交君子壶》、《交君子》等是否绞君子器尚存疑虑，但绞在春秋早期就敢同楚抗衡，说明其西周时已立国。绞之族姓不详；也有人推测为偃姓②，尚待进一步考证。绞之地望，多以为在今十堰市郧阳区，可从。绞国的东南是谷国，西南是庸国，三者略成一个等边三角形。

庸　据《尚书·牧誓》记载，庸人曾参加商末的武王伐纣战争，传世西周铜器《井侯簋》中似有“庸人”字样，又周夷王时楚人熊渠曾伐庸③，足见庸是一个很古老的方国。庸之族属，其说不一：或根据庸近濮地而推测其族属为濮人；或根据文献有“庸人率群蛮以叛楚”④ 而以为其族属为“蛮”人。庸之地望，《史记·楚世家》张守节正义引《括地志》曰：“房州竹山县，在汉上庸县，古之庸国。”今人进一步考订其故址位于今汉水支流堵河上游的竹山县东南部。

参加商末武王伐纣战争的七个小国或部落除了卢和庸外，还有彭、蜀、微、髳、濮这五个小国或部落。学术界大多认为，以上七个小国和部落只有卢和庸位于今湖北西北部，余者皆分别位于毗邻鄂西北的豫、陕、渝三省市。但也有少数学者则以为另五个国家和部落也均位于今湖北境内，即彭位于今房县彭水一带，蜀位于今郧西县蜀水一带，微位于今竹山县微阳附近，髳位于今丹江口市近豫南处，濮位于远安县附近⑤。此说能否成立，尚须进一步探讨。

二、鄂北地区

地理概念上的鄂北，主要指今襄阳市区和近郊襄州区及其东邻随枣

---

① 杨伯峻：《春秋左传注》，中华书局 1981 年版，第 130 页。

② 石泉主编：《楚国历史文化大辞典》，武汉大学出版社 1996 年版，第 320 页。

③《史记·楚世家》。

④《左传·文公十六年》。

⑤ 参见顾颉刚、章巽《中国历史地图集》图四、五及《地名索引》，地图出版社 1955 年版；顾铁符：《夕阳刍稿》，紫禁城出版社 1988 年版，第 35 页。

走廊。这一地区古国虽说不多，但却大部分集中于随枣走廊的南端，且有一个号为“汉阳诸姬”之首的随国。

邓 《左传·昭公九年》记东周王朝贵族詹桓伯在同晋国进行交涉，忆昔西周全盛之时，提及“巴、濮、楚、邓，吾南土也”。西周初年成、康之际的《盂爵》铭云：“唯王初桒（祓）于成王，王令盂宁邓伯，宾贝，用作父宝尊彝。”意为周王派盂去慰问邓君，足见邓为周初封国无疑。据王符《潜夫论·志氏姓》说，邓之公族为曼姓。田昌五进而以为“曼”与“蛮”通，“邓国也许是苗蛮留下的华夏之邦”①。邓国的地望，主要有二说：一曰河南邓州，一曰湖北襄阳。“邓州说”首倡者为清人顾祖禹②，郭沫若从之③。“襄阳说”言者甚众：刘宋盛弘之《荆州记》云：“樊城西有鄾城。……鄾城西北行十余里，邓侯吾离之国，为楚文王所灭，今为邓县。”主张邓在今襄阳西北。《水经注·淯水》云：淯水“南过邓县东，县故邓侯吾离之国也”，主张邓在襄阳东北。司马贞《史记·屈原贾生列传》索隐云：“此邓在汉水之北，故邓侯城也。”又《括地志》云：“故邓城在襄州安养县北二十里，春秋之邓国。”唐安养县，天宝以后改名临汉县，故地在今襄阳市之樊城。此二说只是笼统指定在襄阳之北。总之，古邓国境跨汉水两岸，而都于今襄阳市北郊。也有学者进一步考订：今襄阳东北之邓为晋及唐宋时的邓城县，襄阳西北的邓城遗址则是古邓国及宋齐以前邓县所在④。传世邓器不多，郭沫若《两周金文辞大系图录考释》收录有 3 件，即《邓伯氏鼎》、《邓孟壶》盖、《邓公簋》盖，均属西周晚期器。又 1979 年襄樊市文物管理处从废品站拣选到《邓公牧簋》1 件，也为西周晚期之物⑤，有关专家认为系襄阳一带出土⑥。西周邓器出土

---

① 田昌五：《古代社会断代新论》，人民出版社 1982 年版，第 47 页。

② 顾祖禹：《读史方舆纪要》第 51 卷。

③ 参见郭沫若：《两周金文辞大系图录考释》，科学出版社 1957 年版。

④ 石泉：《古邓国、邓县考》，《江汉论坛》1980 年第 3 期。

⑤ 张家芳：《湖北襄樊拣选的商周青铜器》，《文物》1982 年第 9 期。

⑥ 杨权喜：《襄阳山湾出土的鄀国和邓国铜器》，《江汉考古》1983 年第 1 期。

于襄阳，为古邓国位于襄阳提供了物证。

厉　《左传・桓公十三年》："楚子使赖人追之，不及。"杨伯峻以为此"赖"即《左传・昭公四年》记楚灵王所灭之"赖"①，其说可从。但《左传・昭公四年》之"赖"《公羊》、《谷梁》二传均作"厉"，释云："灭厉如字，又音赖。"可见，古厉、赖同音，可互相通用。此厉国公族为姜姓，相传系厉山氏后裔所建。其地望，据前述"安州六器"《中觯》铭文，位于今随州市西北随县厉山镇一带。另一西周初年的铜器《太保王戈》铭文也称此厉国为周之"南国"诸侯②。说明厉至迟西周初年已立国，事实上可能还要早一些。

唐　《国语・郑语》云："当成周者，南有荆蛮、申、吕、应、郑、陈、蔡、随、唐……"这是唐国在传世文献上最早出现，其时在西周晚期。而据"安州六器"之一的《中觯》铭文，唐国至迟在西周早期已立国了。唐国的族姓，上引《国语・郑语》韦昭注曰："应、蔡、随、唐皆姬姓也。"张守节《史记・楚世家》正义引《世本》曰："唐，姬姓之国也。"当今学者也大多以唐为周之宗支，属"汉阳诸姬"之一。然而，也有人认为唐之公族为祁姓，系尧之后。司马贞《史记・楚世家》索隐、《新唐书・宰相世系表》以及清人梁玉绳《汉书人名表考》和顾栋高《春秋大事表・列国爵姓及存灭》均持此说。对此，徐少华已力辨其非③，言之成理，不复赘述。至于郑樵《通志・氏族略》将姬、祁二姓说并存，貌似公允，实则自相矛盾，碍难成立。根据"安州六器"《中觯》铭文，唐国应与厉国相邻，而按照"安州六器"《中甗》铭文，唐国当与随国接近。但是相邻也好，接近也罢，都有较大的伸缩性，难以确指。要想考订唐国的地望，根据目前的情况，还得依靠文献材料。涉及唐国地望的较早

---

① 参见杨伯峻：《春秋左传注・昭公四年》，中华书局 1981 年版。

② 参见陈梦家：《西周铜器断代》之二、五，分别载《考古学报》1955 年第 10 期、1956 年第 3 期。

③ 参见徐少华：《周代南土历史地理与文化》，武汉大学出版社 1994 年版。

的文献材料，主要有如下几条。《左传·宣公十二年》杜预注“唐国”云：“义阳安昌东南有上唐乡。”《汉书·地理志》南阳郡舂陵县原注：“侯国，故蔡阳白水乡。上唐乡，故唐国。”《水经注·沔水》释安昌县云：“县故蔡阳之白水乡也。汉元帝……分白水、上唐三乡为舂陵县……。”《后汉书·郡国志》南阳郡章陵县条下云：“故舂陵……有上唐乡。”由此可知，唐国之地望在魏晋安昌县，而魏晋安昌县在西汉前期为蔡阳县的一部分，分置后曾相继为西汉后期舂陵县、东汉章陵县。那么，对蔡阳、舂陵、章陵、安昌诸县中任一地望的考定，都将有助于唐国地望的确定。据喻宗汉考证，今枣阳市西界滚河边蔡阳店，即汉蔡阳县故地①。考定蔡阳在今枣阳市，则唐国故址就不难寻查了。《括地志》卷七云：“上唐乡故城在随州枣阳县东南百五十里，古之唐国也。”《读史方舆纪要》卷七载唐城云：“（随）州西北八十五里，春秋时唐侯国。”《春秋大事表》卷五云：“今湖广德安府随州西北八十五里有唐城镇。”杨伯峻进一步认定唐国故城位于今枣阳市东南的随州市西北之唐县镇②。其说不误。

曾　“安州六器”铭文记周昭王令南宫南征虎方，途经唐、厉而后至曾。这至少提供了两点信息：一是曾至迟在西周早期已立国，二是曾之地望与唐、厉同在汉东且相距不远。不料，金文中的唐、厉均见之于传世文献，独曾国于传世文献无载。幸有考古发现弥补了这一缺憾：2011年至2013年，考古工作者在随州市叶家山发掘了一处埋葬有曾侯及其近宗亲的西周早期曾国贵族墓地，计墓葬140座、葬马坑7座，共出土青铜器、玉器、陶器、漆器及原始青瓷器等2 100余件，其中65号墓、28号墓、111号墓不仅位置居中、规模甚大，而且随葬品众多，根据出土铜器铭文看，墓主人分别为“曾侯谏”、“曾侯□”、“曾侯犺”三位曾国国君③。

---

① 喻宗汉：《吴师入郢之战有关问题探讨　附：唐国地望考》，见《楚史论丛（初集）》，湖北人民出版社1984年版。

② 参见杨伯峻：《春秋左传注·宣公十二年》，中华书局1981年版。

③ 湖北省博物馆等：《随州叶家山西周早期曾国墓地》，文物出版社2013年版。

此后，考古工作者在随枣走廊西端的枣阳郭家庙发掘了一处西周晚期至春秋早期的曾国墓地，其中1号墓附葬有28辆车和49匹马的大型车马坑，还有属于诸侯之制的“轩悬”曲尺形编钟架，因墓旁同出有“曾侯絴伯戈”，故墓主人或即曾侯絴伯①。由此可见，曾国应与唐国和厉国相邻，尽管目前尚难以确认其疆域的四至，但今鄂北随枣走廊无疑是其中心。然而，这就有一个问题无法回避：传世文献无曾国，却有一个与曾国在诸多方面都十分吻合的国家，这就是前引《国语·郑语》所记与“荆蛮、申、吕、应、邓、陈、蔡”和“唐”并列的“随”。这一奇特现象，引起了人们的深思：若曾和随为两国，何以在一地？若曾和随为一国，何以有两名？这的确是一个难解之谜。1978年，曾侯乙墓在随州发掘后，李学勤首倡“曾随合一”说，认为金文上的曾国即文献中的随国②。此后，李学勤本人和有关学者又作了进一步的论证③，论证内容涉及曾随姓氏、疆域、年代等方面。首先，看曾随姓氏是否相同。早在20世纪30年代，刘节依据安徽寿县楚幽王墓出土的曾姬无恤壶铭文，考证曾国为姬姓，而与姒姓缯、鄫不同族④。1979年，随州城郊季氏梁一座春秋墓中出土两件青铜戈，其中一件铭文为：“周王孙季怡孔臧元武元用戈”；另一件铭文为：“穆侯之子西宫之孙，曾大攻（工）尹季怡之用。”⑤ 两件戈铭中的季怡，无疑指的是同一个人。从前一件戈铭看，他肯定是姬姓，因为他是“周王孙”，至于“季”，则应为其氏；从后一件戈铭看，他不仅是曾国的大工尹，还是曾国的公族，因为他的先辈是“穆侯”。身为曾国公族的季怡是姬姓，其出生国曾国无疑也是姬姓。

---

① 湖北省文物考古研究所等：《穆穆曾侯：枣阳郭家庙曾国墓地》，文物出版社2015年版。

② 李学勤：《曾国之谜》，《光明日报》1978年10月4日。

③ 李学勤：《续论曾国之谜》，《江汉论坛》1990年增刊；参见湖北省博物馆：《曾侯乙墓》（上），文物出版社1989年版。

④ 刘节：《寿县所出楚器考释》，《古史考存》，人民出版社1958年版。

⑤ 随县博物馆：《湖北随县城郊发现春秋墓葬和铜器》，《文物》1980年第1期。

2009年，考古工作者在随州义地岗文峰塔墓地发掘了曾侯與墓，出土曾侯與编钟铭文中曾侯與自称“余稷之玄孙”。明言自己的远祖为“稷”，与周王室同宗同族，这无疑为曾国系姬姓提供了新的证据①。随为姬姓，文献多载，《春秋左传正义》引《世本》说：“随国，姬姓。”高诱注《淮南子·览冥训》“随侯之珠”，同样称随为姬姓。前述韦昭注《国语·郑语》也说“应、蔡、随、唐，皆姬姓也”。足见曾随姓氏相同。其次看曾随疆域是否相重。曾国由于文献无载，其疆域也只有根据出土文物考察。据初步统计，现已发现的曾国有铭铜器共15批，其分布范围，大致是以今随州市为轴心向四周延伸，西起襄阳，东过随枣，北到新野，南达京山。随国的疆域，文献无明载，但据记随事较多的《左传·桓公八年》涉及的“沉鹿”、“汉淮之间”、“速杞”等地名来看，其版土当包括今汉水以东，桐柏山以南，广水以西，钟祥、京山以北地区②。可见曾随疆域相重。再次看曾随年代是否相当。根据“安州六器”和已出土曾国铜器的年代上起西周早期、下至战国分析，姬姓曾国始封时间应在周昭王之前，灭亡于战国中期偏晚。姬姓随国的立国时间无明载，但据前引《国语·郑语》记载分析，至迟西周中晚期已有其国，而其始立时间应更早一些。姬姓随国的灭亡时间，文献同样无明载，但据《春秋·哀公六年》“楚子、陈侯、随侯、许男围蔡”的记载分析，姬姓之随至少春秋末年还存在。而考虑到此时它还与楚保持着密切的关系，其国祚当会延至战国。由此说来，曾、随存在的年代相当。最后是出土铜器铭文所记曾楚之间重大史事与传世文献所载随楚之间重大史事相合。前揭曾侯與钟铭文言及铸此钟之缘由，是因在吴师之郢之战中，“吴恃有众庶行乱，西征南伐，乃加于楚，荆邦既变，而天命将误”，幸有曾侯“亲□武功”，才使得“楚命是静，复定楚王”。正因为曾国有恩于楚国，故楚王与曾侯

---

① 湖北省文物考古研究所等：《随州文峰塔M1（曾侯與墓）、M2发掘简报》，《江汉考古》2014年第4期。

② 参见何浩：《楚灭国研究》，武汉出版社1989年版。

與共立斋盟，恢复了曾国的疆域，即“余申固楚成，改复曾疆”。因兹事重大，故铸钟铭之。钟铭所记“吴恃有众庶行乱，西征南伐，乃加于楚”之役，即《左传·定公四年》所载吴师入郢之役，铭文谓曾侯“亲□武功”，即《左传》所记楚昭王避险于随一事，清华简《系年》所记也完全相同。同一重大历史事件中相同的一方在铜器铭文和传世文献中分别系于曾和随，这当不会是巧合。正是由于出土铜器铭文中的曾国同传世文献记载中的随国姓氏相同、疆域相重、年代相当和所涉重大历史事件相合，所以，我们也倾向于“曾随一国两名”的说法。但对于何以会一国两名，学术界仁智互见。有的学者以为，“曾”为国名，“随”为曾都，因而文献又称其国为“随”，这就像杞国都于淳于又称淳于、魏国都于大梁又称梁、韩国都于新郑又称郑一样①。也有学者对此提出质疑，以为魏国迁都于梁后才兼称梁，韩迁都于郑后才称郑，而随与曾既未互迁，与魏之于梁、韩之于郑不能相提并论②。如果主张曾即随，这又的确是一个难以回避的问题。总之，虽然“曾随合一”说在学术界和者甚众，但持异见者也不乏其人，看来这一问题的根本解决，尚须仰仗新的考古发现。

鄂（西鄂）　关于周代鄂国的地望，一直存在东鄂、西鄂之说。东鄂多认为在今湖北鄂州，主要依据文献资料的考定。西鄂一说在今河南南阳，一说在今湖北随州，均以考古发现的资料和文献记载为依据。此处讨论的西鄂。

涉及西周时期鄂国（西鄂）的考古资料，主要是镌刻有自铭鄂、鄂侯的青铜器及与鄂、鄂侯相关的青铜器铭文。1975 年以前发现和出土的西周鄂国有铭铜器，主要有上海博物馆藏鄂叔簋，铭文为“噩叔作，宝莤彝”；鄂季奞父簋，铭主席为“噩季奞父，作宝莤彝”等③。特别是上

① 参见何浩：《楚灭国研究》，武汉出版社 1989 年版。

② 参见何光岳：《楚灭国考》，上海人民出版社 1990 年版。

③ 徐少华：《鄂国铜器及其历史地理综考》，《考古与文物》1994 年第 2 期。

海博物馆征集的鄂侯弟历季卣，器、盖同铭两行八字："噩侯弟历，季作旅彝。"不仅与洛阳市博物馆征集的鄂侯弟历季簋铭文完全相同，而且与1975年随州安居羊子山发现的一件鄂侯弟历季尊上铭文毫无二致①。三件相同铭文器，应该均系鄂侯之弟历季所作，正好形成互为共存关系的一套完整组合。更重要的是有了随州羊子山发现的鄂侯历季尊显示出的出土地点，无疑为探讨西周早期的鄂国地望提供了可靠的线索。为按图索骥，2007年11月，文物工作者对曾经发现鄂侯历季尊的羊子山4号墓进行发掘，出土青铜器27件，器形有方鼎、圆鼎、簋、甗、罍、盉、盘、提梁卣、尊、斝、觯、爵、方彝等，几乎囊括了西周青铜礼器的全部器形②。这些器物的铸造工艺、形制风格、纹饰特征都具有明显的同一性，其中多有镌刻"鄂侯"铭文的器物，应属于鄂国青铜器，时代为西周早期。此墓出土的青铜器，无论是从其数量、组合还是精美程度都与西周早期君侯身份相匹配，而"鄂"、"鄂侯"的自铭，更是将墓主人的身份明确昭示出来。如果说1975年羊子山发现的鄂侯弟历季尊为鄂国西周早期的地望提供了线索，那么羊子山鄂侯墓则应该可以是西周鄂国地望一个明确无误的坐标点，至少可以说明西周早中期的鄂国位于随州安居一带。而距该墓地不远有一座古城遗址，有可能就是西周早期鄂国的都城所在。当然，目前还只是推论而已，最终的结论要依赖更新更多的考古资料来证实。

长期流传于史学界的西鄂"南阳说"，也获得了考古方面的证据。2012年，考古工作者在河南南阳新店乡夏响铺发掘了一处鄂国高等级贵州墓地③，时代为西周晚期至春秋早期，出土有较多刻有"鄂侯"、"鄂侯夫人"、"鄂"等铭文的青铜器，表明西周晚期到春秋早期，鄂国依然存在，只是已由湖北随州迁往河南南阳一带，如此看来，西鄂南阳说也

① 随州市博物馆：《湖北随县安居出土青铜器》，《文物》1982年第12期。

② 随州市博物馆：《随州出土文物精粹》，文物出版社2009年版。

③ 《河南南阳市夏响铺鄂国贵州墓地》，《华夏考古》2013年第3期。

应该是可以成立的。但从出土的青铜器看，其造型、纺饰都十分粗糙，已不见君侯的风范，说明此时的鄂国已经风光不再了。其后，楚掌握了对鄂的控制权，以至于鄂国一度成为楚国的附庸。再其后，楚灭鄂国，鄂地纳入楚国的版图，姞姓鄂国便不复存在了。

三、鄂中地区

鄂中地区西周小国不多见，有文献可考者只有郧、贰、轸三个国家。

郧 “郧”亦作“䢵”或“云”。据《左传》等文献记载，两周之际的楚君若敖曾“娶于䢵”，生斗伯比。春秋早期，斗伯比又娶䢵子之女，生令尹子文。由此看来，郧至迟在西周晚期已立国。郧系散居于江汉平原的巴人东迁涢水流域所建的方国，故其公族为巴人。郧之地望，或以为在今安陆市，或以为在今钟祥市与京山县交界处①，当以前者为是。

贰 《左传·桓公十一年》:“楚屈瑕将盟贰、轸。”屈瑕与贰结盟在春秋早期，说明贰至迟西周晚期已立国。贰之族姓不详，或以为是姬姓，尚待确考。贰之地望，多以为在今广水市境内。

轸 轸同贰一样，仅见于上引《左传·桓公十一年》。轸之族姓同样不详，或以为姬姓，也有待确考。据清人《春秋传说汇纂》考订，其地位于今应城市境内。同贰一样，轸当于西周晚期已立国。

四、鄂东地区

鄂东地区古国不多，仅有见于考古材料的长子国、举（与）国和见于文献记载的鄂国。

长子 长子国文献无载，只见于考古资料。1977 年至 1978 年，考古工作者在今武汉市黄陂区发掘了一处鲁台山遗址，该遗址南北长 1 625 米，东西宽 775 米，时代为西周。同时还发掘了 5 座西周贵族墓，出土了一大批陶器、青铜器、玉器、原始瓷器等。值得注意的是，在一件青铜圆鼎

---

① 参见石泉主编:《楚国历史文化辞典》，武汉大学出版社 1996 年版。

上，有“长子狗作文父乙隮彝”9字铭文①。黄锡全以为，器铭“长子狗”之“长子”，即商代甲骨文“长子惟龟至”之“长子”。“长子”曾向商王朝贡龟，说明它是在商代已建立于南方江汉二水汇合处并臣服于商的一个方国。鲁台山遗址与西周墓的填土中出土有商代的陶鬲足等器物，说明此地西周前曾有商人活动过。离鲁台山不远的盘龙城、袁李家湾等处，以及孝感、安陆、应城等地都发现有商周遗址，并有西周早期文化层叠压在商代文化层之上的地层关系，证实这一带西周文化的前身是商文化②。又据与“长子狗”圆鼎同出的“公大史”方鼎有铭“公大史作姬峑宝隮彝”分析，长子已与周室联姻，表明周灭商后长子又臣服于周，而且同周的关系非同一般③。此说能否确立，尚待进一步探讨。

举　举于文献无记载，仅见于甲骨卜辞。《佚存》498系一版武丁时期的卜骨，刻有数行同文卜辞，内容为：“贞，令望乘眔与乏虎方？十一月。”如前文所释，望乘是商朝经常率军出征的武将，“眔”释作“及”，“乏”为“犯”，“与”即“举”，举系汉东举水流域方国，与“虎方”相邻④。按举水经麻城、新洲、团风等市县区入长江，举立国于举水中游今麻城、新洲交界处的可能性较大。

鄂（东鄂）　《史记·楚世家》：“当周夷王之时，王室微，诸侯或不朝，相伐。熊渠甚得江汉间民和，乃兴兵伐庸、扬粤，至于鄂。”鄂，《正义》引刘伯庄云：“地名，在楚之西，后徙楚，今东鄂州是也。”又引《括地志》云：“邓州向城县南二十里西鄂故城是楚西鄂。”刘伯庄以为楚熊渠所伐之鄂为东鄂，言之成理。但是他认为这个东鄂乃由位于今河南南部的西鄂南迁而得名，则无根据。事实上，东、西两鄂，并无干系。《史记·殷本纪》：“以西伯昌、九侯、鄂侯为三公。”《集解》引徐广曰：

---

① 陈贤一：《黄陂鲁台山西周文化剖析》，《江汉考古》1982年第2期。

② 陈贤一：《江汉地区的商文化》，见《中国考古学会第二次年会论文集》，文物出版社1982年版。

③ 黄锡全：《黄陂鲁台山遗址为“长子”国都蠡测》，《江汉考古》1992年第4期。

④ 李学勤：《盘龙城与商朝的南土》，《文物》1976年第2期。

“（鄂）一作邘，音于，野王县有邘城。”这大概就是刘伯庄所谓“在楚之西”的“鄂”，其时间在商末，其位置在今河南沁阳县西北。由上述记载可知，此鄂属华夏系统，为殷之封国。西周时期，在今湖北随州和河南南阳先后有一鄂国，此即史家所谓“西鄂”，至于此“西鄂”与《史记·殷本纪》所记“鄂侯”所属之国有无渊源关系，仅凭目前的资料还不足以作出结论。其实，东鄂之“鄂”本作“噩”，乃鳄鱼的象形，鳄鱼在古代曾被称为蛟，是龙类的一种。《汉书·武帝纪》说：元封五年冬，汉武帝“自寻阳浮江，亲射蛟江中，获之”。颜师古注曰：“许慎云：‘蛟，龙属也。’郭璞说其状云：似蛇而四脚，细颈，颈有白婴，大者数围，卵生，子如一二斛瓮，能吞人也。”显然，这蛟龙是扬子鳄。百越民族断发纹身，像蛟龙之状。他们的龙，正是包括扬子鳄在内的。东鄂之所以称“鄂”，正因为它为古越族的一支扬越所建，而扬越恰恰是崇拜扬子鳄的。足见东鄂为扬越所属。从《史记·楚世家》熊渠伐扬越“至于鄂”来看，鄂当在扬越之领疆内①。在西周早、中期，楚人一直踯躅于丹淅、荆山之间，不可能威慑西鄂而导致其南迁。退而言之，即令西鄂要率部迁徙，也不会越过重山复水到相距千里之遥的古越人聚居之地。关于鄂之地望，上引清人顾栋高谓在今湖北鄂州，言之有据。《史记》裴骃集解引《九州记》曰：“鄂今武昌。”张守节《正义》引《括地志》曰：“武昌县，鄂王旧都。今鄂王神即熊渠子之神也。”日本学者泷川资言在其所著《史记会注考证·楚世家》一书中说：“此鄂即今日之鄂城。”综上所述，鄂即东鄂，在今湖北鄂州市（即原鄂城县）境内无疑。

五、江汉地区

江汉地区西周时期见于文献的国家主要有鄀、权、州三个封国，另有一个可能系商朝南迁氏族建立的方国或部落——北子。

鄀　《史记·管蔡世家》记：“武王同母兄弟十人，母曰太姒，文王

---

① 刘玉堂：《论湖北境内古越族的若干问题》，《民族研究》1987 年第 2 期。

正妃也。其长子曰伯邑考，次曰武王发……次曰幵季载，幵季载最少。”成王时“封季载于幵”。司马贞《史记》索隐说：“幵，国也。载，名也。季，字也。幵，或作‘邥’。按《国语》曰‘幵由郑姬’。贾逵曰‘文王子季聃之国’也。庄十八年楚武王克权，迁于邥处。……聃与邥皆音奴甘反。”显然，幵、聃、邥通，简体字为“鄀”。“邥处”，今写作“那处”①。鄀之地望，据杜预《春秋左传集解》，位于今钟祥市西北部。鄀国立国之君既为周文王之子，当属姬姓无疑。

权　《左传·庄公十八年》记：“初，楚武王克权，使斗缗尹之。”杜预注：“权，国名，南郡当阳县东南有权城。”《水经注·沔水》：“沔水又东会古权口。水出章山东南流，径权城北。古之权国也。”综考诸书所载，权当位于今当阳市东南，与楚相距约150公里。权国系商代中期以后南迁的殷人所建，其公族为子姓。

州　《左传·桓公十一年》：“楚屈瑕将盟贰、轸。郧人军于蒲骚，将与随、绞、州、蓼伐楚师。”杜预注曰：“州国，在南郡华容县东南。”《史记·楚世家》记有“考烈王元年纳州于秦以平”，裴骃《集解》引徐广曰：“南郡有州陵县。”顾栋高《春秋大事表·列国爵姓及存灭表》、张琦《战国策释地》卷下，都认为“今湖广荆州府监利县东三十里有州陵城”，为“古州国”地。谭其骧更是具体指出：“华容故城在今潜江县（今潜江市）西南”，“州在今洪湖县（今洪湖市）东北”②。此说可从。州之姓氏，据《路史·国名纪二》，为偃姓，系少昊后裔。说明州之立国较早，大概不会晚于西周早期。

北子　1961年，考古工作者在今荆州市江陵区万城一座西周墓中发现一批铜器，其中有4件器铭有“北子，冈”字样③，与鄂州陈林寨发现

① 何浩：《楚灭国研究》，武汉出版社1989年版，第37页。

② 谭其骧：《云梦与云梦泽》，《复旦学报》1980年增刊。

③ 王毓彤：《江陵发现西周铜器》，《文物》1963年第2期；李健：《湖北江陵万城出土西周铜器》，《考古》1963年第4期。

的商代青铜爵铭文“冈父丁”相比[①]，都有“冈”字。“冈”即“再”字，是商代青铜器上所出现的重要族氏铭文之一，曾见于安阳侯家庄1550号大墓，估计为商朝的王族[②]。说明在殷商时期，中原商王朝贵族曾有一支辗转南下，直至西周前期仍居于江汉平原一带。考虑到这个“冈”族在江汉地区生活长达数百年之久，且具有较高水平的青铜文化，很可能已建立了名为“北子”的方国或部落。

第四节　西周中晚期楚人锥处颖脱及其社会形态

从熊绎到熊渠，五代六君，历时约一个半世纪，楚人惨淡经营，境况大为改善。当熊渠在位时，显示了转弱为强的势头。先前的五位楚君，除熊绎外，其余四位在文献中似乎乏善可陈，徒见名姓而已。其实，他们对内致力于建设楚人的家园，对外实行审慎的睦邻政策，而成效见于熊渠之世。其中的一位，熊胜或者熊杨，因曾从周穆王伐徐，大开眼界，而且获得了较多的铜源。随着人口的增多，国力的增进，楚君按捺不住掠夺和征服的欲望，跃跃欲试，转守为攻了。如果说，在楚国走向振兴的道路上，熊渠和他的臣民树立了第一块震烁江汉的里程碑，那么，若敖、蚡冒则使这块碑石变得更加牢不可拔。

一、熊渠拓疆

熊渠颇有胆气和勇力，善射，有一则射石饮羽的故事流传到后世。上古以善射著称的神话兼传说人物是射落过九个太阳的羿，然而据说还有射艺在羿之上的真实人物。《史记·龟策列传》说：“羿名善射，不如雄渠、蠭门。”“雄渠”就是“熊渠”。《新序》卷四说：“昔者楚熊渠子夜行，见寝石，以为伏虎，弯弓射之，灭矢饮羽。下视，知石

---

① 徐国胜：《介绍鄂城出土的几件文物》，《江汉考古》1982年第1期。

② 江鸿：《盘龙城与商朝的南土》，《文物》1976年第2期。

也。”《论衡·儒增篇》以为这是儒者增饰之辞，不可置信。其实，后来的养由基和李广也有同样的故事，未必都出于儒者的增饰。养由基是春秋时代的楚人，李广则是秦裔的汉人。无论如何，熊渠射艺出众是可信的。射石饮羽，表明他所用的镞坚硬而锐利，楚国制作铜质兵器的技术已经不低了。熊渠使出平生最大的力气，把当时最好的箭镞射进石缝里去是完全可能的。至于说连同箭翎也全射了进去，就难免有增饰之嫌了①。

熊渠一面继承先君的遗规，小心地睦邻，一面整军经武，大胆地开疆。《史记·楚世家》载：在周夷王时，王室衰微，诸侯交相攻伐，“熊渠甚得江汉间民和，乃兴兵伐庸、扬粤，至于鄂。熊渠曰：‘我蛮夷也，不与中国之号谥。’乃立其长子康为句亶王，中子红为鄂王，少子执疵为越章王，皆在江上楚蛮之地。及周厉王之时，暴虐，熊渠畏其伐楚，亦去其王。”由此可知，熊渠施政、用兵有两大特点：其一是相机乘势，在周朝软弱时奋翼而飞，在周朝强硬时敛翅而息，宜进则必进，须退则暂退；其二是近交远攻，近交以固其本，远攻以展其枝。第一个特点显示了政治家的机敏，这虽是不可或缺的素质，但还不算突出。第二个特点显示了军事家的气魄，既敢于远程奔袭，也善于克敌制胜，这在当时可称得上是罕有其匹②。

楚国东面的邓、卢、罗三国，从北到南，纵向排列，如常山之蛇。击其首则尾救之，击其尾则首救之，击其身则首尾俱救之。熊渠深知对这条常山之蛇还力不能制，未敢启衅，同它修好，让它至少能保持善意的中立，以解后顾之忧。

伐庸，应为突袭。庸、楚之间，山萦水回，道路崎岖，楚师若非突袭，断难奏效。这次突袭似乎不甚得手，或许只是因为曾受庸师骚扰，采取报复性、警告性甚至演习性的军事行动。楚人历来住在平原或者山间盆地中，积久成习，嫌弃山地，在楚国长约八百年的历史中，始终不

---

①② 张正明：《楚史》，湖北教育出版社 1995 年版，第 43、44 页。

改。他们在平原用兵容易成功，在山地用兵容易失败，向来如此①。熊渠举兵伐庸，想必如箭已在弦，不得不发。

伐扬粤，应为先蚕食、后鲸吞。扬粤即扬越，在长江中游，东部多、西部少，南部多、北部少。“扬越”之名得自扬水，是他称，非自称。扬水在江汉平原中部，连结长江和汉水。楚人最早接触的越人是扬水流域的，因而称之为“扬越”，后来把长江中游的其他越人也笼而统之称为扬越了。楚师伐扬越，从丹阳南下，进入江汉平原西部，到今当阳、江陵、荆门一带，再东下，沿途无险阻。江汉平原西部除了权国之外，少有名见经传的方国，只有楚蛮和巴人的散部错居杂处，便于楚师乘隙而入。排除了江汉平原西部的路障，东向伐扬越就畅通无阻了。

熊渠伐扬越，终点是鄂。鄂靠近长江中游的铜矿，得其厚利，在西周中期与晚期之际臻于极盛。周夷王死，周厉王立，鄂侯驭方一度颇蒙恩宠，与王宴饮，受王重赐，事见《噩侯驭方鼎》铭文。但是，不久，驭方与淮夷结盟，为淮夷张目，“广伐南国、东国”。周厉王派西六师和殷八师伐鄂，命令他们“勿遗寿夭”，意即不分老少格杀勿论，然而没有成功。周厉王又派禹率戎车百乘、徒兵千人增援，才擒获驭方，灭了鄂国，事见《禹鼎》铭文。熊渠伐鄂，应在驭方成为周人阶下囚之后，等于趁火打劫。甚至可能是以“勤王”之名，说是帮周师去打鄂师，待到周师俘获了鄂君，楚师才乘人之危袭取了鄂都。本来，楚不敌鄂，但在鄂师主力被周师击溃之后，楚师去扫荡鄂师的残兵败将却是胜任愉快的。熊渠不畏长江风涛之险，劳师远出以伐鄂，无疑是受了铜矿的诱惑。伐鄂的胜利使长江中游的铜矿不再是扬越和淮夷的奇货以及周朝的禁脔，而成为楚人得以染指之物了，这对楚国的振兴起着举足轻重的作用。熊渠一生所曾作出的最重大的决策，以及所曾建树的最辉煌的功业，莫过于伐鄂②。

熊渠三子：长子“康”，《史记·楚世家》亦作“毋康”；中子“红”，

---

①② 张正明：《楚史》，湖北教育出版社1995年版，第44、45页。

《史记·楚世家》亦作“挚红”；少子“执疵”，《左传·僖公二十六年》以及《史记·楚世家》张守节《正义》引宋均所注《乐纬》亦作“挚”，司马贞《索隐》引《世本》则作“疵”。这般同名异称，应是一为简称而一为繁称，恰如他们的始祖，简称为“融”，繁称为“祝融”。毋康所王之地句亶，据《史记·楚世家》裴骃《集解》引张莹之说，在今江陵。挚红所王之地鄂，在今鄂州，已见上文。执疵所王之地越章，不易指实，可能在江陵与鄂州之间某处。何光岳以为越章在今湖北安陆县，其地有章山，章山亦称豫章，是后来吴楚大战之处，“越”通“豫”，豫章即越章，可备一说①。做这样的布局，想来是为了确保运输红铜的战略通道的安全。至于命三子俱为王，气魄是够大的，但未免冒失了。不久，熊渠见周厉王对反叛的方国态度强硬而手段残暴，自行削去了三子的王号。王号尽管削去，封地依然存在。

近四十年前，湖南采集到《楚公冢秉戈》一件。按，“冢”，张振林释为“家”②。荆门包山2号墓出土的竹简也有“冢”字，绎其前后文意，确为“家”字。张亚初认为“渠”通“家”，都是鱼部字，“渠”为群纽，“家”为见纽，楚公冢即熊渠③。其说可从。此戈为巴蜀式戈，但铭文为原铸而非补刻。江汉平原西部有巴人，如江陵陀江寺遗址所出釜形鼎、卷沿盆、大口斜直腹盘和束颈罐等陶器都有巴蜀风格，说明系巴人的文化遗存④。既然熊渠的长子封在江陵，那么，楚人必定已占领江汉平原的西部，必定已接触当地的巴人。楚人所见的巴蜀式戈，应得之于江汉平原的西部。熊渠对巴蜀式戈发生了兴趣，命工匠仿造了一件，还铸上了铭文。此戈制作精良，纹饰华丽而怪异，援的两面都有若干规整的椭圆形黑斑，在同类兵器中殊为罕见。显然，熊渠和他的一些部属

---

① 何光岳：《“越章”考》，《江汉论坛》1984年第10期。

② 张振林：《试论铜器铭文形式上的时代标记》，见《古文字研究》第5辑，中华书局1985年版。

③ 张亚初：《论楚公冢钟和楚公逆镈的年代》，《江汉考古》1984年第4期。

④ 江陵县文物局：《江陵陀江寺古文化遗址》，《江汉考古》1988年第2期。

愿意吸收其他民族的积极的文化因素，同时喜欢搞别出心裁的创造。仿造一件铜器——尤其是戈之类形制比较简单的铜器，并不困难。只要付出相应的努力，仿造得很好也是容易做到的。但像楚公冢秉戈那样，寓变通于模仿之中，就非有创新的欲望和才能不可了。楚公冢秉戈是已知年代最早的一件楚国铜器，也可以说，在已知的所有楚国铜器中，它是年代最早的一件珍品。不鸣则已，鸣必惊人，这，用来描述熊渠的功业和遗物，可谓恰如其分。

二、动荡之秋

熊渠嫡嗣毋康早死。熊渠谢世之后，挚红和执疵豆萁相煎，结果是挚红继为楚君，执疵举家远走而自立为夔君。这位夔君可能又曾自号“越章王”，其兄挚红听之任之。《国语·郑语》有所谓“芈姓夔越”，前人不知何以将“夔”与“越”连称，唯一可通的解释应是指芈姓的夔子国越章王及其后裔，其他各种解释都不免牵强。

《史记·楚世家》说：“挚红卒，其弟弑而代立，曰熊延。熊延生熊勇。熊勇六年，而周人作乱，攻厉王，厉王出奔彘。熊勇十年，卒，弟熊严为后。熊严十年，卒。有子四人，长子伯霜，中子仲雪，次子叔堪①，少子季徇。熊严卒，长子伯霜代立，是为熊霜。熊霜元年，周宣王初立。”这里有两个疑点。第一，当周厉王时，竟有3代共5位楚君，即熊渠、熊挚红、熊延、熊勇、熊严。按，周厉王在位连同共和行政时期在内不过30年，其间楚君如此之多，实难令人置信。熊勇、熊严两人占去20年，熊渠的后期连同熊挚红、熊延仅得10年，更易令人生疑。第二，《史记·楚世家》上文说“熊渠生子三人”，其中无熊延，这里却说熊挚红为其弟熊延所杀，令人是非莫辨。如果上列五位楚君都实有其人，先后更代也实有其事，那么，熊挚红与熊延的行辈就值得推究了。假如熊延确为熊挚红之弟，他就一定是在熊挚红及其兄毋康、弟执疵俱

---

① 堪，司马贞《索隐》曰：“一作湛。”

为王以后出生的，出生不久其父熊渠即去世。以幼年之弟杀壮年之兄，这可能性是几乎没有的，数年之后就由子熊勇继位更绝无可能。看来，《史记·楚世家》是把熊渠之弟误记为熊挚红之弟了。当年这场流血的政变，大概不是弟杀兄，而是叔杀侄，就像后来熊通杀其侄而自立，以及公子围杀其侄而自立那样，这种可能性倒不小。也就是说，在 30 年之内，除了熊渠占去几年之外，相继袭位的楚君只是两代四位①。

熊严四子，据《国语·郑语》，是为“伯霜、仲雪、叔熊、季紃”。与《史记·楚世家》对照，叔熊即叔堪，季紃即季徇。《史记·楚世家》说：“熊霜六年，卒，三弟争立。仲雪死；叔堪亡，避难于濮；而少弟季徇立，是为熊徇。”这是楚国公族再而三的一次内讧，结局是：老大死后，老四杀死老二，赶走老三，自立为楚君了。《国语·郑语》称叔熊为“蛮芈”，这是由于叔熊逃到濮地之后，变服从俗，蛮化了。

周室因危难和衰微而进入了动荡的时世，楚国则因幸运和兴旺而进入了动荡的时世。前者在演着有时颇为喜剧化的悲剧，后者却在演着有时不乏悲剧性的喜剧。

《史记·楚世家》说：“二十二年，熊徇卒，子熊鄂立。”按，熊鄂有《楚公逆镈》传世。

《史记·楚世家》接着说：“熊鄂九年，卒，子熊仪立，是为若敖。若敖二十年，周幽王为犬戎所弑，周东徙。……二十七年，若敖卒，子熊坎立，是为霄敖。霄敖六年，卒，子熊眴立②，是为蚡冒。……蚡冒十七年，卒。”

文献记楚君在位的年数，始于熊勇。熊勇七传至蚡冒，历五代。其间，周厉王被逐、周宣王初立以及周幽王被杀，使熊勇至蚡冒共八位楚君的元年和末年得以一一考定。

熊勇——元年为公元前 847 年，末年为公元前 838 年；

① 张正明：《楚史》，湖北教育出版社 1995 年版，第 48 页。

② 熊眴，《国语·郑语》韦昭注作“熊率”。

熊严——元年为公元前 837 年，末年为公元前 828 年；

熊霜——元年为公元前 827 年，末年为公元前 822 年；

熊徇——元年为公元前 821 年，末年为公元前 800 年；

熊鄂——元年为公元前 799 年，末年为公元前 791 年；

熊仪（若敖）——元年为公元前 790 年，末年为公元前 764 年；

熊坎（霄敖）——元年为公元前 763 年，末年为公元前 758 年；

熊眴（蚡冒）——元年为公元前 757 年，末年为公元前 741 年。

从熊勇即位到蚡冒弃位，计 107 年，加上从熊渠弃位到熊勇即位不足 10 年，则从熊挚红到蚡冒共 10 位楚君历时不过 115 年左右。熊徇、若敖、蚡冒在位时间较长，3 人共 65 年。其余 7 人合计只有 50 年左右，平均每人在位仅 7 年左右。从熊延到蚡冒共 9 位楚君都是善终的，而享国之日较短，可见那时楚人的平均寿命不长，就连楚君也多数是壮年谢世甚至青年夭折的。

楚国充满了机会和风险，楚国交织着欢乐和悲苦。

三、若敖灭鄀和蚡冒启濮

在经过几番暴风骤雨洗礼之后的楚国，先后有两只雄鹰苍劲奋起，这就是若敖和蚡冒。

从文献的零星记载来看，若敖和蚡冒都治国有方。对此，连后世楚人的劲敌晋人也不得不叹服。《左传·宣公十二年》记楚晋邲战前夕，晋大夫栾武子说："若敖、蚡冒筚路蓝缕，以启山林。"当时的国君，像若敖、蚡冒这样，因艰苦和勤俭受到别国称扬的，绝无仅有。

假定若敖、蚡冒仅停留在艰苦和勤俭上，是不会有如雷贯耳之名的，因为论艰苦奋斗他们尚未能超过其先君熊绎。他们的功绩在于既能效熊绎"筚路蓝缕"之精神，又能奋熊渠开疆拓土之余烈。灭鄀和启濮，便是若敖、蚡冒分别奉献给楚人的杰作。

（一）若敖灭鄀

鄀国何年灭亡，史无明载。幸有《国语》中的两条资料，为探讨这一问题提供了线索。

《国语·郑语》记郑桓公由郑迁于新郑前问询于史伯，史伯对曰："当成周者，南有荆蛮、申、吕、应、邓、陈、蔡、随、唐……"何浩已考证鄀国与楚、邓、随、唐相距不远，当在汉西那处①。史伯历数诸国未及鄀，说明鄀此时已不复存在。而郑桓公为东迁事谋于史伯，时值周幽王九年（公元前 773 年），即他于周幽王八年任司徒的下一年②。也就是说，鄀国灭亡应在此年之前。

《国语·周语》有"聃由郑姬"语，意即郑君之女嫁给鄀国属同姓通婚的非礼之举，因而衰亡。据《史记·郑世家》："宣王二十二年，友初封于郑。封三十三岁，百姓皆便爱之，幽王以为司徒。"显然，只有在桓公封郑之后，其女嫁于鄀才能称郑姬。由此可以断定：鄀之灭亡当在郑桓公封郑以后的 33 年之内，即周宣王二十二年（公元前 806 年）至周幽王八年（公元前 774 年）期间，其时值楚熊徇十六年至若敖十七年。在熊徇与若敖之间，还有一个熊鄂③。

熊徇在位期间未闻有大的举动，且灭鄀之上限距其在位末年不到 6 年时间，故熊徇可能与灭鄀无涉。

熊鄂政绩略大于熊徇，但同样未闻其执政期间军事上有大的动作，且有两个不利于他灭鄀的因素：其一是他享祚仅 8 年，难以有大的作为；其二是他在位期间曾致力于郢城的构筑，精力不允许他同时从事更为重要的事情。

灭鄀的重任，看来非若敖莫属了。其理由如下：首先，若敖是熊渠以来楚国最著名的军事家和政治家。若敖之"敖"，本义是军事首领，相当于统帅。若敖由军事统帅而至楚君，必有卓越的战功。最能显示战功者莫过于灭国开疆，而西周末年被楚灭亡的国家只有鄀。其次，若敖之世，楚国的发展已处于紧急关头。楚人要想由荆睢山地向

①③ 何浩：《楚灭国研究》，武汉出版社 1989 年版，第 40、42 页。

②《国语·郑语》韦昭注；《史记·郑世家》。

江汉平原拓展，鄀是第一个必须除去的障碍。灭鄀后，楚人既可西控江汉平原，又可东窥“汉阳诸姬”，还可南下长江沿岸。而若敖组建了楚国第一支家族武装，应该说与灭鄀有关。再次，若敖在位 27 年，是西周楚君中时间最长的一位，从而使他有充足的时间来挥洒诸如灭鄀之类的大手笔。

如果说，鄀是楚人所灭的第一个封国，那么，灭鄀无疑标志着以“蛮夷”自居的楚人公然向周王室及其分封的姬、姜诸国挑衅的开端。

（二）蚡冒启濮

蚡冒与若敖相似，也应是尊号。楚昭王时有申包胥，别称“棼冒勃苏”，“勃苏”应即“包胥”，则“棼冒”似即“申”。疑“蚡”为“申”，而“冒”即“敖”，以音近而假借①。可见，蚡冒同若敖一样，也具有杰出的军事才能，否则不会获得“敖”的尊号。

事实的确如此。《国语·郑语》说：“及平王之末，而秦、晋、齐、楚代兴。秦庄②、襄于是乎取周土，晋文侯于是乎定天子，齐庄、僖于是乎小伯，楚蚡冒于是乎始启濮。”由此看来，楚蚡冒“始启濮”，与秦庄公、襄公占领了关中，晋文侯帮助周朝迁都于洛邑，齐庄公、僖公成为诸侯盟主一样，都是当时威震四方的大事。

蚡冒伐濮，并非必欲占其地而有之，估计以安定后方为主。楚人大举开拓，必先安定后方。熊渠就是这样，为了解除东征的后顾之忧，先行西征。蚡冒也是如此，但他为天年所限，刚走完第一步就与世长辞，把第二步留给他的后任去走了③。

四、社会形态的演变

据《史记·楚世家》记载，楚自熊绎受封以来，五传至熊渠。其间经历了熊艾、熊䵣、熊胜、熊杨四代“国”君。这时的楚，一面奋力建

①③ 张正明：《楚史》，湖北教育出版社 1995 年版，第 55、56 页。

② “庄”，原文作“景”，此从韦昭注改。

设家园，一面注意与楚蛮部落保持亲善的关系，获得了稳步的发展，显示了转弱为强的势头，至熊渠之时，正值周室内乱迭起的夷王之世，熊渠因之获得了向外发展的机缘。

熊渠是楚国历史上一个值得称道的首领。他继位伊始，即开始组织武装力量，揭开了对外扩张的序幕。据前引《史记·楚世家》载："周夷王之时，王室微……熊渠……乃兴兵伐庸、扬粤，至于鄂……"显然，周室衰微，诸侯离心，是楚人扩张的外在条件；楚族图生存，求发展，则是楚人扩张的内在动因。但是导致楚人对外扩张的最根本因素是楚族内已出现了阶级分化。因为阶级的分化，将极大地刺激人们对财富贪求的欲望，而满足这种贪欲的一种最直接有效的办法，便是对异族的掠夺。由原始社会形态向阶级社会形态的过渡阶段，从摩尔根开始往往被称之为军事民主制时期。恩格斯说："其所以称为军事民主制，是因为战争以及进行战争的组织现在已成为民族生活的正常职能。邻人的财富刺激了各民族的贪欲，在这些民族那里，获得财富已成为最重要的生活目的之一。他们是野蛮人，进行掠夺在他们看来是比进行创造的劳动更容易甚至更荣誉的事情。以前进行战争，只是对侵犯进行报复，或者是为了扩大已经感到不够的领土；现在进行战争，则纯粹是为了掠夺，战争成为经常的职业了。"① 熊渠之世连续不断的对外扩张战争，说明楚人已开始将战争视为"经常的职业"。

从熊渠死后"诸子争立"的史实来看，无论在熊渠时楚人是否已抛弃了氏族社会的选举制度，均表明楚族之内私有制的存在与阶级的分化已是无可怀疑的事实，而当时私有制的最大受益者正是楚"君"。因为"氏族首长总是从每个氏族的同一家庭中选出的习俗，在这里也造成了最初部落的显贵"②。不过，由楚"君"继承状况所反映的贫富的分化与阶级的对立，都还没有完全超越氏族社会所允许的范围。

熊渠十传至蚡冒，其间世系，文献有载。据前引《史记·楚世家》

①②《马克思恩格斯全集》第21卷，人民出版社1965年版，第187～188、144页。

载："熊渠卒，子熊挚红立，挚红卒，其弟弑而代立，曰熊延"，"熊严卒，长子伯霜代立，是为熊霜。熊霜元年，周宣王初立。熊霜六年，卒，三弟争立。仲雪死；叔堪亡，避难于濮；而少弟季徇立，是为熊徇"，"熊徇卒，子熊鄂立。熊鄂九年，卒，子熊仪立，是为若敖。……（若敖）二十七年，若敖卒，子熊坎立，是为霄敖。霄敖六年，卒，子熊眴立，是为蚡冒。"从熊渠至蚡冒，历七代，其间两度发生兄弟争立的事件。这说明至若敖蚡冒之世，楚国以嫡长子继承制为核心内容的宗法制度已基本形成，这无疑是楚国私有制逐步发展和阶级进一步分化而产生的必然结果①。

政治地位或阶级地位，是人们在社会生产过程中彼此形成的关系。西周楚君的政治地位，从他们在本族社会生产中所处的位置得到尤为深刻地反映。《左传·昭公十二年》说西周早期的熊绎"筚路蓝缕，以处草莽，跋涉山林，以事天子"，俨然一个与民同甘共苦的劳动者形象。值得注意的是，直到两周之际，楚君仍然保持着这一传统。《左传·宣公十二年》记："若敖、蚡冒筚路蓝缕，以启山林。"杜注："言此二君勤俭以启土。"终西周之世乃至春秋初年，楚君与主要生产者之间的关系，于此不难概见。对于原始社会与文明国家管理者地位之差异，恩格斯曾有过生动的比喻："文明国家一个最微不足道的警察，都拥有比氏族社会的全部机关加起来还要大的'权威'。……后者是站在社会之中，而前者却不得不企图成为一种社会之外和社会之上的东西。"② 西周楚君的身份与地位，充分显示出他们是站在社会之中而非社会之外和社会之上的，他们实际上只是氏族联盟的军事族长。恩格斯曾经指出："国家是以一种与全体固定成员相脱离的特殊的公共权力为前提的。"③西周楚族还没有形成一种与全体固定成员相脱离的"特殊的公共权力"，他们行使的是公共利益的领导职能，至多只是具有了文明将至的某种权力要素。

---

① 刘玉堂：《楚国经济史》，湖北教育出版社 1996 年版，第 104 页。

②③《马克思恩格斯全集》第 21 卷，人民出版社 1965 年版，第 195 页。

恩格斯还说过“血缘亲属关系是（原始部落）联盟的真实基础”，旧的氏族公社是“由血缘关系形成和保持下去的”①，而“国家和旧的氏族组织不同的地方，第一点就是它按地区来划分它的国民”②。西周之时，楚族在根本上还是一个较单纯的血缘团体，从而也谈不上按地区来划分它的国民。而与这种血缘团体相适应的制度，就只能是氏族组织，而不可能是国家。

按照经典作家的观点，“国家是阶级统治的机关，是一个阶级压迫另一个阶级的机关”③。它是经济上占统治地位的阶级为了维护本阶级的利益而对被统治阶级实行专政的工具，主要由军队、警察、法庭、监狱等组成。也就是说，衡量国家专政机构健全与否的主要标准是军队和司法系统，而这两条标准恰好是西周之时的楚“国”所缺乏的。

唐孔颖达《左传正义》云：“楚本小国，地狭民少。虽时复出师，未自为法。”从“楚本小国”分析，孔氏所指主要是西周时期的楚“国”，因为春秋以降的楚国绝不会被人以“小国”视之。宋代的马端临则说得更为直接，他在其所著《文献通考》中说：“（楚）成王始为军政。”即西周时期楚还没有出现象征国家军事力量的“军政”。也许有人会如此质疑：如果西周时楚族没有军队，熊渠何以兴兵伐庸、扬越，至于鄂？蚡冒又何以“服陉隰”④？这个疑问并不难解答。因为我们说西周楚族没有军队，是指没有国家的正规军，并不等于说没有任何形式的武装力量。恩格斯曾经指出：“在原则上，每一个（原始）部落只要没有同其他部落订立明确的和平条约，它同这些部落便都算是处在战争状态中。”而“要是发生战争，大半都由志愿兵来进行”，这类志愿兵被恩格斯称为“居民的自动的武装组织”⑤。尚处在原始社会

---

①②《马克思恩格斯全集》第 21 卷，人民出版社 1965 年版，第 110、109、194 页。

③《列宁选集》第 3 卷，人民出版社 1972 年版，第 176 页。

④《左传·文公十六年》。

⑤《马克思恩格斯全集》第 21 卷，人民出版社 1965 年版，第 167、194 页。

末期的西周楚族，其武装力量就类似于那种“居民的自动的武装组织”。

在整个西周时期，未见楚人有任何法律条文，也未见楚族有任何司法机构，这似乎只有从楚族尚未进入完全意义的国家状态来理解。

综上以观，虽说终西周之世楚族一直未能完全脱离原始的氏族社会形态，但是，促进这一形态瓦解的因素却在潜滋暗长。从种种迹象观察，这一因素的产生大致可追溯到西周中晚期熊渠之时。至若敖、蚡冒之世，这一因素的生发已接近临界点，一种新的社会形态犹如躁动于母腹中的胎儿，即将呱呱坠地了，而促使这个胎儿降临的助产的重任，便历史地落到了蚡冒的继任者熊通的肩上①。

第五节 农桑、技艺、礼乐

西周时期，随着生产工具的改进和劳动者技能的提高，湖北地区的农业和手工业都有了较快发展。同时，由于受周王朝礼乐制度和南方百越民族音乐文化的影响，楚国作为当时湖北地区最主要的国家，形成了独具特色的礼乐制度——钟乐制度。

一、生产工具的改进

商代，湖北地区的先民已开始使用青铜生产工具。西周时期，湖北地区的青铜工具有了进一步的改进和发展，这种改进和发展的显著标志是铲、镰等农业生产工具的出现。为叙述方便，现将已公开报道的湖北地区考古发现的青铜工具列表于兹（见表 6-1）②：

① 刘玉堂：《楚国经济史》，湖北教育出版社 1996 年版，第 106 页。

② 采自后德俊：《湖北科学技术史稿》，湖北科学技术出版社 1991 年版，第 64～66 页。

表 6-1 湖北地区出土的西周青铜工具

出土地点	时代	名称	数量	外形及尺寸	备注	资料来源
蕲春毛家嘴	西周早期	锛	1	长条形，顶有长方形銎，内有残木柄。长 10.6cm，宽 4cm		《文物》1962 年第 1 期第 1～9 页
蕲春毛家嘴	西周早期	斧	1	长 10.8cm，宽 10.5cm。成凹字形，有銎，銎长 7.4cm，宽 1.2cm		《文物》1962 年第 1 期第 1～9 页
蕲春毛家嘴	西周早期	刀	1	长 20.5cm，宽 2cm，柄长 9.5cm，宽 0.9cm，厚 0.4cm		《文物》1962 年第 1 期第 1～9 页
红安金盆	西周	锛	1	长方形，一面刃，器身留有铸造时的合缝，长 7cm～7.75cm，宽 4.2cm	同时出土的有青铜兵器及石斧、石锛等	《考古》1960 年第 4 期第 38～40 页
红安金盆	西周	刀	3	一件是双孔刀；两件是有柄铜刀，柄头中空，可放木柄	同时出土的有青铜兵器及石斧、石锛等	《考古》1960 年第 4 期第 38～40 页
黄陂鲁台山 M_{28}	西周	锛	1	梯形，銎作方口，中空，单面弧刃，长 7.1cm，宽 3.6cm	与青铜礼器及玉器同时出土	《江汉考古》1982 年第 2 期第 37～61 页
秭归官庄坪	西周	斧	1	双面斜弧刃，长方形銎，通长 15.4cm，銎长 8cm，宽 4cm	与十几件石制工具同时出土	《江汉考古》1983 年第 3 期第 19～37 页
秭归官庄坪	西周	削	3	已残	与十几件石制工具同时出土	《江汉考古》1983 年第 3 期第 19～37 页
随州旭光砖瓦厂	西周晚期	铲	1	合范铸成，方銎，圆肩，銎口壁加厚成箍，銎中部有相对的小钉孔，残长 12cm，刃宽 6cm	与青铜礼器、兵器同时出土	《江汉考古》1985 年第 1 期第 106 页

续表

出土地点	时代	名称	数量	外形及尺寸	备　注	资料来源
汉阳纱帽山	主要为西周时的遗物	甬	1	顶端近凹字形，中空。刃两侧作弧形，长 7.4cm，腰宽 6.7cm，厚 0.25cm	主要是采集品，伴随有大量石制、骨制工具及青铜器等出土	《江汉考古》1987年第 3 期第 7～18 页
		刀	3	已残。其中一件仅有刀身，刀背平直，尖端成三角形		
		镰	1	已残。弧背曲刃		
		凿	1	刃部宽于顶部，刃成弧形，长 6.5cm，刃宽 4.2cm，顶宽 3.5cm		
		鱼钩	2	其中一种钩柄顶端有凹槽系绳用，钩尖有倒刺，全长 4.5cm		
		针	1	体细，末端作尖状		

从上表列举的材料，可以看出湖北出土的西周青铜工具具有以下几个特点：一是纯青铜农具如铲、镰的出现，象征着青铜工具在农业生产中的地位和作用日益凸现；二是绝大多数青铜工具为一器多用，即既可作手工业工具用，又可作农具用，说明当时青铜工具的分工尚处于初级阶段；三是青铜工具与石质、骨质工具同存并出，意味着青铜工具在生产中尚未占据主导地位；四是青铜工具通常与青铜礼器、兵器等一同收藏或陪葬，表明青铜工具在当时还属于比较珍贵的物品。

二、农桑的发展

由于生产工具的改进和劳动者生产技能的提高，西周时期，不仅江汉平原的稻作农业进一步发展，如在汉川市南河镇就发现有大米的遗存①，

① 陈钧、张元俊、方辉亚主编：《湖北农业开发史》，中国文史出版社 1992 年版，第 11 页。

而且水稻种植已由鄂西和江汉平原推及鄂东丘陵地带。在鄂东蕲春毛家嘴西周遗址中，发现了成堆的粳稻型稻谷遗迹，表明此地可能是一个粮食储存场所；在遗址所在地的水塘和水井附近，也发现有小片稻谷①。正是由于水稻的大量栽培，粮食产量的提高，才会有较多的剩余粮食用以储藏，提供给非农业生产者或以备不时之需，这反映出西周时期湖北地区水稻的栽培范围和粮食产量都比商代有了较大的发展。

这一时期湖北地区的畜牧业也有了进一步的发展。在汉阳纱帽山西周遗址中，出土了大量的水牛、马、羊、猪、鹿、鳖、龟、鱼、蚌、螺等动物遗骸②。宜昌覃家沱西周遗址中，发现各种猪骨、鹿骨和鱼骨、鱼牙等③。与商代及其以前相比，西周时的湖北扩大了家养动物的范围，以前少见或不见的水牛、马等大型动物遗骸屡有出土，表明这些大型动物已为人们所驯养。

黄陂鲁台山西周墓葬中，曾出土一件玉制蚕蛹，两眼、双翼，身作螺旋状，嘴下有孔，直通尾部，色泽浅绿，长 2.6 厘米④。显然，蚕刻有两翼表明此蚕已成蚕蛾，身作螺旋状则象征着蚕蛾腹部的节纹。这件玉蚕的出土说明西周时期湖北已出现养蚕业。事实上，我国养蚕的历史可以追溯到新石器时代，到夏商时代又有新的发展，《夏小正》载："三月……摄桑……妾子始蚕。"《管子·轻重甲》曰："伊尹以薄（亳）之游女工文绣纂组，一纯得粟百钟于桀之国。"《诗经·豳风·七月》云："春曰载阳，有鸣仓庚。女执懿筐，遵彼微行，爰求柔桑，……取彼斧斨，以伐远扬，猗彼女桑。"据熊建平先生介绍，在安阳大司空、山东益都苏埠屯、陕西宝鸡茹家庄及山东济阳刘台等地，都出土有商或西周时的蚕

① 中国科学院考古研究所湖北发掘队：《湖北蕲春毛家嘴西周木构建筑》，《考古》1962 年第 1 期。

② 武汉市博物馆：《汉阳东城垸纱帽山遗址调查》，《江汉考古》1987 年第 3 期。

③ 宜昌地区博物馆：《宜昌覃家沱两处周代遗址》，《江汉考古》1985 年第 1 期。

④ 湖北省博物馆等：《湖北黄陂鲁台山西周遗址与墓葬》，《江汉考古》1982 年第 2 期。

形玉或玉蚕①。至于以鲁台山西周墓出土玉蚕为标志的湖北地区西周养蚕业是否由中原地区传入，尚待进一步探讨。不过，若考虑到屈家岭文化普遍存在各种陶制、石制纺轮的事实，湖北地区包括蚕丝织业在内的家庭手工纺织业的历史则可以提到夏商之前。

三、技艺的进步

（一）青铜冶铸

如前所述，至迟在商代，湖北地区已出现了青铜冶铸业。西周时期，湖北地区的青铜冶铸业有了进一步的提高。

西周时期湖北地区的青铜冶炼遗迹在考古发掘中并不鲜见。1980 年，当阳杨木岗西周晚期遗址中发现了少量铜渣，部分铜渣紧贴在陶片上，根据以往的经验，这种粘附有铜渣的陶片很可能是用于冶铜的坩埚残片。在大冶铜绿山和阳新港下古铜矿遗址中发现的遗物虽说大多数时代属于春秋战国，但也有少数为西周，说明这两处古铜矿至少西周时期已进行了开采冶炼。鄂州陈林寨发现的商代“冎父丁”铜爵，出土时腹部盖有两块铜，周围的丘陵台地上发现有红烧土、铜矿石和冶炼后的矿渣以及夹砂陶片等，这些遗物的时代似为西周。1950 年，考古工作者在与陈林寨相距不远的鄂州汀沮一个称作“铜灶”的地方，发掘出一批形如薄砖状的铜锭和西周时期的青铜编钟等文物。“铜灶”附近有一个被称为“铜坑”的大水坑，水深如潭，据说从未干涸，或许是当时为“铜灶”提供矿石的露天采矿场。明嘉靖《大冶县志》载：“旧《志》云：‘白雉山南出铜矿。晋、宋、梁、陈，采矿烹炼，后废。’今山麓土墩，俗谓之‘铜灶’者，其遗迹。或云县治西南铜绿山，亦古矿之所。”“铜灶”炼铜是否始于西周，这是一个需要经过考古调查发掘，并对出土物进行科学鉴定之后才能回答的问题②。但是，从“铜灶”附近出土的铜锭和西周编

---

① 熊建平：《试谈刘家台西周墓地出土的玉蚕》，《中原文物》1988 年第 4 期。

② 徐献国：《鄂城县发现一处古冶炼遗址》，《江汉考古》1985 年第 4 期。

钟等文物推测，这里有可能是一处西周时期的炼铜遗址①。1993 年，山西天马—曲村遗址北赵晋侯墓地 64 号墓出土 1 套 8 件楚公逆甬钟，钟铭有“……内（纳）饗（享）赤金九邁（萬）钧”句②，意即楚公逆出巡，有四方首领入贡，所贡尚须冶炼的红铜达 9 万钧之多。楚公逆即西周晚期楚君熊鄂，如果西周时的楚国不具备相应的青铜冶炼能力，是难以接纳如此数量的红铜的。

同一时期湖北地区的青铜铸造技术主要师法中原。湖北出土的西周中晚期的青铜器中，以曾国器为最多③。从其铸造工艺来看，与中原基本相同④。同曾器一样，西周时期楚国青铜器也与中原大同小异，如当阳赵家湖西周晚期楚墓出土的青铜鼎、簋，与中原同类器无明显区别⑤。黄陂鲁台山西周墓出土青铜器 47 件，从这些器物表面的铸痕来看，均采用通体浑铸，一范一器。圆鼎的身由 3 块范合成，耳、足、腹均用一块范，这从 3 条上下一致的铸痕即可看出；方鼎用 4 块腹范、1 块底范合成。爵使用 3 块腹范，浇口设于底部，至今仍可见焊补的痕迹⑥。这与沙市出土的青铜尊的浇口位置相同，说明青铜爵也是倒着浇铸成的。1977 年在枣阳王城发现的 8 件西周晚期的青铜器，也是采用泥范铸造，在青铜匜的鋬内尚存有制范的泥土，看来很可能是当地铸造的。同时出土的青铜鼎，其壁范分成 3 块，在鼎的 3 个足上接缝，底范由几块三角形范构成⑦。红安金盆西周遗址中发现有 3 件石范，一件是锛范，另两件已残，尚可认出其中一件是镞范，均为滑石制成。锛范长 11.5 厘米、

---

① 后德俊：《湖北科学技术史稿》，湖北科学技术出版社 1991 年版，第 57 页。

② 山西省考古研究所、北京大学考古学系：《天马—曲村遗址北赵晋侯墓地第四次发掘》，《文物》1994 年第 8 期。

③ 湖北省博物馆：《湖北京山发现曾国铜器》，《文物》1972 年第 2 期；鄂兵：《湖北随县发现曾国铜器》，《文物》1973 年第 5 期。

④ 周永珍：《曾国与曾国铜器》，《考古》1980 年第 5 期。

⑤ 参见湖北省宜昌地区博物馆：《当阳赵家湖楚墓》，文物出版社 1992 年版。

⑥ 陈贤一：《黄陂鲁台山西周文化剖析》，《江汉考古》1982 年第 2 期。

⑦ 襄樊市博物馆：《湖北谷城、枣阳出土周代青铜器》，《考古》1987 年第 5 期。

宽 5.4 厘米～6.9 厘米，与之同出的一件青铜锛，器身留有铸造时的合缝，全长 7 厘米～7.75 厘米、宽 4.2 厘米、厚 0.9 厘米。这件铜锛恰好可以放入滑石质锛范模内，说明这件铜锛正是由这类石范所铸①。在一定的条件下，采用石范铸造形状比较简单的青铜工具，可以一范多用，即一范多器，这同原来一范一器的铸造技术相比，显然前进了一大步。1981 年秭归官庄坪遗址出土的一件西周晚期的铜斧，器身两侧尚留有合范铸造的痕迹。联系 1983 年在今随州市郊发现的西周时期用合范铸成的铜铲（已残）和上述红安金盆遗址的情况，说明西周时期，湖北地区一些形状简单的工具均采用合范（包括石质合范）铸成。1984 年 2 月，在武穴鸭儿洲附近长江中，挖沙船挖出 23 件青铜甬钟和 2 件勾鑃，时代为西周晚期。在铸造技术上，这批甬钟的甬与钟腔不相通，这一点同中原地区出土的青铜甬钟的甬与腔相通不同，其表面纹饰虽有西周风格，但趋于简单化②。勾鑃是吴越地区的典型器物，武穴一带西周时期属于越人的居住地，看来这批甬钟和勾鑃应是当地居民越人铸造的，更何况此地与当时越人的矿冶基地——大冶铜绿山相距不远③。前揭天马—曲村遗址出土楚公逆钟铭文说楚公逆得到四方首领入贡的九万钧红铜之后，“自作和齐锡钟百肆”。“和齐”，指钟声谐和，说明当时楚国工匠已具备较高的铸造技术；“百肆”，指所铸编钟数量之多④，反映出楚国铸造业已具有较大的规模。由此可见，西周时期湖北地区的先民不仅继承和发展了商代已出现的合铸、分铸、浑铸等铸造技术，而且在铜合金的配比上进行了探索，铸造出音质、音色均达到较高水平的编钟，尤其是石范的使用，标志着铸造技术的新起点。

---

① 湖北省文物管理处：《湖北红安金盆遗址的探掘》，《考古》1960 年第 4 期。

② 湖北省博物馆、广济县文化馆：《湖北广济发现一批周代甬钟》，《江汉考古》1984 年第 4 期。

③ 刘玉堂：《扬越与楚国》，《江汉论坛》1990 年增刊。

④ 山西省考古研究所、北京大学考古学系：《天马—曲村遗址北赵晋侯墓地第四次发掘》，《文物》1994 年第 8 期。

（二）玉器制作

由于青铜工具的使用，商周时期的玉器制作在新石器时代的基础上有所发展，而就商、周而言，后者的玉器制作水平又无疑高于前者。

西周时期的湖北玉器，主要出土于黄陂，下面是黄陂出土的部分周代玉器（见表6-2）①：

表6-2 黄陂出土部分西周玉器

名称	时代	外形与尺寸	资料来源
人头饰	西周	体作三角形，头上有冠，嘴下有一穿孔，浅黄色，长1.6cm，宽1.13cm	《江汉考古》1982年第2期第37～61页
蚕蛹	西周	两眼，双翼，身作螺旋状，嘴下有孔，直通尾部，浅绿色，长2.6cm	
鱼	西周	黄白色褐斑，嘴略上翘，鱼身上下用细线刻成鱼鳍状	
雏鸟	西周	双鸟合雕一体，作相对状，乳白褐色斑，长3.5cm，宽2.3cm，厚0.4cm	
瑗	西周	圆形，中穿一孔，灰白色，局部浅绿，外径7.8cm	
璇玑	西周	形似环，周边有三个对称的勾状机牙，灰褐色斑，外径9cm	
戈	西周	黄褐色斑，两面刃，锋末作三角形，内上一圆孔，全长27.8cm	
象形饰	西周	体作梯形，用细线云纹刻成象的形状，鼻尖下卷微突，上有一孔，长1.8cm，宽1.1cm	
管状饰	西周	灰白色，通身饰雷纹，长3.8cm	
串珠	西周	绿色，通体磨光，中穿孔，直径0.9cm～1.3cm	

① 采自后德俊：《湖北科学技术史稿》，湖北科学技术出版社1991年版，第73页。

从已出土的湖北西周玉器实物观察，当时玉器制作已形成一定规模，并达到较高的工艺水平。片状玉器的制作，大都是将玉料先切割成玉片，再粗磨成圆形，然后将规整成材的玉片加工成玉璧、瑗、环等，不甚规整者则分割成半圆或1/3圆的璜形。玉制动物如玉鱼、玉雏鸟、玉象饰等也是先将玉料切成玉片，然后加工成形的。玉鱼的眼睛是采用穿孔表现的，玉雏鸟的眼珠、尖喙、双翅及羽毛则运用浮雕和线刻的方式加工而成。最为生动形象的玉器是玉蚕蛹和玉象饰，其中玉蚕蛹前文作过介绍，玉象饰是用细线云纹刻成象的形状，鼻长且下卷，突出了象的典型特征。玉人头饰也颇有特色，体作三角形，头上戴冠，嘴下有一穿孔。即使形制简单的玉戈，尽管表面没有加工成纹饰图案，但却以磨制精工取胜，且整体均匀，脊线流畅，戈刃薄而有锋利感，充分显示出当时玉器制作的工艺水平①。

据《韩非子·和氏》记载："楚人和氏得玉璞楚山中，奉而献之厉王。厉王使玉人相之，玉人曰：'石也。'王以和为诳，而刖其左足……"厉王即蚡冒，系春秋初年楚君，其时楚已设有专门相玉的玉人一职，说明玉器制作业已有一定规模，这无疑是在西周的基础上发展起来的。

（三）建筑

西周时期湖北地区依稀可寻的建筑遗迹主要有蕲春毛家嘴西周遗址中的大型木构建筑。该遗址于1957年冬由考古工作者发现并发掘，总面积达500平方米以上，有230多根木柱纵横分布，成行排列，并发现有木板墙、木梯的痕迹（见图6-1）。据发掘简报介绍，尚可分辨的房屋有3座，暂编为1、2、3号。其中1号房长8.3米、宽4.7米、方向130°，房内有木柱18根，柱径粗者0.2米～0.3米、细者0.1米左右，呈方格形排列：纵3行，行距2米左右；横6行，行距2米或3米左右。2号房与1号房同在一条直线上，方向相同，房内有木柱15根，亦呈方格状，纵3行、横7行，排列较齐整。15根木柱中有7根粗木柱、8根细木柱。

① 后德俊：《湖北科学技术史稿》，湖北科学技术出版社1991年版，第74页。

粗木柱中有4根与南墙平行、3根与北墙平行；细木柱中有5根等距分布在房的纵轴线上，并与两侧粗柱平行排列。3号房未能完全复原，位置在1号房北侧，残存粗柱7根，大小与1、2号房相同。上述3座房屋只是一处住所的局部①。

图6-1 蕲春毛家嘴西周木构建筑遗址

房内木柱上凿有榫眼，以便插置横柱架扶板墙。并发现有木制楼梯的残迹和大块平铺的木板，说明这些建筑属木结构楼房。在一处探方中，还发现一块长2.15米、宽1.65米、厚0.05米的木板遗迹，系由3块长2.15米、宽0.5米的长方形木板和一条长2.8米、粗0.1米的木棍相交组成。木板平行排列，中部有榫槽，穿以木棍，以连结并固定木板，似是木制地板的残迹。在木板东北角0.75米处发现的木柱，很可能是架支地板的垫木②。

毛家嘴西周遗址上的木构建筑是一组古代居民住房，它通过柱、梁间的榫卯结构，建造了带有木板墙、木质地板的楼房。它与盘龙城木结构茅顶大殿相比，进步十分显著。考虑到西周时期蕲春一带属古越人居住的地区③，而越人又以干栏式建筑为居所特征，故蕲春西周木结构建

①② 中国科学院考古研究所湖北发掘队：《湖北蕲春毛家嘴西周木结构建筑》，《考古》1962年第1期。

③ 刘玉堂：《论湖北境内古越族的若干问题》，《民族研究》1987年第2期。

筑实际上属干栏式建筑的一种类型。

在这个遗址中不仅发现了陶器、铜器、漆器等日常用具和生产工具，而且发现了堆积有大批粳型稻谷的粮仓，还发现有已经钻、灼过的卜甲和卜骨，以上迹象表明这是一处奴隶主贵族的居所。

如果说蕲春西周木结构建筑是贵族的居所，那么，红安金盆西周遗址中发现的圆形房屋遗址则是一座平民住宅。这一房屋遗址东西长 5.2 米、南北宽 3.67 米～5.14 米，东北角有一条宽 0.68 米的通道（见图 6-2）。这座建筑虽然没有防潮的台基，但有深沟环绕，同样能起到防潮的功能①。

1982 年试掘的当阳磨盘山西周中晚期遗址中，出土了一定数量的筒瓦和板瓦，均为泥质红陶。这说明至少在西周中期，湖北江汉地区已开始使用瓦②。瓦的使用，是建筑史上的一次飞跃。

图 6-2　红安金盆西周建筑遗址

---

① 湖北省文物管理处：《湖北红安金盆遗址的探掘》，《考古》1960 年第 4 期。

② 后德俊：《湖北科学技术史稿》，湖北科学技术出版社 1991 年版，第 45 页。

四、礼乐文化的突出标志：钟乐制度的形成

西周时期湖北地区的礼乐文化以楚国钟乐制度的形成为突出标志。

人们对楚国钟乐的关注，始于楚公逆镈和楚公冢钟，遗憾的是前者器形已佚，后者有3件流入日本①、1件去向不明②，而离开实物的研究只能是雾里看花。真正激发人们对楚钟乐制度研究兴趣的，是山西天马—曲村北赵晋侯邦父墓出土的8件楚公逆编钟。这套钟均为甬钟，形制相似，甬断面略呈方形，上端有浅涡及3个沟槽，舞两面微向下倾，钲、枚、篆各部位均以双阳线划分，双阳线之间排列乳刺，枚为平顶两端式。舞部饰宽阳线卷云纹，旋施云目纹，篆带饰蝉纹，鼓部中央饰龙、凤、虎纹，左侧以穿山甲纹为基音点。钟内有调音槽1道。钟甬高18.5厘米、舞修24.3厘米、栾长32.4厘米、铣间28.8厘米、通高51厘米。钲及鼓部右侧有铭文68字："隹（唯）八月甲午，楚公逆祀氒（厥）先高且（祖）考，夫（敷）壬（任）四方首。楚公逆出，求氒（厥）用祀。四方首休多勤锁（钦）融，内（纳）飨（享）赤金九邁（万）钧，楚公逆用自作和齐锡（盠）钟百肆。楚公逆其邁（万）年寿，用保氒大邦。永宝。"③ 钟铭的内涵十分丰富，尤其值得注意的是"自作和齐锡（盠）钟百肆"所透露的有关楚国钟乐制度的信息。"百肆"之"肆"，文献有载。《周礼·小胥》记："凡悬钟磬，半为堵，全为肆。"郑玄注："钟一堵、磬一堵谓之肆。"又《左传·襄公十一年》载："歌钟二肆。"杜预注："肆，列也，悬钟十六为一肆。"从已出土的西周编钟来看，最多者如楚公逆编钟为8件一套，只有郑玄所说数目的一半。因此，有的学者

① 樋口隆康：《乐器》，京都泉屋博物馆，昭和五十七年（1982年）版，第26页。

② 高至喜：《楚国西周铜器初论》，见《长江文化论集》，湖北教育出版社1995年版。

③ 山西省考古研究所、北京大学考古系：《天马—曲村遗址北赵晋侯墓地第四次发掘》，《文物》1994年第8期。

认为，所谓一“肆”，可能是指大小相次的编钟一组，数目多少不等①。但无论一“肆”究竟有钟多少枚，联系到楚国早期青铜器几乎全部为钟这一事实，铸钟“百肆”表明楚国钟乐已形成制度则无疑问。

学术界一般认为，以鼎为标志的礼制形成于西周早期，以钟为标志的乐制形成于西周晚期②。这只是就诸夏而言，楚国则不然。在楚国，终西周之世，未见以鼎为标识的礼制形成的迹象，而且以钟为标志的乐制自西周晚期形成后，便成为衡量爵位高低、等级尊卑的徽识，兼有诸夏以鼎为标志的礼制的功能。因此，与其说楚国的钟乐是一种单纯的乐制，不如说它是一种兼乐、礼二制于一体的礼乐制度。

西周晚期编钟制度之所以能够形成，是因为具备了下列条件：一是编钟的普遍存在；二是成组或曰成套编钟的出现；三是甬钟的右鼓出现第二基音标志，表明西周编钟有意识地正式使用第二基音；四是八件成组的编钟已有一定的音阶规律；五是大多数钟上铸有铭文，并且有着一定规律的排列格式③。对照楚公逆钟，除是否有一定的音阶规律发掘简报未能言明外，其余条件无一不符。事实上，根据楚公逆钟以穿山甲纹为标志的基音点的存在这一现象分析，楚公逆钟应有一定的音阶规律。也就是说，西周晚期楚国钟乐制度的形成是势在必然。

楚人选择以钟代鼎的独特的礼乐制度，有主观和客观两个方面的原因。从主观上看，虽然诸夏礼与乐“相须为用”，即“礼非乐不行，乐非礼不举”的典制对楚人有所影响，但楚人“不与中国之号谥”的心态和领异标新的创造精神，决定了他们要对诸夏的礼乐制度多所损益，以建立适合本民族特点的礼乐制度。而在礼乐器中，唯一能同礼器之首“鼎”并称对举的是“钟”，钟也就成为楚人创立自己的礼乐制度的首选之器。从客观上看，西周时期楚人“僻在荆山”，与蛮夷为伍，处于一种亦夏亦

① 黄锡全、于炳文：《山西晋侯墓地所出楚公逆钟铭文初释》，《考古》1995年第2期。

②③ 曾玮、魏京武：《西周编钟的礼制意义》，《南方文物》1994年第2期。

夷、非夏非夷的特殊地位，要想站稳脚跟进而谋求发展，就必须吸纳当地的蛮夷文化，其时恰逢湘北流行的越人喜爱的乐器钟镈由南而北经楚地向中原传播①，且居住于湖北南部的越人中也盛行甬钟、勾镭一类乐器，前揭长江武穴段发现越人甬钟和勾镭即为明证②。正是这种主、客观因素的双重效应，导致楚人避开诸夏的鼎簋制度，选择了钟乐制度。如此一来，既显示了楚人与诸夏分庭抗礼的气魄③，又达到了笼络越人之心并征服其地的目的④。

楚人赋予钟在礼乐制度中以重要地位，钟不仅是楚人音乐的表率，而且是王权的象征。春秋战国时期楚人尚钟之风无出其右⑤，其渊源可溯至西周。

---

① 高至喜：《楚国西周铜器初论》，《长江文化论集》，湖北教育出版社 1995 年版。

② 湖北省博物馆、广济县文化馆：《湖北广济发现一批周代甬钟》，《江汉考古》1984 年第 4 期。

③ 刘玉堂：《楚艺术概说》，《荆楚文史》1992 年第 1 期。

④ 高至喜：《论中国南方商周时期铜铙的型式、演变与年代》，《南方文物》1992 年第 2 期。

⑤ 张正明、刘玉堂：《从楚人尚钟看钟氏的由来》，《江汉论坛》1985 年第 6 期。

第七章　东周早期汉阳与汉阴的一统

第一节　楚武王建成王国

从熊绎到蚡冒，约经两个半世纪之久，楚人在惨淡经营中，通常小心谨慎，偶尔大胆恣肆。熊绎以“筚路蓝缕”垂美名于青史，假如说这是不得已而茹辛含苦，那么，当楚君能以铜九万钧、钟一百肆睥睨诸侯之时，蚡冒仍甘于以筚路蓝缕自奉，这就是非常之人而有非常之行了。苦志与雄心，二而一，一而二。如果没有过人的苦志，断难使过人的雄心化为伟业。

从熊绎开国起，十几代过去了，楚人的足迹绝少越出汉阴。汉阳比汉阴富庶，又横亘在楚国与中原之间。当楚国未强盛时，楚人不敢存染指汉阳之念。当楚国渐强盛时，楚人就情不自禁地要问津于汉江了。

汉阳大致可以分为两个部分：今枣阳迤东为汉东，今襄阳迤北为汉北，前者以随枣走廊为躯干，后者以南阳盆地为腹心。汉东全部在湖北境内，汉北则只有南端在湖北境内。汉阴的襄宜平原，东逾汉江则接随枣走廊，北逾汉江则通南阳盆地，地势似夷而险，是汉阴的咽喉，被三个小国分占着。这些小国曾经是楚人曲意善待的邻邦，起过屏藩楚国的作用。当楚国的兵力强大到不受汉江制约之时，它们就成为楚人进取汉阳的障碍了。

得汉阳与汉阴而兼之的，是继蚡冒而立的武王熊通和继熊通而立的文王熊赀。

在楚国变弱小为强大的漫长征程中，熊渠所实现的是第一次跃进，熊通和熊赀所实现的是第二次跃进。

一、熊通自立为君

公元前741年（周平王三十年），蚡冒弟熊通杀蚡冒子而自立。这事牵连到楚国在君位传承问题上一个疑是疑非的公案，不可不辨而明之。

“楚国之举，恒在少者。”① 这是公元前626年令尹子上对楚成王说的话，意即幼子或小叔在竞逐君位时可操胜券。验之于史实，证据显然不足，似乎子上把特例说成了通例。假如子上说得不错，那么，这“举”就不是本于先君的旨意，而是出于他人的图谋。

“芈姓有乱，必季实立，楚之常也。”② 这是公元前529年晋卿叔向对韩宣子说的话，意即楚国公族为君位传承发生争议以至发生变难时必定由幼子或小叔继位。

其实，子上所言与叔向所言是一致的，但子上只笼统地说到了“举”，而叔向则明确地说到了在“芈姓有乱”这个特定场合下的“立”。

楚国在长约八个世纪的国祚中，曾发生过弟杀兄而自立为君的事三起，即熊徇杀仲雪，成王杀堵敖，平王逼杀灵王和公子比、公子黑肱；还发生过叔杀侄而自立为君的事三起，即熊延杀熊挚红，熊通杀蚡冒子，灵王杀郏敖。此外，有和平方式的兄终弟及四起. 即熊胜传熊杨，熊勇传熊严，肃王传宣王，幽王传哀王，后两起是因兄无子而传弟，前两起缘由不明。

兄终弟及盛行于原始社会末期的军事民主主义阶段，与父死子继相交替。只要没有形成严格的宗法制度，兄终弟及就不会绝迹。叔杀侄而自立为君是兄终弟及遗风对父死子继常规的反抗，等于以暴力方式实行的兄终弟及。

---

① 《左传·文公元年》，见阮元校刻《十三经注疏·春秋左传正义》，中华书局影印本1980年版，第18卷，第135页。

② 《左传·昭公十三年》，见阮元校刻《十三经注疏·春秋左传正义》，中华书局影印本1980年版，第46卷，第368～369页。

至于弟杀兄而自立为君，则可能有两种缘由，其一是幼子继承制度余绪对长子继承制度常规的反抗，其二是军事民主主义的遗风对君主专制政体的约束。

从民族志和人类学的资料来看，凡实行幼子继承制度的，长子必非其父己出或非其父嫡出。长子非其父己出，这是因为男女不仅在已成年、未结婚时有性自由，而且在已结婚、未生育时仍有某种程度的性自由，乃至长子非婚生。至于长子非其父嫡出，则是妾先妻所生。早期的楚国可能有长子非其父己出者，但在文献中无实例可寻。中期以后的楚国则不乏长子非其父嫡出者，且有正夫人与侧夫人易位之事间或发生。

上述弟杀兄而自立为君的事三起，缘由不尽相同。第一起，熊徇杀仲雪，如熊徇已成年，则大概是幼子继承制度余绪对长子继承制度常规的反抗；如熊徇未成年，则大概与第二起类同。第二起，成王杀堵敖，实为元老杀堵敖而立其弟为君，当时其弟尚年幼，显然是军事民主主义遗风对君主专制政体的约束。第三起，平王逼杀灵王和公子比、公子黑肱，纯属宫廷政变，此时幼子继承制度余绪和军事民主主义遗风都已荡然无存了。

熊通杀其侄而自立为君，显然是暴力方式的兄终弟及。

若敖—蚡冒时期的楚人，既有机遇的诱惑，又有风险的威胁。他们从征服事业中获利渐丰，总是希望国君有勇敢而机智的素质，既能带领他们抓住机遇，又能引导他们避开风险。如果嗣君没有上述必备的素质，元老就可能倚仗国人对古老传统的怀念，废长立幼或者废侄立叔。这样的废立是在宗法制度尚未确立的条件下实行的，与《春秋》笔法的弑篡不可等量齐观。

熊通杀侄而自立，易如反掌，可见此举至少是符合多数元老意向的，或许事先就得到了多数元老的首肯，甚至可能是与几位举足轻重的元老一起策划的。总之，他轻轻巧巧地成为楚君了。后来的事实证明，他果然是一位深孚众望的雄主。

熊通是幸运的，除去内部环境为他提供了夺取权力的人缘，还有外部环境为他准备了施展武略的时机。东周在风雨飘摇中诞生以后，所面临的仍是飘摇的风雨。《史记·楚世家》记：熊通十七年（公元前724年），“晋之曲沃庄伯弑主国晋孝侯”；十九年，“郑伯弟段作乱”；二十一年，周平王刚去世，就发生了“郑侵天子之田”这等史无前例的怪事。东部也变故迭起，熊通二十三年，“卫弑其君桓公”；二十九年，“鲁弑其君隐公”；三十一年，“宋太宰华督弑其君殇公”。如此以下凌上，大夫杀诸侯，诸侯侮天子，使王纲有解纽之虞。中原的天子和诸侯自顾不暇，对南方已心有余而力不足。楚地不再有来自中原的威胁，熊通可以专心致志地治理本国和对付邻国了，由此，野心与实力同步增长。

二、熊通的北征南讨与设县

汉东的随国（曾国）是南方最大的姬姓国，汉北的申国是南方最大的姜姓国。它们扶立周平王有功，因而与周室有特殊的亲密关系。论爵位，随、申同等；论实力，却是随较强而申较弱。熊通的决策是先北征、后东征，先伐申、后伐随，亦即先攻弱者、后攻强者。

申与楚之间，有邓与卢。邓国境跨汉江两岸，而都于汉江北岸。卢国北临汉江，南近鄢水（今蛮河）。熊通继承熊渠近交远攻的遗规，与邓、卢和亲，娶邓女为正夫人，娶卢女为侧夫人，前者史称“邓曼”或“楚曼”，后者史称“荆妫”①。熊通舍近求远，放过邓、卢两国，直捣申国。此即今本《竹书纪年》所记“楚人侵申”，系于周平王三十三年（公元前738年），当时熊通即位不过两年。

楚伐申，战场在开阔的南阳盆地上。申人是早就有车兵的，楚人也非用车兵不可。否则，以外线作战的徒兵击内线作战的车兵，无异于以卵击石。

楚伐申，必须渡过汉江。那里的汉江是所谓“沧浪之水”，即使枯水

① 《国语·周语中》称“楚曼”和“荆妫”，“荆”同“楚”。《左传·庄公四年》有“邓曼”，即“楚曼”。若从《左传》文例，则“荆妫”亦可称“卢妫”。

季节也不能徒涉。可想而知，熊通已经有大型的渡船用来载运车兵了。

从已知的资料来看，楚国的车兵就是由熊通创建的，而且创建伊始就能渡江作战了。

尽管攻灭申国不是一蹴可成的，但楚人的兵威足以使申人为之震慑了。

大约在稍晚的几年里，熊通进攻了鄀国。鄀国是一个山萦水绕的小国，位于今河南西南部，紧靠今陕西东南部，就在申国的西面。楚师的行进路线，必定经过现在已经淹没在丹江水库中的顺阳川。顺阳得名自东汉始，先秦其地称丹阳。鬻熊时期的楚人就住在丹阳一带的河谷里，这个丹阳是后世的楚人魂牵梦萦的旧乡。熊通举兵伐鄀是否带着寻访祖居乃至夺回旧乡的意图，对此，后人碍难妄断。假如这时申国有意与楚国为敌，只要麾师西向，就能使楚师腹背受敌。然而，在此役中，申人如隔岸观火，可见他们已深惮楚国了。鄀国不敌楚国，从此成为楚国的附庸，其主帅观丁父则被楚人掳回楚国去了。熊通知道观丁父善用兵，以寡敌众，虽败犹荣，于是，命观丁父为军率。军率者，将领也。观丁父感熊通知遇之恩，甘为楚国效力，后来灭蓼、灭州，屡建战功。蓼和州都是小国，蓼在南阳盆地东南部，州在江汉平原东南部。

楚国的南面，除了一个权国，都是零散的楚蛮部落，不足为大患。权国是由殷人遗民建立的，孤悬而乏援。当初熊渠远征，道出权国附近，置之不顾，想来是由于楚、权之间尚能相安。熊通即位以后，为求在用兵汉阳时无后顾之忧，视汉阴的权国为隐患，这就决定了权国的命运。

楚国与权国之间，夹着一个罗国。罗国公族为熊姓，可能是芈姓熊（酓）氏的旁支。它在今宜城、南漳两县之间的山中，土著大概是楚蛮。它虽在楚国肘腋之间，却因相近相知而容易使楚人放心。倒是那个权国，离楚国不远不近，与楚国若即若离，很难博得楚人信任。

于是，楚人灭掉了权国。文献没有详述其经过，只有《左传》说是熊通把权国灭掉的。楚人放过罗国而灭掉权国，也体现了近交远攻的战略方针。权人在楚蛮中形影相吊，全无回天之力。随着权国的倾覆，殷人留在长江中游的最后一盏孤灯就凄然熄灭了。

这里值得我们重视的，不是伐权时熊通的作战方略，而是灭权后熊通的设治模式。熊通以权国故地为权县，命大夫斗缗为权尹。

县是西周就有的，但西周的县是王畿边区的泛称，不成其为一级行政单位。东周作为一级行政单位的县，以楚、秦两国较为早出。《史记·秦本纪》说：秦武公十年，“伐邽、冀戎，初县之”；十一年，“初县杜、郑”。按，秦武公十年为公元前688年，即楚武王熊通死后两年，可见，秦县比楚县晚出。

秦县制与楚县制相比，性质大致类似而特点有同有异。秦县和楚县都直辖于国君，其行政长官都由国君任免，因而都是一级地方行政单位。秦县规模或大或小，与国都的距离或远或近。邽戎在今甘肃天水市，冀戎在今甘肃甘谷县，它们离秦都较远。杜和郑在今陕西西安市附近，离秦都较近。邽和冀都较大，杜和郑则较小。楚县规模都较大，与国都的距离都较远。

晋国的县，也较为早出，且较为多见。但晋县多数为卿大夫所有，非国君直辖，规模都不大。就性质和特点来说，晋县制与楚县制小同而大异。

熊通灭权国而设权县，这是一个尝试。称之为“县”，似有遥领之意。县者，悬也。或许是因为新生事物的成长难免有曲折吧，出乎熊通意料，后来斗缗居然凭借权县反叛了。斗缗何以反叛是个谜，任何猜测都不能成为谜底。可寻的线索只有两条：一是家族怨隙，二是民族怨隙。前者即斗氏某些成员对熊通不无反感，后者即权国遗民对熊通颇有恶感。斗氏即若敖氏，族大根深。在这次反叛中，斗氏的多数成员显然没有与斗缗相呼应，斗伯比又是熊通倚重的大臣。可是，过了两代，斗氏与公室的怨隙就由隐而显了。过了四代，斗氏终于与公室决裂，乃至被公室殄灭。祸患积于忽微，斗缗的反叛便是忽微的暴露。至于权国遗民怨恨熊通，则是可想而知的。类似的事变在早期的西周就发生过，即周成王时管叔、蔡叔借助殷朝遗民发动的叛乱。斗缗有争位的野心，权国遗民有复国的企图，彼此都要反抗熊通，于是一拍即合。可是，他们在公室中没有内应，一俟熊通举兵平叛，斗缗即被捕杀，权国遗民则被迁至那处。这个成为权县新治的那处在权县故治的东面，今荆门市境内。从权县故治到权县新治，只有两天的路程。可是，故治扼楚人南进的要冲，新治则不在交通干线上。

此后，楚人每灭一国，每置一县，惯例要委派公子王孙担任称为县公或县尹的行政长官，而且要把被灭国的公族迁出被灭国的故土，大概是接受了权县事变的教训吧。

《左传·桓公二年》记："蔡侯、郑伯会于邓，始惧楚也。"这个邓邑在今河南漯河市附近，位于蔡、郑二国之间。当时蔡国都于今河南上蔡县，郑国都于今河南新郑市，它们离楚国有千里之遥，但在中原的中等姬姓诸侯国中是离楚国最近的。它们为楚国有增无已的实力而自危，不无先见之明，事在熊通三十一年，即公元前710年。

三、熊通的东征西讨与称王

文献所记的随国或称缯国，就是金文所记的曾国，它是一个中等诸侯国，但在汉东诸国中是无可争议的盟主。它占领着随枣走廊的得天独厚之处，土壤沃腴，物产丰盛。它遥控着当时产铜量最大的鄂东南和赣西北，监护着南铜北运的道路。传世的《曾伯霥簠》作于春秋早期，有铭文曰："……克狄淮夷，抑燮繁汤，金导锡行……"其大意为：击败了淮夷，平定了繁阳，使运铜的道路畅通无阻。按，繁阳在今河南新蔡县，姒姓曾（鄫）国都于今山东枣庄市境内，姬姓曾（缯）国都于今湖北随州市境内，繁阳距姒姓曾国远而距姬姓曾国近。况且，姒姓曾国弱而姬姓曾国强。由是观之，曾伯霥簠应为姬姓曾国之器。

西周奠都于黄河中游的西部——所谓关中，东周迁都于黄河下游的西部——所谓中原的北部。无奈，黄河中下游是贫铜区，而富铜区在长江中下游。因此，对尚在铜器时代的周朝来说，即使把南铜北运的道路称之为生命线也不算过分。须知，祀与戎乃国之大事，而祀所需的礼器和戎所需的兵器都非铜不可。当时，长江中游东部的鄂东南和赣西北产铜量最多，长江下游西部的皖东南产铜量次之。周朝设在南土即长江中游北部的姬姓国，负有保证南铜北运道路畅通的重任。其中，随国即曾国是主要的一个。

随国自己有较多的铜和锡、铅，事在情理之中。随国的实力优势就是由这些有色金属构成的，这不能不招来强邻楚国的嫉妒和愤懑。

在迄今已出土的随国铜器中，年代最早的属于西周早期，以及西周末、东周初，其中，礼器有90余件。在淮河与秦岭以南的诸多国家中，连同楚国在内，没有任何其他国家有属于这个时期的如此之多的铜器出土。其实，楚国的铜器比曾国的铜器更多，只是出土较少而已。尽管如此，除兵器外，楚国所多的是乐器，而礼器未必能超过曾国。

当时长江中下游的铜矿都由越人开采，在鄂东南和赣西北是扬越，在皖东南和赣东北是于越和干越。对扬越，楚国和随国都能凭借自己的权威施加相当的影响，但都不是宗主。扬越出产的铜，既可以卖给楚国，也可以卖给随国，还可以卖到其他地方去。由此，楚与随非开战不可，而且非决战不可。

已知属于西周早期至春秋晚期的随国青铜礼器，出土地点北至新野，南至京山，而以随州为最多，枣阳次之。新野在今河南境内，其东南即枣阳，又东南为随州，随州南偏西为京山。在随州与京山之间，有涢水与汉江的分水岭大洪山。京山是湖北的几何中心，有屈家岭遗址，近石家河遗址。可见，随国的势力已越出随枣走廊而深入楚蛮腹地了。对此，楚国是不会视若无睹的。

随国不仅实力雄厚，而且羽翼众多。它有两个卫星国：其一为唐国，姬姓，其都在今枣阳与今随州之间，东南距随都不过40公里左右；其二为厉国，姜姓，其都在随都东北，唐都正东，西南距随都不过50公里左右。随、唐、厉成鼎足之势，便于相互救援。此外，西北有申国，以及位于申、唐二国之间的蓼国，东南有郧国，以及郧国东北的贰国和郧国西南的轸国。总之，从西北方向的申到东南方向的郧，大致联成与汉江平行的一根链条，其中枢即随国。

熊通曾渡汉伐随，而未能得志。熊通三十五年（公元前706年），大夫斗伯比对熊通说："吾不得志于汉东也，我则使然。我张吾三军，而被吾甲兵，以武临之，彼则惧而协以谋我，故难间也。"① 寥寥数语，却透露了几点信息：第一，熊通在三十四年以前曾用兵于汉东，大概不止一次；第二，当时楚国已有中、左、右三军；第三。汉东诸国联合起来对付楚国，使楚师无功而还。

就在熊通三十五年，一个对楚国异常有利的时机来临了，随土失收，随人受饥，随君则淫佚无度，且宠信佞臣而冷遇贤臣。于是，熊通举兵伐随。熊通并不企求击灭随国，只是要求随国对楚国保持应有的尊重和恭顺。楚师推进到离随都不远的瑕地（在今湖北随州市境内），就遵照熊通的命令驻扎下来，熊通派大夫芀章进随都去"求成"，当时所谓"求成"即建议双方用和平方式解决争端，不全是对等的，通常是弱者向强者乞和或者强者向弱者迫和。芀章的使命是迫和，因此必须向随君晓示楚国的实力和楚君的决心，并且提出随君不可不接受的附加条件。

随国本来采取了正确的战略方针——据城固守，这样，楚师若久攻不克，便会自行引退，随国所失者小而楚国所失者大。可是，随君没有料到熊通竟派芀章来求成。假如同意议和，就得顺从熊通的旨意，假如拒绝议和，随国的臣民就难免会离心离德。随君会见芀章之后，审时度势，同意议和，于是派少师到楚营去"董成"。所谓董成，就是充当和谈的全权代表。

上引斗伯比的话，是在得知随国少师行将来董成后对熊通说的。斗伯比还对熊通说：少师此人骄狂，我们不应示之以强，而应示之以弱，使得少师更加骄狂。这时，大夫熊率且比以为斗伯比企图引诱随师出城求战，便说：他们有季梁，我们那样摆弄是徒劳无益的。熊率且比的意

---

①《左传·桓公六年》，见阮元校刻《十三经注疏·春秋左传正义》，中华书局影印本1980年版，第6卷，第47～48页。

思是季梁一定能识破楚人的计谋，随师将不会出城求战。斗伯比答道：我才不是为现在打算哩，我是为以后打算啊！少师受随君宠信，我们现在让少师产生错觉，以后会对我们有利的。熊通认为斗伯比言之成理，随即下令把精锐部队隐蔽起来，让少师所能见到的部队故意做出士气不旺、军风不整的模样。

少师完成议和使命，回到随都以后，果然对随君说楚师羸弱疲沓，请求追袭楚师。随君则果然被季梁劝阻，唯恐遭楚师伏击，不敢贸然追袭。

据《史记·楚世家》所记，在这次和谈中，随方说自己无罪，意在指责楚方师出无名，而楚方说："我蛮夷也。今诸侯皆为叛，相侵或相杀。我有敝甲，欲以观中国之政，请王室尊吾号。"所谓"观中国之政"，意即干预中原的政局。至于"请王室尊吾号"，则是近乎天真的奢求。随方慑于楚国的兵威，不得不接受楚方的条件，派使者到洛都去，为楚国向周室说情。

其明年是熊通三十六年（公元前705年），谷君和邓君不远千里，跑到泰山南面去，朝见鲁桓公。他们的意图无非请求北方的诸侯约束那个使他们寝食不安的楚国，当时尚无霸主，他们只好向周公的后裔鲁君求援，用心可谓良苦。但他们对一个十分简单的事理竟不甚了了，那就是远水难救近火。况且，在鲁君看来，谷、邓乃远夷，何足介怀？《春秋·桓公七年》书云："谷伯绥来朝，邓侯吾离来朝。"如此直书其名，不无贬斥之意，如《左传·桓公七年》所释："名，贱之也。"

软弱的周室为骄悍的郑国所欺凌，动辄得咎，不禁自危，对随使为楚国求尊号一事久悬不决。拖了大约一年，到了熊通三十七年（公元前704年），才有了正式的答复：不许。随国通报楚国，熊通勃然大怒说："王不加位，我自尊耳！"① 于是，自立为王，是为武王。

熊通称王是公然的僭越，周室虽恼怒，诸侯却可能为之窃喜。熊通既已自立为王，以后诸侯就不妨依样画葫芦了。

---

①《史记·楚世家》，见中华书局点校本1982年版，第1 695页。

这年夏天，武王请汉淮之间的若干诸侯到沈鹿（在今钟祥市东，“沈”读如“沉”）会盟，意在迫使他们承认自己的王位。会盟如期举行，黄君和随君缺席，其他诸侯都到了。黄国远在今河南潢川县，武王只派芀章去谴责黄君，算是从宽发落。对随国，却非从严处置不可，于是，武王兴师问罪。或许是为了顺便威胁黄国，这次楚师走的是南路，推进到随都东南的速杞（在今广水市西）。

季梁建议随君向武王乞和，如果武王不许，随人必定愤怒而楚人容易懈怠，那时再与楚师作战不迟。武王是志在必战的，因为斗伯比对他说：少师受随君宠信，这是我们不可坐失的良机。果然，少师请求速战，说否则会把楚师放跑的。随君听从少师，整军出城，直奔楚师而去，对武王来说，这是正中下怀。季梁对随君说：楚人尚左，楚王与精兵一定在左军。国君也要在左军才好，这样可以避开楚国的左军，进攻楚国的右军。只要打败楚国的右军，楚师就会引退的。可是，少师反对，他说：国君假如不与楚王作战，那就不是对等的，无异于示弱，不妥。随君为少师所说动，自己随右军去攻击楚师的左军，以致大败。随君跳下自己的戎车，慌忙逃脱。少师为随君作车右，连同戎车一起被楚将斗丹俘获。战后，楚师进逼随都。

随君乞和，武王起初不许。斗伯比对武王说：上天帮助随国祛除了少师这个祸患，现在我们还很难把随国灭掉。武王以斗伯比所言为是，从随君之请，与随君盟誓。从此，随国就成为楚国的附庸了①。

---

①《左传·桓公八年》记此役云：“随少师有宠，楚斗伯比曰：‘可矣。雠有衅，不可失也。’夏，楚子合诸侯于沈鹿，黄、随不会。使芀章让黄。楚子伐随，军于汉淮之间。季梁请下之，‘弗许而后战，所以怒我而怠寇也’。少师谓随侯曰：‘必速战，不然，将失楚师。’随侯御之。望楚师，季梁曰：‘楚人上左。君必左，无与王遇，且攻其右。右无良焉，必败。偏败，众乃携矣。’少师曰：‘不当王，非敌也。’弗从。战于速杞，随师败绩。随侯逸。斗丹获其戎车与其戎右少师。秋，随及楚平。楚子将不许，斗伯比曰：‘天去其疾矣，随未可克也。’乃盟而还。”（阮元校刻《十三经注疏·春秋左传正义》，中华书局影印本 1980 年版，第 7 卷，第 52 页）《史记·楚世家》记此役若有若无，只有“与随人盟而去”一句（第 1 695 页）。

楚师回汉西后不久，深入濮地，拓宽并加固了后方。这个濮地大致在楚国与庸国之间，都是山川缭绕的河谷和盆地。除确保后方安全外，这时的楚国对濮人别无所求。

武王三十八年（公元前703年），巴国使者韩服来到楚国。这个巴国应是姬姓的巴国，公室为周人，土著为巴人，位于古汉中即今陕南的东部。韩服的使命是与邓国通好，鉴于楚、邓是姻亲，楚强而邓弱，为了消除楚人的疑虑和取得邓人的信任，请楚国为之说项。武王慨允，命大夫道朔陪同韩服到邓国去聘问。不料，他们刚走到邓国南境的鄾邑（在今襄阳市南部），尚未渡汉江，就突然遭鄾人攻击，道朔和韩服被杀死，他们所带的礼品被夺走。武王派专管外事的芀章到邓国去提出抗议，邓国君臣居然表示不能接受。事势如此，就只得诉诸武力了。

巴师来到楚国，与楚师会合，由楚将斗廉作统帅，包围了鄾邑。邓将养甥、聃甥帅邓师救鄾邑，临阵，见到楚师在中间，巴师在两翼，他们估计楚师强而巴师弱，于是全力攻击巴师，一而再，再而三，焉知未能得利。斗廉谋勇兼备，相机命楚师出击，只许且战且退，不许且战且进。邓师不知是计，穷追不舍，两翼的巴师及时合拢，楚师则奋力反击，邓师陷入重围，以致惨败。

这时，楚师的主帅称“莫敖”。最早见于经传的一位莫敖是屈瑕，因受封于屈，故以屈为氏。旧说或谓屈瑕乃武王之子，这是揣测，全无实据。楚国的王子，无论是否太子，俱不分封，因而别无姓氏。先前熊渠一度封三子俱为王，那是昙花一现的特例，而且熊渠自己还只是楚公而不是楚王。屈瑕大概是一位公孙，不知出于什么缘故为武王所重用。假如同时有令尹，那么，莫敖的设立无疑缩小了令尹的兵权。楚国的令尹始见于武王末年，时为公元前690年，地位高于莫敖。先设官位低的莫敖，后设官位高的令尹，似与常理不合。在屈瑕就任莫敖时，楚国的执政大夫是斗伯比。或许斗伯比已经是令尹了，然而经传失记。《左传》记屈瑕从楚郧蒲骚之战始，我们不禁联想到斗伯比乃郧女所生，其青年时期在郧地度过，或许在楚郧关系问题上斗伯比与武王意见相左，武王才另设莫敖的。这也只是揣测，但不无迹象可寻，事在武王四十年，即公元前701年。

是年，据《左传·桓公十一年》所记，莫敖屈瑕帅楚师东行，将与贰、轸两国会盟。贰和轸都是郧和随的邻国，郧和随对它们与楚国会盟当然不会漠然置之。郧、随两国联络了相距较近的州国以及相距较远的绞、蓼两国，准备截击楚师。郧师率先出动，暂驻郊邑蒲骚，以待与随、州、绞、蓼之师会合。屈瑕闻讯，迟疑不决，唯恐失利。副帅斗廉对他说：郧师驻扎在自己的郊邑，一定不设警戒，只是等着另外四国的部队前去会合。您可以留驻郊郢（在今钟祥市西北或宜城市东南），以观四国动静。我愿意带领一支精兵，夜袭郧师。郧师仗着有城可守，有援可待，一定防备不严。只要把郧师打败，就能把四国吓退。屈瑕缺乏一个主帅应有的素质，不通出奇制胜之道，以为斗廉寡不敌众，打算请武王增派援军。斗廉说：部队打胜仗，所依靠的主要不是兵多，而是心齐。兵多的殷人，打不过兵少的周人，这是您也知道的呀！我们带着一支完整的部队出来，用不着增援。屈瑕仍下不了决心，要凭占卜来预测吉凶。斗廉说："卜以决疑，不疑何卜？"斗廉异乎寻常的坚毅果敢，促使屈瑕打消了顾虑。斗廉率精兵兼程东进，在夜色中突袭蒲骚。郧师张皇失措，迅即溃败。随、州、绞、蓼四国为楚国的兵威所震恐，未敢轻举妄动，屈瑕得以与贰、轸两国顺利会盟。

速杞之役和蒲骚之役确立了楚国在汉东的霸主地位，此后汉东虽偶有反复，但大局已定。

武王四十一年（公元前700年），楚伐绞，问其与郧合谋袭楚之罪。绞国在今丹江口市西北，至今仍有地名下绞、上绞、左绞，民间传说绞都故址就在下绞①。楚师从楚都到绞都，是从东南向西北走，要渡过河床较窄的彭水（今南河）和河床较宽的汉江，直线距离比从楚都到随都

---

① 十堰市博物馆、丹江口市博物馆：《丹江口市下绞遗址调查简报》，《江汉考古》1997年第1期。

近些。此役目标明确，任务单纯，而且是恃强凌弱、以众击寡，屈瑕尽管庸劣，也不难处置。楚师进逼绞都的南门，绞师据城固守。屈瑕为了诱敌出城，吩咐不要保卫打柴的役徒。当时有役徒随军行止，承担诸色杂差，连同打柴在内。役徒没有武装，如果到靠近敌军的地方去打柴，通常要由兵士保卫。这次，绞师见楚师的役徒在城外的山上打柴而没有兵士保卫，便出城去捕捉，俘获 30 人。次日，楚师的役徒到城北去打柴，绞师又出城去捕捉，役徒往山里逃，绞师往山里追。不料，楚师已在山下设伏，绞师中伏大败。绞人不得已，与楚人“为城下之盟”，事见《左传·桓公十二年》。“为城下之盟”是战败者向战胜者认罪，于战败者为大辱，于战胜者为殊荣。由此，屈瑕自鸣得意。

楚国的壮大使近邻的罗国和卢国不禁自危。罗人听到楚伐绞的消息，当即派大夫伯嘉带着随从去查实楚师出征的兵数，用意不言而喻，如果楚师留守的兵数不多，罗师将袭击楚都。伯嘉尾随楚师，蹑迹追踪。当楚师渡南河时，伯嘉一而再、再而三地点算楚师的兵数，不禁忘形，被楚人发现并报告屈瑕了。伯嘉带回罗国的情报大概是楚师留守的兵数不少，因而罗国未敢轻举。尽管如此，屈瑕仍以为非惩罚罗国不可。

就在伐绞的翌年，屈瑕伐罗。这次是悉师以出，志在必得。斗伯比为屈瑕送行，回城时对车夫说：莫敖趾高心浮，一定会吃败仗的。《左传·桓公十三年》记斗伯比当即晋见武王请求增援，武王没有接受，缘由是无援可增。显然，斗伯比没有畅其所言。老臣而如此，想来必有顾忌。武王罢朝回宫后仍在想斗伯比那个近乎荒唐的建议，不知所为何来，于是告诉了夫人邓曼。邓曼明达事理，善解人意，对武王说：斗伯比大夫的意思恐怕不是指兵力不足，而是指君王应该“抚小民以信，训诸司以德，而威莫敖以刑也”。莫敖有见于蒲骚之役能以少胜多，这次定可以多胜少，势必看轻罗国而放松戒备，从而误事。否则，明知部队已经扫数出动的斗伯比大夫怎么会提出那样的请求呢？武王恍然大悟，派专使去追告屈瑕。可是，屈瑕进军奇速，专使没有追上。

屈瑕，无论从经验和性格来看，都不是一个胜任的主帅。他缺乏在多种复杂形势下作战的经验，只能指挥单打一的战役，对牵连多方的战役和变化多端的战局则无洞察力和决断力可言。而且，他缺乏主帅所必备的坚韧性格，遇顺境则骄狂，遇逆境则畏怯。身为主帅而有这样的弱点，对任何部队都将是致命的。这时，屈瑕正在骄狂的巅峰上，只知道敌人是前面的罗国，不知道后面的卢国也可能是敌人。为求速战速决，屈瑕督催全军尽快渡过鄢水（今蛮河），即使队列错乱也在所不顾。为求令行禁止，屈瑕竟派人传告全军："谏者有刑！"渡过鄢水以后，果然不成队列了，屈瑕竟以为无妨，就让这支类似乌合之众的部队朝前走去，而且既不侦察，也不警戒。行近罗都时，屈瑕才明白自己的部队已经落进罗、卢两国合谋合兵布设的圈套之中了。罗都在南漳县东、宜城市西的山中，地形复杂。队列错乱的楚师，前有罗师迎击，后有卢师截击，进也不能，退也不能，斗志冰消。从将帅到士卒，只好竭力夺路而逃。楚人以"剽疾"著称于史，进得固快，退得也快，逃得更快。因此，虽是大败而特败，减员却未必甚多。朝北的退路已被敌方阻断，他们只能朝南狂奔。逃脱以后，残军汇集，屈瑕无面目见君王和父老，自缢于荒谷。众将则自囚于冶父，以待君王治罪。荒谷和冶父是地名，相传都在江陵一带，未必确凿，不妨存疑。武王闻报后说"孤之罪也"，当即赦免了众将。

屈瑕的自缢开创了楚国的主帅以死殉职、以死谢罪的先例，其后不乏效法者。他们似乎都抱有这样的信念：如不能生为人杰，则应当死为鬼雄。功耶？过耶？颇费思量。

伐罗之败表明传统的近交远攻战略已不合时宜了，必须改弦更张。惨痛的经历昭示楚人，大患可能就在卧榻之旁，若无近虑，势难远图。从文献资料来看，此后八年之中楚国没有兴师动众。其实不然，古代的典籍热衷于记录有声色、有波澜的战事，对楚国顺顺当当地蚕食邻近的小国往往略而不计。罗、卢、鄢、谷四国是楚国的近邻，最易变生不测。后来的事实——即武王末年的大举东征和文王初年的定策迁都，表明武王在最后几年里已经扫荡了罗、卢、鄢、谷四国。至于攻灭较远的蓼国和更远的州国，则是有案可查的。

武王五十一年（公元前690年）时，至少有七十岁左右了，老境已到，病势渐重，可是壮心不减。恰逢周天子责备随侯以楚子为王而事之，随国对楚国不免显得冷漠。武王以此为借口，大举伐随。按照武王的命令，铸造了大批的戟，用以装备车兵。戟是戈矛合体的利器，既能横劈，又能直刺。将为出征而斋戒、祭祀之时，武王对夫人邓曼说：我的心跳得忽快忽慢。邓曼不禁为之叹息，坦然对武王说：大王的福寿怕是要到头了！满盈则动荡，这是天道，想必先君是明白的，所以在即将发布出征的命令时动荡大王的心。只要将士没有损失，即使大王不幸在征途中与世长辞，国家也算是有福的①。邓曼有如此见识，实可谓女中豪杰。在湖北历史上，第一位名耀竹帛的贤女就是邓曼。后来的庄王夫人樊姬与邓曼齐名，但就见微知著和临变不惊而言，邓曼比樊姬尚有过之。武王值得邓曼倾诚相待，他听了邓曼的话，决然下令亲征。

或许是地形使然，楚师从汉西到汉东，渡口总选在郊郢附近。这次，楚师东渡汉江后不久，武王心疾猝发，下车坐在一棵樠树下休息，迅即去世。今钟祥市东有樠木山，应即武王病故之处。武王病故之后，令尹斗祁和莫敖屈重决定：严密封锁武王去世的消息，率领全军继续前进。楚师平整了道路，以便战车行驶。东行至溠水，已经深入随境。楚师在溠水上架了桥，使全军得以继续东进。架桥，事先必须有充分的技术准备和器材准备，不能寄希望于临机应变和就地取材。即使只是浮桥，也得有相应的技术和器材。过桥后，楚师进逼随都，构筑营垒。随人见状，以为楚师有久留之意，大惧，迅即求和。莫敖屈重假托奉武王之命，进入随都，与随侯盟誓。这样，随侯等于承认自己是楚王的附庸了。盟誓

① 《左传·庄公四年》原文为："楚武王……将齐（斋），入告夫人邓曼曰：'余心荡。'邓曼叹曰：'王禄尽矣！盈而荡，天之道也。先君其知之矣，故临武事，将发大命，而荡王心焉。若师徒无亏，王薨于行，国之福也。'"（阮元校刻《十三经注疏·春秋左传正义》，中华书局影印本1980年版，第8卷，第61～62页）

既毕，楚师凯旋。西渡汉江后，才为武王发丧。

《左传·庄公四年》记这次楚随之战化为楚随之盟，接着“莫敖以王命入盟随侯”一句，还有“且请为会于汉汭”一句，然后才是“而还”。“汉汭”无从考实，若以常理度之，应在楚随之间，汉江的某个纡曲之处。至于“为会”，注家或以为是随即举行的，显然不妥。因为武王已死，要让随侯跟着楚师走上几天，仍只能与莫敖或令尹相会，而不得与武王相见，实在太悖情、太失礼了，这对楚国是有多害而无一利的。“请为会于汉汭”，应是约定以后择期在汉汭为会。

“对英雄迟暮的武王来说，樠木之下比深宫之内是一个更好的瞑目之所。他的将领深悉他的心情，让他带着胜利踏上归程。如此壮烈，如此幸运，他可以死而无憾了。”①

第二节　楚文王开拓疆土

武王死后，太子熊赀继位，是为文王。

这时，湖北的中部和东部，以及北部除了邓国以外的地区都已唯楚王马首是瞻了。西部的大半虽也在楚国势力范围之内，但楚人对那里的高山深谷尚无占而有之的兴趣。夔国深藏在三峡之中，公室为楚裔，而楚人也淡然视之。南部即长江以南地区，也还没有成为楚人关注的对象。

据《史记·楚世家》，文王“始都郢”，事系于文王即位之初，由此，史学界通常认为楚国以郢为都始于文王元年（公元前 689 年）。可是，《世本·居篇》所记与此相异，其文曰“楚武王徙郢”，因而，史学界也有认为楚国以郢为都始于武王末年（公元前 690 年）或武王晚年的。此二说孰是孰非，殊难判定。可以大致确认的是：其一，主动的迁都必定出于深思熟虑，从倡议到定议，从准备到实施，决非一年半载可就，所以，即使都郢始于文王，迁郢的决策也应是武王作出的；其二，文王在

① 张正明：《楚史》，湖北教育出版社 1995 年版，第 79 页。

武王末年的春天即位，当时已都于郢，那么，楚国以郢为都的始年就不应晚于武王末年。由此，目前不妨暂且认定楚国以郢为都始于公元前690年。

真正的问题是这个郢都在什么地方。《汉书·地理志上》“江陵”班固自注云：“故楚郢都，楚文王自丹阳徙此。”据此，史学界认为郢都在今荆州市江陵县（今荆州区）境内，纪南城即其遗址。童书业依据春秋时代的若干历史事件推测，认为春秋郢都应靠近汉江①。石泉试图调和班注与童说，认为今江陵非汉江陵，汉江陵乃今宜城，郢都在今宜城市境内，楚皇城即其遗址，纪南城自始至终不是郢都②。张正明认为昭王十年（公元前506年）以前的郢都在今宜城市南部，东不过汉水，南不过蛮河；昭王十一年（公元前505年）至顷襄王二十一年（公元前278年）的郢都在今江陵县纪南城③。至于今江陵即汉江陵，这是没有疑问的，不仅有明确的文献记载，而且有出土的汉简提供实证。鉴于纪南城的城垣始筑年代约在春秋、战国之际，考古学界认为战国郢都固然在纪南城，春秋郢都则可能在季家湖古城。季家湖古城在今当阳县南部，与纪南城相距仅数十公里，从其遗址中曾出土可能是宫殿或钟簴所用的曲尺状大型铜构件。但总的看来，对于顷襄王二十一年以前郢都的地望，本书叩其两端，姑从张说。

郢，古义不详，今义为岗地或台地。安徽境内称郢的乡村特多，在楚国最后一个郢都寿春（今安徽寿县）一带尤为密集，应与其地在战国末期有大量楚人聚居有关。

自从武王晚期击灭罗、卢、鄢、谷诸国之后，贴近汉江的鄢地就成为比丹阳更好的奠都之处了。这里是肥沃而宽广的冲积平原④，恰好处

① 童书业：《春秋左传研究》，上海人民出版社1980年版，第231～232页。

② 石泉：《古代荆楚地理新探》，武汉大学出版社1988年版，第425页。

③ 张正明：《楚史》，湖北教育出版社1995年版，第81、247页。

④ 至今宜城号为“小胖子”。

在南来北往、东来西往的枢纽上，南瞰江汉平原，北望南阳盆地，东临随枣走廊，西控荆雎山地，是绾毂江淮的重镇。楚国以郢为都，无论是抚绥蛮、越、巴、濮，还是驾驭汉阳诸国，乃至窥视中原诸夏，都便于策应。

一、得汉阳与汉阴而兼之

文王受过良好的教育，其师为葆（保）申。葆申来自靠近中原而且亲近王室的申国，因此，文王对申国和中原的情势知之较多。文王即位以后，汉西和汉东清朗而宁静，至少暂时不足为楚人忧了。武王的遗愿——“欲以观中国之政”，势将由文王来实现。于是，介乎楚国与中原之间的邓、申、吕三国就成为文王亟思排除的障碍了，战争迫在眉睫。按照常规，楚师将先取邓国。假如先攻申、吕两国，怕会重蹈屈瑕被罗、卢两国合兵夹击的覆辙。可是，楚与邓为甥舅关系，况且，已经成为太后的邓曼大概还在世，投鼠须忌器。于是，文王决定假邓伐申。

文王二年（公元前688年）冬，楚师过邓境，邓祁侯以宴请国君之礼款待文王。邓祁侯另有三位外甥都在邓国做官，分别称为骓甥、聃甥、养甥，打算杀死文王，被邓祁侯制止。三甥对邓祁侯说：以后要灭亡邓国的一定是此人，如不早为之计，就噬脐莫及了。邓祁侯说：那样，寡人将成为猪狗不食其余的人。三甥又说：如不听我们的，以后亡了国，绝了祀，国君哪里还有什么“其余”呢？可是，邓祁侯仍不从①。

亡邓必楚，三甥的这个预言诚然正确，可是，即使他们刺杀了文王，也不能保全邓国，恰恰相反，将加速其祸。楚师强大而机敏，两年以前的渡汉伐随之役表明，他们不会因国君猝然谢世而减弱其进攻性和战斗

---

①《左传·庄公六年》：“楚文王伐申，过邓。邓祁侯曰：‘吾甥也。’止而享之。骓甥、聃甥、养甥请杀楚子，邓侯弗许。三甥曰：‘亡邓国者，必此人也。若不早图，后吾噬齐（脐），其及图之乎？图之，此为时矣。’邓侯曰：‘人将不食吾余。’对曰：‘若不从三臣，抑社稷实不血食，而君焉取余？’弗从。”（阮元校刻《十三经注疏·春秋左传正义》，中华书局影印本1980年版，第8卷，第62页）

力。况且，这次假邓伐申有巴师助战。巴师的勇悍、刚毅，邓人早在十五年前就领教过了。与三甥相比，邓祁侯倒是有点政治头脑的，至少他懂得这时觥筹交错比干戈交加对邓国更有利。

楚伐申，结局如何，史无明文。从以后的史事来推测，申国和吕国都覆灭了，变成楚国的一个大县——申县了。据《左传·庄公六年》，文王和将士过了年才从申地回来。当时的战争几乎都是速决战，殊少例外。楚伐申却是一场持久战，由此可见，楚国的军事实力和指挥艺术都领先于诸侯了。

楚师在归途中攻打了邓国，或许是因为楚人获得了三甥曾经策划杀害文王的情报，才决定对邓国聊示薄惩的。这时的邓国已危若釜底游鱼，一旦在楚、邓之间起缓冲作用的因素消失，邓国就会迅即覆亡。十年以后，楚人终于攻灭邓国，事在文王十二年（公元前678年），这时邓曼大概已经去世了。邓国既灭，位于故邓南境的襄阳就成为“楚之北津戍”① 了。

楚人假邓伐申，与晋人假虞伐虢十分相像，但早出33年。《左传》记事难免厚于彼而薄于此，乃至晚出者为后人所津津乐道，早出者反而其名不彰。

由于楚国的疆域扩大到湖北境外，从本节起，即使仅仅为了介绍湖北境内的人和事，有时也不得不涉及湖北境外的人和事，否则将有因果不明、头尾不清之弊。当然，在这样的场合下，作者将力求做到详于内而略于外。

楚师出南土而入中原，始于文王六年（公元前684年），是年，楚伐蔡，俘蔡侯献舞而归。未几，可能就在翌年，楚灭息，俘息夫人而归。这位息夫人随即成为文夫人，不过六年，就为文王生了两位王子。

武王是讲道义和信义的，文王则全然不以道义和信义为虑。俘人之君，夺人之妻，这等出格的事，武王断乎做不出来，文王都做了，而且

① 《水经注·沔水中》，王国维校本，上海人民出版社1984年版。

心安理得。历史不可无道德，然而历史不以道德为进退，对转折时期的风云人物来说似乎尤其如此。

从文王六年起，方城就成为楚国本土的北门了。方城，原是伏牛山东端的山名，在今河南方城县与叶县之间，临制着伏牛山与桐柏山之间的隘口，是联结黄淮平原和南阳盆地的天然通道。文王伐蔡、伐息，打击了中原南部两个最大的姬姓国。息国覆亡以后，成为楚国设在方城之外的一个大县——息县，与方城之内的申县并称为“申、息”。楚人出入方城，无论其为玉帛或干戈，都加速了长江、黄河两大流域之间的文化交流。

文夫人不仅容颜出众，其操守亦非常人所能及。与文王相处六年，竟从不主动说话。文王怪而问之，她答道：“吾一妇人，而事二夫，纵弗能死，其又奚言？”① 文王听了这凄楚的话，顿生恻隐之情，决定继续扣留蔡侯献舞，还派兵去攻打蔡国，以示严惩，或许，这是为了让文夫人宽心吧？

文夫人即息夫人的行状撩动了后世文人的诗兴，他们竞相吟咏，各以己意出之。所作诗的精粗巧拙可谓见仁见智，其于论史则一如隔靴搔痒。文学毕竟不是史学，传之既久，不免添枝加叶，乃至称息夫人为“桃花夫人”了。河南息县有息夫人庙，湖北武汉市黄陂区有桃花夫人庙，令无数墨客唏嘘题咏。唐人刘长卿作《过桃花夫人庙》诗，有句云：“寂寞应千岁，桃花想一枝。”②

淮汉之间是当时东西南北种落移徙与文化交会的一个“十字路口”③，谁占领着它，谁就能得到来自四面八方的文化信息，谁就能掌握中原与南土之间的锁钥。武王已经占领了这个“十字路口”的南半，文

---

① 《左传·庄公十四年》，见阮元校刻《十三经注疏·春秋左传正义》，中华书局影印本 1980 年版，第 9 卷，第 69 页。

② 引自《全唐诗》，中华书局 1960 年版，第 147 卷，第 1 502 页。

③ 张正明：《淮汉之间——周代的一个文化交错地段》，《中原文物》1992 年第 2 期。

王进而占领了这个“十字路口”的北半，对南土和中原的前途都至关紧要。相比之下，当初在楚与申、楚与息、楚与蔡之间的种种是非、恩怨就显得无关宏旨了。

文王十二年（公元前678年），楚伐郑，借口是郑君复位两年才通报楚国，是为“不礼”①。郑国在中原的腹地，楚国因郑国“不礼”而伐之，表明“观中国之政”已由武王的愿望化为文王的行动了。然而，这是走个过场，让北方的诸侯知道楚国确实能够介入中原的政局就够了，不需当真打败郑国。

文王在位时，楚国已经跨汉阳与汉阴而有之。东抵鄂邑，西至荆山，南临长江，北逾汉江，都是楚王号令所及之处。至于边境的伸缩，那是于大局无妨的，恰如《左传·昭公元年》所云：“疆埸之邑，一彼一此，何常之有?”在当时的楚国版图内，还有随国和比随国小的郧、唐、厉、贰、轸等国，它们都是寄于楚国篱下的附庸。楚国对它们尚能宽容相待，它们对楚国则尚能忠诚相报。后来，偶尔反叛，迅即平息，没有惹起轩然大波。如在公元前640年（成王三十二年），随国串通汉东小国反叛楚国，楚国一出兵，它们就都停止了敌对行动。《左传·僖公二十年》借“君子”之口讥讽随国说：“随之见伐，不量力也。”楚国对它们的宽容一如既往，从此它们就对楚国倾心输诚了。

二、新旧交替的时势与明暗错杂的性格

在战场上，文王的谋略和勇气都不比先君武王逊色，或许尚有过之。但是，在宫廷中，文王就不像先君武王那样循规蹈矩了，常流于纵恣而不能自律。

据《吕氏春秋·直谏》所记，文王曾因耽于逸乐而受到保申的训诫和责罚，经过大致如下：茹邑献良犬，宛邑献利箭，文王大喜，带着良

① 《左传·庄公十六年》，见阮元校刻《十三经注疏·春秋左传正义》，中华书局影印本1980年版，第9卷，第70页。

犬、利箭到云梦去打猎，居然三个月不回都。得到美女“丹之姬”，宠爱逾常，居然一整年不上朝。保申忧心如焚，进宫去对文王说：先王命臣做大王的师傅，为此卜问鬼神，得吉兆。现在大王有罪，臣请大王受罚。文王说：寡人不是小孩了，已经与诸侯同列了，寡人可以改过自新，师傅就不必责罚寡人了。保申说：臣受命于先王，不敢稍违。大王如不受罚，就是违先王之命。臣宁可开罪于大王，决不开罪于先王。文王无奈，表示“敬诺”，趴在席上等候受罚。保申把五十根细荆条扎成一捆，自己先向文王跪下，再举起荆条来，让它又慢又轻地落在文王的背上，这样重复了一次，算是责罚完毕，就请文王起身。文王觉得这种只有象征意义的笞刑不痛不痒，便说受罚也不过如此。保申见文王仍不醒悟，深感痛心，对文王说：君子以受笞为辱，小人以受笞为痛，大王不以为辱，还用得着说痛不痛吗？保申走出门去，说是要投水以请死罪。文王这才认了错，把保申请回来，随即杀死了那条良犬，折断了那些利箭，还放逐了丹之姬[①]。这是一则轶闻，情节难免有失实之处，但它准确而生动地揭示了当年楚国独特的政治体制和文化传统。保申的后盾是以公族为核心的国人，那时的楚王必须尊重他们的意愿。总之，文王想做的事，国人可能不许他去做，文王不想做的事，国人却可能要求他非做不可。据《左传·庄公十九年》，大夫鬻拳执意强谏，文王执意拒谏，鬻拳情急，竟拿出兵器来胁迫文王。文王不得已而纳谏，鬻拳则说：“吾惧君以兵，罪莫大焉。”于是自刖，改任掌管宫门的大阍。国人敬重鬻拳，称之为“大伯”。这是与保申笞文王相似的一个典型事件，也显示了军事民主主义遗风与君主专制政体常规的微妙关系。

相传文王和保申都有生理缺陷，与气宇轩昂之誉无缘，但他们把楚

---

① 良犬乃“茹黄之狗”，《说苑·正谏》作“如黄之狗”，“茹”或“如”应为邑名。利箭乃“宛路之矰”，《说苑·正谏》作“箘簬之矰”，按，箘簬为美竹，宛路为宛邑所产之美竹，矰为尾部系有细绳的短箭。“丹之姬”，不知其所从来，疑“丹”字原为“巴”字。“束细荆五十”，《说苑·正谏》作“束细箭五十”。

国管好了。《淮南子·说山训》记："文王污膺，鲍申伛背，以成楚国之治。"按，污膺即鸡胸，伛背即驼背。可见，人确乎不可以貌相。

假如舍其小者而取其大者，那就可以说，楚国在文王治理下确实做到了法治与人治相济。

文王选贤举能，甚至可以不论民族，不论等级，破格提拔，充分信任。据《左传·哀公十七年》所记，文王以俘获的申人彭仲爽为令尹，彭仲爽不负文王所望，使申和息都成为楚县，使陈和蔡都朝于楚国，使楚国的边界扩展到汝水流域了。

诚然，彭仲爽是贵族，是"君子"，否则他将无由得知于文王。可是，文王对平民、"小人"也没有视同草芥。这有一则掌故，后世传为美谈，就是文王为蒙冤受辱的和氏昭雪。据《韩非子·和氏》所记，和氏在荆山上采得一块貌不惊人的璞，知道其中有世所罕见的玉，于是把它献给厉王。厉王派掌玉的官员"玉人"去鉴定，玉人说其中无玉。和氏有欺君之罪，废了左脚。厉王死，武王立，和氏又去献璞，玉人仍说其中无玉，以此，和氏的右脚也废了。武王死，文王立，和氏不敢再去献璞了，抱璞痛哭，哭干了泪，哭出了血。文王听说此事，觉得蹊跷，派专使去查明缘由。和氏对这位专使说：我不是因自己断了脚而悲伤，我所悲伤的是美玉被当成石头，讲真话的被当成讲假话的。文王听了专使的报告，命令玉人把璞琢开，果然，如和氏所言，其中有美玉。这美玉做成璧，号为"和氏之璧"。当时，含有美玉的璞往往被玉人视同顽石，非独具慧眼者不能识。《战国策·秦策三》记范雎献书秦昭王说："周有砥厄，宋有结绿，梁有悬黎，楚有和璞，此四宝者，工之所失也，而为天下名器。"按，砥厄、结绿、悬黎、和璞都是名玉，其中，和璞尤为举世所重。将近四个世纪以后，和氏之璧已价值连城，为赵惠王所得。公元前 282 年，蔺相如奉璧入秦而完璧归赵，其璧即和氏之璧。相传此璧色泽奇特，如《录异记》所云，"侧而视之色碧，正而视之色白"，确否，不得而知。和璞产于荆山东段北麓，然而地点殊难指实。今南漳县巡检司有地名"抱璞岩"，当地故老以为即和氏抱璞而泣之处。

玉在石中，确实不易识别。至今缅甸采玉者在珠宝市场上售璞，其标价高者含玉未必大而优，其标价低者含玉未必小而劣，俗称“赌玉”。和氏的眼力非寻常采玉者所能有，但他不是治玉者，不敢贸然剖璞取玉，才久蒙不白之冤，既可佩，亦可惜。

文王曾猎获一头号为“神羊”的稀有动物，其名曰“獬”。“獬”乃简称，其繁称为“獬豸”。据说獬能分辨曲直，遇有争斗者或争讼者，即以其角触理曲者。文王用獬皮和獬角做成一顶帽子，是为“獬冠”。文王爱着獬冠，因而张扬了执法严明的美誉。楚国的贵官竞相仿效，朝中多有着獬冠者。流风及于汉代，獬冠成为正式的“法冠”了①。

文王执法严明的事例，多在野史采录的传说中，虽不无根据，但难免夸张。可能还有纯属杜撰的，例如《说苑·至公》采录的一则，其大意如下：文王伐邓时，随身带着两位王子。某日，文王让两位王子出去摘野菜。两位王子夺了一位老农的畚箕，用来装野菜。老农告到文王那里，言辞激烈。文王当即向老农道歉，并且传令把两位王子关押起来，说要治以死罪。后经臣僚劝解，方才予以宽待。按，文王伐邓而灭之，事在文王十二年。当时的两位王子，大的不会大于四周岁，小的大概只有两周岁或者三周岁。如此年幼的王子，要摘野菜，要夺畚箕，令人难以置信。即令实有其事，幼儿也不应与成人同罪等罚。但是，我们无须计较在这个故事里有多少真实的成分。总之，在传说中，文王是大公无私的典范。

传说以事实为张本，但它与事实总有或大或小的出入。文王生活在感情与理智的冲突之中，有时不免兴无奈之叹。如《吕氏春秋·长见》所记：大夫苋禧恪守礼法，多次冒犯文王，乃至文王一见他就心情紧张，不见他才心情轻松。文王说：“不以吾身爵之，后世有圣人将以非不谷。”于是，赐苋禧爵五大夫。同时有申侯善于揣摩文王的心思，先意承旨，博取文王的欢心，以致文王一见他就高兴，不见他则若有所失。文王说：

① 范晔：《后汉书·舆服志》，中华书局点校本 1982 年版，第 3 667 页。

“不以吾身远之，后世有圣人将以非不谷。”于是，派人送申侯到郑国去了。这个故事的细节未必可靠，如：五大夫为秦爵，非楚制；苋禧，《新序》作“篼苏”，《说苑》作“篼饶”，三者不知孰是。申侯亦见于《左传·僖公七年》，确为文王宠臣。文王弥留之际，指出申侯有“专利而不厌，予取予求”的劣迹，但赐以璧，而嘱以及早离楚避祸。文王下葬以后，申侯果然出奔郑国，有宠于郑厉公，留居 20 余年，终因涉嫌谋叛，为郑文公所诛。文王感情上近佞臣而远直臣，理智上则恰好相反。上述退佞臣而进直臣的故事发生在文王的晚年，迹近曲终奏雅，但总比至死不悟为好。

文王的性格矛盾终生不解，以致他的死染上了特殊的悲剧色彩。

文王十四年（公元前 626 年），当楚国的君臣仍专注于北方时，巴人竟袭击了楚国南部的权县。巴人本来是楚人的盟友，曾经与楚人合兵作战不下两次。这次巴人公然变友为敌，事出突然，其伏脉是在 12 年以前埋下的。文王二年过邓伐申，有巴人助战。权尹阎敖也在军中，据《左传·庄公十八年》追记，阎敖“惊”巴人。“惊”，既可以解作“使（巴人）受惊”，也可通“警”而解作“使（巴人）受惩”，总之，巴人因而衔恨久之。过了 12 年，不知是由什么事件触发的，巴人反叛楚国，直奔权县，攻克那处。阎敖游过涌水，逃到郢都。巴人则进逼郢都，一度强攻城门。文王处死阎敖，阎敖的族人因不服而作乱。巴人见有机可趁，加强了攻势。战事由当年末延伸到翌年初，巴人撤离郢都。

文王亲征巴人，这是势所不得不然的。也许，文王还陶醉在两年以前攻灭邓国和讨伐郑国的辉煌战绩中，以为巴人根本不能成为旗鼓相当的对手。出乎文王意料，在津之战中，楚师大败。文王回到郢都，鬻拳竟不许他进宫去。无奈，文王重振三军，远征黄国。

那处，在今荆门市东南，这是确凿的。涌水，注家以为在今荆州市东南至今监利县东南，离阎敖从那处到郢都的路线太远了，碍难置信。津，在今荆州市城区附近或枝江市境内，大致不差。战场的方位表明文王不是在抗御兵临城下的巴人，而是在追击撤回本土清江流域的巴人。

文王败退时，巴人显然也撤走了，否则，文王是不可能去远征黄国的。

黄国一向对楚国不恭，楚国有理由随时向黄国进攻。只要打败黄国，文王就可能将功补过了。楚师推进到踖陵，一举击败了黄师，随即奏凯回郢都来。在归途中，文王病重。行至湫邑（在今钟祥市北境），文王谢世。

楚国为文王发丧，以隆重的礼仪把文王葬在名为“夕室”的墓穴中。鬻拳为向文王谢罪而自杀，遗命葬在名为“绖皇”的处所以示追随先君于地下。“绖皇”，本义是寝宫的前庭，转义是国君墓室的前方。

国人怀念鬻拳，推举鬻拳的子孙继续做楚宫的大阍。

《潜夫论·述赦》云：“自非鬻拳、李离，孰肯刑身以正国?”李离是春秋中期的晋臣，掌刑狱，因僚属误置人于死罪而引咎自杀，详见《史记·循吏列传》。与晚出大约半个世纪的李离相比，鬻拳更刚直，更忠诚，更义烈，显示了早期的楚式忠臣的风范。

这里所谓“早期”，究其实就是军事民主主义尚未彻底消失和君主专制统治尚未充分巩固的一个过渡时期。属于这个时期的武王和文王都是刚成为大王的大酋，他们的权威不是王冠带来的，而是战绩和政绩带来的。他们对自己为国人效力的天职有清醒的认识，虽死不辞，至死不渝。他们彼此的差别是：武王享年久，享国长，资历比臣僚深，功劳比臣僚大，对内、对外都令人敬畏，即使做了错事，打了败仗，也还是令人敬畏的；文王则不然，被一群资历深、功劳大的臣僚拥戴着又胁持着，往往身不由己，对外也是一位喑呜叱咤则千军俱废的雄杰，对内却是经常需要老臣耳提面命甚至不妨用荆条和戈矛迫使他就范的领袖。武王能主动地对军事民主主义遗风表示适当的尊重，文王却总是被动地接受军事民主主义遗风对他的制约。父子两人都死在征途中，尽管都死得无怨无悔，但武王坦然就死，而文王凄然就死。在楚人心目中，也许，武王是更值得敬重的，文王是更值得怜悯的。鬻拳以自杀向先王谢罪，是主动地对君主专制统治的权威表示必要的尊重。

正是在军事民主主义与君主专制统治逐步调适和逐步交替的过程中，

楚人养成了把国家利益和民族利益看得至高无上的主流心态。

第三节 季梁——既适时又超前的思想家

上文曾经提到的随国大夫季梁是一位走在时代前列的思想家，在东周思想界中是一颗管领晨曦的启明星。

季梁，随人，曾为随国执政大夫。葬于今随州市区边缘，其地今名义地岗。1979 年，从义地岗春秋时期墓葬中，出土青铜戈两件，其一铭为“周王孙季怡孔藏元武元用戈”，其二铭为“穆侯之子西宫之孙大攻尹季怡之用”①。戈的年代是春秋中期，可知戈主季怡晚于季梁，或许是季梁的后裔，至少与季梁同宗。既称“周王孙”，则季氏必源出姬姓。

季梁的理论见于他在随国危急关头对随侯所讲的话，幸有《左传》择其要而记之，否则后世便无缘得知了。

公元前 706 年，楚伐随。议和时，楚师为了迷惑随人，故意隐己之强而示人以弱。和议达成以后，随国君臣为是否追击楚师而发生了争议。《左传·桓公六年》记其事曰：“……少师归，请追楚师。随侯将许之，季梁止之曰：‘天方授楚。楚之羸，其诱我也。君何急焉？臣闻小之能敌大也，小道大淫。所谓道，忠于民而信于神也。上思利民，忠也；祝史正辞，信也。今民馁而君逞欲，祝史矫举以祭，臣不知其可也。’公曰：‘吾牲牷肥腯，粢盛丰备，何则不信？’对曰：‘夫民，神之主也，是以圣王先成民，而后致力于神。故奉牲以告曰“博硕肥腯”，谓民力之普存也，谓其畜之硕大蕃滋也，谓其不疾瘯蠡也，谓其备腯咸有也；奉盛以告曰“絜粢丰盛”，谓其三时不害而民和年丰也；奉酒醴以告曰“嘉栗旨酒”，谓其上下皆有嘉德而无违心也。所谓馨香，无谗慝也。故务其三时，修其五教，亲其九族，以致其禋祀，于是乎民和而神降之福，故动则有成。今民各有心，而鬼神乏主，君虽独丰，其何福之有？君故修政，

---

① 随县博物馆：《湖北随县城郊发现春秋墓葬和铜器》，《文物》1980 年第 1 期。

而亲兄弟之国，庶免于难。’随侯惧而修政，楚不敢伐。”

一、民为神之主

神道思想贯穿于夏、商、周三代，《易·观》云：“观天之神道，而四时不忒。圣人以神通设教，而天下服矣。”最迟从周代起，除了神道思想，还有民本思想，彼此貌合而神离。

中国古代的民本思想滥觞于《尚书》。《尚书·五子之歌》说：“民为邦本，本固邦宁。”《尚书·泰誓》说：“民之所欲，天必从之。”假如不是伪作，那就可以说，《尚书》民本思想是季梁学说的逻辑起点，季梁学说是《尚书》民本思想的逻辑跃进。从民为邦本到民为神主，从民忠于君到君忠于民，跃进的步幅大到了急转直前的程度。无奈《五子之歌》和《泰誓》都出于《伪古文尚书》，即使上引的两句是《尚书》原文，也因沦落在伪作中而如明珠之暗投了。既然如此，说季梁是民本思想的始创者也不为过。

北方与季梁学说类似的理论主张，是宋司马子鱼所讲的：“民，神之主也。”语见《左传·僖公十九年》，事在公元前 641 年，这就比季梁晚了 65 年，而且不如季梁讲得透彻。这年夏天，宋襄公要求曹、邾、鄫三个小国的国君到曹国南境与他会盟。此人心雄而国弱，志大而才疏，想效法两年以前去世的齐桓公，做诸侯的霸主。曹、邾两国的国君遵命到会，鄫君却缺席了，这使宋襄公不胜恼怒之至。鄫君并非故意抗命，而是稽迟了行程，刚刚走到邾国，会盟已经结束，只好去拜会邾君。宋襄公闻讯，竟派使者到邾国去，嘱邾君杀鄫君以祭于次睢之社。当时，血祭杀人或杀牲都叫“用”。子鱼向宋襄公进谏说：“古者六畜不相为用，小事不用大牲，而况敢用人乎？祭祀以为人也。民，神之主也。用人，其谁飨之？……”子鱼只是反对杀人以祭神，没有像季梁那样从民为神之主这个命题中引申出君应忠于民这个论点来。

终春秋之世，北方占主流地位的理论主张比季梁学说落后得多。例如，晋乐官师旷说：“夫君，神之主而民之望也。”语见《左传·襄公十四年》，事在公元前559年。师旷此言比季梁晚了147年，理论主张反比季梁学说落后。季梁的理论是"民—神—君"，师旷的理论是"君—神—民"，彼此恰相反。师旷，既是音乐家，又是思想家，相传创作过《阳春》、《白雪》两首名曲，发表过一些应验的预言，颇有令名。作为音乐家，他是伟大的；然而，作为思想家，他是渺小的。

春秋晚期的孔子的学说，从某种意义上可以说是"仁本"思想，其"仁"有"爱人"、"立人"、"达人"等内涵，但也没有把"民"放在"神之主"的地位上。

季梁比孔子早大约两个世纪，季梁学说是儒家学派的远脉。在中国思想史上，尤其是在春秋战国时代的思想史上，季梁是一位开风气之先的宗师。

二、道——忠于民而信于神

季梁所讲的"道"，不是本体论的道，而是政治学和伦理学的道，亦即治国之道。

季梁劝告随侯，对内要"修政"，对外要"亲兄弟之国"。修政之道，在于"务其三时，修其五教，亲其九族，以致其禋祀"。做到了这些，就能"民和年丰"，而且"上下皆有嘉德而无违心"。假如改用现代的语言来说，就是物质文明和精神文明都好，而且团结祥和。当然，这是春秋时期的物质文明和精神文明，其涵义与现代的文明相去甚远。至于"亲兄弟之国"，那是无需多作解释的，即与友好的诸侯结缘，这是当时的通例，季梁的主张没有什么新意。

按照传统观念，忠是下对上而言。季梁却把它颠倒过来，他说："上思利民，忠也。"这话，岂止可圈可点，直是掷地有声。上思利民，必须想民之所想，好民之所好，急民之所急。后世的道家大概受了季梁的启示，并且把它发扬光大了。《老子》第四十九章说："圣人无常心，以百姓心为心。""以百姓心为心"，必然"思利民"。《老子》第六十六章说："欲上民，必以言下之；欲先民，必以身后之。是以圣人处上而民不重，处前而民不害。”“不重”，即不觉得是累赘；“不害”，即不觉得受损害。季梁批评随侯“民馁而君逞欲”，以致“民各有心”。“民各有心”，无疑觉得随侯是他们的累赘，使他们受损害。

对“天”，季梁也相信；对“神”，季梁也敬重。在季梁那个时代，“天”与“神”大致同义，但“天”比“神”抽象。季梁认为“天方授楚”。一则表明他知道楚国方兴未艾，至少楚国尚能循道而行；二则表明他相信天命、天意、天道。季梁与春秋时期其他思想家和政治家的区别，在于他主张“圣王先成民，而后致力于神”，也就是说，民居第一位，神居第二位，这是对传统的天命思想和神道思想的反叛。后世的道家则更进一步，只要求成民，不要求致力于神。

“所谓道，忠于民而信于神也。”这个前无古人的高论出现在学术园地还草莱初辟的春秋早期，无异于迎春第一花。

三、知彼知己，怒我怠寇，避实击虚

军事方面，季梁也独具卓识。对此，楚人是心中有数的。楚国的将领知道，只要随侯听从季梁，楚师的诱敌之计必定失败。

“天方授楚”和“楚人上左”，表明季梁深悉楚国的形势和楚师的阵容，用后世《孙子》的话来说，这是“知彼”。“今民馁而君逞欲”和“今民各有心”，表明季梁洞察随国的弊端，用后世《孙子》的话来说，这是“知己”。假如随侯听从知彼知己的季梁，随人将不会有覆军辱国之祸。第一次，随侯从季梁之议，随师幸免于难；第二次，随侯不以季梁之议为然，随师就不免于败绩了。

速杞之役，季梁主张先向楚王求和，如遭楚王拒绝，再战不迟。他说这有两个好处：一是“怒我”，即激励随师同仇敌忾；二是“怠寇”，即促使楚师骄傲懈怠。无奈，随侯不自量力，求战心切，以为季梁之言无益，率尔开战，终于大败。将士的心态对战役的胜败起着不可低估的作用，哀兵易胜，骄兵易败，季梁深知此中妙理，可见他的兵法出于深思熟虑。

季梁知道楚师以左军为主力，而右军为偏师，建议随侯先以随师的主力攻击楚师的偏师，如此避实击虚，以强击弱，实为兵家上算。可是，随侯反季梁之道而行之，以致寡不敌众，一触即溃，自己也不得不张皇逃遁。

季梁说："小之能敌大也，小道大淫。"显然，他认识到军事是政治的延续，政治上得道者军事上易胜，政治上失道者军事上易败，得道的小国可能战胜失道的大国，无疑，这是以史为鉴而悟出的真知。

如果以战绩论英雄，那么，季梁断乎不在名将之列。可是，从军事思想来看，季梁能使许多名将自愧弗如。

四、季梁的遗泽

季梁的学说既是适时的，又是超前的。适时，是因为切中时弊，切合实用；超前，是因为在大约四个世纪以后才有孟子超过了它。《孟子·尽心下》云："民为贵，社稷次之，君为轻。"《孟子·梁惠王下》云："闻诛一夫纣矣，未闻弑君也。"

季梁是随国的，但季梁的学说也是楚国的，这有三个缘由：第一，与季梁同时的楚国贤臣如斗伯比和熊率且比等，莫不推崇季梁。第二，从楚武王起，随国逐步沦为楚国的附庸，随文化逐渐纳入楚文化的系统中去了。第三，继承季梁学说的主要不是随国，而是楚国。楚成王前期的令尹子文说："夫从政者，以庇民也。"① 这个"庇民"思想，应是从季梁的"利民"、"成民"思想脱胎而来的②。此后楚国的明君贤臣，大致都能以"恤民"、"宽民"、"抚民"为要务。

随州市区有地名"季氏梁"，其地原有季梁墓和季梁祠，并有春秋时代季氏所作铜器出土。可见，人民没有忘记季梁。

---

① 《国语·楚语下》，上海师范学院古籍整理组点校本，上海古籍出版社 1982 年版，第 573 页。

② 刘玉堂、黄敬刚：《季梁思想刍议》，《中国哲学史研究》1987 年第 3 期。

第四节　楚蛮、扬越、巴人、濮人

武（楚武王）文（楚文王）时代的湖北，可以说是南方的中原，位于东西南北之中，介乎华夏与蛮夷之间，汇集了汉藏语系的汉语和苗瑶、壮侗、藏缅三个语族的先民。

汉阳的若干姬姓国和姜姓国是由操“夏言”的国人组成的，“夏言”是汉语的前身。零零散散的楚蛮部落是“三苗”的遗裔，其主体是苗瑶语族的先民。扬越操越语，越语是壮侗语族的前身。巴人原为氐羌别部，来自西北方向，巴语是藏缅语族前身的一支。濮人族类纷繁，踪迹飘忽，可能也是壮侗语族的先民，但也可能还渗入了南亚语系某个语族的某些部落。已露峥嵘头角的芈姓楚人则语种模糊，只能笼而统之算进汉藏语系的前身中去。

如此斑驳陆离的民族格局，对芈姓楚人有利也有弊。小国、小部星罗棋布，势力分散，这是对芈姓楚人有利的一面。芈姓楚人只要积聚了足够的甲兵，就不难把它们逐个击破。没有公认的权威，没有共同的信仰，得其地未必能得其人，得其人未必能得其心，这是对芈姓楚人有弊的一面。芈姓楚人开疆拓土，如缓急失宜，或宽严失当，都可能受挫。

一、楚　　蛮

楚蛮是长江中游的土著，由于先后受到殷人、周人的讨伐，越人、巴人的挤压，以及濮人的搅扰，降及春秋时代，除了播迁到湖北境外的部落之外，留居在湖北境内的部落已成为诸侯的臣民了。湖北腹地的云梦泽，非湖泊即沼泽，虽鸟兽孳繁，而人烟稀少。滞留在云梦泽东和云梦泽北的楚蛮，先后受殷文化和周文化的熏陶，其文化面貌与北来的周人趋同，楚蛮的本色已所余无几，陶器以鬲、甗、罐、盆、钵、豆为常见的器物组合，风格大致近于周式。滞留在云梦泽西的楚蛮，其文化面貌尚不乏楚蛮本色，陶器以鬲、盂、豆、罐为常见的器物组合，但因与南进的楚人错居杂处，已经半周化、半楚化了。当阳赵家湖春秋早期楚墓的墓主，大致就是楚蛮。这里，为了便于读者明了，必须插叙古人的葬俗。

古人的葬俗讲究头向，说详张胜琳、张正明《上古墓葬头向与民族关系》①。古人以为灵魂在头颅中，躯体死亡以后灵魂要回到故乡去。因此，北部即中部的民族头向从北，东部的民族头向从东，南部的民族头向从南，西部的民族头向从西，这是通例。由于人口的流徙，民族的混杂，风俗的移易，在同地同时的墓地中，难免有头向与通例不合的特例，然而通例占压倒优势。有了墓门、墓道以后，为了便于灵魂出走，墓向总是与头向一致的。《礼记·檀弓》记孔子曰："狐死正丘首。"这是以狐喻人。屈原在《九章·哀郢》中写道："鸟飞返故乡兮，狐死必首丘。"这是以鸟和狐喻人。

殷人和周人都是北部即中部的民族，头向都从北。《孔子家语·问礼》记孔子曰："坐者南向，死者北首，皆从其初也。"孔子是殷裔周人，他所讲的是殷人和周人的习惯，生前以坐北面南为正，死后以头北脚南为正。"皆从其初也"的"初"，就是祖先的故乡。

楚人是二源合流的，这可以从楚墓的头向上看得一清二楚。芈姓的楚人，连同部众在内，来自中原的东部，下葬时头向从东。他们是客户，与土著楚蛮相比，人口占少数，但他们在政治上反客为主了。楚蛮是南部的民族，下葬时头向从南。

春秋早期和中期的楚墓，迄今已发掘的以当阳赵家湖为最多，资料俱见《当阳赵家湖楚墓》② 一书。从 1973 年到 1979 年，赵家湖共发掘楚墓 297 座，墓葬的时代，从西周晚期到战国晚期，中间无缺环。其中，属于西周晚期的墓有 8 座，属于春秋早期的墓有 10 座，属于春秋中期的墓有 23 座，属于春秋晚期的墓有 21 座，其余是战国时代的墓和少量只

① 《湖北省考古学会论文选集》(一)，武汉大学出版社 1987 年版。

② 文物出版社 1992 年版。

能笼统断为东周的墓。在所有 297 座墓中，南向墓 191 座，占 65%；东向墓 87 座，占 29%；西向墓 16 座、北向墓 2 座和方向不明墓 1 座，占 6%。

值得注意的是：在 8 座西周晚期墓中，南向的有 7 座，东向的有 1 座；在 10 座春秋早期墓中，南向的有 8 座，东向的有 2 座；在 23 座春秋中期墓中，南向的有 18 座，东向的有 5 座；在 21 座春秋晚期墓中，南向的有 14 座，东向的有 6 座，西向的有 1 座。而且，在上列春秋晚期以前的 62 座墓中，甲类墓 8 座，都是南向墓；乙类墓 14 座，其中南向墓 13 座，西向墓 1 座；丙类墓 40 座，其中南向墓 26 座，东向墓 14 座。由此可知，从西周晚期到春秋晚期，北来的楚人后裔逐渐增多，然而大致都是平民，只有少量下等的贵族。这个时期赵家湖的楚人主要是楚蛮，他们既有平民，也有贵族，随葬品的器形和组合与正宗楚人的随葬品没有明显的区别。还有一点值得注意的是：在没有随葬品的 57 座丁类墓中，除 1 座方向不明外，东向的多达 32 座，南向的不过 24 座。就春秋时代的赵家湖地区来说，楚蛮的社会地位甚至比正宗楚人略高，楚蛮的文化面貌则与正宗楚人没有明显的区别。

春秋早期的赵家湖，虽在楚人南进的要道上，但还不为楚国君臣所重视，那里的楚蛮与正宗楚人的关系是和好的。

从熊渠起，楚人在湖北中部如鱼得水，其中一个重要条件就是楚国长期奉行善待楚蛮的方针。

二、扬　越

扬越得名于扬水。扬水在潜江一带与长江、汉江相通，亦作“杨水”，后世讹称“洋水”。周人南进，主攻方向是长江中游地区，所遭遇的越人是扬水、汉江与长江之间的越人，因而名之曰“扬越”。

其实，在扬水、汉江与长江之间，正是所谓“江南之梦”，扬越寥寥。当时，湖北的扬越聚居在鄂东，其陶器因有刻槽足鬲、带护耳甗、长方形镂孔豆和觯形硬陶杯而在越人族系中独树一帜。鄂东南的铜矿就是由扬越开采的，矿区出土的陶器都带有扬越的风格。鄂东南的主体民族也是扬越，也有考古发现的实证。例如：1993 年发掘的武穴鼓山第 23 号墓，所出的小口平底陶罐，矮足短柄陶豆以及立耳外撇、三足内敛的铜鼎，都是越式器物，年代大致为春秋早期①。越式鼎的三足，或外撇，或内敛，通常外撇，可是早期也有内敛的。

楚人从熊渠起就涉足鄂东南了，到熊鄂时对鄂东南的铜矿已能施加起主导作用的影响。楚人对扬越，除征购红铜外，别无所求，其统治是异常宽松的。由此，扬越对楚人取合作态度。我宽以待人，人厚以待我，楚国在民族问题上是特别开明的。

三、巴　　人

巴人源于西戎，属于氐羌系统。巴人进入湖北，分为北支和南支。北支巴人在陕西南部的汉江上游，位于大巴山北麓，这支巴人与周朝关系亲密，有一个封国，土著虽是巴人，公室却是姬姓。《左传·昭公九年》记周室詹桓伯说，“及武王克商”，“巴、濮、楚、邓，吾南土也”。这“巴”，就是北支的巴国。姬姓巴国的东部伸进到鄂西北，达到了武当山西段北麓。南支巴人是从川东南（今属重庆市）进入鄂西南的，最迟在西周的晚期已席卷了清江流域。清江下游的长阳，今为土家族自治县，1983 年由文化馆采集了该县出土的一件铜戈，援为三角形，中部起脊，后部两角各有一穿，内为长方形，援长 15.3 厘米，内长 5.5 厘米②。此戈与陕西、四川出土的某类三角形援戈相同，时代为西周晚期或西周中期。由此可知，最迟在熊渠经略“江上楚蛮之地”时，巴人已占领了清江流域。

当今学术界流行的见解，以为巴人源于清江流域，从清江中游推进

---

① 湖北省京九铁路考古队：《武穴鼓山发掘一座春秋越人墓》，《江汉考古》1996 年第 4 期。

②《湖北长阳出土一批青铜器》，《考古》1986 年第 4 期。

到上游，从鄂西南推进到川东南，这是出于对《后汉书·南蛮西南夷列传》一段文辞的偏信和误解。《后汉书·南蛮西南夷列传》记："巴郡南郡蛮，本有五姓：巴氏、樊氏、瞫氏、相氏、郑氏，皆出于武落钟离山。其山有赤黑二穴，巴氏之子生于赤穴，四姓之子皆生黑穴。未有君长，俱事鬼神，乃共掷剑于石穴，约能中者奉以为君。巴氏子务相乃独中之，众皆叹。又令各乘土船，约能浮者当以为君。余姓悉沉，唯务相独浮。因共立之，是为廪君。乃乘土船，从夷水至盐阳。……廪君于是君乎夷城，四姓皆臣之。廪君死，魂魄世为白虎。巴氏以虎饮人血，遂以人祠焉。"按，武落钟离山即今长阳佷山。既然巴郡南郡蛮五姓"皆出于武落钟离山"，巴人似乎就源于清江流域了。

然而，从语言、文物、风俗三者来考察，可以证明巴人是源于西北的。就语言来说，土家族的先民主要是巴人，巴人的后裔主要是土家族，土家语属于藏缅语族，可见巴人是藏缅语族先民的一支，而藏缅语族在西部，则巴人起初必在西部民族之列。就文物来说，典型的巴式器物，如柳叶形青铜剑等，西周早期始见于陕西西部和甘肃东部，从西周中期起经由陕西南部传播到四川，然后又传播到鄂西北、鄂西南、湘西北和黔东北，西周中期以后的黄河流域则不再有柳叶形青铜剑了，柳叶形青铜剑的传播路线就是巴人的流徙路线。就风俗来说，巴人的尚白、崇兽和火葬等，都是西部民族的本色。对此，董珞辨之甚明①，不须详引。

"巴氏之子"和"四姓之子"所"掷"的"剑"，无疑就是柳叶形青铜剑。柳叶形青铜剑形体短小，既可以击刺，也可以投掷。在川东南（今属重庆市）涪陵小田溪的巴墓中，有长短大小不齐的成套柳叶形青铜剑出土，其较长大者用以击刺，其较短小者用以投掷。总之，巴人到清江流域时已经有铜器了，至少已经有柳叶形青铜剑了，最早只能上溯到西周中期，《后汉书·南蛮西南夷列传》的有关记载不能证明西周早期以前的清江流域也有巴人的踪迹。清江流域迄今已发现的石器时代的文化

---

①《巴人族源辨——人类学与考古学的审视》，《中南民族学院学报》1997年第2期。

遗存，都与巴人无关。

公元前611年（楚庄王三年），楚国西部民族起兵叛楚。《左传·文公十六年》记："戎伐其西南，至于阜山，师于大林；又伐其东南，至于阳丘，以侵訾枝……"旧注，阜山在今房县南，大林在今荆门市北，阳丘所在不明，訾枝在今钟祥市内。这戎，不可能是仍在西北的戎人，只可能是戎人出身的清江巴人。

春秋时代湖北的巴人，不止分布在鄂西北的一小块和鄂西南的一大片。考古发现表明，湖北中部也有巴人。1984年，在江陵陀江寺发现了春秋战国时代的巴文化遗址，有釜形鼎、卷沿盆、束颈罐和大口斜直腹盘等巴式陶器的残片，虽未经发掘，但已可推定是巴人的聚落遗址。用西方惯用的比喻来说，这只是浮在水面上的冰山。春秋时代楚国腹地的巴人聚落，当然不止江陵陀江寺一处。

假如把风俗和语言作为探寻春秋时代湖北境内巴人踪迹的线索，那就可以说，汉江以北的郧国境内也有巴人。此事说来话长，且待下文介绍令尹子文时细叙。

川东（今属重庆市）的巴地盛产盐，可以大量外销。清江流域也曾产盐，但比川东所产的盐少得多。从古代到近代，运巴盐入楚地的通道有南、北两路。北路是陆路，从川东到鄂西，出没在深山老林中，全靠人扛肩挑，近代的盐贩，至今还有尚在世的。南路是半陆路、半水路，先由川东南经陆路到鄂西南，后沿清江入长江。楚人的食盐不能自给，非仰赖巴地不可。楚国力求与巴人相安，食盐是一个至关重要的因素①。

四、濮　　人

濮人的族属问题使任何研究西南民族的学者都感到棘手，古人已所见各异，今人更节外生枝，乃至直如一团乱麻，可是任何一家都缺乏考

---

① 关于巴盐运入楚地，学者多曾论及，恕不详引，近作则有胡继民：《盐·巴人·神》，《湖北民族学院学报》（社会科学版）1997年第2期。

古的实证。只有一点是各家的共识，即濮人在西南方向，恰如《史记正义》引刘伯庄云："濮在楚西南。"本书所要介绍的，只是与楚人有交往的濮人，即叔熊所奔的濮①，蚡冒"始启"的濮②，熊通"始开"的濮③。

上文引詹桓伯云："巴、濮、楚、邓，吾南土也。"巴在西，邓在东，这是没有疑问的。楚在邓西南，濮在楚西南，也为史家所公认。可是，"濮在楚西南"的"西南"，可以有两种解释：其一是方向为225°左右的西南，其二是西面和南面。

《左传·文公十六年》的一则记载，可以证明楚国的西面确实有濮人。那是在楚庄王三年（公元前611年），楚国发生饥荒，"庸人帅群蛮以叛楚，麇人率百濮聚于选"。选，旧说在今宜都南，显然不确。因为麇在湖北十堰与陕西白河之间，离选太远，而且当年地名尚难考实的宜都一带乃巴人聚居之地，非濮人出没之所。选应在麇国境内或麇国与绞、谷、庸诸国之间，否则麇人势难成为百濮的盟主或谋主。号为"百濮"，表明有许多离散的濮人聚落，"百"，喻其多也。麇在楚国西偏北，附近有"百濮"，这是足以说明楚国西北有濮人的一个文献证据。既然称为"百濮"，那濮就只是族名而不是国名。熊渠曾经讨伐麇国南面的庸国，其三代孙叔熊不难逃到与庸国大致同等远近的濮地去，其七代孙也不难去讨伐濮人。假如"百濮"在长江以南今宜都附近，叔熊就不容易逃到那里去，蚡冒和熊通则不可能打到那里去。这些，都是就文献资料来看的。

假如再看考古资料，那么，楚国西面濮人分布的区域就不止麇与绞、谷、庸诸国之间了。

---

① 叔熊奔濮地，事见《国语·郑语》和《史记·楚世家》，前者作"叔熊"，后者作"叔堪"。按，叔熊乃熊渠三代孙。

② 《国语·郑语》。按，蚡冒乃熊渠七代孙。

③ 《史记·楚世家》。按，熊通为蚡冒弟。

房县七里河的新石器时代聚落遗址，有拔牙之俗与猎头之俗并存的遗迹[①]。按：古代拔牙之俗多见于东南的少数民族中，但在中南、西南也有，主要为越人之俗。猎头之俗多见于东南亚和大洋洲，随南亚语系先民和南岛语系先民的北上而传入中国的西南和台湾，就中国境内来说主要为濮人之俗。由此可知，濮人可能源出南亚语系的先民，北上穿插在汉藏语系的先民之中。房县位于庸国的东部，因而至少可以说庸国也有濮人。《尚书·牧誓》记参与伐纣之役的西南八族，庸为第一，濮为第八，似乎彼此遥隔，其实彼此相邻或彼此相混。庸人的聚落遗址尚未发现，因而我们对庸人的文化面貌至今一无所知。或许庸人也是濮人，濮人之有国有君者为庸人，濮人之无国无君者为百濮，如此推测，尽管理由不够充分，但不是全无所据的。

总之，对于“濮在楚西南”这个旧说，虽则不可不信，但又不可全信。楚西固然有濮，楚南却大概是无濮的。

---

① 王劲、林邦存：《房县七里河遗址发掘的主要收获》，《江汉考古》1984年第3期。

第八章　东周中期由勃兴而极盛（上）

第一节　楚成王与令尹子文

楚人北渡汉江，东出方城，表明湖北已有了可以与中原度长絜短的财力和兵力。尽管楚国公族内部难免有时张时弛的明争暗斗，楚国与随国的同盟偶有裂痕，但与中原相比，湖北的内耗要小多了。

当时，周室大乱，中原全无纲纪可言。就在楚文王去世的那一年，周朝的 5 位大夫奉王子颓以伐周惠王，不胜，乃引卫师、燕师为援，逐周惠王而立王子颓。将近两年以后，郑伯与虢公合谋，举兵杀王子颓和 5 位大夫，纳周惠王于王城。

同时，楚国发生了类似的险情，然而没有掀起类似的狂澜。楚文王死，长子熊艰立。熊艰不满 7 岁，他和弟熊頵①都是文夫人所生的。当时的楚国政治体制正经历着新陈代谢的变化，叔杀侄或弟杀兄而自立为王还是正常的历史现象。熊艰又有叔，又有弟，面临着莫测的风险，自己可能浑浑噩噩，真正执掌政柄的是老臣宿将，《史记·楚世家》说熊艰要杀熊頵，其实这是说拥戴熊艰的老臣宿将打算杀死熊頵。可是，也有拥戴熊頵的老臣宿将。他们带着熊頵逃奔随国，利用随国的援军击败了对手，杀死了熊艰。熊艰在位仅 3 年，谥为“堵敖”②。按照楚国的惯

---

① 《左传》作“頵”，《史记·楚世家》作“恽”。传世有《楚王頵钟》，可知以“頵”为正，“恽”与“頵”音近。

② 《左传》作“堵”，《史记·楚世家》作“庄”。按“堵”或作“杜”，疑“庄”是与“杜”形近的讹写。《左传》记熊艰在位三年，《史记·楚世家》记熊艰在位五年，前者与文王在位时间衔接，后者与文王在位最后两年错综。

例，自从有王号时起，即位不久便死于非命的国君称“敖”。“敖”是楚人对军事首领的尊称，当然位于“王”之下。“堵”是熊艰的葬地，在今河南邓州，详见张正明《楚国社会性质管窥》①。

熊艰既死，熊頵继立，是为成王，其元年为公元前671年。

一、从令尹子元到令尹子文

成王即位时不满9岁，国务由令尹子元主持。子元乃文王之弟，成王之叔。在兄弟之争中，胜利属于成王的拥戴者，然而，以后会不会发生叔侄之争呢？如果会发生，胜利属于谁就难以逆料了。

子元为令尹，起初似乎很尽心、很称职。据《史记·楚世家》所记，成王初即位时，对内能“布德施惠”，对外能“结旧好于诸侯”。如何“布德施惠”，不可详知，想来不外乎减税、赈灾、济贫之类。至于“结旧好于诸侯”，则主要是与鲁国通好，有《春秋·庄公二十三年》所记“荆人来聘”为证。《史记·楚世家》还说：成王“使人献天子，天子赐胙，曰：‘镇尔南方夷越之乱，无侵中国。’于是，楚地千里”。天子以祭肉（胙）赐诸侯有格外垂青之意，是诸侯的殊荣。在楚国历史上，这是初次受天子所赐之胙。天子让使者传告成王的话，等于承认南方归楚国统治。“夷越”泛指长江中游的土著，不是一个民族的专称。当时，湖北除了东、南、西三面的边缘之外，都已成为楚国的疆土，加上河南方城内的全部和方城外的一部，楚国的版图无疑已经超过方圆千里了。

子元的政绩，对年幼的成王来说，可能是潜在的祸患。假如子元的野心与政绩同步增大，成王就危乎殆哉了。

大约在成王五年或六年（公元前667年或前666年），令尹子元果然野心勃发，但它起初显示为淫欲恣张。

文夫人虽已是太后，但刚到中年，依然天生丽质。令尹子元对这位

① 张正明：《楚国社会性质管窥》，见《楚史论丛（初集）》，湖北人民出版社1984年版。

寡嫂怀有非分之想，居然在她的宫室近旁营造了自己的新邸，以求与寡嫂亲近，而仍以有宫墙阻隔为恨。某日，子元匪夷所思，吩咐伶人在他的新邸中演出《万》舞。《万》舞原为周人的宫廷舞蹈，场面宏大，气氛热烈，如《诗·邶风·简兮》所云："简兮简兮，方将万舞。""简"者，盛大之谓也。《万》舞有武舞和文舞，前者以干戚为舞具，后者以羽籥为舞具。在《万》舞中，主要是武舞。相传周武王伐殷纣王时，从征的巴蜀将士上了阵就载歌载舞，豪迈凌厉，殷师前列的徒兵受惊反走，周师趁机进击，殷师土崩瓦解。《万》舞的武舞据说是参照巴蜀将士的歌舞改编的，舞姿雄健，乐声嘹亮。子元选奏《万》舞，意在让隔墙的文夫人听到。可是，文夫人的反应出乎子元意料，她哭着说：先君演出《万》舞，用以整军经武。现在令尹不去向敌国开战，却在我这个未亡人旁边演奏《万》舞，不是太离谱了吗？宫中有人向子元通风报信，子元只得说：连女人也没忘记要打击仇敌，我怎么反而忘记了呢？①

成王六年秋，子元兴师伐郑。这是专门为文夫人演出的，纯属无端启衅。出动战车达600乘之多，算得上是一支罕见的大军了。郑国全然无备，楚师得以轻易进入郑都的郊门和郭门。子元和几位将领见到郑都内城的悬门没有关住，以为郑人故意诱楚师入内城，停车商议，唯恐郑人听清他们讲的话，彼此都用"楚言"交谈。子元命令全军回郊外扎营，以免中伏。全军安顿下来以后，子元唯恐晋、齐、宋诸国派兵救郑，又命令全军速撤。其实，当楚师撤退时，郑国的君臣正准备逃到桐丘去。次日天明，郑人发现楚营的帐篷上面停着乌鸦，断定已人去营空，当即上报，郑国的君臣惊魂方定。

楚师无功而还，令尹子元却公然搬进王宫去住下。过了些日子，大

---

①《左传·庄公二十八年》："楚令尹子元欲蛊文夫人，为馆于其宫侧，而振《万》焉。夫人闻之，泣曰：'先君以是舞也，习戎备也。今令尹不寻诸仇雠，而于未亡人之侧，不亦异乎？'御人以告子元，子元曰：'妇人不忘袭仇，我反忘之。'"（阮元校刻《十三经注疏·春秋左传正义》，中华书局影印本1980年版，第10卷，第79页）

夫斗射师进谏，竟被子元拘留，手上还加了梏。斗氏掌握着兵权，忍无可忍，成王八年秋，申公斗班杀死了子元。斗班是斗伯比之孙，斗谷於菟之子。子元被杀后，斗谷於菟为令尹，是为令尹子文。

子元是唯一能对成王的地位构成威胁的大夫，因此，就当时的成王来说，没有比子元被杀更大的幸事了。

二、子文传奇

春秋时代，楚国有两位名相，第一位就是成王时长久任令尹的子文，第二位则是庄王时三度任令尹的孙叔敖。

子文的早年极富传奇色彩，他是吃过虎奶的。据《左传·宣公四年》所记，若敖有一位侧夫人是郧国公族女子，生了斗伯比。若敖死后，正夫人所生的嫡子熊坎继位，是为霄敖。当时的楚国没有严格的礼法，国君死后，其侧夫人可以携子女回母国去，由此，斗伯比随其母住在郧国。斗伯比长大后，与郧君的一位女儿由青梅竹马而相爱，就亲戚关系来说，这位小姐是斗伯比的姑表妹或姑表姐。

当地的风俗，暮春时节，男男女女都爱到“云梦”去游玩。“云”即“郧”，或作“邧”，简作“云”。“梦”是楚言，旧解为草泽，实则为平原、丘陵、草泽、湖泊、丛林兼备的原野，冬天是上好的狩猎场所，春天是上好的游乐场所。按照习惯，男女在梦中游玩时，可以寻偶追欢。正像《墨子·明鬼》所讲的：“燕之有祖，当齐之〔有〕社稷，宋之有桑林，楚之有云梦也，此男女之所属而观也。”除了云梦，其他风光佳丽的郊野也是这样的游乐场所。不过，云梦特别出名，这里必然有不少风流韵事。斗伯比和他的情人到云梦去游玩，乘兴野合，后来生下一个男孩。

郧夫人似乎不大喜欢斗伯比这个外甥，见他居然让自己的女儿生下小孩来，不胜恼怒之至，派人把这个小孩扔到他的父母幽会的野地里去。当天，郧君正在梦中打猎，忽然看到一只雌虎正在给一个弃婴喂奶，大惊失色，罢猎而归。郧君向郧夫人谈起所见的奇事，郧夫人惶恐不已，慌忙派人去把弃婴抱了回来。郧君了解了此中内情，给这个外孙取名

“谷於菟”。《左传・宣公四年》说：“楚人谓乳‘谷’，谓虎‘於菟’。”“谷於菟”字“子文”，“文”即虎纹。据陈士林研究，“谷”是古越语，“於菟”是古彝语，“谷於菟”是混合词语[①]。据《汉书・叙传》，正宗的楚人是把老虎叫做“班”的。斗谷於菟有子斗班，可谓虎父生虎子。《汉书》的作者班固是斗班的后代，用的是虎姓。

屈原在《天问》中写道：“何环穿自闾社丘陵，爰出子文?”所写的就是斗伯比和他的情人出游，绕过闾，穿过社，到了丘陵，做出情不自禁的事来，以至生下了子文。

斗伯比回楚国后，为武王所倚重。其子子文在文王时应已建功立业，对成王的即位起过特殊重要的作用。《天问》在“爰出子文”一句之后接着写道：“吾告堵敖以不长，何试（弑）上自予，忠名弥彰?”显然，屈原认为杀死堵敖和拥立成王的主谋就是子文。

於菟为古彝语，这是狭而言之，假如广而言之，於菟实为藏缅语族先民对老虎的称呼。郧地有崇虎的风俗以及西部民族的语词，唯一合理的解释是当地有崇虎的巴人，他们是从汉江上游迁来的，与楚蛮、扬越杂居乃至通婚，语词就有杂糅的趋向了。

现在鄂西南的土家族，仍有民间故事说老虎给弃婴喂奶，情节离奇，大意如下：秦始皇三公子之子为秦始皇所嫌恶，刚生下就被秦始皇派人把他扔到野外去。他饿得大哭，有一只雌虎跑来给他喂奶。阳光炽灼，他热得大哭，有一只凤凰飞来给他遮荫。所以，人们说他是“龙生虎养凤遮荫”。三公子之子不是别人，正是项羽。项羽长大以后，立志报仇，终于把秦朝推翻了[②]。现代土家族的这个故事与古代郧人的那个传说，可谓无独有偶。今与古，此与彼，何其相通乃尔！其中的缘由，说复杂

---

① 陈士林：《彝文 vyxtu（vuxu）与楚语“於菟”》，见《中国民族古文字研究》第2集，天津古籍出版社 1993 年版。

② 李英讲述、吕纯良整理：《地龙灯》，见《鄂西民间故事集》，中国民间文艺出版社 1989 年版。

也真复杂，说简单也真简单，秘密在于现代的土家族和古代的郧人都源于巴人。

鄂西南的土家族还有老虎给善人报恩的民间故事，也是奇闻。此类奇闻，只有崇虎的巴人遗裔才想得出来和编得出来。

三、子文的品格和功业

子元任令尹时，好糜费，喜铺张，国库入不敷出。子文任令尹后，首先要处理的棘手问题是财政困难。《左传·庄公三十年》记子文“自毁其家，以纾楚国之难”。所谓“自毁其家”，就是自动献出家财。如此体国如家，自古及今，绝无仅有。《战国策·楚策一》记楚威王时莫敖子华说：“昔令尹子文，缁帛之衣以朝，鹿裘以处。未明而立于朝，日晦而归食。朝不谋夕，无一月之积。”缁衣是朝服，鹿裘是常服。上朝穿缁衣，可见其郑重，居家穿鹿裘，可见其简朴。未明即入朝，日晦方归食，可见其竟日枵腹从公。至于“朝不谋夕，无一月之积”，则是形容其家道的清贫。《国语·楚语下》记楚昭王时大夫斗且说，子文认为“从政”是为了“庇民”，意即必须顾全民众。斗且还说，子文“无一日之积”，这是夸张过度了。斗且又说，成王得悉子文自奉过薄，不胜感动，从此，当子文上朝时，成王就让人给他准备一串干肉和一筐米饭，这却是可信的。当时的常规是每日两餐，子文在朝中即使从早忙到晚也不便另加一餐，只有成王才可以让他破例。《潜夫论·遏利》说子文“有饥色、妻子冻馁”，这也像“无一日之积”，是渲染过甚了。《说苑·至公》记令尹子文大义灭亲，此说在较早的文献中全无踪影，可能是民间误传或汉儒杜撰的。至于《国语·楚语下》记斗且说子文“三舍令尹”，估计是误把孙叔敖的经历当成子文的经历了。

无论如何，可以确信：在楚国历史上，令尹子文是仅有的一位家产微薄的第一贵族和生活清俭的第一尊官。

子文为令尹达 27 年，在楚国的诸多令尹中是任期最长的一位。任期次长的是四个世纪以后的春申君黄歇，为令尹达 24 年。子文是主动辞职让贤的，黄歇则在政变中死于非命，他们的结局耐人寻味。

子文执政，从不显山露水，沽名钓誉。起初 5 年比较艰难，子文坚持为恤民而息兵。从第 6 年即成王十三年（公元前 659 年）起，才以远略为虑了。这时成王已经成年，在子文的辅佐下，施政、用兵，才华横溢。从文献记载来看，子文似乎只是普普通通的陪衬。假如说成王常在耀眼的强光中，那么，子文就常在若有若无的阴影中，这正是子文的过人之处。

成王十六年（公元前 656 年），齐伐楚，驱使 8 个盟国的大军直逼方城之外的陉山（在今河南郾城东南）。《左传·僖公四年》记楚成王派使者去对齐桓公说："君处北海，寡人处南海，唯是风马牛不相及也。不虞君之涉吾地也，何故？"这话，问得强硬而幽默。管仲代表齐桓公挟天子以令诸侯，他一本正经地说："昔召康公命我先君大公曰：'五侯九伯，女（汝）实征之，以夹辅周室。'尔贡苞茅不入，王祭不共（供），无以缩酒，寡人是征。昭王南征而不复，寡人是问。"管仲所讲的，堂皇而巧妙。苞茅之贡是鸡毛蒜皮的小事，管仲估计楚人不会拒绝，有意放在前面。昭王之死是惊天动地的大事，而且与楚国貌似有关而实则无涉，管仲料定楚人不会认账，只是为了加重对楚国的压力，有意放在后面。这位楚使显然是胸有成竹而来，当即答道："贡之不入，寡君之罪也，敢不共（供）给。昭王之不复，君其问诸水滨。"两个罪名，一个承认得痛痛快快，一个否认得轻轻巧巧。

接着，楚与八国会盟。齐桓公为了表达诚意，命令联军退到召陵（在今河南郾城东）。楚成王派将军屈完为全权代表，屈完与齐桓公一起乘车阅兵。齐桓公说："以此众战，谁能御之？以此攻城，何城不克？"威胁之意，骄狂之态，一时毕露。屈完毫不示弱说："君若以德绥诸侯，谁敢不服？君若以力，楚国方城以为城，汉水以为池，虽众，无所用之。"屈完的机敏和强硬，使齐桓公无可奈何。按："方城以为城"，是把不是城的山当做城；"汉水以为池"，是把不是护城河的水当做护城河。

这次召陵之盟，令尹子文全不出头露面，使年轻的楚成王在诸侯面前树立了一个不可轻侮的形象。

其明年，楚灭弦，弦是姬姓小国，故址在今河南潢川县西北。楚灭弦，是为了警告趋奉齐国的江、黄、道、柏诸国。此事虽不大，但要有实战经验，于是，令尹子文自任元戎。

又明年，齐国纠合 6 个诸侯讨伐郑国。这时，郑国是楚国的盟友，楚国非救不可。楚成王亲征，围许救郑。按：公元前 353 年的桂陵之战，齐师围魏救赵，战果辉煌，兵家多艳称之。其实，这样围甲救乙的战略，早在桂陵之战以前 301 年就由楚人发明了。制定围许救郑战略的，是楚成王呢，还是令尹子文或者他人，我们不可知，但也不须知。总之，这个战略显示了楚人的智慧。许国为姜姓，是齐国的盟国，楚师包围了许都，六国联军便弃郑而救许。楚师撤许都围，六国联军随即解散。这时，许僖公见楚师仍在方城之外，旦夕可至，忧惧不已，央求蔡穆侯带自己到武城（在今河南南阳市北）去朝见楚成王，请罪求降。楚成王赦之，从而得以在诸侯中立威立恩。这个不战而屈人之兵的大功，算是楚成王的，令尹子文无疑要参与决策，然而毫不居功。

成王二十七年（公元前 645 年），楚师远征，败徐师于娄林（在今安徽泗县东），齐国束手无策，楚国声威大振。这个战役，又是楚成王亲自指挥的。

可是，成王三十二年（公元前 640 年），随国串通汉东的小国反叛楚国，事态险恶而微妙。随国对楚成王有恩，楚成王不便亲征随国，于是，楚师由令尹子文统帅。子文是伐交的好手，楚师尚未到达随都，随人就求和了。子文以果断和大度使随国为之心悦诚服，从此，随国成为楚国忠顺的附庸约 3 个世纪，随侯保持了自己的安富尊荣，随人保持了自己的宗庙和制度，楚国允许在自己的腹地保留一个在内政上高度自主的国中之国。若非第一流的政治家，断难有如此超卓的见识和如此高明的手腕。

重臣可能成为权臣，以致使君王和自己都陷入难堪的境地。子文这位重臣深知此中奥妙，谨慎地把握着自己行使权力的分寸，他与成王的关系自始至终都只是烘云托月而不是浓云蔽月。

岁月迁流，子文到了晚年，常有力不从心之感。成王三十五年（公元前 637 年），司马子玉伐陈国，取其焦、夷两邑，又帮助受陈国欺凌而不得不迁都的姬姓顿国营建了新都，声誉鹊起。子文觉得子玉可大用，便向成王告老求辞，推荐子玉执政。成王从其请，命子玉为令尹。

子玉即成得臣，成氏也是若敖的后裔，在楚国贵族中可谓翘楚。子玉有过人的勇略，可惜不像子文那样还有过人的谋略，但这是成王和子文尚难明察的。

四、成王的辉煌和悲哀

成王在令尹子文和其他臣僚的辅佐下，如顺水行舟，从一个使国人忧喜交集的幼主，曾几何时，就成为一个使诸侯惊惧交加的雄主。

成王一面承袭了由先君文王确立的出方城而北上的战略方针，一面新创了沿淮河而东下的战略方针。淮河在中原的南缘，似乎不如中原重要。可是，当时的有色金属都在淮河以南，因此，谁控驭着淮河，谁就可以垄断当时特别重要的战略资源，谁就可以主宰中原的命脉。假如说，出方城而北上类如争名于朝，那么，沿淮河而东下就类如争利于市了。

攻灭弦国以后不久，楚人又攻灭了淮河上游的黄国和樊、蒋、蓼（缪）等国，从而使鄂东南和赣西北的铜矿成为楚国的囊中之物了。

《史记·齐太公世家》于齐桓公三十五年（公元前 651 年）记："是时周室微，唯齐、楚、秦、晋为强。晋初与会，献公死，国内乱。秦穆公辟（僻）远，不与中国会盟。楚成王初收荆蛮有之，夷狄自置。唯独齐为中国会盟……"此时，楚国已经攻灭弦国而尚未攻灭黄国，鄂东南和赣西北已经正式纳入楚国的版图了。所谓"荆蛮"泛指楚地的蛮族，把楚蛮、扬越、巴人、濮人等都算在里面。楚成王"初收荆蛮有之"，可见楚国的公族不是荆蛮。"夷狄自置"，即甘与"夷狄"为伍，可见楚国的公族不是"夷狄"。在齐桓公和管仲看来，齐是"中国"即中原华夏的盟主，楚是"夷狄"的大憝。然而，到了楚成王二十九年（公元前 643 年），管仲和齐桓公相继去世，齐国迅即大乱，再也不能重温盟主的旧梦了。其明年，郑文公朝见楚成王，这是楚国所接待的第一位来朝的中原诸侯。郑国位于中原的中部，密迩周室。郑国的倾向大致就是政治天平的倾向，总是倒向强者。楚成王送给郑文公一些红铜，与郑文公盟誓，要郑文公保证不用来制作兵器，后来，郑文公用这些红铜铸了三口钟。

这时，楚国拥有的有色金属已跃居列国的首位。有了这样的经济优势，楚国的发达和昌盛就可想而知了。如果楚人不沿淮河而东下，那么，楚国就不会有这样的经济优势。

楚成王三十四年（公元前 638 年），郑文公再次朝见楚成王，宋襄公竟因此而以宋、卫、许、滕四国联军讨伐郑国，楚国当然不能坐视，于是，爆发了楚与宋的泓之战。泓是水名，当年的战场在今河南柘城县北，结局是楚胜宋败。人苦于不自知、不自量，只是中等诸侯的宋襄公即如此。楚成王在战后乘兴访问郑国，据《左传·僖公二十二年》所记，受到郑文公隆重而热烈的接待，“九献，庭实旅百，加笾豆六品”，这是最高的礼宾规格了。“九献”，即主宾酬酢九次。“庭实旅百”，即陈列在庭院中的礼品以百计。“加笾豆六品”，即外加六件盛着果品或野味的笾豆。郑文公的正夫人芈氏是楚成王的姐妹，这为楚成王的访问增添了温情。

这时的楚成王，虽无霸主之名，却有霸主之实。

楚成王三十五年（公元前 637 年），晋公子重耳来到楚国。重耳是因晋国公室内乱而出走的，在 18 年之内，先后到过狄、卫、齐、曹、宋、郑诸国。虽在流亡之中，几乎走投无路，但楚成王决然以诸侯之礼相待。据《国语·晋语四》所记，也是“九献，庭实旅百”，分明是楚国向郑国学来的周礼，虽没有“加笾豆六品”，也足以使重耳受宠若惊了。据《左传·僖公二十三年》所记，席间，成王与重耳有一段精彩的对话。成王问：“公子若反（返）晋国，则何以报不穀？”重耳答：“子女玉帛，则君有之。羽毛齿革，则君地生焉。其波及晋国者，君之余也，其何以报君？”成王坦率的试探，显然使重耳觉得难以应对。重耳说楚国比晋国富得多，既是客套，也是实情，而意在规避。成王说：“虽然，何以报我？”“虽然”，就是“尽管这样”。成王坚持要重耳作出正面回答，所求的“报”分明不是子女玉帛之类。重耳说：“若以君之灵得反（返）晋国，晋、楚治兵，遇于中原，其辟（避）君三舍。若不获命，其左执鞭弭，右属櫜鞬，以与君周旋。”如此坦率而不卑不亢的回答，无疑会使楚国的君臣震惊乃至震怒。宴罢，令尹子玉请成王杀重耳，也许这不会使重耳觉得意外。可是，唯其坦率，重耳博得了成王的信任和尊重。成王不许子玉杀重耳，还对子玉称赞了重耳及其随从。子玉请求留重耳的舅父狐偃为人质，成王也不许。

不久，秦穆公请重耳到秦国去，楚成王以厚礼送重耳上路。

秦与晋是姻亲，这时秦国稳定而晋国动乱。秦穆公决定送重耳回晋国去即位，意在操纵晋国。此君求贤若渴，曾经赎一个逃亡到楚国的家奴为执政大夫，传为佳话。其事须从晋国灭虞国说起：晋国俘虏了虞国的大夫百里傒，派他做秦穆公夫人的媵臣，媵臣是陪嫁的家奴。百里傒到秦国后，伺机逃身，跑到楚国的宛邑（在今河南南阳市），被守边的楚国将士捉住，做了役徒。秦穆公听说百里傒是大贤，派人到处寻访，打听到百里傒的下落。秦穆公要把他接回秦国去，唯恐楚人不放，就派使者到宛邑去说他是逃跑的媵臣，绝口不说他是大贤，只用五张羖羊皮即黑色公羊皮就把他赎了回来，随即让他做执政大夫。由此，秦人给百里傒起了一个绰号叫做“五羖大夫”。

重耳在公元前636年回晋国即位，是为晋文公。才过了一年半，晋师就配合秦师，袭击秦、楚之间的鄀国。鄀国是楚国的附庸，鄀都商密在今河南淅川县西境。也许，因为那里不算中原，晋文公无须遵守退避三舍的诺言。

楚成王三十八年（公元前634年），成王命子玉灭夔国。夔国在今秭归县，本来是一个子国，熊渠使它成为楚国的附庸。熊渠死后，少子熊挚与兄长失和，又因久病不愈而为贵族所轻，率部至夔国，自立为夔子。这时，身为熊挚后嗣的夔子居然不再祭祀祝融和鬻熊了。成王派使者去谴责夔子，夔子竟说：“我先王熊挚有疾，鬼神弗赦，而自窜于夔。吾是以失楚，又何祀焉？”① 如此答辞，等于不再承认楚国是自己的宗主。对

① 《左传·僖公二十六年》，见阮元校刻《十三经注疏·春秋左传正义》，中华书局影印本1980年版，第16卷，第119～120页。

楚国君臣来说，数典忘祖，是可忍，孰不可忍？楚师击灭夔国，把夔子捉回郢都去了。从此，在三峡中，楚国的西界就与湖北的西界大致等同了。

宋成公因先君宋襄公为楚所辱，对楚耿耿于怀，公然叛楚即晋，意在以晋制楚。楚成王三十九年（公元前633年），决策伐宋。为了操练士卒，先命前任令尹子文阅兵于睽邑，后命现职令尹子玉阅兵于蒍邑。蒍邑应在蒍澨附近，今属京山县。睽邑可能与蒍邑邻近，方位尚难考定。子文阅兵只用了一个早晨，没有惩罚一个士卒；子玉阅兵用了一整天，用鞭子责打了七个士卒，用长箭刺穿了三个士卒的耳朵。阅兵完毕，一些老臣向子文敬酒。贵族少年蒍贾听说子玉在蒍氏封邑阅兵，也去观礼。事后贵族聚会，蒍贾迟到，没有向子文、子玉道贺。《左传·僖公二十七年》记子文问蒍贾何以不贺，蒍贾说：我不知道有什么可以庆贺的！您传政给子玉，说是为了安邦定国，在国内尽管安定了，在国外却会失败的，那样，所得能大于所失吗？子玉将来失败，是因为您荐举了他呀！您荐举了败坏国事的人，有什么可以庆贺的？子玉“刚而无礼”，不能治理民众。假如他带的兵车超过300乘，只怕回不来了。假如他还能回来，我到时候再道贺也不晚啊！蒍贾是初生之犊，或许喜吐狂言，可是，后来的事实说明，他竟言中了。

是年冬，楚军围宋都。翌年春，晋军渡黄河救宋国。入夏后，楚晋战于城濮（在今山东范县），楚军大败，申、息两县的县师损失惨重。据《左传·僖公二十八年》所记，经过大致如下：成王在楚军尚未遭遇晋军时，就吩咐子玉解围撤兵，说这是“知难而退”，“允当则归”。子玉坚持请战，说是要塞住讲坏话的人的嘴，意即要用自己的胜利来证明蒍贾的错误。成王被子玉激怒了，但不得不同意子玉开战。成王的苦衷，在于族大势盛的若敖氏已经失控，他对若敖氏已经不能令行禁止了。战败之后，成王派使者去对正在引兵回国的子玉说：大夫如果进方城来，怎么向申、息两县的父老交待呢？子玉无以自白，于是自缢身亡。司马子西也欲自缢，不意绳断人坠，恰巧又有成王的使者到来告诉他们不要自尽，才活了下来。子西到郢都向成王请罪，成王派他做工尹，当然是降职了。

成王命芳吕臣继为令尹，似乎有以蚡冒氏抑制若敖氏的意向。无奈芳吕臣恭顺而平庸，不能称其职。过了几年，令尹换成子上，子上又是若敖氏的人，成王则显得心灰意懒了。

晚年的成王不仅倦于国事，而且疏于防范，乃至变生不测。

成王立商臣为太子，子上谏阻，成王不从。商臣进谗说子上受晋国贿赂，成王不经查证便处死了子上。然而，若敖氏只知道商臣曾经以自己的“宫甲”支援子玉，不知道商臣借成王之手谋害了子上。不久，成王觉得商臣不是理想的太子人选，打算废商臣而立其弟王子职为太子，事机不密，竟招来了杀身之祸。

成王四十六年（公元前 626 年）秋，商臣听到了可能废立太子的风声，苦于不知确凿与否，向其师潘崇求教。潘崇工于心计，教商臣宴请正在郢都的姑妈江芈，席间故意失礼惹江芈生气，听她会说些什么。商臣依计行事，果然有效。如《左传・文公元年》所记，江芈骂商臣“役夫”，还说怪不得大王要杀掉你，改立王子职做太子。真相大白，商臣大惊。潘崇问商臣能不能侍奉王子职，商臣说“不能”。潘崇又问商臣能不能做“大事”，商臣说“能”。是年冬，商臣率东宫的甲士包围了王宫，逼迫成王自尽。成王要求在死前吃一只熊掌，据说这是因为熊掌难熟，成王意在拖延时间等待救援。无奈商臣不许，成王终于自缢。

商臣弑成王，易如探囊取物，这是因为成王失去了若敖氏的支持。若敖氏作壁上观，也许这是潘崇料定的。一个国君，即使有雄才，也很难在老境中不忘乎所以。成也若敖氏，败也若敖氏，可叹也夫！

第二节　楚庄王与令尹孙叔敖

时势造英雄，英雄造时势，这好比说，鸡生蛋，蛋生鸡，似乎都言之有据。其实，时势之与英雄，英雄之与时势，都只是必要条件而不是充分条件。所以，同样的时势未必能造出同样的英雄来，反之亦然。况且，英雄之所以为英雄，是因为有庸人和蠢人的衬托。

一、虎父生犬子

成王与商臣，前者是英雄，后者是庸才，可谓虎父与犬子。商臣弑成王而自立，是为穆王。穆王谢潘崇，尊潘崇为太师，命潘崇为环列之尹司宫廷警卫之职，以自己为太子时所有的财物和仆妾赏潘崇。如此嘉奖，还是有分寸的。环列之尹的地位在令尹、司马之下，穆王虽庸才，也不敢让潘崇做令尹或司马。那时的令尹、司马，仍以若敖氏为首选。穆王在位 12 年（公元前 625 年至公元前 614 年），全无善政、伟业可言。但就楚国来说，江山依旧，民众依旧，物产依旧，只是消减了锐气。

江芈虽在无意中帮助了穆王，穆王却视江芈为仇敌。楚穆王三年（公元前 623 年），楚军攻灭了故址在今河南息县西的江国。

其明年，秦军击破鄀国，鄀国南迁到离郢都不远的地方，此后，其旧址称“上鄀”，其新址称“下鄀”，下鄀在今钟祥市西北①。

楚穆王九年（公元前 617 年），工尹子西和大夫子家谋叛，事泄，被捕杀。子西和子家都是若敖氏的，但若敖氏其他贵族对没有与子玉同死的子西无好感。

其明年，楚军两次讨伐麇国，尽管兵临锡穴（在今十堰市郧阳区），可是战果无多。

穆王得以善终，对他来说，也许能善终就心满意足了。

虎父所生的犬子就是这样了结了平庸的一生。

二、犬父生虎子

穆王死，太子熊旅②立，是为庄王，其元年为公元前 613 年。

穆王开了一个恶例，子可杀父，臣可弑君，何况是庸才害英雄。于

---

① 旧说上鄀、下鄀互倒，不确。淅川下寺春秋楚墓出“上鄀公墓”，“公”是县尹的尊称，可见上鄀已设县。

②《左传》称“旅”，《史记·楚世家》称“侣”。

是，在不乏野心家的若敖氏中，就有人效法了。穆王九年子西、子家的谋叛已有一例，庄王元年子仪作乱又是一例。

子仪即斗克，曾任申公，被秦军俘获，在秦国住了8年才回到楚国，改任太子（熊旅）的师保。公子燮求为令尹不遂，也是太子（熊旅）的师保。庄王即位不久，令尹成嘉和太师潘崇帅楚军主力远征舒国（在今安徽南部），子仪勾结公子燮趁机作乱，声言成嘉和潘崇有大罪，擅自分掉了他们的财物和仆妾，继而在郢都筑城，以备据守。成嘉、潘崇闻变，迅即罢征回师。子仪和公子燮自忖寡不敌众，胁持庄王逃出郢都，准备逃往若敖氏旧乡析县（在今河南西峡县），析公是他们的同谋。一行人刚走到庐邑（在今南漳县东卢戎故址），子仪和公子燮就被庐邑大夫戢黎和叔麇诱杀，庄王脱险。析公闻讯，逃奔晋国。

这时，庄王刚成年。史称他即位三年不理朝政，只在后宫中厮混。臣僚以为庄王沉溺不能自拔，忠贞者为之忧，奸佞者为之喜。其实，这是因为政柄为权贵所操纵，不同的派系形同水火，庄王还摸不清他们盘根错节的底细。如操之过急，就可能祸发萧墙。堵敖和成王相继死于非命，就是前车之覆。还有子仪之乱，使庄王难免余悸犹存。在钟鼓和姬妾的掩饰下，庄王在观察事态，等待时机。西汉的贾谊洞悉庄王的苦心，其《新书·先醒》云："昔楚庄王即位，自静三年，以讲得失。"

转机竟是一场天灾人祸，它帮助了庄王，也帮助了楚国。楚庄王三年（公元前611年），楚国发生饥荒，西部的几个民族发生叛乱，一时局势危急，人心浮动。据《史记·楚世家》所记，庄王曾宣布"有敢谏者死无赦"，大夫伍举求见庄王，名为进隐，实为进谏①。隐，就是谜语。"庄王左抱郑姬，右抱越女，坐钟鼓之间。"伍举问庄王："有鸟在于阜，

① 进隐者，《史记·楚世家》所记为伍举，《韩非子·喻老》和《吕氏春秋·重言》所记为成公贾，《新序》卷二所记为士庆，俱难信从，然而必有其人。《史记·滑稽列传》所记为淳于髡进此隐谏齐威王，必误无疑。齐威王后于楚庄王两个半世纪有余，而《史记·滑稽列传》则云楚庄王后于齐威王"百余年"，足证此传非太史公原著。

三年不飞不鸣，是何鸟也?”出乎伍举意料，庄王断然答道：“三年不飞，飞将冲天；三年不鸣，鸣将惊人。”庄王还对伍举说：大夫回去吧，寡人知道了。可是，过了一月又一月，庄王依然故我。大夫苏从乃冒死入谏。庄王对苏从说：你难道没听说“有敢谏者死无赦”的命令吗?苏从从容答道：“杀身以明君，臣之愿也。”从此，庄王就听政了，“所诛者数百人，所进者数百人”，果然一鸣惊人。“数百人”，似乎夸大了，《吕氏春秋·重言》所记为退十人而进五人。臣僚一个接一个入谏，置生死于度外，他们无疑可以成为庄王的羽翼，这时庄王才振翮而起了。

西部的叛乱有燎原之势，有些大夫主张迁都，以避其锋。大夫蒍贾表示反对，他说：我们能去的地方，敌人也能去，迁都是无益的。蒍贾认为：麇国与百濮以为楚国缺乏军粮，不能出兵，所以纠合起来攻楚国。楚国一出兵，他们就会吓退的。尤其百濮，种落分散，必然各回各的村寨去，再也顾不上来算计楚人了。庸国是叛乱的中坚，楚师应该进攻庸国。庄王采纳蒍贾的建议，决定亲征庸国。楚师到庐邑集结，大夫戢黎打开粮仓供应军需。然后，楚师向句澨（在今丹江口市西北）推进。出兵不过半月，麇人和百濮的叛乱就平息了。庄王命戢黎率先进攻庸国的方城（在今竹山县东南），楚师初战不利，大夫子扬被俘。3天以后，子扬逃回楚营，他说：庸国的部队很多，蛮族也集合在那里，我们不如退到主力部队驻扎的地方，等大王的亲军也到了，再去进攻庸国。大夫师叔反对子扬的意见，主张连续进攻，不妨屡战屡退，以麻痹敌人，而激励楚师，这样就能设法战胜庸国了。师叔说，先君蚡冒征服陉隰，就用了这样的策略。戢黎赞同师叔，于是楚师故意七战七退，只要见到蛮军前来，就立即往回跑。庸国的将士都说，楚师不堪一击，从此放松了戒备。庄王既伐兵，又伐交，自己乘着驿车，赶到前方，同时，有秦国和巴国派兵来助战。楚师主力集中在临品（在今丹江口市南），庄王命子越、子贝兵分两路，对庸国展开钳形攻势。群蛮大惧求降，为表示诚意，与庄王会盟。庸国孤立了，迅即被楚师攻灭。从此，楚国的西境就进入大巴山，与汉中、川东（今属重庆市）相接了。

又过了3年，楚庄王六年（公元前608年），楚郑合兵讨伐陈宋，大捷，楚师缴获宋师战车500乘。这时，楚国已经从灾荒中恢复过来，堪称后起之秀的新贵没有辜负庄王的期望，国家机器又像成王前期那样能正常运转了。楚人惊喜地发现，中原诸侯惊惧地感觉到，楚穆王这个犬父所生的竟是一位虎子。

三、若敖氏的覆灭

子玉继子文为令尹以后，若敖氏就经常与王室发生磨擦甚至发生冲突。蒍氏是蚡冒的后人，虽出身高贵，但因蚡冒的嫡嗣为熊通所杀，而后来的楚王都是熊通的后人，所以蒍氏长期不受重用，只有一个蒍吕臣做过短期令尹而形同虚设。由此，蒍氏常以屈居若敖氏之下为憾，他们力求扩大王室与若敖氏之间的裂痕，以期从中渔利。

灭庸后，庄王命子扬为令尹，子越为司马，蒍贾为工正。子扬和子越都是若敖氏的，蒍贾不免愤懑。蒍贾进谗言于庄王，害子扬。庄王对若敖氏本来就不大放心，轻信了蒍贾，杀死了子扬，以子越为令尹，蒍贾为司马。庄王九年（公元前605年），子越不自安，以为庄王偏袒蒍氏，将不利于若敖氏，决意反叛。

子越乃子良之子，子良乃子文之弟。子文为令尹时，子良为司马。据说，子越出生不久，子文横看竖看都不顺眼，觉得此儿有“熊虎之状”、“豺狼之声”，会害得若敖氏灭族的，便嘱子良杀死此儿，说是“狼子野心”，此儿“乃狼也”。子良不从。子文弥留之际，让人把若敖氏的头面人物找来，对他们说：如果子越执政，你们就赶紧逃走，以免受难。子文还哭着说：鬼也要进食的，若敖氏的鬼怕要挨饿了。子文能否看相算命，料事如神，令人生疑。他说子越有“熊虎之状”不好，尽管与楚人的观念吻合，但他自己就是吃过老虎奶的，还为他儿子起了个老虎名，至少他本人并不嫌恶老虎。这个传说为《左传·宣公四年》所采录，其中有多少真实的成分姑且不论，总之子文嫌恶子越应该是确实的。

子越诱蒍贾到若敖氏聚居的轑阳（在今河南南阳市西北），始则囚之，继而杀之，随即率若敖氏私卒南进。

庄王闻变，派使者去告诉子越，愿以3位先王的子孙做人质，保证无意害子越。子越拒不听命，麾师渡汉。庄王紧急备战，火速迎击。两军在皋浒（今襄阳市襄州区西北）遭遇。子越射庄王，连发两箭：第一箭擦过车辕和鼓架，射中丁宁（钲）；第二箭又擦过车辕，而射中笠毂。王师大惊，为之却步。庄王当即派使者巡告将士：先君文王灭息时，得到3支利箭，传给后世，子越偷走两支，现在他把两支都射完了。于是，庄王击鼓进兵，王师奋战，歼灭了若敖氏私卒。按照庄王的命令，必须尽杀若敖氏遗族。在那个仍然盛行血亲复仇的时代里，如此玉石俱焚也许是合乎常规的。然而，也有一个例外，那是子文的孙子斗克黄。斗克黄官为箴尹，奉使至齐国，在归途中经过宋国时听到了若敖氏尽灭的消息。有人对他说不要回楚国去了，斗克黄以为不可弃君之命，照常回到楚国，向庄王复命之后，到法官司败那里自请入狱。庄王念子文于楚国有大功，说子文不能无后人，让斗克黄仍为箴尹，但把他改名为“生”。后来的班氏，相传乃斗班后裔，应即斗生所传。

若敖氏的孑遗不止斗生一家，还有子越的儿子逃奔晋国，晋君赏以苗邑，遂以苗为氏，是为苗贲皇。

若敖氏的家乡在南阳盆地的西部，若敖氏的覆灭对湖北没有带来直接的损失，但它为楚国造成了短期不易愈合的创伤。若敖氏曾是楚人的“战神”，胜利同战神一起消失了。在此后3年里，庄王讨伐郑国，一而再，再而三，都无功而返。要取得新的胜利，非有新的“战神”不可。即使庄王自己，要成为像若敖氏诸杰那样的将才，也非经过多年实战的锻炼不可。

今人与古人全无恩怨，史家尤以恩怨为大忌。现在我们回顾楚国的历史，不能因为子玉之败和子越之叛而低估若敖氏这个黄金家族对楚国勃兴——当然包括湖北振兴在内所曾作出的重大贡献。

四、孙叔敖的奇志异行

《新书·春秋》采录了楚国的一则故事，大意如下：有个小孩，出门去玩耍，回家后面露忧色，不思饮食。母亲问他是什么缘故，小孩忍不住哭了，对母亲说：今天我见到一条两头蛇，恐怕我快要死了。母亲问：这条两头蛇如今在哪里？小孩回答：我听说见到两头蛇的人不久就会死掉，我不想让别人见到它，我就把它打死了，还把它埋好了。母亲笑着说：别发愁了，你不会死的。人有了阴德，老天爷会让他受福的。果然，小孩没死。这事传开了，人们都说这个小孩有仁心。

按：两头蛇是蛇的变种，殊为罕见。报载，20 世纪 80 年代后期，鄂西有农民捕获两头蛇一条，可知楚地确实有这种异物。楚人不喜蛇，尤恶两头蛇，以为见之者必死。这个小孩为了保全别人，把两头蛇打死、埋好，可见他所受的家庭教育非同寻常。从谈话中，可知其母乃良母。至于其父，就是被子越囚杀的蔿贾。蔿贾有 3 个儿子，一子不知名，长子或次子为蔿艾猎，幼子为蔿敖，这个打死两头蛇的小孩就是蔿敖。蔿敖寿终，庄王以寝邑为其封地，国人尊称蔿敖为孙叔敖，史家从之。“孙”通“寝”，因“寝”的词义欠佳而改；“叔”，表明他有两位兄长；“敖”，是他的本名。

青年时期的孙叔敖曾经住在一个名叫期思的小县，故址在今河南固始县。想必是父兄为王事奔忙，一度寓居期思，把子弟也带去了。父子两代都通晓土木工程，而且子优于父，弟优于兄。蔿贾曾任工正，蔿艾猎曾任令尹而精于筑城，孙叔敖则出于蓝而青于蓝。期思陂是中国亘古以来第一个流域性的农田水利工程，由尚为处士的孙叔敖主持修筑，效益大好。陂，就是堰或坝。处士，就是尚未出仕的贵族。《淮南子·人间训》记期思陂最简明而最准确，这是因为总纂此书的淮南王就住在离期思陂不远的地方，能得其真。《淮南子·人间训》还说，孙叔敖筑成期思陂之后，“庄王知其可以为令尹也”，这也应该是言之有据的。《论衡·超奇》也说：“叔孙（孙叔）决期思，令尹之兆著。”《孟子·告子下》则说：“孙叔敖举于海。”朱熹注曰：“孙叔敖隐处海滨，楚庄王举之为令尹。”“海滨”，是朱熹望文生义。“隐处”，是朱熹想当然耳。这“海”，很可能就是水库。

庄王确实让从来不曾食一官之禄的孙叔敖做百官之长了，《史记·循吏列传》说是身居相（令尹）位的虞丘子荐以自代的。按，楚国贵族无虞氏，此说似难置信。更早的文献有《吕氏春秋·赞能》和同书《当染》，前者说举荐孙叔敖的是沈尹茎，后者说举荐孙叔敖的是沈尹蒸，“茎”、“蒸”两字形音俱近，难辨是非，总之，此人为沈尹，即沈县之尹。沈尹或许号为虞丘子，亦未可知。庄王破格命官，乃至可以完全不计资历而只求贤能，孙叔敖就是一个实例。

据《吕氏春秋·赞能》所记：孙叔敖求官，但在郢都待了三年仍默默无闻。沈尹茎对他说：使国君成为王者或霸主，我不如你。与世俗交接，向国君游说，你不如我。你就回家种田去吧，我来帮你游说。沈尹茎在郢都待了五年，终于时来运转，庄王要他做令尹，他当即向庄王进言：“期思之鄙人有孙叔敖者，圣人也，王必用之，臣不若也。”庄王从之，派人用“王舆”把孙叔敖接来，一到就命为令尹。十二年后，庄王成为霸主。这是一个故事，显然有不少夸饰的成分，不得视同信史。据《左传》所记，庄王九年，令尹还是子越。庄王十六年，令尹还是苏艾猎。庄王于十七年成为霸主，这年的令尹才是孙叔敖。可见，“十二年”云云全然不确。一个县尹擅弃职守达五年之久，也是绝无可能的。孙叔敖一生三为令尹，三罢令尹，或许，在子越与苏艾猎之间，孙叔敖已经做过令尹了，这是一个没有证据的猜想。在上面这个故事里，可信的只有一点，即沈尹举荐孙叔敖。

据《说苑·至公》所记：虞丘子任令尹十年，荐孙叔敖以自代。孙叔敖任令尹不久，虞丘子家人犯重罪，孙叔敖置以死刑。虞丘子大喜，向庄王道贺。这个故事也不可信，因为孙叔敖的前任不是虞丘子，而是苏艾猎。

《韩诗外传》卷二和《新序·杂事》都说，孙叔敖任令尹，樊姬与有力焉。樊姬是庄王的夫人，来自姬姓樊国（在今河南济源），因此得名。据《韩诗外传》卷二所记：庄王听朝晚归，樊姬问庄王是不是又饿又累了。庄王答道：今天我听到忠贤之论，忘了饿不饿、累不累。樊姬问庄王“忠贤”是哪位，庄王说忠贤就是沈令尹。樊姬掩口窃笑，庄王怪而问之。樊姬乃侃侃陈辞，她说：妾侍奉大王十一年了，多次派使者到国外去找美人来献给大王。现在，同妾一般尊荣的美人已有十位，比妾贤惠的美人也有两位了。妾不是不想专大王之宠，但妾不敢掩他人之美。沈令尹任职岁久，妾没有听说他引进过贤臣、斥退过小人。像他这样，怎么能算是“忠贤”呢？次日，庄王把樊姬的话转告了沈令尹。沈令尹不胜自愧，才举荐了孙叔敖。孙叔敖执政 3 年，庄王成为霸主。相传，楚国的史官书于策曰：“楚之霸，樊姬之力也。”《新序·杂事》所记，除令尹为虞丘子外，与《韩诗外传》卷二略同。

历代楚君的夫人，最为后世推崇的就是这位樊姬，野史喜称其盛德。据说庄王酷好围猎，樊姬乃不食鸟兽之肉，借以进谏。庄王为之感悟。诗歌和音乐都有以樊姬为题材的，例如：汉代以后流传的琴曲《九引》，所颂扬的首先是樊姬；唐代诗人周昙作诗咏樊姬云：“当时不有樊姬问，令尹何由进叔敖。”民众也尊重樊姬，甚至认定江陵的八岭山有樊姬冢，人多信之。

历史的细节是否与传说符合，既无法澄清，也不必澄清。传说毕竟不是当代流行的试题，在 A、B、C 三种答案中必有一种而且只有一种正确。我们现在所能肯定的是：其一，孙叔敖筑期思陂成功，庄王不会不知道；其二，作为芮贾之子、芮艾猎之弟的孙叔敖，可谓名门望族，庄王也应该知道的；其三，曾有人荐举孙叔敖，此人是沈尹，沈尹非令尹；其四，樊姬大概确实讲过令尹应当荐举贤人：其五，孙叔敖初次任令尹，可能在其兄芮艾猎任令尹之前，因为，如孙叔敖三为令尹、三罢令尹属实，而孙叔敖被任为令尹在芮艾猎任令尹之后，则再过 6 年庄王就去世了，6 年之内恐怕不会三起三落。

孙叔敖由处士而令尹，如青云直上，容易招妒。《淮南子·道应训》记：“狐丘丈人谓孙叔敖曰：‘人有三怨，子知之乎？’孙叔敖曰：‘何谓也？’对曰：‘爵高者，士妒之；官大者，主恶之；禄厚者，怨处之。’孙叔敖曰：‘吾爵益高，吾志益下；吾官益大，吾心益小；吾禄益厚，吾施益博：是以免三怨，可乎？’”由此可知，孙叔敖颇有道家风骨。《淮南子》以孙叔敖为道家先驱，《道应训》接着上文写道："故老子曰：'故贵必以贱为本，高必以下为基。'"

为政务清静，这是孙叔敖的作风。为政务清静，并非无所作为，而是以尽可能小的力作尽可能大的功，凡所作为都要因势利导，不扰民、疲民、虐民，最好像《淮南子·主术训》说的，"不知为之者谁，而功自成"。

《史记·循吏列传》记录了孙叔敖执政作风的两个实例。第一个实例是：庄王觉得楚国的铜钱太小了，下令改小钱为大钱。大钱减少了储藏的麻烦，可是增大了流通的困难。平民日常所需的低价细物，以至针头线脑之类，用小钱是方便的，用大钱就很难找零了。由此，市面萧条，市令向孙叔敖诉苦。孙叔敖如实报告庄王，主张仍用小钱，庄王从之，市场才又活跃起来了。第二个实例是：民间多用牛车，车厢偏低，庄王要下令把民间的车厢升高，以便战时改为马车。孙叔敖说：命令下得太多，民众就会不安。大王即使一定要升高民间的车厢，也无须以王命相强。只要臣吩咐闾里把栓门的木桩加高些，就可以了。木桩一加高，低车就过不去，非把车抬过去不可。乘车出入闾里的都是贵族，他们厌烦进出闾里要下车，一定会自动把车厢升高的。庄王从孙叔敖议，任其为之。果然，半年以后，民间的车厢都升高了。两个实例，一个变骚扰为清静，一个以和缓求清静，效果都是好的。

《史记·循吏列传》记孙叔敖"施教导民，政缓，禁止"，教民众秋冬取利于山，春夏取利于水，民众乐其业。太史公对孙叔敖是非常推崇的，其《循吏列传》以孙叔敖为第一人。

孙叔敖顾念民众多，顾念自己少。据《韩非子·外储说》所记："孙叔敖相楚，栈车牝马，粝饼、菜羹、枯鱼之膳，冬羔裘，夏葛衣，面有饥色……"无疑，这多少有点失实，但孙叔敖自奉不奢是可信的。

相传孙叔敖不知道为自己驾了三年车的马是公是母，高诱注《淮南子·主术训》曰："乘马三年，不知其牝牡，言其贤也。"这贤，就是务大而忘小。据《说苑·杂事》所记："孙叔敖相楚三年，不知轭在衡后。"此事与不知马的牝牡类似，也是顾巨而忘细，但令人生疑。孙叔敖留意为民造福的工程和工艺，还要驱车作战，怎么会"不知轭在衡后"呢？

对国家大事，孙叔敖是极谨慎、极细致的。螳螂捕蝉，不知黄雀在后，这个寓言出自孙叔敖之口，《韩诗外传》卷十所记原话是："蝉方奋翼悲鸣，欲饮清露，不知螳螂之在后，曲其颈，欲攫而食之也。螳螂方欲食蝉，而不知黄雀在后，举其颈，欲啄而食之也。黄雀方欲食螳螂，不知童子挟弹丸在榆下，迎而欲弹之。童子方欲弹黄雀，不知前有深坑，后有椐株也。此皆贪前之利，而不顾后者也。"《说苑·正谏》以为乃少孺子言，用以谏吴王勿伐楚。按，《说苑》较《韩诗外传》晚出，应以《韩诗外传》所记为正。孙叔敖对庄王讲这个寓言，意在劝庄王举兵出征务必思前想后，深谋远虑，不可因轻举妄动而为他人所乘。庄王在位的最后三年息兵罢征，不知是否受了这个寓言的启示。

令尹等于首相。《吕氏春秋·知分》说："孙叔敖三为令尹而不喜，三去令尹而不忧。"《史记·循吏列传》说："孙叔敖……三得相而不喜，知其材自得之也；三去相而不侮（悔）①，知非己之罪也。"古往今来，有这等气度的高官或许独孙叔敖一人而已。

凡杰出的人物，都容易被当时的人及后世的人设想为一表人才，眉目清秀、身材匀称且不论，男的必魁伟，女的必苗条。无奈历史毕竟不是戏剧，真实的杰出人物未必都是俊男美女。孙叔敖状貌奇特，《荀子·非相》说他"突秃，长左，轩较之下"。突秃，即头发少、头顶秃；长左，即左臂长、右臂短；轩较之下，即站着还没有车前的直木和横木高。总之，貌丑，形奇，身矮。可是，打起仗来，孙叔敖的勇气和锐气显得比他的体貌高大得多。楚庄王十七年（公元前 597 年），楚晋战于邲（水名，在今河南郑州市东北），庄王决策进兵之后，令尹孙叔敖登上战车高呼："进之！宁我薄人，无人薄我。"他还引了诗句"元戎十乘，以先启行"，鼓励庄王和将领身先士卒，又引了《军志》的"先人有夺人之心"，鼓励全军压倒敌人②。在庄王的指挥和令尹的督催下，楚师全速推进，

① "侮"，从《史记·鲁仲连邹阳列传》改为"悔"。

② 《左传·宣公十二年》，见阮元校刻《十三经注疏·春秋左传正义》，中华书局影印本 1980 年版，第 23 卷，第 179 页。

战车飞驰，徒卒飞奔，很快就打垮了敌军。这时，谁还会对孙叔敖评头论足，说他好像出自怪胎而患有残疾呢！

孙叔敖最后一次去职，大概是因病告退。他终究是有家有室的人，不能不为子孙着想。《吕氏春秋·异宝》记孙叔敖临终时对儿子说：大王几次要赏我封邑，我都辞谢了。我死后，大王会给你封邑的。记住，你千万不要接受肥美的封地。你能接受的一个地方在楚、越之间，土质不好，而且地名难听，叫做“寝丘”。楚人怕鬼怪，越人信禨祥，都不喜欢寝丘。但你能得而不失的，正是这个寝丘。按，寝丘在今河南沈丘县南，关注国情的孙叔敖早就知道它的贫瘠了。孙叔敖死后，庄王果然要把肥美的土地赏给他的儿子。他的儿子遵照他的遗训，请求改封寝丘。直到战国晚期，孙叔敖的后裔还领有封邑寝丘。《淮南子·人间训》亦记此事，较《吕氏春秋·异宝》所记稍详，还说到孙叔敖的死因是“病疽”。

《史记·滑稽列传》以为孙叔敖子得封邑寝丘与乐人优孟有涉，其文如下：“优孟，故楚之乐人也。……楚相孙叔敖知其贤人也，善待之。病且死，属（嘱）其子曰：‘我死，汝必贫困。若往见优孟，言“我孙叔敖之子也”。居数年，其子穷困，负薪逢优孟，与言曰：‘我孙叔敖子也，父且死时，属我贫困往见优孟。’优孟曰：‘若无远有所之。’即为孙叔敖衣冠，抵掌谈语，岁余，象孙叔敖，楚王及左右不能别也。庄王置酒，优孟前为寿。庄王大惊，以为孙叔敖复生也，欲以为相。优孟曰：‘请归与妇计之，三日而为相。’庄王许之。三日后，优孟复来，王曰：‘妇言谓何？’孟曰：‘妇言：慎无为，楚相不足为也。如孙叔敖之为楚相，尽忠为廉以治楚，楚王得以霸。今死，其子无立锥之地，贫困负薪以自饮食。必如孙叔敖，不如自杀。’因歌曰：‘山居耕田苦，难以得食，起而为吏。身贪鄙者余财，不顾耻辱，身死家室富。又恐受赇枉法，为奸触大罪，身死而家灭。贪吏安可为也！念为廉吏，奉法守职，竟死不敢为非，廉吏安可为也！楚相孙叔敖持廉至死，方今妻子穷困，负薪而食，不足为也！’于是，庄王谢优孟。乃召孙叔敖子，封之寝丘四百户，以奉其祀，后十世不绝。”此事为研究戏剧史的学者所乐于称引，其中破绽殊多，权充谈助虽无妨，视同信史则断乎不可。

裴骃《史记集解》引《皇览》注《史记·循吏列传》云：“孙叔敖冢在南郡江陵故城中白土里。”按，白土里今名不知。《皇览》另存一说云：“民传孙叔敖曰：‘葬我庐江陂，后当为万户邑。’”按，庐江陂即芍（què）陂，后人传说也是孙叔敖主持修筑的，今称安丰塘，在安徽寿县南。寿县也有孙叔敖冢，像白土里的孙叔敖冢一样真伪难辨，使喜发思古之幽情者平添了几分惆怅。但也有令人宽慰的，即孙叔敖的丰碑不在荒烟和蔓草之间，而在信史和民心之中。

五、生前死后都在峰顶上的庄王

楚庄王是春秋五霸之一，如果说得更加准确一些，那么，他就是春秋五霸之首。春秋五霸，历来以齐桓公为首。假如就年代早晚来说，齐桓公确实位居第一。可是，齐桓公的霸业虚多实少，朝荣夕悴。就功业来说，真正位居第一的是楚庄王。公元前606年，楚庄王观兵洛郊，问鼎周室。公元前597年，楚庄王败晋邲水，饮马黄河。诸侯莫不重足而立，屏息而听，晋人不敢南渡黄河，齐人不敢西逾泗上，秦人不敢东过崤山，中原的郑、宋、陈诸国唯楚庄王马首是瞻。而且，楚庄王去世以后，国家仍然强盛，社会仍然安定，如此功业，实非齐桓公、晋文公、秦穆公、宋襄公所能比肩。

前人也有贬斥楚庄王的，而以明代大儒杨慎为最。《升庵全集》卷五所载杨慎《二伯论》曰：“夫伯也者，攘夫夷者也。楚庄，身夫夷者也，是高宗之所伐也，周公之所膺也，而可进乎？况又负其蛇豕之力，凶其水草之性，圣人岂以其伯而与之？若以为强而与之，则夫差也——泰伯之裔也，勾践也——大禹之裔也，且犹不与之，而岂以伯而楚哉？故曰：楚，伯之寇者也。”此等言辞，岂止是贬斥，简直是痛诋。杨慎在学术上不失为一代宗师，可惜为贵夏贱夷的民族偏见所蔽，对楚庄王的评论竟分寸尽失了。

楚庄王不像杨慎所讲的，徒有“蛇豕之力”、“水草之性”。即使仅就常识与品格而论，楚庄王也不是其余四霸所能望其项背的。

庄王好学深思，博通典籍，熟知故实，这是有据可查的。《吕氏春秋·骄恣》记庄王建大功、立伟业之后面露忧色，左右怪而问之，庄王说："仲虺有言，不穀说（悦）之，曰：'诸侯之德，能自取师者王，能自取友者存，其所择而莫如己者亡。'今以不穀之不肖也，群臣之谋又莫吾及也，我其亡乎！"按，仲虺是商汤的左相，《尚书·仲虺之诰》记仲虺曰："能自得师者王，谓人莫若己者亡。好问则裕，自用则小。"显然，庄王是钻研过《尚书》的。他所读到的《仲虺之诰》，文辞与今传《仲虺之诰》大概有些出入，要旨则与今传《仲虺之诰》不殊。《吴子·图国》所记乃庄王谓申公曰："寡人闻之：世不绝圣，国不乏贤。能得其师者王，能得其友者伯。今寡人不才而群臣莫及者，楚国其殆矣！"《新书·先醒》所记指出是邲之战后，庄王过申县，"思得贤佐"，忘食而发为此言。《新序·杂事》记此事，明言申公乃屈巫。《说苑·君道》所记也指出是在邲之战后，"将军子重三言而不当"，庄王有感而发为此言。"自取师"或"自得师"，就是自己找到导师。"自取友"，就是自己找到朋友。"所择而莫如己"，就是选用的臣僚不如国君自己，此句与今传《尚书·仲虺之诰》的"谓人莫若己"不同。仲虺所讲的是不要骄傲，应当谦虚，庄王所讲的是国君至少要有才识与自己相当的臣僚辅佐，否则就会有亡国之虞。可见，庄王钻研典籍，体会往圣昔贤的教导，已能不为字面所限，而可触类旁通了。

尤其可贵的是，在某些重大问题上，庄王独具创见。例如对于战争，庄王有一套周密而先进的理论。据《左传·宣公十二年》所记，在邲之战后，将军潘党建议把敌军的尸体堆成几座小山模样的"京观"，借以炫耀战功。庄王不许，他对潘党说：从文字的结构来看，"止戈"为"武"。"夫武，禁暴、戢兵、保大、定功、安民、和众、丰财者也。""武"有上述"七德"，而寡人连一德也没有，寡人拿什么去告诉子孙呢？古代的明王诛戮了首恶元凶，才筑成京观以儆效尤。晋人无罪，他们是为尽忠于君命而死的，我们怎么可以把他们的尸体筑成京观呢？庄王还征引了周诗《时迈》、《武》、《赉》、《桓》诸篇，赋“载戢干戈，载櫜弓矢”和“绥万邦，屡丰年”等句，用得恰到好处。庄王的战争理论，无论在中国和世界的军事思想史上，都值得大书特书，哪里是什么“负其蛇豕之力，凶其水草之性”？

杨慎说楚庄王乃“伯之寇者也”，也许他忘了孔子却称赞过楚庄王。《史记·陈杞世家》记：“孔子读史记至楚复陈，曰：‘贤哉楚庄王，轻千乘之国而重一言。’”①

庄王的明断，不仅在于作出决策之前能集思广益，而且在于作出决策之后仍能留意臣僚的反应，仍能听取不同的意见，知过即改。如公元前 598 年，楚灭陈，诸侯、县公纷纷向庄王道贺。大夫申叔时出使齐国归来，述职完毕，便要退下，没有道贺。庄王怪而问之，申叔时说：大王当初通报诸侯的只是讨陈之罪，结果却是因贪陈之富而灭陈之国，这样不好。庄王听了，称赞申叔时说得对，当即宣布收回成命，恢复陈国。

庄王爱护臣僚，可以不究小过。《说苑·复恩》采录了一则故事，大意如下：庄王与群臣夜宴，忽而风吹烛灭，有个人暗中拉扯庄王身旁一位美人的衣裳。美人机灵，拔下那人的冠缨，向庄王告发。不料，庄王宣告群臣：你们与寡人饮酒，都要尽欢才好。请你们把冠缨都拔掉，谁不拔掉冠缨谁就不算尽欢。重新燃烛之后，群臣都没有冠缨了，莫不尽欢。在郯之战中，有个将领总是冲在庄王前面，不顾危险，五次击退来犯之敌。庄王问他何以毫不怕死，他说：臣早就想肝脑涂地报答大王了，今天才遇到机会，臣就是那个暗中拉扯美人衣裳的人啊！

但是，爱护绝不等于良莠不分、赏罚不明。《淮南子·缪称训》记共雍向庄王请赏，庄王对他说：“有德者受吾爵禄，有功者受吾田宅。是二者，女（汝）无一焉，吾无以与女（汝）。”

敌方对楚庄王的评价通常比较客观，治史者从中易知其实。在郯之

① 三国魏王肃所传《孔子家语·好生》所记为：“贤哉楚王，轻千乘之国而重一言之信。”

战前，晋国三军将佐对是否与楚国开战发生过争论，上军将士会和下军佐栾书深悉楚国的政情和军情，《左传·宣公十二年》记其言甚详。士会说：庄王在位，楚国“德立，刑行，政成，事时，典从，礼顺”。“德立”，如郑国服则舍之；“刑行”，如郑国叛则伐之；“政成”，即连岁出征而“民不罢劳，君无怨讟”；“事时”，即不违农时；“典从”，即有令行禁止的良法；“礼顺”，即贵贱有别、赏罚得当等等。总共六点，虽没有二八开、三七开这样的全面分析，但大致如实。栾书说：自从攻灭庸国以来，庄王几乎没有一天不提醒将士要认识民生的艰难，要预防随时可能发生的祸患。出征时，庄王几乎没有一天不提醒将士要认识常胜不败是很难做到的，殷纣王曾经百战百胜而终于断子绝孙了。庄王还教育国人要发扬“筚路蓝缕，以启山林”的优良传统，要懂得“民生在勤，勤则不匮”的道理。栾书的评论虽不无溢美之辞，但大致也可信。

凡有为的国君，所关注的不止大政方针，涉及国民生计的小事也包括在内。上文讲过的升高车厢是一个例子，桓谭《新论》记录了另外一个例子，其文曰：“庄王为车，锐上斗下，号曰‘楚车’。”① 所谓锐上斗下，即车厢上窄下宽。这样的车子便于急驰，耐得摇晃，不易倾覆。

庄王在位时楚国富强，已非熊绎受封时贫弱的楚国可比，亦非若敖、蚡冒在位时刚走上振兴之路的楚国可比。真正的筚路蓝缕已与庄王及其臣僚无缘，但筚路蓝缕时期的艰苦奋斗精神还是需要发扬的。相传庄王能体恤民力，不大兴土木，不大肆挥霍。《国语·楚语上》记伍举对楚灵王说：“先君庄王为匏居之台，高不过望国氛，大不过容宴豆，木不妨守备，用不烦官府，民不废时务，官不易朝常。”也有截然相反的传说，但那是虚构的故事，即《说苑·正谏》所云：“楚庄王筑层台，延石千重，延壤百里，士有反三月之粮者，大臣谏者七十二人皆死矣……”即使后世以奢靡著称的灵王筑章华台，也不需要“延石千重，延壤百里”，也不闻杀一谏者，何况庄王乎！

---

① 引自董说《七国考》，见缪文远订补本，上海古籍出版社1987年版，第8卷。

庄王也做了些错事和坏事，而且肯定比文献所记的多。如公元前595年至公元前594年，庄王打过一场空前持久、空前惨烈的恶战，楚军围攻宋都达八月之久，宋都民众易子而食、析骨以炊，楚人则误了农时。

庄王于公元前591年去世，在位计23年，享年仅40余岁。他的生命是在光荣的峰顶上戛然而止的，后世对他的评价就会以这座光荣的峰顶做基准了。古代的雄主，晚节多不竞。庄王盛年谢世，或许正是掌寿夭之神司命让他“允当则归”，亦未可知。

第三节　楚共王及其宠子五人

庄王死，太子熊审①立，是为共王，其元年为公元前590年，当时这位新君只有11岁。

共王的师保是忠贞的学者，克尽厥职，可是重文轻武。共王学识的长进和品性的修养超过了以往的任何太子，可是仁厚有余而威猛不足，这在他即位不久就显示出来了。

一、文长武短、仁重威轻的共王

共王二年（公元前589年），申公屈巫受命使齐。此人多能而好色，在庄王时尚能不逾矩，在共王时就不惜把美人看得比故国更重了。他早就盘算着到郑国去娶以美色闻名的夏姬。这时的夏姬年逾四十五岁，而仍能使屈巫为之魂牵梦萦。出国的机会来了，屈巫公然带着亲属和细软同行，一到郑国就请副使把准备送给齐国的礼品带回楚国，自己则同夏姬携亲属到晋国去了。司马子反主张厚赂晋国，以求禁锢屈巫终身。年方十二岁的共王不许，他说：屈巫为自己盘算是错了，先前为先王谋划

① 《左传》、《史记》所记为“审”，《国语》所记为“箴”，由铜器铭文可知“审”是而“箴”非。

却是对的。假如他对晋国有用，晋国是不会听我们的话去禁锢他的，假如他对晋国无用，我们又何必要晋国去禁锢他呢？子反与令尹子重以及沈尹、王子罢合谋，擅自杀死了屈巫的族人子阎和子荡，以及曾与夏姬有染的黑要和清尹弗忌，瓜分了他们的财产和仆妾。屈巫托人捎信给子重、子反，说一定要让他们疲于奔命而死。

屈巫的背叛和子重、子反的纵恣，都使少年君王无可奈何，他对子重、子反仍很尊重，子重、子反对他仍很忠诚。

共王三年，晋国把邲之战所俘获的楚将公子谷成连同连尹襄老的遗骸送还楚国，楚国则把邲之战所俘获的晋将荀罃送还晋国。《左传·成公三年》记共王在为荀罃饯行时问："子归，何以报我？"荀罃答："无怨无德，不知所报。"共王说："虽然，必告不穀。"荀罃说："以君之灵，累臣得归骨于晋，寡君之以为戮，死且不朽。若从君之惠而免之，以赐君之外臣首（按，荀罃父名首），首其请于寡君，而以戮于宗，亦死且不朽。若不获命，而使嗣宗职，次及于事，而帅偏师，以修封疆，虽遇执事，其弗敢违，其竭力效死，无有二心，以尽臣礼，所以报也。"共王感其言，厚送荀罃返晋国。共王是在学成王的样，他有成王的雅量，可惜没有成王的伟略。

世传共王宽仁，某次出猎，遗失宝弓一张，随从要去找，他说："荆人遗之，荆人得之"，不算什么损失，何须寻找？据说，后来孔子和老子都对此发表过高见。孔子曰："去其'荆'而可矣。"去其"荆"，就成为"人遗之，人得之"了。老子曰："去其'人'而可矣。"已去"荆"，复去"人"，就成为"遗之，得之"了①。

屈巫向晋景公献联吴抗楚之计，出使吴国，教会吴人驾车、列阵、射箭，怂恿吴人袭扰淮河中游的楚国东土。共王七年（公元前584年），

① 引文见《吕氏春秋·贵公》，原文未明言共王。《孔丛子·公孙龙》记此事，亦未明言共王。《孔子家语·好生》指出亡弓者为共王，弓名为"乌嗥"。《说苑·至公》也指出亡弓者为共王。老子的议论仅见于《吕氏春秋·贵公》。

子重、子反7次出兵迎击吴军，果然疲于奔命。尽管如此，楚国的形势仍比晋国好些。共王九年（公元前582年），晋国送两年以前被郑人俘获并转送晋国的楚将钟仪回楚国，楚国派太宰公子辰到晋国去报聘。

楚共王十二年、晋厉公二年（公元前579年），经由宋国执政大夫华元斡旋，楚与晋在宋都会盟，这是双方短暂的休战。

楚共王十五年（公元前576年），司马子反主张北伐，共王弟子囊以为不可背楚晋之盟。年已25的共王却想亲临战阵以初试锋芒，从子反议，起兵伐郑、伐卫，可是稍进即退，等于一次草率的实习。

其明年，楚晋激战于鄢陵（今河南鄢陵西北）。第一天，不分胜负，但共王被晋将吕锜射伤了眼睛。吕锜虽被以“百步穿杨”惊世的楚将养由基一发毕命，共王却余悸犹存。当夜，共王派人请担任主帅的司马子反来议事，不料子反违纪饮酒醉卧不起。共王惶恐，以为天将降大祸于楚师，当即弃军而逃。三军见大王已走，也都弃营而逃。由此，楚败而晋胜。

共王回郢都后，清醒过来，派使者去告知已经率军回国的子反说：这是寡人的罪过，大夫不要引咎自责。令尹子重则对子反说：以前打了败仗的怎么自处，你是知道的，你也该考虑考虑了。子反羞愧难当，于是自尽。鄢陵之败，论者多归咎于子反，其实，首先应归咎于共王。

虽说战败了，实力却未受重创。战后不久，晋国君诛臣而臣弑君，社会动荡，朝政昏浊，楚国倒是安定而清明的。

共王后期显得比较成熟，政治上和军事上都是所得大于所失，社会仍在进步中。楚共王二十年（公元前571年），右司马公子申贪黩而跋扈，被共王断然处死。楚共王二十三年（公元前568年），令尹子辛贪黩甚于公子申，共王也处以极刑。这时的共王，已能仁威兼施。

共王在位31年，于公元前560年去世。子熊昭①立，是为康王。

据《左传·襄公十三年》所记，共王遗言自称“不德”，为鄢陵之败

① 《左传》所记为“昭”，《史记》所记为“招”。

自责，要大夫给他加个“灵”或“厉”的恶谥。既死，群臣从令尹子囊议，谥之为“共”。子囊说：“赫赫楚国，而君临之，抚有蛮夷，奄征南海，以属诸夏，而知其过，可不谓‘共’（恭）乎？请谥之‘共’。”

子囊为共王谋谥所讲的话，表明当时楚人正在开拓江南（“南海”），进展顺利。湖北除清江流域外，大致都纳入楚国的版图了。长江以南的楚墓，已知年代最早的就属于这个时期。

二、长子为庸主而不乏善政

康王是共王的长子，即位时有 20 多岁了。

从成王元年到康王元年，计 111 年，如果把湖北的人口、财富画成图表，就是两条交缠着蜿蜒地上升的曲线。康王在位 15 年，两条曲线的箭头仍指向上方。方城以外战事比较频繁，民生多艰，社会的进步不如方城以内。方城以内今属河南的南阳地区虽有全楚首屈一指的大县申县，但因东北通中原而西北通关中，赋役比较繁重，社会的进步不如今属湖北的楚国腹地。在楚国腹地内，有蒸蒸日上之势。庶民通常无冻馁之忧，少流离之苦。贵族再也不需像令尹子文那样俭朴了，上层贵族的家室尤为殷实。

平庸的康王总想建功立威，即位初年就要令尹子囊远征吴国。楚师受挫，子囊嘱咐司马子庚一定要筑好郢都的城垣，随即自尽以谢罪。子庚继为令尹，苏艾猎子苏子冯继为大司马。称大司马，是因为这时还有左司马和右司马。子庚持重，不愿为争夺霸权而损伤基业。康王五年（公元前 555 年），强使子庚兴师伐郑，郑人固守不出，子庚攻城只两天就撤兵了。方值隆冬，又逢寒雨，衣着单薄的役徒几乎都冻死了。

中原诸国多内乱：公元前 554 年，郑大夫子革、子良奔楚避难，康王以子革为右尹；其明年，蔡大夫公子履和陈大夫公子黄分别奔楚避难；又明年，晋大夫栾盈奔楚避难。

在栾盈来投之年，子庚病逝，康王命苏子冯继为令尹。苏子冯见康王多宠臣，恐不利于己，乃托病辞不受命。时方盛暑，苏子冯躲在地室里装病，床边放着冰块，身上穿着绵袍加皮裘。康王无奈，命子南为令尹。子南宠用庶人观起，观起竟有马数十乘，由此招来了朝臣的愤懑和康王的猜忌。子南任令尹仅一年半，即被杀于朝中，观起则被车裂以示众。康王又命芳子冯为令尹，芳子冯再也不敢推辞了。芳子冯宠用过8个庶人官吏，他们都有不少马匹。受命为令尹后，芳子冯迅即辞退了这些爪牙，以使康王安心。

康王十年（公元前550年），命莫敖屈建助陈哀公和公子黄平定陈国内乱，一举成功。或许是受了胜利的鼓舞，其明年，楚国赶造了大批战船，康王亲征吴国，然而无功。同年，又两次出兵，一次打郑国，一次打舒鸠，仍然无功。又明年，芳子冯死。屈建继为令尹，攻灭舒鸠，荡平了淮南的西部。同年，屈建决心从清理兵赋入手整饬内政，命司马芳掩主其事，《左传·襄公二十五年》谓之“庀（pǐ）赋数甲兵”，“庀”即“治”，“数”即“计”。芳掩乃芳子冯之子，精于理财，他以“量入修赋”为原则，清除兵赋畸轻畸重的积弊，由此得罪了若干权贵。

康王十三年（公元前547年），申公王子牟畏罪奔晋，风传由其婿伍举护送出境。伍举不自安，也出逃了，凑巧在郑都的郊外遇到友人蔡大夫声子。声子配合宋执政大夫向戌在晋楚两国之间做“穿梭外交”，正要访问楚国，向伍举问明缘由，对伍举说一定能让他平安回到楚国去。据《左传·襄公二十六年》所记，屈建会见声子，问他晋大夫与楚大夫孰优孰劣。工于心计而善于辞令的声子说：晋卿不如楚卿，可是楚大夫不如晋大夫，最好的晋大夫都是从楚国跑去的，“虽楚有材，晋实用之”。声子并非危言耸听，他举出几个实例来，使屈建不能不信。接着，声子说：现在更不妙了，伍举也跑到晋国去了，如果他蓄意害楚国，事态就严重了。屈建猛醒，随即说服康王，把伍举请回楚国，给伍举增禄晋爵。

楚康王十四年，晋平公十二年（公元前546年），向戌和声子的“穿梭外交”成功，楚令尹屈建与晋上卿赵武为弭兵之盟于宋都西门之外，除楚、晋、宋外，还有多个诸侯国的执政大夫参与会盟。这次弭兵之盟影响深远，在此后的一又三分之一个世纪之内，楚晋两国没有交兵。

其明年，康王与屈建相继去世。

平庸的国君，平常的时势，只要有尽心竭力的贤相良臣，对内除弊兴利，惩恶扬善，对外即使没有显赫的战绩，也能争取到一个有利的外部环境，康王在位时的楚国就是这样的，湖北因此受益了。

三、次子为枭雄而不得善终

康王死，子员①立，是为郏敖，其元年为公元前 544 年。公子围为令尹，芳掩仍为司马。

公子围是共王的次子，颇有野心，擅作威福。为令尹后，打猎用王者的旌旗，出使用王者的仪仗。他曾占卜能否为王，不吉，大怒，扔掉龟甲咒骂苍天，狂呼一定要自己去夺取天下。

任令尹的第二年，公子围擅自杀芳掩，并且侵吞芳掩的家产。

任令尹的第四年，公子围到郑国去聘问，未出楚境，听到郏敖病危的消息，当即赶回郢都。借探视郏敖病情之便，公子围杀死了郏敖及其两子。于是，改名为虔，自立为王，是为灵王，其元年为公元前 540 年。

灵王三弟子干奔晋避祸，四弟子皙奔郑避祸，只有不受他疑忌的五弟公子弃疾留在国中。

灵王初即位，就做了三件事：

其一，以芳罢为令尹，以芳启强为太宰。太宰位高权小，但从伯州犁为太宰起经常参政。伯州犁被灵王派人刺杀，太宰出缺，灵王才以芳启强充任此职。

其二，剥夺了芳掩族人芳居的赏田。

其三，下令筑章华宫。

这时的灵王，急切地期待着诸侯的祝贺。一些诸侯派使者贺灵王即位，这些使者不是知名人士，未能使灵王心满意足。郑国与楚国关系密切，又是灵王夫人的母国，却迟迟不派使者到楚国来。经过灵王多次责

---

①《史记》所记为“员”，《左传》所记为“麇”。

问，郑简公不得不于公元前539年由执政大夫子产陪同，到楚国访问，向灵王致贺。灵王大喜，请郑简公同他一起到“江南之梦”去打猎。所谓“江南之梦”，不在长江以南，而在汉江与长江之间，今潜江市迤东①。时已岁暮，灵王盛情挽留郑简公多住些日子。

翌年刚开春，许悼公也来访问了。灵王喜不自胜，又请郑简公、许悼公到江南之梦去打猎。兴犹未尽，灵王派伍举出访，邀请诸侯到楚国相会。是年夏，灵王与郑、许、陈、蔡、徐、滕、顿、胡、沈、小邾诸国的国君和宋国的太子、淮夷的君长会于申县，晋、齐、秦三个大国缺席，鲁、卫两国的国君托病不应命，曹、邾两国以本国有难为借口逃会。尽管如此，灵王也心花怒放了。是年冬，灵王伐吴、伐赖，以求扬威于诸侯。赖君请降，灵王存其社稷，但迁其公族于郢都附近的鄢邑。

灵王四年（公元前537年），杀莫敖屈申。据说屈申与吴国暗通，但是无据可查。是年冬，灵王又伐吴，失利。其明年秋，楚伐徐，吴救徐，楚为吴所败。

灵王六年（公元前535年），章华宫落成。灵王请诸侯都到章华宫来，可是，受邀而来的只有一位鲁昭公。灵王讲气派，让美髯的壮士相礼，让美貌的少年赞礼。正在兴头上，灵王把心爱的良弓“大屈”送给鲁昭公，但刚脱手就后悔了。芳启强猜透了灵王的心思，便故意向鲁昭公道贺，又特意对鲁昭公说：齐、晋、越三国对这张宝弓垂涎已久，未能得手，现在大王喜得此弓，实在可贺，请大王防备着齐、晋、越三国吧？鲁昭公即使愚钝，也听得出芳启强的弦外之音，不禁大惧，当即把“大屈”奉还灵王。

外寻干戈，内兴土木，灵王劳民伤财，楚国腹地的民众从灵王即位起，就扰攘不安了。

灵王还有两样爱好受到后人非议，一是好细腰，二是好巫音。

---

① 参考张正明：《章华台遗址琐议》，见《楚章华台学术讨论会论文集》，武汉大学出版社1988年版。

后人以为灵王所好的都是细腰女子，骚客乃争咏之。李商隐诗云“虚减宫厨为细腰”，许浑诗云“细腰争舞君沉醉”，诸如此类，不胜枚举。其实，灵王所好的主要是男子细腰，此事见于《韩非子》、《晏子》、《墨子》、《尹文子》、《尸子》、《荀子》、《淮南子》、《新论》等书①，所记的都是男子细腰。如《墨子·兼爱》云：“昔者楚灵王好士细腰，故灵王之臣皆以一饭为节，胁息然后带，扶墙然后起。比期年，朝有黧黑之色。”同篇又云：“昔荆灵王好小腰。当灵王之身，荆国之士饭不逾乎一，固据而后兴，扶垣而后行。”《战国策·楚策一》记莫敖子华对威王说：“昔者先君灵王好小腰。楚士约食，冯而能立，式而能起。食之可欲，忍而不入。死之可恶，（然）［就］而不避。”显而易见，这些节食减肥的“士”（即“臣”）都是男子。女子也以腰细为美，《楚辞·大招》的“小腰秀颈”是文献证据，楚女的图像和雕像无不细腰是考古证据。女子腰细尚不足为奇，男子腰细才是灵王的偏爱。在中国的古典小说中，壮士的身躯大抵是“虎背熊腰”，但也有腰细的壮士，如《水浒传》所描写的林冲就是“猿臂”而“狼腰”的。

楚俗尊巫，楚巫善舞。民间舞蹈主要是巫舞，宫廷舞蹈则名目繁多。据《新论·言体》所记，楚灵王酷爱巫舞，在“祀上帝，礼群神”时，不仅“斋戒洁鲜”，而且亲自拿着舞具“羽绂”，在祭坛前翩然起舞。舞必有乐，合称乐舞，亦称“巫音”。《吕氏春秋·侈乐》云：“宋之衰也，作为千钟；齐之衰也，作为大吕；楚之衰也，作为巫音。”其实，巫音非衰世所独有。《吕氏春秋》以巫音为“侈乐”，适足证明巫音是很有娱乐性和吸引力的。

好细腰，好巫音，好而已矣，还算不上是什么劣迹。

灵王七年（公元前534年），灭陈国，改设为陈县。灵王十一年（公元前530年），灭蔡国，改设为蔡县。灭陈、灭蔡的主帅，都是灵王宠信的幼弟公子弃疾。这时，诸侯莫敢撄楚国之锋。

---

①《荀子》误记为“庄王”。

灵王能如此，表明他可能有庸主所不具的才气和度量。旧有的申县和新设的陈县、蔡县是当时的3个大县，3位县公有两位是冲撞过灵王的，只有蔡公是公子弃疾。申公无宇原为掌管猎场的芋尹，见到还是公子围的灵王的车上插着王旌，便以一国不可有两君为理由，割断了王旌。在章华宫筑成后，灵王允许逃亡的私家仆竖到章华宫中服役，无宇家中的守门人也逃进章华宫了，无宇进章华宫去追索，自己反而被卫士捉住并押送到灵王面前去。无宇指责灵王说：按照先君文王的法令，窝赃者与盗物者同罪。周武王数殷纣王的罪，说殷纣王是招降纳叛的元凶。大王又想受诸侯拥戴，又去学殷纣王，这怎么可以呢？尽管无宇措词激烈，灵王却没有发火，允许无宇把那个守门人领回去，还打趣说：至于那个强盗嘛，他的地位太高了，你可没法拿他问罪①。灵王觉得无宇耿直，提拔他做了申公。陈公穿封戌原为一个小县的县尹，曾经俘获郑国的一位大夫，公子围要争功，竟说是自己俘获的。穿封戌大怒，操起戈来追公子围，公子围拔腿便逃。灭陈后，灵王问穿封戌：你同寡人争俘虏时，假如料定寡人有今天，你当初会让寡人吗？穿封戌说：不！假如当初臣料定大王有今天，臣会舍生忘死去安定国家的。言下之意，是说自己会杀公子围的。灵王觉得穿封戌坦率，任命他做了陈公。

灵王虽然不是庸主，但野心和贪欲与日俱增，还总是自作聪明，自作主张，有时竟闹出恶作剧来。

那时，齐国有贤相晏子（晏婴），奉使到郢都来。灵王听说晏子特别聪明而特别矮小，要试一试他又逗一逗他。晏子到了宫门前，见到有大门有小门，礼宾使引导晏子走小门，晏子说：出使狗国，才进狗门，我出使楚国，不该走狗门。受到嘲弄的礼宾使无奈，只好引导晏子进大门。灵王见了晏子，故作惊讶地说：齐国没有像样的人吗？晏子答：齐都临淄有三百个闾，市民把衣袖都举起来会使晴天变成阴天，把汗水都洒下

① 事见《左传·昭公七年》，见阮元校刻《十三经注疏·春秋左传正义》，中华书局影印本1980年版，第44卷，第345～346页。

去又会变成雨天，行人肩摩踵接，怎么会没有像样的人呢？灵王问：那怎么偏要派你来呢？晏子答：贤能的使臣派到贤能的国君那里去，庸劣的使臣派到庸劣的国君那里去，臣最庸劣，所以臣被派到楚国来了。灵王听了，无言以对。在宴会上，灵王竭力劝晏子饮酒，待晏子酒酣耳热时，有两个公差押着一个五花大绑的人从堂前经过，灵王问：那绑着的是谁呀？公差禀告：是个犯了偷盗之罪的齐人。灵王便对晏子说：齐人大概生性就喜欢偷盗吧？晏子可没糊涂，一本正经地答：臣听说，淮南的橘树引种到淮北就变成枳树，橘好吃，枳难吃，这是淮南、淮北水土不同的缘故。百姓也如此，住在齐国不会偷盗，一到楚国就变成盗贼，恐怕是楚国的水土使百姓容易成为盗贼吧！灵王为晏子的捷智所折服，笑道：对圣人是开不得玩笑的，寡人可真是自找没趣啊！①

灵王就是这么个人，难免聪明反被聪明误。

灵王十一年（公元前530年）冬，楚伐徐，灵王自己进驻乾溪（在今安徽亳县东南）。战事持久。翌年春夏之交，楚国的一些大夫与附庸国家以及故蔡国、故陈国的一些大夫合谋，秘密请流亡在外的共王第三子子干和第四子子皙回来，与蔡公弃疾串通，以允许陈蔡复国为条件，引蔡师与楚地的一些驻防部队到郢都，发动政变，杀死灵王的两个王子，立子干为王，推子皙为令尹，而弃疾为司马，兵权在弃疾手中。灵王闻变，不知所措。左右相继逃回郢都去，灵王只得随大流。过了申县，随从散尽。到了汉江南岸，忽然遇到一个涓人（宫廷侍从），涓人对灵王说：新王立了新法，敢向旧王进食者及敢为旧王效力者罪及三族。灵王倦极，头枕着涓人的大腿入睡，醒后发现所枕的是土块，涓人已无影无踪。

此时申无宇已去世，其子申亥袭乃父旧职为芋尹，为报灵王不杀乃父并重用乃父之恩，寻找灵王，到了一个叫做厘泽的村寨旁边，发现灵王已自缢而死。申亥把灵王遗体葬在自己家中，让自己的两个女儿为灵

① 事见《晏子春秋·内篇·杂下》。

王殉葬，而深秘其事，使外界不知灵王去向。

郢都人心不安，夜里谣传灵王将入城，满城惊慌，如此反复多次。弃疾得计，某夜，派若干船工绕城大呼，说是灵王驾到了。子干、子皙惊恐不已，又听说是灵王和司马带大军要进宫来了，便同时自杀。次日，弃疾即王位，改名为居，是为平王。

子干葬在訾邑，号为訾敖。訾邑疑即訾枝，在今钟祥市或枝江市。

由于灵王的生死还是个谜，郢都人心仍不稳。平王授意亲信杀死一个与灵王有点相像的囚徒，给他披上王袍，先秘密把他投入汉江，再公开把他捞上岸来，说是找到了灵王的遗体，匆匆下葬。几年以后，经申亥报告，才起出灵王遗骸以王礼安葬。

《述异记》卷下云："楚中有宫人草，状如金萱而甚氛氲，花色红翠。俗说楚灵王时宫人数千，皆多愁旷。有囚死于宫中者，葬之后墓上悉生此花。"这个"俗说"是否全然属实且不论，总之它表明楚人怨恨灵王。

四、幼子的精明和荒唐

据《左传·昭公十三年》所记：共王生五子，对立谁为太子游移不定，想探询神意，派使者奉璧"遍祀群望"，祷曰："当璧而拜者，神所立也，谁敢违之?"然后，偕夫人巴姬埋璧于宗庙庭院中，引五子依长幼为序一一入拜。老大的双脚跨在璧的两旁；老二的一肘碰到璧的一边；老三、老四离璧都远；还是婴儿的老五让人抱来放下，连拜两次都正好压在璧的纽上。这个别出心裁的占卜方法，大概只有惯于别出心裁的楚人才想得出来。神示果然灵验：老大是康王，能嗣立且寿终，但悬空而无后；老二是灵王，虽自立而自尽；老三、老四都死于非命；唯独老五坐稳了王位，还能传子传孙。如此凑巧，不免令人怀疑是平王及其宠臣精心编造的。共王和巴姬大概确实曾经埋璧卜嗣，因为遍祀群望的祷辞非泄漏不可，可是共王和巴姬没有公布诸子当璧与否的秘情，所以平王及其宠臣只要化已然的人事为未然的神示，添上当璧与否的细节就行了。据说斗韦龟知道当璧与否的真情，早就把自己的儿子蔓成然托付公子弃疾了，蔓成然在政变中为公子弃疾效死力，由此可知，当璧与否的细节可能是蔓成然编造的。这样，平王可以心安理得，不需担杀兄弑君的恶名了。

多年为乖戾的二哥灵王驱驰的公子弃疾，养成了周密虑事和慎重举事的习惯。即王位后仍如此，命官、施政皆得其宜，在短期内做了三件要事：

第一是封赏功臣。厥功最伟的蔓成然为令尹，其余功臣俱各有赏。

第二是敦睦诸侯。信守诺言，让陈、蔡复国，让一度被灵王迁到楚国腹地去的许、胡、沈、道、房、申的公族各回故地。许、胡、沈还算是附庸小国，道、房、申则只有遗老遗少了。

第三是抚绥民众。救济贫民，赦免罪人，选拔贤才，惩治奸凶，而且宣布让民众休养生息，5 年不出兵。

平王元年（公元前 528 年），蔓成然与巨富养氏争利，平王杀蔓成然而灭养氏。虽是诛灭权贵，可以博取庶人欢心，但似乎另有隐衷，杀蔓成然或许是为了灭吐露编造谎言之口。

平王是真心要 5 年不出兵的，但事不由人。平王三年（公元前 526 年），吴师进攻楚国东土，平王不得不派令尹子瑕和司马子鱼迎击吴师。子鱼在激战中阵亡，可是楚师大胜。此后，直到平王九年（公元前 520 年），楚国没有出兵。

无外患不等于无内忧，内忧是平王自己酿造的。

太子建有师保两人，伍奢为太子太师，费无忌（或作“费无极”）为太子少师。伍奢乃伍举之子，官为连尹，为人正直，受人尊重；费无忌为平王所宠，心术不正。太子建喜伍奢而恶费无忌，费无忌因此衔恨。平王二年（公元前 527 年），太子建年十五，平王从费无忌议，聘秦女嬴氏为太子建夫人，派费无忌去迎亲。翌年，嬴氏到郢都，平王见其貌美，不禁心动。费无忌劝平王自娶嬴氏，正中平王下怀，本来应该是儿媳的，居然变成了夫人。嬴氏为平王举一男，名壬。太子建之母为蔡女，因门第不高，仍留居蔡国。平王六年（公元前 523 年），经费无忌进言，派太子建到方城之外去，名为守边，实为疏而远之。

翌年，费无忌诬太子建与伍奢谋反。平王召伍奢回郢都，投之入狱，命使者召其长子伍尚、次子伍员也到郢都来。伍尚对伍员说：我得尽孝，只好到郢都去，你该报仇，就到吴国去吧！伍尚一回郢都，就和伍奢一起被杀了。伍员逃脱，听说平王要杀太子建，太子建已逃到宋国去了，便也逃往宋国，追随太子建。

平王八年（公元前 521 年），宋国内乱，太子建经郑国到晋国。不久，回郑国后，被郑人所杀。伍员携太子建之子王孙胜，微服出逃，几经险厄，到了吴都。

一场宫廷风波似乎已平息，谁也不会料到它的后患竟在 20 余年以后使楚国险遭覆灭之祸。

平王十年（公元前 519 年），楚为吴所败，令尹子瑕病死于军中。同年，吴公子光到蔡国迎太子建之母到吴国与太子建子王孙胜相聚，司马芳越为此引咎自杀，子常（囊瓦）继为令尹。

公元前 516 年，平王去世，在位计 13 年。

平王前期尚能抚民安众，中期以后则奢靡有甚于灵王。《左传·昭公十九年》记沈尹戌曰："吾闻抚民者，节用于内而树德于外……今宫室无量，民人日骇，劳罢死转，忘寝与食，非抚之也。"此时，上距平王即位不过 6 年。《新语·无为》一言以蔽之曰："楚平王奢侈纵恣。"其后果之严重，就连因楚平王如此而窃喜的伍员也未必能预见。

第四节　独具一格、自成一系的文化

春秋早期以前，楚文化虽不无特色，但与周文化同多异少。春秋中期以后，楚文化才独具一格而自成一系了。

为文献记载和考古发现所限，下文所介绍的只能是"知之为知之，不知为不知"。

一、农业和副业

楚地多河湖沼泽，不宜种粟，粟只种在丘陵低山地带。云梦泽周围是水乡，其粮食作物为稻。粟是从黄河流域传来的，稻是长江流域原生的。这里所讲的稻，专指水稻。

楚人种水稻，流行火耕水耨。“火耕水耨”始见于《史记·平准书》和同书《货殖列传》，但无疑是先秦就有的。这种稻作方法流行于江淮之间和江南，现在看来固然粗放，当初却是因地制宜的良法。裴骃《史记集解》引应劭释“火耕水耨”云：“烧草，下水种稻。草与稻并生，高七八寸，因悉芟去。复下水灌之，草死，稻独长。——所谓‘火耕水耨’也。”这个解释诚然正确，只是比较简略。

按，火耕是南方和北方都有的，水耨却为南方水乡所独有。北魏贾思勰《齐民要术》卷二记水稻栽培，北方仍有火耕，南方仍用水耨，其文曰：“稻，无所缘，唯岁易为良，选地，欲近上流。三月种者为上时，四月上旬为中时，中旬为下时。先放水，十日后，曳陆轴十遍。地既熟，净淘种子，渍经三宿，漉出，内（纳）草篅中浥之。复经三宿，芽生，长二分，一亩三升掷。三日之中，令人驱鸟。苗长七八寸，陈草复起，以镰侵水芟之，草悉脓死。稻苗渐长，复须薅。薅讫，决去水，曝根令坚。量时水旱而溉之。将熟，又去水。霜降，获之……”火耕水耨的稻作方法，适用于荒地和休闲一年或两年的熟地，“岁易为良”，其前提是地广人稀。先秦的火耕水耨，总会与《齐民要术》所记的有些出入，然而彼此大同小异。

武王至平王时期的楚地，大概还没有用牛拉犁。牛耕通常即犁耕，但也有不用犁的。用牛拉着陆轴（碌碡）在田里转上十遍，也算是牛耕，但不是犁耕，而只是名为水耕的牛耕。采用这样的稻作方法，在寻常年景中尚能足食足兵。况且，还有瓜果、鱼蛤之类。直到西汉早期，楚地和越地如《史记·货殖列传》所记，仍然“或火耕而水耨。果隋嬴蛤，不待贾而足。地势饶食，无饥馑之患”。上推到春秋时代，大致也如此。

楚墓不以农器随葬，因而农器出土无多。偶有例外，如襄阳山湾4座楚墓出土斧、锛、镰、削、锥共10件青铜工具，斧为农器兼匠器，锛为匠器，镰为农器，削、锥为农用杂器①。其实，主要的青铜农器是䦆和臿。䦆体窄长，横装或曲装木柄，用以挖土。臿即中原的耜，器体为木质，如锹，前端套“凹”字形青铜刃，既可掘土，亦可由人力牵引以犁地。除青铜农器外，还有木制、石制、竹制的农器如耒、铲、箕等。

春秋时代楚地农业的突出特点是有良好的农田水利工程。《说苑·辨物》记楚庄王伐陈，舍于有萧氏，见“沟之不浚”而兴叹。沟乃水利工程之小者，渠和陂才是水利工程之大者。《汉书·沟洫志》记东周之世，“于楚，西方则通渠汉川、云梦之际，东方则通沟江淮之间”。这里所讲的“西方”以湖北为主，东方则是方城以外。这些沟渠是航道，但可引其水以灌田。陂，在湖北是小型的，在河南、安徽之间是大型的，这也是因地制宜。《史记集解》注《循吏列传》引《皇览》云：“或曰孙叔敖激沮水作云梦大泽也。”大泽，不知所用为何，既云“或曰”，则以存疑为宜。

蒍掩整顿军赋，分田土为9类。上上的田土是“衍沃”，即肥美之地；其次为“隰皋”；再其次为“原防”；又其次为“偃猪（潴）”；其余的就等而下之了。“隰皋”，即岸边之田土；“原防”，即有堤防之田土；“偃猪”，即有陂塘（水库）之田土：它们都是上等的，或为上中，或为上下。可见，楚地的农田水利工程所在多见，那时需要整顿军赋的只是方城以内，主要就是湖北。

《史记·伍子胥列传》记平王悬赏捉拿伍员，赏格除官爵外，有“粟五万石”。若据《吕氏春秋·异宝》所记，则为“禄万担”和“金千镒”。无论如何，楚国官仓储存的粮食肯定为数甚巨。

关于农家的副业，就无须详为介绍了，总之，如司马迁所讲的，“不待贾而足”。

---

① 湖北省博物馆：《襄阳山湾东周墓葬发掘报告》，《江汉考古》1983年第2期。

楚地盛产丝、麻，但是平王以前的丝织品和麻织品迄今未有完整的实物出土。它们毕竟不像铜器、陶器那样耐久，朽腐的速度比木器和竹器还快，以致我们现在还不能作出有考古凭证的介绍，只好期待以后的考古发现消释我们的遗憾了。

这时，楚地丝麻织品的加工技艺尚未达到领先于列国的水平。楚共王二年（公元前 589 年），楚伐鲁、卫，鲁、卫乞和。鲁成公献工匠 300 人给楚共王，木工、纺织工、缝纫工各 100 人。假如当时楚国的纺织技艺和缝纫技艺超过鲁国，鲁国就用不着送这些工匠给楚国了。

二、冶炼和铸造

与中原相比，楚国的资源优势突出地体现在铜上。大冶铜绿山的铜矿，阳新港下的铜矿，最迟从成王时起，都已为楚国所专有。此外，还有江西瑞昌铜岭的铜矿，也非楚莫属。现在有湖北与江西的省界，楚王尚不知省界为何物①。吴、越两国也有一些铜矿，但产量不如楚国的铜矿。

铜矿的矿脉可能露出地面，颜色特殊。如铜绿山，“每骤雨过时，有铜绿如雪花小豆，点缀土石之上”②。古人可以由此而发现铜矿，随着经

---

① 参见：夏鼐、殷玮璋：《湖北铜绿山古铜矿》，《考古学报》1982 年第 1 期；中国社会科学院考古研究所实验室：《湖北大冶铜绿山古炼铜炉的热释光年代》，《考古》1981 年第 6 期；铜绿山考古发掘队：《湖北铜绿山春秋战国古矿井遗址发掘简报》，《文物》1975 年第 2 期；黄石市博物馆：《湖北铜绿山春秋时期炼铜遗址发掘简报》，《文物》1981 年第 8 期；中国社会科学院考古研究所铜绿山工作队：《湖北铜绿山东周铜矿遗址发掘》，《考古》1981 年第 1 期；中国社会科学院考古研究所铜绿山工作队：《湖北铜绿山古铜矿再次发掘——东周炼铜炉的发掘和炼铜模拟实验》，《考古》1982 年第 1 期；卢本珊、华觉明：《铜绿山春秋炼铜竖炉的复原研究》，《文物》1981 年第 8 期；港下古铜矿遗址发掘小组：《湖北阳新港下古矿井遗址发掘简报》，《考古》1988 年第 1 期；江西省文物考古研究所铜岭遗址发掘队：《江西瑞昌铜岭商周矿冶遗址第一期发掘简报》，《江西文物》1990 年第 3 期；等等。

② 同治《大冶县志》第 2 卷。

验的积累，由表及里进行开采。所见既多，所知益广，又可以凭喜铜植物来寻找铜矿。在鄂东南的铜矿区，有一学名为海州香薷而俗称为“铜草花”的植物，繁茂而茁壮，成为暴露在地表上的铜矿矿脉信息。

发现了铜矿，可以凿竖井以探矿，凿横巷以采矿，采深有达到 40 至 50 米的。春秋时代，铜绿山和港下的竖井和横巷都已有窄小而牢靠的木构支架。铜绿山古矿井Ⅶ号矿体 1 号点的竖井支架，如图 8-1 所示。每副方形框架的内径约 60 厘米，上下两副方形框架的间距约 40 厘米。母榫木两端都削成尖角，楔入井壁。井壁四面大多涂着拌有草茎的青膏泥（高岭土），某些部位还衬着竹席。港下古铜矿内井 2 和井 3 的竖井支架大致也如此，但是上下两副方形框架之间既有用四根竖放的小圆木捆接的，也有一个挨一个叠接的。横巷多为平巷，偶有斜巷。巷道弯曲，大致与矿脉的走向相合。横巷的木构支架与竖井的木构支架形状相似，但前者横放，而后者竖放。前后两副方形框架的间距约 1 米，每副方形框架宽约 80 厘米而高约 1 米。在竖井与横巷交接之处，设马头门，但也有不设马头门的。铜绿山古矿井Ⅶ号矿体 1 号点的马头门，如图 8-2 所示。横巷的底部，某些地方也凿有竖井，因其不直通地面而被称为“盲井”。盲井多数是因采矿而形成的，少数是为探矿而凿成的，也不能排除用以贮水的可能性。

井巷的组合通常是围绕着几口竖井凿出为数较多的横巷，近似扇面状展开，下面有若干盲井。图 8-1 所示，系铜绿山古铜矿Ⅶ号矿体 1 号点的一个井巷组合，7 条横巷围绕 3 口竖井蜿蜒伸张，外加 7 口盲井。

发掘工作证实，在上述井巷中，有完整的排水系统。

采掘工具，在铜绿山铜矿遗址中所见的主要是青铜斧形凿，如图 8-3 所示；在港下古铜矿遗址中所见的主要是青铜锛，前端尖而无刃。

从碳-14 测定的数据来看，铜绿山古铜矿Ⅶ号矿体的年代比港下古铜矿的年代早些，前者的上限在商末周初，后者的上限在西周晚期，两者的下限都在春秋时代。

采出的矿石装进竹篓，用一端有木钩的绳索经竖井提升到井外。

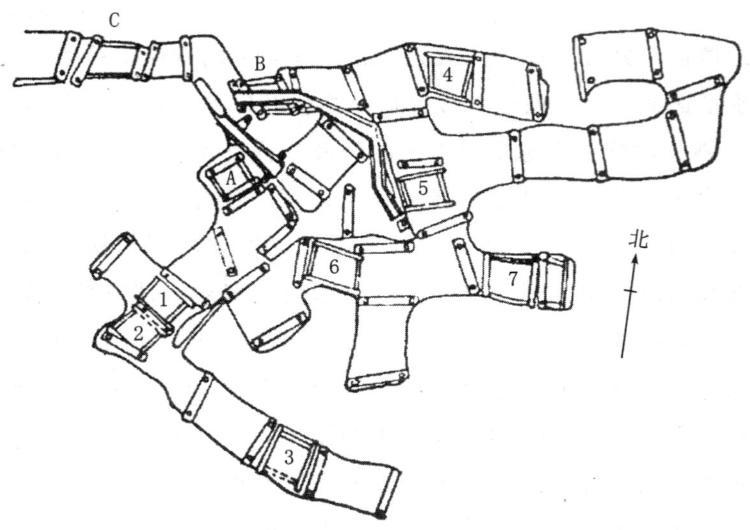

图 8-1 铜绿山古铜矿Ⅶ号矿体 1 号点一组井巷平面图

1～7. 盲井，A～C. 竖井

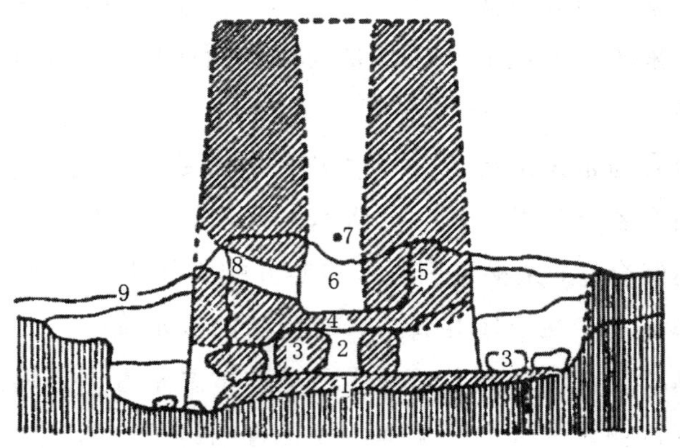

图 8-2 第 10 号炼铜竖炉结构复原图（剖面）

1. 炉基 2. 风沟 3. 风沟垫石 4. 炉缸底

5. 炉壁 6. 炉缸 7 风眼 8. 金门 9. 工作面

考古工作者在发掘和清理这些井巷时，没有发现井巷崩塌事故遗留的迹象。似乎可以认为，当年的矿工在井巷中尽管只能弯腰曲膝地行走和劳作，生命却是比较有保障的。

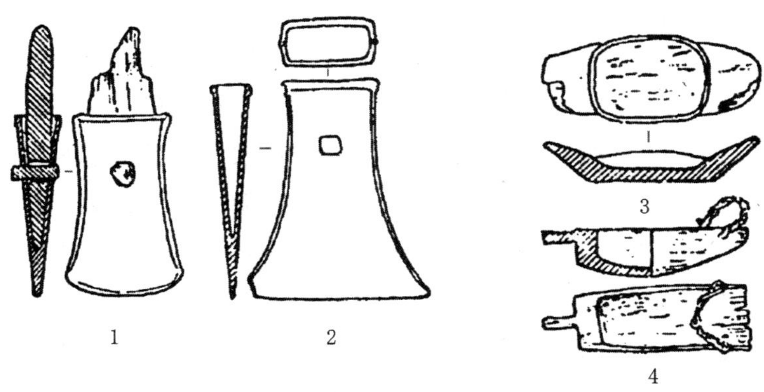

图 8-3　铜绿山古铜矿早期采矿工具

1、2. 青铜斧形凿　3. 船形木斗　4. 木瓢

假如说，灿烂的青铜文化是娇艳的姚黄魏紫，那么，这些狭窄、昏暗、缺氧、多水的井巷就是深埋在土中的根须了。

春秋时代铜绿山的炼炉，主要是在Ⅺ号矿体发现的，已知有 10 余座，它们都是炼铜竖炉，由炉基、炉缸、炉身 3 个部分组成，外观若圆台，如图 8-2 所示。

20 世纪 80 年代初，中国社会科学院考古研究所铜绿山工作队在 10 号炼炉遗址附近，筑了两座仿古实验炼炉。因春秋时代风口为单为双尚无确证，1 号炉设一个风口，2 号炉设两个风口。实验结果，1 号炉失败，2 号炉成功。实验证明，当地春秋时代炼铜竖炉的冶炼工艺是铜的氧化矿的还原熔炼。只要有足够的风压和风量，就能正常冶炼。可以连续投料，连续排渣，间断放铜，持续冶炼，不是只用一次就非破炉取铜不可的。一座炼炉，一天时间，如投入物料 3 000 公斤，矿石平均含铜量为 12%，在正常情况下，可炼出红铜约 300 公斤。

炼出的红铜液浇入范中，冷却成为红铜锭。铜绿山古矿区出土的东周红铜锭为圆饼形，每块重约 1.5 公斤。楚成王送给郑文公的“金”，大概就是这种红铜锭。

矿石采出后就地冶炼，红铜炼成后易地铸造。先秦的湖北，冶炼基地在鄂东南的古矿区，铸造中心则在郢都。

可以代表春秋中期与晚期之际湖北铸造水平的青铜器，主要是在河南发现的。1978 年至 1979 年，在河南淅川县的下寺，发掘了楚墓 24 座，楚车马坑 5 座①。2 号墓为主墓，1 号墓和 3 号墓为陪葬墓。在 1、2、3 号墓出土的铜器上，都有“楚叔之孙倗”作器的铭文。在 2 号墓出土的王子午升鼎上，腹铭记作器者为“王子午”即“令尹子庚”，盖铭记作器者为“倗”。2 号墓的墓主，学者或以为即王子午，或以为乃蒍子冯，疑莫能明。好在王子午死于公元前 552 年，蒍子冯死于公元前 548 年，相去仅四年，而且两人生前都是令尹，都长住郢都，其青铜器至少有大半应是郢都铸造的。无论墓主为谁，出土青铜器都能代表公元前 6 世纪中期湖北铜器铸造工艺的水平。

这些青铜器主要是用分铸法制作的，只有少量的器物和部件、附件如鬲身连同鬲足以及器盖和圈顶等，用了早期青铜铸造工艺的浑铸法。当时的分铸法，中原以先铸附件、后铸器身为常规，楚国则不然，多数青铜器是先分别铸出器身和附件，再用铜或锡作焊剂把它们焊接起来，这是一种新兴的生产工艺②。

当时楚国青铜铸造工艺的突出成就，显示在“失蜡法”的娴熟应用上。失蜡法是一种熔模铸造法，或称精密铸造法。中国失蜡法创始的时代，从文献中考查，只能定在中古时代。然而，现已流落海外的楚王熊审盂足以证明，楚国最迟在公元前 6 世纪上半叶就有失蜡法制作的精品了③。下寺 2 号墓所出的铜禁④一件，器身有多层透雕云纹，器缘有 12

① 资料见《淅川下寺春秋楚墓》，文物出版社 1991 年版。

② 参见汤文兴：《淅川下寺 1 号墓青铜器的铸造技术》，《考古》1981 年第 2 期。

③ 参见饶宗颐：《楚共王熊审盂跋》，《文哲研究集刊》创刊号，1991 年 3 月。

④ 禁是器座，长方形，有足。

只镂空透雕的攀附怪兽，器底有12只镂空透雕的虎形足，是失蜡法的杰作，在当时为世界之最，在现代仍无法复制。同墓所出的55号大鼎有6只镂空透雕的攀附兽，通体无合范毗缝和锻打或焊接的痕迹，也是用失蜡法制作的。

西方的熔模铸造工艺发明虽比中国的早，发展却比中国的慢①。西方任何古国遗留下来的失蜡法铸件，都不能与下寺所出的失蜡法铸件媲美。

三、漆　器

中国古代的漆器遗物，至今尚完整而年代又最早的一批是1988年从当阳赵巷4号楚墓中出土的②。这些漆器器胎厚实，黑底红彩，花纹华美，时代为春秋中期后段或春秋晚期前段。

下寺2号墓出土有马甲2件，皮革已朽，漆片叠合为长约1米、宽约0.4米、厚为0.15米至0.25米的一堆。经中国社会科学院考古研究所白荣金清理和研究③，甲片正背两面俱经多层髹漆，黑底红彩，花纹有多种，以勾连交错的卷云纹为最精。出土后虽逐渐自然脱水，而漆皮状态仍保持稳定。从髹饰工艺来看，比赵巷4号楚墓出土的漆器进步。

1984年发掘的当阳曹家岗5号墓是春秋晚期的楚墓④，约当灵王或平王之时。出土漆瑟一件，虽已严重朽蚀，但残存的漆绘纹饰比下寺2号墓马甲的漆绘纹饰更细、更繁、更美，而龙凤同体异首或连体异首的纹饰尤为奇绝。

此外，从其他某些春秋晚期的楚墓中，还出土了一些漆器，如江陵雨台山404号墓出有漆耳杯、漆卮、漆豆等，不烦细叙。

---

① 参见华觉明：《失蜡法的起源和发展》，《科技史文集》第13集，上海科学技术出版社1985年版。

② 宜昌地区博物馆：《湖北当阳赵巷4号春秋楚墓发掘简报》，《文物》1990年第10期。

③ 参见《淅川下寺春秋楚墓》，文物出版社1991年版，附录一一。

④ 宜昌地区博物馆：《当阳曹家岗5号楚墓》，《考古学报》1988年第4期。

总之，以迄今已见的遗物为证，约从成王或庄王时起，楚地的髹漆工艺就已领先于并世列国了。这些遗物，当初都是在湖北境内生产的。尽管这些遗物类如残花乃至残瓣，仍可令人想见当年楚地的漆器制作已到繁花怒放的春天了。

四、宫　殿

楚地平民的房舍遗迹，至今未曾发现。至于楚式的宫殿建筑，则有章华宫遗址在今潜江市龙湾镇东，已知东西长约 2 公里，南北宽约 1 公里，是 1984 年发现的。遗址外围，尤其南部，还有若干东周建筑遗址，当初可能也属于章华宫。

这个遗址的东部有连成一线的四个台，从东偏南到西偏北，从较高到较低，依次被考古工作者称为 1、2、3、4 号台。最高的 1 号台，台顶高出周围稻田约 7 米，俗名“放鹰台”。1987 年发掘东部，证明此台即章华宫主体建筑章华台①。章华台落成于楚灵王六年（公元前 535 年），今存遗址大概是后来几经维修、改建、增饰的。

《水经注·沔水》记章华台云：“台高十丈，基广十五丈。”按楚制计算，台高应为 23 米左右，基广应为 34 至 35 米。现已探明此台底层墙基为南北 29.95 米，加上两侧廊檐下面的台基，基广恰与“十五丈”相合。从散乱叠压的遗物来看，当初台身大概有 3 层，加上底层也许是半地下室，如此推算，高达“十丈”是可能的。这样的宫殿建筑，就是《楚辞》所谓“层台累榭”。

从武昌放鹰台 1 号遗址中出土的砖和瓦的制作工艺都达到了春秋时代的最高水平。扁平、正方的砌墙砖是红色火烧砖，其年代之早为全国罕见。瓦有钩与孔，类如榫与卯，以便上下勾连，其规格之高为全楚仅见，非王者不能用。出土的遗物，如铺首衔环等，属于春秋时代。东墙有方柱一排，间距稍大于 4 米，柱身长宽各约 1 米，半明半暗，柱式为

---

① 高介华、刘玉堂：《楚国的城市与建筑》，湖北教育出版社 2017 年版，第 215 页。

楚制。上层有较细的圆柱、方柱、半圆半方柱和六角形柱，可见结构相当复杂。东边廊檐下面有蚌壳铺成的路面，亦足表明此台非同寻常。

《国语·吴语》记申胥（伍员）说："楚灵王……筑台于章华之上，阙为石郭，陂汉，以象帝舜。"由于迄今只在放鹰台1号遗址上试掘其东部，周围的遗址尚未查明，陂汉的地点也不易确定，只能估计在泽口附近。陂汉的作用是截引汉江之水，使之蜿蜒南流，绕章华台而过，模拟湘江上游的山溪绕帝舜葬地九嶷山而过。屈原的作品可以证明，楚人崇拜帝舜，乃至视同昊天上帝。

《新书·退让》记狄王的使者到楚国来，楚王在章华台上设宴，"上者三休，而乃至其上"。"三休"，可能是每上一层就休息一下，观赏一回，并非只是站在那里喘息。

楚宫的奇巧和华美使北方的诸侯乃至众卿不胜艳羡。还在未筑章华台时，鲁襄公就仿造了一座楚宫，公元前542年春此宫落成，鲁襄公当即住了进去，乐不思出。更早一年或两年，郑国执政大夫良霄在自己的公馆里仿造了楚式的地下乐宫，常常彻夜在其中饮酒、击钟。

木构的建筑容易速朽，岂但楚宫而已，六朝以前的所有木构建筑都不复可睹了。章华台始于荣华而终于零落，陆游《哀郢》有句云："欲吊章华无处问，废城霜露湿荆榛。"可是，正像路德维希·维特根斯坦说的："早期的文化将变成一堆瓦砾，最后变成一堆灰土，但精神将萦绕着灰土。"①

五、艺术风格

楚艺术的风格与周艺术的风格颇异其趣，前者是南方风格，后者是北方风格。所谓周艺术是广义的，泛指周王室和北方所有诸侯国的艺术，大如晋，小如虢，囊括无余。

---

① 路德维希·维特根斯坦：《文化和价值》，黄正东、唐少杰译，清华大学出版社1987年版，第5页。

春秋早期以前的楚文化，严格地说来，只是周文化的附庸。楚人创造出独具一格和自成一系的文化，实自春秋中期始。迄今已出土的礼器和乐器，以及迄今已发现的建筑遗址，就是毋庸置疑的实证。礼器的材质，有铜与陶之别。下文先说铜礼器，后说陶礼器。

鼎为礼器之王。春秋早期的楚式鼎仅见于当阳赵家湖楚墓，其折沿、附耳的特征与北方西周末、东周初的同类鼎近似，是稍有点楚化的周式鼎。进入春秋中期以后，此类鼎由不束颈而束颈，由不折肩而折肩，足渐高，壁渐直，还有加了圈顶盖的，全器轮廓由简单而渐变为复杂，体态由浑朴而渐变为精巧，与北方风格大异，成了实至名归的楚式鼎。此类束颈、折肩的鼎，在当阳赵家湖、襄阳山湾和淅川下寺的楚墓中都能见到。徐国和郑国也有此类鼎，显然是仿楚之作。

湖北春秋中期楚墓所出的鼎，只有一种折沿、侈耳的鼎与北方同期同类鼎酷肖。可是，一过春秋中期，此类鼎就绝迹了。可想而知，楚人已不满足于模仿北方的艺术风格了。

这个时期的楚式鼎，以升鼎、于鼎、小口罐形鼎而显示出峥嵘气象。升鼎和于鼎都是自铭，小口罐形鼎则是考古学家状其形而名之，但有一件自铭为“浴兴”。

升鼎形制最奇特，气派最高贵。折沿，立耳外撇，束腰，浅腹，平底，蹄足，腹周有攀附兽 6 只或 4 只。此类鼎独见于大型楚墓中，而且是作为列鼎出现的，显然非上等贵族不能有。

于鼎是一种盖鼎，与北方同期同类鼎的区别主要是有凸棱子母口，腹在浑圆与扁圆之间，器形精致，纹饰细密，铸造精良。

小口罐形鼎有盖，直领，小口，宽肩，圆腹，圜底，有兽面矮蹄足，其形制为北方所无。

此外，有自铭为“盏”的一种青铜礼器虽为鼎式器，但已成变种，与鼎几乎全不相像了。盏的特点是：盖上有 4 个环钮，盖口缘有 4 个扣环，上腹有 4 个环耳，三足特矮而如簋。其制作最精者，圈顶、环耳和足部都是镂空透雕的。

楚式青铜礼器的纹饰，与北方青铜礼器的纹饰相比，组合更复杂，手法更细腻，线条更柔美，虽有怪异之状而无狞厉之态。

陶礼器多为日常用器，只有仿铜陶礼器纯属明器。这个时期的楚式陶礼器有纵向伸展而横向收缩的趋势，如鬲、豆、鼎的足由矮变高，罐颈由短变长，罐腹由胖变瘦，还出现了通体修长的长颈壶，总体风格是清秀而素净。

从艺术上来说，礼器只是造型艺术，乐器则造型艺术与抽象艺术兼而有之。

先秦的八音为金、石、土、革、丝、木、匏、竹，都是按材质划分的。《国语·楚语上》记伍举答楚灵王问，谈到了“金、石、匏、竹”，这是取八音的首尾来代表八音的全体。无疑，当时的楚国八音俱全。除金、石外，其余六样都容易朽坏，埋在地下，时间越长就朽坏越多。因此，属于武王至平王时期的乐器，迄今已见的首先是编钟，其次是编磬。当阳曹家岗 5 号墓出土瑟两件，朽残严重，令人抱憾。下寺 2 号墓出土石排箫一件，乃见所未见。排箫，本来只是“竹”类的，居然也有“石”类的，令人称奇。

下寺 1、2、3 号墓出土编钟共 4 套计 52 件，可谓洋洋大观。这些编钟当然不是在下寺附近铸造的，而应出自郢都匠师之手。

钮钟，下寺出土两套，其中一套经现代技术测试，证明是一套音质绝佳的编钟。黄翔鹏指出：这套编钟与西周编钟相比，是在“羽、宫、角一徵、羽一宫”的基础上，增加了最低音的“徵”，以及“宫”与“角”之间的“商”，并且在“徵”和“商”为隧音时将鼓旁部调成大三度音程，从而使全部音系可以奏出七声或六声的音阶①。

编磬，下寺楚墓出土 3 套，每套 13 件，可惜多已残破。

说到音乐，“高山流水”这个典故就出在共王至平王时期的楚地。《吕氏春秋·本味》记：“伯牙鼓琴，钟子期听之。方鼓琴而志在太山，

① 黄翔鹏：《先秦编钟音阶结构的断代研究》，《江汉考古》1982 年第 2 期。

钟子期曰：‘善哉乎鼓琴！巍巍乎若太山。’少选之间，而志在流水，钟子期又曰：‘善哉乎鼓琴！汤汤乎若流水。’钟子期死，伯牙破琴绝弦，终身不复鼓琴，以为世无足复为鼓琴者。”伯牙，据高诱注，伯为其姓，牙为其名。钟子期，出身乐尹世家。按，楚人尚钟成风，乐尹以钟为氏，乃“氏于事”者①。钟子期听伯牙鼓琴的故址，在今武汉市汉阳至蔡甸一带汉江南岸，其地有琴断口，故老相传，即伯牙破琴绝弦之处。附近有钟子期墓，今存。今武汉市汉阳区的龟山之麓，月湖之滨，有琴台，乃后人为追念伯牙与钟子期而筑。《荀子·劝学》云：“伯牙鼓琴，而六马仰秣。”其琴艺之高，已出神入化了。据《吕氏春秋·精通》所记，钟子期还能从磬音中听出击磬者的心情来。其知音之妙，也是出神入化的。

楚共王十二年（公元前579年），晋大夫郤至为莅盟到郢都，晋谒共王。郤至刚登堂，忽然听到从地室中传出洪亮的钟乐（“金奏”），为之大惊。由此可知，最迟在公元前6世纪前期，楚宫就有专门安置乐队的地室了。这种地室的作用，大概与近代的乐池相似。

章华宫是江南园林的嚆矢，不仅层台有峻高之态势，累榭具空灵之气韵，而且讲求建筑与环境的谐和。北方则不然，宫殿自为宫殿，园囿自为园囿，彼此隔绝。

综上所述，楚艺术的风格，一是灵巧，二是秀丽，三是人工与天工的融通。

灵巧，以玲珑剔透的礼器、精妙繁富的乐器和峻高空灵的台榭为极致。

秀丽，兼华美与清雅而有之，多数楚式青铜礼器都有这个特点。

人工与天工的融通则显示在一切艺术领域中，礼器疑非人为、殆若天成固如此，乐器能极写“高山流水”之天籁亦如此，台榭讲求建筑与环境的谐和又如此。

楚艺术的风格，假如一言以蔽之，那就是在天人之间极尽追新逐奇

---

① 参见张正明、刘玉堂：《从楚人尚钟看钟氏的由来》，《江汉论坛》1985年第6期。

之能事了。

六、楚言与楚字

《左传·庄公二十八年》记楚伐郑，令尹子元见郑都内城悬门洞开，以为郑人故设诱敌之计，于是“楚言而出”。经传记“楚言”，以此为最早。“楚言而出”，显然是为了不让郑人听懂子元与左右所讲的内容。由此可知，当时楚言与夏言至少是不易相通的。

可是，楚国的贵族——尤其上等贵族大抵兼通楚言和夏言。如在邲之战中，《左传·宣公十二年》记楚将三人单车挑战，许伯为御，乐伯为左，摄叔为右。挑战已毕，反辕回营，晋人三路追来。乐伯左射马，右射人。到只剩一支箭时，恰巧有只受惊的麋鹿路过。乐伯射这只麋鹿，正中其背。摄叔下车，献麋鹿给追在头里的晋将鲍葵说：“以岁之非时，献禽之未至，敢膳诸从者。”鲍葵称赞摄叔“有辞”而乐伯“善射”，下令停止追击，显然他听懂了摄叔的话。在鄢陵之战中，楚工尹襄与晋新军佐郤至在战场上交谈，也没有用翻译。

回过头来说，子元与左右“楚言而出”，表明他们平时也能操夏言，只是此刻故意操楚言罢了。

当时的夏言与楚言有什么区别？限于资料欠缺，不敢妄下断语。经传所记春秋时代的楚言，只有“梦”、“荆尸”、“莫敖”、“经皇”、“谷”、“於菟”、“班”等不足十个，都不能以夏言求其正解，似乎楚言与夏言是两种不同的民族语言，但这也无非揣测而已。

楚字的渊源倒是清楚的，显然借用了由殷人创制、经周人发展的华夏古字，但字形和书体有楚地的特色。

见于《楚公家戈》、《楚公家钟》和《楚公逆钟》的铭文，尽管有学者以“雄”、“奇”誉之①，毕竟还是稚拙的，而且文辞简短。进入春秋中期以后，楚字的特殊形态和特殊气韵就灼然可见了。这时的字，字体

① 参见阮元：《积古斋钟鼎彝器款识》第 3 卷；吴大澂：《窸斋集古录》第 2 卷。

纵长横短，笔画多波折弯曲而喜仰首伸脚。与北方的铭文相比，庄重不足而秀美有余。

春秋晚期，出现了“鸟书”。所谓“鸟书”，是在篆书的基础上增添弯弯曲曲的笔划以像鸟形，极富装饰情趣。鸟书创自何国尚无定论，学者多以为非吴即越。但在王子午升鼎的铭文中已有个别鸟书，如“用”字下部分明为鸟形。吴、越的鸟书，都晚于王子午升鼎。楚国有许多文献，如灵王说的“三坟”、“五典”、“八索”、“九丘”①，吴国和越国的文献则未有所闻。吴国的执政大夫伍员、伯嚭和越国的执政大夫范蠡、文种，都来自楚国。准此以论，鸟书创于楚国的可能性比创于吴国或越国的可能性大得多。

胡小石认为古文字分为两派：“北方以齐为中心，南方以楚为中心。”“齐楚之分，齐书整齐而楚书流丽。整齐者流为精严，而流丽者则至于奇诡不可复识。”② 楚人的形象思维恣肆、狂放，流于奇诡是势所必然的。

七、学　　术

楚人的传统学术是巫学，大约从武王起才有了北方传来的杂学。

巫学，在今人看来是歪门邪道，装神弄鬼而已，但在古人——尤其是武王以前的楚人看来，却曾经是唯一的学术。它不限于巫法和巫技，也就是说，它不全是原始的宗教，其中也荟萃着早期的科学即天文、历数、医药，以及早期的艺术即诗歌、乐舞、美术③。

《论语·子路》记孔子曰：“南人有言曰：‘人而无恒，不可以作巫医。’善夫!”所谓“南人”实即楚人，一如所谓“南风”实即楚风。《史记·日者列传》引贾谊云：“吾闻古之圣人，不居朝廷，必在卜医之中。”

① 《左传·昭公十二年》，见阮元校刻《十三经注疏·春秋左传正义》，中华书局影印本 1980 年版，第 45 卷，第 362 页。

② 《胡小石论文集》，上海古籍出版社 1982 年版，第 171 页。

③ 参见张正明：《巫、道、骚与艺术》，《文艺研究》1992 年第 3 期。

按，卜和医都是巫的专长。据《吕氏春秋·勿躬》所记，卜的祖师是巫咸，医的祖师是巫彭，两人都是上古之名巫。《论衡·言毒》以为巫咸“生于江南”，其说宜有所本。当时，“江南”即楚地。楚地巫学特盛，《山海经》的作者便是楚巫。

武王曾经向南阳盆地的东西两侧用兵，还从南阳盆地中心的申国聘请了一位学者来做王储的师保。文王不仅占领了南阳盆地，而且几度进出中原。从此，北方的典籍就源源流入楚国了。成王在位时，楚国的上等贵族对北方的学术已比较熟悉，动辄引经据典，断章赋诗，再也不像熊渠和熊通那样说“我蛮夷也”了。庄王在位时，楚人已开始独辟学术蹊径。庄王对战争与和平的关系所发表的高见，前无古人，即其一例。此外，申叔时的教育理论也是出类拔萃的一例。

《国语·楚语上》记庄王请士亹做太子的师保，士亹辞以“不才”。庄王说是要让士亹以自己的善使太子也从善如流。士亹对庄王说：“夫善在太子。太子欲善，善人将至；若不欲善，善则不用。故尧有丹朱，舜有商均，启有五观，汤有太甲，文王有管、蔡。是五王者，皆有元德也，而有奸子。夫岂不欲其善，不能故也。若民顽，可教训。蛮夷戎狄，其不宾也久矣，中国所不能用也。”士亹担心太子不能悉心向善，所以说这样的话。他把“蛮夷戎狄”与“中国”对举，表明楚人已不甘与“蛮夷戎狄”同列了。尽管士亹一再推辞，庄王还是让他做了太子的师保。

士亹怕自己不能胜任，向申叔时求教。申叔时发表了一通长篇宏论，讲应当如何教育太子，其大意是：要教太子学《春秋》（历史），学《世》（先王的世系和业绩），学诗，学礼，学乐，学令，学语，学故志（前人的成败得失），学训典（古帝和昔贤的训示）。如太子不受教，就得以善言相劝，以贤人相辅，以榜样相导，使太子立志从善。如效果不显著，还要劝诱太子明了“忠”、“信”、“义”、“礼”、“孝”、“事”、“仁”、“文”、“武”、“罚”、“赏”、“临”。如仍徒劳无补，则不可教也已。

申叔时的一席长谈，是否有烦琐和错杂之处可置勿论，总之，它比孔子早半个世纪有余，或许对孔子的教育理论有启示作用，亦未可知。

灵王与伍举在章华台上的对话，揭示了理性美与感性美的对立。《国语·楚语上》记灵王在章华台上叹曰："台美夫!"正在灵王身旁的伍举对灵王说："臣闻国君服宠以为美，安民以为乐，听德以为聪，致远以为明。不闻其以土木之崇高、彤镂为美，而以金石匏竹之昌大、嚣庶为乐；不闻其以观大、视侈、淫色以为明，而以察清浊为聪。……夫美也者，上下、内外、小大、远近皆无害焉，故曰美。"营造章华台劳民伤财，伍举坦然表示："臣不知其美也。"伍举为趁机进谏而借题发挥，或许是故意把理性之美与感性之美对立起来，但这个对立是存在的。13 年以后，鲁穆公对周景王也议论过"美"和"乐"，认为"美"和"乐"都是感官的享受，要有理智的约束，不可过度，否则将乱政害民。伍举和鲁穆公的美学主张，在中国美学史上都占有前席之地。

春秋时代的有知有识之士，其思想素材的积累和思维能力的提高已达到了抽象逻辑思维逐渐起主导作用的程度。于是，楚地有《鬻子》出。

鬻子其人即楚国奠基之主鬻熊。《鬻子》其书为《汉书·艺文志》所采入，列为道家，其后散佚。唐代出现逢行珪辑注本。清末叶德辉复有校辑本，分为两卷：第一卷存逢本之文而弃逢本之注，第二卷辑自《列子》、《新书》、《意林》、《太平御览》以及《文选》的注。近人视《鬻子》为伪书，这是有理由的，因为商末周初尚无私家著作。可是，《列子》和《新书》采录的各篇无疑出自东周遗书《鬻子》。这部《鬻子》的思想内容介乎季梁与老子之间，上承季梁而相距较远，下接老子且相距较近，成书上限可能在春秋晚期，下限可能在战国晚期，不出于一人之手，其素材是楚人关于鬻熊的传说。之所以伪，是因为错把传说当信史，并非纯属杜撰，伪中自有真在。

《鬻子》云："发政施令为天下福者，谓之道。"① 这道，与季梁所讲的道是一致的，号曰"黄帝之道"、"颛顼之道"②，实为"治国之道"、"兴国之道"③，简而言之就是王道。既为王道，就应"上下相亲"，这叫

①②《鬻子》，文渊阁《四库全书》本，第1卷。

③《新书·修政语下》引鬻子所云。

“和”①，“和与道，帝王之器②。”

《鬻子》讲到刚与柔、强与弱的关系，其文曰：“欲刚，必以柔守之；欲强，必以弱保之。积于柔必刚，积于弱必强。观其所积，以知祸福之乡。”③ 这等口吻，已很像《老子》了。

《鬻子》的出现，可以说明楚地有道家的渊源，早期的道家所讲的几乎全是“君人南面之术”④。

八、制　度

本书所讲的文化是广义的，除了物质形态的文化和精神形态的文化，还有制度形态的文化和风俗形态的文化。

这里要讲的是制度。

汉东自从有了姬姜诸国，也就有了等级分明的阶级结构。汉西进入阶级社会的时间比汉东晚些，大致在蚡冒与熊通（武王）之间。

按照当时的习惯，人有“君子”和“小人”之分。这是本义的君子和小人，与现代属于转义的君子和小人是不同的。

君子是贵族。上有独一无二、至高无上的王，中有大夫，下有士。

大夫依门第、官职的高低可分为上、中、下三等，上大夫是公子王孙、令尹、司马、莫敖、工正、太宰和大县的县公等等，中大夫是师保、左尹、右尹、廷理、司败、卜尹、乐尹、左史、右史和中小县公等等，下大夫如芋尹之类则更在其次。令尹和司马起初都只有一个，后来变了：令尹仍只一个，但有左尹和右尹为辅弼；司马更加复杂，有大司马和左司马、右司马，但大司马不常设。莫敖的地位起初与令尹相近，后来在司马之下。春秋中期的楚国正在茁壮成长，特别重视工程和矿山、作坊，工正地位接近司马。太宰无实权，等于名誉职务。县的大小悬殊，申县之大与

①② 《鬻子》，文渊阁《四库全书》本，第1卷。

③ 《列子·黄帝》引鬻子所云。

④ 《汉书·艺文志》。

权县之小一如大巫与小巫。师保非等闲之辈所能为，是中大夫之近于上大夫者。廷理和司败都是执法的，起初只有廷理，后来加了司败，司败掌官员违法、枉法之事。卜尹和乐尹设置较早，左史和右史设置较迟。

楚国无卿，相当于卿的是令尹和司马。

士也可分为上、中、下三等，职低而位卑。

贵族有血缘组织，以公族（王族）为核心，分为亲疏、大小不等的族和家。族，原为氏，氏衍分而为族。家，原为族，族衍分而为家。族与家联结，是为宗。宗是大血缘组织，族是小血缘组织而兼有政治性和军事性，家是经济组织。

家有室。广义的室将妻孥、仆妾、田土、房屋、动产涵盖无余，狭义的室仅指妻孥。当时基本的财产是田土，所以室也可称为田室。上大夫有赏邑，或称封邑、食邑、禄邑、采邑、赏田。田室和赏邑加在一起，可称为“所”。

作为楚国腹地的湖北的贵族，与北方的贵族有同有异。所同者，可任官职，都有家室，上大夫和中大夫或有赏邑。所异者，赏邑比北方的又少又小，而且不像北方那样可以世袭。官高功大如孙叔敖，赏邑仅四百户。北方则不然，如《左传·襄公二十七年》所记，通例为“卿备百邑”。楚国最大的家族若敖氏，极盛时期只有“六卒”——兵车 180 乘。晋国的韩氏七家和羊舌氏三家，如《左传·昭公五年》所记，“十家九县，长毂九百”，即有兵车 900 乘，等于若敖氏的 5 倍。庄王灭若敖氏以后，湖北再没有可与若敖氏相侔的家族了。这里必须说明，上述“六卒”是“私卒”，平时为民，战时随本族的将领出征，这是贵族承担的兵赋。

某些家族有世职，如屈氏曾世选莫敖，斗氏曾世选令尹，但都不长久。还有，如观氏世选卜尹，钟氏世选乐尹，却是长久的。

从武王到平王，族权与王权的冲突和妥协贯彻始终。灵王遭废黜，民劳兵疲是主因，族权利用王权的内伤向王权反击是诱因。县土大而赏田小，这是王权颠扑不破的优势。在族权和王权的冲突中，即使族权一度甚嚣尘上，最终还是王权战胜族权。平王继灵王立，不久就击溃了明为盟友而暗为敌手的族权。

“庶人”是小人的主体，占了人口的大半。其中，“国人”少，“野人”多，换句话说，城市人口少，农村人口多。

身为庶人的国人，如《左传·宣公十二年》所记，其职业有“商、农、工、贾”之别。此外，还应有为数不多的官和为数较多的吏。商与贾分开，表明前者是大业主，后者是小业主。官方重商，所以商为四民之首。北方与此有异，如晋国的民，据《左传·襄公十四年》所记，其序列为“庶人、工、商、皂、隶、牧、圉”。晋国的庶人多为农民，商的位置在农与工之后，只高于差役和奴隶。

身为庶人的野人，对国君和领主有依附关系，大致都是农民，承担兵赋和贡税，地位是农奴或者与农奴类似的依附农民。

国人的社会组织是闾里，野人的社会组织是里社，其为里则一也。

庶人大致也可分上、中、下三等，但这是我们的说法，不像大夫和士的上、中、下是本来就有的。

上层的庶人不仅家赀较丰，而且可以做小官。庶人出身的小官如受达官贵人宠信，家赀可能与中大夫相当。如令尹子南宠信的庶人观起，乘坚策肥，履丝曳缟，居然有马数十乘，这样，又是福，又是祸，曾几何时，便惨遭车裂了。

下层的庶人是“役夫”，或称“役徒”。由于家底太薄，没有资格做车兵和徒兵，只能做随军的杂役。江芈骂商臣“役夫”，可见“役夫”之贱。北方也这样，如《管子·轻重己》云：“处里为下陈，处师为下通，谓之役夫。”

《左传·昭公七年》记芋尹无宇对灵王说：“天有十日，人有十等，下所以事上，上所以共神也。故王臣公，公臣大夫，大夫臣士，士臣皂，皂臣舆，舆臣隶，隶臣僚，僚臣仆，仆臣台，马有圉，牛有牧，以待百事。”其中，皂、舆、隶、僚、仆、台六等，论者或以为他们都是奴隶。其实，无宇所要说明的不是等级结构或者阶级结构的完整序列，而是上臣下的隶属关系。在上述六等中，真正的奴隶只有仆和台。至于“马有圉，牛有牧”，是说马归圉管，牛归牧管，与是否奴隶无涉。何况，即使在以农奴制为主的社会里排出上臣下的序列来，垫底的必定也是奴隶，而且奴隶不止一种。从无宇的话里，推不出春秋时代的楚地以奴隶制为主的结论来①。

公元前598年，楚师伐陈国，陈国降服。庄王要求陈国每个乡派一个人到楚地来落籍服役，楚国把这些陈人安置在汉江下游，专门设置了一个夏州。州是北方故有的，只是比里大的居民聚落。这个夏州却是基层行政区域，为庄王所首创。这些陈人既然自成一个行政区域，想来也不是奴隶。

“农奴制成分和奴隶制成分并存在楚国社会中，它们的关系不像两个板块的碰撞和挤压，不是一进一退，或者僵持，谁也吞不下谁，谁也化不了谁。而且，它们不像狼与羊或者猫与鼠，不是前者吞噬和消化后者。它们处在共生状态，你需要我，我需要你，难舍难分，只是分量一重一轻，速度一快一慢，地位一主一从，如此而已。”② 春秋时代的楚地，是以农奴制为主的。

上面所讲的社会制度是春秋时代的楚地通例，假如考虑到它有一个曲折的发展过程，那么，它当然不是从武王到平王始终一模一样的，但基本的构架和脉络就像上面所讲的那样。与北方相比，这个时期楚国社会制度的主要特点有两个：其一是农奴制重，奴隶制轻；其二是王权重，族权轻。此外有次要特点，如腹地有附庸随国，随制与楚制不尽相同，以及边缘有少数民族，因俗而治，不求一律，这就不详为说明了。

九、风　俗

风俗，既因族而异，也因地而异。武王至平王时期的湖北，族类纷繁，地形复杂，风俗显得五花八门。例如灵物——往往是图腾的转型，

① 参见张正明：《楚国社会性质管窥》，《楚史论丛（初集）》，湖北人民出版社1984年版。

② 张正明：《楚史》，湖北教育出版社1995年版，第246页。

楚人尊凤，周人——如姬姓随国的人尊龙，越人尊蛟（鳄），巴人尊虎，合在一起，就是凤舞、龙飞、蛟潜、虎腾，着实令人神旺意奋。

这里所要介绍的是楚人的风俗，只是择其要而言之，类如轮廓的扫描。

（一）尚赤，尚东，尚左

《礼记·檀弓》云："夏后氏尚黑……殷人尚白……周人尚赤……"这是原始信仰的延续，与方位无关。夏人在中土，但不尚黄；殷人在东边，但不尚青；周人在西边，但不尚白。《吕氏春秋·应同》云："及文王之时，天先见火，赤鸟衔丹书集于周社，文王曰：'火气胜。'火气胜，故其色尚赤，其事则火。"这是传闻，然而周人笃信不疑。

楚俗尚赤，似与周俗相似，但自有其与周俗不同的渊源。楚人又崇拜炎帝，又崇拜祝融，炎帝是日神，祝融是火神，日与火俱为赤色，由此，楚人尚赤甚于只崇拜炎帝、不崇拜祝融的周人。周人尚赤是神圣化的，楚人尚赤则兼神圣化与世俗化而有之。

《墨子·公孟》云："昔者楚庄王鲜冠组缨，绛衣博袍，以治其国，其国治。"绛衣，即赤色之衣。关于楚人服色尚赤的记载，以此为最早。

《国语·楚语上》记伍举说章华台有"彤镂"之美，韦昭注曰："彤，谓丹楹。"关于楚人殿柱尚赤的记载，也没有比这更早的了。

所谓尚赤，即以赤为贵。平民的粗衣、陋室，与"绛"、"彤"是无缘的。

东、西、南、北，楚人所尚的是东。这有双重的渊源，其一是太阳出在东方，其二是远祖来自东方。公族墓葬东向，章华台东向，都是尚东的实证。

所谓尚东，即以东为上。平民的小屋和小墓，大多南向。

周俗尚右，楚俗尚左，彼此适相反。尚左之俗，应由尚东之俗推导而来。既然以东向为尊，而南向次之，则坐西朝东者为尊，而坐北朝南者次之。坐北朝南者在坐西朝东者的左边，由此，就左与右来说，尚东必尚左。楚官凡分左、右者，如左尹、右尹，左司马、右司马，左史、右史，左领、右领，以及楚王的亲兵即左广、右广等等，无不尚左。

所谓尚左，即以左为上。《左传·桓公八年》记季梁云：“楚人上左。”

（二）尊巫，敬祖，忠国

先秦的任何民族乃至任何村落，无不有巫。在诸夏中，虞人、夏人、殷人的遗族即陈人、杞人、宋人等，巫风较周人为盛。至于楚人，则巫风尤盛。

把巫应有的素质说得最明确、最透彻的，是观射父。《国语·楚语下》记观射父论巫，虽是对昭王讲的，但无疑也涵盖了前代。观射父说：“民之精爽不携贰者，而又能齐肃衷正，其智能上下比义，其圣能光远宣朗，其明能光照之，其聪能听彻之，如是则明神降之，在男曰觋，在女曰巫。”按，虽有男觋女巫之分，但他们是可以统称为巫的。

申公屈巫字灵，灵也是巫。可见，在公族子弟中，也有兼为巫的。

曾经有一个名叫微的楚巫，游于齐国，由裔款引见齐景公。《晏子春秋·内篇·谏上》记巫微对齐景公说：“公，明神主之，帝王之君也。公即位有七年矣，事未大济者，明神未至也。请致五帝，以明君德。”齐景公感其言，“再拜稽首”。晏子入谏，规劝齐景公不可“弃贤而用巫”，要求“东楚巫而拘裔款”。齐景公醒悟，把巫微放逐到齐国的东部，把裔款拘禁起来。巫微弄巧成拙，表明北方不像楚地那么尊巫。

孔子曾说：“周人……事鬼敬神而远之。”① 楚人则不然，他们是事鬼敬神而近之。巫是楚人通鬼神、卜吉凶、托死生的媒介，其尊可知。

假如认为楚人在鬼神面前全无主见，那就错了。楚人认为鬼神是通情达理的，人们只要有充分的自信，就不必事事向鬼神求教。如果楚人以为鬼神的指示有失妥之处，可以要求鬼神修正。如平王在位时，令尹阳匄和司马子鱼帅楚师击吴师，阳匄卜战，得凶兆。子鱼认为战时应由司马令龟，改卜，得吉兆。至于灵王投龟、诟天，则直是不敬天地了。

巫技和巫法，除了祭祀、占卜、厌胜之外，还有禁忌。楚人的禁忌

① 《礼记·表记》。

颇有地方特色，上文讲过的忌见两头蛇即其一例，还有忌杀科雉亦是一例。《说苑》卷四记："楚庄王猎于云梦，射科雉得之。申公子倍劫而夺之，王将杀之。大夫谏曰：'子倍，自好也，夺王雉必有说，王姑察之。'不出三月，子倍病而死。邲之战，楚大胜晋，归而赏功。申公子倍之弟进，请赏于王曰：'人之有功也，赏于车下。'王曰：'奚谓也？'对曰：'臣之兄读《故记》曰："射科雉者，不出三月必死。"臣之兄争而得之，故夭死也。'王命发乎府而视之，于记果有焉，乃厚赏之。"比《说苑》早出二百数十年的《吕氏春秋·至忠》记此事，所射杀的是"随兕"而非科雉。"随兕"必误，因为它不是一人所能射杀或夺走的。而且，兕皮可制甲，楚人只要能击杀它，就不会放过它。"科雉"即"窠雉"，"科"借作"窠"。窠雉是尚在窠中的雏雉和正在窠中孵卵的母雉，应予保护，只是采取神秘的禁忌形式罢了。

敬祖之情，人皆有之。然而，楚人敬祖异乎寻常。

夔子不祀祝融和鬻熊，竟至于国灭而身俘，类似的事件在诸夏中不曾有过。祝融乃立族之祖，鬻熊乃开国之祖，岂可不祀？

人死为鬼，祖亦鬼也。子文担心若敖氏的鬼挨饿，竟至于要杀可能使举族受祸的婴孩，类似的事件在诸夏中也未曾有。

出于爱屋及乌的心理，楚人把先祖的旧乡奉为圣地，乃至迁都不改名。鬻熊所居的丹阳确实在丹水之阳，熊绎所居的丹阳则在汉江之阴。后来改称郢都，这是因为楚公改称楚王了。直到楚国覆灭，楚都屡迁，而仍称郢，类似的事件在诸夏中亦无所见。

忠君之心，人多有之。可是，就楚人来说，忠君为表，忠国为里。子玉自杀，不是君命臣死，而是因为愧对申、息两县的父老。余如屈瑕自杀，子反自杀，子囊自杀，芀越自杀，也都不是君命臣死，而是甘自为之。即使灵王，众叛亲离，只剩得孑身一人，也不肯外逃避祸，仍挣扎着向郢都走去，向死亡走去。

《左传·昭公三十二年》记晋国史墨说："社稷无常奉，君臣无常位，自古以然。"楚人恰相反，弟固可杀兄，叔固可杀侄，子固可杀父，然而，君臣有常位，社稷有常奉。

第九章　东周中期由勃兴而极盛（下）

第一节　濒亡与复苏

以平王去世为界线，湖北的局势发生了祸福倚伏的剧烈变化。

从武王（熊通）元年（公元前740年）到平王末年（公元前516年），计历225年。其间有5位楚王在王位之争中死于非命，他们是堵敖、成王、康王、灵王和子干。堵敖和康王是他杀的，成王、灵王和子干是不得已而自杀的。在这225年中，楚王杀贵族之事和贵族杀贵族之事也层见叠出。其间楚国的政体，与其说是君主专制，不如说是君主与贵族自然制衡的联合专政。

平王刚去世，群臣谋立嗣。令尹囊瓦说：太子壬幼弱，况且其母原为王子建所聘，太子壬实非嫡出，不如立年长而性善的子西为王。子西是平王的庶长子，太子壬的庶长兄，以贤良闻。可是，子西说囊瓦的主张有三个坏处：第一，张扬先王夺媳为妻，将使先王蒙受恶名；第二，贬黜嬴氏，将使秦国成为敌国；第三，不以先王确认的嫡嗣为王，将使楚国受立嗣无定法之乱。子西声明：把天下奉送给他，他也不会接受的，如令尹一意孤行，他非杀死令尹不可。囊瓦惊惧，不得不赞成立太子壬为王。太子壬改名熊轸，是为昭王，当时不满8岁。

从昭王元年（公元前515年）到悼王末年（公元前381年），计历135年。其间只有声王在公元前402年不明不白地为“盗”所杀，此外各代楚王即令遭遇内乱外患，也还能寿终正寝。不过，在这135年间，楚王杀贵族之事和贵族杀贵族之事仍不少。

楚国君主专制政体的巩固，应从昭王算起，但这是在湖北空前的大灾大难中实现的。

一、内忧未已，外患猝至

就在昭王已经继位而尚未建元之年，周室大乱，王子朝和尹氏、召氏、毛氏奉周室典籍奔楚避难，这使湖北意外地获得了一笔文化财富。

昭王元年，费无忌谋杀左尹郤宛。费无忌先去求见郤宛，对郤宛说：令尹想来拜访您，让我先来给您说一声。令尹喜爱兵器，您如果在门外摆些兵器，令尹一定会格外高兴。郤宛听了，欣然设家宴请令尹赏光。费无忌又去请见令尹囊瓦，对囊瓦说：郤宛要谋杀令尹，令尹若不信，可以派人去看他家门外有没有兵器。囊瓦从其言，当即派专人去觇视。待到专人回报果然有兵器，囊瓦大怒。费无忌同党鄢将师自告奋勇，说要去惩治郤宛。经囊瓦允许后，鄢将师带兵去杀了郤宛全家及其族党，株连及于大夫阳令终、晋陈两家。晋陈的族人在郢都街头大哭大叫，谴责囊瓦。囊瓦大窘，无以自明。伯氏与郤宛相善，在郤宛遇害后迅即逃往吴国。《左传·昭公二十七年》记左司马沈尹戌对囊瓦说：郤宛、阳令终、晋陈都是无辜的，您却杀了他们。费无忌是“谗人”，国人都知道，您怎么偏要听他的话呢？“知（智）者除谗以自安也，今子爱谗以自危也，甚矣其惑也！”囊瓦为平息众怒，处死了费无忌和鄢将师，尽灭其族。

郤氏和伯氏都是从晋国逃来的贵族，阳令终和晋陈大概也是晋裔。当时的郢都会聚着好多国家的使节、商贾、工匠以及政治难民，其中，来自晋国的政治难民最多。这些政治难民出身贵族，受着楚王庇护，或为寓公，或有官职。这次费无忌、鄢将师之乱，对内则扰乱了楚国的法纪，对外则玷辱了楚国的形象。

同年，吴国出了一件更大的事：伍员为公子光物色的死士刺杀了吴王僚，公子光自立为吴王阖庐。对伍员的家乡湖北来说，这是一个值得警惕的信号，人们从此知道，伍员为了复仇是可以不择手段的。

起初，阖庐命伍员为行人，旧例行人掌外交，然而伍员这位行人也管兵事。楚昭王四年、吴王阖庐三年（公元前512年），阖庐问伍员：大夫当初劝寡人打楚国，现在寡人就去打楚国如何？伍员答道：楚国的执政大夫人数不少而心志不齐，没人能挑重担。我们可以分为三支部队，轮流出击。我们任何一支部队到了楚国边境，楚人都会全军出动。他们来了，我们就退；他们走了，我们就进。这样，楚人一定疲于奔命。我们要翻来覆去，让他们困顿；我们要想方设法，让他们失误。等他们困顿了，失误了，我们三军悉出，那就可以打败楚国了①。

阖庐从伍员议，伺机伐楚。不久，阖庐命伍员为执政大夫，位同上卿。

1983年至1984年，江陵张家山247号墓出土了西汉早期的竹简《盖庐》，记盖庐与申胥问答之辞。盖庐即阖庐，申胥即伍员。伍员字子胥，入吴后受封于申邑，因号“申胥”。这批竹简表明，阖庐是一位不常有的明主，伍员是一位不常有的贤臣兼良将。政治上，伍员主张抚民、安民，反对横征暴敛。“使民之方：安之则昌，危之则亡；利之则福，害之有殃。”军事上，伍员是兵阴阳家，讲究阴阳、五行、四方、八时，虽颇有神秘意味，而对重大战略战术问题独具灼见。伍员认为不可攻击有德、有仁的“堂堂之阵”、“蓬蓬之气”，但对无德、无仁之师则须断然举兵击之。伍员主张避实击虚，避盈击亏，千方百计误敌、诱敌，这与《孙子》所见略同。恰巧，这时《孙子》的作者孙武也在吴国，也为阖庐所重用。

从公元前511年起，吴国实施伍员的战略方针，湖北就经常被搅得不胜其烦了。

令尹囊瓦御吴乏术，而且以其无德、无仁为吴师提供了袭破楚国的

---

①《左传·昭公三十年》所记原文为：“楚执政众且乖，莫适任患。若为三师以肄焉，一师至，彼必皆出。彼出则归，彼归则出，楚必道敝。亟肄以罢之，多方以误之。既罢而后以三军继之，必大克之。”（阮元校刻《十三经注疏·春秋左传正义》，中华书局影印本1980年版，第53卷，第424页）

机缘。

囊瓦的兴趣集中在敛财上，《国语·楚语下》记斗且评之曰：“蓄货聚马”，“如饿豺狼焉”。当时，“民之饥馁，日已甚矣”，囊瓦则“积货滋多，蓄怨滋厚”。

昭王六年（公元前510年）或七年（公元前509年），蔡昭侯来朝，带着两件华贵的裘袍，两副精巧的玉佩，一裘一佩供自己穿戴，另外一裘一佩献给了昭王。囊瓦向蔡昭侯表示对他的裘和佩颇为赞赏，分明意在索取。蔡昭侯舍不得丧尽宝裘、珍佩，囊瓦则舍不得放蔡昭侯走。大致同时，唐成公也来朝，为他驾车的是两匹名为“肃爽”的骏马。囊瓦让唐成公知道令尹对“肃爽”深为艳羡，唐成公装聋作哑不送“肃爽”给囊瓦，由此也不能回唐国去。待到昭王九年（公元前507年），蔡昭侯与唐成公已被“挽留”在郢都近3年了。唐国就在汉东，唐成公还耐得住。蔡国可远了，蔡昭侯再也耐不住，于是蔡昭侯把一裘一佩献给囊瓦，随即获准上路。唐成公见蔡昭侯已去，也耐不住了，把两匹“肃爽”也献给了囊瓦，随即也获准脱身。蔡昭侯北渡汉江时，把一块玉璧投进水中，发誓不再南渡汉江，还说愿为任何兴师伐楚的诸侯当前锋。

楚昭王十年、吴王阖庐九年（公元前506年），蔡昭侯派一位公子到吴国做人质，央求吴国讨伐楚国。是年冬，吴国以所能征集的最大兵力和所能达到的最高速度，不宣而战，在楚国君臣浑浑噩噩之时，便越过了位于湖北、河南之间的大隧（今九里关）、直辕（今武胜关）、冥厄（今平靖关）三处险塞。

吴人一如越人，为地形所限，长于徒战和水战，短于车战。这次长途奔袭，先乘船溯淮西行，到了离城口即三处险塞不远的地方，再登陆徒步南行。楚国的君臣何曾想到吴人竟敢用徒兵来直捣楚国的腹地，囊瓦惊慌不止，匆匆赶到汉江下游南岸布防。

据《吕氏春秋·用民》，此役吴国动用的兵力不过3万。据《吕氏春秋·简选》，“吴阖庐选多力者五百人，利趾者三千人，以为前阵，与荆战”。如此前锋，只要不在平原上，必然所向披靡。据《墨子·非攻中》，吴军曾经连走三百里不宿营，是通过冥厄走到大别山南麓的。

《孙子·计》云："攻其无备，出其不意。"《孙子·虚实》云："故善攻者，敌不知其所守。"吴人的进军路线，以完美的形态体现了孙武的兵法。

阖庐亲征，伍员、孙武随行。假如用西方的比喻，那么，古代没有比这个组合更好的"三驾马车"了。

楚师与吴师夹汉江对峙。本来，吴师打算由唐国接应，经随枣走廊，直扑郢都。获悉楚师到汉江下游后，吴师不得不也到汉江下游去，以求击溃楚师主力。

左司马沈尹戌自请绕弯路经申县出方城，调集方城内外的大军，烧掉吴军的战船，回过头来占领城口三塞，使吴军腹背受敌，条件是囊瓦必须固守汉江南岸，既不让吴人南渡，也不许楚人北渡。沈尹戌的建议是上策，囊瓦表示同意，沈尹戌随即启程。这时，囊瓦所需要的不是什么雄才大略，只是耐心和细心，可是，此人既无耐心，也不细心。

《左传·定公四年》记吴楚交战经过如下：

将军武城黑对囊瓦说："吴用木也，我用革也，不可久也，不如速战。"用木、用革，前人以为指战车而言。其实，战车无须以革为饰。即令以革为饰，也不会"不可久"。用木、用革，所指的是盾和甲，吴师多用木，楚师多用革。通常是革制的优于木制的，但若遭雨淋就适得其反了，革制的易于刺穿，木制的更加坚实。当时，大概天气不好，武城黑才说那话。其实，两军隔江相峙，尚未短兵相接，武城黑过虑了。也许，武城黑没有说动囊瓦。所以，将军史皇另提话头对囊瓦说：楚人不喜欢令尹，只喜欢司马（沈尹戌）。如果司马烧掉了敌船，堵住了城口，引兵南来，等于司马独建奇勋。令尹得赶快开战，不然，怕对令尹不利。史皇的话打动了囊瓦，囊瓦贸然令楚师北渡汉江，在大别与小别之间布阵。大别、小别都是山名，前者在今武汉市汉阳区，后者在今汉川市，当初它们都在汉江北岸，后因汉江改道，变成在汉江南岸了。

楚师三战俱北。囊瓦要弃军而逃，被史皇劝止。

此后10天以内（从“十一月庚午”到同年“己卯”），吴师从柏举经清发到雍澨，五战皆捷，进克郢都。前人以为柏举在麻城而郢都在江陵，俱不确，实难置信。凭当时的装备和道路，吴师若从麻城出发，10天以内连打5仗，是断乎赶不到江陵的。楚师在大别与小别之间战败以后，不能回到汉江南岸去，只能朝西北方向且战且退。柏举应在安陆附近，清发即汉江支流涢水，雍澨可能在京山县西南的澨水沿岸，郢都则仍在宜城东南。在这段路程里，走10天，打5仗，也够紧的了。

吴师在大别与小别之间3次击败楚师之后，据《韩非子·说林》所记，阖庐有退兵之意，问于伍员。伍员以溺水为喻，说溺水者喝一口水还死不了，要连喝多口水才会呛死，现在必须让溺水者沉到水底去。听了伍员的话，阖庐才决定进取郢都的。

柏举之战，阖庐弟夫概王以所部5 000将士领先出战，一举击溃囊瓦所部中军，史皇战死，囊瓦逃往郑国。

己卯，昭王携其妹季芈逃出郢都，随从寥寥无几。次日——庚辰，吴师进入郢都。这时的楚国，像是飘荡在惊涛骇浪之上的一叶扁舟，载沉载浮，可能瞬即灭顶。

二、义烈胜暴戾

春秋时代，长江中游还有象，楚王的园囿里面就养着象。昭王是南渡睢水（今蛮河）出逃的，刚登舟，忽然计上心来，叫箴尹固弃舟登岸，去给象的尾巴系上火把，再点燃火把，赶那象去冲撞正在追奔而来的吴师。220余年以后，齐将田单以火牛攻敌，不知是否受了楚人以火象攻敌的启发。

大夫蒙谷听说昭王已弃城而走，不放心，跑到宫里去看看，发现记录着法规的《鸡次之典》还在宫里，当即扛了起来，辗转逃进云梦藏了起来。

吴师进入郢都以后，将领作威作福。《左传·定公四年》说他们“以班处宫”，杜预注曰：“以尊卑班次处楚王宫室。”《谷梁传·定公四年》

则云："君居其君之寝，而妻其君之妻；大夫居其大夫之寝，而妻其大夫之妻。"《吴越春秋·阖闾内传》所记尤细，以为阖庐妻昭王夫人，伍员、孙武、伯嚭妻令尹、司马之妻，"以辱楚之君臣也"。真相如何，固殊难辨明，亦无须深究。可以肯定的是：昭王携其妹季芈与少量随从在吴人将到时仓皇出逃，可见，昭王夫人与令尹夫人、司马夫人都还留在郢都，此其一；阖庐、夫概王、伍员等都想灭亡楚国，大概不会对楚国君臣的夫人以礼相待，此其二；就春秋时代来说，妻其妻不仅表示征服，而且有厌胜的意味，此其三；楚文王早就立过这个榜样，息夫人成为文夫人就是妻其妻所致，此其四；后世仍有此风，实例不胜枚举，此其五。总之，道学家与征服者是不相知的。

吴国青年将领子山仗着是王子，抢先住进了令尹囊瓦的公馆。夫概王大怒，准备帅所部攻子山。子山听到了风声，连忙逃出令尹公馆，让夫概王住进去。

据《淮南子·泰族训》所记，吴师入郢都后，"烧高府之粟，破九龙之钟，鞭平王之墓……"这些，可能都是伍员所做的。伍员为了复仇，不惜破坏一切。其实，吴师如欲久留楚地，就不该烧高府之粟；吴王如欲灭亡楚国，就不须破九龙之钟（《新书·耳痹》所记为"十龙之钟"）；至于鞭平王之墓，则是徒求泄愤而已。对阖庐、夫概王、孙武来说，这样的"烧"、"破"、"鞭"，只有坏处，毫无好处。《吕氏春秋·首时》云："伍子胥……亲射王宫，鞭荆平之坟三百。"《史记·伍子胥列传》所记有异："伍子胥求昭王，即不得，乃掘平王之墓，出其尸，鞭之三百，然后已。"掘墓鞭尸之说，虽亦见于《淮南子》和《吴越春秋》，但都比《吕氏春秋》晚出，可信度是很低的。

吴师的暴戾激怒了郢都的楚人，他们对阖庐恨之入骨。阖庐不自安，以致有一夜竟换了五个住处。

昭王虽还年轻，但因仁厚而颇受国人拥戴。两年以前，据《新书·谕诚》所记，冬季严寒，昭王顾念贫民艰难，于心不忍，"出府之裘以衣寒者，出仓之粟以赈饥者"。吴师入郢都，那些曾受昭王之赐的市民不惜与吴师拼命。

据《淮南子·泰族训》所记：昭王弃都而走后，楚人群起对吴师作战。没有将领，就由当过兵的负责操练和指挥。他们异常勇敢，“各致其死，却吴兵，复楚地”。

有个以屠羊为业的小商人，名说，号“屠羊说”，见到昭王出逃，放心不下，跟着昭王走了，大概是要一路上杀羊给昭王吃吧。此事，最早的记载见于《庄子·让王》。

昭王有两位志虑忠纯的庶兄：长庶兄子西跑到脾泄（不知其所在），建树王旗，既可以安定民心而迷惑敌人，又可以招集散兵以组织抗战。次庶兄子期追随昭王，始终尽心竭力。

这时，左司马沈尹戌帅方城内外的驻防部队，烧掉了吴师的战船，通过了城口，途中听说郢都陷落，急忙追寻吴师以求决战。到了雍澨，才与吴师遭遇。在一场恶战中，沈尹戌负重伤，该安排后事了。他是番人，早岁入吴，曾为公子光僚属。壮岁仕楚，而其原配夫人还住在吴国。长子为侍奉父亲也来到楚国，次子为侍奉母亲仍留居吴国。随身的家臣，楚人、吴人都有。沈尹戌问侍从：我战死后，谁能把我的头带走，不让它落到吴人手里？有一位叫句卑的是沈尹戌从吴国带来的贴身家仆，这时自荐说：我出身微贱，不知能否当此重任？沈尹戌且惊且喜对句卑说：你当然能完成我的嘱托，那就靠你了。多年来，我不知你如此贤能，深为抱歉。说罢，沈尹戌继续奋战，又身被两创，才壮烈牺牲。句卑迅即割下沈尹戌的头，把他的尸体藏起来，把他的头裹在包袱里带着逃走了。

昭王一行南渡睢水以后，急急忙忙走了几天，相机东渡汉江，进入云中。云中即郧中，入楚前为郧国，入楚后为郧县（今郧阳区）。某夜，昭王一行露宿在野外，遇到了强盗。强盗用戈刺昭王，刺中了扑在昭王身上的王孙由于。昭王侥幸无恙，王孙由于则因肩部受重创而昏迷了。随从击退强盗，保护着昭王向郧县（今郧阳区）逃去，他们以为王孙由于已经牺牲了。可是，王孙由于居然苏醒过来，挣扎着追上了昭王。

王妹季芈实在走不动了，由钟建背着她走。

到郧县（今郧阳区）了。这时的郧公是斗辛，有弟斗怀、斗巢。斗怀要杀死昭王，为其父蔓成然报仇，被斗辛制止。据《左传·定公四年》所记，斗辛对斗怀说：先王杀先父，这是君杀臣，谁也不能因此怀恨、报仇。“君命，天也。”你如果要谋害大王，我就先杀死你。昭王一行由斗辛、斗巢护送，逃到了随国。

大夫申包胥①早年与伍员友善。伍员出奔时途遇申包胥，对申包胥说：我一定要颠覆楚国。申包胥对伍员说：那你就尽力而为吧，你如果能颠覆楚国，我一定能复兴楚国。吴师入郢都后，申包胥托人捎信给伍员，严辞谴责。《史记·伍子胥列传》记伍员请来人捎话给申包胥说：“吾日暮途穷，吾故倒行而逆施之。”申包胥见伍员无悔改之意，便奔赴秦国，求秦王援楚抗吴。

吴人猜测昭王可能躲在随国，派使者到随国去诘问。吴、随两国的公族都是姬姓，不管亲不亲，总算一家人。吴使劝随侯及其臣僚顾全周室，不要隐藏把汉阳诸姬吞并殆尽的楚国君王。吴使许诺，只要随国交出昭王，汉东就归随国所有。吴人没有料到，随国与楚国虽是附庸与宗主，但楚国能善待随国，而随国能厚报楚国。随人不想背叛楚国，矢口否认隐匿着昭王，还对吴使说：敝国只是一个小国，全靠楚国呵护，两国世世代代有盟誓，至今如此。如果敝国背叛正在危难中的楚国，以后又怎么能老老实实地侍奉贵国的大王呢？如果贵国平定了楚国，敝国敢不唯命是从吗？吴人以为随人所言属实，就不再追索了。

吴使在随都时，子期安排昭王带着少量随从秘密逃出随都。自己则假扮昭王，对随人说可以把他引渡给吴人。子期的状貌与昭王相像，易装后与昭王酷肖，或许瞒得过吴人。随人犹豫，为之卜问，其兆不吉，于是不从。

吴使离随都后，昭王重入随都。子期割破自己的胸口，取血请昭王与随侯盟誓。

---

①《战国策·楚策一》作“棼冒勃苏”，《鹖冠子·世贤》作“申麃”。

吴师滞留湖北良久，困难与日俱增。这无疑是阖庐听从了伍员的决策，伍员为复仇的狂热烧昏了头脑，阖庐为征服的贪欲冲昏了头脑。在战略战术问题上，伍员毕竟不如孙武。《孙子·作战》云："兵贵胜，不贵久。""夫兵久而国利得，未之有也。"可想而知，假如孙武有指挥的全权，吴师早就撤退了。与君同行的将不算"在外"，君命不可不受，这是孙武的悲哀。

申包胥兼程赶到秦都，求秦哀公援救楚国，秦哀公不允。"包胥立于秦廷，昼夜哭，七日七夜不绝其声。秦哀公怜之，曰：'楚虽无道，有臣若是，可无存乎！'"① 于是，许诺发兵。

翌年为公元前 505 年，入春后，周天子见楚国为吴师所破，趁机派刺客到楚国来，刺杀了王子朝。

入夏后，申包胥引秦师 500 乘，出武关，过申县，与方城内外的楚师会合。夫概王所部驻守在淮河上游，以防楚师切断吴师的归路。秦楚联军东进，在沂邑（在今河南正阳县）击败了夫概王所部。驻守在汉东的吴师却击败了楚将芴射所部，芴射被俘。芴射之子率徒兵投子西，助子西败吴师于军祥（在今随州市西南）。子期会同秦将子蒲，击灭与吴国结盟的唐国。

入秋后，夫概王背叛阖庐，帅所部回吴都，自立为王。这时，吴师主力正在汉东苦斗，胜负翻覆。当吴师安营在林中时，子期建议实施火攻。《左传·定公五年》记子西说："父兄亲暴骨焉，不能收，又焚之，不可。""父兄"是子西对吴师入侵时楚师阵亡将士的敬称，纵火烧林势必殃及这些阵亡将士的遗骨，子西于心不忍。子期说：国家几乎要灭亡了，还能顾忌这个吗？死者如果有知，可以享用先前的祭品，不会怕火烧的。于是，楚师纵火烧林，进攻因避火而队列紊乱的吴师，吴师大败。

① 此据《史记·伍子胥列传》。《左传·定公四年》所记为："申包胥……立，依于庭墙而哭，日夜不绝声，勺饮不入口七日。秦哀公为之赋《无衣》。……"《无衣》见《诗经·秦风》，有句云："王于兴师，修我戈矛，与子同仇！"

阖庐听说夫概王自立，急命全军撤回吴国。夫概王所部只是偏师，不敌吴师主力。夫概王逃出吴都，投奔不久以前还被他视为死敌的楚国。

这场吴楚大战，历时10月，湖北创巨痛深，中部和北部的损失尤为惨重。

吴师退走以后，昭王回到郢都。这个旧都已经残破不堪，昭王只好迁往新都，旧都从此改为鄢邑。鄢邑所在的宜城市，至今仍有关于平王和昭王的传说，对平王褒少贬多，对昭王有褒无贬。内有昭王庙和昭王井，凝聚着当地先民对往昔的光荣和耻辱的回忆。韩愈过宜城时，作《题楚昭王庙》诗云："丘坟满目衣冠尽，城阙连云草树荒。犹有国人怀旧德，一间茅屋祭昭王。"

在吴师未退却时，子西已受命为令尹，子期已受命为司马。在郢都已光复后，论功行赏，王孙由于、王孙圉、王孙贾、申包胥、斗辛、斗巢、斗怀、钟建、蒙谷、沈诸梁、宋木等受赏互有等差。

当初昭王要渡过汉江的支流臼水，遇见蓝尹亹及其亲属乘着船逃难。昭王一行要亹把他们也渡过去，亹置之不理。事平之后，昭王要杀亹。令尹子西以为不妥，他对昭王说：以前令尹囊瓦就喜欢计较旧怨昔恨，以致败坏国事，大王怎么能学他呢？昭王从子西议，使亹仍为蓝县之尹。

当初斗怀曾经打算袭杀昭王，被其兄斗辛制止，后来也为昭王出了力。子西以为不可赏斗怀，这回却是昭王大度，对子西说："大德灭小怨，道也。"①

申包胥立了大功，据《左传·定公五年》所记，事后他"逃赏"了，说是：我做的事，只是为大王，不是为自己，大王平安了，我就无所求了。可是，据《国语·吴语》所记，后来申包胥奉使至越，越王勾践问以为战之道，申包胥答曰："智为始，仁次之，勇次之。""智"、"仁"、"勇"三者连举，即自申包胥始。可见，申包胥或许曾经"辞"赏，然而

---

①《左传·定公五年》，见阮元校刻《十三经注疏·春秋左传正义》，中华书局影印本1980年版，第55卷，第438页。

没有“逃”赏。

平民屠羊说也有功，昭王也要赏屠羊说。屠羊说辞赏不受，只顾去做他的小本生意。

王妹季芈该出嫁了，昭王为她择婿，她对昭王说：做姑娘的，不该同男人接近，可是钟建背过我了。昭王当然听得出弦外之音，立即把她许配给钟建，还为她起了一个名字叫“畀我”。“畀我”，用现代汉语来说，就是“给我”。假如添上几个字，那就一语道破了——“把钟建许给我”。昭王是在庶兄的全力拥戴下即位的，是在庶兄的忠心护卫下复国的，十分珍重亲情，对王妹也如此。

班固说：“楚昭王……所谓善败不亡者也。”①

三、新都有新风

昭王十一年（公元前505年）所迁的新都仍称郢，这个郢都在今荆州市荆州区（原江陵）的纪南城。纪南城这个名称是晚出的，始见于《三国志》。后人相传，此城在纪山之南，因名。纪山，在今荆门市南部。

江陵是长江中游的锁钥，溯江而上可通巴蜀，沿江而下可达吴越，逾江而南为洞庭，北经鄢、邓、申可通中原和关中。长江中游东西向的水路和南北向的陆路相交如“十”字，江陵就在这个“十”字的正中。对于江陵绾毂长江中游的地位，古人有确切的认识，如杜甫《江陵望幸》诗有句云：“地利西通蜀，天文北照秦。风烟含越鸟，舟楫控吴人。”

昭王十二年（公元前504年），楚人喘息方定而疮痍未愈，东土又告急了。吴师水陆并进，两战两胜。楚国君臣不禁恐慌，子西建议暂且迁都到鄀，以便接应前方，昭王从之。这鄀在今钟祥市西北或宜城市东南，号为下鄀。可是，吴师没有长驱直入，刚过淮河中游就撤退了。不久，楚国仍以郢为都。

此后整整8年，楚国对内勤施善政，对外不露锋芒，湖北的楚人得

① 班固：《汉书·刑法志》，中华书局点校本1983年版，第1 089页。

以休养生息。

从昭王二十年（公元前496年）起，已经治愈了战争创伤的楚国又在国际舞台上显露大国的雄威了。是年，灭顿国。其明年，灭胡国。又明年，击蔡国而降之，迫使蔡人东迁。3年以后，把伏牛山以北的戎人蛮氏迁到长江以南，使他们不再能在楚、晋之间拨弄是非。

昭王二十七年（公元前489年），亲率三军援陈抗吴，进驻城父（在今河南宝丰县东）。昭王遣使以礼聘孔子①，孔子欣然应聘，首途来楚，不意受阻于陈、蔡之间。弟子子贡向楚师告急，昭王遣锐师为孔子解了围。这时，昭王病重，孔子已不便到楚国来了。周太史说：如果举行禳祭，可以使昭王的病转到令尹、司马身上去。昭王说：令尹、司马是寡人的股肱，怎么可以把心腹之患移作股肱之患呢！不许举行禳祭。又有卜者说昭王得病是河神作祟，群臣准备祭河神，昭王又不许。《左传·哀公六年》记昭王说："三代命祀，祭不越望。江、汉、雎、漳，楚之望也。祸福之至，不是过也。不穀虽不德，河非所获罪也。"昭王临终时，要求庶兄继为王。去世后，子西、子期、子闾3位庶兄议决，阻塞路口，封锁消息，遣使者回郢都迎太子章至城父，立之为王，然后班师发丧。

孔子听说昭王拒不嫁祸于人，拒不越望而祭，赞曰："楚昭王知大道矣！"②

第二节　小乱与大治

王孙圉曾奉楚昭王之命到晋国聘问，受晋定公宴飨。席间，晋卿赵简子问王孙圉：贵国的白珩还在吗？这件国宝传几代了？《国语·楚语

① 《史记·孔子世家》记："昭王将以书社地七百里封孔子。"按：当时的农村，若干家为里，若干里为社，"书社"即书其人于籍。

② 《左传·哀公六年》，见阮元校刻《十三经注疏·春秋左传正义》，中华书局影印本1980年版，第58卷，第460页。

下》记王孙圉答道：敝国从来没有把白珩当做国宝。敝国的国宝，一是贤臣观射父，二是贤臣倚相，三是物产丰饶的“云连徒州”即云梦。至于白珩，那是“先王之玩”、“哗嚣之美”，楚人即使还是蛮夷，也不会把它奉为国宝的。

王孙圉不说令尹、司马，只说地位比令尹、司马低的两位贤臣，用意良深。观射父和倚相都是大学者，而且，观射父能亲睦诸侯，倚相能安抚鬼神。举出观射父和倚相来，表明楚国尊重知识。至于令尹子西和司马子期，则是晋国君臣都了解的，本来就不必赘述。

昭王留给太子和楚人的，就是这些竭忠尽智的贤臣。

一、孔学和老学的踪迹

太子章继先君昭王立，是为惠王，其元年为公元前 488 年。

惠王即位以后，有老成持重的大臣执政，楚人又在和平环境中生活了 9 年。

这时，吴、越交争，楚、越通好。惠王之母乃越女，吴王（夫差）之父（阖庐）为楚敌，楚人当然乐意看到吴人为越人所困。惠王九年（公元前 480 年），楚师主力进攻吴国西境，似有策应越国之意，吴师因有后顾之忧而只能消极防御。

惠王十年（公元前 479 年），孔子去世。《史记·礼书》记孔子既死，其弟子“或适齐、楚，或入河海”，“亚饭干适楚”。亚饭干是宫廷乐师，来楚地后是否仍为乐师则不得而知。据《汉书·儒林传》，孔门弟子澹台子羽也来楚地定居了。还有一位子弓，学术影响或许比澹台子羽和亚饭干大得多。据《史记·仲尼弟子列传》所记，孔子传《易》于瞿，瞿传之于楚人子弓。

《史记·仲尼弟子列传》还说到孔子所师事的学者，其中有两位是楚人，第一位是老子，第二位是老莱子。老子即李耳，苦县（今河南鹿邑县）人。老莱子，姓名、乡贯俱不详，晚年隐居蒙山，此山在今荆门市，其地有老莱山庄，传为老莱子旧居。《庄子·外物》和《战国策·楚策四》都说孔子曾与老莱子相见，曾受老莱子教诲。老莱子和老子都是道家的宗师，《史记·老子韩非列传》说：老莱子“著书十五篇[①]，言道家之用”。老子“著书上下篇，言道德之意五千余言”。可惜，《老莱子》一书已佚。1993年荆门市一座战国中期后段楚墓出土的竹简《老子》，与传世的《老子》颇异，字数比传世的《老子》少得多，或为《老莱子》亦未可知。蒙山南距郢都不甚远，可见湖北中部曾是道家的故乡。张正明认为：李耳即战国早期的周太史儋，不及见孔子；曾与孔子相见的老子即老莱子，虽与孔子同时，却比孔子年长[②]。

二、白公作乱，叶公靖难

出乎惠王和子西、子期的意料，就在惠王十年，发生了白公之乱。

白公，即先太子建之子王孙胜。王孙胜随伍员至吴国，滞留35年之久。惠王二年，子西派使者迎王孙胜及其弟王孙燕回楚国，惠王以王孙胜为白公。白公，就是白县（在今河南息县东）的县公。白公胜为报父仇，主张讨伐郑国，因子西不许，与子西生隙。惠王八年，晋伐郑，楚救郑，由此，白公胜视子西、子期如死敌，开始策划叛乱了。为了收揽人心，白公胜放贷，“大斗斛以出，轻斤两以内（纳）”[③]。将作乱时，白公胜凝神苦思，竟不知倒持了手杖，以致杖尖刺破下巴，血流及地，仍不察觉[④]。子期之子公孙平经过白县，顺访白公胜，见他正在磨剑，问他为何自苦如此，白公胜说：“胜以直闻，不告女（汝），庸为直乎？将以杀尔父。”公孙平不胜惊疑之至，告诉了伯父子西。子西认为只是戏言，他说：“胜如卵，余翼而长之。”[⑤] 还说：以后我死了，白公胜不是

---

① 《汉书·艺文志》所记为“十六篇”。

② 张正明：《楚史》，湖北教育出版社1995年版，第272～274页。

③ 《淮南子·人间训》。

④ 事见《韩非子·喻老》。

⑤ 《左传·哀公十六年》，见阮元校刻《十三经注疏·春秋左传正义》，中华书局影印本1980年版，第60卷，第476页。

令尹就是司马，这是明摆着的，他怎么会杀我呢？这话，传到白公胜那里去了，白公胜说：令尹真是疯了，他如能寿终正寝，我就不算白公胜了。

白公胜对亲信石乞说：对付大王和令尹、司马，只要五百人就够了。石乞问：哪来五百人呢？石乞犯难是有理由的，因为白公胜的士卒都在白县，不能擅自带到郢都去。但白公胜另有所思，告诉石乞：市南的熊宜僚可敌五百人，有他就行了。石乞随白公胜访问熊宜僚，见他正在"弄丸"，把几颗弹丸上上下下抛着玩，无一落地。石乞说明来意，熊宜僚还在弄丸，表示拒不相助。石乞拔剑架在熊宜僚脖子旁边，熊宜僚神色不变，弄丸不止，只说可以为白公胜保守秘密。白公胜叹道：不受利诱，不怕威胁，不肯告密求荣，对这样的人，还能说什么呢？我们只好回去了①。

是年夏秋之际，吴师侵扰白县，楚师击败吴师，这让白公胜找到了一个带士卒入郢都的由头。他请求入朝献捷，获准。白公胜的随从在朝廷上刺杀了子西、子期，劫持了惠王。子西伤重，倒地，将死，用衣袖遮着脸，似无面目见君王、国人。子期则拔起一棵小樟树来，打死了乱党的几名士卒，才被害。石乞主张焚毁国库，杀死惠王，白公胜因"杀王不祥"而不许。这时，白公胜确实还不想取惠王而代之，他是在歇斯底里状态中为复仇而作乱的，如贾谊所云："白公为乱，非欲取国代主也，发愤快志，剡手以冲仇人之匈（胸），固与俱靡而已。"②

白公胜要立子闾为王，子闾宁死不从，白公胜杀子闾。惠王被关在名为高府的仓库里，大门由石乞监守。大夫圉公阳③凿破府墙，救出惠王，神不知鬼不觉地把惠王送进昭夫人宫中。白公胜迟疑多日，终于自

---

① 事见《左传·哀公十六年》、《淮南子·主术训》等。

② 《汉书·贾谊传》。"剡手"，贾谊《新书》作"匕首"。

③ 此据《左传·哀公十六年》，《史记·楚世家》所记为"惠王从者屈固"，二说不知孰是。

立为王。

叶公沈诸梁是沈尹戌的长子，镇守在方城之外，听到叛乱发生的消息，火速帅将士赴郢都。进了郢都的北门，有市民对他说：大夫怎么不戴上头盔呢？国人把大夫看成慈父慈母，要是贼党射伤了大夫，国人可就绝望了。于是，叶公戴上头盔。正走着，又有市民对他说：大夫怎么戴上头盔了呢？国人像盼丰收那样盼大夫，能见到大夫的脸就安心了，就会奋起与乱党抗争了，大夫怎么能遮住自己的脸呢？于是，叶公脱下头盔，麾师疾进。

箴尹固一时糊涂，带着僚属要去投奔白公，凑巧遇见叶公，被叶公说服，与叶公一起去进攻乱党。

大夫申鸣带着僚属反击乱党，力战不休。白公胜听说申鸣是大孝子，便把他的父亲捉住，迫申鸣投降。《说苑·立节》记申鸣曰："受其禄者毕其能，今吾已不得为父之孝子矣，乃君之忠臣也。"白公胜恼羞成怒，杀害了申鸣的父亲。

国人听说叶公已到郢都，群情振奋，自请参战。叶公吩咐部属：打开大府，用其中贮藏的物资周济国人；打开高库，用其中储备的兵器武装国人。官兵联合义民，与乱党作战。乱党势单力寡，终于覆灭。据《淮南子·道应训》，这场巷战打了10天。

白公胜逃到城外的山中自缢，石乞被烹杀，王孙燕则逃回吴国去了。

这场叛乱持续的时间，或谓19天，或谓一月有余。19天不可信，因为消息从郢都传到方城之外的叶公那里，叶公从方城之外赶到郢都，所需的就不止19天。再把巷战的10天加进去，就一月有余了。

叛乱平息以后，申鸣因未能尽孝而自杀。在忠与孝的关系问题上，楚人普遍以忠为第一，以孝为第二；北方不然，往往以孝为第一。

惠王命叶公兼为令尹、司马，如此一身三职，在楚国历史上是绝无仅有的。叶公的雄才和伟绩，在当时列国的群臣中可谓凤毛麟角。但是，他的状貌与"雄"、"伟"全然无缘。如《荀子·非相》所记，叶公"微小短瘠，行若将不胜其衣然"。

后世传说，叶公以好龙闻名。《论衡·乱龙》记“叶公好龙”，墙壁上、器皿上都画着龙。真龙大为感动，从天而降，直奔叶公府第，穿牖入户，叶公大惊。真龙现身虽是想象的产物，叶公好龙却实有其事。须知，叶公乃番人，番人本来就是崇龙的。

孔子在世时，叶公曾向他问政，孔子答曰：“近者说（悦），远者来。”①

叶公贵极人臣，且有食田六百畛，其生活之豪侈与昔贤令尹子文的俭朴有天壤之别。《战国策·楚策一》记莫敖子华对威王问，把叶公的“崇其爵，丰其禄”与令尹子文的“廉其爵，贫其身”对举，以为他们都是“忧社稷”的贤臣。毕竟此一时也，彼一时也，社会前进了，国家富裕了，贤臣不像先前那样俭朴了。

惠王十一年（公元前478年），攻灭陈国。上年白公胜作乱时，陈师侵袭楚境，实为趁火打劫。楚国的君臣觉得陈国给楚国带来的麻烦太多了，决定把它连根拔掉。据《左传·哀公十七年》，楚师主帅是由惠王占卜选定的武城尹公孙朝。按，公孙朝乃子西之子。陈地并入楚国以后，便是陈县。

同年，叶公求辞令尹、司马二职。惠王与叶公议定，枚卜令尹。所谓枚卜，就是把候选人逐个卜过。首先得吉兆的是王弟子良，沈尹朱说，其兆有过于吉。叶公认为王子做了令尹，上面只有大王，其兆有过于吉不祥，予以否决。过不多久，改卜子西之子公孙宁为令尹。后来，又以子期之子公孙宽为司马。叶公急流勇退，拜别惠王和令尹、司马，回叶县了。

叶公声震方城内外，《战国策·楚策一》云：“当此之时也，天下莫敢以兵南乡（向）。”

三、承平岁月与回日气概

历史如长江，浩浩汤汤，难免有浊浪滔天和惊涛拍岸。白公的叛乱

---

①《论语·子路》。

如浊浪滔天，迅起而迅落。吴与越相攻如惊涛拍岸，使楚国的东土难以安宁。

惠王十六年（公元前 473 年），越灭吴。越王勾践不像吴王夫差那么狂妄，对楚国的强大和楚人的勇悍有清醒的认识，在淮河流域，自己只要下游，不去侵夺属于楚国的中游和上游。由此，楚国的东土尚称平静。

也有这样的历史事件，来得急，退得快，前兆不显，后患殊微。例如，惠王十二年（公元前 477 年），巴师突然包围了鄾邑（在今襄阳市襄州区），可是迅即被楚师击退，这就只是倏起倏灭的一朵浪花了。

荆州市境内先后出土了越王勾践剑①和吴王夫差矛②，都是当之无愧的国宝。它们都在郢都附近出土，这是越灭吴而楚灭越所致。在剑身和矛身的奇诡花纹上，似可依稀看到当初的拍岸惊涛。

荆门市境内出土了一柄巴式铜戚③，应为舞具，并非实战所用的兵器。这柄铜戚正反两面铸有同样的花纹，都是一位头顶有羽饰的神人，鳞身，鸟喙，鸟足，珥蛇，左手操一龙鲵，右手操一双头鱼形怪物，胯下复有一龙鲵，右足踏着太阳，左足踏着月亮。这个怪异的神像诉说着怪异的信仰，而且使人在遥想中仿佛看到了当初飞溅在巴楚之间的浪花。

楚惠王三十六年（公元前 453 年），晋国名义上的三卿成为事实上的三国。从此，黄河中下游从西到东有秦、韩、魏、赵、齐 5 个大国，加上燕国，北方共有 6 个大国。长江中下游从西到东只有楚、越两个大国，而楚文化比越文化高得多。公元前 464 年（楚惠王二十五年），勾践去世，此后，越国就黯然失色了。

与崤山以东的各国相比，楚国显得特别稳定，所以它收容了一些南来避难的北方贵族乃至君主，例如：晋国的扬氏为魏桓子、韩康子、赵襄子所迫，奔楚避祸，居巫山之中；公元前 453 年，已成傀儡的晋出公

---

① 1965 年江陵望山 1 号墓出土。

② 1983 年江陵马山 5 号墓出土。

③ 1960 年荆门车桥巴墓出土。

奔楚求庇，三卿另立晋敬公为傀儡。

惠王在位 57 年，其间除了惠王十年有白公叛乱之外，湖北在承平岁月中得到了空前迅速的发展。

楚人没有放松对越人的戒备，楚、越两国的舟师多次在长江上交战。楚国战船较大，装备较好，可是居上游，前进时快，退却时慢。越国战船适相反，居下游，前进时慢，退却时快。由此，楚师屡战不利。鲁国的巧匠公输般（鲁班）应聘来到郢都，为楚师设计了“钩强之备”。“钩”，就是把敌船钩住；“强”，就是把敌船顶住。敌船将退却时，“钩”之；敌船将冲到时，“强”之。据说，有了“钩强之备”，楚人在水战中就屡战屡胜了①。

公输般还为楚国设计了“云梯”，用以攻城。楚国赶造了一批云梯，以备进攻宋都。墨子是宋人，听到这个消息，据说只用“十天十夜”就跑到郢都，求见惠王，劝告楚人不要进攻宋国。墨子说宋人有他设计的守城军械，可以破公输般的云梯和其他攻城军械。公输般和墨子当着惠王的面，举行假想的攻防演练，公输般攻，墨子守。据说，公输般连攻九次，都被墨子击退了。于是，惠王不许出兵伐宋②。

平素俭朴的墨子，这次晋见惠王，居然衣锦而吹笙。学者如此，未免滑稽，想来是为了救宋国之危，不惜投楚王之好③。

墨子博于学问，巧于技艺，然而拙于辞令，惠王认为“其言多而不辩”，曾问墨门弟子田鸠何以如此。田鸠对惠王讲了一则买椟还珠的寓言，指出以辩取言一如买椟还珠④。

这时的楚国，君明，臣忠，民安，士勇，湖北进入了黄金时代。昭王要把梁邑（在今河禹州）封子期之子文子，文子因梁邑险要而不敢受，

---

① 事见《墨子·鲁问》。

② 事见《墨子·公输》和《吕氏春秋·爱类》等。

③ 事见《吕氏春秋·贵因》。

④ 事见《韩非子·外储说》。

怕子孙有二心于国不利。惠王嗟叹，改封文子于鲁阳（在今河南鲁山县）。在文献中，鲁阳文子或称“鲁阳公”、“鲁阳君”。他有一个近乎神话的传说——“挥戈回日”，如《淮南子·览冥训》所记：“鲁阳公与韩构难，战酣日暮，援戈而挥之，日为之退三舍。”鲁阳文子挥戈回日的形象，正是当年楚人的壮志豪情的写照。

四、从一座大墓看一个时代

1978年，发掘了随州市擂鼓墩1号墓①。这是一座大墓，墓主为曾侯乙。在出土文物中，有镈钟一枚，铭曰：“佳（唯）王五十又六祀，返自西阳，楚王酓章乍（作）曾侯乙宗彝，奠之于西阳，其永時用享。”按：“楚王酓章”即楚惠王熊章，“王五十又六祀”即楚惠王五十六年（公元前433年）。这枚镈钟既可能是用来祭祀曾侯乙的，也可能是赠送曾侯乙用它来祭祀其先人的。如前一种可能性属实，则曾侯乙卒于公元前433年；如后一种可能性属实，曾侯乙的卒年就在公元前432年以后了。无论哪一种可能性属实，都在战国早期。我们认为前一种可能性比后一种可能性大些，因此，把曾侯乙的下葬年份断为公元前433年。

曾国保护过楚惠王的父亲楚昭王，有恩于楚国。楚惠王赠宗彝给曾侯乙，事在情理之中。

曾国是位于楚国腹地的一个小国，与楚国的文化交流关系悠久而频繁。由此，从曾侯乙墓的出土文物上，不仅可以看出作为附庸的曾国的文化水平和文化风格，而且可以看出作为宗主的楚国的文化水平和文化风格，换句话说，楚文化的总体水平必然不在曾文化的总体水平之下，楚文化的风格与曾文化的风格必然有同有异。

（一）艺术与科技

曾侯乙墓出土的文物，种类多，规格高。其中，铜器和漆器是大宗。铜器共计6 239件，总重近10.5吨，这是惊人的数字。

---

① 资料具见湖北省博物馆：《曾侯乙墓》，文物出版社1989年版。

乐器最多，礼器次之，这是曾侯乙墓出土文物令人注目的一大特点。

此墓出土乐器有钟、磬、鼓、瑟、琴、笙（竽）、排箫、篪，凡8种，共125件。此外，有击奏工具12件，构件和附件1 714件。

曾侯乙编钟无疑是古代乐器之王，65件钟①的总重为2 567千克，分类分层悬挂在雄伟的钟架上，听觉上的效果且不论，视觉上先已有夺人的气势（见插页图五）。

经曾侯乙编钟复制研究组检测，钟体含锡量在13%至16%之间，与《周礼·考工记》所记“六分其金而锡居其一”的“钟鼎之齐”吻合。实验证明：含锡量若低于13%，则音色尖锐而单调；若高于16%，则钟体易击碎；若在13%至16%之间，则音色浑厚丰满而钟体不易击碎。实测含铅量在1%至3%之间，这也是有讲究的：含铅量若低于1%，则钟声衰减太慢；若高于3%，则音色易恶化；若在1%至3%之间，则钟声衰减较快而音色不致恶化。

用于演奏的主要是甬钟，有45件，其总音域跨5个八度音程，两端比现代钢琴的音域各只少1个八度音程。在中心音域部分约占3个八度音程的范围内，12个半音齐备，从而证明这套编钟是世界上最早具有12个半音音阶关系的定调乐器。试奏证明，其旋宫能力达六宫以上，可演奏采用和声、复调、转调手法的乐曲②。

与曾侯乙编钟同出的曾侯乙编磬称得上是古代乐器之“后”，有磬32件，令人不胜惋惜的是多半已被盗洞塌落的土石击碎，不能试奏了。

《淮南子·说山训》云：“钟之与磬也，近之则钟音充，远之则磬音章。物固有近不若远、远不如近者。”古代的八音，金居第一，石居第二，金即钟，石即磬。钟发声洪亮，磬收韵清越，二者相得益彰。

---

① 包括楚王酓章镈在内。此镈挤掉了本来位于该处的一件钟。由此可知，如无此镈，整套编钟仍有65件。

② 参见黄翔鹏：《先秦音乐文化的光辉创造——曾侯乙墓的古乐器》，《文物》1979年第7期；王湘：《曾侯乙墓编钟音律的探讨》，《音乐研究》1981年第1期。

此墓出土的其他乐器，计有：

鼓 4 件，木腔皮面，建鼓、有柄鼓、扁鼓、悬鼓各 1 件。

瑟 12 件，俱为二十五弦，但形制有 3 种。

琴 2 件，五弦琴①、十弦琴各 1 件。

笙（竽）6 件，匏质，与今葫芦笙近似，簧数为 18、14、12 不等。

排箫 2 件，竹质，各有 13 管。

篪 2 件，竹质，状如笛而两端闭口。

曾侯乙的乐器面世以前，学术界对先秦是否已有七声音阶是有疑问的。曾侯乙编钟可以演奏七声音阶结构的乐曲，复制的曾侯乙编磬也如此，一件排箫的八个残管已能吹出六声音阶，复制的篪按一般指法即可吹出 10 个半音。这就无可置疑地证明，最迟在战国早期，至少在楚国和曾国，已掌握七声音阶了。中国古代的音名为宫、商、角、徵、羽，作为七声音阶完备的证据的“变宫”和“变徵”两个音名，在曾侯乙钟铭中就有了。

古代的十二律名，始见于《国语·周语下》，即黄钟、太簇、姑洗、蕤宾、夷则、无射、大吕、夹钟、仲吕、林钟、南吕、应钟。曾侯乙钟铭有十二律名及其异名共 26 个，旧传十二律名在钟铭中已见 8 个。这 26 个律名，曾与楚各 11 个，余为别国律名。楚律名最奇，就对应关系来看，与旧传律名无一相同。曾律名亦奇，有 7 个律名与旧传律名不同。显然，即使楚律以周律为张本，也出于蓝而青于蓝了。从前有一种见解，以为中国的十二律是战国末期由希腊传来而酌予变通的，现已不攻自破。

音乐是抽象的艺术，音乐的高水平，小而言之，代表了艺术的高水平，大而言之，代表了文化的高水平。

曾侯乙墓出土的青铜器，总重 10 498.608 千克，约而言之，达十吨半，这是迄今已知出土铜器最多最重的一座古墓。

---

① 此五弦琴形制细长，似筑，或许是闻所未闻、见所未见的一种乐器，姑且名之曰“琴”。

《曾侯乙墓》一书的作者根据冶金专家的研究成果指出，曾侯乙墓的青铜器表明当年楚国和曾国的青铜冶铸工艺“达到了前所未有的水平”，表现在下列四个方面：

第一，组合（复合）陶范铸造技术达到了新高度。

第二，分铸法有了新发展。

第三，焊接技术有了新成就。

第四，失蜡法的应用达到了新高度。

这里只要就上列第四点“失蜡法的应用”举出一个实例来，就能借斑窥豹了。在曾侯乙的青铜礼器中，有铜尊配铜盘一套，尊唇和盘口都是宽沿外折，布满细密的镂空蟠螭纹和蟠虺纹，诸多纹饰互不接续，概由内部多层铜梗支承，不见锻打、焊接的痕迹，华丽而雍容，细密而空灵，实为技术与艺术完美结合的神品（见插页图六）。

曾侯乙墓出土文物透露的科技信息，除青铜冶铸工艺外，天文知识也值得重视。在一件漆箱的盖面上，一端画苍龙，一端画白虎，中部画一个象征北斗的大“斗”字，围绕北斗写着二十八宿的名称（见插页图七）。

属于二十八宿的若干星座名称，个别的在殷墟卜辞中就有了，少量的在《诗经》中已有了。总称二十八宿始见于《周礼》的《春官》、《秋官》两篇，谓之“二十有八星之位”和“二十有八星之号”，《周礼》成书不早于战国。至于二十八宿星名，则始见于《吕氏春秋·有始览》。按，战国时期成就最突出的天文学家，一是甘公即甘德，二是石公即石申夫。石公，魏人，史无异辞。甘公，《史记·天官书》以为乃齐人，《汉书·艺文志》以为乃楚人。《汉书·天文志》分别记录了甘公的二十八宿星名和石公的二十八宿星名，前者与《有始览》所记不无出入，后者与《有始览》所记无一不合。据王胜利研究①，曾侯乙漆箱盖所记二十八宿星名与甘氏星名出入较多，与石氏星名出入较少。甘氏以狼、弧、罚等偏南的星宿取代井、鬼、觜等偏北的星宿，而屈原在《九歌》中也

① 张正明主编：《楚文化志》，湖北人民出版社1988年版，第277～278页。

写到了“天狼”（“狼”）和“弧”。显而易见，石氏体系代表了北方周人的天文学，姬姓的曾侯与周室同宗，曾国的天文学靠近北方周人的天文学。甘氏体系代表了南方楚人的天文学，由此可知，甘公是楚人的可能性大于是齐人的可能性。

二十八宿体系，中国和印度、伊朗、埃及都有。中外天文学史专家公认，中国和印度的二十八宿体系出现较早，而且是同源的。按，甘公和石公生活在公元前 4 世纪，曾侯乙生活于公元前 5 世纪，二十八宿体系在甘公、石公以前就有了。

（二）曾制与楚制

此国君主为彼国君主铸造宗彝，迄今仅见楚王酓章镈一例。此镈放在钟架下层的中部，取代一件最大的甬钟。宗主与附庸的关系如此融洽，并世无二例。

由曾侯乙墓出土的竹简可知，为曾侯乙赠车马的有王、大（太）子、命（令）尹、鲁阳公、阳城君、平夜君、鄴君等，无疑都是楚国的。如此礼遇，实属罕见。一则表明楚人知恩报德，二则表明楚国对附庸是相当宽厚的。

这批竹简记录了曾国的一些官名，如左尹、右尹、右司马、大工尹、宫厩尹、左令、右令、连敖等，表明曾国的官制已经向楚国的官制靠拢了①。

从文化面貌——尤其是艺术风格来看，曾文化是楚、周二元混融的文化。

从曾侯乙墓中出土的升鼎九件，分明是楚式的，工艺比淅川下寺楚墓所出的升鼎差得多，估计是为了葬礼而匆忙仿制出来的。出土的盖鼎五件，盖上近沿处有三个等距分立的水牛形钮饰，这是战国时代楚式盖鼎的装饰特色，其制作工艺不比同类楚鼎逊色。还有一件小口提链鼎，与淅川下寺楚墓所出的同类小口鼎有源流关系，是自铭为“浴兴”的楚

① “左令”、“右令”疑即“左领”、“右领”，楚固有之。

式鼎，其制作工艺与同类楚鼎相仿。此墓所出青铜器的纹饰也有楚、周二元混融的风貌。除中原流行的纹饰外，还有楚式的纹饰，如梭形纹边饰、三分式或四分式的圆涡纹和两两相对的龙形动物纹等即是。

比铜器更加楚化的，是这时曾国的漆器。曾侯乙墓所出的漆器，从造型到髹饰，纯属楚式，这就无须举例以明之了。制作漆器是楚人的长技，北方望尘莫及。

可以断言，当曾侯乙在位时，曾文化已经属于楚文化系统了，它是楚文化系统中有周文化渊源的一个分支。

（三）社会的变迁和风气的开放

曾侯乙墓提供的文化信息，还有不少。这里联系某些文献资料和考古资料，讲其中与楚国的社会和风气有关的几点。

平王以前，大臣的赏邑不多而且不大。昭王以后，随着赏邑的增多和扩大，出现了封君。曾侯乙墓竹简所记的阳城君，亦见于《吕氏春秋·上德》，此人可能是当时最大的一位封君。还有平夜君和𨛭君，乃文献所失载，地位似乎与阳城君接近。

这些封君的封地尚难指实，从某些线索来看，大致在方城以外。秦朝置阳城县，其地在方城县东，可能就是故楚阳城君的封地。《左传·昭公三十年》记楚王命监马尹大心“逆吴公子，使居养”，𨛭疑即养，其地应在淮河中游上段或淮河上游下段。尽管封君因居官朝中而长住郢都，湖北境内属于封君的封地却是不多的。湖北毕竟是楚国的腹地，除边缘外，大致都由楚王直辖，这使庶人的日子相对说来比较好过。

曾侯乙墓除主棺外，还有陪葬棺 21 具。21 个陪葬人都是女子，据尸骨鉴定，最小的 13 岁，最大的约 26 岁。其中，有两人身高不足 1.43 米。可想而知，她们都是伶人。如此陪葬，实为殉葬。其殉葬伶人之多，在中国考古史上实属未曾见过。只有伶人殉葬，没有妻妾仆竖殉葬，或许这是曾侯乙墓的特例。

战国时代，楚国有爵称“执珪”。壮士次非渡长江时，遇两蛟绕船而游，船工说非船覆人亡不可。次非不以为然，说那只是江中的腐肉朽骨罢了。说罢，拔剑而起，纵身入水，连斩两蛟。蛟者，鳄也。当初在长江里，扬子鳄和湾鳄都有，扬子鳄通常不伤人，湾鳄却是喜欢以人为食的。次非所遇到的，大概是湾鳄。楚王听到了次非的事迹，以为其志可嘉、其功宜赏，爵之为执珪①。文献没有指明这是哪位楚王，估计不会早于惠王。在曾侯乙墓竹简中，未见执珪。可能当时执珪还不算上爵，否则不会赏给一位处士。

春秋末期，受吴、越两国影响，楚国开始重视青铜剑的铸造了，白公胜自己磨宝剑，可见他有佩剑。次非斩蛟所用的，是他从干遂这个地方买来的宝剑。在曾侯乙的随葬品中，有多种制作精良的兵器，但无剑。在迄今已发掘的其他曾墓中，也无剑。同在湖北，楚人喜佩剑，曾人则否，这是风气的差异。

曾侯乙墓出土彩色玻璃珠 175 颗，都是考古学家所谓“蜻蜓眼”。在每颗典型的“蜻蜓眼”玻璃珠上，都有几个蓝白相间的眼圈纹。整颗玻璃珠的外观活像一只蜻蜓眼，所以考古学家给它们起了“蜻蜓眼”这个雅号。“蜻蜓眼”的装饰纹样与中国传统的装饰风格迥乎异趣②，无疑是从西方传来的。按，地中海周围的蜻蜓眼玻璃珠不仅比中国的同类珠早出，而且至今仍未绝迹。研究玻璃史的专家们公认，西方古代的玻璃是“钠钙玻璃”，中国古代的玻璃是“铅钡玻璃”。从曾侯乙墓出土的玻璃珠之一（编号为 E. C. 11：240），经过科学鉴定，“它的化学成分含 SiO_2 为 56.01%，含 CaO 为 4.07%，含 Na_2O 为 6.99%，几乎不含 Ba 和Pb……可以认为它是阿拉伯产的料器”③。这个鉴定很有说服力也很有分寸感，所指的是单数的“它”。《论衡·率性》云：“隋（随）侯以药作珠，精耀

① 此据《吕氏春秋·知分》，《淮南子·道应训》所记为“佽非”。次非斩蛟的地点，据《水经注·江水》，在石首县（今石首市）东、监利县西赭要洲与扬子洲之间。

② 张正明认为：“蜻蜓眼的花纹纯属地中海风格，似乎凝聚了地中海的蓝天白云、碧波白帆和绿窗白房。”见张正明、皮道坚主编：《楚美术图集》，湖北美术出版社 1996 年版，导言（一）。

③ 陶克捷、张培善：《曾侯乙墓部分玉器、料器的鉴定》，见《曾侯乙墓》，文物出版社 1989 年版，附录二一。

如真。”可见，随国即曾国也做过玻璃珠。在上述175颗“蜻蜓眼”中，或多或少也有属于铅钡玻璃的随国产品。有些“蜻蜓眼”玻璃化程度还很低，它们就可能是随国烧造的。尽管如此，那颗编号为E. C. 11：240的玻璃珠却是真正从西方进口的。以前研究中西文化交流的滥觞，往往从丝绸的西传入手，其实，应该从玻璃的东传入手才好。

为了对“蜻蜓眼”玻璃珠做透彻的研究，我们有时不得不把目光移到湖北境外。河南固始县侯古堆1号墓是句吴夫人墓，这位句吴夫人应为阖庐夫人而非夫差夫人，下葬于公元前506年冬或公元前505年春①。此墓也出有“蜻蜓眼”玻璃珠，经过科学鉴定，其成分与西方同期同类的玻璃珠相同②，分明也是从西方进口的。联想到公元前552年或公元前548年下葬的令尹子庚墓（一说为令尹芳子冯墓），其中只有含玻璃相的石英珠，没有玻璃珠，就能顺理成章地推测，楚国从西方进口“蜻蜓眼”玻璃珠的上限为公元前6世纪后期。为句吴夫人随葬的“蜻蜓眼”玻璃珠，可以肯定是吴师在进攻郢都时攫取的。

古代“蜻蜓眼”玻璃珠的分布地带，大致是从地中海沿岸经西亚转南亚和东南亚至东亚。中西文化交流的通道，早在公元前6世纪的后期就存在了。这条通道，谓之丝绸之路固可，谓之玻璃之路亦可，谓之丝绸与玻璃之路则更妥。

中国古代“蜻蜓眼”玻璃珠（见插页图八）的分布，湖南最多，湖北次之，其他地方则寥若晨星。根据已有的考古资料，完全有理由说，中国古代最早与西方有文化交流关系的是楚国，中国古代最早仿制西方器物成功的是湖北的随人。

第三节 变法和造极

与丰满的考古资料相比，历史文献的某些段落是枯槁的。例如《史

① 张正明：《淮汉之间——周代的一个文化交错地段》，《中原文物》1992年第2期。

② 张福康等：《中国古琉璃的研究》，《硅酸盐学报》1983年第1期。

记·楚世家》关于简王、声王、悼王、肃王、宣王五朝共92年的记载，删去其中与楚无干的辞句，就所剩无几了：

“简王元年，北伐灭莒。……二十四年，简王卒，子声王当立。声王六年，盗杀声王，子悼王熊疑立。悼王二年，三晋来伐楚，至乘丘而还。四年，楚伐周。……九年，伐韩，取负黍。十一年，三晋伐楚，败我大梁、榆关。楚厚赂秦，与之平。二十一年，悼王卒，子肃王臧立。肃王四年，蜀伐楚，取兹方，于是楚为扞关以拒之。十年，魏取我鲁阳。十一年，肃王卒，无子，立其弟熊良夫，是为宣王。宣王……三十年，秦封卫鞅于商，南侵楚。是年，宣王卒，子威王熊商立。”

不算标点符号，仅得161字。其中只有王的卒和立发生在湖北境内，其余一概发生在湖北境外。幸而文献不止《史记·楚世家》一篇，还有其他资料可以稽考，否则湖北这段90余年的历史就近乎空白了。

一、客卿主持变法

简王承惠王的余烈和遗规，政务清静，在位24年，除攻灭莒国外，只有两次象征性的用兵，一次号曰伐周，一次号曰伐魏，没有一次实质性的开战，湖北的民众仍像惠王在位时那样过着比较轻松的日子。

公元前408年，简王死，太子熊当立，是为声王。

声王轻启战端，如《吕氏春秋·慎势》所记，楚师围攻宋都达十月之久。也许是这场徒劳无功的战事使国人深受其扰，以致声王在位仅得6年，公元前402年为“盗”所杀。这“盗”无疑是刺客，或许是某个颇有权势的贵族豢养的死士。

声王既死，太子熊疑立，是为悼王，其元年为公元前401年。

悼王前期，楚国为三晋（魏、韩、赵）所败，丧失了位于中原腹部的要地大梁（在今河南开封市西北）和榆关（在今河南中牟县）。楚人为兵赋所困，为失败所挫，环境和心情都在压抑状态中。豪门则擅权弄富，殊不以国计民生为虑。悼王虽有富国强兵之意，但不知计之所出。

吴起，卫人，受业于孔门弟子曾参，先后仕于鲁、魏。魏文侯死，魏武侯立，王错进谗，吴起因受疑而去魏奔楚。

吴起由魏入楚的时间，大约在悼王十二年（公元前 390 年）或者稍晚，悼王早就听说吴起能治国而善用兵，于是以吴起为令尹①。

《韩非子·和氏》记吴起对悼王说：楚国“大臣太重，封君太众，若此则上逼主而下虐民，此贫国弱兵之道也”。《吕氏春秋·贵卒》记吴起对悼王说：“荆所有余者，地也；所不足者，民也。今君王以所不足益所有余，臣不得而为也。”所谓“以所不足益所有余”，就是把公室所缺少的民户赏赐给已有过多领地的贵族。长此以往，势必导致权力重心的下移和分散。悼王信吴起所言，命吴起变法。

吴起变法的基本内容有下列三点：

第一，削减贵族的特权，改善平民的境况。如《淮南子·道应训》所云：“衰楚国之爵而平其制禄，损其有余而绥其不足。”这也就是《淮南子·泰族训》所记的“为楚减爵禄之令”，以及《史记·范睢蔡泽列传》所记的“为楚悼王立法，卑减大臣之威重”。“衰”、“损”、“卑”、“减”，总之是要降低大臣和封君的爵位，缩小他们的封地，减少他们的属民。此外，还要限制传袭的世代，即《韩非子·和氏》所云“使封君之子孙三世而收爵禄”；还要纠正滥赏的偏差，即《史记·孙子吴起列传》所云“废公族疏远者”；还要强迫一些贵族搬到地广人稀的边疆去，即《吕氏春秋·贵卒》所云“令贵人往实虚广之地”。这样，平民的租税和劳役就可以减轻了。

第二，整饬吏治，健全法制。此即《史记·孙子吴起列传》所云“明法审令”，《史记·范睢蔡泽列传》所云“罢无能，废无用，捐不急之官，塞私门之请，一楚国之俗”，《韩非子·和氏》所云“绝灭百吏之禄税”，以及《战国策·秦策三》所云“私不害公，谗不蔽忠，言不取苟合，行不取苟容……”。

第三，整军经武。此即《史记·孙子吴起列传》所云“抚养战斗之

---

① 有些学者认为吴起变法时间很短，效验很小。我们的见解与此相异，详见下文。

士，要在强兵，破驰说之言从（纵）横者”，《史记·范雎蔡泽列传》所云“禁游客之民，精耕战之士……破横散纵，使驰说之士无所开其口，禁朋党以励百姓”，以及《淮南子·道应训》所云“砥砺甲兵，时争利于天下”。

权贵是不会欢迎吴起变法的，如大夫屈宜臼告诫吴起：“昔善治国家者，不变其故，不易其常。”① 权贵为自己着想，当然主张一仍旧贯。

吴起立法施政，连细节也不放松。例如郢都的民众筑垣用两版，吴起为了提高工效，改为用四版，事见《吕氏春秋·义赏》。

变法的成效是国富而兵强，如《史记·孙子吴起列传》所云“于是南平百越，北并陈、蔡，却三晋，西伐秦，诸侯患楚之强”。按：“北并陈、蔡”一句容易引起怀疑，因为陈国和蔡国早就被楚国灭亡了。可是，陈地和蔡地被魏国和韩国侵占了一些，吴起收复了本来属于陈国和蔡国的失地。尤其是在悼王十九年和二十年，魏、赵两国因争夺卫国而交战，齐国配合魏国进攻赵国。悼王二十一年（公元前 381 年），吴起伐魏救赵，楚师横行中原，饮马黄河，收复了楚国北疆的失地。后来齐师围魏救赵，是学吴起的战略。

这时的楚国，如《史记·范雎蔡泽列传》所云，“兵震天下，威服诸侯”。

吴起变法，不是变奴隶制为农奴制，只是削减了贵族的特权。受到损害的贵族急欲铲除吴起，他们正等待着时机。

当时的变法家，有缓进的——如李悝，有急进的——如吴起。缓进的见效慢而不易生变，急进的见效快而易于生变。在君主专制政权下，通常倾向于急功近利，由此，变法家可能会付出生命的代价。

就在伐魏救赵成功之后，当年悼王去世。吴起这位客卿失去了唯一的凭借，权贵随即群起而攻之。吴起正在宫内，中了箭，急忙扑在悼王尸体上。乱党对吴起连射带刺，杀死了他又肢解了他，彼此弹冠相庆。

悼王既死，太子熊臧立，是为肃王，其元年为公元前 380 年。

---

① 引文见《淮南子·道应训》，屈宜臼见《说苑·指武》。

二、除恶求安，尚贤兴邦

杀害吴起的贵族没有料到，肃王即位伊始，就把他们诛戮殆尽。

按照楚国的法律，凡用兵器碰到楚王尸体的，一律处死，而且罪及三族。那些权贵只顾杀吴起，难免忙里出错，射中或刺中了悼王的尸体。肃王吩咐新上任的令尹，迅即捕杀所有参与杀害吴起的权贵及其三族，共 70 余家。据《吕氏春秋·上德》，漏网的只有阳城君，他逃出楚国去了。

据《吕氏春秋·贵卒》所记，吴起中箭后，急中生智，边跑边从自己身体上拔下一支箭来，在扑向悼王灵床时，把那箭插在悼王遗体上，高声喊叫，说是乱党谋害大王，以致乱党无法洗刷自己的罪名。也许所记属实，但这也只为肃王提供了一个清除乱党的口实。假如肃王也反对变法，他就会附和乱党，说那是吴起所干的，正好成为吴起死有余辜的罪证了。

自从战国晚期以来，论者几乎都认为吴起的变法因楚悼王的去世而失败了，商鞅的变法却没有因秦孝公的去世而失败。首创此论的是韩非，见于《韩非子·问田》，其文曰："楚不用吴起而削乱，秦行商君而富强。"从个人的结局来看：吴起被肢解，但楚肃王为吴起报了仇；商鞅被车裂，而秦惠文王是赞成宗室大臣杀死商鞅的。假如说，赞成吴起的君王反而废止了吴起的遗法，反对商鞅的君王反而继承了商鞅的遗法，那是不可思议的。楚国的削弱，是从吴起死后约 70 年的丹阳之役开始的；秦国的富强，是从商鞅死后 20 余年灭蜀开始的。显然，说吴起变法失败而商鞅变法成功是没有充分理由的。况且，吴起变法比商鞅变法早 30 余年，吴起是变法的先驱者，商鞅是变法的后继者。

肃王在位时，楚国的严重困难是缺少久经战阵的良将。老一代的良将大多因卷入乱党而身死族灭了，新一代的良将不是短期所能造就的。

肃王四年（公元前 377 年），蜀师侵入楚国，夺取了兹方。楚人筑扞关，借以防蜀师。兹方，一说在今松滋市，这是后人因"滋"与"兹"

可相代而揣测的，殊不足信。扞关，一说在今长阳土家族自治县，虽有传闻作依据，但其地距郢都甚近，距楚国的西境甚远，而距蜀国更远在千里以上，决不可能成为楚人防蜀师的据点。蜀与楚境土不相接，有巴介乎其间。蜀伐楚，非假道于巴不可。兹方应在川东（今重庆市辖区东境）近鄂西之处，今属何市或何县则不可知。扞关在今重庆奉节县东，其地据三峡西口，形势雄险。

肃王死，宣王立。宣王继承肃王稳健的治国方略，国力和兵威都在上升中，将才青黄不接的困境已不复存在了。

宣王九年（公元前361年），秦孝公立。《史记·秦本纪》概述秦孝公初立时的国际形势，有句曰："楚自汉中，南有巴、黔中。"按，汉中、巴、黔中是三个郡，汉中郡在今陕西东南部和湖北西北部，巴郡在今三峡地带，黔中郡在今湖南西北部。可见，当时湖北的西部边防是相当牢固的。

秦孝公命客卿公孙鞅变法，雷厉风行。公孙鞅曾经访问楚国，有江陵天星观1号墓所出的三则卜筮简文为证。三则卜筮简文都记着"秦客公孙紻（鞅）闻（问）王于栽郢之岁"①。按，公孙鞅于公元前340年受封于商，此后称商鞅或商君，由此可知，公孙鞅访楚之行应在受封之前，他所拜见的楚王应为宣王。至于"栽郢"，似即郢都。

宣王十六年（公元前354年），魏伐赵，楚与齐重演了伐魏救赵的故事。以此役而成名的是齐国的军师孙膑，可是，从此役中获利的是楚国。楚国的令尹昭奚恤和司马景舍统帅三军，没有经过激烈的战斗就攻占了淮北的睢、涉二水之间，其地与魏、宋、卫三国相接。

昭奚恤是一代贤臣，景舍是一代良将，两人能和衷共济，而宣王则堪称明君。

魏国派能言善辩的江乙到楚国去做客卿，江乙承担的秘密使命是在宣王与昭奚恤之间挑拨离间。某日，宣王问群臣北方诸国何以怕昭奚恤，

---

① 湖北省荆州地区博物馆：《江陵天星观1号楚墓》，《考古学报》1982年第1期。

江乙趁机讲了一则寓言，叫做狐假虎威，狐喻昭奚恤，虎喻宣王，群兽喻北方诸国。江乙说：北方诸国所怕的不是昭奚恤，而是大王，正像群兽所怕的不是走在虎前面的狐，而是走在狐后面的虎。这样，又吹捧了宣王，又诋毁了昭奚恤①。江乙自鸣得意，无奈宣王虽姑妄听之而未姑妄信之。

江乙向宣王还讲过一则寓言，其大意是：有一只狗，因为能干，深受主人宠爱。它把尿撒在井里，被主人的一位邻居看见了。那位邻居要报告狗的主人，不料被狗连叫带咬拦在门外，以致狗的主人一直不知道狗把尿撒在井里。昭奚恤受了魏国的贿赂，一直瞒着大王。臣是魏人，因而得知内情。昭奚恤怕臣告发，不愿让臣见大王，正像狗怕邻居告发，不愿让邻居见自己的主人②。江乙巧舌如簧，可是宣王仍不信。

昭奚恤有很强的推理能力，以明察见称于史，这有两个实例。其一：某日一座仓库失火，烧光了屋顶的茅草，执法的官员费尽了心机也找不到纵火的疑犯。昭奚恤问明案情，查出疑窦，派人把一个茅草贩子找来，穷加究诘，果然就是这个茅草贩子放的火③。其二：郢都一个富人打官司，由于案情复杂，3 年没有判决，请昭奚恤的一位朋友去向昭奚恤探问虚实。那人对昭奚恤说，正在打官司的那个富人有一座公馆，我想向公家把它买下来，不知可否？昭奚恤说，那个富人不该判罪，公家不会没收他的公馆，您是没法向公家买那座公馆的。那人听罢，当即告辞，不料昭奚恤责备他说：我待您以诚，您怎么故意来探我口风呢？那人要辩解，昭奚恤又说：我讲了您买不到房子，您反而面露喜色，这不是故意来探我口风又是什么呢？④

景舍在战略上多谋善断，这是昭奚恤自愧弗如的。廷议伐魏救赵，令尹和司马所见不同。昭奚恤建议先虚张声势，待赵、魏两敝，再坐收其利；景舍则认为可以先少出些兵，让赵人知道楚国的援军已经出动，

---

①②④《战国策·楚策一》。

③《韩非子·内储说》。

才会使赵、魏两敝，届时，我们再全师以出，有齐、秦东西策应，就能把魏师击溃。宣王采纳了景舍的意见，昭奚恤则心悦诚服同景舍一起出征。

在北方诸国中，景舍也很有威信。宣王十八年（公元前 352 年），魏、韩联军击败齐、宋、卫联军。秦为声援齐、宋、卫而伐魏，但不大举深入。齐国请求景舍出面与魏国议和，魏王因唯恐三面受敌而同意罢兵。

肃王时，封君如秋叶纷落。宣王时，封君又潜滋暗长了，但还不至于酿成大患。个别没有大功的宠臣也成为封君，从而招致非议。如《战国策·楚策一》所记，宣王猎于云楚，忽而乐极生悲，对左右说："寡人万岁千秋之后，谁与乐此矣?"宠臣安陵坛①流泪答道："大王万岁千秋之后，愿得以身试黄泉，蓐蝼蚁，又何如得此而乐之?"宣王大喜，当即封他为安陵君。按：安陵不在湖北境内，而在河南中部，其地时而属楚，时而属魏，受封为安陵君是没有太多实惠的。

三、盛世远虑

吴起为变法而献身之后，从肃王经宣王到威王，楚国在上升势态中。与北方相比，湖北可以说是特别安定的。

威王元年为公元前 339 年，这时的楚国已积蓄了足以与任何强敌争胜的实力，湖北是楚国有恃无恐的后方。

齐国忌楚国强盛，唆使越国袭扰楚国。魏国与齐国合谋，与楚国对抗。楚国求置身事外而不可得，断然实行反击。威王七年（公元前 333 年），景翠帅楚师歼灭越师主力，杀死越王无强，尽取越人所占吴地。景翠移师北上，大破齐师，魏人不敢救齐国。

这时的楚国是东周第一大国，其版图西起大巴山、巫山、武陵山，东至海，南起南岭，北至汝、颍、沂、泗，囊括了长江中下游的全部和

---

① "坛"为其名，姓氏不详，受封为安陵君后称安陵坛，《说苑·权谋》所记为安陵。

支流众多的淮河流域的大部。苏秦访问郢都，对威王说："楚，天下之强国也；王，天下之贤王也。……地方五千余里，带甲百万，车千乘，骑万匹，粟支十年，此霸王之资也。"① 这些甲、车、骑、粟，大半在湖北。

但是，在极盛的国势中，内忧日深，外患日亟。对此，威王有清醒的认识。

《战国策·楚策一》记威王问莫敖子华："自从先君文王以至不穀之身，亦有不为爵劝，不为禄勉，以忧社稷者乎？"莫敖子华列举了5位以忧社稷闻名的先大夫，即令尹子文、莫敖大心（沈尹戌）、棼冒勃苏（申包胥）、蒙谷和叶公子高。威王叹曰："此古之人也，今之人焉能有之耶？"

贵族所关注的，首先不是国家的长治久安，而是自己和家族的安富尊荣，此为内忧。

《史记·苏秦列传》记苏秦对威王说："楚强则秦弱，秦强则楚弱，其势不两立。"威王表示有同感，他说："寡人之国西与秦接境，秦有举巴蜀并汉中之心。秦，虎狼之国，不可亲也。……寡人自料，以楚当秦，不见胜也；内与群臣谋，不足恃也。寡人卧不安席，食不甘味，心摇摇然如县（悬）旌而无所终薄。"

当时的秦国，疆土比楚国小，财富比楚国少，文化比楚国低，可是兵力不比楚国弱。秦国避强就弱，锋芒指向魏国和韩国。楚威王八年（公元前332年），魏国献阴晋之地于秦国，从此刮起了割地赂秦之风。《史记·魏世家》记苏代说："且夫以地事秦，譬犹抱薪救火，薪不尽，火不灭。"

有虎狼之秦为邻，此为外患。

当秦国正在向魏、韩两国进攻时，威王能预见到秦人"有举巴蜀、并汉中之心"，即使备悉七国大势如苏秦者也应为之叹服。

---

①《史记·苏秦列传》，中华书局点校本1982年版，第2 259页。

这时的战争，从兵器、兵种到兵法，都发生了一些变化。

骑兵的出现是最大的变化，它的速度和机动性、冲击力都是车兵和徒兵所不可企及的。秦国马源最足，骑兵最多，而且轻文重武，这是包括楚在内的山东六国都比不上的。

车兵和徒兵仍是不可或缺的兵种，但他们的作用在减小，而骑兵的作用在增大。战国中期的骑兵多为轻骑兵，还对付不了装备精良而阵法严整的车兵和徒兵，但有善于迂回、穿插、突袭的长处。楚国的优势不在骑兵，而在徒兵和车兵。

剑的普及，有利于骑兵、徒兵作战。战国中期以后的楚墓，无论墓主为贵族或平民，大抵有剑随葬。江陵天星观 1 号墓的墓主是一位封君，其墓有 7 个墓室，6 个墓室早期被盗掘，剩下一个未被盗掘的北室竟有剑 32 柄出土。

弩的普及，对徒兵最有利。弩是南方民族发明的，迄今已见的先秦弩机多为战国楚器。《吴越春秋》卷五记一位善射的楚人说，琴氏“以为弓矢不足以威天下”，于是“横弓着臂，施机设枢”，创造了弩。也许，弩是山地民族始创的，琴氏的贡献大概是把木弩机或骨弩机改为铜弩机，使弩成为正规的兵器了。

幸运的湖北暂且还是幸运的，然而，战争的乌云正在北方翻滚，随时都可能使湖北血火横飞。

威王在位仅 11 年，于公元前 329 年去世。子熊槐①立，是为怀王。

怀王六年（公元前 323 年），大司马昭阳帅楚师破魏师于襄陵，取魏地八邑。楚国有以大事记年的习惯，这年就被记作“大司马昭阳败晋师于襄陵之岁”，铸在铜器上，写在竹简上。怀王兴高采烈，擢昭阳为令尹。

同年，亚历山大大帝英年病逝，他用武力拼凑起来的庞大的亚历山大帝国随即瓦解。于是，楚国成为当时世界第一大国了。

---

① 此据《史记》。秦《诅楚文》则称之为“熊相”。

假如对现代的湖北人说，湖北曾经是古代世界第一大国的腹地，曾经有古代世界第一大国的首都，恐怕一百人里面至少有九十九人表示碍难置信。现代的湖北人对古代的湖北事知道得太少了，以至子孙把祖宗盖世无双的伟业也忘记了。

这个古代世界的第一大国前途如何？以后的湖北是否还像以前那么幸运呢？

第四节　领异标新的文明成果

战国时代——说得确切一些是从战国早期后段到战国晚期前段，湖北百业大兴。无论在同时的中国范围内与北方相比，或者在同时的世界范围内与西方相比，都有过之而无不及。一个地方的几个民族能创出这样的业绩来，就不枉在地球上占了这么一小块空间，也不枉在历史上占了这么一小段时间了。

一、冶金，织帛，髹漆

（一）冶金

这个时期的采炼工艺得到了长足的发展，有大冶铜绿山属于这个时期的矿井为证。

井巷的支护结构改善了，竖井、横巷和马头门都比春秋时代的好了。竖井的木构框架改用密集法搭口式，从井口到井底，层层叠压，内径由先前的60厘米左右拓宽到80厘米左右甚至更大了。横巷的木构框架变得又高又宽，可以承受更大的压力，矿工通行比先前方便了。马头门所用的木料也变粗了，有些部位还用方柱取代了圆柱。

斧形凿，先前都是铜制的，这时改用铁制的。其他工具，如锄和锤等，也是铁制的。在Ⅰ号矿体的24线发现一根长2.52米的辘轳轴木，当初应是横放在井口的支架立柱上，用以提升矿石和渍水的。

这个时期的铸造工艺也在进步中，复合剑的铸造是一个实例。复合剑或称插心剑、双色剑，分两次浇铸：先浇铸剑脊、剑格、剑柄、剑首，含锡量少，韧性好，求其坚；后浇铸剑刃，含锡量多，硬度高，求其利。

鄂东南的铜矿也是铁矿，叫做铜铁共生矿体。铁矿层多在铜矿层的上面，俗称“铁帽”。因此，要开采铜矿石，非同时开采铁矿石不可。这里的铁矿石含铁量较高，宜于炼铁。矿工用竖炉炼铜，以铁矿石为熔剂，表明他们对铁矿石的性质已有明确的认识。只是由于炉温仅是 1 200℃左右，还不能让铁矿石中的铁还原出来。但当炉温超过 1 100℃时，被木炭还原而生成的固态铁就开始吸收碳分子。铁中含碳量的增多使铁的开始熔化温度和全部熔化温度都下降了。“在含碳量为 2%时，开始熔化温度为 1 146℃，全部熔化温度则从纯铁的 1 537℃降低到 1 380℃；当含碳量超过 2%时，开始熔化温度仍为 1 146℃，而全部熔化温度继续下降；当含碳量超过 4.3%时，全部在 1 146℃熔化。”① 由此可知，在铜铁共生的铜绿山一带，炼铜工艺的高度发展必能导致炼铁工艺的顺利诞生。

楚地炼铁工艺诞生的时间，根据已有的资料，不迟于春秋中期。淅川下寺春秋中期后段楚墓所出的铁剑镶着玉茎，估计是用块炼铁锻造的。在湖北以外的楚地，出土过春秋晚期的块炼铁和铸铁。块炼铁是用固体还原法生产的，工艺比较简单；铸铁是用炼炉生产的，工艺比较复杂。1973 年铜绿山古矿井出土的铁斧 4 件，其中一件经过检验证明是战国时代的白口铁铸件；同时出土的六角形锄 3 件，经过检验证明也是战国时代的白口铁铸件。在湖北以外的楚地，还出土过战国时代的黑口铁铸件。按：白口铁和黑口铁又称白心展性铸铁和黑心展性铸铁，都是经过柔化处理的铸铁。

展性铸铁在楚国的出现，比在西方的出现早了 2 000 多年。西方的白心展性铸铁是 18 世纪才出现的，其黑心展性铸铁是 19 世纪才出现的。尽管西方的炼铁工艺比东方早出，可是东方的楚国在距今两千几百年以前的炼铁工艺已超过了西方。历史就是这样，早出的未必一直领先，晚

① 李众：《中国封建社会前期钢铁冶炼技术发展的探讨》，《考古学报》1975 年第 2 期。

出的未必一直落后①。

迄今已出土的战国时代的湖北铁器，累计已逾百件。出土最多的地点，一是江陵，二是荆门，三是铜绿山。这些铁器以农器居多，有臿、耒、䦆、锄、铲、锹、耙、镰等，未见有犁。其他铁器，如斧、锤等，是匠器；如剑等，是兵器；如鼎等，是礼器。最奇的是铁带钩，江陵望山 1 号墓出土一件，弧长 46.2 厘米，宽 6.5 厘米，厚 0.5 厘米，正面用金丝金片嵌凤纹，背面有错金铜钮两枚。钩作龙首状，也嵌有金丝金片。当时，北方称铜为“美金”，称铁为“恶金”。楚人似乎未必如此，否则就不会做出如此华丽的铁带钩来了。

楚地出产的黄金，在并世列国中也是最多的。因此，当时东方唯独楚国有作为通货的金币，而且，唯独楚地出土了许多用以称量贵金属的天平。

当年湖北的黄金产地主要在汉江沿岸，所产的是沙金。沙金经过熔炼，成为金块或金器。黄金的熔点只有 1 063℃，介乎纯铜的熔点与青铜的熔点之间。

楚地还有银，产量比金低些。银的熔点不足 1 000℃，熔炼是不难的。

《战国策·楚策三》记怀王答张仪问曰：“黄金、珠玑、犀象出于楚，寡人无求于晋国。”显然，怀王深信当时楚地的财货和宝物都甲于天下。

（二）织帛

丝绸埋在地下最易朽坏，以致迄今已出土的先秦丝绸还很少。偶尔面世，多为残片乃至印痕。凡尚存衣物之形的，竟扫数出自战国楚墓。其完整者，仅见于江陵马山 1 号楚墓。

马山 1 号楚墓是 1982 年发掘的，出土丝绸和刺绣的衣物达 35 件②。

---

① 参见田长浒：《中国金属技术史》，四川科技出版社 1986 年版。

② 按 1 对以 1 件计，装在 4 只竹笥里面的丝绸碎片 452 片也以 1 件计。详见荆州地区博物馆：《江陵马山一号楚墓》，文物出版社 1985 年版。

其品种之繁多，工艺之精湛，保存之完好，俱属前所未见。此墓的年代，若非战国中期后段，则必战国晚期前段。

此墓所出的丝织品，按织造方法和组织结构，可分为绢、绨、纱、罗、绮、锦、绦、组共八类，几乎囊括了先秦丝织品的所有类别。也有阙遗，但只是个别的，如缂丝（刻丝、克丝），是按照绘画底本，运用通经断纬的特殊工艺，由身怀绝技的织工累月穷年织造的，为马山1号墓所不见。但在江陵望山2号墓的竹简《遣册》中，“缂”字清晰可辨，表明战国时代楚地已有缂丝①。

马山1号楚墓是一座小墓，仅有一椁一棺，墓主为女性，属于下等贵族。可想而知，此墓所出衣物的织造水平，大概只能代表当时楚地织造的中上水平。

其中有些丝织品，如枕套的绢面，经纬密度为每平方厘米164×66根，超过了长沙马王堆西汉早期墓所出绢的经纬密度，令人惊诧。

这些衣物上面的刺绣纹样共有18幅，都是精品。有些刺绣纹样，如“三头凤”纹样（见图9-1）、凤斗龙虎纹样（见插页图九）和凤衔龙尾纹样等不仅构图、造型、设色都在佼佼者之列，而且有令人意想不到的古韵和奇趣。

这里可以顺便提到，20世纪50年代，从苏联乌拉干河流域巴泽雷克相当于战国时代的游牧部落墓葬中，出土了一批有刺绣的丝绸，其图案与江陵马山1号墓所出刺绣的图案如出一人之手，同出的器物还有楚式四山镜②。毫无疑问，这些有刺绣的丝绸是从楚地辗转运去的。假如北方诸国的丝绸和刺绣不比楚国的差，商贩何必舍近而求远呢?

（三）髹漆

中国漆树分布的中心地带是秦岭、大巴山、巫山、武陵山，湖北的

---

① 参见张振林：《缂丝史的珍贵资料》，《中山大学学报》（社会科学版）1980年第1期。

② М. П. 格里亚兹诺夫等：《阿尔泰巴泽雷克的五座古冢》，译文见《考古》1960年第7期；С. И. 鲁金科：《论中国与阿尔泰部落的古代关系》，译文见《考古学报》1957年第2期。

西部正在这个地带中。

图 9-1　“三头凤”纹样

迄今已面世的完好的先秦漆器，最早的、最多的、最精的都是楚漆器。出土楚漆器最多的，就是湖北。

楚漆器类别至繁，用途至广。家具有床、几、案、俎、禁等，容器有笥、箱、盒、匣、奁、豆、樽、壶、钫、耳杯、杯、卮等，卧具有枕、席等，妆具有梳、笄、簪等，饰物有木鱼、木球、木璧等，玩物有座屏、木雕鹿、木雕怪兽、博具等，乐器有瑟、琴、笙（竽）、排箫、鼓等，乐器附件有钟架、磬架、鼓架、钟杖、鼓槌等，兵器有甲、盾、弓、弩、剑鞘、剑匣、矢箙、箭杆、柲等，葬具有棺、笭床、俑、飞廉像（“虎座立凤”）、土伯像（“镇墓兽”）等，杂器有匕、勺、绕线棒、手杖、扇、虎子等。此外，房屋上和舟车上有髹漆的构件。至于髹漆的陶器和铜器，则不宜作漆器论。

漆器的胎骨以木胎为大宗，而竹胎次之，革胎和藤胎不多见。还有以绸为胎的，只是偶或见之。

积竹胎和夹纻胎是两种特殊的漆器胎骨，根据现有的资料，始见于战国中期。

积竹胎与一般竹胎有两点重大区别：一是积竹胎的胎骨是一束细而长的竹片，二是积竹胎有丝线缠绕以加固。迄今已见的战国积竹胎实物，只有称之为“柲”的兵器长柄。

夹纻胎的制作工艺比较复杂，要先在模具上涂漆灰，又在漆灰上贴麻布，而在麻布上再涂漆灰，阴干以后，掀去模具，磨光表面，就成为胎骨了。夹纻胎的优点：一是胎骨轻巧，二是器形稳定。江陵马山 1 号楚墓所出的一件彩绘漆盘，就是夹纻胎漆器。江陵望山 1 号楚墓所出的一件彩绘漆鞘，也是夹纻胎漆器。

在当时楚地的漆器家族中，最新的一个成员是扣器。所谓扣器，就是口沿有金属套圈或器身其他部位有金属部件或金属附件的漆器。从江陵张家山的一座战国楚墓中，出土了铜扣漆壶，虽仅一件，但可称为扣器的报春之燕。

二、城市，交通，贸易

湖北境内，东西南北中都有楚城遗址。这些楚城，除了边防城堡之外，都是交通的枢纽和贸易的中心。其中，郢都是当时南方的第一大城。

郢都的遗址在荆州江陵（今荆州区），今称纪南城（见图 9-2）。

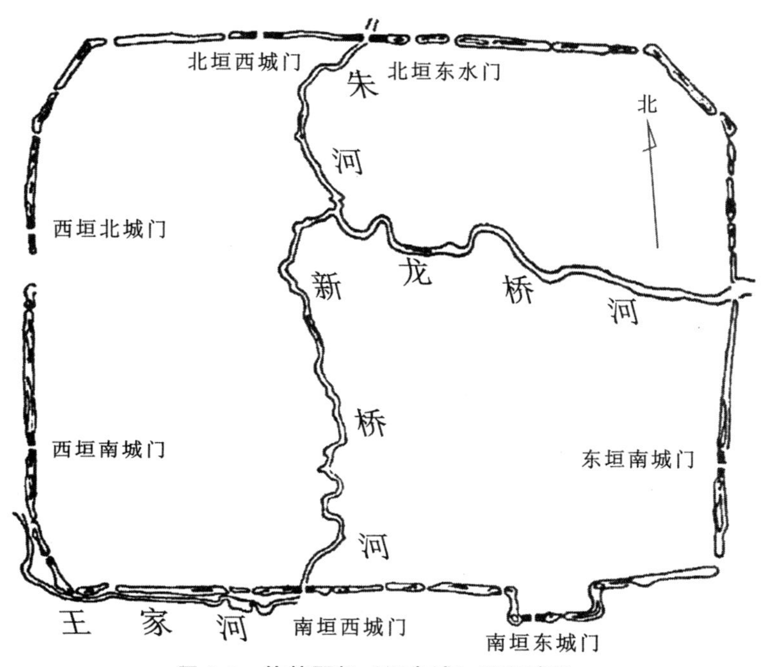

图 9-2　故楚郢都（纪南城）平面略图

纪南城距今荆州城即江陵城约五公里，地势平坦，向西和向北可以望见远处的低山。夯筑的城垣至今仍凸现在地面上，只有 28 个豁口。一般残高 4 至 8 米，底宽 30 至 40 米，上宽 10 至 20 米。若以高为底宽的 1/3 计，当初实高可能为 13 米有余。城垣的外围，相距约 20 米，有护城河，一般宽约 30 米，某些地段宽达 80 至 100 米，因地形而伸缩，不求一律。在与城门相对之处，护城河向外拐出约 20 米，即与城垣相距约 40 米。今人登垣纵目，仍能想见昔时的壮丽气象。

全城为东西向略长的不规则横平长方形，东北、西北、西南三隅有切角，东南一隅外突。城垣周长为 15 506 米，城区面积约 16 平方公里，超过了《周礼·冬官考工记》所记周王城的规模，在东周列国中是率先突破王城尺度的一个诸侯国都。

城内有河道，一纵一横，弯弯曲曲，流贯北、南、东三面，外与护城河相通，护城河则与附近的湖泊相通。在城址内，已发现有许多水井，陶井、木井、土井都有。陶井最多，用陶井圈；土井次之，无井圈；木井最少，用木井圈。居民的饮食用水应为井水，洗涤用水则是近河处用河水而远河处用井水。在中部偏北长约 1 000 米、宽约 60 米的地段内，发现水井 256 座，即平均 230 至 240 平方米有水井一座，如此密集，似与窑址 6 座有关。已发现城内既有地面排水沟道，也有地下排水管道，经由河道排出污水。

城门已发现七座：南垣和北垣有陆门和水门各一座，西垣有陆门两座，东垣有陆门一座。此外，东垣应另有水门一座，但已毁灭。

陆门有两种形制：东垣南门、南垣东门、北垣西门都是单门道的，宽各约 10 米，可容五轨；西垣南北两门都是三门道的，比单门道宽得多。其中，北门经发掘，中门道宽 7.8 米，可容四轨；南北两门道各宽约 3.9 米，可各容二轨。南垣西门和北垣东门是水门，其中，南垣西门经发掘，也有三门道，每个门道各宽 3.5 至 3.7 米，楚人称之为舲船的中型船只可畅通无阻。迄今已知的先秦水门，只有纪南城的水门是三门道的。

城门的形制表明，纪南城坐西而面东。陆路主要通过西垣的南北两门而北上，这样可以绕过水网地带；水路主要通过现已不可复睹的东垣北门，这样可以通湖入江，这座东垣北门就是屈原《九章·哀郢》讲到的“龙门”。

现在，城内是农田和农舍。但在东南部和东北部，仍可见到许多夯土台基。在东南部的西半部，夯土台基尤为密集。其中，1975 年至 1976 年发掘的松 30 号台基呈长方形，长 80 米，宽 54 米，残高 1.2 至 1.5 米，可能是宫殿或官署的基址。墙基内外两侧有若干柱穴，柱穴半在墙内、半在墙外。墙内穴窝拐角为直角，墙外穴窝为弧形。可见，其柱为半明半暗，半圆半方。在南北两侧的散水中，有残存的 21 节排水陶管，每节长 66.5 厘米，直径 19.0 厘米，壁厚 1.0 至 1.5 厘米。

城内发现的先秦砖瓦，有空心砖和板瓦、筒瓦、半瓦当、圆瓦当。空心砖有拍印的花纹，板瓦、筒瓦和瓦当饰绳纹。

《墨子·杂守》云："率万家而城方三里。"《战国策·齐策一》云："临淄之中七万户。"马世之认为：城市居民每户的占地面积，《墨子》所记约 154 平方米，《战国策》所记约 268 平方米，据此推算，郢都高峰时期约有 30 万人口①。

《太平御览》卷七七六引桓谭《新论》曰："楚之郢都，车毂击，民肩摩，市路相排突，号为朝衣新而暮衣敝。"桓谭的根据大概是战国纵横家的说法，战国纵横家以夸张为能事，但必有所本，而不至于枯树生花。

战国时代，湖北境内，除了中部偏南的郢都之外，北部居中的鄢邑和东部居中的鄂邑也是特别重要的城市。

1957 年和 1960 年发现的 5 枚鄂君启金节，提供了关于楚地的交通和贸易的重要信息。

鄂君启金节 5 枚，计有舟节两枚，车节 3 枚。根据其弧度、弧长和铭刻在节端两侧的并合序数，可以推定舟节和车节原来各有 5 枚，5 枚相合恰成一个圆筒，现已发现的占半数。节身为青铜铸造，节面有错金铭文，两枚舟节铭文相同，3 枚车节铭文也相同。舟节和车节的铭文开头是一样的："大司马昭阳败晋师于襄陵之岁……大攻（工）尹脽（睢）以王命……为鄂君启之府赓铸金节……"由此可知，鄂君启金节铸于怀王六年（公元前 323 年）。

启，无疑是一位公子，封于鄂，因称鄂君启。

舟节铭文是关于鄂君启商船队的船只限额、货物品种、营运路线和征税免税等，车节铭文是关于鄂君启商车队的车辆限额、货物品种、营运路线和征税免税等。

舟节记："屯三舟为一舿，五十舿，岁赢返。"车节记："车五十乘，岁赢返。"既然舟节、车节各有 5 枚，则鄂君启可拥有商船队和商车队各 5 支，合计有相当于小船 750 艘、大船 250 艘和车 250 乘。这是限额，并不表明鄂君启实有此数。

---

① 马世之：《略论楚郢都城市人口问题》，《江汉考古》1988 年第 1 期。

金节规定的营运路线，有些地名不知其所在，通都大邑和长江支流则是明确的。商船队的起点是鄂，故舟节铭文曰："自鄂往……"西向，经过今鄂州至今武昌之间的湖泊，过长江，入汉江，至鄢邑。北上入唐白河，止于芑阳（即棘阳，在今河南南阳市东南）。南返，沿汉江，逾夏水，入长江，经彭弴（即彭泽，在今江西湖口附近），至松阳（今安徽枞阳县）。西返，溯长江，可入湘江、资水、沅江、澧水，直到湘南。北返，溯长江，至郢都。由舟节铭文可知，当时在湖北境内，除西部外，水路交通已经形成一个网络。

商车队也以鄂为起点，在车节铭文中也记着："自鄂往……"北出方城，东至居巢（在今安徽六安境内），西返郢都。由车节铭文可知，当时在湖北境内，陆路车运的作用是不大的。

无论商船队、商车队，所过之处，有金节就可以免税，即"得其金节则母（毋）政（征）"，无金节则必须纳税，即"不得其金节则政（征）"。

尽管鄂君启享有这样的特权，可是他所能贩卖的商品有一定的限制。车节规定："母（毋）载金、革、黾、箭。""黾"，于省吾以为借作"**簄**"，"**簄**"为箭竹①。"金、革、黾、箭"都是军用物资，故在禁止贩卖之列。舟节规定："女（如）载马牛羊以出内关，则政（征）于大府，母（毋）政（征）于关。"关是地方税政机构，大府是中央财政机构。南方马牛羊比北方少，如把北方马牛羊贩运到南方来，可获厚利。怀王对鄂君启虽格外优待，还是舍不得把马牛羊税也免掉。舟节不禁运"金、革、黾、箭"，表明楚国对南方的统治相当稳固。

车节规定，马和牛每10头当一车看待，挑夫每20担也当一车看待，都要从50乘的总数里扣除。舟节和车节都规定，地方政府不负责为鄂君启的商队供应伙食。还规定，商队无论用舟、用车，每做完一次生意都要到郢都去，想必是为了接受审查。这些规定，表明楚国的商法是比较严密的。

五枚鄂君启金节都是在安徽寿县丘家花园出土的，其地距鄂邑甚远，

① 于省吾：《"鄂君启节"考释》，《考古》1963年第8期。

想来是战国晚期鄂君启的子孙迁居楚国最后的一个都城寿春（今寿县），金节也随之而去了。

北方诸国的商贩频繁地往来于楚地，早在春秋时代就如此了。据《左传·成公三年》所记，晋俘荀罃留居楚国时，郑国的一位“贾人”打算让他藏在货袋里，使他逃出楚国回到晋国去，都谋划停当了，因楚国决定礼送荀罃回晋国而作罢。这位“贾人”自称“小人”，无疑出身庶人。庶人能做跨国生意，而且能与“君子”交朋友，可见楚国对商贩之优容为何如。

三、天文，历法，算数

楚人先祖有“世叙天地”① 的传统，因而楚人在天文、历法、算数等领域中都是有根底的。

上文介绍曾侯乙墓所出属于公元前 5 世纪的二十八宿图像时，提到过楚人甘公和魏人石公，那是为了把《汉书·天文志》所记的甘氏二十八宿星名和石氏二十八宿星名与上述图像的二十八宿星名对照，并不意味着甘公和石公都生活在公元前 5 世纪。《史记·天官书》将甘公、石公与唐眛并举，而唐眛生活在公元前 4 世纪偏晚阶段，则甘公、石公也应该是公元前 4 世纪的人。甘公在天文学上的贡献，不止是对二十八宿的研究，而且，当时楚国的天文学家不止甘公和唐眛两人。

对于五大行星的运行特点，甘公和石公都有精细的观测和确切的认识。《汉书·天文志》云：“古历五星之推，无逆行者。至《甘氏》、《石氏》经，以荧惑、太白为有逆行。”荧惑即火星，太白即金星，它们顺行与逆行的交替比较明显②。甘公和石公早在战国中期就发现了火星和金星的逆行现象，这是难能可贵的。

---

①《国语·楚语下》，上海师范学院古籍整理组点校本，上海古籍出版社 1982 年版，第 563 页。

② 水星、土星、木星也有逆行现象，但水星不易观测，而土星、木星的逆行现象不大明显。

据《开元占经》卷二三所记："《甘氏》曰：'单阏之岁，摄提格在卯，岁星在子，与须女、虚、危晨出夕入，其状甚大，有光，若有小赤星附予其侧，是谓同盟。'"席泽宗认为：那颗小赤星应即木卫三（木星的第三号卫星），木卫三是四等星，橙色，当其与木星的角距大于 5 角分时，肉眼可辨。席泽宗经推算后指出：甘公发现木卫三应在公元前 400 年至前 360 年之间，而以公元前 364 年（楚宣王六年）夏天的可能性为最大，那时木星正在宝瓶座，而女宿一、虚宿二、危宿一都在宝瓶座内，它们恰好可以一起"晨出夕入"。先前，国际天文学界认为木星的四颗较大的卫星都是伽利略和麦依耳在 1610 年用望远镜发现的。甘公发现木卫三，比伽利略和麦依耳早了将近两千年①。

古人对北斗与四季的关系的认识，始见于《鹖冠子・环流》，其文曰："斗柄东指，天下皆春；斗柄南指，天下皆夏；斗柄西指，天下皆秋；斗柄北指，天下皆冬。"按：鹖冠子其人是战国中晚期的楚人，隐居不仕。

甘公有关于彗星的观测记录传世，如《开元占经》卷八五所记："《甘氏》曰：'扫星见东北，名曰天棓。'"称彗星为天棓，当因其状如棓（连枷）。长沙子弹库楚帛书有"天棓将作伤"句，表明称彗星为天棓的正是楚人。

长沙马王堆 3 号墓 1973 年所出的帛书《天文气象杂占》，占文不避汉高祖名讳，象征 14 个诸侯国的云气以"楚云"占首位，表明此书乃战国楚人所著。其中有 29 幅彗星图，形状各异。彗头有画成圆圈的，也有画成圆点的，还有大圆圈套着一个小圆圈或小圆点的；彗尾有长有短，有宽有窄，有弯有直。可见，楚国天文学家已经注意到记录彗星的不同类型了，这是世界上最早画出彗星不同形状的彗星图，其珍贵可想而知。

---

① 席泽宗：《科学史上的一个错案应予纠正——我国战国时期天文学家甘德已发现木星的三号卫星，比伽利略和麦依耳的发现早出近两千年》，《光明日报》1981 年 4 月 7 日。

马王堆墓是西汉早期的长沙国墓，长沙王是由湖北迁往湖南的，《天文气象杂占》最初应出现在湖北。

历法，官方的与民间的又有区别又有联系，周历即如此，楚历则寓变通于模仿之中。官方的历法为政治因素和宗教因素所左右，有理想主义倾向。民间的历法从生产和生活的需要出发，由功利主义主宰。

楚国官方在春秋早期以前用周历①，以冬至所在之月（夏历十一月）为年首，就月建而言是子正。冬至是中午太阳地平高度最低和圭表日影最长的一天，即白昼最短和黑夜最长的一天。以冬至所在之月为年首，就天文观测而言是有道理的，但对农业生产不如寅正的夏历实用。由此，楚国民间所用的仍是夏历。

春秋中期以后，与独具一格、自成一系的楚文化正式形成同步，楚国官方不再沿用周历，而改以立冬所在之月（夏历十月）为年首，就月建而言是亥正了。这样的历法改革，可能完全出于政治动机，故意显示与周历不同。按，秦历也以立冬所在之月为年首，但不改夏历月序，楚历则以夏历十月为正月，可见楚人比秦人走得更远。

楚历有八个别致的月名，散见于金铭和竹书，曾经令人不知所云。1975 年湖北云梦睡虎地出土了一批战国晚期后段的秦简，其中《日书》甲种《岁》篇有四支竹简是如下一份秦楚月名对照表（见表 9-1）：

表 9-1 秦楚月名对照表

秦	十月	十一月	十二月	正月	二月	三月	四月	五月	六月	七月	八月	九月
楚	冬夕	屈夕	援夕	刑夷	夏屎	纺月	七月	八月	九月	十月	爨月	献马

① 参见曾宪通《楚月名初探》，《中山大学学报》（社会科学版）1980 年第 1 期；王胜利：《楚文化志·历学》，湖北人民出版社 1988 年版。

从此，学者对楚国的月名才一目了然了。可是，楚国何以有 8 个别致的月名，何以七、八、九、十这 4 个月没有别致的月名，至今仍是谜。

屈原《九章·怀沙》云："滔滔孟夏兮，草木莽莽。"《九章·抽思》云："望孟夏之短夜兮……"《九歌·礼魂》云："春兰兮秋菊……"所记物象和天象，都与夏历吻合。可见，屈原接近民众，在作品中惯用夏历。

楚国民间的月名也本于夏历，如《尔雅·释天》所记，正月称"陬"，二月称"如"，等等，长沙子弹库楚帛书记月忌，即用《尔雅·释天》的月名。屈原《离骚》所谓"孟陬"，应即孟春正月。

记日，无论官方和民间，都用干支。

记年，楚人惯于称引大事，如"秦客公孙鞅闻王于栽郢之岁"、"大司马昭阳败晋师于襄陵之岁"等等，也是别出心裁的。

1983 年末至 1984 年秋发掘的江陵张家山 247 号墓，由所出的竹简《历谱》可知，是西汉早期吕后在位时下葬的，墓主曾仕于秦或项羽的楚，后来"降为汉"，大约在惠帝元年病免。此人应是当地的楚人，若非返里后去世，则必去世后归葬。此墓出有竹简《算数书》，其成书不可能在战国末至西汉初兵荒马乱的岁月里，而应是战国晚期或者更早就有的。在《算数书》出土以前，已知年代最早的中国数学专著是成书不早于西汉中期的《九章算术》。《算数书》是比《九章算术》更早的数学专著，由标题和内容可知，《九章算术》脱胎于《算数书》①。

楚制的砝码有科学的数列，也是楚地数学发达的一个证据。如"钧益"砝码有 10 枚，其数列为 1、2、3×2^0、3×2^1、3×2^2、3×2^3、3×2^4、3×2^5、3×2^6、3×2^7，在最小重量为楚制 1 铢到最大重量为楚制 2 斤的范围内，若需称出以铢为单位的任何一个单位重量，则 10 枚砝码缺一不可②。由此联想到《算数书》，它出土在楚地是合乎事理的。

① 参见张家山汉墓竹简整理小组：《江陵张家山汉墓概述》，《文物》1985 年第 1 期；李学勤：《中国数学史上的重大发现——江陵张家山汉简一瞥》，《文物天地》1985 年第 1 期。

② 参见后德俊：《楚国科学技术史稿》，湖北科学技术出版社 1990 年版，第四章第二节。

四、巫，道，骚

楚地本来盛行巫学，兼用杂学。巫学是楚人的传统学术，上文已介绍过了。杂学是楚人所能搜集和研习的外来学术，即《书》、《志》、《记》，等等。春秋晚期，有道学兴。战国中期，有骚学兴。于是，巫、道、骚三者齐备。

道家把巫师的宇宙观抽象化，骚人把巫师的宇宙观具象化，而巫师依然故我。如“太一”：在巫师看来，是太微座的一颗星，可以凭借其昏见来测定春分①；在道家看来，太一是“道生一”的万物之始，一生二，二生三，三生万物；在骚人看来，太一是一位全天至尊之神，是为“东皇”，或称“上皇”，献祭之时，如《九歌·东皇太一》所云，“灵偃蹇兮姣服，芳菲菲兮满堂”，美不胜言。

巫、道、骚三者不乏相通之处，例如：巫学有原始的互通相变律，以为万物各有其灵性和形体，其灵性可互通，其形体可相变；道学有齐物论，即《庄子·齐物论》所云，“举莛与楹，厉与西施，诙诡谲怪，道通为一”。骚学有扬灵说，如《九歌·湘君》所云，“横大江兮扬灵”。

由于道家和骚人相继兴起，战国时代巫师的地位已经不如春秋时代的巫师那么崇高了。可是，骚人也有通晓巫学的，屈原即如此。

战国时代，有庄子为道家宗师。庄子（约公元前369年—约公元前286年），名周，生于蒙邑（今安徽蒙城县），卒于蒙邑。早年做过蒙邑漆园的小吏，不久就无意仕进了。楚威王曾经派使者奉厚币聘庄子，庄子辞不受命。《史记·老子韩非列传》云：“楚威王闻庄周贤，使使厚币迎之，许以为相。庄周笑谓楚使者曰：‘千金，重利；卿相，尊位也。子独不见郊祭之牺牛乎？养食之数岁，衣以文绣，以入大庙。当是之时，虽欲为孤豚，岂可得乎？子亟去，无污我。我宁游戏污渎之中自快，无为有国者所羁，终身不仕，以快吾志焉。’”《庄子·秋水》所记有异，其

① 参见王胜利：《楚国的分野与楚人的星神崇拜》，《东南文化》1991年第3、4期合刊。

文曰："庄子钓于濮水，楚王使大夫二人往先焉，曰：'愿以境内累矣。'庄子持竿不顾，曰：'吾闻楚有神龟，死已三千岁矣，王巾笥而藏之庙堂之上。此龟者，宁其死为留骨而贵乎？宁其生而曳尾于涂中乎？'二大夫曰：'宁生而曳尾涂中。'庄子曰：'往矣！吾将曳尾于涂中。'"

当时北方的诗坛无限凄清，南方却有骚人所作的楚辞一枝独秀。"楚辞"是汉人追加的专称，先秦的楚人称之为"赋"。

还在骚人尚未开始创作时，楚地已有类似楚辞的民歌存在。如《越人歌》，几与楚辞无异。相传《越人歌》是一位越人船工为鄂君子皙而唱的，经越译楚说和文人整理，后来被刘向把记音和译意并收在《说苑·善说》中，才有幸流传下来，其词云："今夕何夕兮搴洲中流，今日何日兮得与王子同舟。蒙羞被好兮不訾诟耻，心几顽而不绝兮得知王子。山有木兮木有枝，心说（悦）君兮君不知。"此歌声情摇曳，令人心醉。屈原《九歌·湘夫人》有句云："沅有茝兮澧有兰，思公子兮未敢言。"朱熹《楚辞集注》指出："其起兴之例，正犹越人之歌，所谓'山有木兮木有枝，心说君兮君不知'。"

楚辞的宗师是屈原（约公元前 340 年—约公元前 277 年），名平，后人多称其字①。据《史记·屈原贾生列传》所记，屈原"博闻强志，明于治乱，娴于辞令"。壮岁出仕，"为楚怀王左徒"。"入则与王图议国事，以出号令，出则接遇宾客，应对诸侯。王甚任之。"上官大夫诬屈原贪怀王之功以为己有，怀王由此疏远了屈原（见图 9-3）。

按：屈氏乃屈瑕之后，在春秋时代是一个显赫的家族，到战国时代已衰微不可复振。威王时，昭氏与景氏同荣。怀王时，唯昭氏独荣。左徒非要职，可能只是下大夫，最高不过中大夫。

屈原接近民众，喜爱民歌，然而，他是不满足于模仿的，他有自己的创造。屈原的作品，据汉代刘向、班固、王逸所录，都是 25 篇。25 篇之内，《远游》、《卜居》、《渔父》3 篇，近人多疑为非屈原所作。

① 屈原的故乡，前人以为在秭归，近人有以屈原作品为"内证"而申论在江陵的。

图 9-3　屈原行吟图（陈老莲作）

25 篇之外，有《招魂》和《大招》。司马迁以为《招魂》乃屈原所作，王逸《楚辞章句》以为《招魂》乃宋玉所作，《大招》可能为屈原所作；近人则多以为《招魂》乃屈原所作，《大招》则似非屈原手笔。大致无争议的屈原作品是：《离骚》、《九歌》（11 篇），《九章》（9 篇）、《天问》。

从秉赋和素养来看，屈原实在可以做一位大巫。《离骚》足以证明，屈原熟知神话，深钦神巫，善作神游。屈原与一般楚国大巫不同的，不仅是他擅长作楚辞，而且是他能够把稷下道学与郢中巫学糅合起来。屈原是稷下道学的信徒，此说倡自涂又光①。稷下道学有精气说，见于《管子》的《内业》、《心术》等篇。《管子·内业》指出：心中精气充沛，“乃能穷天地，被四海，中无惑意，外无邪灾”。能如此，就成为至人了。《庄子·田子方》云：“夫至人者，上窥青天，下潜黄泉，挥斥八极，神气不变。”《离骚》有句云：“耿吾既得此中正”，“溘埃风余上征”。王逸《楚辞章句》为之注曰：“得此中正之道，精合真人，神与化游。”“真人”，在《庄子》中与“至人”等义。

屈原的作品是抒情诗歌无可逾越的高峰，后人多欲效之而终莫能及。缘由不在于后人没有屈原那样的才情，而在于他们没有屈原那样的郢中巫学根底和稷下道学根底。

司马迁评屈原作《离骚》云：“推此志也，虽与日月争光可也。”②刘勰评《离骚》和其他楚辞作品云：“气往轹古，辞来切今，惊采绝艳，难与并能矣。”③ 前者所论重在思想，后者所论重在艺术，合而观之，就表里兼得了。

比屈原晚出的，有宋玉、唐勒、景差，也是楚辞名家。宋玉的故乡在今宜城市，唐勒和景差的故乡也不出湖北。唐勒之所作已扫数失传了。景差之所作，王逸《楚辞章句》以为可能有《大招》，但尚难论定。宋玉的成就显然在唐勒、景差之上，其传世之作，学者公认的有《九辩》，真伪难明的有《楚辞章句》所收的《招魂》，以及《文选》所收的《风赋》、《高唐赋》、《神女赋》、《登徒子好色赋》和《对楚王问》，计 6 篇。其中，《招魂》可能为屈原所作，已见上文；另外 5 篇都是上品，作者似非宋玉莫属。

---

① 涂又光：《论屈原的精气说》，见《楚史论丛（初集）》，湖北人民出版社 1984 年版。

② 《史记·屈原贾生列传》，中华书局点校本 1982 年版，第 2482 页。

③ 刘勰：《文心雕龙·辨骚》，王利器校笺本，上海古籍出版社 1980 年版。

宋玉景仰屈原，哀其志而慕其文。宋玉的作品，与屈原的作品相比，虽无雄奇之气，但自有其清新、细腻之妙。

楚艺术的极盛期在战国中期后段和战国晚期前段，其特色和奇趣，其风韵和情致，都源于巫、道、骚。

楚人的乐舞和美术，或多或少与巫学有缘。

楚辞《九歌》，从头到尾是巫在酣歌恒舞。楚辞《招魂》和《大招》，都是巫作法的唱词。

江陵一带楚墓所出的木雕漆绘“虎座立凤”，实为飞廉像。飞廉是凤的别种，楚人视之为风神。屈原在《离骚》中描写自己作巡天之夜游，前有月神照明，后有风神助力，有句云：“前望舒使先驱兮，后飞廉使奔属。”楚人做了飞廉像，置于墓中，是为了引导死者之魂到天界去。

江陵一带楚墓所出的木雕漆绘“镇墓兽”，实为土伯像。土伯，如《招魂》所记，是幽都即冥府的主宰。早期的土伯像只是一个竖放的半球代表头面，上插两支鹿角。晚期的土伯像是虎头而龙颈，上插两支鹿角，双头的有四支鹿角。无论早期、晚期，凡土伯像都有一个规整、厚实的方座代表九州大地。楚人做土伯像，置于墓中，是为了护佑死者之魂于幽都。

假如楚艺术只是巫学艺术，那就不足为奇了。楚艺术的内在思想、表现手法、外在风格，都显示了道学和骚学的要旨。

《老子》第二五章云：“人法地，地法天，天法道，道法自然。”要在艺术创作中达到这样的境界，就得像《庄子·大宗师》所讲的，“以天地为大炉，以造化为大冶”。

飞廉像，昂首向长天，支配着一个夐远、苍茫的空间；土伯像，俯首向大地，管领着一个深邃、幽昧的空间。天上和地下的两个空间，都是人们关注、谛视、凝想的永恒对象，但都远而无所至极耶！

再举一个非常浅显的实例——“四山镜”，这是典型的楚式镜。“山”字，竖是竖，横是横，全无动势可言。但一经楚国的铸镜匠师处理，“山”字就动起来了，转起来了。四个“山”字，环列在圆形的镜背上：一横是正的，与钮周的方框平行；三竖却是斜的，或一律左旋，或一律右旋。这样，圆中有方，静中有动。圆，使人联想到天“圆”；方，使人联想到地“方”。天与地之间有山，山与山之间有花叶。只手可握的一枚铜镜，竟是广大无垠、旋动不息的宇宙的缩影。

再举一个比较复杂的实例——“大武”青铜戚[①]（见插页图十）。这件青铜戚的正反两面都铸着一位天神，人形，然而鳞身、鸟喙、鸟爪，耳珥蛇，腰缠蛇，手握奇异动物，右足踏太阳，左足踏月亮，俨然是全天的主宰。按，此戚出自荆门车桥的一座战国墓，形制与某类巴式戈相像，在同出的随葬品中有巴式剑，而旁近几座同期墓是楚墓，可以推定此墓的墓主是楚籍巴人，此戚可能是墓主生前演出《大武》之乐所用的舞具。至于神像的奇特造型，则与巴人的信仰相远，而与楚人的信仰相近。长沙子弹库楚帛书有“帝夋乃为日月之行”句，帝夋即楚人所尊崇的帝舜。神像右足踏太阳而左足踏月亮，正是“为日月之行”的形象。这个神像的宇宙意识和空间效应，实为旷古未有。

楚人的美术作品惯于用分解、变形、抽象的手法来处理物象，而以分解、变形、抽象的凤纹居多，在江陵一带楚墓所出的刺绣和漆器上屡见不鲜。分解的极端，或仅具一目一喙，或止得一羽一爪；变形的极端，或类如行云流星，或类如花叶草茎；抽象的极端，是化为纯粹的曲线。这样，于形固有失，于神则有得。

从分解到变形和抽象是一种意象构成方式，虽显得支离灭裂，似乎非此非彼，其目的却是再现。另有一种意象构成方式，是从分解到改组和拼合，它显得繁杂堆砌，似乎亦此亦彼，其目的却是表现。

飞廉像和土伯像，就是纯属表现即纯属创造的美术作品，它们是分解、改组、拼合了几种动物的局部而构成的想当然之物。

比飞廉像和土伯像更令人不可思议的，是花翎凤和竹腿兽。花翎凤多见于江陵一带楚墓所出的刺绣纹样，凤的冠翎、翼翎、尾翎都是花和叶，实现了动物和植物的合一。竹腿兽即江陵马山1号楚墓所出的“辟邪”，“辟邪”只是姑且名之，其实它是一件即兴创作的根雕。它的确是

---

① “大武”，或释“太岁”。

用一段树根雕成的，两条前腿都在右侧，两条后腿都在左侧，当然可以猜测是将就了材料，但更有可能是作者有意选择了这个特殊的材料，以求增强怪异的气氛。头如虎，前探，张口露齿。第一条前腿上雕着一条长蛇，第二条前腿上雕着一条短蛇正咬住一只青蛙的腿，第一条后腿上雕着一条蜥蜴正咬住一只小鸟的头，第二条后腿上雕着一只敛翅憩息的蝉。而最怪的，是4条腿都雕成了竹竿。第一条后腿大幅度前伸，动态毕现。这是一只怪兽，由6种动物和一种植物合成，它是为创造而创造，为艺术而艺术的。

上述纯属创造的美术作品，可以说就是具象化的齐物论和扬灵说。《庄子·知北游》云："万物一也。"《庄子·天地》云："不同同之之谓大。"撷取"不同"物象的局部，在一个见所未见、闻所未闻的物象整体上"同之"，所拓出的境界就"大"得只能用想象力去度量了。

凡创造的美术作品，给人的最初印象总是"不肖"，"不肖"就是"不像"、"不似"。"肖"所能给予的是低层次的美，其境界小；"不肖"所能给予的是高层次的美，其境界大。楚人对只有"小美"的物象，如凡夫俗子和龙、虎、鹿、蛙、蛇、蝉之类，总是以"肖"出之，虽不"缺"、不"拙"，但只是"小成"、"小巧"。对赋有"大美"的物象，如神人怪兽，总是以"不肖"出之，或"缺"或"拙"，却是"大成"、"大巧"。《老子》第四五章云："大成若缺"，"大巧若拙"。

五、歌，乐，舞

楚地从里社到宫廷，从"小人"到"君子"，对歌、乐、舞往往如醉如痴。

传为宋玉所作的《对楚王问》云："客有歌于郢中者，其始曰《下里》、《巴人》，国中属而和者数千人。"《下里》，疑为郢中平民的俗曲；《巴人》，应是传入郢中的巴曲。"国中属而和者数千人"，其气氛之热烈乃可想而知。

民间的乐队，通常只有鼓、瑟、竽三种乐器。还有名为"参差"的排箫，多用以独奏，其声如怨如慕，如泣如诉。《九歌·湘君》有句云：

“望夫君兮未来，吹参差兮谁思?”

民间的舞人，以巫为主。达高潮时，则众人“代舞”。“代”者，交替也，轮流也。《九歌·礼魂》有句云：“成礼兮会鼓，传芭兮代舞。”

宫廷的歌、乐、舞，当然要比民间的盛大得多了。

《招魂》有句云：“肴羞未通，女乐罗些。陈钟按鼓，造新歌些。《涉江》、《采菱》，发《扬荷》些。……二八齐容，起郑舞些。衽若交竿，抚案下些。竽瑟狂会，搷鸣鼓些。宫廷震惊，发《激楚》些。吴歈蔡讴，奏大吕些。……铿钟摇簴，揳梓瑟些。”《大招》有句云：“代秦郑卫，鸣竽张只。伏戏《驾辩》，楚《劳商》只。讴和《扬阿》，赵箫倡只。……二八接武，投诗赋只。叩钟调磬，娱人乱只。四上竞气，极声变只。”

《涉江》、《采菱》、《扬荷》(《扬阿》)，必有水乡清韵，无疑是楚曲。一说，《驾辩》为瑟曲，《劳商》即《离骚》，二者也是楚曲。至于《激楚》，则其必楚曲无疑。楚人还引进了郑、吴、蔡、秦、卫、赵、代等国的歌、乐、舞，无怪乎能“极声变”而“娱人乱”了。

宫廷乐队是诸色乐器一应俱全的，演奏之时，气势堂皇，应律合节，展诗会舞，其效果之美妙实难言喻。

《激楚》在楚宫乐舞中的地位，似与唐玄宗天宝年间的《霓裳羽衣》相仿。演出《激楚》竟使“宫廷震惊”，这是因为乐声大作呢，还是像楚辞《对楚王问》所讲的，“引商刻羽，杂以流徵”，“其曲弥高”呢？那是今人不得而知的。《招魂》云：“《激楚》之结，独秀先些。”按，“结”即“髻”。这里特意点出结来，应是女伶不仅符合“小腰秀颈”、“丰肉微骨”、“朱唇皓齿”之类楚人的审美标准，而且发式也特别漂亮。

假如说，楚人的乐声还凝结在出土的乐器上，至今恍若在耳，那么，楚人的舞态已在长曳千载的流光中消失，殊难描摹了。据《九歌》的《东皇太一》和《云中君》，舞姿“偃蹇”、“连蜷”，应为富有曲线律动之美。湖北省歌舞团在20世纪80年代创作演出的《编钟乐舞》，有“三道弯”舞姿，可谓深得楚舞遗意。

第十章　东周晚期的急转直下

第一节　高踞峰顶而危若累卵

怀王前期，产业发达，文化繁荣，贵族陶醉于声色犬马，平民满足于温饱安宁，似乎可以高枕无忧了，殊不知危机正在升平景象中悄然逼近。

其实，威王已经察觉危机的朕兆了。可是，怀王不如其父清醒，对人对事都缺乏洞察力和预见性。他站在声威和光荣的顶峰上，踌躇满志，何曾想到接着要走的竟是一条布满了苦涩和屈辱的下坡路。这条下坡路使湖北倒退了，倒退了不止两个世纪。

一、对内失控，对外失计

威王认为当时已经没有“不为爵劝，不为禄勉，以忧社稷”的大臣了，为此不胜忧虑。后来的事实足以证明，威王的忧虑不是多余的。

就在怀王六年（公元前 323 年），大司马昭阳破魏师，以功擢令尹，继而移兵伐齐国，齐人震恐。《史记·楚世家》记齐威王问计于秦使陈轸，陈轸对曰：“王勿忧，请令罢之。”“即往见昭阳军中，曰：‘愿闻楚国之法，破军杀将者何以贵之？’昭阳曰：‘其官为上柱国，封上爵执珪。’陈轸曰：‘其有贵于此者乎？’昭阳曰：‘令尹。’陈轸曰：‘今君已为令尹矣，此国冠之上。臣请得譬之：人有遗其舍人一卮酒者，舍人相谓曰：“数人饮此，不足以遍。请遂画地为蛇，蛇先成者独饮之。”一人曰：“吾蛇先成。”举酒而起曰：“吾能为之足。”及其为之足，而后成人夺之酒而饮之，曰：“蛇固无足，今为之足，是非蛇也。”今君相楚而攻魏，破军杀将，功莫大焉，冠之上不可以加矣。今又移兵而攻齐，攻齐胜之，官爵不加于此；攻之不胜，身死爵夺，有毁于楚：此为蛇为足之说也。不若引兵而去以德齐，此持满之术也。’昭阳曰：‘善。’引兵而去。”

主帅取持满之术而弃忧国之心，怀王则听之任之，这在先前的楚国是不可思议的，现在居然发生了，而且是在顺境中发生的。以后遇到逆境，必然会误国甚至祸国。

威王认为秦是虎狼之国，不可亲之。怀王起初还记得先王的这个遗训，后来就置诸脑后了。

怀王十一年（公元前 318 年），楚、韩、魏、赵、齐、燕六国合纵。怀王为纵长，帅六国联军伐秦。无奈六国貌合神离，谁都怕自己吃亏。一接近函谷关，就都逡巡不前了。秦师一出函谷关，六国联军就退却了。

怀王十三年（公元前 316 年），秦伐蜀，贬其王为侯，蜀名存实亡。这时，怀王已经把先王的遗训“秦有举巴蜀、并汉中之心”忘记了。

本来，楚国是可以稳住巴国、牵制蜀国、抗御秦国的，可惜怀王和他的执政大夫坐失了良机。说到这里，不能不插叙巴蔓子其人其事。

《华阳国志·巴志》云：“周之季世，巴国有乱。将军有蔓子请师于楚，许以三城。楚王救巴。巴国既宁，楚使请城。蔓子曰：‘借楚之灵，克弭祸难。诚许楚王城，将吾头往谢之，城不可得也。’乃自刎，以头授楚使。[楚]王叹曰：‘使吾得臣若巴蔓子，用城何为!’乃以上卿礼葬其头。巴国葬其身，亦以上卿礼。”

“巴国有乱”，其为何乱？“请师于楚”，事在何年？“楚王救巴”，是为何王？这些疑问，小而言之，使巴楚关系的一个重要环节模糊不清，大而言之，使秦人得志于巴蜀以及楚人失计于巴蜀的缘由隐晦不明。近经王峰考证，才水落而石出了。

王峰指出：巴蔓子请师于楚，上限不早于公元前 323 年，下限不晚于公元前 317 年。救巴的楚王，无疑是怀王。巴国之乱，是因苴侯亲巴国而蜀王伐苴侯所引发的巴国北疆动乱。巴蔓子属于后世所谓廪君蛮，其头葬于今宜都市荆门山，其身葬于今利川市都亭山。“巴蔓子自刎，巴国失去的是有见识、有胆略的良将兼贤臣，楚国失去的是可亲近、可深谋、生和死都可以信赖的盟友。”“假设公元前316年巴蔓子将军尚在人世，秦楚关系也许会有另外一种格局吧？假设不能对往事产生任何效用，但是，假设能够给来者或多或少的启示。”①

公元前316年（楚怀王十三年，秦惠文王更元九年），秦灭蜀。未几，秦并巴。楚与秦角逐，本来楚占优势，但在秦得巴蜀以后，就变成秦占优势了。未得巴蜀时，如大夫司马错对秦惠文王所讲的，秦国“地小民贫”。司马错认为“伐蜀”的好处是：“得其地足以广国，取其财足以富民。”② 还有一个好处是司马错没有讲到的，即秦取巴蜀后可拊楚人之背。那样，湖北的西门就难守了。

二、苏秦、张仪与湖北

战国时代，群雄竞逐，说客应运而生。说客或称辩士、谈士，他们的学术是权变。若从战略来看，则不外乎合纵、连横两家。主张崤山以东的国家从南到北联合起来与秦国抗争的，叫做合纵；主张崤山以东的国家与西边的秦国联合的，叫做连横。由此，这些说客号称纵横家，他们的学术号称纵横术。周人苏秦和魏人张仪同受学于鬼谷先生，精研揣情摩意“以说当世之君”之术。苏秦倡合纵，先显③；张仪倡连横，后显。他们都到过郢都：苏秦到郢都一次，见了威王；张仪到郢都三次，先后见过威王和怀王。

苏秦先说服了燕文侯、赵肃侯、韩宣王、魏襄王、齐宣王，再到湖北来。《史记·苏秦列传》记苏秦说楚威王曰：

---

① 王峰：《巴蔓子考论》，《民族研究》1998年第1期。

②《史记·张仪列传》，中华书局点校本1982年版，第2 283页。

③ 1973年，从长沙马王堆3号汉墓中，出土了帛书《战国纵横家书》11 000余字，论者或以此为据，断言苏秦晚于张仪。我们认为《史记》所记苏秦生平远较帛书《战国纵横家书》为详，司马迁必有所据。由此，本书从《史记》。

“楚，天下之强国也；王，天下之贤王也。西有黔中、巫郡，东有夏州、海阳，南有洞庭、苍梧，北有陉塞、郇阳，地方五千余里，带甲百万，车千乘，骑万匹，粟支十年。此霸王之资也。夫以楚之强与王之贤，天下莫能当也。今乃欲西面而事秦，则诸侯莫不西面而朝于章台之下矣。秦之所害莫如楚，楚强则秦弱，秦强则楚弱，其势不两立。故为大王计，莫如从（纵）亲以孤秦。大王不从（纵）[亲]，秦必起两军，一军出武关，一军下黔中，则鄢郢动矣。臣闻治之其未乱也，为之其未有也。患至而后忧之，则无及已。故愿大王蚤（早）孰（熟）计之。大王诚能听臣，臣请令山东之国奉四时之献，以承大王之明诏，委社稷，奉宗庙，练士厉兵，在大王之所用之。大王诚能用臣之愚计，则韩、魏、齐、燕、赵、卫之妙音美人必充后宫，燕、代橐驼良马必实外厩。故从（纵）合则楚王，衡（横）成则秦帝。今释霸王之业，而有事人之名，臣窃为大王不取也。夫秦，虎狼之国也，有吞天下之心。秦，天下之仇雠也。衡（横）人皆欲割诸侯之地以事秦，此所谓养仇而奉雠者也。夫为人臣，割其主之地以外交强虎狼之秦，以侵天下，卒有秦患，不顾其祸。夫外挟强秦之威，以内劫其主，以求割地，大逆不忠，无过此者。故从（纵）亲则诸侯割地以事楚，衡（横）合则楚割地以事秦，此两策者相去远矣，二者大王何居焉？……”

楚威王与苏秦所见略同，听了苏秦的一席长谈，当即表示“寡人谨奉社稷以从”。

合纵成功，苏秦为纵长。可是，不过3年，纵约就化为乌有了。

张仪到湖北来，比苏秦晚些。楚国已与崤山以东诸国合纵，张仪游说无效。某日，令尹宴请张仪，事后发现家里有一枚玉璧失踪。门客猜测是张仪偷走的，去把张仪捉来，打了几百板子。张仪断然否认，才被释放了。据《史记·张仪列传》所记：“其妻曰：‘嘻！子毋读书游说，安得此辱乎？’张仪谓其妻曰：‘视吾舌尚在不？’其妻笑曰：‘舌在也。’仪曰：‘足矣。’”这时的张仪，可谓狼狈不堪。

秦惠文王十年、楚怀王元年（公元前328年），张仪受命为秦相，写了长达二尺的文檄给楚国的令尹说：当初我没偷你的璧，你偏要打我，现在你就好自为之吧，我可要偷你们的城了。

秦惠文王更元十二年、楚怀王十六年（公元前313年），秦国为了离间楚国与齐国，决定派张仪到楚国来游说。事先宣布免除张仪的相位，以使张仪得到一个普通客卿的身份，给人以不妨朝秦暮楚的印象。此举果然见效，鉴于张仪曾经在秦魏两国之间翻云覆雨，怀王亟欲张仪为楚国所用，以免他到别国去给楚国添麻烦。据《史记·张仪列传》所记："楚怀王闻张仪来，虚上舍而自馆之。曰：'此僻陋之国，子何以教之？'仪说楚王曰：'大王诚能听臣，闭关绝约于齐，臣请献商於之地六百里，使秦女得为大王箕帚之妾，秦楚娶妇嫁女，长为兄弟之国……'楚王大悦而许之。群臣皆贺，陈轸独吊之。楚王怒曰：'寡人不兴师发兵，得六百里地，群臣皆贺，子独吊，何也？'陈轸对曰：'不然。以臣观之，商於之地不可得而齐秦合，齐秦合则患必至矣。'楚王曰：'有说乎？'陈轸对曰：'夫秦之所以重楚者，以其有齐也。今闭关绝约于齐，则楚孤。秦奚贪夫孤国，而与之商於之地六百里？张仪至秦，必负王，是北绝齐交，西生患于秦也，而两国之兵必俱至。善为王计者，不若阴合而阳绝于齐，使人随张仪。苟与吾地，绝齐未晚也；不与吾地，阴合谋计也。'楚王曰：'愿陈子闭口毋复言，以待寡人得地。'乃以相印授张仪，厚赂之。于是遂闭关绝约于齐，使一将军随张仪。"

《史记·楚世家》记张仪说怀王之辞，与《史记·张仪列传》所记大同而小异，其文曰："敝邑之王所甚说（悦）者无先大王，虽仪之所甚愿为门阑之厮者亦无先大王。敝邑之王所甚憎者无先齐王，虽仪之所甚憎者亦无先齐王，而大王和之，是以敝邑之王不得事王，而令仪亦不得为门阑之厮也。王为仪闭关而绝齐，今使使者从仪西取故秦所分楚商於之地方六百里，如是则齐弱矣。是北弱齐，西德于秦，私商於以为富，此一计而三利俱至也。"商於之地，方圆约合当时六百里，在陕西东南部，近河南西南部，是公孙鞅为秦孝公变法时从楚国夺去的。如果能交还楚国，怀王当然高兴。可是，怀王太糊涂了，居然以为张仪不会撒谎。陈轸也是一位著名的说客，深知张仪的如簧之舌不可轻信。陈轸的判断和推理一点也不复杂，几乎与常识无异，但怀王竟听不进去。

就在张仪为秦使楚前不久，秦国刻石为《诅楚文》，痛骂楚怀王（“楚王熊相”），央求大沈厥湫、巫咸、亚驼三位神灵帮助秦人歼灭楚师。秦王分明对楚王深恶痛绝，张仪却对怀王说“敝邑之王所甚说（悦）者无先大王”，其为谎言是显而易见的。

怀王一面派一位将军随张仪到秦国去，一面照张仪所讲的闭关绝约于齐。

那位将军到秦国后，张仪佯作醉酒坠车，称病不朝，以致那位将军一连三月见不着张仪。信息传到郢都，怀王以为张仪嫌楚国闭关绝约于齐的态度不够坚定，居然派出一位勇士，经过宋国前往齐国，借用宋国的符信，咒骂齐湣王。出乎楚人意料，这时秦国的使者已经到达临淄，正在与齐湣王密谈。齐湣王忿然折断了楚国的符信，决意联秦伐楚。张仪得到秦使的回报，才上朝了。他主动对楚国派到秦国去的那位将军说：您怎么不去受地呢？臣有奉邑方圆六里，愿进献给贵国大王。那位将军说：臣受命于敝国大王，所要来接收的商於之地方圆六百里，从来没听说过只有六里。于是，归报怀王。怀王羞愤难当，决定兴师伐秦。这时，已近岁末了。

翌年春，秦楚战于丹阳。楚师大败，甲士 8 万被杀，大将军屈匄、裨将军逢侯丑等将领 70 余人被俘。丹阳已深埋在丹江水库之下，现在所能见到的只是万顷碧波，当年的战场早就不可复睹了。

秦师乘胜取楚汉中郡。湖北的西北角约从今丹江口市至今竹山县纳入了秦国的版图，成为秦汉中郡的一部分。

怀王急欲复仇雪耻，迅速调集一切可能调集的部队，大举反击。楚师勇往直前，打进武关，打到蓝田，离秦都咸阳不远了。不料，韩魏联军袭楚国，长驱直入，逼近汉江，楚师不得不回救。当楚师退到南阳盆地时，韩魏联军已经撤走了。

同年夏，怀王命将军景翠领兵伐韩，无功而返。

从此，楚国不再是世界第一大国了。

秦惠文王更元十四年、楚怀王十八年（公元前311年），秦使来到郢都，建议以半个汉中郡交换一个黔中郡。所谓半个汉中郡，就是武关以东的商於之地，其实只是汉中郡的东北角，比黔中郡小得多了。如此要求以小易大，显然迹近要挟。秦人的深谋远虑，在于经巴蜀到黔中，包抄楚国的后方。怀王居然对秦使说：寡人只想得到张仪，不想得到土地。秦使回报秦惠文王，秦惠文王想让张仪到楚国去，只是说不出口来。张仪却说自己可以到楚国去，他对秦惠文王说：现在秦强楚弱，臣奉大王之命出使楚国，楚王是不敢杀臣的，况且，臣与楚王的宠臣靳尚友善，靳尚为楚王的夫人郑袖所信用，楚王对郑袖言听计从，臣此行不会死于非命的。

张仪果然到郢都来了，求见怀王。怀王拒不接见，下令把张仪投入牢房中去了。靳尚对怀王说：大王拘禁张仪，秦王必定大怒。诸侯见楚与秦反目，必定轻视大王，此事恳请大王深思。听了靳尚的话，怀王犹豫不决。靳尚又去对郑袖说：秦王要赎张仪出狱，决定把上庸六县归还楚国，还要把美人献给大王。大王爱土地，怕秦国，从今而后，秦国的美人必定受大王宠幸，夫人怕会被大王疏远的。臣为夫人着想，请夫人求大王放张仪出狱，如此方妥。郑袖没日没夜对怀王说：做人臣的，各为其主，大王怎么能怨张仪呢？秦王派张仪来，表明秦王尊重大王。大王不但不礼遇张仪，反而要杀死张仪，秦王必定大怒，非举兵伐楚不可。恳请大王准许妾带王子到江南去，以免成为秦人的鱼肉。怀王为郑袖所说动，下令让张仪搬出牢房，住进宾馆，待以厚礼。

张仪之舌尚在，如《史记·张仪列传》所记，他向怀王进言："秦地半天下，兵敌四国，被险带河，四塞以为固。虎贲之士百余万，车千乘，骑万匹，积粟如丘山。法令既明，士卒安难乐死，主明以严，将智以武，虽无出甲，席卷常山之险，必折天下之脊，天下有后服者先亡。且夫为从（纵）者，无以异于驱群羊而攻猛虎，虎之与羊不格明矣。今王不与猛虎而与群羊，臣窃以为大王之计过也。凡天下强国，非秦而楚，非楚而秦，两国交争，其势不两立。大王不与秦，秦下甲据宜阳，韩之上地不通。下河东，取成皋，韩必入臣，梁（魏）则从风而动。秦攻楚之西，韩、梁（魏）攻其北，社稷安得毋危？且夫从（纵）者聚群弱而攻至强，不料敌而轻战，国贫而数举兵，危亡之术也。臣闻之，兵不如者勿与挑战，粟不如者勿与持久。夫从（纵）人饰辩虚辞，高主之节，言其利不言其害，卒有秦祸，无及为已。是故愿大王之孰（熟）计之。秦西有巴蜀，大船积粟，起于汶山（按，即岷山），浮江已下，至楚三千余里。舫船载卒，一舫载五十人与三月之食，下水而浮，一日行三百余里，里数虽多，然而不费牛马之力，不至十日而距扞关。扞关惊，则从境（按，“境”，《战国策·楚策一》所记为“竟陵”）以东尽城守矣，黔中、巫郡非王之有。秦举甲出武关，南面而伐，则北地绝。秦兵之攻楚也，危难在三月之内，而楚待诸侯之救，在半岁之外，此其势不相及也。夫待弱国之救，忘强秦之祸，此臣所以为大王患也。大王尝与吴人战（按，实为与吴地之越人战），五战而三胜，阵卒尽矣；偏守新城，存民苦矣。臣闻功大者易危，而民敝者怨上。夫守易危之功而逆强秦之心，臣窃为大王危之。且夫秦之所以不出兵函谷十五年以攻齐、赵者，阴谋有合天下之心。楚尝与秦构难，战于汉中，楚人不胜，列侯执珪死者七十余人，遂亡汉中。楚王（按，应称“大王”，“楚王”乃《史记》误书）大怒，兴兵袭秦，战于蓝田。此所谓两虎相搏者也。夫秦楚相敝，而韩魏以全制其后，计无危于此者矣，愿大王孰（熟）计之。”上面的话，是张仪对怀王以威相胁。为了强调合纵必无成，张仪又指出：“凡天下而以信约从（纵）亲相坚者苏秦，封武安君，相燕，即阴与燕王谋伐破齐而分其地；乃详（佯）有罪，出走入齐，齐王因受而相之；居二年而觉，齐王大怒，车裂苏秦于市。夫以一诈伪之苏秦，而欲经营天下，混一诸侯，其不可成亦明矣。”

还有下面的话，是张仪对怀王以利相诱：“秦下甲攻卫阳晋，必大关天下之匈（胸）。大王悉起兵以攻宋，不至数月而宋可举，举宋而东指，则泗上十二诸侯尽王之有也。”“今秦与楚接境壤界，固形亲之国也。大王诚能听臣，臣请使秦太子入质于楚，楚太子入质于秦，请以秦女为大王箕帚之妾，效万室之都以为汤沐之邑，长为昆弟之国，终身无相攻伐，臣以为计无便于此者。”

据《战国策·楚策一》，张仪最后谦卑而委婉地说道：“故敝邑秦王使使臣献书大王之从车下风，须以决事。”怀王谦逊而诚恳地表示：“楚国僻陋，托东海之上。寡人年幼，不习国家之长计。今上客幸教以明制，寡人闻之，敬以国从。”于是，怀王遣专使，“献骇鸡之犀、夜光之璧于秦王”①，楚秦联姻。

至于以半个汉中郡换一个黔中郡，则不再成为秦楚之间的话题了。

大夫屈原为修补已告破裂的楚齐同盟，奉使至齐，此时返楚复命。屈原对怀王说：“前大王见欺于张仪，张仪至，臣以为大王烹之。今纵弗忍杀之，又听其邪说，不可。”怀王听了，不以为然②。

张仪从容离开楚国，北上游说韩、齐、赵、燕诸王，俱如愿以偿。唐代崔道融作《楚怀王》诗有句云：“六里江山天下笑，张仪容易去还来。”

《战国策·楚策三》记张仪在郢都的活动，另有情节，其文如下：“张仪之楚贫，舍人怒而归。张仪曰：‘子必以衣冠之敝，故欲归，子待我为子见楚王。’当是之时，南后、郑袖贵于楚。张子见楚王，楚王不说（悦）。张子曰：‘王无所用臣，臣请北见晋君。’（按，当时偶有称魏为晋者，此晋君即魏君。）楚王曰：‘诺。’张子曰：‘王无求于晋国乎？’王曰：‘黄金、珠玑、犀象出于楚，寡人无求于晋国。’张子曰：‘王徒不好色耳。’王曰：‘何也？’张子曰：‘彼郑、周之女，粉白黛黑，立于衢闾，非知而见之者以为神。’楚王曰：‘楚僻陋之国也，未尝见中国之女如此

---

① 原文为“鸡骇”，从王念孙校改。

② 此据《史记·张仪列传》。同书《楚世家》所记为：“张仪已去，屈原使从齐来，谏王曰：‘何不诛张仪？’怀王悔，使人追仪，弗及。”同书《屈原贾生列传》所记为：“是时屈平既疏，不复在位，使于齐，顾反（返），谏怀王曰：‘何不杀张仪？’怀王悔，追张仪不及。”

其美也，寡人之独何为不好色也。’乃资之以珠玉。南后、郑袖闻之大恐。［南后］令人谓张子曰：‘妾闻将军之晋国，偶有金千斤，进之左右，以供刍秣。’郑袖亦以金五百斤。张子辞楚王曰：‘天下关闭不通，未知见日也，愿王赐之觞。’王曰：‘诺。’乃觞之。张子中饮，再拜而请曰：‘非有他人于此也，愿王召所便习而觞之。’王曰：‘诺。’乃召南后、郑袖而觞之。张子再拜而请曰：‘仪有死罪于大王。’王曰：‘何也?’曰：‘仪行天下遍矣，未尝见人如此其美也，而仪言得美人，是欺王也。’王曰：‘子释之，吾固以为天下莫若是两人也。’”按：既云“南后、郑袖”，则张仪所见之楚王必为怀王。然而，张仪见怀王共两次，每次都是贵显的国宾，不得云“贫”。在《战国策》中，有趣的未必都是有据的，上述情节就是有趣而无据的传说。文中称楚王为“见日”，这是当时楚人的习惯。在包山楚简中，就有“见日”。贾继东以为“见日”即楚王，其说可从①。看来，上述传说大概是在楚人中酿造的，并非出于辩士的想象。

张仪正得意时，就在当年，秦惠文王去世了，继位的秦武王从来就嫌恶张仪。“群臣多谗张仪曰：‘无信，左右卖国以取容。秦必复用之，恐为天下笑。’”② 崤山以东诸国听说张仪与秦王不谐，都背弃了言犹在耳的横约。张仪不自安，离开秦国，回到魏国，不过一年就去世了。

司马迁论苏秦、张仪曰：“此两人真倾危之士哉!”③

第二节　变生不测

楚秦和亲，由来已久。还在张仪“左右卖国以取容”之前，秦惠文王就有一位妃子是楚国公族女子，在秦宫中号为“芈八子”。公元前307年，秦武王死，无子，由芈八子所生的一位王子继位，是为秦昭襄王（即秦昭王）。

---

① 贾继东：《包山楚墓简文“见日”浅释》，《江汉考古》1995年第4期。
②③《史记·张仪列传》，中华书局点校本1982年版，第2 298、2 304页。

怀王二十三年（公元前 306 年），楚灭越，置江东郡。西有所失，东有所得，怀王或许因此而得到了某种心理平衡。

怀王二十五年（公元前 304 年），秦国把上庸归还楚国。这是因为秦昭襄王有内忧，企求暂时以楚国为外援。上庸只是故楚汉中郡的一个县，其治所在今湖北竹山县西南。尽管如此，怀王也不惜背弃齐国而联合秦国了。

其明年，齐、韩、魏合兵伐楚。怀王为了向秦求援，命太子横入质于秦。

又明年，太子横因忿争而杀死秦国的一位大夫，逃回楚国。这时，秦昭襄王已不再为内忧所困，从而不再需要以楚国为外援了。

楚怀王二十八年、秦昭襄王六年（公元前 301 年），秦与齐、韩、魏协力伐楚，破楚师于方城，杀楚将唐昧，韩取楚宛邑（治今河南南阳市）迤北之地，魏取楚叶县迤北之地，湖北的北境由此告急。

公元前 300 年，秦伐楚，楚将景缺与两万士卒战死。怀王唯恐齐与韩、魏也乘机来伐，命太子横入质于齐。

一、怀王的访秦和殉国

公元前 299 年，秦伐楚，取八城。《史记·楚世家》记秦昭襄王使者奉国书致楚怀王说："寡人与楚接境壤界，故为婚姻，所从相亲久矣。而今秦楚不欢，则无以令诸侯。寡人愿与君王会武关，面相约结盟而去，寡人之愿也，敢以闻下执事。"怀王觉得为难，"欲往，恐见欺；无往，恐秦怒"。令尹昭雎认为怀王不可到秦国去，楚国只要发兵守边就行了。他说："秦虎狼，不可信，有并诸侯之心。"王子子兰反对昭雎的意见，主张怀王到秦国去结盟。他说："奈何绝秦之欢心！"怀王采纳子兰的建议，决定前往秦国。

《史记·屈原贾生列传》所记与同书《楚世家》有异，谏怀王不要到秦国去的是屈原，他说："秦虎狼之国，不可信，不如毋行。"也许，如司马贞在《史记索隐》中所猜测的，昭雎和屈原发表了同样的意见。昭雎也罢，屈原也罢，总之，怀王不从。

秦昭襄王派一位将军到武关去，明里打出秦王的旗号，暗里埋设伏兵。待怀王一进武关就闭紧关门，强迫怀王到咸阳去。怀王在章台会见秦昭襄王，秦人的仪礼使怀王如蕃臣朝见天子。这时，怀王才后悔不听昭雎的忠言了。秦昭襄王要怀王许诺把巫郡和黔中郡割让给秦国，怀王断然予以拒绝。于是，秦人不许怀王回楚国去。怀王虽是庸主，但也爱国，宁可身陷虎狼之口，决不舍弃尺寸之土。

恐慌笼罩着郢都，群臣聚议：国君在秦国，太子在齐国，假如秦齐合谋，楚国就无主了。许多大臣主张立怀王庶子，以求迅速安定人心。昭雎力排众议，亲自到齐国去迎太子横回郢都来，立之为王，是为顷襄王，其元年为公元前 298 年。

楚国通报秦国："赖社稷神灵，国有王矣。"①

秦师出武关攻楚国，大败楚师，斩首 5 万，取城 15 座（俱在今河南西南部）。

怀王的气节感动了先前对他恼怒不已的诸侯，齐、韩、魏合兵伐秦，进逼函谷关，秦国才中止了对楚国的攻势。

顷襄王二年，怀王利用秦人的疏忽，逃出宾馆，逃往赵国。因赵国边将拒绝接纳，乃改投魏国。中途被秦兵截获，不得不返回咸阳。

顷襄王三年，怀王客死于咸阳。秦国无奈，只好让怀王归葬楚国。《史记·楚世家》记："楚人皆怜之，如悲亲戚。"

"怀王……容易为甘言所欺，一而再，再而三，死而后已，但绝不为威武所屈。为了维护社稷，不惜献出生命。误国误得荒唐，爱国爱得卓绝，这就是怀王的特点。秦昭襄王怎么也不会想到，软禁怀王的结果却是挽救怀王。如果怀王没有受软禁之苦，他所能留给楚人的恐怕大半是怨恨。软禁使怀王横下一条心，宁客死他乡，也决不捐弃国土，就凭这一点，他赢得了几代楚人的尊重和怀念。"②

---

① 《史记·楚世家》，中华书局点校本 1982 年版，第 1 728 页。
② 张正明：《楚史》，湖北教育出版社 1995 年版，第 317 页。

二、庄蹻的暴郢和入滇

约在战国中期与战国晚期之交，楚有庄蹻，这是一位传奇人物甚至神秘人物：前半生令人或褒或贬，褒之者誉为良将，贬之者斥为剧盗；后半生令人将信将疑，信之者以为有，疑之者以为无。更有甚者，或谓庄蹻仅一人，或谓庄蹻有两人。

成书于战国末期的《荀子》、《韩非子》、《吕氏春秋》和《商君书》，都讲到了庄蹻。《荀子·议兵》把“楚之庄蹻”与“齐之田单”、“秦之卫鞅”、“燕之缪虮”并举，以为“是皆世俗之所谓善用兵者也”，然而“掎契司诈，权谋倾覆，未免盗兵也”。同篇还谈到楚国“兵殆于垂沙，唐蔑死；庄蹻起，楚分而为三四”。《商君书·弱民》所记，与《荀子·议兵》略同。据《吕氏春秋·介立》所记，庄蹻曾“暴郢”。据《韩非子·喻老》所记，庄蹻曾“为盗”，“吏不能禁”。上列文献所记的，都是庄蹻的前半生，从中可以作出下列几点判断：

第一，楚国的庄氏乃氏于谥者，都是庄王的后裔，庄蹻亦非例外。

第二，庄蹻以善用兵闻名。

第三，庄蹻曾经在郢都作乱乃至谋反，可能是发动兵变。

第四，庄蹻举事，应在公元前301年唐蔑（唐眛）阵亡以后，即在怀王末年或顷襄王初年。

第五，庄蹻举事无功，率其部流窜南楚，一度使朝廷与某些县邑的联系为之断绝。

第六，庄蹻虽“为盗”，但不是寻常草野之盗，也不是近人所谓“农民起义领袖”。

至于庄蹻的后半生，则见于汉代以后的典籍，而以《史记》与《后汉书》为主。

《史记·西南夷列传》曰：“始楚威王时，使将军庄蹻将兵循江上，略巴、黔中以西。庄蹻者，故楚庄王苗裔也。蹻至滇池，方三百里，旁平地肥饶数千里，以兵威定属楚。欲归报，会秦击夺楚巴、黔中郡，道塞不通，因还，以其众王滇。变服，从其俗，以长之。”

《后汉书·南蛮西南夷列传》曰："初，楚顷襄王时，遣将庄豪从沅水伐夜郎，军至且兰，椓船于岸而步战。既灭夜郎，因留王滇池。""滇王者，庄蹻之后也。"

庄蹻由楚入滇的年代，《史记》所记与《后汉书》所记不合。按：从"楚威王时"到"秦击夺楚巴、黔中郡"，至少有半个世纪。即令楚威王确实曾经命庄蹻远征西南，庄蹻也不会拖上半个世纪之久，对秦人击灭蜀国、威服巴国、屡败楚国都无动于衷，直到耄耋之年，才打算归报的。显然，"楚威王时"不确。范晔不盲从司马迁，而记作"楚顷襄王时"，其必有据。

庄蹻由楚入滇的路线，《史记》与《后汉书》也各持一说。前者所记为："循江上，略巴、黔中以西……"后者所记为："从沅水伐夜郎，军至且兰，椓船于岸而步战……"按，"循江上"的"江"，无疑是长江。经由长江前往滇池，似乎简捷，但要横穿地险而士勇的巴国，实为避弱击强，即使极盛时期的楚国动用最大限度的兵力，也未必能如愿以偿，对庄蹻的孤军来说，等于自寻绝路。至于"从沅水伐夜郎"，似乎纡曲，但能绕过巴国，而经由楚国的黔中郡直捣夜郎，可收避实击虚之效。所谓"从沅水""至且兰"，即循沅江支流沅水西上入夜郎东土。且兰在今贵州黄平县一带，临沅水上游的沅阳河。最早指出"从沅水伐夜郎"这条路线的，是《华阳国志》的《南中志》。《华阳国志》的作者是东晋的常璩，蜀人，熟知南中故实。常璩不采纳司马迁所记录的"循江上"，而采用自己所了解的"从沅水伐夜郎"，表明他认为前者不如后者可靠。《后汉书》的作者是刘宋的范晔，必定读过《华阳国志》。在庄蹻由楚入滇的路线问题上，范晔不附和年代早、名声大的司马迁，而信从年代晚、名声小的常璩，想必是择善而从。

刘玉堂曾撰文①，认为庄蹻"暴郢"失败之后，被迫向西南逃遁。"事情的真相可能是这样的：庄蹻率众入滇后，为了威慑滇人，诈称自己是奉楚王之命开滇的。"其说深合情理，宜可成立。

① 刘玉堂：《论庄蹻其人其事》，《民族研究》1990年第3期。

庄蹻虽落荒而走，但他对行进路线不是心中全然无数的。他所走的是东亚与南亚之间的一条商路，这条商路早就由商贩开通了。在庄蹻的队伍里，大概有商贩做向导。这样的向导非请不可，而且不难请到。

汉武帝时，张骞通西域，在葱岭以西看到过从汉朝经南亚运去的“蜀布”。现在有些学者根据张骞的见闻，推演出一条“南方丝绸之路”，以为其东端在成都。其实，汉代从蜀地出口贩到南亚以至西亚去的，只有麻布，没有丝绸①。蜀地无“蜻蜓眼”玻璃珠出土，可见，春秋战国时代，即令蜀地与南亚有物资交流关系，也还无实证可寻。春秋战国时代联结东亚与南亚的商路，其东端应在楚国的郢都，其西端应在摩揭陀王国的首都华氏城（今印度巴特那市）。纵贯于其间的横断山脉，并不像徒闻其名、鲜知其实的人们所想象的那样难于通行。直到 20 世纪中叶，马帮走山间小路，未晚先投宿，鸡鸣早看天，从云南西部边境到印度东部边境，走上半个月也就到了。

庄蹻的一生有两件大事，一件是暴郢，一件是入滇。前者失败了，后者成功了。就暴郢而言，他是剧盗；就入滇而言，他是良将。暴郢的是非和功过，由于资料匮乏，已无由论定，只能存疑了。对这时的湖北来说，只有抵御外侮才是大道理，其余一切恩恩怨怨都是小道理。庄蹻暴郢，无论成功或失败，都会减弱湖北抵御外侮的能力，负效应总是大于正效应。至于庄蹻入滇，则张扬了楚人开拓进取的锐志和豪气，是楚人用巨笔蘸浓墨在青史上写下的“外一章”。此后 1 500 余年间，没有任何一位从内地到云南去的将军能重现庄蹻的辉煌。直到公元 1253 年忽必烈帅蒙古兵乘革囊渡金沙江，才建树了超迈庄蹻的功业。

第三节　社稷易主，江山变色

这是一场悲剧——历史的悲剧，它使天地为之动容。

楚国的王室和权贵从安富尊荣到颠沛流离，可谓自食其果。史学家

① 参见任乃强：《中国陆上古商道——蜀布之路》，《文史杂志》1987 年第 1 期。

所关注的，只是民众的命运，社会的走向，以及文化的生机。

一、逆转的实证

对于远在两个千纪以前的社会，必须考古与读史相结合，方能得其真而传其信。

湖北自有楚国以来，直到怀王中期，社会的发展尽管有曲折，大致的趋向在进步中，或快或慢而已。一到怀王末期，即从公元前312年起，就开始退步了，而且有滑坡之势。读史所能知道的，十之七八是政治，对社会状况则如雾中看山。幸而，现在已有为数较多的考古资料提高了往事的能见度和可信度。

湖北迄今已发掘的楚墓群，其墓数在百座以上，见于正式发掘报告的，有当阳赵家湖楚墓297座①，江陵雨台山楚墓558座②。江陵九店楚墓597座③，三者合计1 452座。

当阳赵家湖分期分段墓数如下：

期	段	时　　代	墓　数
一	1	西周晚期	8
二	2	春秋早期前段	3
二	3	春秋早期后段	7
三	4	春秋中期前段	10
三	5	春秋中期后段	15
四	6	春秋晚期前段	11
四	7	春秋晚期后段	10

① 资料具见湖北省宜昌地区博物馆、北京大学考古系：《当阳赵家湖楚墓》，文物出版社1992年版。

② 资料具见湖北省荆州地区博物馆：《江陵雨台山楚墓》，文物出版社1984年版。

③ 资料具见湖北省文物考古研究所：《江陵九店东周墓》，科学出版社1995年版。

续表

期	段	时　　代	墓　数
五	8	战国早期前段	14
五	9	战国早期后段	40
五	8 或 9	战国早期	2
六	10	战国中期前段	26
六	11	战国中期后段	25
七	12	战国晚期前段	5
不明	不明	大致为东周	121
合　　计			297

按：原称“早段”、“晚段”，此处改称“前段”、“后段”。

江陵雨台山分期分段墓数如下：

期	时　　代	墓　数
一	春秋中期	9
二	春秋晚期	65
三	战国早期	115
四	战国中期前段	139
五	战国中期后段	56
六	战国晚期前段	39
不明	大致为东周	135
合　　计		558

《江陵九店东周墓》一书分期分段比较特别，总计 597 座墓，先分为甲、乙两组，再把甲组墓 19 座分为三期五段，而把乙组墓 578 座分为四期七段。据称，甲组墓实为周墓，乙组墓才是楚墓。

其甲组墓分期分段墓数如下：

期	段	时　　代	墓　数
一	1	西周晚期	1
二	2	春秋早期前段	1
二	3	春秋早期后段	2
三	4	春秋中期前段	6
三	5	春秋中期后段	7
不明	不明	大致为东周	2
合　　计			19

按：原称“早段”、“晚段”，此处改称“前段”、“后段”。

其乙组墓分期分段墓数如下：

期	段	时　　代	墓　数
一	1	春秋晚期后段	3
二	2	战国早期前段	8
二	3	战国早期后段	3
二	2 或 3	战国早期	10
三	4	战国中期前段	47
三	5	战国中期后段	203
四	6	战国晚期前段	157
四	7	战国晚期后段	34
不明	不明	东周	113
合　　计			578

按：原称“早段”、“晚段”，此处改称“前段”、“后段”。

综理上列三区四表，舍弃时代不明的墓葬，西周晚期至战国早期只分期不分段，战国中期和晚期既分期又分段，统而计之，合为一表如下：

时　　代	墓　数
西周晚期	9
春秋早期	13
春秋中期	47
春秋晚期	89
战国早期	192

续表

时　　代	墓　数
战国中期前段	212
战国中期后段	284
战国晚期前段	201
战国晚期后段	34
合　　计	1 081

楚文化考古学界对战国中期前后两段和战国晚期前后两段的年代划分，出于约定俗成。战国中期前段大致为公元前4世纪的前半，即悼王早期至宣王中期；战国中期后段大致为公元前4世纪的后半，即宣王晚期至怀王晚期；战国晚期前段大致为公元前300年至公元前278年郢都沦陷；战国晚期后段为公元前277年至公元前221年六国尽灭。

从上列五表的最后一表中可以看出：在当时湖北的心脏江陵、当阳一带，从西周晚期到战国中期，墓葬的数目逐期递增，以战国中期的增幅为最大，其高峰为战国中期后段。在古代社会中，墓葬的增长与人口的增长大致等幅，人口的增长与产业的增长大致同步。由此可知，从宣王经威王到怀王，湖北的社会发展达到了有史以来的高峰。墓群如此密集，实属全国罕见。这些墓群展示的虽是一个凄冷、阴沉的世界，却能映现出墓主生前一个热闹、灿烂的世界。

随葬品的多寡、优劣及其文化特色的浓淡，也是很能说明问题的。赵家湖、雨台山和九店的楚墓，几乎全是小墓，墓主生前的地位普遍不高，甲类墓的墓主乃士之偏上者，乙类墓的墓主乃士之偏下者，丙类墓的墓主大致为庶人。可是，甲类墓和乙类墓的随葬品比较丰盛，丙类墓间或也有精彩的随葬品，这在全国其他地方是难得见到的。

以九店楚墓为例，四种最有特色的楚式漆木器——镇墓兽、虎座立凤、虎座凤架悬鼓和鹿鼓出土数量如下：

镇墓兽（见插页图十一）共出60件，其中属于战国中期后段的有30件；

虎座立凤（见插页图十二）共出4件，其中属于战国中期后段的有3件；

虎座凤架悬鼓共出4件，其中属于战国中期后段的有2件（见图10-1）；

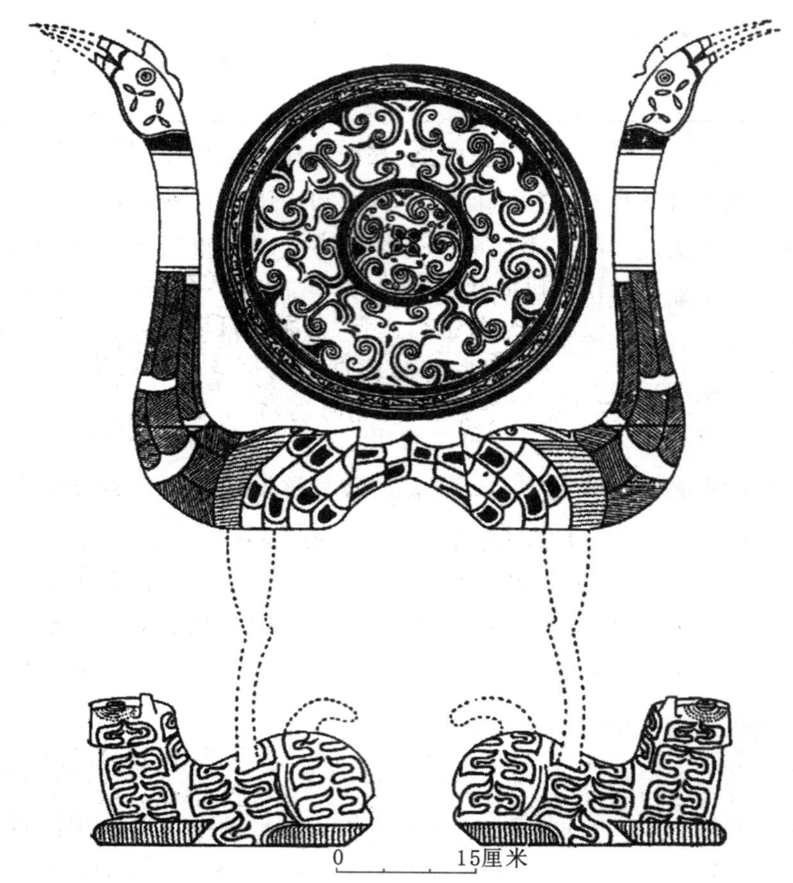

图10-1 虎座凤架悬鼓

鹿鼓共出3件，都属于战国中期后段。

在战国中期后段的九店楚墓中，还出土了为数较多的剑和戈，天平和砝码，玉佩和带钩，玻璃珠和水晶珠，铜镜，以及玛瑙杯等等。还有毛笔和笔筒、竹简，但不多。这些足以表明，从宣王经威王到怀王，郢都一带中等阶层的生活是多姿多彩的。所谓中等阶层，即下层的士和上层的庶人。

湖北境内迄今已发掘的大型楚墓只有两座：其一是江陵天星观 1 号墓①，墓主为邸阳君番勳，墓坑长宽为 41.2 米×37.2 米，有 15 级台阶，两椁两棺，外椁分 7 室；其二是荆门包山 2 号墓②，墓主为左尹昭㐌，墓坑长宽为 34.4 米×31.9 米，有 14 级台阶，两椁两棺，外椁分 5 室。邸阳君应是上大夫，左尹应是中大夫之偏上者。天星观 1 号墓的下葬年代为宣王晚期，属于战国中期后段而偏早；包山 2 号墓则是公元前 316 年下葬的，属于战国中期后段而偏晚。天星观 1 号墓七室有六室早期被盗，礼器和乐器已荡然无存，残迹表明其中有较大的升鼎和很好的编钟、编磬，从不曾被盗的一室中出土了大量兵器。包山 2 号墓也有盗洞，幸而未打进椁室，随葬品得以完整出土，其中不乏精品，如结构奇巧的折叠床和造型精妙的凤鸟双连杯等，都是见所未见的；如角雕动物、根雕动物和漆画等，都是美术考古的重要发现。

角雕动物一件，斜立，上细下粗而内空，透雕三个相互缠绕的虎首龙身的动物。其最大者首接器底，尾为器梢；其中等者首在下而向上，身作螺旋状缠绕最大者；其最小者长度不及最大者之半，口咬中等者右足，身亦为螺旋状。全器高 10.2 厘米，最大径 1.9 厘米。这件角雕寓谲怪之美于缠曲之态中，很能显示楚人的审美情趣。

根雕动物一件，长仅 3.9 厘米，宽仅 1.4 厘米，高仅 3.6 厘米，而所雕的动物不少于 3 只鹿、1 只猴、1 只鸟和几条蛇。虽有残损，但鹿之最大者与猴尚完好。鹿之最大者旋其颈而回其首，注视蹲坐在其身后的猴。鸟栖于枝头，蛇则在器座上游走。这件根雕展现了一个飞禽、走兽、爬虫共存互动的世界，一切听其自然。

漆画一幅，画在一件夹纻胎子母口奁的盖外壁上，周长 87.4 厘米，高 5.2 厘米，所画的是春郊行聘的情景，有人 26 个，车 4 乘，马 10 匹，

---

① 资料具见荆州地区博物馆：《江陵天星观 1 号楚墓》，《考古学报》1982 年第 1 期。

② 资料具见湖北省荆沙铁路考古队：《包山楚墓》，文物出版社 1991 年版。

树5棵，犬2只，猪1头，雁9只。在迄今已知的先秦绘画中，无论从布局、造型、用笔、设色以及对人物动态的描摹和对场景气氛的烘托等方面来看，这幅漆画都是绝伦之作（见插页图十三）。

如果把战国中期后段湖北腹地的诸多出土文物通统陈列出来，势将令人目不暇接。况且，它们只是“浮在水上的冰山”，未面世的比已面世的必定更加丰富而精彩。当时湖北腹地的文化空前繁荣，若以季节为喻，已不是莺飞草长的暮春，而到了花团锦簇的仲夏。

包山2号墓出土有字竹简278枚，其中196枚（简1至简196）是司法文书。简文表明：怀王在位时，在朝廷中，左尹是主管司法的长官，司马和莫敖在特定场合下也有主持审判的权力，某些职能部门还设有司败掌管各该部门的司法工作；在地方上，各县都设有司败，某些封君的领地也设有司败。开审时，原告和被告都可以申诉。作证前，证人必须盟诅。简138反面指出，同社的、同里的、同官的以及叔伯兄弟都不能做证人。遇到特别复杂的案件，传讯的证人可能数以百计，甚至还要请示楚王。例如简131至简139所记的一件人命官司，传讯证人达211个（简137所记为“凡二百人十一人”），楚王（应即怀王）曾两次向左尹下达指令。司败宣判以后，被告或原告如不服，可以上诉左尹，要求复审。简131至简139所记的那件人命官司，就是经过复审的。这些竹简足以证明，当时的楚国法制比较健全，吏治比较清明。

在上述司法文书中，关于土地所有权的诉讼也令人注目。在题为“疋狱”的23枚竹简中，就记录了6起土地所有权的诉讼案件。这些诉讼案件足以证明：“当时楚国的私有土地已经占有相当的数量，国家承认私人对土地的占有，在法律上保护个人对土地的所有权。”① 可以作为对比的是，在上述司法文书中，没有关于奴隶占有权的诉讼记录。显然，当时楚国的经济体制是比较进步的。

① 彭浩：《包山楚简反映的楚国法律与司法制度》，见《包山楚墓》，文物出版社1991年版，附录二二。

有学者说："楚国自从楚悼王时吴起被杀害以后……政治很腐败，压迫和剥削很残酷。"① 验之于这个时期连同上述司法文书在内的诸多出土文物，可知此说不实。楚国是有腐败的一面，是有残酷的一面，但并不比其他各国更腐败、更残酷。对其他各国不说"很"，唯独对楚国说"很"，就有失公允了。

楚国由盛转衰，始于公元前 312 年的丹阳之败。显示在考古资料上，是战国晚期楚墓出土的随葬品数量减少、质量降低了。以九店楚墓为例：战国中期后段有乙组墓 132 座，出土随葬品 1 727 件，平均每墓 13.1 件；战国晚期前段有乙组墓 71 座，出土随葬品 815 件，平均每墓 11.4 件②。这就是说，从战国中期后段到战国晚期前段，平均每墓随葬品减少了 13%。与随葬品数量减少同时，随葬品质量降低也是显而易见的趋向，其标志之一是典型的楚式漆木器少了，其标志之二是工艺特别考究的兵器、乐器、礼器少了，其标志之三是文具和饰物少了。以前，楚国经济发展的曲线也有升和降的变化，升久必降，降久必升，但降的幅度小，而升的幅度大。一过战国中期后段，这条曲线就只降不升了。

二、哀郢与招魂

顷襄王早期，秦据武关，韩据宛邑，相互牵制，湖北得以喘息。

顷襄王六年（公元前 293 年），秦师大破韩魏联军于伊阙（在今河南洛阳市南），秦国便不失时机地威逼楚国。《史记·楚世家》记秦昭襄王致楚顷襄王书曰："楚倍（背）秦，秦且率诸侯伐楚，争一旦之命。愿王之饬士卒，得一乐战。"楚国君臣不胜忧惧，决定与秦国修好。其明年，顷襄王娶秦女为夫人。

可是，和亲没有减轻楚国所受的压力。顷襄王八年（公元前 291 年），秦遣大良造白起率师伐韩，取宛。其明年，秦封公子市于宛。这

① 杨宽：《战国史》，上海人民出版社 1982 年版，第 374 页。

② 砝码、冥贝、镞、锥形器、鹅卵石不论多寡，俱以墓数作件数。

样，在南阳盆地上，失去了韩对秦的牵制，湖北就岌岌可危了。

不过，这时的秦国以东进为战略重点，暂且还不急于南进。公元前285年，秦楚为和亲之事会于宛。据《战国策·燕策二》所记，秦王“正告”楚王曰：“蜀地之甲，轻舟浮于汶，乘夏水而下江，五日而至郢。汉中之甲，乘舟出于巴，乘夏水而下汉，四日而至五渚。寡人积甲宛，东下随。知者不及谋，勇者不及怒，寡人如射隼矣。王乃待天下之攻函谷，不亦远乎？”按，“汶”即岷山，“巴”即巴山，“五渚”为湘、资、沅、澧四水与长江相会之处。“五日”、“四日”之类虽不实，大致的形势却就是这样。秦人像拿着一把叉子，三个叉头都指向湖北。

公元前283年，楚顷襄王与秦昭襄王两次相会：第一次会于鄢（今宜城市），其地当时仍属楚；第二次会于穰（今河南邓州市），其地当时已属秦。如此在短期内一再相会，似乎表明楚秦双方正在做化敌为友的努力。头脑比较简单的顷襄王即作如是观，他觉得危机已渐行渐远了。

老臣屈原因好直谏而不为君王和权贵所喜，做着专管昭、景、屈三姓子弟教育的三闾大夫这个冷官，已不能参与谋议国事了，恰如他在《九章·惜诵》中所写的：“退静默而莫余知兮，进呼号又莫吾闻。”宋玉①没有卷进政治是非中去，既不忤上，亦不谄上，既不抗俗，亦不媚俗，在与世浮沉中洁身自好，其清词丽句颇受顷襄王赏识。有时，宋玉寓谏于赋，无非婉言微讽而已。例如《风赋》，见于《文选》，写到宋玉随顷襄王游于兰台之宫。“有风飒然而至，王乃披襟而当之，曰：‘快哉此风！寡人所与庶人共者邪？’宋玉对曰：‘此独大王之风耳，庶人安得而共之？’王曰：‘夫风者，天地之气，溥畅而至，不择贵贱高下而加焉。今子独以为寡人之风，岂有说乎？’”宋玉的回答非常巧妙，他说，风有

---

① 宋玉生于鄢，葬于鄢，没有随顷襄王北迁。宋玉在作品中多次讲到巫山和云梦，所描写的都是南楚的风光。《登徒子好色赋》虽然讲到了“东国”的“阳城”和“下蔡”，可是借了“秦章华大夫”之口，点出宋玉所盛赞的邻女是“南楚穷巷之妾”。总之，宋玉毕生不出南楚。有些学者认为宋玉的创作活动在东国，甚至认为宋玉是在屈原自沉前后出生的，俱属误断。

雄与雌之别，雄风只是大王的，雌风才是庶人的。“起于青蘋之末”的风，“乘凌高城，入于深宫”，“跻于罗帷，经于洞房”，“清清泠泠，愈病析酲，发明耳目，宁体便人，此所谓大王之雄风也”。“起于穷巷之间”的风，“动沙堁，吹死灰，骇混浊，扬腐余，邪薄人瓮牖，至于室庐”，“生病造热”，“此所谓庶人之雌风也”。宋玉巧言设讽，顷襄王听后作何感想则不可知。

顷襄王听说有一位猎人能用弱弓、小矢、微缴射杀大雁，觉得稀奇，把他请来，向他求教。出乎顷襄王意料，这位猎人竟是一位洞察天下大势的大贤，他以射猎喻征战，发表了一通使顷襄王如梦初醒的宏论。《史记·楚世家》记这位猎人对顷襄王说：小臣只能用小矢射鸟儿，区区小技，“何足为大王道也”。楚国如此之大，大王如此之贤，所能射到的难道只是鸟儿吗？三王所射的是道德，五霸所射的是敌国。当今之世，秦、魏、燕、赵是比较大的鸟儿，齐、鲁、韩、卫是不大不小的鸟儿，驺、费、郯、邳是比较小的鸟儿，其余的国家就不值一射了。一共六双鸟儿，就看大王怎么去射了。“王何不以圣人为弓，以勇士为缴，时张而射之？此六双者，可得而囊载也，其乐非特朝昔（夕）之乐也，其获非特凫雁之实也。”这位猎人还为顷襄王设计了以战胜促合纵的方略，如能好自为之，“则长城之东收而太山之北举”，“从（纵）不待约而可成也，北游目于燕之辽东而南登望于越之会稽”，“楚之故地汉中、析、郦可得而复有也”，“山东、河内可得而一也”。接着，这位猎人指出，只有秦国才是必须全力以赴方能弋而获之的大鸟，他说：“秦为大鸟，负海内而处，东面而立，左臂据赵之西南，右臂傅楚鄢、郢，膺击韩、魏，垂头中国，处既形便，势有地利，奋翼鼓翅，方三千里，则秦未可得独招而夜射也。”顷襄王不禁心动，向这位猎人问计。这位猎人说：“夫先王为秦所欺而客死于外，怨莫大焉。今以匹夫有怨，尚有报万乘，白公、子胥是也。今楚之地方五千里，带甲百万，犹足以踊跃中野也，而坐受困，臣窃为大王弗取也。”顷襄王为其所激，决定派使者到崤山以东诸国去，谋合兵以伐秦，可是没有成功。

楚顷襄王十九年、秦昭襄王二十七年（公元前 280 年），秦遣左更司马错伐楚，取汉北之地及上庸。从此，楚地的北门和西门都洞开了，湖北已无险可守。秦赦罪人，迁之南阳，北起宛，南至穰。这些罪人为求解除官方奴隶的身份，作战时有进无退，如豺狼虎豹。在当时的战场上，霸道总比王道占上风，兽性总比人性占优势。落后的文化为了征服领先的文化，必然如此。

同年，司马错引兵经巴蜀攻黔中，战果不详。

北起宛和穰，南起上庸和黔中，秦国已摆开了对湖北的钳形攻势。

《战国策·楚策四》记大夫庄辛向顷襄王进谏，其言曰："君王左州侯，右夏侯，辇从鄢陵君与寿陵君，专淫逸侈靡，不顾国政，郢都必危矣。"按，州侯、夏侯、鄢陵君、寿陵君四人，名氏俱不详。其中，州侯为令尹，飞扬跋扈。《韩非子·内储说》云："州侯相荆，贵而主断。荆王疑之，因问左右，左右对曰'无有'，如出一口也。"《荀子·臣道》云："楚之州侯……可谓态臣者也。""态臣"，即善作态以惑君之权臣。顷襄王为权臣、佞臣所包围，以为合纵可救楚之难，听不进庄辛的逆耳之言，竟对庄辛说："先生老悖乎？将以为楚国袄祥乎？"庄辛正色答道："臣诚见其必然者也，非敢以为国袄祥也。君王卒幸四子者不衰，楚国必亡矣。臣请辟（避）于赵，淹留以观之。"果然，庄辛远走赵国，事在公元前 279 年。

是年秋冬，秦遣大良造白起以重兵伐楚，取邓、鄢、西陵。邓是楚在汉南的第一个要塞，鄢是楚在汉南的第一个重镇，西陵是位于郢都与巫郡之间的天险，它们相继失守，郢都就危在旦夕了。

鄢之战异常惨烈，秦人强攻，楚人死守。白起不得不征发大批刑徒，开凿一条长渠，西起今南漳县东部，东至今宜城市南部，分引鄢水，浸灌鄢城。这样以水助攻，才破鄢而拔之。白起后因破楚之功，封武安君。今南漳县东部有武镇，原名武安镇，即因武安君而得名。此渠屡经整修，至今犹存。白起所谋求的只是他眼前的军事效益，何曾想到此渠竟留下了他身后的经济效益。

秦国赦罪人迁居邓、鄢，当地的楚人若不逃散，则必陷于困境。

《战国策·齐策三》记齐大夫国子云：“鄢、郢者，楚之柱国也。”高诱注曰：“柱国，都也。”鄢是楚国的旧都，有楚国先王的宗宙，在军事上是郢的屏障。鄢既不守，郢就不能独完了。

这年秋冬，楚国的形势和楚人的心情都像宋玉在《九辩》中所描写的，“萧瑟兮草木摇落而变衰”。

翌年是公元前 278 年（楚顷襄王二十一年、秦昭襄王二十九年），仲春时节，白起麾师南下，没有经过激烈的战斗就击溃了楚师主力，随即攻克郢都。

当郢都将沦陷时，顷襄王及其臣僚就出逃了。他们渡过汉江，经由城口，到达城阳（在今河南信阳市北），不久，前往陈县（今河南淮阳县）。

白起分兵，西至夷陵（在今宜昌市东），东至竟陵（今潜江市）。《史记·白起王翦列传》云，白起“烧夷陵”；同书《楚世家》云，白起“烧先王墓夷陵”。烧墓，应是烧墓上的草木。竟陵有楚王常去的章华宫，白起当然不会置之不问。章华台遗址经过发掘，证明其台毁于火，大概就是秦人所为。

秦人不仅恣情烧墓，而且任意发冢。故楚郢都一带的大型楚墓，多半被秦人公然盗掘了，其中的重器和宝物几乎扫数被秦人洗劫了。如江陵天星观 1 号墓和当阳乌龟包 1 号墓等，由盗洞形制和其中遗物可知，都是明火执仗的官盗所为。

如《战国策·楚策四》所记，从庄辛谏顷襄王到白起拔郢，只有 5 个月。白起所用的士卒不过 5 位数，楚国拥有的士卒不下 6 位数，然而成败异势。《战国策·中山策》记秦昭襄王说白起破楚是“以寡击众，取胜如神”，白起自己则说：“是时楚王恃其国大，不恤其政，而群臣相妒以功，谄谀用事，良臣斥疏，百姓心离，城池不修，既无良臣，又无守备。故起所以得引兵深入，多倍城邑，发梁焚舟以专民（以）[心]，掠于郊野以足军食。当此之时，秦中士卒以军中为家，将帅为父母，不约而亲，不谋而信，一心同功，死不旋踵。楚人自战其地，咸顾其家，各有散心，莫有斗志。是以能有功也。”

屈原在所作的楚辞中写道：“鸾鸟凤皇，日以远兮。燕雀乌鹊，巢堂坛兮。”① “世溷浊而嫉贤兮，好蔽美而称恶。”② “惜壅君之不昭。”③ “哀民生之多艰。”④ 这些，可以与白起的话相参照。

白起说到“楚人自战其地”，可见楚国的民众不是没有斗志的。他们所缺乏的只是坚强的组织和正确的指挥。楚之败，国土非不广也，民众非不多也，士卒非不勇也，财富非不足也，文化非不高也，弊在君昏、臣佞、将庸而已。

郢都将失守时，早已受疏斥的三闾大夫屈原未能随顷襄王北走，不得不随多数民众南行。不久，屈原自沉于汨罗江，以身殉国。其遗作《哀郢》有句云：

皇天之不纯命兮，
何百姓之震愆！
民离散而相失兮，
方仲春而东迁。
去故乡而就远兮，
遵江夏以流亡。
出国门而轸怀兮，
甲之朝吾以行。
发郢都而去闾兮，
怊荒忽其焉极？
楫齐扬以容与兮，
哀见君而不再得。

---

① 《楚辞·九章·涉江》，朱熹集注本。
②④ 《楚辞·离骚》，朱熹集注本。
③ 《楚辞·九章·惜往日》，朱熹集注本。

望长楸而太息兮，
涕淫淫其若霰。
过夏首而西浮兮，
顾龙门而不见。
…………
…………
羌灵魂之欲归兮，
何须臾而忘反？
背夏浦而西思兮，
哀故都之日远。
…………
…………
曼余目以流观兮，
冀一反之何时？
鸟飞反故乡兮，
狐死必首丘。
信非吾罪而弃逐兮，
何日夜而忘之！

郢都失守标志着湖北历史的逆转。

由上文综汇赵家湖、雨台山、九店三个墓区的统计表可知，战国晚期前段的楚墓尚有 201 座，战国晚期后段的楚墓仅得 34 座。按照楚文化考古学界的意见，战国晚期前段只有 23 年，即从公元前 300 年到公元前 278 年；战国晚期后段则有 57 年，即从公元前 277 年到公元前 221 年。假如平均计算，则楚都北迁前每年有 8.7 座墓，而楚都北迁后每年不过 0.6 座墓，减少的幅度竟达 93.1%。对湖北全境来说，这个数字只是一斑，然而可窥全豹。

杀、烧、抢，乃至发冢，以及迁罪人实楚地，在这样的时世中，大半楚人不死即逃是势所必然的。

其实，人口的减少还不算是特别严重的问题，过上几十年，只要不横生波折，人口就会增多到打破历史纪录的程度。真正特别严重的问题是文化的倒退，这就不是几十年所能弥补的，某些方面甚至过上几百年也不能恢复元气。

秦国的君臣把定于一统和定于一尊推到了极端：只要共相，不要殊相；只要一元性，不要多元性。除了法令、技艺、巫术之外，一切都被视为惑众乱法乃至犯上谋叛的异端邪说。于是，在南楚之地，环境由宽松变为严酷，气氛由活泼变为沉闷，思想由自由变为拘谨。学者洞烛幽微的玄言和针砭时弊的警句，诗人的牢骚和讽喻，以及无拘无束的想象力和创造性，都销声匿迹了。

湖北由楚入秦，政治上或许有所得，文化上实在有所失。其所得者小，其所失者大。

楚辞有《招魂》，一说是招怀王的，另说是招屈原的，总之，所招的是“魂魄离散”的楚人。其实，也可以说，所招的是以殊相为本位、以多元为本体而有出奇的想象力和创造性的楚魂。《招魂》的末了几句是：

湛湛江水兮上有枫，
目极千里兮伤春心，
魂兮归来哀江南！

大 事 记

太古代中期以前（距今约20亿年）

湖北地区全部被原始的海洋所覆盖。

太古代末期（距今约17亿年）

吕梁构造运动发生，局部地区海水退缩，大别山脉和鄂西地区终于露出水面，湖北地区首次出现陆地。

元古代震旦纪末期（距今约7亿年）

由于地壳下降，湖北地区又沦为沧海。

古生代寒武纪早期（距今约6亿年）

湖北除大洪山一带为古海岛外，其他地区均为浅海陆棚区。

寒武纪晚期（距今约5亿年）

随南盆地发生大规模火山爆发。

志留纪中期（距今约4亿年）

鄂西北两竹盆地发生火山爆发。

志留纪末期（距今约3.8亿年）

武当山一带上升为陆地。至此，海水退出，湖北境内大部分地区都成为陆地。

泥盆纪时期（距今约3.75亿年～距今约3.2亿年）

湖北大地上开始生长裸蕨植物，首次披上了绿装。

二迭纪时期（距今约2亿多年）

地壳又一次升降频繁，湖北境内又出现两次大的海进海退，成为湖北重要的成煤时期。

中生代三迭纪末期（距今约2亿年～距今约1.9亿年）

印支运动使得地壳再次上升，湖北全境又上升为陆地。至此，湖北地区才最终与大海告别，成为真正的内陆地区。

中生代晚期（距今约1亿年）

燕山运动在湖北境内表现为一次规模巨大的造山运动，使震旦纪以来的沉积盖层发生强烈的褶皱和断裂，并伴随大规模的岩浆运动，今鄂东一带发生了火山喷发。与之同时，又改造、干扰和破坏了前震旦纪古老的地质构造形状，造就了今日湖北省境内主要的构造雏形。

新生代早期（距今约7 000万年）至第四纪

由于受喜马拉雅运动和第四纪内最主要的构造运动——新构造运动的影响，湖北境内东部、西部和北部山地徐徐上升，中部地区缓缓沉降，形成了三面高、中部低、南面向洞庭湖敞开的地貌景观。

距今约100万年

湖北地区出现原始人类的近亲——步氏巨猿。因步氏巨猿的牙齿化石发现于湖北建始高坪乡金塘村龙骨洞，故古人类学家和考古学家称之为“建始步氏巨猿”，属于晚期猿人中较早的一类。

距今约80万年～距今约70万年

湖北地区出现与陕西蓝田猿人时代大致相当的晚期猿人，因这类猿人的牙齿化石出土于湖北郧县（今郧阳区）梅铺乡杜家沟龙骨洞，故古人类学家和考古学家称之为“郧县猿人”。

距今约60万年～距今约40万年

湖北地区出现与北京猿人时代大致相当的晚期猿人，因这类猿人的牙齿化石出土于湖北郧西安家乡白龙洞，故古人类学家和考古学家称之为“郧西猿人”。

距今约30万年

湖北东南部大冶一带已有晚期猿人生息其间，考古学家和古人类学家虽说迄今未在此地发现猿人牙齿或骨骼化石，却在大冶市湖水乡章山村石龙头发现晚期猿人使用的石器和动物化石。

距今约19万年

湖北西部长阳一带已有早期智人生存，考古学家和古人类学家在长阳赵家堰乡下钟家湾关老山南坡一个被称为“龙洞”的石灰岩洞穴中，先后发现一件附连二颗臼齿的残破左上颌骨和1枚左下第二前臼齿化石，经科学鉴定属于早期智人化石。

距今约12万年

湖北西部宜都一带有早期智人生存，考古学家和古人类学家虽说迄今未在此地发现猿人牙齿或骨骼化石，却在宜都市青龙嘴乡九道河岸山麓一个被称作“九道沟”的石灰岩裂隙中，发现了早期智人使用的石器和动物化石。

距今约 5 万年

湖北西北部丹江口一带已有晚期智人生存，虽说迄今考古学家和古人类学家尚未在此地发现晚期智人牙齿或骨骼化石，却在丹江口凉水乡石鼓村张家营后山坡，发现晚期智人使用的石器 20 多件。

距今约 5 万年～距今约 4 万年

湖北江汉平原有晚期智人生存，虽说迄今考古学家和古人类学家尚未在此地发现晚期智人牙齿或骨骼化石，却在荆州区纪南镇郢北村鸡公山发现了人类居住的圆形窝棚基础的遗迹、石器加工场和近 500 件石器。其下文化层依地层堆积和石器性质判断，年代距今约 5 万年～距今约 4 万年。江陵鸡公山遗址是迄今所知中国旧石器时代晚期唯一的平原原始居住遗址。

距今约 1.35 万年

湖北西北部房县一带有晚期智人生存，虽说迄今考古学家和古人类学家尚未在此地发现晚期智人的牙齿或骨骼化石，却在房县中坝乡青阳村樟脑洞发现了一处晚期智人的文化遗址，出土近 2 000 件石制品和 10 余种动物化石。

距今约 8 000 年～距今约 7 000 年

在今湖北西部的宜都一带活动着新石器时代的原始先民，考古工作者虽说迄今尚未在此地发现原始居民的化石，却在宜都市城关镇北约 10.5 公里处的城背溪，发现了一批独具特色的新石器时代文化遗存，并由此提出“城背溪文化”概念。城背溪文化时期的湖北先民很可能已开始水稻种植。

距今约 6 300 年～距今约 5 300 年

今湖北宜都、松滋、江陵、宜昌、秭归、枝江、当阳、监利、公安、钟祥、京山、天门等地都有以三苗为主体的原始先民活动，虽说考古工作者迄今尚未在上述地区发现原始居民的化石，却发现了大量新石器时代的石器。由于同一类型的石器文化最早发现于重庆巫山大溪，故考古界将这类文化命名为“大溪文化”。大溪文化时期的湖北地区已种植水稻，纺织技术也开始出现。

距今约 5 300 年～距今约 4 600 年

今湖北京山、天门、钟祥、随州、荆门、江陵、当阳、宜都、枝江、宜昌、松滋、武昌、汉阳、汉川、蕲春、麻城、黄冈、鄂州、孝感、黄陂、大悟、安陆、云梦、应城、襄阳、丹江口、房县、郧阳区等地都有原始先民生活，这些先民主要包括三苗、百越和神农氏部落，其中以三苗为主。考古工作者在上述地区发现的颇具特色的新石器文化，应是原始居民活动的遗迹。因这类文化最初发现于京山屈家岭，故被称之为“屈家岭文化”。虽说经碳-14 测定的屈家岭文化的绝对年代为距今 5 000 年～距今 4 600 年，但考虑到不少地区屈家岭文化早期遗存直接叠压于大溪文化晚期遗层之上这一现象，我们认为屈家岭文化上限的相对年代可早至距今 5 300 年。屈家岭文化时期湖北地区已出现特大型聚落居址和城垣防御体系，纺织技术也有一定提高。

距今约 4 600 年～距今约 4 000 年

今湖北天门、郧阳区、房县、丹江口、大悟、麻城、通城、松滋、宜昌、枝江、江陵、当阳等地都有原始先民生活，这些先民的族属同屈家岭文化时期基本相同。考古工作者在上述地区发现的具有特色的新石器文化，应是原始居民活动的遗迹。因这类文化最早发现于天门石家河，故被称之为“石家河文化”。石家河文化时期湖北地区聚落的分布密度和居址规模都进一步增大，聚落间已存在着不同程度的经济分工，治玉技术已达到一定水平，冶铜技术也可能出现，彩陶和陶塑艺术已具有相当水平。

公元前 22 世纪晚期

尧与三苗在随枣走廊西端的丹水之滨发生战争，三苗大败而归。

舜根据三苗之君对以舜为首的华夏族部落联盟的态度将其予以区别对待：善从者留任或擢升，恶逆者罢退或放逐，以达到分化瓦解的目的。

楚公族始祖祝融任帝舜（即帝喾）火正。

公元前 21 世纪早期

禹取代舜执政后，率领众多方国部落征伐三苗，三苗溃败。禹对三苗遗民进行整治，三苗之地因而纳入了夏王朝的控制之中，三苗从此分崩离析。

约公元前 16 世纪晚期

自夏禹征伐三苗之后，作为三苗腹地的江汉地区并未平静，以三苗遗部为主体的“荆”或“荆蛮”以江汉地区为基地，同夏王朝展开了长期抗争，及至夏朝末年，终于酿成了一场大规模的战争，即史书所谓“夏桀征荆”，战争以“荆降”而告终。

商朝初年，对南方的荆采取羁縻政策，商汤献牺牛给荆人部落联盟首领，荆人因受感化而归服商汤。此即文献所谓“汤献牛荆之伯”，荆人“乃委其诚心”。

约公元前 14 世纪商王仲丁时期

商王仲丁都隞不久，即在今湖北武汉市北郊黄陂滠口建立了军事据点——盘龙城，这是迄今所知商王朝在南方建立的最早也是最大的军事据点。

约公元前12世纪商王武丁时期

商王武丁时，为了加强商王朝对南土的控制，对荆发起了一场规模巨大的战争，此即文献所谓“挞彼殷武，奋发荆楚”。战争以荆人失败告终。

约公元前11世纪晚期（殷商末）

祝融之后、芈姓季连之苗裔鬻熊至周，事西伯昌（周文王）。

鬻熊子熊丽开始对今湖北西北部的睢山一带进行治理。熊丽生熊狂。

约公元前11世纪末（西周初）

熊狂子熊绎参加岐阳之会，周成王与诸侯会盟，熊绎置茅蕝、设望表，与鲜卑人共同守燎。

周成王以子男之田封熊绎于楚蛮，熊绎以芈为姓，居丹阳。

熊绎僻在荆山，筚路蓝缕，以启山林，以桃弧棘矢供奉周王。

熊绎子熊艾继为楚君。

约公元前10世纪（周昭王至周孝王前期）

周昭王接连南征荆楚，后死于汉水之中。熊艾子熊黮继位。

熊黮卒，子熊胜立。

熊胜卒，弟熊杨继立。

熊杨生熊渠。

约公元前10世纪末至前9世纪中（周孝王至周厉王时）

周夷王时，王室衰微。熊渠甚得江汉间民和，乃兴兵伐庸、扬粤，至于鄂。熊渠立其长子康为句亶王，中子红（挚红）为鄂王，少子执疵为越章王，皆在江上楚蛮之地。

周厉王时，熊渠畏周伐楚，去其王号。

熊渠卒，因长子康早死，中子红立。

挚红卒，其弟执疵弑而代立，名曰熊延。

公元前848年（周厉王时）

熊延卒，子熊勇立。

公元前838年（周共和四年）

熊勇卒，弟熊严继立。

公元前828年（周共和十四年）

熊严长子伯霜立，是为熊霜。

公元前822年（周宣王六年）

熊霜卒，弟仲雪、叔堪、季徇争立。仲雪死，叔堪奔濮而蛮，季徇立，是为熊徇。

约公元前821年—前820年（周宣王七至八年）

楚薳氏欲助叔堪夺位，未成。

公元前800年—前799年（周宣王二十八年至二十九年）

熊徇卒，子熊咢立。

约公元前799年—前792年（周宣王二十九年至三十六年）

楚君自称“公”。

楚国冶铸业初具规模，已能铸造成套编钟。

熊鄂作楚公逆镈和楚公逆钟，镈铭有“唯八月甲申，楚公逆自作……”等语，文字风格与用语同于中原诸夏。

楚历以数词纪月、干支纪日，与周、鲁同。

公元前 791 年—前 790 年（周宣王三十七年至三十八年）

熊鄂卒，子熊仪立。

公元前 764 年（周平王七年）

熊仪卒，被尊为“若敖”。楚君始有谥号。

公元前 763 年（周平王八年）

若敖长子熊坎立，是为霄敖。

公元前 758 年（周平王十三年）

霄敖卒。

公元前 757 年（周平王十四年）

霄敖子熊眴立，是为蚡冒。

约公元前 756 年—前 742 年（周平王十五年至二十九年）

蚡冒始启濮。
蚡冒征服陉隰。
若敖氏娶妻于䢵，生斗伯比。楚国始有斗氏。

公元前 741 年（周平王三十年）

蚡冒卒，弟熊通杀蚡冒之子而代立。

公元前 737—前 711 年（周平王三十四年至周桓王九年）

楚灭权，于其地置权县。

公元前706年（周桓王十四年）

楚伐随（曾）。

随大夫季梁主张民为神之主。

公元前704年（周桓王十六年）

熊通称王，是为楚武王。

公元前703年（周桓王十七年）

楚与巴合兵伐邓，大败之。

公元前699年（周桓王二十一年）

楚伐罗，为罗、卢合兵所败，楚莫敖屈瑕自缢以谢罪。

公元前698—前691年（周桓王二十二年至周庄王六年）

楚灭罗、卢、鄾、谷、州诸国。

公元前690年（周庄王七年）

楚伐随，楚武王病逝于军中。太子熊赀继位，是为楚文王，迁都于郢。

公元前678年（周僖王四年）

楚灭邓。

公元前675年（周惠王二年）

楚文王病逝于伐黄凯旋途中。长子熊艰继位，是为堵敖。

公元前 672 年（周惠王五年）

楚臣杀堵敖。堵敖弟熊頵继位，是为楚成王。

公元前 671—前 667 年（周惠王六年至十年）

楚成王遣使向周惠王纳贡，周惠王赐楚成王胙，这是周天子首次赐胙于楚君。

公元前 656 年（周惠王二十一年）

楚成王遣大夫屈完与齐桓公盟于召陵，这是楚国首次与北方大国会盟。

公元前 642 年（周襄王十年）

郑文公朝楚成王，这是中原诸侯首次访问楚国。

公元前 637 年（周襄王十五年）

令尹子文告老求辞，荐子玉为令尹，楚成王从之。

晋公子重耳流亡过郢都，楚成王以诸侯礼飨之。

公元前 634 年（周襄王十八年）

楚灭其别封之国夔。

公元前 632 年（周襄王二十年）

城濮之战，楚败于晋，楚主帅令尹子玉自缢以谢罪。

公元前 626 年（周襄王二十六年）

楚太子商臣迫楚成王自缢。商臣继位，是为楚穆王。

公元前614年（周顷王五年）

楚穆王病逝。太子熊旅继位，是为楚庄王。

公元前613年（周顷王六年）

楚大夫子仪与公子燮作乱，挟楚庄王出郢都，至庐（卢），庐大夫戢黎与叔麇杀子仪和公子燮。

公元前611年（周匡王二年）

楚庄王三年不理朝政，有大夫以谜为谏曰："有鸟在于阜，三年不飞不鸣，是何鸟也?"楚庄王答曰："三年不飞，飞将冲天；三年不鸣，鸣将惊人。"楚地发生饥荒，西部民族群起反叛，庸为谋主。楚庄王举兵平叛，灭庸。

公元前606年（周定王元年）

楚庄王观兵于周郊，问周室九鼎之小大轻重。

公元前605年（周定王二年）

令尹子越以若敖氏叛，楚庄王灭若敖氏。

公元前597年（周定王十年）

邲之战，楚大胜晋，饮马黄河。此时，令尹为孙叔敖。

公元前591年（周定王十六年）

楚庄王病逝。太子熊审继位，是为楚共王。

公元前589年（周定王十八年）

申公屈巫叛楚奔晋。

公元前575年（周简王十一年）

鄢陵之战，楚败于晋，楚主帅司马子反自尽以谢罪。

公元前560年（周灵王十二年）

楚共王病逝。太子熊昭继位，是为楚康王。

楚共王在位时，楚国已有用熔模铸造工艺制作的精巧的青铜器。

公元前548年（周灵王二十四年）

楚司马蔿掩“量入修赋”。

公元前546年（周灵王二十六年）

楚、晋为弭兵之盟于宋。

公元前545年（周灵王二十七年）

楚康王病逝。太子熊员继位，是为郏敖。

公元前541年（周景王四年）

楚康王弟令尹公子围（熊虔）杀郏敖自立，是为楚灵王。

公元前535年（周景王十年）

章华宫落成。

公元前529年（周景王十六年）

楚灵王弟公子比、公子黑肱、公子弃疾发动政变废黜楚灵王。以公子比为王，公子黑肱为令尹，公子弃疾为司马。楚灵王正在前方，闻变启程回都，左右逃散，乃自缢于汉江南岸。公子弃疾以计迫公子比、公子黑肱自杀，而自立为王，是为楚平王。

楚灵王在位时，晏子曾为齐使楚。

公元前522年（周景王二十三年）

楚太子少师费无忌诬太子建与太子太师伍奢谋反，楚平王欲杀太子建，太子建奔宋，楚平王杀伍奢及其长子伍尚，伍奢次子伍员奔宋追随太子建。

公元前521年（周景王二十四年）

太子建死于郑，伍员携太子建子王孙胜奔吴。

公元前516年（周敬王四年）

楚平王病逝。太子熊轸继位，是为楚昭王。

周室内乱，王子朝与尹氏、召氏、毛氏奉周室典籍奔楚。

公元前515年（周敬王五年）

令尹囊瓦纵容费无忌、鄢将师残杀晋裔楚官，国人指责囊瓦，囊瓦不得已而杀费无忌、鄢将师。

公元前506年（周敬王十四年）

冬，吴王阖庐兴师伐楚，伍员为谋主，孙武为军师，势如破竹，长驱入郢。楚昭王奔随避难。

公元前505年（周敬王十五年）

楚人顽强抗战，吴师陷入困境，秦师援助楚国。秋，吴师退出楚境。

冬，郢都南迁。

约公元前500年（周敬王二十年左右）

老莱子隐居蒙山，著书15篇（一说为16篇），“言道家之用”。

公元前489年（周敬王三十一年）

楚昭王遣使以礼聘孔子，孔子欣然首途来楚，不意厄于陈、蔡之间，楚师为孔子解围。适逢楚昭王为援陈抗吴而进驻城父，不久病逝，孔子不果来楚。太子熊章立，是为楚惠王。

公元前479年（周敬王四十一年）

楚白公胜作乱，令尹、司马俱遇害，楚惠王匿昭夫人宫中。叶公沈诸梁入郢平叛，白公胜自杀。

公元前433年（周考王八年）

曾（随）侯乙病逝，楚惠王作镈钟奠之。

公元前432年（周考王九年）

楚惠王病逝。太子熊中继位，是为楚简王。

楚惠王在位时，曾会见来访的墨子。

楚惠王在位时，楚国已有韧性铸铁。

公元前408年（周威烈王十八年）

楚简王病逝。太子熊当继位，是为楚声王。

公元前402年（周威烈王二十四年）

“盗”杀楚声王。太子熊疑继位，是为楚悼王。

公元前390年或稍晚（周安王十二年或稍晚）

楚悼王命客卿吴起为令尹以变法，削减贵族特权，改善平民境况，明法审令，整军经武，南平百越，北收失地。

公元前381年（周安王二十一年）

吴起伐魏救赵。

楚悼王病逝，反对变法的贵族持兵器入王宫杀吴起。太子熊臧继位，是为楚肃王，尽杀结党作乱的贵族70余家。

公元前377年（周安王二十五年）

蜀伐楚，楚筑扞关于三峡西口以御之。

公元前370年（周烈王六年）

楚肃王病逝，无子。弟熊良夫继位，是为楚宣王。

公元前354年（周显王十五年）

楚与齐伐魏救赵。

公元前340年（周显王二十九年）

秦商君卫鞅侵楚，取商於之地。

楚宣王病逝。太子熊商继位，是为楚威王。

公元前333年（周显王三十六年）

楚师东破越，北败齐。

公元前329年（周显王四十年）

楚威王病逝。太子熊槐继位，是为楚怀王。

公元前323年（周显王四十六年）

襄陵之战，楚大胜魏。

公元前322—前317年（周显王四十七年至周慎靓王四年）

蜀侵巴，巴王遣将军蔓子来楚求助，楚援巴。

公元前318年（周慎靓王三年）

六国合纵以伐秦，楚怀王为纵长，无功而罢。

公元前313年（周赧王二年）

张仪为秦使楚，以归还商於之地为饵，诱楚怀王毁齐盟，楚怀王从之。楚使至秦都，张仪食言，楚未得商於而已绝齐盟。

公元前312年（周赧王三年）

楚伐秦，败于丹阳，甲士8万被杀，将军70余人被俘，汉中郡为秦所取。楚复大举伐秦，破武关，至蓝田，因后方受韩魏联军侵袭而退。

公元前311年（周赧王四年）

张仪复来楚，约秦楚联姻，楚怀王从之。

公元前306年（周赧王九年）

楚灭越。

公元前304年（周赧王十一年）

秦以所占上庸之地还楚。

公元前301年（周赧王十四年）

秦与韩、魏、齐共伐楚，入方城，夺楚地。

公元前 300 年（周赧王十五年）

秦伐楚，楚帅景缺与士卒 2 万俱阵亡。

公元前 299 年（周赧王十六年）

秦昭襄王以和亲之会诱楚怀王至秦都，强求巫郡和黔中郡。楚怀王拒不割地，被软禁于秦都。楚群臣立太子横，是为楚顷襄王。

公元前 296 年（周赧王十九年）

楚怀王客死秦都，归葬楚地。

约公元前 298—前 290 年（约周赧王十七年至二十五年）

楚人庄蹻聚众起事，一度入郢都，失败后遁走滇池，自立为滇王。

公元前 292 年（周赧王二十三年）

楚顷襄王纳秦女为夫人。

公元前 280 年（周赧王三十五年）

秦将司马错伐楚，取汉北和上庸。

公元前 279 年（周赧王三十六年）

秦将白起伐楚，取邓、鄢、西陵。

公元前 278 年（周赧王三十七年）

秦师攻克郢都、夷陵、竟陵。楚顷襄王迁都于陈。楚三闾大夫屈原流亡至汨罗，自沉以殉国。

参考文献

[1] 郭沫若. 两周金文辞大系图录考释 [M]. 北京：科学出版社，1957.

[2] 郭沫若. 中国史稿 [M]. 北京：人民出版社，1962.

[3] 郭沫若. 殷契粹编 [M]. 北京：科学出版社，1965.

[4] 郭沫若，胡厚宣. 甲骨文合集 [M]. 北京：中华书局，1978.

[5] 顾颉刚，章巽. 中国历史地图集：图四与图五及地名索引 [M]. 北京：地图出版社，1955.

[6] 陈梦家. 西周铜器断代 [J]. 考古学报，1955 (10).

[7] 陈梦家. 西周铜器断代 [J]. 考古学报，1956 (3).

[8] 陈梦家. 殷墟卜辞综述 [M]. 北京：科学出版社，1956.

[9] 于省吾. “鄂君启节”考释 [J]. 考古，1963 (8).

[10] 于省吾. 墙盘铭文十二解 [M] //古文字研究：第5辑. 北京：中华书局，1981.

[11] 谭其骧. 中国历史地图集：第一册 [M]. 北京：地图出版社，1982.

[12] 谭其骧. 云梦与云梦泽 [J]. 复旦学报，1980 (增刊).

[13] 顾铁符. 楚国民族述略 [M]. 武汉：湖北人民出版社，1984.

[14] 顾铁符. 夕阳刍稿 [M]. 北京：紫禁城出版社，1988.

[15] 顾铁符. 周原甲骨文“楚子来告”引证 [J]. 考古与文物，1981 (1).

[16] 何光岳. 楚源流史 [M]. 长沙：湖南人民出版社，1988.

[17] 何光岳. 楚灭国考 [M]. 上海：上海人民出版社，1990.

[18] 何光岳. 越章考 [J]. 江汉论坛，1984 (10).

[19] 石泉. 古代荆楚地理新探 [M]. 武汉：武汉大学出版社，1988.

[20] 石泉．楚国历史文化大辞典［M］．武汉：武汉大学出版社，1996．

[21] 石泉．古邓国、邓县考［J］．江汉论坛，1980（3）．

[22] 张正明．楚文化志［M］．武汉：湖北人民出版社，1988．

[23] 张正明．楚史［M］．武汉：湖北教育出版社，1996．

[24] 张正明，皮道坚．楚美术图集［M］．武汉：湖北美术出版社，1996．

[25] 张正明．荆楚族源通议［J］．中南民族学院学报，1984（1）．

[26] 张正明，张胜琳．楚君姓氏辨［J］．江汉论坛，1983（6）．

[27] 张正明．楚国社会性质管窥［M］//张正明．楚史论丛：初集．武汉：湖北人民出版社，1984．

[28] 张正明，刘玉堂．大冶铜绿山古铜矿的国属：兼论上古产铜中心的变迁［M］//张正明．楚史论丛：初集．武汉：湖北人民出版社，1984．

[29] 张正明．读《评鬻熊为火师说》有感［J］．江汉论坛，1984（3）．

[30] 张正明，刘玉堂．从楚人尚钟看钟氏的由来［J］．江汉论坛，1985（6）．

[31] 张正明．屈原赋的民族学考察［J］．民族研究，1986（2）．

[32] 张正明，张胜琳．上古墓葬头向与民族关系［M］//湖北省考古学会．湖北省考古学会论文选集．武汉：武汉大学出版社，1987．

[33] 张正明．章华台遗址琐议［M］//湖北省考古学会．楚章华台学术讨论会论文集．武汉：武汉大学出版社，1988．

[34] 张正明．炎帝杂论［M］//陈放．炎帝与炎帝文化．武汉：湖北人民出版社，1991．

[35] 张正明．淮汉之间：周代的一个文化交错地段［J］．中原文物，1992（2）．

[36] 张正明．巫、道、骚与艺术［J］．文艺研究，1992（3）．

[37] 中国科学院考古研究所．京山屈家岭［M］．北京：科学出版社，1965．

［38］中国科学院考古研究所湖北发掘队．湖北蕲春毛家嘴西周木构建筑［J］．考古，1962（1）．
［39］中国科学院考古研究所长江工作队．湖北郧县和均县考古调查与试掘［M］//考古编辑部．考古学集刊：第4集．北京：科学出版社，1984．
［40］中国社会科学院考古研究所．新中国的考古发现和研究［M］．北京：文物出版社，1984．
［41］中国社会科学院考古研究所实验室．放射性碳素测定年代报告［J］．文物，1972（10）．
［42］中国社会科学院考古研究所实验室．放射性碳素测定年代报告［J］．文物，1974（5）．
［43］中国社会科学院考古研究所实验室．放射性碳素测定年代报告［J］．考古，1979（1）．
［44］中国社会科学院考古研究所实验室．放射性碳素测定年代报告［J］．考古，1980（4）．
［45］中国社会科学院考古研究所铜绿山工作队．湖北铜绿山东周铜矿遗址发掘［J］．考古，1981（1）．
［46］中国社会科学院考古研究所实验室．放射性碳素测定年代报告［J］．考古，1981（4）．
［47］中国社会科学院考古研究所实验室．放射性碳素测定年代报告［J］．考古，1982（6）．
［48］中国社会科学院考古研究所实验室．放射性碳素测定年代报告［J］．考古，1983（7）．
［49］中国社会科学院考古研究所实验室．放射性碳素测定年代报告［J］．考古，1985（7）．
［50］中国社会科学院考古研究所实验室．湖北大冶铜绿山古炼铜炉的热释光年代［J］．考古，1981（6）．
［51］中国社会科学院考古研究所铜绿山工作队．湖北铜绿山古铜矿再次

发掘：东周炼铜炉的发掘和炼铜模拟实验［J］. 考古，1982（1）.
［52］中国社会科学院考古研究所湖北工作队. 湖北枝江关庙山新石器时代遗址发掘简报［J］. 考古，1981（4）.
［53］中国社会科学院考古研究所湖北工作队. 湖北枝江关庙山遗址第二次发掘［J］. 考古，1983（1）.
［54］湖北省博物馆. 曾侯乙墓［M］. 北京：文物出版社，1989.
［55］湖北省博物馆. 湖北京山发现曾国铜器［J］. 文物，1972（2）.
［56］湖北省博物馆. 1974年湖北黄陂盘龙城商代遗址的发掘［J］. 文物，1976（1）.
［57］湖北省博物馆，北京大学考古专业盘龙城发掘队. 盘龙城一九七四年度田野考古纪要［J］. 文物，1976（2）.
［58］湖北省博物馆，北京大学考古专业盘龙城发掘队. 盘龙城商代二里冈期的青铜器［J］. 文物，1976（2）.
［59］湖北省博物馆，等. 湖北黄陂鲁台山西周遗址与墓葬［J］. 江汉考古，1982（2）.
［60］湖北省博物馆. 襄阳山湾东周墓葬发掘报告［J］. 江汉考古，1983（2）.
［61］湖北省博物馆，武汉大学考古专业，房县文化馆. 房县七里河遗址发掘的主要收获［J］. 江汉考古，1984（3）.
［62］湖北省博物馆，广济县文化馆. 湖北广济发现一批周代甬钟［J］. 江汉考古，1984（4）.
［63］湖北省博物馆，等. 赫家洼遗址的调查简报［J］. 江汉考古，1985（2）.
［64］湖北省博物馆，等. 丹江口市石鼓后山坡旧石器地点调查报告［J］. 江汉考古，1987（4）.
［65］湖北省博物馆. 湖北当阳季家湖新石器时代遗址［M］//文物编辑委员会. 文物资料丛刊：第10期. 北京：文物出版社，1987.
［66］湖北省博物馆，沙市博物馆. 湖北沙市周梁玉桥遗址试掘简报

[M] //文物编辑委员会. 文物资料丛刊：第 10 期. 北京：文物出版社，1987.
[67] 湖北省博物馆，等. 湖北宜昌中堡岛遗址发掘简报 [J]. 文物，1989 (2).
[68] 湖北省宜昌地区博物馆. 当阳赵家湖楚墓 [M]. 北京：文物出版社，1972.
[69] 湖北省宜昌地区博物馆，等. 宜昌县清水滩新石器时代遗址的发掘 [J]. 考古与文物，1983 (2).
[70] 宜昌地区博物馆. 宜昌覃家沱两处周代遗址 [J]. 江汉考古，1985 (1).
[71] 宜昌地区博物馆，等. 湖北长阳出土一批青铜器 [J]. 考古，1986 (4).
[72] 宜昌地区博物馆. 当阳曹家岗 5 号楚墓 [J]. 考古学报，1988 (4).
[73] 宜昌地区博物馆. 湖北当阳赵巷 4 号春秋楚墓发掘简报 [J]. 文物，1990 (10).
[74] 河南省文物研究所. 淅川下寺春秋楚墓 [M]. 北京：文物出版社，1991.
[75] 河南省文物研究所，等. 河南淮阳平粮台龙山文化城址试掘 [J]. 文物，1985 (3).
[76] 张绪球. 长江中游新石器时代文化概论 [M]. 武汉：湖北科学技术出版社，1992.
[77] 张绪球. 试论大溪文化陶器的特点 [J]. 江汉考古，1982 (2).
[78] 张绪球. 石家河文化的陶塑品 [J]. 江汉考古，1991 (3).
[79] 张绪球. 石家河文化的分期分布和类型 [J]. 考古学报，1991 (4).
[80] 罗运环. 战国农家学派与神农及神农故里 [M] //炎帝与炎帝文化. 武汉：湖北人民出版社，1991.
[81] 罗运环. 楚国八百年 [M]. 武汉：武汉大学出版社，1992.
[82] 黄锡全. 湖北出土商周文字辑证 [M]. 武汉：武汉大学出版

社，1992.
[83] 黄锡全. 黄陂鲁台山遗址为“长子”国都蠡测［J］. 江汉考古，1992（4）.
[84] 黄锡全，于炳文. 山西晋侯墓地所出楚公逆钟铭文初释［J］. 考古，1995（2）.
[85] 湖北省中国历史学会，等. 南国名都江陵［M］. 武汉：湖北教育出版社，1993.
[86] 湖北省中国历史学会，等. 中国历史文化名城随州［M］. 武汉：湖北人民出版社，1996.
[87] 马世之. 略论楚郢都城市人口问题［J］. 江汉考古，1988（1）.
[88] 马世之. 中原楚文化研究［M］. 武汉：湖北教育出版社，1995.
[89] 刘玉堂. 炎帝神农文化读本［M］. 北京：人民出版社，2015.
[90] 刘玉堂.《神农》作者考辨［J］. 中国农史，1984（3）.
[91] 刘玉堂. 论湖北境内古越族的若干问题［J］. 民族研究，1987（2）.
[92] 刘玉堂. 炎帝神农氏被尊为农业始祖的由来［M］//农史：第9辑. 北京：农业出版社，1989.
[93] 刘玉堂. 论庄蹻其人其事［J］. 民族研究，1990（3）.
[94] 刘玉堂. 扬越与楚国［J］. 江汉论坛，1990（增刊）.
[95] 刘玉堂. 楚艺术概说［J］. 荆楚文史，1992（1）.
[96] 刘玉堂. 炎帝神农与远古文明［M］//湖北省炎黄文化研究会. 炎黄文化与现代文明. 武汉：武汉出版社，1993.
[97] 刘玉堂. 楚国经济史［M］. 武汉：湖北教育出版社，1995.
[98] 刘玉堂. 炎帝神农生地考［J］. 炎黄文化研究，1997（3）.
[99] 湖北省文物考古研究所. 江陵九店东周墓［M］. 北京：科学出版社，1995.
[100] 湖北省文物考古研究所. 湖北江陵朱家台遗址发掘简报［J］. 江汉考古，1991（3）.
[101] 湖北省文物管理委员会. 湖北京山、天门考古发掘简报［J］. 考

古通讯，1956（3）.
[102] 湖北省文物管理委员会．湖北蕲春易家山新石器时代遗址［J］．考古，1960（5）.
[103] 湖北省文物管理处．湖北红安金盆遗址的探掘［J］．考古，1960（4）.
[104] 夏盾．蕲春发现几处古代遗址［J］．考古通讯，1956（4）.
[105] 夏盾．蕲春又发现两处古代遗址［J］．文物参考资料，1956（10）.
[106] 许春华，等．鄂西巨猿化石及其动物群［J］．古脊椎动物与古人类，1974（4）.
[107] 许春华．湖北郧县猿人化石地点的发掘［M］//古人类论文集［M］．北京：科学出版社，1978.
[108] 江鸿（李学勤）．盘龙城与商朝的南土［J］．文物，1976（2）.
[109] 李学勤．曾国之谜［N］．光明日报，1978-10-04.
[110] 李学勤．谈祝融八姓［J］．江汉论坛，1980（2）.
[111] 李学勤．楚帛书中的古史与宇宙观［M］//张正明．楚史论丛：初集．武汉：湖北人民出版社，1984.
[112] 李学勤．中国数学史上的重大发现：江陵张家山汉简一瞥［J］．文物天地，1985（1）.
[113] 李学勤．论长安花园村两墓青铜器［J］．文物，1986（1）.
[114] 李学勤．续论曾国之谜［J］．江汉论坛，1990（增刊）.
[115] 李学勤．新干大洋洲商墓的若干问题［J］．文物，1991（10）.
[116] 荆州地区博物馆．江陵马山一号楚墓［M］．北京：文物出版社，1985.
[117] 荆州地区博物馆．江陵雨台山楚墓［M］．北京：文物出版社，1991.
[118] 荆州地区博物馆．湖北松滋桂花树新石器时代遗址［J］．考古，1976（3）.
[119] 荆州地区博物馆．江陵天星观1号楚墓［J］．考古学报，1982（1）.

[120] 荆州地区博物馆. 湖北监利县柳关和福田新石器时代遗址试掘简报 [J]. 江汉考古，1984 (2).

[121] 荆州地区博物馆，等. 钟祥六合遗址 [J]. 江汉考古，1987 (2).

[122] 荆州地区博物馆，北京大学考古系. 湖北江陵荆南寺遗址第一、二次发掘简报 [J]. 考古，1989 (8).

[123] 黄翔鹏. 先秦音乐文化的光辉创造：曾侯乙墓的古乐器 [J]. 文物，1979 (7).

[124] 黄翔鹏. 先秦编钟音阶结构的断代研究 [J]. 江汉考古，1982 (2).

[125] 吴汝康，等. 湖北郧县猿人牙齿化石 [J]. 古脊椎动物与古人类，1980 (2).

[126] 吴汝康，等. 河南淅川的人类牙齿化石 [J]. 古脊椎动物与古人类，1982 (1).

[127] 黄石市博物馆. 湖北铜绿山春秋时期炼铜遗址发掘简报 [J]. 文物，1981 (8).

[128] 黄石市博物馆. 大冶上罗村遗址试掘简报 [J]. 江汉考古，1983 (4).

[129] 李天元. 湖北长阳果酒岩发现古人类化石 [J]. 古脊椎动物与古人类，1983 (2).

[130] 李天元，等. 房县樟脑洞发现的旧石器 [J]. 江汉考古，1986 (3).

[131] 李天元，等. 楚的东进与鄂东古铜矿的开发 [J]. 江汉考古，1988 (2).

[132] 李天元. 湖北枝城九道沟旧石器时代遗址发掘报告 [J]. 考古与文物，1990 (1).

[133] 李天元，等. 湖北郧县曲远河口化石地点调查与试掘 [J]. 江汉考古，1991 (2).

[134] 严文明. 中国稻作农业的起源 [J]. 农业考古，1982 (2).

[135] 严文明. 中国史前文化的统一性与多样性 [J]. 文物，1987 (3).

[136] 严文明. 再论中国稻作农业的起源 [J]. 农业考古，1989 (2).

［137］陈贤一．黄陂鲁台山西周文化剖析［J］．江汉考古，1982（2）．
［138］陈贤一．江汉地区的商文化［M］//中国考古学会．中国考古学会第二次年会论文集．北京：文物出版社，1982．
［139］陈贤一．盘龙城商代二里冈墓葬陶器初探［M］//中国考古学会．中国考古学会第四次年会论文集．北京：文物出版社，1984．
［140］杨育彬，于晓兴．郑州新发现商代窖藏青铜器［J］．文物，1983（3）．
［141］杨育彬．从考古发现探索夏文化的上限与下限［M］//田昌五．华夏文明：第1集．北京：北京大学出版社，1987．
［142］武汉大学历史系考古专业，等．湖北通城尧家林遗址的试掘［J］．江汉考古，1983（3）．
［143］武汉大学历史系考古专业．清水滩遗址1984年发掘简报［J］．江汉考古，1988（3）．
［144］武汉大学历史系考古教研室，等．湖北麻城栗山岗新石器时代遗址［J］．考古学报，1990（4）．
［145］张亚初．论鲁台山西周墓的年代与族属［J］．江汉考古，1984（2）．
［146］张亚初．论楚公家钟和楚公逆镈的年代［J］．江汉考古，1984（4）．
［147］襄阳地区博物馆．枣阳雕龙碑遗址调查简报［J］．江汉考古，1984（3）．
［148］襄樊市博物馆．湖北谷城、枣阳出土周代青铜器［J］．考古，1987（5）．
［149］李文杰，等．浅说大溪文化陶器的渗碳工艺［J］．江汉考古，1985（4）．
［150］李文杰．大溪文化房屋的建筑形式和工程做法［J］．考古与文物，1986（4）．
［151］李文杰．大溪文化之最［J］．江汉考古，1988（1）．
［152］李文杰．浅谈快轮所制陶器的识别：从大溪文化晚期轮制陶器谈起［J］．文物，1988（10）．

［153］俞伟超．楚文化的渊源与三苗文化的考古学推测［M］//俞伟超．先秦两汉考古学论集．北京：文物出版社，1985．
［154］俞伟超．盘龙城遗址［M］//中国大百科全书考古学编辑委员会．中国大百科全书：考古卷．北京：中国大百科全书出版社，1986．
［155］孝感地区博物馆．大悟县土城遗址发掘简报［J］．江汉考古，1986（2）．
［156］孝感地区博物馆．湖北孝感地区商周文化遗址调查［J］．考古，1988（4）．
［157］彭适凡，刘林，詹开逊．江西新干大洋洲商墓发掘简报［J］．文物，1991（10）．
［158］彭适凡，刘林，詹开逊．关于新干大洋洲商墓年代问题的探讨［J］．文物，1991（10）．
［159］韩康信．附志［J］．文物，1991（10）．
［160］高至喜．论中国南方商周时期铜铙的型式、演变与年代［J］．南方文物，1992（2）．
［161］高至喜．楚国西周铜器初论［M］//首届长江文化暨楚文化国际学术讨论会筹备委员会．长江文化论集．武汉：湖北教育出版社，1995．
［162］方浚益．缀遗斋彝器款识考释［M］．涵芬楼影印本，1935．
［163］孙常叙．耒耜的起源及其发展［M］．上海：上海人民出版社，1959．
［164］侯仁之．中国古代地理名著选读：第1辑［M］．北京：科学出版社，1959．
［165］丁山．中国古代宗教与神话考［M］．北京：龙门联合书局，1961．
［166］张子高．中国化学史稿：古代部分［M］．北京：科学出版社，1964．
［167］范文澜．中国通史简编：第一编［M］．北京：人民出版

社，1964.

[168] 芮逸夫. 中国民族及其文化论稿：苗族的洪水故事与伏羲女娲的传说 [M]. 台北：台北艺文印书馆，1972.

[169] 童书业. 春秋左传研究 [M]. 上海：上海人民出版社，1980.

[170] 王力. 诗经韵读 [M]. 上海：上海古籍出版社，1980.

[171] 袁珂. 海外南经 [M] //袁珂. 山海经校注. 上海：上海古籍出版社，1980.

[172] 中国科学院中国自然地理编辑委员会. 中国自然地理 [M]. 北京：科学出版社，1982.

[173] 胡小石. 胡小石论文集 [M]. 上海：上海古籍出版社，1982.

[174] 朱天顺. 中国古代宗教初探 [M]. 上海：上海人民出版社，1982.

[175] 闻一多. 闻一多全集：伏羲考 [M]. 北京：生活·读书. 新知三联书店，1982.

[176] 徐中舒. 论巴蜀文化 [M]. 成都：四川人民出版社，1982.

[177] 田昌五. 古代社会断代新论 [M]. 北京：人民出版社，1982.

[178] 宋兆麟，等. 中国原始社会史 [M]. 北京：文物出版社，1983.

[179] 罗振玉. 三代吉金文存 [M]. 北京：中华书局，1983.

[180] 杨伯峻. 春秋左传注 [M]. 北京：中华书局，1983.

[181] 林耀华. 原始社会史 [M]. 北京：中华书局，1984.

[182] 中国大百科全书法学编辑委员会. 中国大百科全书：法学 [M]. 北京：中国大百科全书出版社，1984.

[183] 徐旭生. 中国古史的传说时代 [M]. 北京：文物出版社，1985.

[184] 郝懿行. 山海经笺疏 [M]. 成都：巴蜀书社，1985.

[185] 田长浒. 中国金属技术史 [M]. 成都：四川科学技术出版社，1986.

[186] 吴淑生，田自秉. 中国染织史 [M]. 上海：上海人民出版社，1986.

［187］杨树达．积微居甲文说［M］．上海：上海古籍出版社，1986．
［188］魏嵩山．中国历史地名辞典［M］．南昌：江西教育出版社，1986．
［189］上海博物馆．商周青铜器铭文选［M］．北京：文物出版社，1986．
［190］唐兰．西周铜器铭文分代史徵［M］．北京：中华书局，1986．
［191］张森水．中国旧石器文化［M］．天津：天津科学技术出版社，1987．
［192］孙德骐．六韬浅说［M］．北京：解放军出版社，1987．
［193］湖北省统计局．湖北省情：地理环境与自然资源［M］．武汉：湖北人民出版社，1987．
［194］湖北省随州市地方志编纂委员会．随州志：胜迹［M］．北京：中国城市经济社会出版社，1988．
［195］王光镐．楚文化源流新证［M］．武汉：武汉大学出版社，1988．
［196］何浩．楚灭国研究［M］．武汉：武汉出版社，1989．
［197］何幼琦．西周年代学论丛［M］．武汉：湖北人民出版社，1989．
［198］武汉市地方志编纂委员会．武汉市志［M］．武汉：武汉大学出版社，1990．
［199］吴永章．湖北民族史［M］．武汉：华中理工大学出版社，1990．
［200］后德俊．湖北科学技术史稿［M］．武汉：湖北科学技术出版社，1991．
［201］湖北省荆沙铁路考古队．包山楚简［M］．北京：文物出版社，1991．
［202］陈钧，张元俊，方辉亚．湖北农业开发史［M］．北京：中国文史出版社，1992．
［203］王连升．简明中国通史：上册［M］．北京：中国广播电视大学出版社，1993．
［204］向绪成．中国新石器时代考古［M］．武汉：武汉大学出版

社，1993.

［205］湖北省社会科学院历史研究所. 湖北简史［M］. 武汉：湖北教育出版社，1994.

［206］徐少华. 周代南土历史地理与文化［M］. 武汉：武汉大学出版社，1994.

［207］杨宝成. 湖北考古发现与研究［M］. 武汉：武汉大学出版社，1995.

［208］高介华，刘玉堂. 楚国的城市与建筑［M］. 武汉：湖北教育出版社，1995.

［209］湖北省地方志编纂委员会. 湖北省志：地理［M］. 武汉：湖北人民出版社，1997.

［210］钱穆. 古三苗疆域考［J］. 燕京学报，1932（12）.

［211］石龙过江水库指挥部文物工作队. 湖北京山、天门考古发掘报告［R］. 考古通讯，1956（3）.

［212］谭戒甫. 周初矢器铭文综合研究［J］. 武汉大学学报，1956（1）.

［213］贾兰坡. 长阳人化石及其共生的哺乳动物群［J］. 古脊椎动物与古人类，1957，1（3）.

［214］厦门大学人类博物馆. 福建长汀河田新石器时代遗址的调查［J］. 考古学报，1957（1）.

［215］丁安民. 大冶县新发现两处古文化遗址［J］. 文物参考资料，1958（10）.

［216］郭冰廉. 湖北黄陂杨家湾的古遗址调查［J］. 考古通讯，1958（1）.

［217］丁颖. 江汉平原新石器时代红烧土中的稻谷壳考察［J］. 考古学报，1959（4）.

［218］李仰松. 从佤族制陶探讨古代陶器制作上的几个问题［J］. 考古，1959（5）.

［219］王善才. 湖北随县发现旧石器［J］. 考古，1961（7）.

［220］四川省长江流域文物保护委员会文物考古队. 四川巫山大溪新石

器时代遗址发掘纪略［J］. 文物，1961（11）.

［221］长办文物考古队直属工作队. 1958—1961年湖北郧县和均县发掘简报［J］. 考古，1961（10）.

［222］王毓彤. 江陵发现西周铜器［J］. 文物，1963（2）.

［223］李健. 湖北江陵万城出土西周铜器［J］. 考古，1963（4）.

［224］周仁. 我国黄河流域新石器时代和殷周时代制陶工艺的科学总结［J］. 考古学报，1964（1）.

［225］葛治功. 安徽嘉山县泊岗引河出土的四件商代铜器［J］. 文物，1965（7）.

［226］鄂兵. 湖北随县发现曾国铜器［J］. 文物，1973（5）.

［227］李炎贤，等. 湖北大冶石龙头旧石器时代遗址发掘报告［J］. 古脊椎动物与古人类，1974（2）.

［228］高建. 与鄂西巨猿共生的南方古猿牙齿化石［J］. 古脊椎动物与古人类，1975（1）.

［229］铜绿山考古发掘队. 湖北铜绿山春秋战国古矿井遗址发掘简报［J］. 文物，1975（2）.

［230］洛阳博物馆. 河南临汝煤山遗址调查与试掘［J］. 考古，1975（5）.

［231］李众. 中国封建社会前期钢铁冶炼技术发展的探讨［J］. 考古学报，1975（2）.

［232］湘江. 湖北郧西发现猿人牙齿化石［J］. 古脊椎动物与古人类，1977（2）.

［233］曾宪通. 楚月名初探［J］. 中山大学学报，1980（1）.

［234］刘安国. 天门石家河出土的陶塑小动物［J］. 江汉考古，1980（2）.

［235］张振林. 缂丝史的珍贵资料［J］. 中山大学学报，1980（1）.

［236］曾昭岷，李瑾. 曾国和曾国铜器综考［J］. 江汉考古，1980（1）.

［237］张政烺. 试释周初青铜器铭文中的易卦［J］. 考古学报，1980（4）.

［238］随县博物馆. 湖北随县城郊发现春秋墓葬和铜器［J］. 文物，1980（1）.

[239] 周永珍．曾国与曾国铜器［J］．考古，1980（5）．
[240] 王湘．曾侯乙墓编钟音律的探讨［J］．音乐研究，1981（1）．
[241] 四川省博物馆．巫山大溪遗址第三次发掘报告［J］．考古学报，1981（4）．
[242] 汤文兴．淅川下寺1号墓青铜器的铸造技术［J］．考古，1981（2）．
[243] 唐嘉弘．释"祝融八姓"［J］．江汉论坛，1981（3）．
[244] 席泽宗．科学史上的一个错案应予纠正：我国战国时期天文学家甘德已发现木星的3号卫星，比伽利略和麦依耳的发现早出近两千年［N］．光明日报，1981-04-07．
[245] 一之．楚人源于羌族考［J］．青海民族学院学报，1981（1）．
[246] 卢德佩．鄂西发现的古文化遗址［J］．考古，1981（6）．
[247] 杨宽．战国史［M］．上海：上海人民出版社，1980．
[248] 杨宽．西周时代的楚国［J］．江汉论坛，1981（5）．
[249] 卢本珊，华觉明．铜绿山春秋炼铜竖炉的复原研究［J］．文物，1981（8）．
[250] 梁钊韬．百越对缔造中华民族的贡献：濮莱的关系及其流传［M］//百越民族史研究会．百越民族史论集．北京：中国社会科学出版社，1982．
[251] 夏鼐，殷玮璋．湖北铜绿山古铜矿［J］．考古学报，1982（1）．
[252] 马开梁．楚族南迁的时代及迁徙路线［J］．思想战线，1982（2）．
[253] 陈全方．陕西岐山风雏村西周甲骨文概论［M］//四川大学学报．古文字研究论文集．成都：四川人民出版社，1982．
[254] 张家芳．湖北襄樊拣选的商周青铜器［J］．文物，1982（9）．
[255] 徐国胜．介绍鄂城出土的几件文物［J］．江汉考古，1982（1）．
[256] 李家治，等．河姆渡遗址陶器的研究［M］//中国硅酸盐学会．中国古陶瓷论文集．北京：文物出版社，1982．
[257] 群力．湖北郧西白龙洞又发现猿人牙齿化石［J］．人类学学报，1983（3）．

[258] 黄冈地区文物普查队．黄梅龙感湖三处遗址调查［J］．江汉考古，1983（4）．
[259] 沈长云．“鬻熊为文王之师”解［J］．江汉论坛，1983（6）．
[260] 杨权喜．襄阳山湾出土的鄀国和邓国铜器［J］．江汉考古，1983（1）．
[261] 张银运．鄂西“南方古猿”和印尼早更新世若干人类化石［J］．人类学学报，1984（1）．
[262] 王劲，林邦存．房县七里河遗址发掘的主要收获［J］．江汉考古，1984（3）．
[263] 马少侨．试论荆楚和古代三苗、现代苗族的历史渊源关系［J］．中央民族学院学报，1984（4）．
[264] 龚维英．周昭王南征史实索隐［J］．人文杂志，1984（6）．
[265] 喻宗汉．吴师入郢之战有关问题探讨：附唐国地望考［M］//张正明．楚史论丛：初集．武汉：湖北人民出版社，1984．
[266] 涂又光．论屈原的精气说［M］//张正明．楚史论丛：初集．武汉：湖北人民出版社，1984．
[267] 张家山汉墓竹简整理小组．江陵张家山汉墓概述［J］．文物，1985（1）．
[268] 华觉明．失蜡法的起源和发展［M］//中国科学院自然科学史研究所技术史研究室．科技史文集：第13集．上海：上海科学技术出版社，1985．
[269] 徐献国．鄂城县发现一处古冶炼遗址［J］．江汉考古，1985（4）．
[270] 宜都考古发掘队．湖北宜都石板巷子新石器时代遗址［J］．考古，1985（11）．
[271] 原思训，等．华南若干旧石器时代地点的铀系年代［J］．人类学学报，1986（3）．
[272] 安金槐．郑州商城［M］//中国大百科全书考古学编辑委员会．中国大百科全书：考古卷．北京：中国大百科全书出版社，1986．

[273] 任乃强. 中国陆上古商道：蜀布之路 [J]. 文史杂志，1987 (1).
[274] 新华社. 湖北郧县郧西发现距今五十万年至一百万年的猿人牙齿化石 [J]. 文物特刊，1987.
[275] 黄万波，等. 湖北房县樟脑洞旧石器时代遗址发掘报告 [J]. 人类学学报，1987 (4).
[276] 云梦县博物馆. 湖北云梦新石器时代遗址调查简报 [J]. 考古，1987 (2).
[277] 彭锦华. 沙市近郊出土的商代大型铜尊 [J]. 江汉考古，1987 (4).
[278] 武汉市博物馆. 汉阳东城垸纱帽山遗址调查 [J]. 江汉考古，1987 (3).
[279] 港下古铜矿遗址发掘小组. 湖北阳新港下古矿井遗址发掘简报 [J]. 考古，1988 (1).
[280] 陈铁梅. 我国旧石器考古年代学的进展与述评 [J]. 考古学报，1988 (3).
[281] 王寿芝. 陕西城固出土的商代青铜器 [J]. 文博，1988 (2).
[282] 熊建平. 试谈刘家台西周墓地出土的玉蚕 [J]. 中原文物，1988 (4).
[283] 陈振裕，等. 湖北宜都城背溪遗址 [J]. 史前研究，1989 年辑刊.
[284] 李英，吕纯良. 地龙灯 [M] //鄂西土家族苗族自治州民族事务委员会，鄂西土家族苗族自治州文化局. 鄂西民间故事集. 北京：中国民间文艺出版社，1989.
[285] 陈彤，陈树祥. 湖北省文物考古近期连获重大成果 [J]. 中国文物报，1989-12-08.
[286] 李瑾. 我国古代“火正”职官之来源及其发展 [J]. 史学月刊，1989 (1).
[287] 江西省文物考古研究所铜岭遗址发掘队. 江西瑞昌铜岭商周矿冶遗址第一期发掘简报 [J]. 江西文物，1990 (3).

［288］石家河联合考古队．湖北省石家河遗址群 1987 年考古发掘简报［J］．文物，1990（8）．

［289］饶宗颐．楚共王熊审盂跋［J］．文哲研究集刊，1990，创刊号．

［290］黎泽高．枝城市新石器时代文化概述［J］．江汉考古，1991（1）．

［291］龚炎，李顺忠．炎帝与新石器时期文物遗存［M］//中国湖北省随州市厉山炎帝神农纪念馆．炎帝．武汉：长江文艺出版社，1991．

［292］冯天瑜．炎帝文化研究方法论三题［M］//陈放．炎帝与炎帝文化．武汉：湖北人民出版社，1991．

［293］吴量恺．神农氏的兴起与炎帝文化的效应［M］//陈放．炎帝与炎帝文化．武汉：湖北人民出版社，1991．

［294］徐扬杰．炎帝神农氏在中国史前传说中的地位［M］//陈放．炎帝与炎帝文化．武汉：湖北人民出版社，1991．

［295］李汉伟．炎帝生于随州传说考［M］//陈放．炎帝与炎帝文化．武汉：湖北人民出版社，1991．

［296］陈昆满，王晓清．炎帝部落与我国的远古农业文明［M］//陈放．炎帝与炎帝文化．武汉：湖北人民出版社，1991．

［297］杨范中．炎帝神农氏与中国农耕文化［M］//陈放．炎帝与炎帝文化．武汉：湖北人民出版社，1991．

［298］王胜利．楚国的分野与楚人的星神崇拜［J］．东南文化，1991（3/4）．

［299］郑光．河南偃师二里头遗址发现新的铜器［J］．考古，1991（12）．

［300］屈家岭遗址考古队．屈家岭遗址第三次发掘［J］．考古学报，1992（1）．

［301］刘德银．我国旧石器时代考古的重大突破：湖北江陵鸡公山发现旧石器时代居址［N］．中国文物报，1993-05-01．

［302］中国文物报通讯员．1992 年中国十大考古新发现［N］．中国文物报，1993-01-17．

[303] 罗琨. 神农架下话神农 [M] //湖北省炎黄文化研究会. 炎黄文化与现代文明. 武汉：武汉出版社，1993.

[304] 刘守华. 中华民族的文化英雄：炎帝神农 [M] //湖北省炎黄文化研究会. 炎黄文化与现代文明. 武汉：武汉出版社，1993.

[305] 陈士林. 彝文 vyxtu (vuxu) 与楚语“於菟” [M] //中国民族古文字研究会. 中国民族古文字研究：第 2 辑. 天津：天津古籍出版社，1993.

[306] 张良皋. 华夏宗源新探 [M] //李厚义，吴治平. 炎黄文化与名城随州. 武汉：湖北人民出版社，1994.

[307] 山西省考古研究所，北京大学考古学系. 天马—曲村遗址北赵晋侯墓地第四次发掘 [J]. 文物，1994 (8).

[308] 曾玮，魏京武. 西周编钟的礼制意义 [J]. 南方文物，1994 (2).

[309] 贾继东. 包山楚墓简文“见日”浅释 [J]. 江汉考古，1995 (4).

[310] 萧木森. 随州发现宋代舜井碑 [J]. 湖北日报，1996-05-22.

[311] 湖北省京九铁路考古队. 武穴鼓山发掘一座春秋越人墓 [J]. 江汉考古，1996 (4).

[312] 张光远. 湖北早商铜器及其四方源流 [J]. 鸿禧文物，1997 (2).

[313] 十堰市博物馆，丹江口市博物馆. 丹江口市下绞遗址调查简报 [J]. 江汉考古，1997 (1).

[314] 董珞. 巴人族源辨 [J]. 中南民族学报学报，1997 (2).

[315] 胡继民. 盐、巴人、神 [J]. 湖北民族学院学报，1997 (2).

[316] 王峰. 巴蔓子考论 [J]. 民族研究，1998 (1).

[317] 马克思，恩格斯. 马克思恩格斯全集：第 21 卷 [M]. 北京：人民出版社，1965.

[318] 列宁. 列宁选集：第 3 卷 [M]. 北京：人民出版社，1972.

[319] 摩尔根. 古代社会 [M]. 北京：商务印书馆，1977.

[320] 马克思. 摩尔根《古代社会》一书摘要 [M]. 北京：人民出版社，1978.

［321］С. И. 鲁金科. 论中国与阿尔泰部落的古代关系［J］. 考古学报，1957（2）.

［322］М. П. 格里亚兹诺夫，等. 阿尔泰巴泽雷克的五座古冢［J］. 考古，1960（7）.

［323］С. А. 托卡列夫，等. 澳大利亚和大洋洲各族人民［M］. 李毅夫，等译. 北京：生活·读书·新知三联书店，1980.

［324］路德维希·维特根斯坦. 文化和价值［M］. 黄正东，唐少杰，译. 北京：清华大学出版社，1987.

［325］司马迁. 史记［M］. 北京：中华书局，1982.

［326］左丘明. 国语［M］. 上海师范学院古籍整理组，点校. 上海：上海古籍出版社，1982.

［327］班固. 汉书［M］. 北京：中华书局，1983.

［328］郦道元. 水经注［M］. 王国维，校. 上海：上海人民出版社，1984.

［329］范晔. 后汉书［M］. 北京：中华书局，1982.

［330］刘向. 说苑［M］. 上海：商务印书馆，1937.

［331］刘向. 新序［M］. 北京：中华书局，1985.

［332］老聃. 老子［M］. 北京：中华书局，1985.

［333］孙武. 孙子［M］. 上海：商务印书馆，1947.

［334］王符. 潜夫论［M］. 上海：上海古籍出版社，1978.

［335］贾谊. 新书［M］. 上海：商务印书馆，1937.

［336］王充. 论衡［M］. 上海：商务印书馆，1947.

［337］杨慎. 升庵全集［M］. 上海：商务印书馆，1937.

［338］桓谭. 新论［M］. 上海：上海人民出版社，1977.

［349］荀况. 荀子［M］. 北京：北京文物出版社，1974.

［340］孔鲋. 孔丛子［M］. 上海：上海商务印书馆，1936.

［341］晏婴. 晏子春秋［M］. 北京：中华书局，1985.

［342］尹文. 尹文子［M］. 北京：中华书局，1991.

[343] 尸佼．尸子［M］．北京：中华书局，1991.
[344] 贾思勰．齐民要术［M］．北京：中华书局，1956.
[345] 鬻熊．鬻子［M］．北京：中华书局，1991.
[346] 列御寇．列子［M］．北京：中华书局，1985.
[347] 管仲．管子［M］．上海：商务印书馆，1936.
[348] 赵晔．吴越春秋［M］．上海：商务印书馆，1937.
[349] 陈寿．三国志［M］．北京：中华书局，1982.
[350] 王闿运．尔雅集解［M］//湖湘文库编辑出版委员会．湖湘文库．长沙：岳麓书社，2010.
[351] 九章算术［M］．上海：商务印书馆，1936.
[352] 刘勰．文心雕龙［M］．上海：上海古籍出版社，2008.
[353] 萧统．文选［M］．上海：商务印书馆，1936.
[354] 常璩．华阳国志［M］．上海：商务印书馆，1926.
[355] 徐坚，等．初学记［M］．北京：中华书局，1962.
[356] 孔颖达．尚书正义·舜典［M］//十三经注疏．北京：中华书局，1980.
[357] 王弼，孔颖达．周易正义［M］//十三经注疏．北京：中华书局，1980.
[358] 郭璞．山海经注·海外南经［M］．上海：上海古籍出版社，1989.
[359] 顾栋高．春秋大事表［M］．北京：中华书局，1993.

再版后记

《湖北通史·先秦卷》系恩师张正明先生和我合著，此次有幸入选《荆楚文库》，我对原书作了认真核校修订。鉴于随州叶家山曾侯墓和羊子山鄂侯墓的重大考古发现，我依据院文清先生的研究成果，充实调整了有关曾（随）国的内容和增加了鄂国（西鄂）的内容。在此过程中，责任编辑石亚培女士付出了辛勤的劳动，《荆楚文库》编辑部和华中师范大学出版社的领导和专家给予了大力支持。值此修订稿付梓之际，谨一并致以诚挚的谢意！

刘玉堂　谨识

2017 年 7 月于东湖之滨